Friedrich Kortüm
Geschichte des Mittelalters
– Band I –

Friedrich Kortüm

GESCHICHTE DES MITTELALTERS

Band I

HOHE

Friedrich Kortüm: Geschichte des Mittelalters

Die Verlag HOHE GmbH ist ein Gemeinschaftsunternehmen
der Herder GmbH & Co. KG, Freiburg, und
BMH Buch Medien Handel GmbH, Erftstadt.

Einbandgestaltung: sowiesodesign.de
Einbandabbildungen von links nach rechts: Schlacht während des ersten Kreuzzugs, 1096–1099, Manuskript von Sebastian Marmoret, ca. 1490, picture-alliance/KPA/HIP/ArtMedia; König Sigismund leistet Papst Martin V. den Stratordienst (Ende des Schismas), Konstanzer Konzil 1414–1418, Buchmalerei, 2. Hälfte 15. Jahrhundert, Konstanz, Rosengartenmuseum, picture-alliance/akg-images; Wernher von Teufen mit seiner Dame auf der Falkenbeize, Buchmalerei, Codex Manesse, Zürich, um 1310–1340, Heidelberg, Universitätsbibliothek, picture-alliance/akg-images; Investitur eines Bischofs durch einen König, Holzstich nach Buchmalerei, 10. Jahrhundert, Bibliothek zu St. Omer, picture-alliance/akg-images; Krönung Karls des Großen durch Leo III., 800, und Empfang der Geschenke des Perserkönigs Aaron und des sarazenischen Emirs Abraham, Buchmalerei, niederländisches Burgund, Mitte 15. Jahrhundert, St. Petersburg, Russische Nationalbibliothek, picture-alliance/akg-images/Erich Lessing
Lektorat: Kirsten Skacel
Layout und Satz: GEM mbH, Ratingen

Gesamtherstellung: Verlag HOHE GmbH, Erftstadt
Printed in Czech Republic 2007

ISBN 978-3-86756-016-0

Inhalt

Vorwort des Herausgebers

Im Jahr 2007 eine Geschichte des Mittelalters herauszugeben, die den Zeitraum vom 4. bis zum 15. Jahrhundert darstellt, erscheint auf den ersten Blick anachronistisch. Wenn man dann noch erfährt, daß das Werk, das hier inhaltlich unverändert wiedergegeben wird, aus dem Anfang des 19. Jahrhunderts datiert, konkret: von 1829 bis 1836 geschrieben wurde, fragt sich der Leser zunächst verblüfft: Lohnt sich das zu lesen? Hat uns das in unserer heutigen Zeit etwas zu sagen?

Die Antwort lautet ganz deutlich: Ja. Diese Darstellung des Mittelalters, die ganz Europa umfaßt, zeichnet ein derart lebendiges Bild von den Ursprüngen der verschiedenen Nationalstaaten, wie wir sie heute kennen, daß sie uns in die Lage versetzt, unsere Auffassung von Europa, gerade jetzt in einer Phase des stärkeren Zusammenwachsens des europäischen Staatenbundes, ganz neu zu überdenken.

Die Zeit, in der Dr. Friedrich Kortüm, Professor an der Hochschule in Basel und später in Bern, das Buch geschrieben hat, war politisch gesehen eine ausgesprochen bewegte Epoche. In ganz Europa hatte sich der Kampf um bürgerliche Beteiligung an der Regierung ausgebreitet, der – vom Zeitpunkt der Veröffentlichung aus gesehen – mit der Französischen Revolution vor 30 Jahren begonnen hatte. Einen deutschen Staat, wie wir ihn heute kennen, gab es in dem Sinne noch gar nicht, sondern nur einzelne Fürstentümer und Königreiche, wie z.B. Bayern und Preußen. Deshalb gab es auch kein Nationalgefühl in dem Sinne, wie wir es heute kennen. Die nationalen Bestrebungen, die vielfach von Intellektuellen und Studenten getragen wurden, richteten sich vielmehr auf die Anerkennung allgemeiner Bürger- und Menschenrechte gegenüber einer privilegierten und an ihrer Stellung unerbittlich festhaltenden Adelsschicht.

Was dieses Buch für uns heute so interessant macht, ist genau dieser Ausgangspunkt der Betrachtung. Ohne nationale Ressentiments werden die Ursprünge und Entwicklungen der verschiedenen Völkerschaften dargestellt, die aus den Wanderungen der germanischen Stämme im frühen Mittelalter resultieren. So entsteht vor unserem geistigen Auge nach und nach eine viel offenere Sicht auf Europa, als wir es aus unserem durch die beiden Weltkriege geprägten Nationalstaatsdenken gewohnt sind, und ermöglicht uns einen ganz neuen Zugang zur Überwindung nationaler Vorurteile.

Die Entstehungszeit des Buches muß man auch berücksichtigen, wenn der Autor beispielsweise vom Straßburger Dom als einem der wichtigsten Dome in Deutschland spricht oder den Kölner Dom beschreibt, von dem zu seiner Zeit nur der Hauptchor stand, so, wie der Bau im 15. Jahrhundert aufgegeben wurde; er wurde erst Ende des 19. Jahrhunderts so fertiggestellt, wie wir ihn heute kennen.

Ein weiterer Aspekt des Werkes ist die ausführliche Darstellung der historischen Entwicklung und Institutionalisierung der Kirche und ihres Oberhauptes. Wie sich derartige Positionen, ebenso wie die des Kaisers, des Königs oder der Kurfürsten, im allgemeinen Gefüge zwischen persönlichem und durchsetzbarem Machtanspruch auf der einen und allmählich wachsender gesetzlicher Beschränkung auf der anderen Seite herausbildeten, ist anschaulich erzählt und spannend zu lesen. Auch die Kreuzzüge mit ihren jeweiligen Hintergründen, die Auseinandersetzungen zwischen Christentum und Islam und ebenso die Spannungen zwischen Rom und Konstantinopel – dem heutigen Istanbul –, das ein wichtiges Machtzentrum des mittelalterlichen Europa bildete, werden ausführlich dargestellt.

Begleitet wird der Text von zahlreichen Fußnoten, die bis auf kleinere orthographische und satztechnische Anpassungen unverändert aus dem Originaltext übernommen wurden. Die bibliographischen Angaben sind zwar nur sehr sparsam und oft unvollständig, geben dem Leser jedoch brauchbare Hinweise, auf welche Quellen der Autor seine Ausführungen stützt. Eine erläuternde Bibliographie war dem Werk allerdings nicht beigefügt.

Um das fast 200 Jahre alte Werk überhaupt der heutigen Leserschaft zugänglich zu machen, wurde es sprachlich intensiv überarbeitet. Ziel war es, den Text flüssig lesbar zu machen, die Stolpersteine einer längst veralteten Sprache so auszuräumen, daß eine inhaltliche Erfassung beim ersten Lesen ermöglicht wird. Die Rechtschreibung wurde modernisiert und in die heute von uns als »alte Rechtschreibung« bekannte Form gebracht. Veraltete, nicht mehr gebräuchliche Wörter wurden durch bekannte Begriffe ersetzt, wobei altertümliche Wendungen, die nicht ohne eine Bedeutungsveränderung durch ein modernes Wort zu ersetzen sind, durchaus stehengeblieben sind, wenn sie aus sich selbst heraus deutlich werden. So wurden auch die Begriffe »welsch« und die »Welschen«, die von Kortüm ohne jegliche Ressentiments gebraucht werden – wie sie bei uns z. B. in der Wendung »Rotwelsch« anklingen –, beibehalten, da sie einfach nur die romanischstämmigen Völker gegenüber den germanischstämmigen bezeichnen. Auch die spezielle Bildhaftigkeit der Sprache, die ihre Vergleiche einer ganz anderen Lebenswelt entnimmt, als wir sie heute kennen, wurde erhalten. Beispielsweise wurde der häufig verwendete Begriff »Gärungsstoffe« beibehalten, wo wir heute eher von »Zündstoffen« sprechen würden. Überarbeitet wurde auch der gesamte Satzbau, um die vielfach ineinander verschachtelten, kunstvollen Konstruktionen, die häufig auf den Vorlagen des klassischen Latein beruhen, in kürzere, besser verständliche Sätze aufzulösen.

Die Redaktion der Verlag HOHE GmbH

Vorwort

Die Geschichte der Menschheit kennt keinen Stillstand und keinen Tod, nur Umwandlung und Wiedergeburt. Griechenlands wissenschaftliche Herrschaft wich der des kriegerischen Rom, diese der sittlichen Heldengröße Germaniens, dessen Völkersturm den Übergang aus der alten in die neue Welt vorbereitete. Aber letztere, obschon ihrem Grundwesen nach rätselhaft, trägt bei scharfer Bestimmtheit der äußeren Merkmale einen schwankenden, dem Gegenstand nicht selten widersprechenden Namen: Mittelalter. Denn sollte dieser Begriff gleichsam die Mannesjahre der Entwicklung der Völker bezeichnen, so würde Griechen und Römern unreife Jugend, den Zeitgenossen und ihren nächsten Vorgängern ohnmächtiges Greisentum zuerkannt – ein Urteil, das in seiner lächerlichen Anmaßung sich selber verdammt. Sollte jedoch in dem herkömmlichen Ausdruck der Begriff einer *vermittelnden*, alle Gegensätze auflösenden Menschen- und Völkergattung liegen, so zeigen dagegen die urkundlichen Taten der Vergangenheit beinahe immer das schroffe, schneidende Wesen kräftiger, glatter Unterhandlungskünste feindseliger Führer und Stämme, die leidenschaftlich, unbeugsam und auf eigensinnige Ziele gerichtet sind und weder vermitteln können noch wollen, denn das setzt Gemütsruhe, Übergewicht des Verstandes und einen gewissen Anflug selbstsüchtiger Bosheit voraus.

Mag daher immerhin der Name, der die große Zeitkluft zwischen dem griechisch-römischen Altertum und der heutigen Gegenwart andeutet, schwanken, sein Gehalt bleibt fest und wahr, wenn er bezogen wird auf die beginnende Entwicklung der welschen (romanischen) wie deutschen Germanen und Slawen in Europa, der morgenländischen Geschlechter in Asien und Afrika, dort unter dem Geleit des Christentums, hier des islamischen Glaubens. Germanen und Araber bilden den Strebepfeiler, jedoch mit dem Unterschied, daß jene unter allen Wechseln der Erscheinungen ausdauern, diese nach einer langen Reihe von Taten des Krieges und Friedens verschwinden. Avaren und Bulgaren seit dem 5. und 6., Slawen und Magyaren seit dem 9. Jahrhundert füllen mit den Oströmern oder Byzantinern im Abendland den Hintergrund, während nach Osten neben den lange vorherrschenden Arabern Neuperser, Mongolen, Tartaren und Turkomanen den Hebel der Begebenheiten darbieten und Inder und Chinesen in passiver Stellung die Befehle des Verhängnisses erwarten.

Demnach beschreibt das Mittelalter im Raum der Erdoberfläche, Griechen und Römern gegenüber, einen unermeßlichen Kreis, der vom skandinavischen Hochnorden bis zu den Gelbieten des Atlasgebirges und den Fällen des Nilstroms, von den Ufern des Baikalsees und Ganges bis zum Gestade des Atlantischen Meeres reicht und das in der alten Welt gleichsam auf die Fingerspitzen Europas beschränkte Völkerleben über drei Kontinente mit fast gleicher Kraft ausbreitet. Zwar erlöscht oft in Asien und Afrika das Feuer der Eroberungszüge spurlos, während es bei den europäischen Germanen unvergängliche Denkmäler hinterläßt. Aber dennoch erschlafft die Stärke des Morgenländers nicht, sondern drängt, stets angespannt und in wechselnden Gestalten, auf den Sitz der Bildung, auf den einst die Griechen und Römer das Vorrecht besaßen.

In dieser gegenseitigen rastlosen Rückwirkung der drei großen Kontinente entsendet der Osten zuerst um die Mitte des 4. Jahrhunderts die bald gebrochene und wirkungslose Heeresmacht der Mongolen (Hunnen), stürmt danach, im 7. Jahrhundert durch Mohammed vereinigt und begeistert, das zweite Mal gegen Europa vor und entzündet, in der ersten Hälfte des 8. Jahrhunderts Sieger über das westgotische Spanien, den fortan nicht mehr endenden Kampf zwischen den Völkern des Morgen- und des Abendlands, des Islams und des Christentums. Der Osten besteht nach heftigen, unentschiedenen Vorgefechten auf der pyrenäischen Halbinsel zwei Jahrhunderte lang in den Kreuzfahrten den auf Blutrache und Eroberung ausgerichteten Anprall des christlich-germanischen Abendlands, überschreitet während des 13. und 14. Jahrhunderts das dritte Mal mit mongolischen Heerhaufen die trotz innerer Zerwürfnisse mutig abgeschirmten Grenzen der europäischen Christenheit und gewinnt während des wachsenden Zwiespalts derselben am Ende des gesamten Zeitraums in der letzten Eroberung durch die Osmanen Konstantinopel und das europäische Bürgerrecht, das bald darauf in der entgegengesetzten Richtung die Spanier den Arabern entreißen.

Mit dem Römer- und Griechentum verglichen, zeigt das in dieser Weise nach Stämmen und Schauplätzen vorläufig bestimmte Mittelalter in der Gesittung ebenso vielfältige wie eigentümliche Merkmale, deren Hauptgehalt in folgenden, keineswegs erschöpfenden Grundzügen liegen mag. Im religiösen Bereich tritt zuerst der schlagende Unterschied auf, daß die Bildung einer starken, oft unabhängigen Körperschaft (Kirche) von den alten Völkern durchaus verschmäht, von den neueren jedoch entweder freiwillig oder nach erfolglosem Widerstreben geduldet wird. Während nämlich die alten Völker bei einem entschiedenen Übergewicht des praktischen Verstandes den jeweiligen Glauben an das Bedürfnis der staatsbürgerlichen Gesellschaft knüpften, gestatteten die neueren, bei tiefem Gemüt und dichterisch entzündlicher Einbildungskraft gleich begierig nach den Geheimnissen des Himmels und den Abenteuern der Erde, der Entwicklung des Übersinnlichen einen fast unermeßlichen Spielraum.

Dieses Gepräge einer bewaffneten Heerfahrt für bald dunkle, bald helle Bilder des Heiligen tragen daher alle Hauptdenkmale mittelalterlicher Kunst, die nicht wie in Ägypten und Etrurien Werke einer herrschgierigen Priesterschaft sind, sondern wie in Rom und Athen die Frucht der allerdings verschiedenartig bewegten Gesamtheit, des Gefühls für den Glaubenssieg. So entstanden die Moscheen der Araber in Damaskus und Cordoba, die Wundergärten der Alhambra in Granada, die Dome der Deutschen in Köln und Straßburg – durch den Beitrag mehrerer Menschenalter für Jahrhunderte gegründet. So verkörperte Dante, von religiösen Anschauungen ergriffen, im überreichen Gedicht Licht und Nacht, Gott und Teufel. Überdies erleichterte die dem Christentum und Islam eigentümliche Offenbarungslehre den Entwicklungsgang einer ständischen Priesterschaft, die gleichsam das wunderbare Geheimnis als unantastbares Vorrecht hüten und dem widerstrebenden Wesen der Völker, besonders germanischen Stammes, unaufhörlich bald durch Gewalt, bald durch List einimpfen sollte, damit dieser beständige Krieg zwischen dem natürlichen Menschen und der vom Morgenland her eingedrungenen geistigen Wiedergeburt bisher ungesehene Verhältnisse im Bösen wie im Guten erzeugen und eine stete Befruchtung der edleren Kräfte unterhalten sollte.

Dafür wirkte auch die mannigfaltige und selbständige Ausprägung des staatsbürgerlichen Lebens. Während nämlich Griechen und Römer eine Reihe freier Gemeinden in getrennten Bahnen darstellten und mit dem Ende dieses zwar starken, aber festen Bündnissen (Konföderationen) feindselig gesonnenen Republikanismus vom Schauplatz großartiger Wirksamkeit abtraten, hat das Mittelalter in seinen gesellschaftlichen Bezügen eine dreifache Richtung genommen: im Morgenland die Entwicklung eines unumschränkten Fürstentums, das bisweilen, wie im arabischen Kalifat, geistliche und weltliche Allgewalt vereinigte; bei den Abendländern, vor allem den Germanen, nach dem Untergang der früher alleingültigen Gaufreiheit die Entfaltung eines vom weltlichen und priesterlichen Adel gezügelten Lehnsfürstentums, das seit dem 12. Jahrhundert einerseits durch die Aufnahme bürgerschaftlicher Bestandteile allmählich untergraben, andererseits durch den Ursprung und das Wachstum verbündeter Gemeinwesen in dem Maße gestürzt wurde, in dem das Volk den Wunsch nach Sammlung bisher zersplitterter Kräfte fühlte und ausbildete.

Nicht weniger abweichend gestaltete sich in beiden Zeitwenden das besondere Recht (Privatrecht). Während nämlich bei Griechen und Römern das allgemeine Gesetz den Willen des einzelnen gefangennahm, ihm seine häuslichen und öffentlichen Handlungen gebieterisch vorschrieb und ihm nur in Hinsicht auf die Gesamtheit einen bedingten Wert gönnte, ging die gesellschaftliche Entwicklung der Germanen und zum Teil auch der Araber des Mittelalters von der Freiheit des einzelnen Bürgers aus, dessen persönliche Anlagen, Kräfte und Leidenschaften keineswegs in den Pflichten gegen den Staat *(res publica)* durchweg aufgehen, vielmehr neben diesen einen angemessenen Spielraum suchen und behaupten mußten. So wurde die im Altertum nur dienstbare und dem Geschäft der Fortpflanzung bestimmte Frau in die naturgemäße Bahn der ebenbürtigen, freien Hausfrau zurückgeführt, dem Mann gleichwertig, als Ausdruck eines kleinen, unabhängigen Gemeinwesens. Die Schönheit wurde nicht nur als Gegenstand der Augenlust und etwaigen Kunstdarstellung, sondern auch als Ehrenlohn ritterlichen Heldenwerks gefeiert, ja selbst in den Kreis dichterisch-religiöser Urbilder (Ideale) aufgenommen. Der Zweikampf für die persönliche Ehre und für das dunkle, von Menschenaugen nicht erkannte Recht wurde zugestanden, endlich die Bildung vielfacher Vereine und Körperschaften bald des Krieges, bald des Friedens als Zeichen des Selbstwillens ohne Argwohn gestattet.

Den letzten, durchgreifenden Unterschied bietet das Völkerrecht dar. Denn während Griechen und Römer bei schroffer, dem gegenseitigen Verkehr feindseliger Abgeschlossenheit die ganze Fremde entweder als Barbarentum ächteten oder als Ziel wuchernder Selbstsucht und erobernden Ehrgeizes betrachteten, erkannten die deutschen (germanischen) und welschen (romanischen) Stämme des Mittelalters trotz der vielfachen Gegensätze und Brechungen teils das gemeinsame Band der Abkunft, teils die Vereinigung durch den christlich-kirchlichen Glauben an, ja erhielten in diesem nicht selten ein festes Bollwerk gegen den Übermut roher Gewalttat und die zermürbende Kraft der Trägheit. Ähnliche, obschon weniger ausgebildete Erscheinungen zeigt das Morgenland, dessen zersplitterte Lebensquellen das Bekenntnis Mohammeds gesammelt und zu den äußersten Enden Asiens, Afrikas, Europas bald befruchtend, bald zerstörend geleitet hat.

Das Mittelalter, das man in dieser Weise nach den inneren Hauptverhältnissen des Glaubens, Staates, häuslichen und völkerschaftlichen Zusammenhangs als eine eigenständige, von der Vergangenheit unabhängige Entwicklungsart des Menschengeschlechts vorläufig charakterisieren kann, tritt zeitlich (chronologisch) mit dem Todesjahr des Ostgotenkönigs Theoderich (526) in die Geschichte ein und erlischt mit dem Fall Konstantinopels (1453). Denn genauso wie das erste Ereignis jeden Einfluß römisch-griechischer Begriffe und Haltungen beendet, so liegt im zweiten die Markscheide der seither gültigen, neuen Verhältnisse. Das europäische Bürgerrecht der Osmanen nämlich hebt die lange Rückwirkung zwischen beiden Kontinenten auf: Der erkaltete Glaubenshaß zwischen Christentum und Islam weicht dem wachsenden wissenschaftlich-sittlichen Eifer. Die Schrift- und Kunstwerke der Griechen und Römer steigen, gestützt auf den Arm der Buchdruckerei, aus den Gräbern hervor und erhöhen die Beweglichkeit forschender Denkkraft, die bald schlagende Wahrheiten, bald folgenreiche Handelsstraßen und Länder entdeckt, die Ordnungen im geistlichen und weltlichen Bereich erschüttert und überhaupt die Nähe einer anderen Bildungsweise verkündet.

Blickt man schließlich auf die vorbereitenden Umstände und Kräfte, die aus den Trümmern der griechisch-römischen Welt zur Wiedergeburt der Menschheit, vor allem durch Christen- und Germanentum, führen, so erscheinen die 200 Jahre zwischen der Alleinherrschaft Konstantins und dem Tod Theoderichs (323–526) als Abschnitt des Übergangs und Vorhalle des Mittelalters. Wenn nämlich der weise und mutige Ostgote römische und germanische Satzungen verknüpft und dem Altertum einen Schatten der längst verwirkten Achtung sichert, um die vielfachen Widersprüche sich gegenseitig abstoßender Volkstümlichkeit in seinem italienischen Reich auszugleichen, so wird nach dem Tod dieses außerordentlichen Vermittlers das schwache Band zwischen der alten und neuen Zeit für immer zerrissen und, unbedeutende Ausnahmen abgerechnet, die letzte Spur römisch-griechischer Gesittung getilgt. Daher die Notwendigkeit, von diesem Wendekreis der Vergangenheit und Gegenwart auszugehen.

ERSTES BUCH

DER ZEITRAUM DES ÜBERGANGS

Von der Alleinherrschaft Konstantins I. bis zum Tod des Ostgoten Theoderich

(323–526)

Erster Abschnitt

Allgemeine Völker- und Staatenlage in den Tagen Konstantins und der unmittelbaren Nachfolger des Römischen Reiches

In dem weiten Raum, den nach Westen der Atlantik, nach Norden in Britannien der Erdwall Hadrians zwischen der Solwaibucht und der Mündung des Tineflusses gegen Pikten und Skoten, in südöstlicher Richtung der Rhein gegen das tatkräftige Geschlecht der Germanen sowie die Donau gegen Germanen und Slawen (Sarmaten), nach Süden die Steppen Arabiens, Libyens und Äthiopiens gegen streitbare und bewegliche Hirtenstämme, nach Osten der Euphrat und Tigris gegen die kriegerischen und bildungsfähigen Neuperser als Grenzbollwerke einschlossen, siedelten die vielfältigen, an hundert Millionen Köpfe zählenden Völker des römischen Weltreichs.

Gegründet durch Bürgerblut, Herrschlust und Ehrgeiz, hatte es, wie vom Mutterfluch begleitet, selten die Tugenden, sondern fast immer die Laster der Republik entfaltet. Die Verbrechen und die löblichen Handlungen seiner beinahe unumschränkten Fürsten, die man nach dem Bändiger des Freistaats Cäsaren, oft auch Imperatoren (Feldherren) und Augusten (Geweihte) nannte, hatte es mit gleicher Gefühllosigkeit geduldet, Weichlichkeit, Habgier, Verknechtung, Prunk und Vergeudungssucht von den Hauptstädten mit der herrschenden Sprache und mannigfaltigen Kenntnissen bis in die äußersten Landschaften getragen, um endlich zu Anfang des 4. Jahrhunderts durch die Rückwirkung des verfolgten Christentums und bedrängten Untertanenrechts eine allgemeine Bürgerfehde zu erzeugen, die dem klügsten, kräftigsten und gewissenlosesten Parteiführer Sieg und Allmacht verschaffte. Konstantin nämlich, der Sohn Helenas und des in Gallien wie auch in Britannien mächtigen Kriegsfürsten Konstantin Chlorus, überwand durch Mut in den Schlachten, Schlauheit in den Verhandlungen und zweideutige Treue gegen abgeschlossene Verträge alle Widersacher und übergab den letzten, in Kleinasien besiegten Nebenbuhler Licinius (323) heimtückisch dem Tod. Er verlegte, als fortan unbestrittenes Oberhaupt der Römer, den Sitz der Regierung von den Ufern des Tiber an die damals zum Teil öden Gestade der thrakischen Meerenge (Bosporus, 330) und vollendete in der neuen Residenzstadt Konstantinopel, ehemals Byzanz genannt, den schon früher begonnenen Bau der weltlichen und der kirchlichen Ordnung.

So wurde im staatsbürgerlichen Bereich nach den Grundsätzen des Morgenlands der Hof oder die Umgebung des unumschränkten Alleinherrschers und Oberkönigs (Kaisers) als Mittelpunkt der Reichsgewalt bezeichnet, die äußere Darstellung (Zeremoniell) in gleichsam stehenden Lettern für immer festgelegt. Wer vor dem Kaiser erschien, mußte die Knie beugen und mit der rechten Hand den Mund berühren, eine Huldigung, die das heidnische Rom nur den Götterbildern entgegenbrachte. Zeigte sich aber, was selten geschah, der Herrscher dem Volk, so deckte ihm der mit Gold überzogene Purpurschuh den Fuß, der von goldenen Adlern gezierte Purpurmantel die Seiten, der dem späteren Haarbeutel ähnliche Schmuck von demselben Stoff den Hinterkopf, während sein Leibroß in golddurchwirkter Purpurdecke und das bewaffnete und unbewaffnete Gefolge in kostbaren, mit edlen Steinen und Metallen besetzten Kleidern schimmerte.

Weiß war die Hoffarbe, lang die Reihe der nach Rang und Würde sorgfältig abgestuften Kronbeamten. Den Geheimen Oberkammerherrn (Zeremonienmeister, *illustris sacri cubiculi praepositus*), der den gesamten Hofstaat beaufsichtigte, unterstützten der Erste Oberkammerherr *(primicerius sacri cubiculi)*, die Zehner *(decani)* und Gemeinen *(cubicularii)*. Dem Hofmarschall *(comes s. palatii)* gehorchten die Kellnermeister *(primicerius cellariorum)*, Tafeldiener *(primicerius mensarum)*, Lampenputzer *(prim. lampadiorum)*, Kleideraufseher *(magistri linteae vestis)* und die Heimlicher *(silentiarii)*, welche die Nachtwachen, 30 an der Zahl, stellten. Den Staatsschatz verwaltete der den heiligen Spenden bestimmte Vorsteher *(comes sacrarum largitionum)*, das Krongut der Kammerverweser *(camerarius, comes privatae rei principis)*. Die Gesetzgebung und Rechtspflege leitete der Kanzler *(quaestor)*, die inneren Angelegenheiten der Oberhofmeister *(magister officiorum)*, mit dem Pfalzgrafen oder Vorsteher der Hausgenossen *(comes domesticorum)* zugleich Sittenrichter für alle Palast- und Hofbeamte *(palatini)*, während zahlreiche Geheimschreiber *(chartularii)* die Ausfertigung der Urkunden besorgten und die Obersten der Leibwache *(comites equitum et peditum domesticorum)*, unterstützt von 10 000 zwischen der Hauptstadt und den Landschaften aufgestellten Spähern, teils den Glanz, teils die Sicherheit des Fürsten fördern sollten.

Die Gliederung der Beamten, die außer den bald sehr einflußreichen »Verschnittenen« (Eunuchen) nur der Hochverräter verletzen durfte, war durch Namen und Ehren eindeutig bezeichnet. Obenan standen die Hochedelgeborenen und Erlauchten *(nobilissimi, illustres)*, unten die Vollkommenen und Trefflichen *(perfectissimi, egregii)*, wobei die größere oder geringere Entfernung vom Hofe auch auf den Rang zurückwirkte. Neben den erwähnten Kronbediensteten hatte der Geheimrat *(consistorium principis)*, der aus den Vertrauten und Günstlingen gebildet wurde, die Befugnis, die jeweiligen Befehle *(edicta, constitutiones)* beistimmend zu erörtern. Der Senat, in den meistens Eitelkeit die reichen Nachkommen altrömischer Geschlechter (Patrizier) brachte, durfte alljährlich aus seiner Mitte die erlauchten Konsuln wählen, damit sie, auch wenn sie im übrigen bedeutungslos waren, dem Jahr den Namen gaben.

Das Volk, das von aller Teilnahme am Gemeinwesen ausgeschlossen war, suchte sich durch spitzfindige Glaubensstreitigkeiten, tägliche Brotspenden und Wettspiele auf der Rennbahn zu entschädigen. Oft vergaß es in leidenschaftlicher Parteinahme für die blaue und grüne Farbe der Wagenlenker den wachsenden Druck der Abgaben. Diese, kunstvoll geordnet, betrafen teils den Grund und Boden – der im ganzen Umfang des Reiches vermessen und aufgezeichnet (katastriert) wurde und auf den innerhalb von 15 Jahren ein unveränderter Zins *(indictio)* zu entrichten war –, teils als fünfjährige Steuer *(aurum lustrale)* die Gewerbe und als Zölle den Handel, endlich unter dem Namen des freiwilligen Kronengeldes *(aurum coronarium)* jeden Bürger, sooft der Hof sich außerordentlich, etwa bei der Geburt eines Fürstensohnes, freuen wollte. Überdies eröffneten das von den Lebensmitteln bezogene Umgeld (Akzise), die Rauchfangsauflage, der Ämterkauf, Bergwerke, Münzen, Gerichtsfälle und zahlreiche Kronländereien (Domänen) dem Staatssäckel unversiegbare Quellen der Einnahme, die aber dennoch bei steigender Prunklust und Menge der Beamten kaum genügte.

Außerhalb der Hauptstädte Rom und Konstantinopel, wo besondere Aufseher *(praefecti)* herrschten, geboten in den vier Oberstatthalterschaften (Präfekturen) Morgenland (Orient), Illyrien, Italien und Gallien die vom Kaiser eingesetzten Vögte (Exarchen, Präfekte). Unter ihnen standen Stellvertreter *(vicarii)* den 13 Sprengeln (Diözesen) und Ordner (Rektoren) oder Obmänner (Präsidenten, *praesides*) den

117 Landschaften (Provinzen) als Verwaltungsbeamte vor. Den obersten Heeresbefehl führten zwei Feldzeugmeister *(magistri militum)*, den unteren Hauptleute *(duces)* und Gehilfen *(comites)*. Schon dienten Fremde im Heer, besonders Germanen, im Kern der Reiterei und des Fußvolks. Strenge Lagerzucht mußte den unkriegerischen Sinn der Eingeborenen schärfen, nachsichtige Freigebigkeit die Lücken der Soldknechte füllen.

Während also die weltliche Verfassung fast vollendete Alleinherrschaft wurde und das morgenländische Vorbild mit Ausnahme des Harems oder der Vielweiberei in treuen Umrissen darstellte, folgte die kirchliche Entwicklung mit Beihilfe Konstantins dem entschiedenen Übergewicht der schon früher wirksamen körperschaftlichen (oligarchischen) Grundkräfte und verließ die seit etwa zwei Jahrhunderten allein gesetzliche Bahn gemeinheitlicher Gleichheit. Das Christentum nämlich zeigte seinen ersten Bekennern nicht nur den reinen Himmel der vom Aberglauben befreiten Wahrheit, sondern auch die geweihte Zufluchtsstätte der durch römische Allmacht zertretenen Menschen- und Bürgerrechte. Demnach galt kein Ansehen der Geburt, des Reichtums und Standes in den der Bruderliebe und Begeisterung für das Göttliche entsprossenen Vereinen. Von der Gemeinde als dem Inbegriff der gesellschaftlichen Hoheit gingen Gesetzgebung, Rechtspflege und Wahl der Beamten aus. Unter diesen wachten die Ältesten (Presbyter) über Zucht und Sittlichkeit, erörterten vorläufig alle Gegenstände der öffentlichen Beratungen und leiteten als Gesandte, Briefsteller und Wortführer die auswärtigen Angelegenheiten. Die Helfer (Diakone) und Helferinnen (Diakonissen) besorgten neben der Verwaltung des Gemeindeguts Kranken- und Armenpflege. Die Aufseher und Bischöfe (Episkopen) traten an bestimmten Tagen als Lehrer auf, schlichteten in Vollmacht der Gesamtheit Streitigkeiten und verkündeten schuldigen Mitgliedern die gesetzliche Strafe, den milden Zuspruch oder die schwere Ausschließung (Bann), die auf Ehebruch, Abgötterei und Totschlag stand.

So fanden das fromme Gefühl und das staatsbürgerliche Freiheitsbedürfnis auf gleiche Weise Nahrung und Schutz unter dem Doppelschild des neuen Glaubens, der sich schnell ausbreitete in den verwilderten Landschaften und Städten des Römerreichs. Aber gerade die wachsende Zahl der Anhänger, die bei den Bedrängnissen der äußeren Gefahren und inneren Reibungen oft die durchgreifende Einheit und Kraft der Behörden vermißten, nötigte zur schärferen Gliederung und Abgeschlossenheit der Beamten. Sie weckte den schlummernden Ehrgeiz der einen, den körperschaftlich-ständischen Sinn der anderen und gab seit dem Ende des 2. Jahrhunderts das Zeichen zu einer wenn auch beschränkten, priesterschaftlichen (hierarchischen) Entwicklung, die ebensosehr das Werk der Umstände als das bedeutsamer Persönlichkeiten gewesen ist. So wurden die bisher durchaus nicht bevorrechteten Gesellschaftsdiener, Bischöfe, Älteste und Helfer, nach und nach auf eine bestimmte Innung (Stand, *ordo*) verwiesen - die man, nach dem Vorbild altjüdischer Leviten, Los des Herrn *(clerus, sors domini)* nannte und als ein edleres, Gott näher stehendes Geschlecht dem Volk (*laici*, Laien) gegenüberstellte - und durch anfangs freiwillige, später pflichtmäßige Zehnten, Erstlinge und andere Abgaben geehrt.

Gleichzeitig wurden die in Vollmacht der Gemeinde von den Vorstehern verhängten Strafen schwerer und feierlicher. Der Reumütige mußte zum Beispiel, um die Lösung des Banns zu erreichen, mit Asche auf dem Haupt und mit dem Bußsack umgürtet öffentlich vor dem Versammlungshaus (Kirche) seine Sünden bekennen, Erbarmen anrufen und bei der Erscheinung eines Priesters niederfallen. Danach mußte er unter den Lehrlingen (Katechumenen), später den mündigen Katechumenen, mit denen er dann das Abendmahl teilte, Platz nehmen. Während dieser ganzen, in vier, bisweilen sieben Stufen aufgeteilten Bußfrist mußte er wöchentlich viermal fasten, alle Ergötzungen meiden, mit keinem Getauften essen oder reden und überhaupt als ein der geistlichen Wiedergeburt Bedürftiger sprechen und handeln. Dieser bisher unbekannte Ernst der Rechtspflege konnte auf die vollziehenden und vortragenden Beamten, besonders die Bischöfe, nur in dem Maße vorteilhaft zurückwirken, in dem der Gesamtverein, bald aus Trägheit, bald aus Unwissenheit, seine oberhoheitliche Macht in eine passive, gehorchende Stellung umwandelte und dadurch, ohne es zu ahnen, das rasche Wachstum der körperschaftlichen Grundkräfte förderte.

Letztere fanden vor allem zuerst Begünstigung im wachsenden Ansehen der Bischöfe, die etwa seit der Mitte des 3. Jahrhunderts, von der übrigen Geistlichkeit gewählt und vom Volk bestätigt, in den Versammlungen der Amtsgenossen durch einen höheren Sitz (Thron) und bleibenden Vorstand (Präsidentschaft) ausgezeichnet wurden. Sie waren es, die den Ältesten und Helfer weihten (ordinierten), die Haushaltsbehörde (Diakonat) anfangs nur beaufsichtigten, später eigenmächtig ernannten (seit 350) und als Werkzeug eines höheren Willens gebrauchten. In der schärferen Gliederung des in Vornehme (*clerici majorum ordinum*, Bischof, Ältester, Helfer) und Gemeine wie Unterhelfer, Türsteher *(ostiarius)*, Vorleser *(lector)*, Teufelsbanner (Exorzist) und Begleiter (Akoluth, *clerici minorum ordinum*) aufgeteilten Klerus bildeten sie als Väter *(papae)* den leitenden Mittelpunkt, den sie auch bei der wachsenden Ausdehnung des gesellschaftlichen Kirchenkreises oder dem Sprengelwesen (Diözesanverfassung) behaupteten.

Kaum hatte nämlich das Christentum unter mannigfaltigen Gefahren zuerst in den größeren Städten des Römischen Reiches Wurzeln gefaßt, als von hier aus bald durch die Bischöfe, bald durch niedere Geistliche und eifrige Gemeindemitglieder Pflanzungen auf dem Lande gestiftet wurden. Diese, mit dem Fortschritt der Zeit vermehrt und erweitert, traten als Teile desselben räumlichen Gebiets oder desselben Sprengels (Diözese, Verwaltung) in ein natürliches Schutz- und Bundesverhältnis zu der beschirmenden, durch Tat und Rat hilfreichen Mutterkirche *(metropolis, prima sedes),* deren Vorsteher, fortan Erzbischöfe (Metropoliten, *archiepiscopi*) genannt, den oft nicht frei erwählten Landbischof *(episcopus provincialis)* einführten und dem geistlichen Gericht, das über ihn bei etwaigen Klagen entscheiden sollte, als Obmänner vorstanden. Seit dem Anfang des 3. Jahrhunderts versammelten sie meistens jährlich einmal alle Bischöfe der Landschaft, legten ihnen die Gegenstände der sorgfältig geleiteten Beratung vor und unterzeichneten den durch Stimmenmehrheit gefaßten Beschluß *(decretum, canon)* als Gesetz für geistlich-kirchliche Zucht. Als Frucht des Bedürfnisses und des bündischen Einigungstriebes entwanden die zuerst im griechischen Achaja gehaltenen Landtage (Provinzialsynoden) den Gemeinden nach und nach das Recht der Gesetzgebung, die – den bleibenden Stellvertretern, also den Bischöfen, überliefert – die zweite Quelle der körperschaftlichen Verfassung wurde.

Den Schlußstein des neuen Gebäudes aber legte Konstantin dadurch, daß er, dem öffentlichen Urteil und der weltlichen Klugheit gehorchend, das Christentum zum bevorrechteten oder alleingültigen Staatsglauben erhob (324), die zerstörten und beschädigten Gotteshäuser prachtvoller wiederherstellte, nur an Christen Ämter und Ehren vergab und den Besuch heidnischer Tempel und die Feier herkömmlicher Bräuche untersagte. Der Sohn und Nachfolger Konstantins ließ die heidnischen Tempel völlig brechen (342), während später Theodos I., durch Hartnäckigkeit erbittert, im ganzen Umfang des morgenländischen Reiches die alten Bräuche aufheben ließ (392).

Nicht minder entscheidend wirkte der Sieg des Christentums auf die kirchlichen Innenverhältnisse zurück, die mehr und mehr von dem ständischen Innungsgeist einer geschlossenen Priesterschaft durchdrungen und geleitet wurden. Zwar besaß der Kaiser – wie früher als Vorstand *(pontifex maximus)* der heidnischen Religionsbräuche jetzt Haupt der christlichen Kirche – bedeutende Hoheitsrechte.

Er beschränkte die freie Bischofswahl bald durch unmittelbare Ernennung, bald durch höfischen Einfluß, berief und ordnete die besonderen wie allgemeinen Versammlungen und gab deren Beschlüssen durch Unterschrift gesetzliche Kraft. Aber gleichzeitig wuchsen, oft entgegen den Wünschen und Absichten des weltlichen Oberherrn, die äußeren und inneren Hilfsmittel der geistlichen Körperschaft. Sie gewann nämlich, ungerechnet vieler schwankender, aber immerhin beträchtlicher Einkünfte, durch Geschenke und bewegliche Güter, und zwar durch die Freigebigkeit der Befugnis Konstantins, Ländereien zu erwerben. Deren anfangs mäßige Ausdehnung erweiterte sich durch Gaben der Kaiser, Vermächtnisse der Gläubigen, besonders sogenannter Heidenchristen, und Ankauf herrenloser oder feilgebotener Grundstücke binnen etlichen Menschenaltern zu großen Gebieten. Diese, laut kirchlichen Gesetzen unveräußerlich und dem gewöhnlichen Wechsel der Besitzverhältnisse entzogen, wurden überdies allmählich durch landesherrliche Gnade von den meisten am Boden haftenden Lasten befreit, so daß sie, weder zu Frondiensten noch zur Aufnahme durchziehender Krieger verpflichtet, in demselben Maße den Ertrag einer ungestörten Feldbestellung steigern konnten, in dem die Äcker der Weltlichen und Gemeinden unter dem Druck der Steuern in zerstörende Schulden und Armut sanken.

Gleichzeitig errangen die Geistlichen, persönlich der Übernahme öffentlicher Ämter und Dienste entzogen*, den Anfang eines unabhängigen Gerichtsstandes *(privilegium fori),* zuerst in Streitigkeiten der Kirchenbeamten miteinander, danach in gemischten Händeln und wenn der Laie freiwillig die schiedsrichterliche Entscheidung des Bischofs nachsuchte. Zwar gehörte ursprünglich nur die Verletzung der religiösen Gesellschaftszucht *(causae ecclesiasticae)* dem geistlichen Gerichtsbann an, aber seit dem 6. Jahrhundert dehnte man ihn über die Mitte und das Ende der bürgerlichen Lebensverhältnisse aus. Weil nämlich die Ehe seit der Verschmelzung des Glaubens mit dem Staat der feierlichen Einsegnung bedurfte, forderte und bekam die neue Rechtspflege alle darauf bezüglichen Klagen zur Spruchfällung und mit der Teilnahme an den Geheimnissen des Herzens wachsende Macht über die Familien, gleich wie andererseits der dem Sterbenden gegebene Trost die Vermächtnisse und

* Im Jahr 313. *»Ne ab sacrorum ministerio abducerentur«,* d. h. »damit sie ihrem heiligen Beruf obliegen könnten«, lautete Konstantins Freibrief.

Erbschaftssachen dem geistlichen Gericht größtenteils zuwandte und mannigfaltige Mittel gewährte, selbst das irdische Gut durch den letzten Willen des Schutzbefohlenen zu vermehren.

Während sich dergestalt die Kirche als ein reiches, vom Staat zwar beaufsichtigtes, aber in vielfachen Bezügen souveränes Gemeinwesen entwickelte, wuchs auch die körperschaftlich-ständische Abgeschlossenheit ihrer Innenverhältnisse. Denn teils wurde die Reihe der Beamten erweitert durch Erzälteste (Archipresbyter) oder Aufseher der geistlichen Zucht (Disziplin), Erzhelfer (Archidiakone) oder erste Gehilfen des Bischofs, besonders für den Zweig der weltlichen Rechtspflege, bischöfliche Geheimdiener (Syncellen, Hausgenossen), Urkundenbewahrer (Archivare, *chartularii*) und Verwalter (Ökonomen), teils der zünftische Verband durch äußere Abzeichen, als runde Haarschur (Tonsur), schwarze Kleidung, beginnende, jedoch keineswegs gesetzliche und allgemeingültige Ehelosigkeit (Zölibat), befestigt. Schließlich wurde der Abstand vom Volk durch das Verbot weltlicher Geschäfte, selbst der Vormundschaften, und die bald längere, bald kürzere Versetzung straffälliger Priester unter die Laien tatsächlich gezeigt. Dagegen verloren die letzteren den Kern ihrer Gesellschaftsrechte, indem hinsichtlich der Beamtenwahl seit der Mitte des 4. Jahrhunderts die Geistlichkeit der Landschaft den Bischof, dieser den Helfer und andere Kirchendiener ernannte, die gesetzgebende Macht aber bei den angeblichen Stellvertretern der Gemeinde, den zu besonderen oder allgemeinen Versammlungen berufenen Bischöfen lag, die überdies durch den von ihnen bestimmten Helfer den kirchlichen Haushalt ordneten und beaufsichtigten.

Nirgends zeigte sich jedoch die auf Einheit und Gliederung gerichtete Kraft der Kirche tätiger als gerade in den höchsten Kreisen der mannigfaltig abgestuften und verbundenen Körperschaft, denn hier wirkten Ehrgeiz, Eitelkeit und Eifersucht mit einer das Gleichgewicht der obersten Würdenträger bedrohenden Stärke. Die Erzbischöfe von Rom, Konstantinopel (seit 381), Antiochien und Alexandrien nämlich errangen durch Alter, Umfang und Reichtum ihrer Sprengel die Befugnis, als Erzväter (Patriarchen) die Metropoliten zu weihen, Klagen gegen diese zu entscheiden, allgemeine (ökumenische) Versammlungen zu berufen und die Aussprüche der landschaftlichen Versammlungen zu bestätigen, so daß sie, obschon gleich an Rang, wie geborene und lebenslängliche Obmänner der gesamten Priesterschaft und kirchlichen Einigung auftraten, dazu mehr durch Herkommen denn gesetzliche Übereinkunft befugt. Betrachtet man schließlich die bewegenden Triebfedern dieses geistlichen, in seinen Grundzügen schon ausgebildeten Amtsadels, so erscheint neben der sittlichen und uneigennützigen Reinheit bei manchen den Gang der Entwicklung bestimmenden Bischöfen die Aussicht auf einen unermeßlichen Spielraum großartigen Ehrgeizes als stärkste Kraft und erste Bedingung der priesterlichen Körperschaft (Hierarchie). Anlagen und Tugend konnten ohne Rücksicht auf Geburt oder Reichtum den untersten Diener, etwa den Türsteher, zum ersten Beamten oder Patriarchen erheben und so auf nie gesehene Weise in einer vollendeten Geschlechterherrschaft (Oligarchie) die Flamme der gemeinheitlichen (demokratischen) Ordnung unterhalten.

Nicht minder durchgreifende Wechsel hatte, während die Gesellschaft sich umgestaltete, der christliche Lehrbegriff erlitten und, bald durch die Aufnahme heidnischer Vorstellungen und Sinnbilder, bald durch das Mißverständnis biblischer Zeugnisse und mündlicher Überlieferungen bestimmt oder von den Leidenschaften des gärenden, tief bewegten Zeitgeistes geleitet, nicht selten das Gepräge des einfachen und göttlichen Urbekenntnisses bis zur Entstellung verwischt. Die Religion des Menschengeschlechts nämlich, die Jesus Christus unter dem römischen Kaiser Tiberius verkündete und durch freiwilligen Opfertod besiegelte, ruhte ihrem Wesen nach auf folgender Grundlage: »Der Mensch, dem Weltgeiste gegenüber, soll glauben an einen einzigen Gott, Schöpfer und Vater aller Dinge, der nach langem Dunkel des Irrtums seinen Willen geoffenbart hat durch den Sohn und Sendboten Jesus Christus. Als vernünftiges Wesen, das Gott schuf nach seinem Vorbild, soll der Mensch die reichen und mannigfaltigen Kräfte möglichst entwickeln, üben und vervollkommnen, Finsternis und Unwissenheit fliehen, vollkommen wie der Vater im Himmel zu werden trachten (Matthäus V., 48), bei aller Demut gegen die Unendlichkeit der Aufgabe prüfen und das Gute behalten, den Glauben ohne Werke wie einen Leib ohne Seele betrachten, oder unfruchtbare Erkenntnis als das Grab der von Gott gegebenen Vernunftkraft meiden; endlich in Betracht der Unvollkommenheiten und Gebrechen alle von dem irdischen Körper unabhängige Geistestätigkeit auf ein übersinnliches Ziel richten, an Unsterblichkeit glauben. Gleichmäßig soll der Mensch, gegenüber dem Sittengesetz und der bürgerlichen Gesellschaft, durch Bezwingung böser Begierden, als der Wollust, Hab- und Selbstsucht, die Herrschaft des Geistes über den Leib beurkunden, als Erbe eines freien Willens, den der Blick auf die göttliche Gnade oder das Vorbild des Erlösers stärken wird, Einheit zwischen Wort und Tat offenbaren, die Lüge und Falschheit aber als Zeichen der Knechtschaft verabscheuen; im Wandel überall das sittliche Wiedervergeltungsrecht üben, den Leuten tun alles, was er sich selber getan wünschet, ein unbedingtes Wohlwollen Freunden und Feinden zeigen, für jene zu sterben, diesen zu verzeihen wissen, und im Glauben an die Wahrheit keine Furcht vor Gefahren und Tod kennen.«*

Dieses einfache, alle edleren Keime der Menschennatur entfaltende Bekenntnis der ersten Christen wurde im Lauf des 2., 3. und 4. Jahrhunderts in dem Maße untergraben, in dem zwei außerordentliche Mißverständnisse, Selbstpeinigung und grobe Sinnlichkeit, Raum gewannen und den Himmel eines heiteren Lebensernstes verdüsterten. Als nämlich teils die Verfolgungen an Umfang und Strenge zunahmen, teils die wundersamen Schwärmereien von einem tausendjährigen, den Gläubigen beschiedenen Reich fruchtbaren Boden fanden, bildete sich in gleich gearteten Köpfen die Ansicht aus, daß die Wurzel des Bösen im Sinnlichen und dieses im Körper liege. Fortan bekamen Fasten, Geißelungen, Einsamkeit und andere am Wohnsitz des Teufels verübte Unbilden sittliche Bedeutung. Man hoffte, auf solche Weise vollkommener, heiliger zu werden, und trat bald in einen förmlichen Wettstreit der Schmerz und Lust abtötenden Reinigungskünste (Askese, Übung). So lebte jahrelang Thaleläus in einem Käfig, Johannes in einer Höhle, durch deren Loch den Frommen gepredigt wurde, hauste Simon auf Säulen, in der Überzeugung, dem Himmel näher zu stehen, obschon der Sinn eitel und hoffärtig blieb.

Den Höhenpunkt der Selbstqual erreichten jedoch die Überwinder des Triebes nach Gesellschaft und Austausch der Gedanken und Gefühle. Freiwillig Gefangene der syrisch-ägyptischen Wüsten, verbrachten sie in Grotten und ärmlichen Laubhütten die Zeit zwischen Gebet, Selbstbetrachtung und Müßiggang – bald ein zahlreiches Geschlecht ohne Gesetz und Ordnung, sich nährend von Datteln und anderen Früchten des Feldes, halb nackt, mit herabhängendem Haar, ohne Sorge für Pflege und Reinlichkeit, und trotz der Abgeschiedenheit weder dem Neid noch der Eitelkeit und falschen Demut entfremdet, dabei je nach den Launen und dem Gang der Ereignisse durch Flüchtlinge bald vermehrt, bald vermindert.

Diese unstete Ebbe und Flut dauerte so lange, bis in der letzten Hälfte des 3. Jahrhunderts Antonius, der Sohn eines ägyptischen Bauern, auftrat, die zerstreuten Hütten der Einsiedler (Anachoreten,

* 1. Johannes 4, 18. »Furcht ist nicht in der Liebe, sondern vollkommene Liebe verdrängt die Furcht; denn die Furcht hat etwas Peinliches; wer sich also noch fürchtet, dessen Liebe ist noch nicht vollkommen.«

Eremiten) für das gemeinschaftliche Leben *(coenobium)* enger zusammenzog, den Bewohnern des umhegten und geschlossenen Hofes (*claustrum*, Kloster) oder Mönchen (d. h. Einsiedlern) als erwählter Vater (Abt, Archimandrit) die Gesetze einer gleichförmigen Zucht vorzeichnete und nach schweren Kämpfen mit dem Bösen, den er oft leibhaftig zu sehen wähnte, die Ausführung des begonnenen Werkes seinem Schüler Pachomius überließ. Dieser (gest. 348) schärfte die Hausordnung durch eine schriftliche, angeblich im Himmel abgefaßte Urkunde *(regula)*, bestimmte regelmäßiger die Stunden der Andacht, Handarbeit und Erholung und teilte die Brüder, die übrigens auf kein bleibendes Gelübde verpflichtet wurden, nach den Buchstaben in 24 Reihen, für drei Genossen eine geräumige Zelle, so daß fortan der gegliederte Absonderungstrieb des Mönchtums durch Hilarion, den Zögling Antons, in Palästina und Syrien, durch die Kirchenväter Basilius den Großen und Gregor, Bischof von Nazianz, in den vorderasiatischen und osteuropäischen Ländern des Byzantinischen Reiches mit Blitzesschnelle Raum gewann, ja, bald unter der Leitung des alexandrinischen Patriarchen Athanasius und des mailändischen Erzbischofs Ambrosius nach dem Abendland überging und in Italien und Gallien, wo im 5. Jahrhundert Martin von Tours und Johann Kassianus wirkten, feste Wurzeln schlug, während ihm der Eifer des rechtgläubigen Bischofs von Hippo, Augustin, in Afrika Bahn brach.

Selbst Frauen folgten als Nonnen dem gegebenen Anstoß; man wetteiferte in dem Drang nach gesellschaftlicher Beschaulichkeit, änderte den Maßstab der Sittenlehre und Wissenschaft, hielt in jener Fasten, Kasteien und Abtötung der Sinne, in dieser Haß des selbsttätigen Vernunftgebrauchs für die höchsten Zierden des Christen, suchte endlich das Vaterland nicht in den engen Grenzen eines heimischen Gemeinwesens, sondern in der Welt und – Klosterzelle.* »Was sind«, fuhr Gregor von Nazianz den Kaiser Julian an, »deine gepriesenen Männer, z. B. Homer, Aristoteles, Plato, Sokrates, gegen

---

* Schon Tertullian aus Karthago (gest. 220) lehrte: »Nichts ist uns fremdartiger als der Staat; für uns gibt es nur einen Staat, die Welt.« Diese politische Verzichtleistung, anfangs nur Folge der zeitlichen Bedrängnisse, wurde von der beginnenden Möncherei zum Grundsatz erhoben. Der Kirchenlehrer Augustin, Vom ehelichen Gut, C. 10, ging noch weiter. »Möchten sich«, rief er aus, »doch alle Menschen der Fleischeslust enthalten, damit das menschliche Geschlecht ausstürbe, allem Weltlichen ein Ende gemacht und der Staat Gottes früher geschlossen würde.« Siehe Hüllmann, Ursprünge der Kirchenverfassung, S. 119.

unsere armen, unsteten, fast blut- und fleischlosen und insofern Gott verwandten Helden, die Mönche? Auf der Erde, wohnen sie jenseits, unter den Menschen, sind sie über dem Menschlichen, gefesselt, frei, besiegt, unbesiegt, ob der Abtötung unsterblich und dem Himmlischen verbunden, begierdenlos in der göttlichen, reinen Liebe; umflossen vom Lichtglanz, preisen sie den Höchsten mit Engelstimmen bei Tag und bei Nacht, sind Felsen und Himmel, Bettler und Könige ungleich, nackend und angethan mit einem unverweslichen Kleide, einsam und im Kreise der Seligen, Herren der Lüste und erfüllt von unaussprechlicher Wonne; ihre Träne wascht ab die Sünden der Welt, ihre emporgereckte Hand löscht aus die Flammen, bändiget reißende Tiere, stumpft ab die Schwerter, bricht der Feinde Schlachtreihen. Frecher und sterblicher Mensch, ist dir das nicht furchtbar?«*

Freilich zeigte die Wirklichkeit ein anderes Bild, denn Mangel an gleichförmigen Vorschriften, Unwissenheit, Neid und Eifersucht richteten den Ehrgeiz der meisten Klöster nur auf die äußeren Handlungen der Selbstqual. So wurde, um den Leumund der Heiligkeit zu gewinnen, hier mit Ausnahme des Samstags wöchentliches Fasten, dort der Genuß stinkender Fische geboten, während an einem dritten Ort die sogenannten schlaflosen Mönche Tag und Nacht Gottesdienst hielten. Unabweislich erschien entweder eine durchgreifende Umgestaltung oder ein schneller Verfall des zwieträchtigen, ungeordneten Einsiedlerlebens.

Belehrt durch Erfahrung und Nachdenken, trat unter solchen Verhältnissen in der ersten Hälfte des 6. Jahrhunderts Benedikt von Nursia in der altrömischen Landschaft Umbrien als der eigentliche Gesetzgeber des Mönchtums auf. Er band den Willen durch feierliche Gelübde *(professio solennis)*, von denen das erste zum unbedingten Gehorsam gegen die Verfassung (Regel), das zweite (Sittenänderung) zur Ehelosigkeit, das dritte zur Unwandelbarkeit des Aufenthalts verpflichtete. Er gestattete dem Neuling ein Probejahr (Noviziat), nach dessen Ablauf der Aus- oder Eintritt erfolgte, bestimmte die Kleidung – eine weiße Kutte –, Lebensart und Beschäftigung und versuchte vor allem die körperliche und geistige Arbeit als Hauptmittel gegen rohen Müßiggang und abstumpfende Beschaulichkeit zu verbinden. Demnach wurde der Tag in drei Ab-

* Gregors erste Schmährede gegen Julian, S. 288 der Baseler Ausgabe. Vgl. Schlosser im Archiv für Geschichte und Literatur I, S. 269.

schnitte für gottesdienstliche, wissenschaftliche und handwerkliche Übungen gegliedert. In den ersten Kreis wurden Beten und Singen, in den zweiten Lesen und Abschreiben heidnischer wie christlicher Bücher, in den letzten Ackerbau und mannigfaltiges Handwerk aufgenommen, so daß bald Monte Cassino, das auf einem Berg Kampaniens erbaute Kloster der Benediktiner (seit 529), im Abendland Vorbild der Zucht, Sitte und Gelehrsamkeit wurde.

Während dergestalt aus dem Bedürfnis der Einsamkeit und Gesellschaft der künstliche Staat von männlichen und weiblichen Zwittergeschöpfen erwuchs und gleichsam durch geistigen Niederschlag in das Gewirr persönlicher Schwärmereien und Unnatürlichkeiten Ordnung und Selbstbewußtsein brachte, empfing der christliche Lehrbegriff durch die rückwirkende Kraft der altertümlichen Sinnbildlichkeit den Anstoß zu einer zweiten, die unmittelbaren Aussprüche des Verstandes beschränkenden Behandlungsweise der Selbstpeinigung (Askese). Je mehr nämlich das Ansehen der Priester als eines geschlossenen, den Laien an Ehre und Würde überlegenen Standes zunahm, desto stärker wurde das Bedürfnis eines auf Wundern und übernatürlichen Zwischengliedern ruhenden Glaubens, der, schwach unterstützt von den urkundlichen Zeugnissen der Heiligen Schrift, ebensooft zu der glühenden Einbildungskraft des Zeitgeschlechts wie zu den Überlieferungen der sonst verabscheuten römisch-griechischen Heidenwelt flüchten mußte. So erweiterte man den schon bekannten Satz, daß der Körper die Herberge des Bösen sei, zu dem bisher nirgends gesehenen Schreckbild unbedingter Erbsünde, um derentwillen jeder Mensch, auch wenn er nicht gefehlt habe, verdammt werden müsse, und legte den bisher einfachen Erinnerungsgebräuchen an die Gemeinschaft der Christen eine geheimnisvolle Kraft bei, mittels priesterlicher Hilfe den Fluch wenn nicht zu lösen, so doch zu mildern. Dieser Ansicht gemäß wurde die Taufe, deren wundertätiges Wasser selbst auf Wahnsinnige heilend einwirke, als unfehlbares Sühnmittel empfohlen und das Abendmahl, früher Band der Liebe und Gedächtnisfeier der geistigen Gegenwart des Heilands, in einen leiblichen Opfertod umgewandelt, der mittels einer höheren Dazwischenkunft durch die Hand des Priesters am geweihten Brot (Hostie) und Wein tagtäglich erneuert werde und die Sünden der Gläubigen auch ohne den wirklichen Genuß des Heilsmittels (Sakrament) tilge, daneben Wassernot, Viehseuchen, Krankheiten, Einflüsse der bösen Geister und Unholdinnen (Hexen) vertreibe.

Damit nicht zufrieden, begann man jenseits des Grabes der hienieden beschränkten Willensfreiheit einen größeren Spielraum abzustecken und dem Mangel des eigenen, auf Läuterung des inneren Menschen gerichteten Verdienstes gewissermaßen Ersatz zu bereiten. Das Fegefeuer entstand, teils Fortsetzung der gegen die Sinnlichkeit gekehrten Selbstpeinigungslehre, teils Frucht wissenschaftlicher Mißverständnisse. Wenn nämlich der griechische Denker Plato, um die Einheit der gegenwärtigen und künftigen Entwicklungsweise des Geistes anzudeuten, sinnbildlich den abgeschiedenen Seelen verschiedene Stufen der Fortschritte anwies, so suchten seit dem 3. Jahrhundert die neuheidnischen (Neuplatoniker) und neuchristlichen Gelehrten ein wirkliches oder natürliches Reinigungsfeuer, in dem, wie z. B. Augustin behauptete, die vom Körper getrennten, aber dennoch empfindenden Geister bis zur Auferstehung des Fleisches mit größerer oder geringerer Qual aufbewahrt würden. Jedoch könne die Fürbitte der Kirche mildernd eintreten. Gleichzeitig erschien in den Heiligen für diese und anderweitige Hilfe eine Zwischengattung menschlicher und göttlicher Wesen, deren unschuldiger Ursprung ebensosehr der rückwirkenden Kraft des Heidentums wie dem Gemütsadel des Menschen angehört. Mit Recht nämlich durften kühne Bekenner, die ihre Überzeugung durch den Tod bewährt hatten, auf ein dankbares Andenken Anspruch erheben, gleich wie die Überlebenden, an den Gräbern herausragender Blutzeugen (Märtyrer) bisweilen versammelt, Trost, Erhebung und Frieden fanden. Selbst der Gedanke an die unsichtbare Gegenwart eines verklärten Glaubensgenossen konnte den Kummervollen aufrichten, den Furchtsamen stärken.

Aber schon das 4. Jahrhundert zeigt Spuren der Entartung. Man erbaute Kapellen der Heiligen, die bald als untötbare Nothelfer den bunten Götterhimmel Roms und Griechenlands wiederherstellen sollten, besuchte die geweihten Stätten, besonders Palästinas, und sammelte Gebeine, Hausgeräte, Kleidungsstücke und andere einst den Schutzherren gehörende Gegenstände (Reliquien). Man suchte in ihrer Berührung das wundertätige Heilmittel gegen Verstümmelungen und Krankheiten und schenkte, von den Übeln befreit, dem hilfreichen Gotteshaus aus Dankbarkeit nicht selten silberne Arme, Füße, Ohren, Nasen und andere Gliedmaßen.

An der Spitze dieses neuen, im ganzen noch sinnbildlichen Heiligendienstes stand die Mutter Gottes, Jungfrau Maria, über deren Empfängnis und anderweitige Eigenschaften seit der Mitte des 4. Jahrhunderts die spitzfindigsten Streitigkeiten obwalteten, während das Volk bald dafür, bald dagegen Partei nahm und dadurch den letzten, folgenreichsten Wechsel des ursprünglichen Lehrbegriffs förderte: die Unterscheidung in ein rechtgläubiges (orthodoxes) und ein ketzerisches (rationalistisches) Christentum. In dem Maße nämlich, in dem die körperschaftliche Ausbildung der Kirche erstarkte, wuchs auch die Unduldsamkeit ihrer obersten Beamten gegen abweichende Ansichten der Lehren und Verfassungsgrundsätze. Man beschloß, beide mit dem ehernen Ring der Macht zu umfangen und den unblutig errungenen Sieg über die gemeinheitlichen Gesellschaftsrechte durch Gleichförmigkeit der Glaubensvorstellungen (Dogmen) so zu vollenden, daß bei der schon bewerkstelligten Durchdringung des Staates und der Religion das weltliche Schwert den Knoten zerschneiden, Macht über Gewissensfreiheit stehen sollte.

Denn die bisherige Entwicklungsart der Lehre und Zucht, so angemessen sie auch der Mehrzahl römischer Reichsuntertanen sein mochte, fand keineswegs allgemeinen Beifall. Teils widerstrebte hin und wieder die niedere Geistlichkeit mit der Gemeinde dem bischöflichen Sprengelwesen, teils erhob die durch Bibellesen und Nachdenken geübte Vernunft Zweifel an der Vollgültigkeit des Heiligendienstes und der willkürlichen, wandelbaren Überlieferung (Tradition), die den vornehmen Anhängern der unbedingten Gläubigkeit als Hauptquelle christlicher Wahrheit erschien. »Wir bedürfen«, meinte bereits Tertullian, »nach Christus keiner Wissenschaft, nach dem Evangelium keiner Prüfung; wer glaubt, wünscht nichts weiter zu glauben. Überhaupt ist Unwissenheit gut, damit du nicht lernest das Ungebührliche. Laut allen Zeugnissen aber ist wahr und göttlich, was zuerst, fremdartig und falsch, was später überliefert wurde.«

Aber gerade das schrankenlose Ansehen, das ohne Rücksicht auf innere Gründe dem schwankenden, vielfach deutbaren Gerücht (Tradition) eingeräumt wurde, schärfte den Prüfungsgeist der an Zahl und äußeren Hilfsmitteln schwächeren, an Folgerichtigkeit und Wissenschaft stärkeren Gegenpartei, der Opposition. »Allerdings«, behauptete sie, »verdienten geschichtliche Überlieferungen Aufmerksamkeit, aber sie müßten bei der Ungewißheit des Ursprungs übereinstimmen mit den Aussprüchen der evangelischen Schriften und den Zeugnissen der von keinem Blendwerk angeblichen Altertums oder erleuchteter Einbildungskraft bestochenen Vernunft; schon zu viel habe sich jenes angemaßt, und diese drohe den einfachen Bau der christlichen Urkirche in morgenländische Feenschlösser umzuwandeln. Zwar bedürfe der Mensch auf die Sinne wirkender Festlichkeiten, allein Überfülle führe unvermerkt zur Wiederherstellung des Heidentums, das eben wegen der inneren Gehaltlosigkeit und äußern Prunksucht die gerechte Strafe des Götzendienstes erlitten habe.«

Zwei Parteien, von denen die eine bischöflich-fürstliche Verfassung (strenge Hierarchie) und geschichtlich gläubiges (historisch-dogmatisches) Christentum mit Ansprüchen auf unbedingte Herrschaft erstrebte, die andere Rückkehr gemeinheitlicher Rechte in die Gesellschaftsordnung (gemäßigte Hierarchie) und Aufnahme der Vernunft in die Glaubenslehren (rationalistisches Christentum) forderte, mußten nach langer Gärung in offenen Streit geraten. Dazu nötigte überdies der Eifer, mit dem die Bischöflichen Kirche und Staat zu verschmelzen, die Gegner, besorgt um die Freiheit des Gewissens, sie zu trennen suchten. Bei so gespannten Verhältnissen hing der endliche Durchbruch nur von einem zufälligen Anlaß ab. Diesen brachte um den Beginn des 4. Jahrhunderts die wissenschaftliche Fehde zweier Gelehrter. Arius nämlich, Ältester (Presbyter) der Kirche zu Alexandrien, behauptete, entgegen den bisher herrschenden Vorstellungen, daß der Sohn *(logos)*, das vollkommenste Geschöpf und Werk Gottes, nicht gleich, sondern gleichartig dem Vater, der menschliche Geist nicht gleich, sondern gleichartig dem göttlichen sei, während der Patriarch Alexander, unfähig, durch Gründe zu überzeugen, den Widerspenstigen gewalttätig aus der Priesterschaft verstoßen und bald darauf als Ketzer ächten ließ.

Fortan gab es in Afrika und Asien und bald auch in Europa Zwiespalt und Zank über die göttliche Lehre. Bischöfe und Volk fielen die einen diesem, die anderen jenem Teil zu. Man wütete gegeneinander mit Worten und Taten, ja beging dabei so viel Niederträchtigkeit, daß das Christentum auf öffentlichen Schauplätzen von den Heiden verlacht wurde. Selbst Frauen, in Alexandria allein 700, trugen den Bann der Irrgläubigkeit, die Schiffer, Müller und andere Handwerker durch Lieder in die gesellschaftlichen Kreise der unteren Volksstufen verpflanzten. Bald kannten Bewohner desselben Daches keinen Frieden mehr; in den Städten, auf dem Lande floß Blut.

Umsonst mahnte Konstantin durch Ausschreiben und Boten zur Eintracht. Der Streit hatte bereits die engen Grenzen eines gelehrten Handels überschritten, alle Gärungsstoffe früherer Zeiten entfesselt und in die gemeinsame Sache persönliche Leidenschaften und örtliche Rücksichten verflochten. Also wurde, um die steigenden Gefahren der Bischöflich-Rechtgläubigen durch Machtspruch niederzuschlagen, eine allgemeine (ökumenische) Kirchenversammlung nach Nicäa in der kleinasiatischen Landschaft Bithynien berufen. Vom Kaiser, der solche Zusammenkünfte liebte, feierlich eröffnet, wurde sie mit Beihilfe einzelner Günstlinge, namentlich des spanischen Bischofs Hosius von Cordoba, so geleitet, daß sie nach mehreren stürmischen Sitzungen Arius und die Anhänger als Ketzer dem Bann und ihre Schriften dem Feuer übergab. Gleichzeitig wurde im fortan alleinverbindlichen Glaubensbekenntnis *(symbolum nicaenum)* der heiligen, katholisch-apostolischen Kirche dem Vater und Sohn, dem göttlichen und menschlichen Geist, gleiches Wesen *(homousia)* bestimmt und der geringste Zweifel an der unbedingten Gottheit Jesu Christi als ruchlose Frucht der Vernunft mit kirchlichen und bürgerlichen Strafen bedroht (325).* Dagegen scheiterte der Versuch, durch gesetzliche Ehelosigkeit den Sieg der rechtgläubigen Priesterschaft zu vollenden. Man schwieg, als ein ägyptischer Bischof bemerkte, vor unbeweibten Geistlichen werde keine Frau oder Jungfrau Sicherheit finden, und begnügte sich einstweilen mit der Machtvollkommenheit, über wahren oder falschen Gehalt des christlichen Lehrbegriffs durch Stimmenmehrheit zu entscheiden und den Arm der weltlichen Obrigkeit als Vollziehungsbeamten zu gebrauchen.

Also bestimmte Kaiser Theodos (381) durch ein Reichsgesetz den Begriff des katholischen oder wahren Christen nach dem Glaubensbekenntnis von Nicäa, verbot den Ketzern bei schwerer Strafe gottesdienstliche Zusammenkünfte und handhabte den Gewissenszwang mit solcher Strenge, daß Kerker, Bann, Ehrlosigkeit und Todesstrafe für die Beschirmung der Rechtgläubigkeit angewandt wurden. In dieser Not flüchtete das natürliche oder arianische Chri-

---

* Das höchst folgenreiche Glaubensbekenntnis lautete im wesentlichen so: »Wir glauben an Einen Gott, den allmächtigen Vater, den Schöpfer aller Dinge, der sichtbaren und unsichtbaren, und an Einen Herrn Jesum Christum, den Sohn Gottes, den Eingebornen, der vom Vater, das ist, aus dem Wesen des Vaters, gezeugt ist, Gott von Gott, Licht von Licht, wahrhaftiger Gott vom wahrhaftigen Gott, der gezeugt, nicht gemacht worden, der mit dem Vater gleichen Wesens ist, durch den alles erschaffen worden im Himmel und aus Erden, der um uns Menschen willen, um unserer Seligkeit wegen herunterkam, Fleisch und Mensch wurde, litt, am dritten Tage auferstand, in den Himmel emporstieg, und kommen wird, zu richten die Lebendigen und die Toten; wir glauben an den heiligen Geist. – Wer aber saget, es gab eine Zeit, da Jesus Christus nicht war, und er war nicht, ehe er gezeugt worden, und er ist aus nichts entstanden, oder wer vorgibt, daß der Sohn Gottes aus einem andern Wesen sei, oder erschaffen, veränderlich und dem Wechsel unterworfen, den verflucht die heilige katholische und apostolische Kirche.« Siehe Walchs Entwurf einer vollständigen Historie der Ketzereien etc., Teil II, S. 617. Wie sehr übrigens auch die Arianer den Schein mieden und das Bollwerk spitzfindiger Worte wählten, trotzdem bleibt die Leugnung der Gottheit Christi so gut wie gewiß; »sie beschnitten die Gottheit« – *inciderunt divinitatem* – urteilte Gregor von Nazianz in der Gedächtnisrede auf seinen Vater, S. 67 (der Baseler Ausgabe); »sie läugneten die Gottheit des Heilandes, und behaupteten, daß dieser allen gleich seie«, meldete schon Alexander, Bischof von Alexandrien. Siehe Walch II, S. 580.

stentum vor dem rechtgläubig-katholischen (allgemeinen) über die Donau zu den Goten und erstarkte hier nach mannigfaltigen Wechseln als germanisch-christliche Kirche zu einem neuen, veredelten Leben. Soweit die Lage der römischen Welt.

Die Germanen oder Wehrmänner *(wehre, gere, guerra, war),* trotz der Stammeseinheit in viele bald nach den Wohnsitzen, bald nach den Waffen und anderen Merkmalen der Lebensart benannte Völkerschaften zersplittert und vom Rhein bis zur Weichsel, vom böhmischen Waldgebirge bis zu den Talgründen Schwedens und Norwegens ausgebreitet, haben Menschenalter lang den Mangel gemeinsamer Verfassung und Volksgemeinschaft durch Bürgerkriege und die Bundesgenossenschaft mit Rom und seinen Gebrechen schwer gebüßt. Aber Erfahrung, Haß gegen den gemeinsamen Feind, zeitliche, auf die Abwehr einer besonderen Not berechnete Waffenbündnisse (Heermannien), mit dem Sieg und der Beute wachsende Lust an kriegerischen Abenteuern, die im Sturz der römischen Weltherrschaft das Ziel der bisher vereinzelten Angriffe suchten, der Ehrgeiz einzelner Häuptlinge und Völker – diese und andere Umstände verwandter Art führten im 3. Jahrhundert allmählich zu einer durchgreifenden Änderung der germanischen Innenverhältnisse. Es entstanden nämlich statt der losen und vergänglichen Heermannien feste und bleibende Völkerbündnisse, die bald nach blutiger Fehde, bald durch gütliche Übereinkunft die bisher zerrissenen Kräfte einander gleichgültiger oder feindseliger Gaue zu großen Gemeinwesen verschmolzen, das hemmende Band der Stammselbstsucht zerrissen und, obschon verschieden an Gebietsumfang, Art und Gesittung der Mitglieder, dennoch alle eine Aufgabe verfolgten: die Wiedergeburt Altgermaniens durch Bildung einer geschlossenen Volksgemeinschaft, die den Bundesnamen behielt, und den Untergang Roms.

Stifter der nordischen oder sächsischen Einigung wurden die Sachsen, die, uranfänglich seßhaft in dem kleinen Landstrich zwischen der Elbmündung, Trave, Ostsee (Holstein) und den benachbarten Inseln Helgoland und Dicksand, bald durch die stammverwandten Angeln, Bewohner des heutigen Schleswig, verstärkt, die Elbe überschritten (seit 267) und sich längs der Nordküste, wo ihnen die alten Chauker, Angrivarier (Engern), Brookmänner (Bructerer) und Marser beitraten, bis an den Niederrhein ausbreiteten, so daß nach Norden die Eider und das Meer, nach Westen der Rhein die natürlichen Grenzen der weiten Gemarkung bildeten. Der Sachse, benannt nach der Hauptwaffe, dem kurzen Schwert *(sahs, sax),* war überaus kriegerisch und an den Küsten besonders dem Seeraub ergeben, den er auf leichten, mit Kuhhäuten überzogenen Fahrzeugen bis nach Britannien und Gallien ausdehnte. Er war ein eifriger Beschirmer der gemeinen, meistens mit Grundeigentum verknüpften Wehrfreiheit, gastlich und gutherzig, im Zorn und als Feind oft schonungslos, gegen Fremde mißtrauisch, alten Überlieferungen, vornehmlich des religiösen Lebens, bis zur Schwärmerei anhänglich und schon deshalb den Lehren des milderen Christentums verschlossen. Im Frieden herrschten von der Volksgemeinde erkorene Gaurichter (Grafen), im Krieg, solange die Gefahr dauerte, Feldhauptleute (Herzoge, Kunige). Frühzeitig zerfiel die gesamte Landschaft nach den Himmelsgegenden in drei Bereiche: Im östlichen wohnten die Ostfalen (Osterlinger), im westlichen bis an den Rhein die Westfalen (Volk des Abends), im mittleren längs der Weser und an der Aller die Engern (Angrivarier). Über gemeine Bundessachen entschied der jährlich zu Marklo an der Weser versammelte Ausschuß, für den jeder Gau (Grafschaft) zwölf Bevollmächtigte ernannte.

Den zweiten, nordwestlichen Völkerbund bildeten unter dem Namen der Franken oder Kühnen die altgermanischen Cherusker und Chamaver, zwischen dem Harzgebirge und der Weser, Chatten, später Hessen, Attuarier, an der Lippe, Tubanter, in der Grafschaft Mark, Sigambrer, an der Sieg, und Amsivarier, an der Ems. Gen Osten von den feindseligen Sachsen beschränkt, dehnten sich diese streitbaren Stämme hauptsächlich im belgischen Gallien aus und besetzten seit der Mitte des 3. Jahrhunderts allmählich den weiten Landstrich zwischen Diemel, Maas, Mosel, Schelde und Rhein, so daß die Franken der Niederungen (Saalfranken, Salier) das Gebiet von Waal und Maas bis an die Küste gewannen, die Uferfranken (*ripewarier*, Ripuarier, d. h. kriegerische Fluß(*ri*)bewohner) am linken Rheinufer bis zur Maas, am rechten von der Lahn bis zu den Niederlanden siedelten. Ein schlanker, kräftiger Körper, dessen Ebenmaß enganschließende Beinkleider erhöhten, vorzügliche Waffentüchtigkeit, besonders sichtbar in der geschickten Handhabung des Streitkolbens (Franciska), Abhärtung gegen alle Unbilden des Wetters, Stolz auf reine Abstammung und dennoch Fähigkeit, Sitten und Weise der Besiegten anzunehmen, rascher Wechsel in den Beschlüssen, Bündnissen und Verträgen, unersättliche Beutegier und Neigung zu den Ehren wie den Abenteuern kriegerischer Gefolgschaften, die frühzeitig als gefährliche Nebenbuhler des allgemeinen Aufgebots oder des Heerbannes auftraten, endlich Gleichgültigkeit gegen heimische, schon morsche Glaubensüberlieferungen – solche Eigenschaften verbürgten dem Franken eine tiefgreifende und folgenreiche Wirksamkeit. Übrigens gehorchte er im Krieg und im Frieden mehreren von der Volksgemeinde erwählten und beschränkten Häuptlingen aus waffenberühmten Geschlechtern, besonders des Merwich (*mere-wig*, d. h. des starken Kriegers).

Den dritten, südwestlichen Verein schlossen in der ersten Hälfte des 3. Jahrhunderts verschiedene altschwäbische und elsässische Völkerschaften, die, mit keltischen (gälischen) und chaotischen Haufen vermischt, das Land zwischen dem Neckar und dem Main, der Donau und dem Rhein besetzten, bald von Norden durch die Lahn von den Franken getrennt. Die Alemannen, benannt nach den vielartigen Bestandteilen (Mannien) des allmählich in eine Gesamtheit umgewandelten Bundes, folgten im Krieg und im Frieden ihren von den Gemeinfreien ohne Rücksicht auf Geburt erkorenen Ältesten (Grauen, Grafen), die oft auch zugleich Vorsteher mächtiger Gefolgschaften waren. Sie opferten den Naturgeistern auf Höhen, in Waldungen und an Wasserfällen Rosse und Rinder, priesen vor und während der Schlacht in uralten Kampfliedern (Warliedern) die Helden der Vergangenheit und Gegenwart, schonten, durch besonderen Ungestüm ausgezeichnet, weder das eigene noch fremdes Leben, trieben auf den freien Höfen der unabhängigen, nur bei allgemeiner Gefahr vereinigten Gaue Ackerbau mit Lust und Einsicht, während andere Scharen auf Raub und Fehde auszogen. Sie stellten überhaupt ein Geschlecht dar, das in den Gebieten unsteter und fester Lebensart wohnt, halb Jäger, halb Landmann.

Goten (d. h. die Tüchtigen), anfangs im südlichen Schweden und Norwegen (Skandinavien, Skanzien), später an der pommerisch-mecklenburgischen Ostseeküste und der Weichselmündung seßhaft, Rugier, auf der gleichnamigen Insel, Vandalen (d. h. Seeanwohner), landeinwärts nach der heutigen Lausitz vorgeschoben, Gepiden, Heruler, Skyren, Turcilinger, sämtlich Stämme ungewisser Ursitze in Nordgermanien, bildeten im Beginn des 3. Jahrhunderts den vierten, östlichen Bund, der unter dem Namen des Gotenvolks nach langen Wanderungen die nördliche Küste des Schwarzen Meeres besetzte und sich allmählich so weit ausdehnte, daß nach Süden die Donau, nach Osten der Don (Tanais), nach Westen die Theiß und nach Norden die Karpaten trennten. Aber gleichzeitig brachten Eifersucht, Verschiedenheit des Grundgesetzes und der Sitte eine durchgreifende Spaltung in zwei einander gleichgültige, bisweilen feindselige Hälften. Während nämlich die Ostgoten, auch Greuthunger geheißen, den bisherigen Grafen und Herzog Hermanrich, aus dem waffenberühmten Geschlecht der Amalen (Fleckenlosen), um die Mitte des 4. Jahrhunderts an das Königtum erwählten, dem die Slawen

(Sarmaten) in Podolien und die Esten in Kur- und Livland Zins zahlten, verharrten die durch den Dnepr (Boristhenes) gesonderten Westgoten oder Thervinger in der alten, freistädtischen Gauverfassung und folgten den von der Volksgemeinde erkorenen Richtern (Grafen), namentlich Athanarich. Er zeichnete sich durch Bürgertugend und Klugheit aus und ahnte wohl den nahenden Umschwung, denn er duldete gern, daß der gelehrte und begeisterte Landsmann Ulfilas (Wülfel) dem arianischen Christentum durch Predigten und Übersetzungen biblischer Abschnitte die ersten germanischen Anhänger jenseits der Donau gewann.

Überhaupt besaß das Gotenvolk vorzügliche Geistes- und Gemütskraft, nahm leicht, ohne der Ursprünglichkeit zu entsagen, fremde Bildungsstoffe in sein Wesen auf und liebte Gesang und Saitenspiel, das besonders die Taten der Helden (Asen, Ansen) in Liedern verherrlichte, vor allem aber Odin, den Eroberer und Gesetzgeber, den Dichter und Seher pries. Es neigte wegen des angeborenen, fast schwermütigen Ernstes zu einem an Schwärmerei grenzenden Glaubenseifer, bewachte mit Argwohn die heimischen Freiheiten, die auch im Reich der Ostgoten die gesetzgebende, über Krieg und Frieden abstimmende Gemeinde größtenteils zu retten wußte, ehrte würdige Mitglieder eines Heldengeschlechts, wie der Amaler und Balten (Kühnen), durch vertrauensvolle, oft lebenslängliche Übertragung der Feldhauptmannschaft (Herzogtums) und des Richteramtes, trieb Jagd und Ackerbau, aber am liebsten Krieg, den man, mit kurzem Schwert, langer Lanze und rundem Schild ausgerüstet, in fester, geschlossener Kampfordnung führte.

Während dergestalt die Hauptstärke Altgermaniens in vier Bünden vereinigt drohend an den Grenzen des Römerreichs lagerte, blieben teils aus Eifersucht, teils aus örtlichen Rücksichten andere, bisweilen mächtige Völkerschaften vereinzelt. Zu diesen gehörten namentlich die freiheitsliebenden Friesen an der Nordseeküste, die trotzigen Langobarden in dem schmalen Elbuferstrich (lange Börde) zwischen dem Lüneburgischen und dem Magdeburgischen, die bildungsfähigen, dem Gotenstamm verwandten Burgunder, aus den Ursitzen zwischen der Oder und Weichsel in den Rücken der Alemannen vorgeschoben die wilden, aus Resten der Cherusker und benachbarten Stämme entsprossenen Thüringer, von der sächsisch-fränkischen Gemarkung bis an die burgundische ausgedehnt, die streitbaren, in Sueben umgewandelten Quaden und Markomannen der späteren Landschaft Mähren, die freibeuterischen, bald als Normannen gefürchteten Bewohner der Skandinavischen Halbinsel (Dänemark, Schweden, Norwegen) und endlich die unruhigen Pikten, mit den gälischen (keltischen) Skoten Erbfeinde des römischen Britannien und dem sächsischen Geschlecht wahrscheinlich blutsverwandt.

Wie der schlanke, feste Körper, das blaue, feurige Auge, das blonde, um Kopf und Schulter wallende Haar, die hohe Stirn und die weiße Haut im Äußeren des Germanen ein eigentümliches und gemischtes Urvolk ankündigten, so trugen die Innenverhältnisse der bürgerlichen Ordnung, Sitte und Religion bei mannigfaltigen Brechungen dasselbe Gepräge der Ursprünglichkeit. Geburtsrechte und erbliche Vorzüge waren unbekannt. Es galt nur ein Stand, der des Gemeinfreien, der unter verschiedenen Gestalten das gleiche Wesen ausdrückte. Bei den Sachsen hieß er Frilinger, bei den Langobarden Arimane oder Ehrenmann, bei den Angelsachsen der späteren Zeit Freibürger *(Friborger)* und Degen *(Thegene),* bei den Friesen Volksmann *(Liuda man),* bei den Franken Rathmann (Rachinburger) und bei den Goten Biedermann *(Gudaman),* überall durch vier angeborene, bisher ungeschmälerte Rechte ausgezeichnet. Als Mitglied der Landsgemeinde (Volksversammlung) nämlich übte der Wehrfreie gesetzgebende Macht aus, stellte allgemeine Willküren oder Vorschriften auf, entschied über Krieg und Frieden, Verträge und Bündnisse und wählte die Obrigkeiten: für die Feldhauptmannschaft den Herzog, für das Richteramt den Grafen. Der hielt monatlich unter freiem Himmel auf einem umhegten, oft von Bäumen beschatteten Platz das Gauding (Landgericht), erkor aus dem umstehenden Ring der Freimänner, die eben darin ihr zweites Vorrecht besaßen, die Schöffenbarkeit, eine beliebige Anzahl Gehilfen, damit sie den Tatbestand der Klage ermittelten, die Zeugen und Parteien verhörten und nach den mündlich überlieferten Bräuchen den Spruch fällten oder zu Recht wiesen, deshalb Schaffende, Schöffen genannt, verkündete darauf das Urteil und sorgte für die Vollziehung. Es konnte, Hochverrat abgerechnet, über den Schuldigen, selbst den Totschläger, nur Schadenersatz aussprechen oder das dem Beleidigten bestimmte, nach dem Maßstab des Verbrechens sorgfältig abgestufte Wehrgeld fordern.

Das dritte Vorrecht des Freibürgers ruhte auf der Befugnis, ein eigenes, vererbbares Grundstück (*Allod*, d. h. Gut = *Od aller*) zu erwerben, das teils von dem Herrn und seinem Gesinde, teils von hörigen oder halbfreien Pächtern bestellt wurde. Zins und andere Steuern zahlte niemand; Waldungen, Flüsse, Seen durfte als Gemeingut (Almend) jeder nach Notwendigkeit benutzen. Die umhegten Höfe lagen meistens zerstreut. Je 100 mit ebensoviel Haushaltungen bildeten eine Mannie oder Hundertschaft (Hundrede), mehrere Mannien die Mark, mehrere Markgenossenschaften den Gau, dessen Verweser, der Graf, anfangs jährlich gewählt, später lebenslänglich, an bestimmten Tagen die bewaffnete Gemeinde berief. Man wählte ihn und den Herzog nicht selten aus alten, durch Tatkraft berühmten Geschlechtern, wie den Amalern und Balten bei Ost- und Westgoten, den Lithingern bei den Langobarden, den Asdingern bei den Vandalen, knüpfte jedoch an diese Ehre keineswegs den Begriff eines ständischen oder erblichen Vorzugs, obschon der Same dazu bereits ausgestreut war. Das Haus galt als heilige Freistätte, die jeden Flüchtling beschirmen mußte. Der Vater galt für Kinder und Gesinde als Richter, Priester und Hauptmann; seine Feind- und Freundschaften gingen auf die Nachkommen über.

Endlich genoß allein der Wehrfreie Waffenehre, durfte gerüstet in der Volksversammlung und vor Gericht erscheinen, im Heerbann und ohne Sold das Vaterland verteidigen und in ungewissen Rechtsfällen den Zweikampf als Gottesurteil bestehen. Streng, doch nicht ängstlich und knechtisch war die Lagerzucht. Man stritt, damit gleichartiges Wesen Mut und Eintracht förderten, möglichst nach Klüften (Familien), Markgenossenschaften und Gauen. Den Feigling und Feldflüchtigen traf die Todesstrafe. Die Schlacht eröffnete gewöhnlich nach alter Weise der Kriegsgesang (Warlied, *barritus*), von leisen Tönen anschwellend zum wilden Sturmhall und Waffengeklirr.

Neben dem Heerbann bestanden seit Menschengedenken unabhängige Gesellschaften, Fahren *(farae)* bei den Langobarden geheißen, die dazu bestimmt waren, unter der Leitung eines kundigen, berühmten Führers die jungen, freiwilligen Mitglieder (Gesellen, *vasalli*) in der Kriegskunst zu üben und an alle Gefahren und Beschwerden des Feldzugs frühzeitig zu gewöhnen. Der Häuptling oder Vorderste (Fürst) gab Rüstung, Kost, Sold, teilte Ehren, Strafen und Lohn aus. Seinen Fall zu überleben galt als Schande. Man mußte mit ihm siegen, sterben, in Gefangenschaft wandern, in jedem Schicksal denselben Gang nehmen, denn Treue und Gehorsam waren die Grundgesetze der zu scharfer Unterordnung verpflichteten Gefährten. Je zahlreicher das Gefolge, desto größer war des Fürsten Ansehen, je glücklicher die Heerfahrt, desto stärker bald das Geleit, dem die Hoffnung höhere Stellen, Beute und Landbesitz in der eroberten Feldmark zeigte.

Das alles wirkte auch auf die Verhältnisse der Wehrfreien zurück. Sie wählten oft den durch Waffentüchtigkeit und Glück ausgezeichneten Gefolgschaftsführer im Frieden zum Grafen, im Krieg zum Herzog, ja, gönnten ihm bisweilen, daß beide Ämter unter Vorbehalt der Volkshoheit lebenslänglich verliehen und ihre Inhaber Koninge (Könige) genannt wurden. Diese wichtige Umwandlung fällt bei den meisten Stämmen in den Anfang des 5. Jahrhunderts; bis dahin stehen wechselnde Gaurichter und Feldhauptleute an der Spitze des Gemeinwesens.

Priester als geschlossene Innung waren den Germanen vor der Annahme des Christentums gänzlich unbekannt. Ihre Stelle vertrat im engeren Kreise der Hausvater, im weiteren ein Volksbeamter, der Älteste *(Sinist)* bei den Burgundern, Wächter *(Ewart)* bei den Alemannen, Wächter Gottes *(Gud-Ward)* bei den Goten genannt wurde und der die öffentlichen Opfer darbrachte, die heiligen Haine weihte, das Nationalbanner *(Herkumbit)* hütete, in den Gemeindeversammlungen die äußere Zucht handhabte, körperliche Strafen und Todesurteile im Namen Gottes aussprach und den Vogelflug und andere Zeichen beobachtete. Auch Seherinnen gab es, Allwissende (Alrunen) genannt, die bald aus den Wirbeln der Wasserströmung, bald aus den Stimmen gewisser Tiere, namentlich der Rosse, die Zukunft, besonders einer nahenden Schlacht, deuten wollten. Desgleichen hatte der Heldensänger, Skalde bei den Skandinaviern, durch Sitte und Beruf einen geweihten, fast priesterlichen Platz gewonnen, den er unter den mannigfaltigsten Wechseln zu behaupten wußte.

Das unterste Glied der staatsbürgerlichen Gesellschaft bildeten endlich die hörigen Leute, die, zwar persönlich frei, aber ohne die Rechte des Wehrmanns, gewöhnlich als Erbpächter ein Grundstück des Schutzherrn bestellten und oft durch ihr Wirken beträchtliches Gut erwarben, während der Leibeigene (Knecht), im ganzen milde behandelt, durchaus von dem Willen des Gebieters abhing und weder unbewegliche noch bewegliche Habe gewinnen durfte.

Der altgermanische Glaube, nur dürftig bekannt und durch fremdartige, besonders christliche Stoffe frühzeitig entstellt, hat seine schaffende Werkstätte und reinste Ausprägung im skandinavischen Hochnorden gefunden, wo ihn Menschenalter lang Lied und Sage aufbewahrten und in jugendlicher Frische erhielten. Denn umgeben von einer ernsten, oft erhabenen Natur, die neben lieblichen Seen, jähen Wasserstürzen und fruchtbaren Tälern im Hintergrund schneebedeckte Gebirge und weite Eisfelder zeigte und an den steilen, von Buchten durchschnittenen Küsten die Aussicht auf das grenzenlose Meer öffnete, mußte der sinnige, streitbare Normanne schon die räumliche Umwelt als das Abbild immerdar feindseliger Kräfte betrachten, Himmel und Erde, Licht und Nacht, Ackergefilde und Gletscher, Helden und Feiglinge, Gutes und Böses in Gegensätze auflösen, mit einem Wort: die Religion des Kampfes, der Vernichtung und Wiedergeburt erzeugen und besonders in der Entstehungsgeschichte des Weltalls niederlegen.

Davon handeln also die Berichte der von den Skandinaviern gefeierten Eddabücher: Im Anfang der Dinge war nichts als bodenloser Abgrund (Ginnungagap), dessen eine Hälfte (Nifelheim, Nebelland) der Kälte, die andere (Muspelheim) dem Feuer angehörte. Funken des letzteren lösten nach langen Jahren auf den Befehl des unsichtbaren, unveränderlichen Allvaters (Allfadur) einen Teil der Reifrinde in Nifelheim. Es entstanden Tropfen, die, vom Allmächtigen beseelt, das erste lebendige Wesen erzeugten, Ymer den Bösen, Vater des gleichgearteten Riesengeschlechts, der Rimthursars oder Eishünen. Ihn nährte mit ihren vier Milchströmen die bald darauf erschaffene Kuh Audhumbla, die so lange an den Reifsteinen leckte, bis aus ihnen ein schöner Mann hervorging, Bure geheißen.

Dessen Sohn Börr erzeugte mit der Riesin Belsta die Herrscher im Himmel und auf Erden, Odin (Wodan), Vile und Ve. Der erste, Allvater genannt und mit der Tochter Frigga (Hertha, Erde) vermählt, wurde Vater der zwölf lichten und schönen Götter, der Asen (Helden). Von diesen ist der Älteste, Thor (Asa-Thor), dessen Hammer (Mjölnir) Felsen spaltet, dessen Wagen im Donner widerhallt, das Sinnbild der Kraft. Baldur, vom bösen Geist der Unterwelt immer verfolgt, ist der Ausdruck der Anmut. Tyr ist der Lenker der Kriege und Schlachten. Bragi, dessen Weib Iduna durch wundertätige Äpfel das Alter verscheucht, ist der Beschirmer des Gesangs und Tonspiels. Aegir, mit der bösartigen, Sturm erregenden Ran vermählt, ist der Herr des Meeres, und Heimdal, der bei Tag und Nacht in weite Fernen blickt und das Gras wachsen hört, ist der Wächter des Himmels und der Asen.

Es erschlugen aber die Söhne Börrs, Odin, Vile und Ve, den Hünen Ymer, dessen Blut die Rimthursars – Bergelmer, Vater aller übrigen Riesen, ausgenommen – ertränkte, und schufen aus dem Leib Ymers die Welt, so daß die Knochen Felsen, die Haare Bäume, das Fleisch Erde, das Blut Meer, der Schädel Himmel, das Gehirn Wolken, die Augenbrauen Midgard (Wohnung der Menschen) wurden. Aus Muspelheim abgesprungene Funken leuchteten als Sterne. Danach bestimmten die im Rat versammelten Götter (Asen) die Tageszeiten. Düster ist die Riesin Natt (Nacht), hell ihr und des Asen Delling Sohn, Dag (Tag); beide umfahren in vierundzwanzig Stunden die Erde. Der Natt Roß heißt Rimfaxa; sein Schaum bildet den Tau. Die Mähne Skinfaxes, das den Dag zieht, erleuchtet Himmel und Erde.

Jener wölbt sich über diese, die flach und rund ist. An den vier Ecken wohnen vier Zwerge, Ost, West, Nord, Süd. Im Norden sitzt der Riese Hräsvelg und verschlingt die Toten. Er hat die Gestalt eines Adlers, dessen Flügelschlag den Wind macht. Die Erde umgibt ein weiter See. An seinem äußersten Ende liegt Utgard, wo die Riesen wohnen, durch eine hohe Mauer von Midgard, dem Sitz der Götter und Menschen, geschieden. Es gibt neun Himmel und neun Erden. In der untersten Erde hauset mit dem König der Unterwelt Utgard-Loke (dem Feurigen) die Göttin Hel, von hellblauer Farbe und mit grimmigem Antlitz. Totengemach heißt ihre Wohnung, Verschmachten ihr Tisch, Hunger ihr Messer, Krankheit ihr Bett, Kummer ihre Haushälterin. Asa-Loke, der Böse, der zwischen Himmel und Erde schwebt, ist ihr Vater. Im tiefsten Abgrund liegt angekettet von den Göttern Lokes Geschöpf, der Fenriswolf, neben ihm in der See die Schwester, Schlange Midgard. Noch lebte kein Mensch. Da schufen drei Asen aus gestaltlosen Klötzen, die am Meeresufer lagen, Ask und Embla (Esche und Erle, die Stammeltern des ganzen Geschlechts). Odin gab ihnen den Atem, Loder das Blut und die Schönheit, Häner den Verstand.

Der immergrüne, von den Schicksalsgöttinnen bewässerte Zeiten- oder Weltenbaum, die Esche Yggdrasil, treibt die weithin schattenspendenden Zweige über Erde und Himmel hinaus. Ihre drei Wurzeln erreichen die eine die Unterwelt, Nifelheim, wo sie der Drache Nidhögg in der Welle Hvergelmer immerdar benagt, die andere Utgard und die Riesen (Rimthursars, Jätten), die letzte Midgard, den Aufenthalt der Menschen, und Asgard. Hier an dem weißen Brunnen Urdas haben die Götter oder Asen ihre Gerichtsstätte. Täglich reiten sie dahin über die Asenbrücke Bifrost, den Regenbogen. Auch steht ein Palast am Brunnen unter der Esche. Aus diesem kommen drei Jungfrauen und bestimmen aller Menschen Schicksal und Lebenszeit. Die erste der Nornen heißt Urda (Vergangenheit), die andere Verdande (Gegenwart), die dritte Skuld (Zukunft). Sie graben ihre unwiderruflichen Sprüche in Tafeln ein und besprengen täglich den Weltenbaum, damit seine Äste nicht verdorren und ausgehen mögen.

Nahe den seligen Göttern leben in Walhalla (Halle der im Kampf Gefallenen) die verklärten Helden, die auf dem Schlachtfeld den Tod gefunden haben. Das goldene, von Odin erbaute Schloß, ein Teil Asgards, ist mit Speerschäften getäfelt und mit Schilden gedeckt. Davor dehnt sich ein lieblicher Hain aus, dessen Bäume goldene Blätter tragen, Glasor (Goldheim) genannt. Jeden Morgen ziehen die Ebenbürtigen (Einherien), 800 aus jedem der 540 Tore, auf die Kampfbahn und streiten bis Mittag. Dann kehren alle, von Wunden und Schmerzen schnell befreit, heimwärts zum Schmaus, speisen Eberfleisch, das sich stets wieder erneuert, und trinken aus Hörnern Met. Gegen Abend erscheint der Skalde und singt die Taten des Tages.

Auch die überaus schönen, aber ernsthaften Jungfrauen, Walkyrien, sind zugegen und schmücken das Mahl. Diese Todesgöttinnen, von Haupt bis Fuß leicht geharnischt, stürmen auf wilden Rossen, die unsichtbar sind, einher. Sie wählen vor einer Schlacht die ihnen beschiedenen Opfer, die sofort von unbeschreiblicher Sehnsucht ergriffen werden, alle Furcht ablegen und unter den Augen der auf einem Hügel sitzenden Schirmherrinnen freudig das Leben verlieren, denn sie wissen, daß ihnen Walhalla und der Umgang mit den Asen beschieden sind.

Jedoch nicht ewig dauert solche Ordnung im Himmel und auf Erden. Nach langen Kämpfen zwischen den guten Göttern und dem bösen Loke, der endlich in einer Felshöhle angeschmiedet wird, naht der jüngste Tag, Ragnaröck (die Götterdämmerung). Loke und der Fenriswolf zerreißen ihre Ketten, die Schlange Midgard taucht aus der Untiefe empor, und alle Riesen und Söhne Muspelheims, von dem feurigen Surtur geführt, verlassen ihre Höhlen. Zwischen Ober- und Unterwelt beginnt ein Kampf auf Leben und Tod. Die Götter des Lichts wie der Nacht fallen, die Erde bebt, der Zeitenbaum stürzt, der Sonne und Sterne Licht verschwindet, Feuer zerstört die Welt. Aber Allvater schafft einen neuen Himmel und eine neue Erde. Die wiedergeborenen Asen und Heldengeister kehren nach Asgard zurück, während die Meineidigen und Meuchelmörder im Kerker Nastrand, der mit Schlangen gedeckt ist, zwischen Giftströmen wohnen müssen.

An den Grundlehren dieses in mancher Hinsicht sinnvollen, von den Skandinaviern ausgebildeten Glaubens nahmen alle Germanenstämme teil. Denn Sachsen wie Alemannen, Goten wie Franken und nicht verbündete Völker beteten in düsteren Hainen, an Wasserstürzen, bei Sturm, Donner und Blitz zum nordischen Allvater Odin, deuteten den wirklichen oder scheinbaren Zwiespalt in den Natur- und Menschenkräften als Kampf des guten und bösen Wesens und hofften endlich auf Unsterblichkeit und vollkommeneres Heldenleben in Walhalla.

Die Gemütsart der Germanen, aus vielen einzelnen Zügen erkennbar, weist eben durch ihre Widersprüche auf ein Geschlecht hin, das verhängnisvollen Schicksalen entgegenreist. Kühn beim Anblick der Gefahr, feige auf der Flucht; der persönlichen und stammlichen Freiheit ergeben, der allgemein volksmäßigen (nationalen) widerstrebend; bis zum Übermaß eifersüchtig auf Rechtsame und

Forderungen des Gaues und Bundes, bis zur Feindschaft gleichgültig gegen die Bedürfnisse eines Gesamtvaterlands; bescheiden und gastlich im häuslichen Kreise, außerhalb desselben stolz und abgeschlossen gegen den Fremden; treu dem gegebenen Wort, aber oft betrogen und deshalb überaus argwöhnisch, bisweilen ängstlich; unbekümmert um die Zukunft, nur in der Gegenwart und Vergangenheit lebend; mild gegen Dienstboten und Besiegte, hart und grausam im Feuer der Schlacht und Fehde; zugänglich der Freundlichkeit und Schmeichelei, aber nicht minder dem Gold und Silber, dessen Gewicht römische Soldzahlungen offenbarten; in der Frau den Ausdruck vorahnender Seherkraft ehrend, aber gleichzeitig gewöhnt, sie zu kaufen und willkürlich zu beherrschen; im Krieg tapfer bis zur Verwegenheit und rastlos tätig, im Frieden abgespannt und träge; oft grober Sinnlichkeit, dem Trunk und Spiel, dienstbar, bei schroffer Eigentümlichkeit dennoch bildsam und empfänglich für fremde Gesittung – so geartet enthielt der Germane die Keime einer reichen, kräftigen Lebensbestimmung, die nicht weniger zerstören als schaffen sollte.

Der zweite Völkerstamm Alteuropas, der slawische (sarmatische), lag noch unentwickelt in bedeutungsloser Ruhe. Nur den blondhaarigen, schlanken Alanen, die mit Goten vermischt zwischen der Wolga (Rha) und dem Don als äußerste Vorhut des Weltteils siedelten, war ein früheres Los beschieden. Von dem dritten, ausgestorbenen Geschlecht, dem gälischen (keltischen), behaupteten allein die Hochländer Schottlands in Sprache und Sitte unverfälschte Reste früherer Größe, so daß der gewaltige Skalde des 3. Jahrhunderts, Ossian, auftreten und in wehmütigen Gesängen Fingals fruchtlosen Heldenkampf für Freiheit und Glauben eindringlich feiern konnte.

In Asien, wo die Abgeschiedenheit und geistige Verknöcherung der Chinesen und Hindu (Inder) gegen die Wechsel der nahenden Stürme sicherten, hatten die Neuperser durch den Sassaniden Ardaschir Babekan (im Jahr 226) geschichtliche Bedeutung gewonnen und ein Reich gestiftet, das nach Westen der Tigris, nach Osten der Indus, nach Süden der persische Meerbusen, nach Norden der Oxus und Jarxartes zu einem weiten, an Hilfsmitteln ergiebigen Gebiet machten. Aber die unbedingte Machtfülle des Herrn, der König der Könige hieß, die Verdorbenheit der Großen und des üppigen Hofes, wo niederträchtige Schmeichelei, unnatürliche Laster, betäubende Musik und Trunkenheit geduldet wurden, lähmten jeden edleren Aufschwung. Dennoch brachten die Wiederherstellung des zoroastrischen Feuerdienstes und der Einfluß christlicher Begriffe wohltätigen Gärungsstoff und wissenschaftliche Regsamkeit. Das wurde schon darin sichtbar, daß Mani um die Mitte des 3. Jahrhunderts aus altpersischen, neuplatonischen und christlichen Vorstellungen die Lehre vom Kampf des guten und bösen Grundwesens schaffen und durch den Tod (274) besiegeln konnte. Armenien, an der Ostseite des Euphrat, blieb jetzt wie früher das Ziel unentschiedener Fehden zwischen Rom und Neupersien, die wichtiger wurden für den Gang der inneren Gesittung durch die Aufnahme christlicher Sekten, selbst des Mönchtums. Während nördlich des Oxus im Binnenland tartarisch-mongolische Horden flutende Bewegung ergriff, lag die Stärke der Araber gleichsam gebunden wegen uralter Stammeifersucht und Feindschaft zwischen den Bewohnern der Städte (Haddhesi) und den rastlosen Söhnen der Wüste (Beduinen). In Afrika gehorchten Ägypten und die Nordküste Rom, das nur an den Mauren (Berbern), Enkeln der Numiden, erbitterte, doch nicht gefährliche Widersacher fand. Soweit die Lage der drei Kontinente in den Tagen Konstantins und seiner unmittelbaren Nachfolger.

Zweiter Abschnitt

Vom Einfall der Mongolen oder Hunnen in Osteuropa, der Germanen ins Römische Reich; wie Attila der Hunne eine große Weltherrschaft stiftet und wie diese endet

Während die kraftlosen und scheinheiligen Söhne Konstantins I. durch Bruderzwist, Fehde mit den Neupersern, Zinszahlung an die Goten und kirchlich-theologische Händel den Krankheitsstoff des römischen Gemeinwesens mehrten (337–361), sein heldenmütiger, über Alemannen und Franken siegreicher und für das Altertum begeisterter Neffe Flavius Julianus durch Wiederherstellung des heidnischen Glaubens, der Wissenschaft, Sittenstrenge und Lagerzuchtes zu retten suchte (361–375), aber den nächsten Kaisern, Jovian und Valentinian (364–375), wachsende Verwirrung hinterließ, bereitete sich in Innerasien ein folgenreicher, bald auf Rom und die Germanen zurückwirkender Völkersturm vor. Den Anstoß dazu gaben die Mongolen (d. h. Nomaden) oder Hunnen, uranfänglich seßhaft an beiden Ufern des Baikalsees.

Die körperlichen Merkmale dieses aufregenden Geschlechts waren und sind noch heute folgende: kleine, schwarzbraune Augen, deren flach ausgefüllte Winkel abwärts nach der Nase zu laufen, schwarze, wenig gebogene Brauen, kleine, breite Nase, niedrige Stirn, dünnes, schwarzes Haar auf dem Haupt und am kurzen Kinn, vorspringende, starke Backenknochen, feste, schneeweiße Zähne, große, weit vom Kopf abstehende Ohren, breite, aufgeworfene Lippen, rundes Gesicht, kräftiger Hals, breite Schultern, starke, gewölbte Brust und kurzer, gedrungener Wuchs. Die Hunnen, nach dem einhelligen Bericht der Augenzeugen von gleichem Äußeren, führten, wie der Mongolenstamm überhaupt, als Jäger und Hirten ein unstetes Leben. Sie haßten feste Wohnsitze, besonders Städte, als Gräber der Freiheit. Sie wählten für ihre Viehherden, ihren einzigen Reichtum, bald diesen, bald jenen Weideplatz, wobei zweirädrige Karren in langen Reihen Frau und Kind, Zelte und Geräte trugen. Sie nährten sich von Wurzeln, Kräutern, Milch und Fleisch, das unter dem Sattel mürbe geritten wurde, und verachteten, schon als Knaben Wälder, Berge und Ebenen durchstreifend, jede Unbilde der Witterung.

Ihre gewöhnliche Kleidung war ein schwarzer Leinenkittel, über den bei großer Kälte ein Mantel von Marderfellen hing; die Lenden schirmte eine Bockshaut, den Fuß ein ungeschlachter, die rauhe Seite auswärts kehrender Pelzstiefel, den Kopf die überhängende Mütze. Dergestalt langsam und unbeholfen, fand der Hunne Ersatz in dem kleinen und häßlichen, aber überaus schnellen, ausdauernden Roß. Mit ihm, das bei geringer Nahrung alle Beschwerden des Himmels und der Wege überwand, besuchte er den Lagermarkt, die Volksversammlung, das Grab gefallener Waffengefährten, die Schlupfwinkel des Wildes wie das Schlachtfeld der Feinde, ja, vorwärts geneigt und die Arme um den Hals des treuen, liebreich gepflegten Begleiters geschlungen, überließ er sich bisweilen, ermattet von den Mühseligkeiten des Tages, sorglos dem Schlaf.

Schon der Knabe mußte, um seine Kräfte für das stärkere Tier zu üben, den Rücken großer Hunde besteigen und auf eine Art Feldmäuse Jagd machen. Die Hauptwaffe war ein schwach gekrümmtes Schwert, das der Krieger mit Geschick und furchtlos im Handgemenge zu gebrauchen verstand; für den Fernkampf dienten Bogen, Wurfspeere und in Gift getauchte Pfeile. Oft verwickelte den unvorsichtigen Gegner eine um den Nacken geworfene Schlinge. Der Angriff geschah stets mit furchtbarem Geschrei und äußerster Heftigkeit, bald in festen Geschwadern, bald in lockeren Reihen, die sich, wenn der Feind trotzte, rasch auflösten und wiederum sammelten.

Einfach war ihre Verfassung: Unter dem Vorsitz des Häuptlings oder Tanjus beratschlagte, immer zu Roß, die Gemeinde, entschied über Krieg und Frieden, Bündnisse und Verträge. Streitigkeiten schlichtete nach mündlich überliefertem Recht der Tanju, der, anfangs gewählt, dann erblich, nicht selten mehreren Horden (Stämmen) gebot. Sein Ansehen konnten nur Gewohnheit, Milde, Freunde und Geschenke zur Macht eines Fürsten (Khan) erheben, dessen Hinscheiden die Tischgenossen (Getreuen) durch freiwilligen Tod, die Völker durch laute Klagen, nächtliche Reiterspiele am Grabhügel und zerfleischte Wangen zu ehren pflegten. Sonne und Mond betete der Hunne als die ihm nützlichsten Gestirne an, daneben den Kriegsgott in der Gestalt eines blanken Schwertes, das, so lautete die Sage, durch Nachlässigkeit verlorenging, aber in den Tagen Attilas des Eroberers durch einen glücklichen Zufall wiederentdeckt wurde.

Im Kampf mit auswärtigen Feinden galt keine Schonung. Das Verderben traf selbst leblose Gegenstände, besonders Burgen und Städte. Raubgier und leidenschaftlicher Haß auf alles Fremde verleiteten oft zum Bruch abgeschlossener Bündnisse. Jedoch gönnte man andererseits dem Besiegten, der gehuldigt hatte, den größten Teil seiner heimischen Bräuche und Rechte, zufrieden mit der Heeresfolge, übte Gastlichkeit in der Hütte und vergaß ältere Beleidigungen, wenn Flüchtlinge Schutz, Bedrängte Hilfe suchten.

So geartet, erschien das kräftige, unstete Naturvolk der Mongolen in vielen Horden, die neben anderen Häuptlingen Balamir befehligte, mit Frau und Kind an der Wolga, überschritt den Strom, zersprengte und unterwarf die Grenzwache Europas, den Stamm der Alanen, und traf, über den Don vorbrechend, auf das östlichste Geschlecht der Germanen, die Ostgoten (im Jahr 374). Diese waren bestürzt wegen des gewaltigen Anpralls und durch den Tod Hermanrichs, der, verzweifelnd am Sieg, durch die eigene Faust endete. Führer- und ratlos, huldigten sie entweder oder flüchteten mit den Resten des gedemütigten Heerbanns an das jenseitige Ufer des Dnjestr, wo die längst eifersüchtigen Westgoten unter dem Grafen Athanarich Abwehr versuchten. Aber in einer mondhellen Nacht von der feindlichen Reiterei umgangen und ungestüm angefallen, mußten auch sie teils Zins geloben, teils nach kurzer Verteidigung des schnell verschanzten Pruth in die Gebirge und an die Donau eilen.

Während die fruchtbare Ebene der hunnischen Raubgier und Mordlust überlassen wurde, reiste der geehrte Bischof Ulfilas mit anderen Bevollmächtigten nach Kleinasien, trat vor den damaligen Kaiser des Morgenlands, Valens, den Bruder Valentinians, und begehrte, daß die schwer bedrängten Westgoten im Römischen Reich zwischen der Donau und dem Hämusgebirge (dem heutigen Balkan) siedeln dürften. Dafür wollten sie Christen werden und das Land hüten. Nach reiflicher Beratschlagung wurde die Bitte gewährt. Jedoch müßten die streitbaren Männer, 200 000 an der Zahl, vorher ihre Waffen ausliefern und auch die Kinder der Angesehensten in verschiedenen Städten als Geiseln erscheinen. Aber die Geldgier und Wollust der Reichsvögte Lupicinus und Maximus vereitelten des Kaisers Absicht. Die meisten Fremdlinge, die im Angesicht eines beträchtlichen Heerhaufens mit Frau, Kind und Gefolge über den Strom setzten, durften für Gold und Silber sowie schöne Knaben und Mädchen das Unterpfand der Freiheit, die Waffen, behalten und allmählich im Trotz das kräftigste Heilmittel gegen die wachsenden Betrügereien und Gewalttätigkeiten der römischen, ihnen angeblich wohlgesinnten Behörden suchen (376).

Als nämlich die Goten nach langsamem Zug unter den Mauern von Marcianopel lagerten, lud der arglistige Befehlshaber Lupicinus die Führer, namentlich den Grafen Fritigern, zu einem glänzenden Gastmahl. Er empfing sie mit freundlichen Worten, ließ aber inzwischen das Gefolge im Hofraum des Palastes überfallen und ermorden. Aufgeschreckt durch das Stöhnen der Sterbenden, griff Fritigern mit etlichen Gefährten zum Schwert, stürmte die Treppe herab, schwang sich auf sein Streitroß und erreichte ungefährdet die Seinen. Diese, schon zwistig mit den Bürgern über den hohen Marktpreis der Leibesnotdurft und durch ostgotische Scharen beträchtlich verstärkt, forderten einhellig offenen Krieg, denn der Treubruch müsse gerächt, die tägliche Bedrängnis geendet werden. Alsbald gab es ringsum Brand, Raub, Mord und Verwüstung.

Um solchem Elend zu begegnen, wagte der Reichsvogt neun Meilen von Marcianopel die Feldschlacht. Doch nach kurzem Widerstand war er mit den Resten der Legionen flüchtig, während der Sieger die besseren Waffen der Gefallenen nahm und vor der Feste Hadrianopel erschien. Da sprach Fritigern: »Die Mauern dürfen im Frieden bleiben«, und gab das Zeichen zum Aufbruch. Alsbald traf das gesamte Thrakien schonungslose Fehde, indem die Goten, von entlaufenen Knechten und Bergleuten geführt, jeden Schlupfwinkel entdeckten und durch das Gerücht der Beute neue Haufen, selbst Hunnen und Alanen, über die Donau in das wehrlose Land lockten. Umsonst besetzten des Kaisers kriegskundige Feldherren, Trajanus und Profuturus, nach ungewissem Kampf an der südlichsten Donaumündung die Pässe des Hämus, um durch Hunger zu siegen; denn des Feindes Ungestüm erstürmte die Engen, trug Verheerung bis zu den Ufern des Meeres und den Talgründen der Julischen Alpen (377).

In solcher Not schloß Valens mit den Persern Frieden. Er setzte alles entbehrliche Kriegsvolk nach Europa über und rüstete, ohne die von seinem Neffen Gratian, dem Kaiser des Abendlands, verheißene Hilfe zu erwarten, unweit Hadrianopel bei dem Dorf Nice für die Entscheidungsschlacht. Sie begann am 9. August des Jahres 378 mit gleicher Wut, schwankte besonders auf dem linken römischen Flügel, wo Mann gegen Mann stritt, mehrere Stunden lang und endete gegen Abend, als die Goten, Grimm in den funkelnden Augen, den festen Gewalthaufen durchbrachen, mit einer vollständigen Niederlage des an Zahl und Wappnung bei weitem überlegenen Feindes. Kaum ein Drittel entfloh. Der Kern aber deckte das Schlachtfeld, während der von einem Pfeil getroffene Kaiser nach etlichen Berichten im Getümmel fiel, nach anderen in einer ärmlichen Hütte mit seinen Getreuen verbrannte.

Darauf führte Fritigern das siegreiche Heer über Hadrianopel vor Konstantinopel, wich jedoch bald zurück von den hohen Mauern und Bollwerken, um das Flachland bis an das Julische Gebirge, Italiens Markscheide, mit Brand, Raub und Mord heimzusuchen. Denn die Kunde, die nach Asien als Geiseln abgeführten Jünglinge seien erschlagen worden, entflammte zur Rache, während Quaden, Markomannen und andere Donauvölker aus Beutegier den Strom überschritten, mit Feuer und Schwert wüteten, die Kirchen brachen, die Gebeine der Heiligen umherstreuten und Altäre umschufen in Pferdekrippen.

Da entwich den Christen alle Hoffnung. Viele glaubten mit Ambrosius, dem Bischof von Mailand, an die Nähe des Jüngsten Tages und erkannten in den namenlosen Mißgeschicken die strafende Hand Gottes. Dennoch rettete sie der Spanier Theodosius, der Sohn eines ausgezeichneten, dem Hofneid aufgeopferten Feldherrn. Ebenso tapfer wie klug, so rechtgläubig und eifriger Christ wie wissenschaftlich ungebildet, beendete er, durch den Erben Valentinians, Gratian, in das morgenländische Reich berufen (Januar 379) den gefährlichen Gotenkrieg teils durch Waffen, teils durch geschickte, mit einzelnen Stämmen abgeschlossene Verträge (382), die um so eher gelingen konnten, als nach dem Tod des Herzogs Fritigern die notwendige Leitung fehlte. So wurden etliche Scharen in Dakien (Ober-Ungarn und Wallachei) und Mösien (Bulgarien und Serbien) mit souveränen Rechten angesiedelt, andere unter dem Namen der Verbündeten *(foederati)* in römischen Sold genommen, während frei gewählte Grafen dem fast unabhängigen Gemeinwesen vorstanden. Danach wurden die Ostgoten auf das linke Donauufer zurückgeworfen und die Hunnen im Besitz Pannoniens (Nieder-Ungarns und Slavoniens) bestätigt.

Aber all diese Maßnahmen schützten nur einstweilen. Denn bald offenbarten die Goten, durch Christentum, Ehen und Dienstverhältnisse den Römern befreundet, die Überlegenheit der germanischen Natur. Sie gewannen in der Achtung des Kaisers, der in den Fremdlingen Tisch- und Zeltgenossen ehrte, die wichtigsten Stellen für Krieg und Frieden, brachten heimische Sitte und Kleidung nach Konstantinopel, während sie selber in herbem Stolz das römische Gewand, die Toga, als dem Schwert hinderlich bespöttelten, und herrschten überhaupt mit solcher Sicherheit und Kraft, daß der Redner Synesius voll Wehmut öffentlich ausrufen durfte: »Die Hut des Hauses steht bei Männern, die Verrichtung unbedeutender Angelegenheiten bei Weibern« (den Byzantinern).

Im Vorgefühl des unabwendbaren Verhängnisses und nach dem Tod Gratians (383) in mannigfaltigen Wirren durch gotische Hilfe siegreicher Alleinherr (394), teilte Theodosius – dessen starre Rechtgläubigkeit die heidnischen Tempel zerstört, die christlichen, namentlich arianischen Ketzer verfolgt und neue Samen der Zwietracht ausgestreut hatte – das Römische Reich in zwei einander längst entfremdete Hälften. Der achtzehnjährige Sohn Arkadius sollte den Osten (die morgenländisch-illyrische Statthalterschaft), der elfjährige Honorius den Westen (die gallisch-italienische Statthalterschaft) als Kaiser erhalten. Den einen sollte der Gallier Rufinus, den anderen der Vandale Stilicho durch Rat und Tat leiten. Dieser letzte Wille, den der Urheber nicht lange überlebte (17. Januar 395), hatte besonders dadurch verderbliche Folgen, daß die bezeichneten Verwalter einander auf den Tod haßten und schädigten. Denn Rufinus war unternehmend, aber feige, unkriegerisch, aber schlau und gewandt und bei großer Beredsamkeit von unersättlicher Hab- und Ehrgier. Stilicho war spröde und hoffärtig, kühn und waffenkundig, aber ungeschickt im Unterhandeln und Sprechen. Bei gänzlicher Verachtung des Geldes war er von so maßloser Herrschlust und Heuchelei, daß er absichtlich den ihm übergebenen Zögling in Weichlichkeit stürzte und frühzeitig daran gewöhnte, in der Pflege des Federviehs seine höchste Freude zu suchen.

Bald brach unter solchen Umständen die heimliche Eifersucht in offene Tätlichkeiten aus. So wiegelte Rufinus, um den unlängst über Franken und Alemannen siegreichen Nebenbuhler zu schwächen, in Afrika die Mauren auf und reizte gotische Scharen, deren Tracht und Sprache begünstigt wurden, durch Schmeicheleien und Verheißungen zu Raubzügen nach Thrakien, Makedonien, Thessalien und Illyrien. Dann bot er Stilicho dagegen, obschon vergeblich, in den bedrängten Landschaften Hilfe an und ließ, durch die stolze Abweisung tief beleidigt, den Erbfeind unweit den sieben Türmen der Hauptstadt ermorden (17. Februar 395). Aber auch dieses Mittel, in den Angelegenheiten des östlichen Reiches Einfluß zu gewinnen, scheiterte, denn unumschränkt herrschten der neue Günstling Eutropius und die schöne, kluge Tochter eines fränkischen Hauptmanns, Eudorxia, an dem von Wollust, Eitelkeit und Frömmelei umlagerten Hof Konstantinopels.

Da beschloß der Vandale gewalttätige Dazwischenkunft, um wenigstens Griechenland, das der Balte Alarich mit westgotischen Gefolgschaften plündernd durchzog, zu befreien. Er landete bei Korinth und zwang nach wechselnden Gefechten in Arkadien den Feind zur eilfertigen Rückkehr über Epirus in die Heimat (396). Alarich aber, der von der verblendeten Regierung zum Oberfeldherrn in Illyrien, von den dankbaren Goten zum beständigen Herzog oder König erhoben wurde (398), benutzte klug den günstigen Augenblick, legte Zeughäuser und Waffenschmieden an und verbesserte die Lagerzucht und das Heerwesen. Er schuf aus getrennten Stämmen ein starkes Volk und brach, während Stilicho in Gallien Franken und Alemannen zügelte, plötzlich über das Julische Gebirge in Oberitalien ein (402). Nichts widerstand; alles huldigte entweder oder flüchtete den Kaiser voran in die Städte. Wehrlos und preisgegeben wilder Plünderung blieb die fruchtbare Ebene an beiden Poufern. Auf solche Schreckenskunde versammelte der tatkräftige Vandale die Legionen Britanniens und Galliens und überschritt die Seealpen. Er siegte mit Hilfe alanischer Reiter das erstemal nach heißem Kampf bei Pollentia (Chieraseo) am Tanaro im späteren Piemont (29. März 403), bald darauf unweit Verona und zwang, im Besitz der meisten Engen, den durch Krankheit und Schwert geschwächten Feind zur eiligen Rückkehr nach Illyrien.

Hier schwebte Alarich fortan wie ein lauernder Adler über beiden Reichen, die bei steigenden Wirren gewisse Beute verhießen. Kaum hatte nämlich der Goten Zug geendet, als Italien neue Gefahren nahten. Denn von der Kimbrischen Halbinsel (Jütland) bis zum südlichsten Alpenkamm drängten verschiedene Völker Germaniens südwärts vor. Überall herrschten Unruhe und Bewegung, deren Ziel die römische Grenze war. So vereinigte als frei erwählter Herzog Radogast Vandalen, Alanen, Sueben, Burgunder und Goten zu einem Gefolge von 200 000 streitbaren Männern, denen sich die Bewohner Rhätiens (Graubünden), Südwesttirols und Vindeliciens (zwischen Rhätien, Bodensee, Inn und Donau) anschlossen, und stürzte, während der Gewalthaufen den Ausgang erwartete, mit dem Kern von den Alpen herab auf Italien (406).

Gräßlich war die Verwüstung. Dörfer, Burgen, Kirchen sanken in Asche. Kein Heiligtum und kein Denkmal der Kunst fand Schonung vor den ebenso kriegerischen wie eifrigen Anhängern des Wodandienstes. Selbst Rom, wo Heiden und Christen haderten, zitterte. Da erschien noch einmal rettend Stilicho und befreite an der Spitze eines zahlreichen, aus Römern, Hunnen und Goten gebildeten Heeres das hartbedrängte Florenz. Er umstellte in den Gebirgen Fiesoles den von Hunger, Kälte und Krankheit geplagten Feind, so daß bald etliche Scharen huldigten und in römischen Sold traten, andere mit dem Herzog unter dem Schwert der Sieger fielen, während die Reste nach den Alpen flohen und die Trauerkunde meldeten.

Sofort warf sich der Gewalthaufen, von neuen Zügen verstärkt, auf die entblößte Gemarkung Galliens, den Rhein, und gab das Zeichen zum Ausbruch des längst über Westrom hängenden Ungewitters. So zergingen die festesten Bollwerke unter dem gleichzeitigen Anstürmen der Alemannen, Vandalen, Alanen, Sueben, Burgunder, Heruler, Gepiden, Franken und anderer Stämme, verschwanden die Städte Augst bei Basel *(Augusta Rauracorum)*, Windisch im Aargau *(Vindonissa)*, Avenches im Waadtlande *(Aventicum)*, Straßburg *(Argentoratum)*, Worms, Speyer, Mainz, Arras *(Atrebates)*, Terouanne *(Tarvenna)*, Reims *(Civitas Rhemorum)*, Amiens *(Ambiani)* und Tournai *(Tornacus)*. Von den Alpen bis zu den Pyrenäen wüteten Mord, Raub, Brand, Hunger und Pest, suchte die Verzweiflung Trost im Glauben und in mönchischer, jetzt in Südgallien gültiger Einsamkeit. Viele beteten, statt zu handeln (407–409).

Inzwischen wurde Stilicho, der mit dem furchtbarsten Widersacher, Alarich, ein Bündnis geschlossen und durch beträchtliche Jahresgelder befestigt hatte, auf Anstiften des neidischen Höflings Olympius in der Hauptkirche Ravennas ermordet (August 408). Seine Partei, selbst die Frauen und Kinder germanischer Soldknechte nicht ausgenommen, wurde durch Bann, Kerker und Tod verfolgt, so daß die Bedrängten scharenweise zu den Westgoten eilten und um Rache flehten. Rasch nutzte Alarich den günstigen Augenblick, forderte gebieterisch Zins und Geiseln und brach, als beides verweigert wurde, das zweitemal über Aquileja (Feste Krains, *Carni*) in Italien ein. Er durchzog plündernd die Küste des Adriatischen Meeres und erschien plötzlich vor den Mauern Roms, das, von 1 200 000 Menschen besetzt, seit 624 Jahren keinen auswärtigen Feind gesehen hatte.

Aber kein Mut wohnte bei den entarteten Bürgern. Die einen wollten durch Drohungen, die anderen durch heidnische Opfer, Donner und Blitz den frechen Fremdling vertreiben. Nur wenige dachten an männliche Gegenwehr. So kam bald mit dem wachsenden Mangel Kleinmut, darauf Friedensliebe, die sofort Abgeordnete des Rates dem westgotischen König in stolzer Rede meldeten, denn, so hieß es, ein zahlloses Volk werde unangemessenen oder schimpflichen Vertrag abzuweisen wissen. »Je dichter das Heu, desto besser das Mähen«, lautete die Antwort. Da erschraken die Boten und genehmigten die schwere Brandschatzung. Um sie zu beenden, wurde manches silberne und goldene Götterbild aus den öden Tempeln geholt und eingeschmolzen.

Darauf zog Alarich in die Toskana, überwinterte hier (409) und eilte im Frühling, als Honorius die geforderten Jahresgelder und Wohnsitze in Venetien, Dalmatien, Norikum (zwischen dem Inn, Donaufluß, Kalenberg bei Wien, der Sau und Adriatischen See) standhaft verweigerte, wiederum nach Rom, das nach kurzer Gegenwehr die Tore öffnete. Er erhob den bisherigen Stadtvogt (Präfekt) Attalus zum Kaiser und sich selber zum Kronfeldherrn, strafte das ungeschickte Werkzeug seines Willens durch öffentliche Abdankung in Rimini (Februar 410) und erschien, als Honorius dennoch angemessene Friedensanträge von Ravenna aus verwarf, das drittemal vor Rom, entschlossen, das Schwertrecht zu gebrauchen. So wurde die Stadt nach schwachem Widerstand in der Nacht des 24. August erstürmt, durch mehrtägige Plünderung, die jedoch Kirchen und Heiligtümer schonte, der kostbarsten Habe beraubt und darauf ohne Gewalttätigkeiten geräumt.

Schon richtete der König, unzufrieden mit der wollüstigen Weichlichkeit des rasch durchwanderten Kampanien, von Reggio (Rhegium) aus das Auge auf Sizilien und Afrika, als sein jäher Tod die Pläne für neue Abenteuer und Ansiedlungen vereitelte. Die Westgoten aber beerdigten mit lauter Wehklage den geliebten Führer im trockengelegten Bett des Flusses Basentino bei Cosenza, leiteten danach das Gewässer in die alten Grenzen zurück und gaben den Gefangenen, die das Grab gemacht hatten, den Tod, damit kein Fremder wissen möchte, wo Alarich der Kühne ruhe. Dessen Schwager und frei erwählter Nachfolger im lebenslänglichen Herzogtum, der schöne und milde Adolf, zog nach kurzem Aufenthalt in Italien mit dem ganzen Heerbann über das Gebirge nach Südgallien (412) und eroberte ohne Mühe Toulouse, Narbonne und Bordeaux. Er überstieg, mit dem Kaiser des Abendlands als Gemahl seiner Schwester Placidia befreundet (414), die Pyrenäen und beendete in Barcelona, durch einen gemeinen Kriegsknecht erschlagen, seine mehr glänzende denn ruhmvolle Laufbahn (August 415). Den gewalttätigen Nachfolger Siegerich aber, der das Geschlecht der Balten mit tödlichem Haß zu vertilgen suchte, stürzte nach etlichen Tagen Wallia, der sofort von den Goten als König, von den Weströmern als Bundesgenosse begrüßt wurde. Wegen seiner günstigen Stellung war er fähig, die Begrenzungen des gallisch-spanischen Reiches von der Loire und der Rhône bis nach Lusitanien (Portugal) so auszudehnen, daß Toulouse die Hofstatt bildete (415–419).

Kurz vor- und nachher zertrümmerten andere Germanenstämme diesseits wie jenseits der Pyrenäen, an der nordafrikanischen Küste wie in Britannien die römische Herrschaft und legten bei mannigfaltigen Wirren den Grund zu bleibenden Gemeinwesen. In Gallien nämlich siedelten die Burgunder anfangs zwischen Worms und Mainz, danach seit der Mitte des 5. Jahrhunderts (456) in dem von Rhône, Isère, Durance und den Grajischen (grauen) Alpen umschlossenen Gebiet, von wo aus allmählich die späteren Lande Nordprovence, Herzogtum und Freigrafschaft Burgund, Dauphiné, Savoyen und östlich dem Jura Wallis, Waadt, Bern und Freiburg bis an die Aare besetzt wurden. In Unter-Belgien rundete sich zwischen Maas, Somme, See und den Ardennen das feste Gebiet der Franken ab, das der Alemannen am rechten Rheinufer vom Bodensee bis an die Lahn, am linken von Koblenz bis an den Aarfluß in Helvetien, wo die Umgegend von Basel halb burgundisch, halb alemannisch wurde. In Nordwestgallien endlich bildete Armorika, zwischen Seine, Loire und dem Meer gelegen, einen unabhängigen Städtebund (seit 408), dessen Schutz bald Scharen flüchtiger Briten anriefen. Dagegen behauptete sich Rom nördlich der Loire in den späteren Landschaften Normandie, Ile de France, Champagne und Lothringen.

In Binnen- oder Altgermanien wohnten Sachsen zwischen der Eider und Elbe, dem Rhein und der Lippe, Friesen an der Nordseeküste und Rugier zwischen Wien und Passau (Rugiland). In der pannonischen Nachbarschaft lebten mit unbestimmten Grenzen Langobarden, Gepiden, Heruler und Ostgoten, am Harz und in der Umgegend Thüringer, ein Volk, das unter kühnen Herzogen von schwachen Anfängen zu bedeutender Macht heranreifte.

Auch über Britannien wurde das Los geworfen. Sächsische Gefolgschaften erschienen, von britischen Häuptlingen eingeladen, anfangs als Bundesgenossen gegen Pikten und Skoten, später als erobernde Feinde (seit 449) und stifteten allmählich einen bündischen Freistaat (Heptarchie, Siebenherrschaft), der sieben Gaue umfaßte. In Spanien, wo Zwietracht den Einbruch der Germanen erleichterte, siedelten nach zweijährigem, verwüstendem Kampf (409–411) die Alanen in Lusitanien, die astingischen Vandalen und Sueben in Galicien und die silingischen Vandalen in Bätika (Andalusien, Vandalenland). Die Ankunft der Westgoten, denen Kaiser Honorius, durch Wallia versöhnt, die Rechte des Römischen Reiches auf einen Teil Galliens und Spaniens abtrat, gab das Zeichen zu furchtbarer Bürgerfehde. Sie endete mit dem Untergang der Alanen und silingischen Vandalen, während die Sueben in den Gebirgen Schutz fanden und die astingischen Vandalen trotz der westgotischen Überzahl in Bätika einfielen, Karthagena Sevilla eroberten, die balearischen Inseln plünderten und Afrika bedrohten (415–425).

Bald begünstigte der Zwist der letzten weströmischen Heerführer die kühne Fahrt. Nach dem Tod des schwachen Honorius nämlich (423), dem Valentinian III. unter Vormundschaft seiner mit dem römischen Feldherrn Konstantins vermählten Mutter Placidia folgte, herrschte bei Hofe und im Lager fast unumschränkt Aetius, ein Mann von kriegerischem Wesen, feinen Sitten und durchdringendem Verstand, aber dabei stolz, selbstsüchtig und unfähig, einen Nebenbuhler zu ertragen. So wurde der gleichgeartete Statthalter Afrikas, Bonifacius, durch unaufhörliche Ränke und Beleidigungen genötigt, die Waffen zu ergreifen und bei dem Mißverhältnis der gegenseitigen Streitkräfte unbedachtsam die Hilfe der Vandalen anzurufen.

Gerne gewährte das damalige Oberhaupt, Geiserich, die Bitte und schiffte mit 80 000 streitbaren Männern, unter denen auch Alanen und Goten waren, über die Meerenge von Gibraltar. Da erkannte der Statthalter den Fehlgriff und versöhnte sich mit dem Hof. Er bot den Fremdlingen, wenn sie heimkehrten, Geld und rüstete, als er abgewiesen wurde, zur hartnäckigsten Gegenwehr (429). Die Vandalen aber, in zwei Feldschlachten Sieger und als arianische Christen von den zahlreichen, hartbedrängten Glaubensgenossen eifrig unterstützt, überschwemmten das ganze Land und eroberten nach hartnäckigem Widerstand die Feste Hippo, deren Fall den Statthalter zur Flucht nach Italien zwang (431). Sie vollendeten durch die Erstürmung Karthagos (439) den Bau eines Reiches, das im Süden der Atlas, im Westen die Meerenge, nach Osten die kleine und große Sandbank (Syrte) und nach Norden die See zu einem weiten, dem Ackerbau wie dem Binnenhandel, der Schiffahrt und Freibeuterei überaus günstigen Gebiet abschlossen.

Das furchtbare Sittenverderben der Städte und Landschaften erleichterte den starken und rauhen Natursöhnen Skandinaviens die Eroberung des römischen Afrika. »Wie«, klagte der fromme und strenge Salvianus, Ältester an der Kirche zu Marseille, »im untersten Schiffsraum sich aller Unrat sammelt, so sind die Laster der ganzen Welt auf die Sitten der Afrikaner übergegangen. Ich kenne keine Schändlichkeit, die bei ihnen nicht herrscht, während doch heidnische und rohe Völker neben heimischen Gebrechen auch lobenswerte Eigenschaften besitzen. So ist das Volk der Goten zwar wortbrüchig, aber keusch, der Alemannier wollüstiger, aber weniger treulos, der Franke lügenhaft, aber gastfreundlich, der Sachse von grausamer Wildheit, aber bewunderungswürdiger Sittenstrenge *(castitas)*. Die Afrikaner dagegen haben fast nur Schlechtigkeiten an sich. Ich sehe Karthago, den Sitz der Regierung, erfüllt mit den Lastern aller Städte, allen Schändlichkeiten dienstbar, ich sehe Menschen, die an Untaten miteinander wetteifern, die einen in der Habgier, die anderen in der Völlerei und Unreinigkeit, jene mit Kränzen geschmückt, diese von Salben duftend, alle aber durch die mannigfaltigste Üppigkeit entnervt. Man sollte die Menschen nicht für vernünftige, ihrer Sinnen mächtige Wesen, sondern für tolle und besessene Knechte eines ununterbrochenen Sinnenrausches halten usw.«*

Dergestalt hatten Germanen nach langen Wanderungen Westrom, mit Ausnahme Italiens, zerstört und auf den Trümmern neue Gemeinwesen gegründet, die unvollkommen gegliedert und mangelhaft verbunden waren und im Widerstreit heimischer und fremdartiger Sitte einer durchgreifenden Läuterung bedurften. Diese brachte besonders den Völkern des Mutterlandes und Galliens die schnell anwachsende und sinkende Macht der Mongolen oder Hunnen, denen ein streitbares und kluges Oberhaupt die bisher unbekannte

---

* Aus Salvians Buch von der Vorsehung, Abschn. 7, S. 249, Pariser Ausgabe 1580.

Bahn der Weltherrschaft in Europa und Asien mit dem Bewußtsein der Stärke eröffnete.

Nachdem nämlich Ruas durch Gewalt und Güte viele, vorher unabhängige Horden vereinigt und ihm in glücklichen Kämpfen mit dem fortan zinspflichtigen Ostrom zu größeren Unternehmungen Willen und Kraft gegeben hatte, folgten die Neffen und Erben des Fürstentums (Khanat), Attila (Etzel) und Bleda (Blödel), Söhne Mundzucks, dem Beispiel des kinderlos verstorbenen Oheims (433). Sie kämpften, um durch Beute und kriegerischen Namen die Einheit des hunnischen Volks zu befestigen, unaufhörlich bald mit den Slawen und Germanen der Donaulande, bald mit den Persern und Jägerstämmen Hochasiens, vor allem aber mit den Oströmern, denen nach wiederholten Niederlagen ein schmählicher Friedensvertrag abgetrotzt wurde (447). Denn der Kaiser Theodosius II. (seit 408), dem Vater Arkadius gleich an Schwäche und Feigheit, mußte einen 15 Tagereisen breiten Landstrich am südlichen Donauufer abtreten, den Jahreszins auf 2100 Pfund Gold erhöhen, alle Gefangenen und Überläufer unentgeltlich ausliefern und schließlich denselben Freund und Feind anerkennen. Fortan wurde Attila, unlängst (445) durch Meuchelmord von der Gegenwart seines milderen Bruders befreit, als Oberkönig (Khan) aller mongolischen, slawischen und germanischen Völker zwischen der Wolga und dem Rhein geehrt, so daß Gepiden wie Ostgoten, Thüringer wie Heruler und Rugier seinem Banner gehorchten und die Grenzbewohner Chinas ihm durch Geschenke huldigten.

Die Hofstatt des ungeheuren Reiches aber, das morgen- und abendländische Stämme umfaßte, lag in den Ebenen Ober-Ungarns, unweit Tokay, in dem fruchtbaren Land zwischen Donau, Theiß und Karpathen. Anfangs ein gewöhnliches Feldlager, später durch den langen Aufenthalt des Königs zu einem großen, ringsum von Pfahlwerk umgebenen Flecken angewachsen, hatte sie nur hölzerne, meistens mit Stroh und Moos gedeckte Häuser, die steinernen Bäder, ein Werk des griechischen Baumeisters Onegisius, ausgenommen. Etwa in der Mitte stand auf einem sanft ansteigenden Hügel der hölzerne Palast, dessen zahlreiche, nach dem Rang der Bewohner zierlicher ausgestattete Nebengebäude gedeckte Lauben (Galerien) verknüpften und eine Plankenmauer, bisweilen von hölzernen Türmen unterbrochen, kreisförmig umschloß.

Geschmackvoll und ohne überladenen, bei den Morgenländern sonst gültigen Prunk war der Harem geordnet. Jede der königlichen Frauen wohnte mit ihrer männlichen und weiblichen Dienerschaft in einem besonderen Haus, dessen glänzende oder einfache Ausschmückung der jeweiligen Gunst folgte. So bezeichnete ein geräumiges Gebäude, mit hölzernen Säulen, getäfelten Seitenwänden und wollenen Fußteppichen geziert, den Aufenthalt der geliebten Cerka, die Attila drei Söhne geboren hatte. Lebhaft, gesprächig und von feinen Sitten, pflegte sie auf weichem Polster ausgestreckt und inmitten ihrer arbeitenden Mägde angesehene Fremde liebreich zu empfangen und nach Annahme der üblichen Geschenke durch ein ungezwungenes Gespräch ohne asiatische Steifheit zu unterhalten. Ja, die Königin gab selbst bisweilen geräuschvolle Mahlzeiten und sah es gerne, wenn vornehme Hunnen den Becher leerten und darauf die Ehrengäste herzlich umarmten.

Überhaupt herrschte am Hof kein Zwang, vielmehr anständige Heiterkeit, die besonders in den festlichen Gelagen hervortrat. Diese wurden gewöhnlich nachmittags um drei Uhr begonnen und bis tief in die Nacht fortgesetzt. Sie zeigten eine seltsame Mischung der Freude und des Ernstes, der rohen Sinnlichkeit und des veredelten Lebensgenusses – die mannigfaltigste Ausprägung der in dem hölzernen Palast vereinigten Natur des Römers, Germanen und Mongolen. In der Mitte des Saales, unter einem etwas erhöhten Thronhimmel aus Leinwand und bunten Teppichen, saß der König, zur Rechten und Linken auf niedrigeren Stühlen die kleine Reihe der Söhne, Vertrauten und Fremden, die dadurch besonders geehrt werden sollten. Im unteren Raum des Zimmers nahmen die übrigen Gäste, je drei bis vier, an kleinen Tischen Platz, die in zwei Reihen längs der Wände standen. Darauf empfing der König aus den Händen des Mundschenks einen hölzernen Becher und trank dem einen oder anderen zu. Dieser entgegnete stehend, leerte das silberne oder goldene Geschirr und setzte sich wieder. Wenn dergestalt die Einführung aller Gäste beendigt war, traten die Mundschenken ab. Sofort erschienen andere Diener und trugen in silbernen Schüsseln reichlich und kostbar zugerichtete Speisen auf. Attilas Tisch aber bekam nur Brot und Fleisch auf hölzernen Platten. Sooft übrigens ein neuer Gang aufgetragen wurde, erhoben sich die Gäste, traten etliche Schritte vorwärts und tranken auf die Gesundheit des Königs den Becher aus.

War die Mahlzeit vollendet, so näherten sich bei Fackelschein etliche Sänger dem Thronhimmel und priesen die kriegerischen Taten des Fürsten und seiner Völker. Gespannt und still horchten dann die Hunnen. Der Jüngling gedachte des Kampfes und der Kraft, der Greis weinte im Gefühl des schwächlichen Alters und aus Sehnsucht nach der früheren Stärke. Darauf erschienen Gaukler und suchten durch wundersame Gebärden, die von einem Gemenge gotischer, hunnischer und römischer Worte begleitet wurden, zu erheitern. Während aber alle Anwesenden bald durch Tränen, bald durch Gelächter den Wechsel ihrer Gemütsstimmung verrieten, blieb der König allein ernst und fast unbeweglich. Nur der Blick auf den jüngsten Sohn Jrnak, dem Seher Heldenruhm verkündet hatten, entwölkte bisweilen die Stirne des Vaters, der freundlich des Knaben Wangen kniff und in solcher Bewegung am liebsten die Gesellschaft verließ. Diese blieb dagegen oft bis zum Anbruch des Morgens in lärmender Fröhlichkeit.

Andere Festlichkeiten begegneten, wenn Attila, von vielen Reitern umgeben, nach einem glücklich beendeten Feld- oder Jagdzug heimkehrte. Dann gingen ihm die schönsten Jungfrauen, je sieben unter einem von älteren Frauen getragenen Baldachin, entgegen und sangen beglückwünschende Lieder, während die Frauen der ersten Getreuen mit zahlreichem Gefolge den Ehrenwein und Erfrischungen darboten – jenen im goldenen Becher, diese auf silbernen Tellern. Solche Gelegenheiten abgerechnet, liebte der König die größte Einfachheit. Er trug ein grobes, aber überaus reinliches Kleid und duldete an Leib und Streitroß keinen Prunk, während die Schwerter, Stiefel und Pferde der angesehensten Diener von Gold, Silber und Edelgestein funkelten.

Er mochte meinen, daß Schmuck weder dem Weltherrscher noch der häßlichen Außenseite gezieme. Denn Attila war kleinen, doch gedrungenen Wuchses, großen, beinahe kahlen Hauptes, mit platter Nase und lebhaften, schwarzbraunen Augen, die er bald hier-, bald dorthin rollte, und mit einem stark vorspringenden Kinn, wie es sich oft bei Eroberern findet. Gang und Sprache kündigten den Stolz und die Sicherheit des Herrn an, dem es gefiel, wenn man ihn halb aus Schmeichelei, halb aus Furcht später Godegisel, die Geißel Gottes, nannte, die dazu bestimmt war, die Völker des Morgen- und Abendlands heimzusuchen.

Dahin trieben überdies die Eigenschaften seines Geistes und Gemüts. Denn der König war rastlos ehrgeizig und kriegerisch, bedachtsam im Ratschluß, kühn in der Ausführung und bei einem offenen Wesen nicht weniger schlau und fähig, durch Umtriebe Zwietracht auszustreuen. Gegen erklärte Feinde war er schonungslos und grausam, gegen den Besiegten großmütig und milde, gegenüber dem Bundesgenossen treu, gegen Freunde freigebig und herzlich, habgierig nicht um des Geldes, sondern des Gebrauchs willen. Gerecht ohne Ansehen des Standes und der Person, hörte er oft vor dem Palast entweder stehend oder auf einem hölzernen Schemel die Klagen des gemeinen Mannes, die er augenblicklich erledigte. Bei ungewöhnlichem Verstand dennoch gläubig an den Einfluß der Sterne und daher abhängig von Sehern und Gauklern, war er trotz der einfachen Sitten bei gewissen Anlässen Freund des Prunks und höfischer Unterordnung, so daß z. B. auf Reisen niemand eine Höhe zum Nachtlager wählen durfte, wenn des Königs Zelt im Tal stand. Jedoch war er bei aller Alleinherrschaft gewöhnt, mit Vertrauten, namentlich dem Gepiden Ardarik, dem Ostgoten Walamir und dem eingebürgerten Griechen Onegisius sorgfältig für und dagegen zu beratschlagen.

Im weitläufigen Geschäftsgang galten Ordnung und Verantwortlichkeit. Geschickte Ausländer, deren Vertrauen durch Freigebigkeit gewonnen und durch gleichmäßiges Betragen erhalten wurde, besorgten unter der Aufsicht des Reichsverwesers (Ministers) Onegisius die Kanzlei. Rusticius aus Ober-Mösien entwarf die Schreiben an den byzantinischen, Konstantius die an den römischen Hof, jener wie dieser von zahlreichen Unterbeamten unterstützt. Häufige Botschaften verknüpften Rom, Konstantinopel und die Gaue der germanischen und slawischen Völker mit dem mongolischen Hauptlager, während öffentliche und geheime Späher, stets sattsam belohnt, den Stand der fremden Angelegenheiten beobachteten und manche gefährlichen Anschläge im Keim erstickten. Ja, oft dienten Unterhandlungen mit schwachen oder eingeschüchterten Gegnern als Mittel, Günstlingen Reichtum und Ansehen zu verschaffen, wie denn niemand nach morgenländischer Weise ohne vorangeschickte Gaben den König, die Räte und die Frauen besuchen durfte. Dafür empfing der Gast seinerseits bei der Abfahrt Rosse, Pelzwerk und ähnliche Geschenke.

Ebenso trefflich war das Heerwesen geordnet. Hunnen und Germanen bildeten den Kern, stets gerüstet, auf den ersten Wink auszurükken, jeder Stamm unter selbstgewählten Führern, die im Frieden als Häuptlinge (Tanjus) und Grafen herrschten. Leicht konnte eine halbe Million Streiter zu Felde ziehen, ohne daß sie wie ehemals durch Flüsse und Festen aufgehalten wurden. Denn längst hatten römische Werkmeister auch diesen Schutz ihrem Vaterland entzogen, indem sie gegen Lohn Brücken, Wurfgeschütze und Sturmzeug gefertigt hatten.

Dieser Übermacht gegenüber suchten West- und Ostrom Hilfe in schimpflichen Verträgen, Jahreszinsen, kostspieligen Gesandtschaften und außerordentlichen Geschenken. Als aber dennoch die Gefahr nicht endete, griff der byzantinische Kaiser Theodosius auf den Rat seines Günstlings, des entmannten Chrysaphius, zur feigen Arglist. So wurde der hunnische Abgeordnete Edeko, der anscheinend die Pracht der Hauptstadt bewunderte, durch Gold und glänzende Zusagen gegen Attilas Leben gewonnen. Aber nach seiner Heimkehr deckte der Getreue das feierlich beschworene Geheimnis auf und nannte den griechischen, im Hunnenlager gegenwärtigen Dolmetscher Bigilas als Mitwisser. Der wurde sogleich verhaftet und wegen des offenen Geständnisses begnadigt. Darauf wurde Orestes, ein königlicher Rat und Weströmer von Geburt, mit dem vornehmen Mongolen Eslan nach

Konstantinopel geschickt und befehligt, den Kaiser vor dem gesamten Hofe so anzureden: »Theodosius ist der Sohn eines erlauchten Vaters. Auch Attila rühmt sich edler Abkunft, die er durch löbliche Taten behauptet hat. Allein Theodosius, bis zum Knecht entartet, muß Zins zahlen. Möge er daher den Mann ehren, der ihn an Adel übertrifft, und keine Heimtücke gegen den vom Schicksal gegebenen Herrn ersinnen!« Die Regierung sandte bestürzt neue Boten und Geschenke, und großmütig verzieh der Beleidigte (449).

Als aber bald nach dieser Demütigung der Kaiser starb (450) und seine Schwester Pulcheria ihren kriegerischen Gemahl, Mareianus, auf den Thron berief, änderten sich die Verhältnisse. Denn die hunnischen Zinsforderer bekamen den Bescheid, »man habe Geld für Freunde, Eisen für Feinde.« Gleichzeitig wurden Heerhaufen versammelt, Schanzen angelegt, die Grenzfesten ausgebessert, überhaupt kräftige Anstalten zur Gegenwehr getroffen. Also beschloß Attila, damals für einen großen Kriegszug gerüstet, den Aufbruch gegen den Westen Europas, dessen Fall auch den Osten stürzen mußte.

Zwietracht und andere günstige Umstände schienen einen glücklichen Ausgang zu verbürgen. In Rom nämlich herrschte zwar Aetius, der seit dem Tod des Grafen Bonifacius ohne Nebenbuhler war, mit klugem Nachdruck, aber Weichlichkeit des Hofes. Das Mißtrauen der befreundeten Westgoten und stete Räubereien der Vandalen erschwerten die Verteidigung des beinahe auf Italien beschränkten Reiches. In Gallien-Spanien hatte der greise Theoderich I., Wallias Nachfolger, den Bereich der gotischen Herrschaft von der Rhône bis zur Atlantischen See ausgedehnt. Allein hier wie bei den Burgundern hinderten arianisches Christentum und germanische Sitte die aufrichtige Sühne mit den besiegten Eingebornen, die neuerungssüchtig jede Gelegenheit, die Freiheit wieder zu erobern, nutzen mußten. Noch zweideutiger war die bei Valence an der Rhône durch Aetius angesiedelte Pflanzung der Alanen, ja, im Nordosten Galliens begehrten von zwei um das Königtum der Franken kämpfenden Brüdern – der ältere Attilas, der jüngere Merwich – Westroms Hilfe. Ebensowenig gedachten Alemannen und Sachsen, nur auf die Hut der heimischen Grenzen gerichtet, des gemeinsamen Feindes. Geiserich in Afrika endlich, den Goten aus Erbhaß, den Römern aus Habgier feindlich gesinnt, suchte öffentlich wie im geheimen das Feuer zu schüren, ihm selber jedoch möglichst fernzubleiben.

Attila kannte die zerrissene, zwieträchtige Lage des christlich-heidnischen Abendlands und forderte, begierig nach einem Vorwand zum Krieg, gebieterisch von Kaiser Valentinian die Vermählung mit seiner Schwester Honoria, die, schwermütig wegen klösterlicher Einsamkeit, dem Hunnen Brautring und Liebesbrief gesandt hatte. Als er abgewiesen wurde, kündigte er Westrom wie seinen Bundesgenossen Fehde an (451). Sofort rüsteten Römer und Westgoten, Alanen und Franken unter Merwich, Burgunder und Armoriker, selbst etliche Scharen Sachsen und Alemannen nebst den Brennen *(Ibriones)* in Tirol auf der einen Seite, auf der anderen die Hunnen, Ostgoten, Heruler, Rugier, Thüringer, Gepiden, Franken, Skyren und Akatziren, so daß die Völker des Ostens und des Westens, des Heiden- und des Christentums in gewaltigen Heerhaufen gegeneinander standen: jene, um eine mongolische Weltherrschaft zu gründen, diese, um sie abzuwehren.

So brach Attila, eine halbe Million Streiter stark, im Frühling aus Ungarn hervor, durchzog Österreich, Bayern und Schwaben und setzte bei der Einmündung des Neckar über den Rhein. Er vernichtete den burgundischen König Günther (Gundikar) mit dem Kern seines Dienstgefolges und fiel in das Land der feindseligen Franken ein, wo er Trier, Tongern, Arras, Metz und andere Städte zerstörte. Dann überschritt er bei Auxerre die Yonne und lagerte mit der ganzen Heeresmacht vor dem festen Orléans. Heldenmütig widerstanden Besatzung und Bürgerschaft, die Bischof Anianus durch Wort und Tat entflammte.

Aber schon drohte der Hunger zu vollenden, was Stürme nicht vermochten, als die Spitzen der unter Aetius und Theoderich nahenden Römer und Westgoten entdeckt wurden. Sofort brach Attila, um ein der Reiterei günstiges Schlachtfeld zu suchen, nach der unübersichtlichen Ebene von Chalons an der Marne *(campi catalaunice)* auf. Rasch folgten die Verbündeten, griffen mit der fränkischen Vorhut den gepidischen Hinterzug an und gewannen nach heißem Gefecht einen Teil der nordöstlichen, das künftige Schlachtfeld beherrschenden Hügelreihe. Als darüber die Hunnen erschraken, versammelte der Oberkönig, der entschlossen war, am folgenden Tage zu kämpfen, die Lehnsfürsten und Hauptleute. »Das alte Glück«, sprach er, »bürge auch jetzt für den Sieg. Des Erdkreises Überwinder müßten römische Weichlinge, denen selbst der Staub Beschwerden mache, verachten, ihre Kraft gegen die Westgoten, das Gebein des zerbrechlichen Körpers, richten. Übrigens walte das Schicksal. Wer nicht sterben solle, bleibe mitten im Pfeilregen unversehrt. Der dem Tode Bestimmte rette sich weder durch die Flucht noch durch den Frieden. Der Erste des Heeres werde das erste Geschoß schleudern. Den Trägen, der rastet, während Attila streitet, möge die Erde bedecken!«

Darauf rüsteten am Morgen beide Parteien zur entscheidenden Schlacht. Westgoten und andere Germanen bildeten, gegenüber dem ostgotischen Gewalthaufen, den rechten, Römer, entgegen dem Gepiden Ardarik, den linken Flügel. Im Mitteltreffen standen dort Hunnen, hier Alanen. Darauf begann ein furchtbarer, wechselnder Streit, wie ihn frühere Zeiten selten gesehen haben. Vom Blut der Erschlagenen rötete sich der die Ebene durchschneidende Bach. Endlich flohen, von dem unwiderstehlichen Anprall der mongolischen Reiterei zerrissen, die Alanen, wankte der Westgoten rechter Flügel, dessen Führer, König Theoderich, mitten im Kampfgewühl den Tod fand. Da stürmte der Sohn Thorismund, begierig nach Rache, mit dem Kern der Nachhut von den Höhen herab so wütend auf den Feind, daß dieser nach kurzer Gegenwehr, begünstigt von der Dunkelheit, ins Lager floh. Attila aber, ungebeugt und im Notfall zum Äußersten entschlossen, ließ hinter der Wagenburg einen Scheiterhaufen aus Pferdesätteln und kostbarem Gerät errichten und bei Nacht und bei Tag Trompeten, Hörner und Kriegsgesang erschallen, dem Löwen gleich, der von Jägern umstellt seinen Grimm verdoppelt.

Inzwischen waren die Verbündeten nach einem erfolglosen Angriff des feindlichen Lagers auf dem von 162 000 Toten bedeckten Schlachtfeld unterschiedlicher Meinung. Thorismund, der durch die Waffengefährten zum König erkoren worden war, forderte eingedenk des Vaters Kampf, Aetius, der im vollständigen Sieg die gefährliche Übermacht der Westgoten erblickte, empfahl schleunigen Rückzug. Denn Gallien sei gerettet, die Furcht jedoch vor Thronzwisten im gotischen Reich bei längerer Abwesenheit keineswegs getilgt. Dadurch beunruhigt, gehorchte Thorismund und zog südwärts nach Toulouse. Bald darauf folgte der Römer, zuletzt der Hunne mit seinen Bundesgenossen, von denen die heimkehrenden Thüringer im Lande der Franken weit und breit wüsteten.

Kaum hatte Attila, scheinbar untätig und niedergeschlagen, in Ungarn überwintert, als er im Frühling des nächsten Jahres (452), um die verweigerte Braut Honoria und das Heiratsgut, die Hälfte des Reiches, zu holen, mit einem gewaltigen Heerhaufen gegen das nur von Römern geschirmte Italien aufbrach, wo er die starke, im Lande der Karner (Friaul und Krain) erbaute Grenzfeste Aquileja zerstörte und fortan ohne Hindernisse aus den unbewachten Pässen des Alpgebirges in die fruchtbare Poebene stürzte. Nichts widerstand; die Städte Concordia, Altinum, Verona, Bergamo, Padua, Pavia, Mailand und andere wurden genommen und geplündert, so daß viele Flüchtlinge, besonders der Landschaft Venetien, in den Niederungen (Lagunen) des Po eine Schirmstätte suchen mußten.

Schließlich wurden Anstalten zum Zuge gegen Rom, damals Wohnsitz des erschrockenen Hofes, getroffen. Da erschien Papst

Leo I., ein frommer, kühner und beredter Mann, in vollem Priesterschmuck und umgeben vom Glanz seiner Geistlichkeit vor dem hunnischen Oberkönig, dessen Lager am Ufer des Mincio stand. Er erinnerte an den schnellen Tod Alarichs als Strafgericht Gottes und erreichte, zumal Krankheiten wüteten und im Osten Kaiser Marcianus rüstete, daß Attila mit den Schätzen Italiens heimkehrte, bald vom rächenden Schicksal getroffen. Den Besieger des Erdkreises nämlich ermordete – wahrscheinlich aus Zorn über ihres Volkes Unbilden – eine burgundische Frau, Ildiko geheißen, in der Brautnacht (453);* nach anderen Berichten war ein Blutsturz Ursache seines jähen Todes. Seine Getreuen aber schnitten sich im wilden Schmerz die Haare ab, zerfleischten sich mit tiefen Wunden das Angesicht und umsprengten in kunstvollen Wendungen bald einzeln, bald rottenweise, das seidene Trauerzelt. Sie versenkten nach einem großen Leichenmahl den Körper, den ein eiserner, silberner und goldener Sarg umschloß, nebst den besten Waffenstücken und töteten diejenigen, die das Grab gegraben hatten. Denn niemand sollte wissen, wo Attila ruhte.

Mit diesem letzten Zeichen der Hoheit erlosch auf immer die Macht des hunnischen Weltreichs, dem weder die durch Dienstbarkeit gekräftigten Germanenstämme länger huldigen wollten noch die zahlreichen, unfähigen Söhne des Stifters nach Würden vorstehen konnten. So griffen anfangs die Gepiden unter Ardarik, darauf die Ostgoten, Heruler und andere Völker zu den Waffen, siegten in der Freiheitsschlacht am Fluß Netad (454) in Pannonien und gründeten, während die zersprengten Mongolenhorden nach dem Schwarzen Meer und von hier nach Asien flüchteten, an den Ufern der Mitteldonau fortan unabhängige Herrschaften. Die Gepiden nämlich siedelten in Siebenbürgen, der Wallachei und Ober-Ungarn (röm. Dakien), die friedlichen Myso-Goten in Nieder-Mösien (Bulgarien), zwischen der Donau, dem Hämus (Balkan) und dem Schwarzen Meer, und die streitbaren und bildsamen Ostgoten in Westungarn (Pannonien), wo von Wien *(Vindobona)* bis gen Mitrowitz *(Sirmium)* und zum Pelsosee (Plattensee) ihre drei von lebenslänglichen Grafen, den Brüdern Theodemir, Walemir und Widemir, verwalteten Gaue

---

* Dies berichtet ausdrücklich das Zeitbuch des Grafen Marcellinus, S. 293, Ed. Patav. »Attila«, heißt es hier, »der Verwüster Europas, wird in der Nacht durch die Faust eines Weibes erstochen.« Daß die vom Nibelungenlied gefeierte Burgunderin Kriemhild (Rachelieb) der geschichtlich bekannten Ildiko, in deren Hochzeitsbett Attila nach den meisten Angaben an einem Blutsturz stirbt, dem Namen wie der Tat nach verwandt ist, dürfte eine sehr wahrscheinliche Mutmaßung sein.

lagen. Endlich siedelten neben den benachbarten Langobarden die Rugier, Heruler, Skyren und Turcilinger, bald zum Bund der Bojoaren (Bayern) vereinigt, im heutigen Österreich bis nach Passau. In Altgermanien wuchs besonders das Volk der Thüringer so an, daß ihr Gebiet vom Harz bis an die Weser reichte, während sich Sachsen, Friesen und Alemannen, nicht gehemmt vom hunnischen Lehnsverband, in den früher beschriebenen Grenzen festigen konnten.

Anders wirkte der Tod des großen Wolgafürsten (Attila, Ethel, d. h. Wolga) auf Westrom zurück. Befreit vom äußeren Feind, nahm es zu an innerer Entartung. Rascher Wechsel ohnmächtiger Kaiser, steigende Üppigkeit bei Hofe und in den Städten, Armut und Müßiggang auf dem Land, gebieterischer Trotz bei den germanischen Leibwächtern, Haß zwischen recht- und irrgläubigen Christen – diese und ähnliche Vorzeichen kündigten nur zu deutlich die nahe Auflösung des tief verdorbenen Gemeinwesens an. So ermordete den einzigen Feldherrn des Reiches, Aetius, der feige und neidische Valentinian (454), stieß diesen der altadlige Ratsherr Petronius Maximus als Rächer des geschändeten Ehebetts auf öffentlichem Markt nieder (März 455), um selber bald darauf vom wankelmütigen, ihn Kaiser begrüßenden Volk gesteinigt (12. Juni) zu werden. Anschließend plünderte der Vandalenkönig Geiserich, längst begierig nach solcher Beute, 14 Tage lang (15.–29. Juni) die wehrlos überlieferte Tiberstadt und führte die schönsten Denkmäler der Kunst und des Altertums – unter ihnen die vergoldeten Erzplatten des Kapitols – mit Valentinians Witwe, Töchtern und anderen Gefangenen nach Afrika ab. Er zerstörte zweimal (461, 467) durch Brände die vereinigten Flotten des Morgen- und Abendlands, brandschatzte die Küsten Italiens, Galliens und Spaniens und herrschte unumschränkt in allen Gewässern des Mittelmeers.

Fortan gab es steigende Wirren in Westrom, wo bald fremde Soldknechte, bald byzantinische Ränke die ruhmlose Krone verschenkten. Zuletzt erhob der gallische Oberbefehlshaber Orestes, früher in Attilas Diensten, seinen unmündigen Sohn Romulus Augustulus (Momyllus) zum Schattenkaiser (September 475). Da versammelte der Heruler Odoachar, dessen Vater Edeko gleichfalls am hunnischen Hoflager als Getreuer des Oberkönigs gelebt hatte, die Hilfsvölker der Heruler, Skyren und Rugier. Er eroberte Pavia, ließ den gefangenen Orestes hinrichten und dem Romulus ein Gnadengehalt von 6000 Goldgulden auszahlen. Anschließend ließ er sich selber König von Italien nennen (September 476), seinen Waffengefährten ein Drittel aller Ländereien abtreten und den Sitz der Herrschaft von Rom nach Ravenna verlegen.

Dritter Abschnitt

Von Chlodwig (Ludwig) dem Franken und Theoderich (Dietrich) dem Ostgoten

Attilas Rückzug hatte Merwich, dem Bundesgenossen der Römer und Westgoten, Mittel gebracht, sich gegen den älteren Bruder als Herzog der salischen Franken zu behaupten, während andere Stämme besonderen Führern folgten. Denn Eifersucht des Heerbanns und Ehrgeiz der zahlreichen Geleite (Faren) hinderten unaufhörlich die Bildung eines durchgreifenden, demselben Gesetz unterwürfigen Volkstums. Dies versuchte endlich mit Glück Merwichs Enkel, der Sohn Childerichs und Bafinas, aus thüringischem Fürstengeschlecht. Chlodwig nämlich, von Natur schlau, bis zur Tollkühnheit tapfer, freigebig und fähig, des Zweckes wegen Haß und Freundschaft, Rechtsgefühl und Glaubenseifer zu heucheln, betrachtete die Einigung aller Franken unter dem erblichen, vielfach beschränkten Königtum der Merowinger als eigentliche Lebensaufgabe, die nur schrittweise und ohne Rücksicht auf die Mittel gelöst werden dürfe.

So wurde zuerst die Unterjochung des römischen, zwischen der Loire und dem Meer gelegenen Landstrichs beschlossen und der damalige, durch Sittenstrenge und Weisheit ausgezeichnete Statthalter zum Gottesurteil der Schlacht gefordert. Im Bewußtsein der Unschuld gehorchte Syagrius der Notwendigkeit. Er wurde bei Soissons geschlagen und nach kurzer Haft hingerichtet (486). Ohne Widerstand huldigten, milde behandelt, die letzten Reichssassen in Gallien. Darauf zog Chlodwig seinem Vetter Siegbert, Häuptling der Uferfranken, gegen die an beiden Ufern des Rheins in der östlichen Schweiz, in Schwaben und Elsaß bis nach Koblenz seßhaften, streitbaren Alemannen zu Hilfe. Er siegte nach mannhafter Gegenwehr bei Zülpich im Lande Jülich (496) und zwang das fortan zerrissene und entmutigte Volk, unter eigenen Herzogen und Gewohnheitsrechten den Franken als Oberlehnsherren die Heeresfolge zu leisten, während etliche Scharen, in Graubünden angesiedelt, durch des Ostgoten Theoderich kräftige Dazwischenkunft unabhängig blieben.

Damit aber teils die rechtgläubigen Gallier gewonnen, teils die ketzerischen (arianischen) Burgunder und Westgoten unter schicklichem Vorwand im günstigen Augenblick befehdet werden konnten, beschloß der König, von seiner Frau Klotildis umsonst gemahnt, die feierliche Annahme des katholischen Christentums. Also schmückten am Weihnachtsfest (496) kostbare Teppiche die Mutterkirche von Reims, flammten Wachskerzen, dufteten Wohlgerüche, empfingen heilige Gesänge der Priester den weißgekleideten, von einem zahlreichen Gefolge umgebenen Häuptling. Darauf schilderte der Bischof Remigius die Leiden des Heilands mit so anschaulicher Stärke, daß Chlodwig, von kriegerischem Feuer bewegt, ausrief: »Wäre ich nur zugegen gewesen mit meinen Franken, die Juden hätten Christi Schmach gebüßt!« Nach den Mahnworten: »Jetzt, stolzer Sikamber, beuge demütig den Nacken und bete an, was du vorher angezündet hast!« legte er den fürstlichen Schmuck ab und ließ sich im Namen Gottes des Vaters, des Sohnes und des Heiligen Geistes zum Christen annehmen.

3000 vornehme Franken folgten dem Beispiel, das bald auch auf das übrige Volk zurückwirkte. Fortan richtete Chlodwig, im Westen durch die freiwillige Unterwerfung der Armoriker (Bretagner) abgesichert, nach erfolglosem Zug gegen Burgund (501) den Hauptschlag gegen die südwestlichen Nebenbuhler in Gallien, die Westgoten. Diese hatten unter Theoderich II. (453–466) und Eurich (466–484), den mit Brudermord befleckten Nachfolgern des bei Chalons sieghaften Königs Thorismund, in Gallien die Provence, Narbonne, Auvergne, alles Land von der Loire bis zum Mittelmeer, von den Alpen und dem Rhônefluß bis zu den Pyrenäen erobert, in Spanien nach dem Fall Sarragozas und Pampelunas die letzte Spur der römischen Herrschaft vertilgt und den Sueben einstweilen den nordwestlichen Teil der Halbinsel, Galicien und einen Bezirk von Lusitanien vergönnt, so daß der Westgoten Name in der Nähe und Ferne gefürchtet oder geehrt wurde.

Kaum hatte daher König Eurich zu Arles den Tod gefunden (484), als unter dem Sohn und Nachfolger, Alarich, die westgotische Macht mit der fränkischen zusammentraf. Denn Eifersucht und vieljähriger Grenzzwist gestatteten keinen aufrichtigen Frieden. Das eine oder das andere Volk mußte bei gleichen Ansprüchen nur der Waffenüberlegenheit weichen, zumal durch alten Heldenruhm die Westgoten, durch neue Kriegstaten die Franken empfohlen wurden. Also versammelte der fränkische König die Großen des Reiches zu Paris und sprach: »Ketzer besitzen den schönsten Teil Galliens. Wohlan! lasset uns ziehen mit Gottes Hülfe und das Land in unsere Gewalt bringen!« – Da gelobten freudig die Anwesenden, nicht eher den Bart zu scheren, als bis der Sieg gewonnen sei. Chlodwig aber, wie von heiligem Eifer gefaßt, stieß die Streitaxt in den Boden und rief aus: »An dem Ort, wo meine Franziska niederfallen wird, soll eine Kirche zu Ehren der Apostel stehen!«

Inzwischen rüstete auch der Westgoten Oberhaupt, Alarich, der Hilfe seines Schwiegervaters, des Ostgoten Theoderich, vertrauend, und lagerte, da er entschlossen war, einen Feldstreit zu wagen, mit dem schlecht geübten Heerbann in der Ebene von Vouglé zehn Meilen südlich Poitiers an den Ufern des Clain. Hier geschah, indem die Franken rasch über Orléans, Tours, die Vienne und Poitiers heranzogen, bald darauf die Entscheidungsschlacht. Nach mannhafter Gegenwehr flohen die Westgoten, von den Eingeborenen, mit Ausnahme der tapferen Auvergner, verlassen. Die angesehensten Führer, selbst der König, deckten das Schlachtfeld (507). Fortan gab es nirgends geordneten Widerstand. Angoulême, dessen Mauern wie einst die von Jericho wunderbar zusammenstürzten,* Bordeaux, Toulouse, meist von Rechtgläubigen bewohnt, huldigten, während die Burgunder, aus Beutegier den Franken vereinigt, Arles umschlossen.

Da rettete der Ostgote Theoderich das stammverwandte Volk und erreichte durch bewaffnete Dazwischenkunft, daß Amalarich, der minderjährige Sohn Alarichs, den schmalen Küstenstrich zwischen den Pyrenäen und der Rhône (Languedoc) als Rest des väterlichen, jetzt über das Gebirge zurückgedrängten Erbes behalten durfte. Dagegen blieben die Eroberungen nördlich und südwestlich der Garonne, die späteren Landschaften Guyenne und Gascogne, den Franken. Um diese zu zügeln, wurde das Gebiet zwischen der Durance und dem Meer den Ostgoten in Italien abgetreten. Chlodwig aber, um das Werk der Waffengewalt gleichsam durch den Widerschein des gesetzlichen Rechts seinen neuen Untertanen zu empfehlen, nahm vom Kaiser des Ostens, Anastasius, die Würde eines römischen Konsuls und Stellvertreters *(patricius)* an, trat aus der Kirche des heiligen Martin von Tours mit dem Purpurgewand und der Krone geschmückt vor das staunende Volk, bestieg ein Prunkroß und warf goldene Münzen unter die Menge. Gleichzeitig empfing der genannte Schutzheilige reiche Geschenke, selbst das Lieblingspferd. Umsonst wurden für den Rückkauf 100 Goldgulden geboten. Es stand so lange unbeweglich, bis die doppelte Summe den Zauber löste. »Wahrhaftig«, spöttelte der König, »Martin ist gut in der Not, aber teuer im Geschäft.«

Auf diese Weise den Geistlichen durch Ketzerhaß und durch Freigebigkeit den römischen Reichssassen als rechtmäßiger Nachfolger des Kaisers befreundet und von den Kampfgenossen wegen glücklicher Kriegstaten geehrt, begann Chlodwig für die Einigung aller

---

* Gregor von Tours, Band II, Kap. 37. »Und der Herr verlieh ihm (Chlodwig) solche Gnade, daß bei seinem Anblick die Mauern von selbst (*sponte*, d. h. durch Verräterei) zusammenstürzten.«

Franken die letzten Verwandten merowingischen Geschlechts durch rücksichtslose Hinterlist zu entfernen. Daher wurde zuerst Chloderich, ein leichtfertiger, herrschgieriger Jüngling, gegen Siegbert, den Fürsten der Uferfranken, heimlich aufgewiegelt. »Der Alte, lahm und gebrechlich, lebe zu lange; man bedürfe eines frischen, stärkeren Führers.« Verblendet gehorchte der Sohn, ließ den Vater, als er Köln gegenüber in einem Buchenwalde schlummerte, meuchlerisch töten und die Kunde durch Eilboten nach Paris bringen. Sogleich erfolgten Glückwunsch und Gegengruß. Als aber Chloderich im Schatzgewölbe eine Kiste öffnete, traf ihn der zerschmetternde Streitkolben des für die Tat bevollmächtigten Franken. Darauf huldigte das ratlose und erschrockene Volk dem König Chlodwig, der laut seine Unschuld an dem Doppelmord beteuerte.

Bald danach wurde Ragnachar, der unabhängig in Flandern und Artois herrschte, unter nichtigem Vorwand befehdet, mit seinem Bruder Robert gefangengenommen und in Fesseln vor den Sieger geführt. »Wie konntest du«, sprach der zu dem Fürsten, »unseren Stamm schänden und Fesseln dulden? Besser wäre der Tod gewesen.« Von der Streitaxt getroffen, stürzte Ragnachar zu Boden. »Hättest du«, hörte sofort Robert, »dem Bruder mannhaft geholfen, er würde keine Kette getragen haben.« Und dem Wort folgte der tödliche Streich.

Zwei andere Merowinger, die in Belgien wohnten, hatten dasselbe Los. Dennoch klagte der König, jetzt ohne Nebenbuhler, einst vor dem Volk: »Wehe mir, daß ich ein Fremdling bin und keine Sippe habe, die mich schirmte in der Not!« Aber selbst dieser Ausruf galt nicht dem Gefühl, sondern dem arglistigen Bestreben, durch falsche Rührung etwaige Verwandte aus der Dunkelheit in den Untergang zu ziehen.*

Solche Gewalttaten und Ränke gründeten bei den Franken das erste blutbefleckte Reich oder Königtum, das nach dem Tod des Stifters (511) die erzwungene Einheit aufgeben und dem Gesetz volkstümlicher Stammsitte gehorchen mußte. So erhielt das Ostland (Austrasien), am rechten Rheinufer von den zinspflichtigen Thüringern bis zu den südlichsten Alemannen der helvetischen Hochgebirge ausgedehnt und an der linken Flußseite von der Maas, der

* »So schlug«, urteilt darüber Gregor, der Bischof von Tours, »Gott mit jedem Tag Chlodwigs Feinde und mehrte das Reich, denn Chlodwig wandelte mit ganzem Herzen vor Gott und tat, was den Augen des Herrn wohlgefällig war« (d. h. er beschenkte Kirchen und Geistlichkeit). Band II, Kap. 40.

Mosel und den Ardennen eingeschlossen, den erstgeborenen Sohn Chlodwigs, Theoderich (Dieterich), zum Oberhaupt und Metz zur Hofstatt, während das Westland (Neustrien, d. h. Nicht*(ne)*Austrien) nach dem Gang seiner früheren Geschicke und Bewohner eine dreifache Spaltung erlitt. Die ehemals westgotische Mark nämlich zwischen der Garonne und der Loire bildete den Staat Orléans, der Chlodomir zufiel. Das letzte den Römern entrissene Gebiet von der Loire bis zum Weltmeer, später Westland im engeren Wortsinn genannt, kam mit der Hauptstadt Paris an Childebert. Die Gaue zwischen der Seine und der Maas endlich, die vor Chlodwig meistens von unabhängigen Häuptlingen der Franken verwaltet wurden, erstarkten unter Chlotar, dem vierten Sohn, zu dem Reich Soissons.

Abweichend in Herkunft und Sitte, erzeugten allmählich die Ost- und Westländer (Austrasien, Neustrien) einen schneidenden Gegensatz und Absonderungstrieb, indem jene Germanen blieben, diese entweder ganz oder teilweise als Romanen (Welsche) die Natur des ehemaligen römischen Reichssassen behaupteten und erweiterten. Schon wegen dieser Verschiedenartigkeit der Grundzüge konnte die Einheit der Frankenherrschaft nur so lange bestehen, wie beide einander zersetzenden und bedingenden Kräfte ungefähr gleich waren. Mit dem Übergewicht des einen oder anderen Bestandteils endete auch das Reich.

Großartiger entwickelte sich mittlerweile jenseits der Alpen im Wohnsitz altrömischer Machtfülle, in Italien, das Schicksal der Ostgoten. Ausgezeichnet vor den übrigen Germanen als Helden, Träger des Vernunftchristentums und Stützen der Bildung, haben sie nach kaum sechzigjähriger Blüte ruhmvollen Untergang gefunden und den kühnen Versuch, Altertum und neuere Zeit, römisches und deutsches Wesen innerhalb desselben Reichsgebiets zu verbinden, durch den unglücklichen Kampf mit der höheren Notwendigkeit schwer gebüßt, so daß nirgends hoffnungsvoller der Anfang und trauriger das Ende eines reichen Volkslebens gewesen ist. Folgendes die Übersicht der inhaltsschweren Geschichte.

Auch nach der Auflösung des hunnischen Weltreichs lebten die Ostgoten Pannoniens in beständiger Fehde bald mit den Resten der alten Gebieter, bald mit den unruhigen und streitbaren Skyren, Gepiden und Turcilingern, denen sich oft slawische Haufen beigesellten, vor allem aber mit den vielfach bedrängten, nichtsdestoweniger anspruchsvollen und hoffärtigen Byzantinern. Diese gewannen endlich in Kaiser Leo I. aus Thrakien (457–471) einen ebenso klugen wie entschlossenen Vorsteher, dem die den Goten bisher gezahlten Jahresgelder schimpflich erschienen. Sogleich fielen jene, von dem Grafen und Amaler Theodemir geführt, verwüstend in Illyrien ein, ertrotzten Frieden und bis zu 300 Pfund Gold gesteigerten Schutzzins (463). Dagegen mußte des Fürsten und seiner Beischläferin Ehrlieva (Ehrlieb) Sohn, der siebenjährige Theoderich, als Geisel nach Konstantinopel ziehen, von wo er, sorgfältig unterrichtet und an Achtung der Wissenschaft gewöhnt, mit der Stärke und Regsamkeit eines achtzehnjährigen Jünglings heimkehrte.

Bald durch Siege über die räuberischen Slawen seinen kriegerischen Waffengefährten empfohlen, wurde Theoderich von dem sterbenden Vater, der seit dem Tod seiner Brüder Walemir und Widemir allein herrschte, für die Nachfolge am schon lebenslänglichen Richter- und Feldherrnamt (Grafen- und Herzogtum) vorgeschlagen und von den Ostgoten einmütig wegen der außerordentlichen Gaben angenommen (475). Da erkannte Zeno, unlängst nach dem Hinscheiden seines Schwiegervaters Leo Kaiser des Ostens, die drohenden Gefahren. Er suchte in Jahresgeldern, Geschenken, Umtrieben, Gesandtschaften und Ehrenstellen Rettung und nannte den ostgotischen Fürsten Konsul, kaiserlichen Freund und Feldhauptmann, ja, Pflegesohn und hielt ihn für würdig, vor dem Palast Konstantinopels durch ein Standbild ausgezeichnet zu werden.

Als aber diese und ähnliche Mittel bei dem gegenseitigen Haß der Völker keinen bleibenden Frieden stifteten, als bald Makedonien und Thrakien, bald die Umgegend der Hauptstadt die Kampflust der dem Ackerbau und mühsamen Erwerb abgeneigten Germanen empfanden, beschloß Zeno, durch Italien Ostrom von der steigenden Bedrängnis zu befreien. Dahin richtete schon lange Theoderich, unzufrieden mit der Armut und Zerstückelung des Donaulandes, den Blick. Das Bewußtsein der Geistesstärke und der Ehrgeiz, jenseits der Alpen das Königtum Hermanrichs in veredelter Gestalt zu erneuern, trieben ihn vorwärts, während der Kaiser freudig die gewünschte Abtretung der seit Menschenaltern verwirkten Hoheitsrechte gewährte. Also empfingen die in Mösien, Ufer-Dakien und Pannonien zerstreuten Goten den Aufruf, sich zu rüsten für den weiten und beschwerlichen Zug, der sich im Herbst des Jahres 488 vom mösischen Nocae entlang dem rechten Donauufer in das Hauptgebiet, Pannonien, fortbewegte. Er glich einer wandernden Welt, denn es folgten Männer und Frauen, Kinder und Greise in buntem Gemisch den mit Gepäck und Gerät beladenen Karren. Mancher Heimatlose und Abenteurer, besonders rugischen Stammes, schloß sich an, so daß nicht weniger gegen die Unbilden der Witterung und des Mangels als der Zuchtlosigkeit gekämpft werden mußte. Darauf wurde in Pannonien überwintert und im Frühling (489) die Fahrt mit größerer Zahl und Ordnung bis an den Fluß Isonzo fortgesetzt.

Hier erwarteten Odoachar und die Heruler den Feind. Dieser, von Not und kriegerischer Ehrliebe getrieben und trefflich geleitet, nahm nach kurzem Widerstand das verschanzte Lager ein, folgte rasch dem bis an den Ausgang der Julischen Alpen zurückweichenden Gegner und gewann im September durch die siegreiche Schlacht bei Verona den Schlüssel der Poebene. Denn die Reste des teils getöteten, teils in die Etsch gesprengten Heeres flüchteten mit Odoachar nach Rom und von hier in die feste Seestadt Ravenna.

Damals war die Lage Italiens etwa folgende: Der Heruler-König, gleich streitbar und klug, hatte für einen Jahreszins an die freibeuterischen Vandalen Sizilien sowie durch Waffengewalt den größten Strich Dalmatiens dem Reich verbunden. Er hatte die Stärke der Rugier, die in Österreich und Mähren siedelten, nach blutigen Gefechten gebrochen und in der öffentlichen Verwaltung Landbau und Gewerblichkeit kräftig gefördert, obschon Arianer die Rechte der katholischen Eingeborenen niemals gekränkt hatten. Überhaupt hatte er milde und umsichtig regiert. Dennoch verknüpfte kein gemeinsames Volkstum die vielartigen, aus Herulern, Skyren, Turcilingern und anderen Stämmen gebildeten Fremdlinge, während die Kluft zwischen ihnen und den ahnenstolzen Römern im Widerspruch des Glaubens, der Lebensweise und der Sitte nicht ausgefüllt werden konnte. Unter solchen Verhältnissen fand Theoderich, den überdies die gesetzliche Anerkennung des griechischen Kaisers begleitete, bald Freunde und Bundesgenossen. Also huldigten Verona, Mailand und Pavia *(Ticinum)*, hinter dessen Mauern der ostgotische Gewalthaufen lagerte. Aus ganz Italien eilten Scharen Freiwilliger herbei, um wankelmütig ein neues Glück zu suchen.

Inzwischen verließ Odoachar, der ungebeugt war, Ravenna, züchtigte Mailand, umschloß mit Burgundern, die Beutelust über das Gebirge geführt hatte, Pavia und lieferte, von hier durch Mangel, Krankheit und Zwietracht abgetrieben, am 11. August (490) die dritte Feldschlacht an der Adda. Sieglos flüchtete er abermals nach Ravenna. Fast drei Jahre lang dauerte die Abwehr. Endlich zwangen Hunger und Elend zur Übergabe, die den Verteidigern Leben und Freiheit zusicherte (5. März 493). Aber Herrschgier und Mißtrauen brachen die geschlossene Übereinkunft, denn Theoderich stieß etliche Tage darauf während eines Gelages im Palast Odoachar unter dem Vorwand entdeckter Untreue mit eigener Hand nieder und bereitete gleichzeitig den herulischen Gefolgschaftsleuten dasselbe Los. Fortan verschwand die letzte Spur des Widerstands, und das gotische Volk durfte den bisherigen Herzog oder Grafen feierlich als König Italiens begrüßen. Zögernd willigte der oströmische Kaiser, damals Anastasius, ein.

Die dreiunddreißigjährige Regierung Theoderichs stellt das Bild eines geordneten, soviel als möglich auf rechtlicher Grundlage ruhenden Gemeinwesens dar. Wenn der Franke Chlodwig eine vernichtende Eroberungssucht offenbart, entfaltet der Ostgote zuerst eine schirmende, gesetzgebende und erhaltende Macht. Wenn jener nur in rücksichtsloser Waffengewalt Schutz sucht, so will dieser Römer und Germanen nicht miteinander verschmelzen, aber nebeneinander entwickeln. Wenn dort, ausgenommen den katholischen, für Staatszwecke benutzten Glauben, jede Rückwirkung römischen Lebens abgewiesen wird, geschieht hier der Versuch, durch Aufnahme altertümlicher Einrichtungen und Bildungsstoffe die ungleichartigsten Naturen und Zeiten in demselben Bereich zu einigen.

Dies erhellt noch bestimmter aus der räumlichen Stellung des ostgotischen Reiches, dem neben Italien und Sizilien jenseits des Gebirges angehörten: Rhätien (Graubünden), Norikum (Nordreich, Ober- und Niederösterreich, Steiermark, Kärnten, Tirol, Bayern, Salzburg), Istrien (Friaul), Dalmatien, Pannonien, gen Westen die südliche Provence, der Strich zwischen den Alpen und der Rhône. Schon eine so ausgedehnte Grenze führt zu der auch geschichtlich bestätigten Ansicht, daß Theoderich in der Ostgotenmacht, deren Hauptsitz Italien blieb, die Vermittlung aller Germanenstaaten aufstellen wollte – zwar nicht erobernd, aber stets schlagfertig und gerüstet, seinen beschirmenden Grundsätzen durch die Tat Nachdruck zu geben. Daher die Besitznahme der Pässe in Salzburg, Tirol, Rhätien, der Schweiz und des gesamten Alpenkamms, ohne den Italien nie eine herrschende Stellung einnehmen kann.

Ferner mußten die Ostgoten teils wegen der natürlichen Küstenlage, teils um Vandalen und Byzantinern zu widerstehen, neben dem Landheer eine Seemacht schaffen und deshalb zwei entgegengesetzte Richtungen gleichzeitig verfolgen. Dazu trat eine staatsrechtliche Schwierigkeit. Die Römer nämlich erschienen als steuerpflichtige, an unbedingte Leitung gewöhnte Untertanen, die Goten als freier Wehrstand. Da er jenen gegenüber Landesherr war, diesen jedoch nur als beschränktes Oberhaupt (König) galt, wußte Theoderich dort die tiefgesunkenen Eingeborenen heranzubilden, hier den Ungestüm der Gemeinde so zu zügeln, daß außer altgermanischer Rechtspflege und beratender Beistimmung keine Wirksamkeit der ehemaligen Volkshoheit geduldet wurde.

Blickt man endlich auf das religiöse Verhältnis, so wird die Stellung des Königs noch verwickelter, denn Italien stand zur römisch-katholischen, der Gote zur arianischen Kirche. Aber auch hier zeigte Theoderich eine bewunderungswürdige Besonnenheit, indem er weder gleichgültig noch schwärmerisch-unduldsam Gewissensfreiheit zum unverbrüchlichen, in der ganzen Zeitgeschichte sonst nirgends gültigen Grundgesetz erhob und mit Nachdruck handhabte.

Wer von diesem allgemeinen Standpunkt aus die gotische Reichsverwaltung im besonderen betrachtet, wird ebensosehr geordnete und vorbedachte Planmäßigkeit auf der einen Seite als auf der anderen unabweisbare Widersprüche und verhängnisvolle, vom Gesetzgeber unabhängige Hemmungen entdecken, die in sich die Keime des Verfalls tragen. Zuerst gestaltete Theoderich das Heerwesen so, daß nur dem gotischen, auf seinem Grundstück ansässigen Wehrfreien Waffenehre und Pflicht der Landesverteidigung gegönnt wurden. Die reichlich bezahlten Hausleute oder Leibwächter, Festungs- und Grenzkrieger ausgenommen, empfing niemand im Aufgebot (Heerbann) Sold, jedoch suchten Lebensmittel und jährliche Geschenke an Wohlverdiente die Kosten der Rüstung zu erleichtern. Häufige Übungen, besonders der Reiterei, und Musterungen in den 14 Lagerkreisen Italiens unterhielten trotz des langen Friedens den kriegerischen Sinn und die Waffenfertigkeit, während eigene Schulen für die höheren Bedürfnisse der Kunst sorgten.

Den Kern des 100 000 Mann starken Heeres bildete das Fußvolk, dem Helm, Schild und Harnisch für die Abwehr, Schwert, Bogen und Lanze für den Angriff dienten. Durchgreifende Unterabteilungen von 1000, 500, 100 und 10 Köpfen mit gleichnamigen Oberen förderten die Übersicht und Beweglichkeit der Streithaufen. Die Sicherheit der Küsten und des Seehandels bewachten 1000 Schnellsegler (Dromonen), von Knechten und freien Römern bemannt. In den zahlreichen Grenzfesten lagen für die Bewachung der Gebirgspässe gotische Besatzungen, so daß im Grunde Italien einem großen, stets schlagfertigen Feldlager glich.

Die Friedensverwaltung wies zwar römischer und germanischer Volkstümlichkeit im ganzen abgesonderte Bahnen an, suchte aber gleichzeitig durch leise Übergänge die schroffen Gegensätze zu mildern und wenn nicht Verschmelzung, so doch freundliche Annäherung der Eingeborenen und Fremdlinge zu bereiten. Jenen gegenüber war Theoderich souveräner Kaiser, diesen beschränkter Wahlkönig, der dort mit Entschiedenheit und ohne Furcht vor Widerstand herrschen durfte, hier jedoch nur bedachtsam und schrittweise den wilden Freiheitsgeist *(agrestis spiritus)*, wie er entarteten Römern erschien, zugunsten der Krone bändigen konnte. Also blieben im römischen Behördenkreis die von Konstantin eingeführten Ämter und Hofstellen mit ihren alten Namen und Befugnissen erhalten, behaupteten der Senat und das Konsulat die herkömmliche, durch äußere Abzeichen verdeckte Kraftlosigkeit, wurden Titel, Rangordnungen und ähnliche inhaltslose Ehren, die nur der Eitelkeit schmeicheln, sorgfältig geschont, während die Machtfülle beim Kaiser stand. Denn dieser allein berief und entließ für Verwaltung und Rechtspflege die Beamten – die übrigens ohne Rücksicht auf Geburt und Reichtum nur nach dem inneren Gehalt erwählt wurden –, bestimmte die Steuern und Gebühren, gab Gesetze *(edicta)*, erklärte Krieg und Frieden und schloß Bündnisse und Verträge ab – mit einem Wort: er übte alle Hoheitsrechte aus.

Wie meist Römer, beispielsweise der Geheimschreiber Cassiodorus, ein reicher, vielseitig gebildeter Patrizier aus Bruttien, die Geschäftsleitung besorgten, so wurden die Streitigkeiten der Eingeborenen nur nach heimischen Rechten entschieden. In gemischten Zwisten aber, um Parteilichkeit zu verhüten, wurden römische Gelehrte hinzugezogen, damit sich auch hier die Goten allmählich an staatsbürgerliche Gleichheit gewöhnten. Jene nämlich, die mitten in Italien ein abgesondertes Volk darstellten, duldeten keineswegs das alleinherrschaftliche Kaisertum der Römer. Ihnen war Theoderich nur der beschränkte Stammhäuptling oder Waffenkönig, den man nach freier Wahl und um ein sinnbildliches Zeichen des Ursprungs zu geben auf den Schild erhoben hatte. Daher blieben nicht nur die mündlich überlieferten Gewohnheitsrechte und guten Bräuche gültig und alleinverbindlich, sondern es konnten auch ohne Beistimmung der Ältesten (Weisen) oder des Ausschusses der Volksversammlung weder die alten Gesetze abgeschafft noch neue eingeführt werden.*

Jedoch trachtete die Kronmacht mit Erfolg, diesen Teil der allgemeinen Freiheit zu untergraben und den Goten wie den Römer an einerlei Ordnung zu binden. Dafür gaben manche Mißbräuche und Gewalttätigkeiten, die von den Fremdlingen am Gut der Eingeborenen, von diesen am weiblichen Geschlecht verübt wurden, die erwünschte Gelegenheit. Daher stellte ein königlicher Befehl *(edictum Theodorici)* für beide Völker über die Rechte des Eigentums und die

* Dies erhellt aus dem Edictum Athalarici, § 12, bei Manso in der Geschichte der Ostgoten. »*Omnia edicta*«, heißt es dort, »*tam nostra, quam Domini avi nostri, quae sunt venerabili deliberatione famata et usualia jura publica sub omni censemus districtionis robore custodiri*«, d. h. »sowohl unsere als des Großvaters Verordnungen, die der Weisen-(Ältesten-) Rat festigte, und die gemeinen Gewohnheitsrechte sollen mit aller Strenge gehandhabt werden.« Vgl. Neumann im Hermes, XXII. Band.

Ehre der Frauen verbindliche Vorschriften auf (im Jahre 500) und bestimmte den Übertretern angemessene Strafen. Dagegen geschah kein Versuch, die gerichtlichen Behördenkreise zu vermischen, indem die Goten nur von Grafen, die in den einzelnen Bezirken (Gauen) saßen, vorgeladen, verhört und beurteilt wurden. Dafür suchte aber die Königsmacht Ersatz in den Anfängen regelmäßiger Besteuerung, indem alle Grundstücke der bisher nur an freiwillige Geschenke gewohnten Goten den Bodenzins zahlen und etwaige Fahrlässigkeit selbst durch den Verlust des Landguts büßen mußten. Nichts erweckte größeren Unfrieden als diese wenn auch angemessene, doch rechtswidrige Abgabe, in der die trotzigen Wehrmänner eine Minderung ihrer persönlichen Freiheit und ein Vorzeichen herrschaftlicher Willkür zu entdecken glaubten, so daß nur die außerordentliche Ehrfurcht gegen das damalige Oberhaupt offenbare Auflehnung verhindern konnte.

Der Staatshaushalt war nach römischen und meistens auch auf Römern lastenden Verwaltungsgrundsätzen wohl geordnet. Beträchtliche, an Erbzinspächter überlassene Krongüter (Domänen), Bergwerke und Marmorbrüche, Münzen und herrenlose, unter der Erde gefundene Schätze, Strafgelder und Hinterlassenschaften, über die kein Letzter Wille verfügt worden war, Paläste und königliche Gebäude, vor allem aber die Grundsteuer bildeten das Einkommen. Diese letzte Abgabe wurde jährlich teils in Naturerzeugnissen, teils in barem Geld zu drei Fristen von beiden Völkern erhoben und mit abgefeimter Schlauheit besonders auf die Eingeborenen gelegt. Man maß die einzelnen Felder, zählte Reben und Bäume, verzeichnete alle Tier- und Menschenköpfe, um gleichsam das höchste und niedrigste Bedürfnis an die Abhängigkeit vom Kronsäckel zu mahnen. Daher die unendliche Reihe der Mißbräuche und Plackereien, die von hungrigen und habgierigen Beamten, Zöglingen der altrömischen Unterdrückungskunst, gegen hilflose Landsleute ausgingen, während der Gote nötigenfalls sich selbst zu schirmen wußte. Daneben zahlten Kaufleute und Handwerker, Krämer und Schenkwirte, sämtlich Römer, die herkömmliche Gewerbesteuer, ja, man forderte beim Kauf und Verkauf aller beweglichen wie unbeweglichen Güter vier Prozent ein und bestimmte Zeiten und Orte, an denen allein die Waren feilgeboten werden durften. Mäßig waren dagegen die Zölle für ein- und ausgehende Handelsgegenstände, aber oft unerträglich die Unterschleife und Erpressungen der zahlreichen, wiederum römischen Beamten.

Ungeachtet dieser vom Altertum vererbten Gebrechen wuchs bei der allgemeinen Sicherheit, dem ungestörten Frieden und der im ganzen unparteiischen Rechtspflege die mannigfaltigste Gewerblichkeit. Die Zerteilung der großen Landgüter in kleine Freilose, die fortan der Gote allmählich seinerseits mit Lust bestellte, hob den tief gesunkenen Feldbau. Die Gleichheit des Maßes, des Gewichts und der Münze, treffliche Straßen, von keinem Gesindel beunruhigt, Flüsse und Kanäle belebten den inneren Verkehr, mäßige Zölle und liebreiche Aufnahme der Fremden den äußeren, meistens auf Griechenland gerichteten Handel. Selbst die ursprünglich der Regierung bestimmten Posten durfte der Kaufmann, der eilen wollte, benutzen.

Die Pflege der Wissenschaften, denen der streitbare, stolze Gote fernblieb, beschränkte sich nur auf die Erhaltung der höheren Bildungsanstalten in Rom, Ravenna, Pavia und anderen Städten. Man lernte dort schwülstig reden und schreiben ohne die einfache Gedankenstärke der Vorzeit, die in den Werken des Cassiodorus, Boethius und Symmachus keine würdigen Nacheiferer bekam, während die Sprache der Römer mehr und mehr durch Aufnahme fremdartiger Stoffe verwilderte. Freudiger gediehen die Künste, denen der König, schon als Jüngling durch den Anblick der Denkmäler Konstantinopels für das Schöne entzündet, nach Kräften Vorschub leistete. Also wurden nicht nur die vielfachen Werke des Altertums sorgfältig erhalten, gegen Unbilden der Zeit und des Mutwillens geschirmt, sondern auch in Verona und Ravenna Paläste wie Kirchen nach einem großartigen, eigentümlichen Maßstab gebaut. Davon zeugte besonders Theoderichs Grabdenkmal, ein sinniges Rundgebäude (Rotunde), dessen Kuppel, die aus einem einzigen, angeblich 940 000 Pfund schweren Stein gewölbt ist, die Bildnisse der zwölf Apostel und den Marmorsarg mit den Gebeinen des Stifters tragen sollte.* Malerei und Bildhauerkunst machten dagegen Rückschritte; sie dienten aus Mangel des belebenden, schöpferischen Geistes nur den alltäglichen Bedürfnissen.

In den religiös-kirchlichen Verhältnissen folgte die ostgotische Regierung dem erhabenen, bisher unbekannten Grundsatz allgemeiner Gewissensfreiheit** und schützte Arianer wie Katholische und Juden

---

* Die Bauwerke zeigten schon das Gepräge des im späteren Mittelalter ausgebildeten Stils, wie eine merkwürdige Stelle Cassiodors VII, 15 anzudeuten scheint. »*Quid*«, heißt es hier, »*dicamus jungeam proceritatem? moles illas sublimissimas fabricarum, quasi quibusdam erectis hastilibus contineri et substantiae qualitate concavis canalibus excavatas, ut magis ipsas aestimes fuisse transfusas*«, d. h. »wozu soll ich jene schlanken Säulen und erhabenen Baumassen erwähnen, die gleichsam auf etlichen Speerschäften zu ruhen scheinen?« usw.

** »Den Glauben«, meldete einst der Geheimschreiber Cassiodorus der Stadt Genua, »können wir nicht gebieten, weil niemand entgegen seiner Überzeugung glauben kann.« II, S. 27.

in ihren Rechten und Gütern. Sie mied, ebenso entfernt von Gleichgültigkeit wie von Schwärmerei, unfruchtbare Glaubensstreitigkeiten, duldete aber keine Eingriffe der Priesterschaft in den Gerichtskreis und die Befugnisse der weltlichen Macht, sondern entschied zwistige Bischofswahlen, berief und lenkte Kirchenversammlungen.

Die von Rom nach Ravenna verlegte Hofstatt endlich bot das Bild eines mehr bürgerlichen denn fürstlichen Haushalts, dessen schlichtes und geordnetes Wesen ganz der bedeutsamen Persönlichkeit des Königs entsprach. Dieser war mittlerer Größe, nicht sowohl hoher denn breiter Stirne, buschiger, ineinander verwachsener Augenbrauen, starken, den runden Scheitel bedeckenden Haarwuchses, gebogener Nase, feinen Kinnes, jugendlich frischer Farbe, hoher Brust, breiter Schultern und starker Schenkel, überhaupt eines mehr ausdrucksvollen denn schönen Äußeren.

Die selten geänderte Tagesordnung diente der Arbeit, bisweilen dem Vergnügen. Frühmorgens stand der König auf, verrichtete seine Andacht, prüfte mehrere Stunden lang die Berichte über laufende Regierungsgeschäfte, hörte fremde Gesandte, besuchte dann die Schatz- und Kunstkammer, die Marställe und Waffenplätze, hin und wieder auch die Wildbahn, wobei ein Edelknabe Bogen und Pfeil trug. Nie wurde das Ziel verfehlt; es gab keinen geschickteren Schützen. Danach folgte das einfache Mittagsmahl, gewürzt durch ernste und lehrreiche Gespräche, beschlossen durch Würfel- oder Brettspiel, das für etliche Augenblicke allen Zwang verbannte und mutwillige Fröhlichkeit gönnte. Um drei Uhr begann wieder die Arbeit und dauerte bis zum Abend, den eine fröhliche, oft von Sängern und Gauklern erheiterte Tafel mit den ersten Stunden der Nacht verknüpfte. Diese regelmäßige Tätigkeit erleichterte den verwickelten Geschäftsgang und gab dem König, der überall selbst sehen, hören und eingreifen wollte, Muße, niemandem seine Gegenwart zu verweigern und die Beschwerden des Reichsten wie des Ärmsten, sei es schriftlich oder mündlich, zu erfahren.

Dem Ausland gegenüber wurde eine folgerichtige, männlich besonnene Stellung beachtet. Theoderich wollte sowohl unabhängig vom oströmischen Reichsverband bleiben als auch die germanischen Völker Südwesteuropas unter den Schutz eines väterlichen Ansehens (Protektorats) stellen, das erobernde Übergewicht etlicher Stämme, besonders des fränkischen, teils durch bewaffnete Dazwischenkunft, teils durch friedliche Unterhandlung und Blutsbande nach Kräften hindern und überhaupt Bürgerkriegen wehren und gegenseitigen Verkehr fördern. Also nahm er Andefled, Chlodwigs Schwester, zur Frau und vermählte seine Töchter, die eine, Ostrogota, dem Burgunderfürsten Siegmund, die andere, Teudichusa (d. h. Völker wählend) dem Westgoten Alarich, die dritte, Amalasuntha, dem zur Nachfolge bestimmten Amaler Eutharich Cillaca, seine Schwester Amalafried (d. h. reiner Frieden) dem Vandalenkönig Thrasamund, seine Nichte Amalaberga (Himmelsgenossin) dem Thüringer Hermanfried. Er nahm den vom Langobardenvolk schwer bedrängten Fürsten der Heruler, Rudolf, durch Übersendung der Waffen als Sohn an, schirmte Alemannen und Westgoten gegen fränkische Allmacht und gewann solche Achtung, daß Boten der Esten, Livländer und hochnordischen Skandinavier in Ravenna Ehrengeschenke überreichten.

Nur ein einziges Mal wurde dieses besonnene, leidenschaftslose Betragen aufgegeben und das Greisenalter Theoderichs durch Ungerechtigkeit befleckt. Als nämlich der byzantinische Hof aus Glaubensschwärmerei die Arianer zu verfolgen begann und aus ränkevoller Ohnmacht in Italien staatsgefährliche Umtriebe anspann, ließ der Ostgote, erbittert durch den Undank der Römer, den gelehrten, vielleicht nicht schuldlosen, Senator Boethius einkerkern, foltern und ohne Eingeständnis der Missetat mit seinem Schwiegervater Symmachus hinrichten (525) und den zweideutigen Papst Johannes verhaften. Überhaupt ließ er nicht die Gesetze, sondern launenhafte Willkür herrschen. Aber dem gekränkten Recht folgte bald die Strafe: Von bitterer Reue gefaßt, starb der König. Seine letzten Worte an den für die Nachfolge empfohlenen Enkel Athalarich und die der Reichsverweserschaft bestimmte Tochter Amalasuntha mahnten zum Gehorsam gegen das Gesetz (30. August 526). So blieb Theoderich, den die späteren Heldenlieder der Deutschen als Dietrich von Bern (Verona) gefeiert haben, auch auf dem Totenbett groß, indem er über dem Fürsten nicht den Menschen und Bürger vergaß.*

* »Es gab kein Volk im Abendland, das dem Theoderich, solange er lebte, nicht durch Freundschaft oder Untertänigkeit gehuldigt hätte.« Jornandes, Kap. 58.

ZWEITES BUCH

DER ZWEITE ZEITRAUM

Die Verjüngung des Menschengeschlechts im Morgen- und im Abendland, dort durch die Araber und den Islam, hier durch die Germanen und das Christentum; vom Tod des Ostgoten Theoderich bis zur Erhebung der Karolinger und Abbassiden

(526–752)

Erster Abschnitt

Wie die Vandalen in Afrika, die Ostgoten in Italien untergehen, das Volk der Langobarden in Italien ein Reich gründet und wie Nordwesteuropa durch die Germanen eine andere Gestalt bekommt

Theoderich hatte den Ostgoten eine höchst schwierige Stellung gegeben. Denn während angeborene Milde und Besonnenheit die Leibeigenschaft und Untertänigkeit der besiegten Römer auf der einen Seite hinderten, machten auf der anderen Glaubenshaß, Unterschied der Sitten, Rechte, Stolz und Eitelkeit die Verschmelzung beider Völker unmöglich. Also blieben Mißtrauen und Spannung, was bald bei steigenden Zerwürfnissen für die Wiedereroberung Italiens von den schnell erstarkenden Oströmern oder Byzantinern benutzt wurde.

Diesen letzteren brachte nämlich Justinian (Upranda), der Sohn armer, vielleicht slawischer Landleute aus dem Gau Dardanien in Ober-Mösien (Serbien), der von dem Oheim Justin zur Nachfolge berufen wurde (527–565), durch die Entfaltung der ungleichartigsten Eigenschaften vollkommene Dienstbarkeit in den inneren und Herrschaft in den äußeren Verhältnissen, so daß gerade die schroffen Gegensätze des unbeschränkten Oberhaupts dem abgestorbenen, zerstückelten Reichskörper einen kurzen Aufschwung kriegerischer und gewerblicher Tätigkeit bereitet haben. Denn der Kaiser war gewandt und nachgiebig im Unterhandeln, aber gleichzeitig zäh und fest in seinen staatsbürgerlichen Plänen. Rechtgläubig und eifrig für die Religion, war er ein unchristlicher, blutiger Feind des nicht-katholischen Bekenntnisses. Er war herrschlustig und ehrgeizig bis zum Übermaß, aber ein willenloser Knecht seiner Frau, arbeitsam und unverdrossen, aber nicht selten träge und den Freuden der Wollust und der Tafel ergeben. Er war ein Kenner und Beschirmer der Wissenschaften und Künste, aber dennoch so roh, daß, während in Konstantinopel Brücken, Paläste, Kirchen, Wasserleitungen entstanden, raubgierige Beamte das Landvolk bis zur Nacktheit ausplündern durften. Dabei war er souverän, aber gleichzeitig als Verbesserer der Rechtspflege ein gesetzlicher Fürst, kriegerisch, aber feige und auf Flucht sinnend, während Belisar Italien eroberte. Er war großmütig und empfänglich für öffentliche Ehre, aber so selbstsüchtig und neidisch auf fremden Verdienst, daß er tüchtige Feldherren und Staatsmänner aufsuchen, gebrauchen und zuletzt als abgenutzte Werkzeuge in den Winkel werfen konnte. Überhaupt war er ein Mann, dem mehr die wahre Größe denn Schlechtigkeit fehlte.

Dagegen hatte die Kaiserin natürliche Gutmütigkeit und Seelenstärke, aber keine Kraft, die Eindrücke und Gewohnheiten der bedrängten Jugend gänzlich abzustreifen und mit dem Thron einen neuen Menschen anzulegen. Theodora nämlich mußte nach dem frühzeitigen Tod des dürftigen Vaters, der die Bären Konstantinopels fütterte, sich und die Mutter durch das mit Anstand getriebene Buhlgewerbe so lange unterhalten, bis Justinian Bekanntschaft anknüpfte, sie seine Liebe gewann und dadurch Ehebett, Reichtum und Hoheit teilte. Die ehemalige Schauspielerin blieb sich darin treu, daß sie immer den Schein statt des Wesens festhielt, mit Kunst Gefall- und Eifersucht handhabte und in reiferem Alter durch Frömmelei und Priesterumgang Sühne für frühere Leichtfertigkeiten und weltliche Lüste suchte. Unzufrieden mit dem häuslichen Bereich griff sie in Staatsgeschäfte ein, schuf und vernichtete Feldherren und Beamte, kurz, handelte als Mann, ja übertrug dem Gemahl bisweilen die Rolle der Frau.

Unter den Heerführern ragte Belisarius, aus dem Gau Germanien zwischen Thrakien und Illyrien gebürtig, durch Mut, Ausdauer und kriegerische Gaben hervor. Aber wegen des rücksichtslosen Gehorsams gegen den undankbaren Kaiser und der würdelosen Abhängigkeit wurde er von seiner ränkevollen, verbuhlten und launenhaften Gemahlin Antonia oft betrogen und mißhandelt und zuletzt durch den selbständigen Waffengefährten Narses überflügelt, der, obschon ein Verschnittener, neben Feinheit und Arglist männliche Willenskraft besaß.

Dergestalt für die Ordnung der auswärtigen Angelegenheiten von treuen und tüchtigen Dienern unterstützt, richtete Justinian dennoch die erste Sorge klug auf Befestigung der Innenverhältnisse, die trotz der verfassungsmäßigen Kronmacht bei den ungleichen Rechten und Gesetzen der Landschaften schwankten und den Mißbräuchen der vollziehenden Beamten unermeßlichen Spielraum eröffneten. Also wurden, damit Gleichheit der verbindlichen Vorschriften die verschiedenartigsten Teile des Römischen Reiches einigte und den Mittelpunkt der Gesamtheit, den Thron, als sichtbaren Ausdruck der Selbstherrlichkeit (Souveränität) stärkte, die Satzungen der früheren Kaiser gesammelt, durch Aufnahme einzelner Gutachten und Verfügungen des republikanischen Zeitalters erweitert und in dem großen, fortan alleingültigen Gesetzbuch (Pandekten) niedergelegt (529–533). Etwaige Lücken wurden durch spätere Befehle (Edikte) nach dem Maßstab der laufenden Bedürfnisse ergänzt.

Während jedoch der Buchstabe lehrte, was rechtens sei, dauerten bei der Pracht des Hofes drückende Steuern und willkürliche Erpressungen fort, so daß endlich selbst die Hauptstadt den passiven Gehorsam vergaß, zu den Waffen griff, die Leibwache zersprengte und den Palast umlagerte. Schon wollte der Kaiser flüchten, als die standhaftere Theodora durch Wort und Tat das besoldete Kriegsvolk ermutigte und dadurch den schlecht geleiteten Aufruhr im Keim erstickte. Kerker, Bann und Blutgerüste vollendeten den Sieg (532).

Um aber die Gärungsstoffe des inneren Unfriedens abzuleiten und die äußere Hoheit des Reiches zu mehren, wurde bei fast sicherer Hoffnung auf glücklichen Erfolg die bewaffnete Dazwischenkunft in den Parteienzwist der afrikanischen Vandalen beschlossen. Diese sanken nämlich seit dem Tod Geiserichs (477) in steigende Entartung und nahmen römische Sitte und Üppigkeit an. Sie vergeudeten die nordische Kraft in warmen Bädern, Wollüsten der Tafel und Buhlerei. Sie trugen seidene, mit Gold verbrämte Gewänder, tranken in ihren baumreichen Gärten bis zum Übermaß den Wein der Fremde aus silbernen oder goldenen Bechern und ergötzten sich am Anblick der Gaukler und Tänzer. Sie vernachlässigten, froh des von den Eltern erworbenen Überflusses, Ackerbau und kühne Seefahrten und betrachteten, als rohe und schwärmerische Arianer, den Eingeborenen als Ketzer und untertänigen Knecht, der straflos betrogen und mißhandelt werden dürfe. Sie gönnten den Königen weitläufige Krongüter und unermeßlichen Prunk und Macht, so daß von dem germanischen Wesen im Grunde nichts übrigblieb als der schlanke starke Körperbau und die Liebe zur Jagd.

Aber bald folgte die Strafe. Mauren (Berber) verwüsteten das Land, und rechtgläubige Urbewohner, an Eigentum und Rechten gekränkt, forderten im geheimen Hilfe von Ostrom. Ehrgeizige Fürsten stritten um die Herrschaft. Also warf Gelimer, der hartherzige, unduldsame Urenkel Geiserichs, den milden, allem Glaubenshaß abholden König Hilderich in Banden, ließ dessen tapferen Neffen, Hoamer blenden und viele des römischen Adels hinrichten.

Umsonst mahnte Justinian, dem Gefangenen befreundet, zu Mäßigung. Die siegreiche Partei entgegnete durch neue Missetaten, während ein morgenländischer Bischof überzeugend erinnerte: »Gott selber habe den Kampf mit Gelimer und den Vandalen geboten. Man möge ziehen, um die rechtgläubige Kirche zu befreien« (533). Sofort rüstete der Kaiser und sandte den unlängst in der Fehde mit Neupersien erprobten Feldherrn Belisar, damit er Afrika gewinnen und die ketzerischen Fremden vertreiben möchte. In einer Stärke von 15 000 erlesenen Streitern, unter ihnen Heruler und Hunnen, landete Belisar ohne Hindernis und nahm nach der ersten Feldschlacht, aus der Gelimer gen Numidien floh, die Hauptstadt Karthago mehr durch Güte denn durch Gewalt. Etliche Wochen darauf siegte er über den tapferen, aber ungeschickt kämpfenden Heerbann der Vandalen bei Tricamarus (Dezember) und empfing im nächsten Frühling die Huldigung des auf dem Gebirge Papua, einem Vorsprung des Atlas, von Hunger, Elend und Untreue bedrängten Königs. Er stellte überall griechische Herrschaft und Verwaltung wieder her, gab Frauen und Töchtern der Vandalen römische Ehemänner, während die rüstigste Jugend teils zersprengt, teils den kaiserlichen Geschwadern einverleibt wurde. Er dämpfte die letzten Zuckungen des überraschten, verratenen und entarteten Germanenvolks durch kräftige Gegenmaßnahmen und kehrte darauf, von den edelsten Gefangenen – unter ihnen Gelimer – sowie den Schätzen und Kleinodien des Reiches begleitet, als Überwinder Afrikas nach Konstantinopel zurück. So fiel ruhmlos der neuen Stämme südlichste Vorhut, die die vom Schicksal bezeichneten Grenzen kühn überschritten und in einem fremdartigen Weltteil binnen etlichen Menschenaltern heimische Sitte und Stärke den Lüsten des verfeinerten Lebens aufgeopfert hatte.*

Ehrenhafter sanken die Ostgoten, bezwungen von den mannigfaltigen Widersprüchen ihrer gesellschaftlichen Verhältnisse und den Mißgriffen der Regierung, die seit dem Hintritt Theoderichs weder

* »Kein Volk lebte weichlicher als die Vandalen.« Procop., Vandalenkrieg, II, 6.

den früheren Nachdruck gewinnen noch die jetzt schroffer hervortretenden Gegensätze durch achtungsvolle Persönlichkeit vermitteln und ausgleichen konnte. Während nämlich die der römischen und griechischen Sprache kundige Reichsverweserin Amalasuntha bei der Erziehung ihres Sohnes wie im öffentlichen und häuslichen Verkehr altertümliche Wissenschaft und Sitte begünstigte, forderte das gotische Volk, längst abgeneigt der römischen Weise, ausschließliche Anerkennung und bewirkte zuletzt, daß der künftige Thronerbe, der nicht weibischer Kenntnisse, sondern männlicher Waffenfertigkeit bedürfe, von der Mutter ausgeliefert und heimischen Zuchtmeistern übergeben wurde. Diesen raschen Wechsel des Umgangs und Lebens ertrug der an sich schwache Athalarich nicht. Ihn töteten schon im sechzehnten Jahr die wilden Freuden der Altersgenossen (534).

Um den steigenden Unfrieden, der überdies in dem fahrlässigen, selbst feindseligen, Betragen gegen die bedrängten Vandalen Verrat erblickte, einigermaßen zu stillen, gönnte Amalasuntha dem reichen, gebildeten, aber auch geizigen und trägen Vetter Theodat die Mitherrschaft. Als jener schwach und arglistig abfiel, trat sie mit dem griechischen Kaiser in geheime, der gotischen Selbständigkeit gefährliche Unterhandlungen. Darob verhaftet und nach einer Insel des Sees Bolsena abgeführt, endete sie unter den Händen gedungener Meuchelmörder (April 535). Sogleich kündigte Justinian, scheinbar um den Tod der Königin zu rächen, Fehde an und sandte, während die meisten Donauvölker Theoderichs Reichsverband abstreiften, den Überwinder Afrikas, Belisar, mit Heer und Flotte nach Sizilien, das zwieträchtig und nur von geringer Mannschaft verteidigt beim ersten Anlauf gewonnen wurde. Dasselbe Los hatten, obschon nach mutiger Gegenwehr, in Dalmatien Salona und in Italien Neapel. Überall erhob sich der Eingeborene und empfing den Griechen als Befreier und Glaubensgenossen, uneingedenk der vieljährigen Wohltaten des germanischen Königtums.

Die Goten aber, jetzt in ihrer Souveränität bedroht, entsetzten und töteten den unbeholfenen, feigen Theodat. Sie wählten den Feldherrn Vitiges zum Nachfolger am Reich und traten den zweideutigen Franken das alemannische Rhätien und den gallischen Gau zwischen der Rhône und den Seealpen ab. Bei Ravenna versammelten sie die zersplitterten Streitkräfte und erschienen im Frühling 537 in einer Stärke von 150 000 Mann vor den Mauern Roms, das Belisar im Dezember davor durch Überraschung und Einverständnis genommen hatte. Doch alle Stürme der Belagerer scheiterten an dem mutvollen und klug geleiteten Widerstand, der selbst Kunstwerke vernichtete, um Mittel der Abwehr zu finden. Im Rücken und auf den Seiten von dem Unterführer Narses bedrängt, von Hunger, Krankheit und Zwietracht gequält, mußte endlich Vitiges nach einjährigem Ausharren auf Übergabe von der Tiberstadt abziehen und, von dem Gewalthaufen des Feindes verfolgt, in der Feste Ravenna Rettung suchen.

Denn unerwartet nahten neue Gefahren. Die Franken nämlich brachen treulos und nur auf Beute gerichtet mit burgundischen Scharen über das Gebirge in Oberitalien ein und verbreiteten in Mailand, Genua und anderen Städten und Landschaften Mord, Brand und Raub. Sie wüsteten so lange straflos, bis Seuchen und Mangel Rückkehr geboten. Schrecklich war das Elend mancher Gegenden. Im Picentergau verhungerten 50 000 Menschen. Wochenlang nährten sich die Apenninbewohner von ungesundem Eichelbrot. Viele, die den Körper vorwärts beugten, um Kräuter zu pflücken, sanken tot nieder, ja man mordete einander, um Speise zu finden. In solcher Bedrängnis gelobte Ravenna Unterwerfung. Damit endete die Herrschaft der Goten. Denn der König, der unfähig zu einem großen Entschluß war, wanderte mit einem Gnadengehalt belohnt gen Konstantinopel. Das Volk aber, zerrissen und führerlos, trat in die Reihe der römischen Untertanen. Dafür wurde es nicht gekränkt an seinen Grundstücken und beweglichen Gütern (Ende 539).

Darauf wurde Belisar, dieweil Neupersien mit Krieg drohte und das Glück Eifersucht erweckte, abgerufen und die Verwaltung Italiens mehreren Reichsvögten und Feldherren übergeben. Diese, hoffärtig und gewalttätig, begannen nach Willkür zu schatzen, parteiisch Recht zu sprechen und anderen Frevel zu üben, so daß der Römer die alte Ordnung wünschen, der Gote an Abschüttelung der Dienstbarkeit denken mußte. Denn noch lebten Ehrgefühl und Freiheitsliebe. Oft haben Frauen, entrüstet über den Anblick der kleinen Griechen, in den Straßen Ravennas ihre schlanken Ehemänner Feiglinge gescholten und ihnen ins Angesicht gespien. Also versammelte sich bald in Pavia, wo keine feindliche Besatzung lag, eine streitbare Schar und erhob anfangs Ildebad, danach Totilas, den Befehlshaber von Trevigi, auf dem Schild zum König (541). Der, tapfer und klug, vereinigte die bisher getrennten Rugier und Goten und siegte am Po. Dann überstieg er, täglich wachsend an Kraft, den Apennin, zwang nach der glücklichen Feldschlacht bei Faenza die bestürzten Reichsvögte zur Flucht in die Städte und eroberte Neapel, Benevent, Kalabrien und den ganzen Süden Italiens, allenthalben ausgezeichnet durch Milde, Rechtlichkeit und Manneszucht.

Umsonst versuchte Belisar mit einem schwachen Heer und durch halbe Maßregeln den Strom aufzuhalten. Rom, von beiden Parteien zweimal erstürmt, blieb den Goten, deren Flotte Sizilien, Sardinien und Korsika eroberte, die Küsten von Epirus heimsuchte und solchen Schrecken verbreitete, daß Justinian, überdies durch Persien bedrängt, seinen ersten, jetzt unglücklichen Feldherrn ins Morgenland sandte und die unbezwinglichen Germanen Italiens aber hauptsächlich durch Stammesgenossen zu bändigen beschloß (549).

Also wurden nicht nur die beutegierigen Franken, die bereits die meisten, ehemals ostgotischen Länder jenseits der Alpen gewonnen hatten, zum Waffenbündnis eingeladen, sondern auch in Pannonien 3000 Heruler, 2000 Langobarden und etliche Scharen Gepiden durch reichlichen Sold angelockt und dem Kern der griechischen Mannschaft zugesellt. Dieses erlesene Heer führte Narses, der ebenso gewandte wie heldenmütige Oberbefehlshaber, über Philippopel, Salona, den Timavus, die Brenta, die Etsch, den Po und längs der Küste nach Ravenna, von hier über den Apennin, an Urbino vorbei auf der flaminischen Straße in einen weiten Talgrund, den das Gebirge zwischen der Stadt Tagena und den Gräbern der Gallier öffnet.

Dahin eilte auch Totilas, für die Entscheidungsschlacht gerüstet, mit der Blüte des Gotenvolks. Er gab der trefflichen Reiterei das erste, den minder geübten Fußgängern das zweite Treffen, mahnte, allen kenntlich durch vergoldeten Harnisch, hohen Helmbusch und purpurrotes Fähnlein an der Lanze, zu Kühnheit und Ausdauer und tummelte, freudig des Kampfes, in künstlichen Wendungen das Streitroß. Narses dagegen überließ die Mitte den Langobarden, Herulern und Gepiden, beide Flügel den halbmondförmig gescharten Römern, verhieß jenen Beute und Sold, diesen goldene Gnadenketten, Armbänder und ähnlichen Schmuck.

Darauf begann in der Mittagszeit eines heißen Julitages (552) die stundenlang wechselnde Schlacht. Umsonst suchte die gotische Reiterei in wiederholten Anstürmen das germanische Fußvolk zu durchbrechen. Es stand fest wie eine Mauer, ja verwandelte, während beim Anbruch des Abends die Flügel die entblößten Seiten des Feindes anfielen, Abwehr in so gewaltigen Angriff, daß die bedrängten Söldner, anfangs geschlossen, später in losen Haufen, sich umwandten, mit Gewalt die Reihen des zweiten, bisher größtenteils müßigen Treffens trennten und in die Flucht hineinrissen. 6000 Goten deckten das Schlachtfeld, mehrere tausend wurden gefangen und bald danach hingerichtet, die übrigen zersprengt. Totilas aber, von dem Speer eines Gepiden tödlich verwundet, entkam mit fünf Getreuen unter dem Schirm der Nacht ins Gebirge und starb hier in den Armen der Freunde, die den Helden an einer einsamen Stelle beerdigten.

Zwar öffnete infolge des großen Sieges Rom, das fünfte Mal in diesem Krieg, der stärksten Partei die Tore und huldigten Tarent, Ostia und andere Städte dem Kaiser. Aber die Goten, meistens flüchtig zum Po, verzagten dennoch nicht, sondern wählten Tejas, Fritigerns tapferen Sohn, an das Königtum und beschlossen, eher zu sterben denn byzantinische Herrschaft zu dulden. So wurden, damit Kleinmütige keinen Vorwand zur Aussöhnung fänden und die Römer den oft begangenen Treuebruch schwer büßten, 300 junge Patrizier, die letzten des uralten Adels, hingerichtet und danach die kühnsten Männer zu einem gefahrvollen Zug in den Süden Italiens erkoren.

Dort bedrängte nämlich Narses, der bald nach der Schlacht bei Tagena die streitbaren, zuchtlosen Hilfsvölker germanischen Stammes reich beschenkt entlassen hatte, mit dem griechischen Gewalthaufen die Feste Cumae in der Landschaft Kampanien und bewachte gleichzeitig die Hauptpässe des Apennin. Da versammelte Tejas, um seinen Bruder Aligern zu entsetzen, den Kern des Gotenvolks. Er folgte, die Feinde umgehend, der adriatischen Seeküste, überstieg das Gebirge und lagerte unweit der kampanischen Stadt Nocera auf dem Milchberg, einem Absprung des Vesuv, die Stirne gedeckt durch den reißenden Waldbach Drako, der in den Sarno fällt. Gegenüber in der Ebene nahm Narses, der nur eine kleine Abteilung vor Cumae zurückließ, mit dem Hauptheer seine Stellung, mit dem Ziel, mehr durch die Zeit und den Hunger denn durch offenen Feldstreit zu entscheiden. Beinahe acht Wochen lang dauerten wechselnde Gefechte und Zweikämpfe, die gewöhnlich auf und bei der Drakobrücke geliefert wurden. Endlich, als Verrat die gotische Getreideflotte überliefert hatte, zog Narses das verschanzte Lager enger zusammen und sperrte durch Türme, Gräben und Wälle die Ausgänge des Gebirges. Er mied entscheidende Treffen, wurde aber desto rastloser im kleinen Krieg und vereinzelten Anfall. Da stürmte Tejas, bei wachsendem Mangel zu Sieg oder Tod entschlossen, eines Morgens mit etlichen Getreuen die Höhen herab gegen den Hauptpaß an der Brücke. Er schleuderte mehrere Stunden lang fast allein die vom nahen Waffendiener überreichten Wurfspeere, fing zwölf der feindlichen mit dem Schilde auf und kämpfte unabläßig weiter, bis ein Geschoß die zufällig entblößte Brust durchbohrte und den Helden niederstreckte. Um ihn zu rächen, stritten die Goten den ganzen Tag durch und eilten bei Anbruch des folgenden Morgens wiederum in die Schlacht, die bis zum Abend dauerte und in erfolglosen Angriffen die tapfersten Männer wegraffte.

Bewältigt vom Mißgeschick, sandten endlich in der Nacht die Hauptleute Friedensboten an Narses. »Gott«, meldeten diese, »streite gegen das Volk der Goten. Es wolle die Waffen niederlegen, wenn ihm vergönnt werde, frei abzuziehen und unter der Hoheit des griechischen Kaisers nach eigenem Gesetz zu leben.« Der Oberfeldherr billigte den Vorschlag (Dezember 552) und führte darauf das Heer gegen Cumae und Lucca. Er ließ viele gefangene Frauen und Kinder in die Knechtschaft verkaufen, die Männer aber nach Konstantinopel abführen, so daß die letzten freien Goten am Po und in Venetien, an der Rettung verzweifelnd, von den hab- und eroberungsgierigen Franken Hilfe fordern mußten. »Gemeinsam«, sprachen die Unterhändler, »sei der Feind. Er werde nach der Unterjochung Italiens auch Gallien heimsuchen. Dem möge man durch Schutz- und Trutzbündnis mit einem stammverwandten Volk zeitlich begegnen.« Der damalige Frankenkönig Dietbald liebte zwar die Ruhe, stimmte jedoch zu, daß zwei überaus streitbare und kühne Brüder, Leuthar (Luther) und Buzelin, Herzoge der den Franken zinspflichtigen Alemannen, mit einem gemischten Haufen von 70 000 Männern über die Alpen auf Beute und Abenteuer ausziehen durften.

Kaum vernahm Aligern solche Kunde, als er – entschlossen, lieber Griechenlands denn der wilden Franken Joch zu tragen – Cumae mit seinen Schätzen übergab und fortan kräftig die neuen Fremdlinge bekämpfte. Diese aber, unbekümmert um die Goten, eilten im Frühling des Jahres 553 von den Polandschaften nach dem Süden Italiens. Eine Abteilung folgte unter Leuthar der adriatischen, die andere unter Buzelin der tyrrhenischen Seeküste. Sie brachen überall, wo sie erschienen, Kirchen und Klöster, raubten goldene Becher, Rauchfässer und anderes Gerät und zertraten die Saaten. So erreichten sie, begleitet von den Schrecknissen der ersten Völkerzüge, die äußersten Enden der Halbinsel. Darauf kehrte Leuthar, um die unermeßliche Beute zu sichern, um, fand aber im Venetianischen durch pestartige Krankheiten, eine Folge der Schwelgerei und des ungewohnten Himmels, mit den meisten Scharen den Tod. Viele starben im Wahnsinn und nagten, wie der Herzog selber, am eigenen Fleisch.

Inzwischen hatte Buzelin, auf Heimkehr bedacht, am Volturno in Kampanien, unweit Kapua, eine Wagenburg geschlagen und die Brücke durch Türme und Schanzen befestigt. Denn am rechten Ufer des Flusses stand Narses mit dem Gewalthaufen der Griechen und den Hilfsscharen der Heruler und Hunnen, für die entscheidende Schlacht gerüstet. Umsonst warnten die Seher der Alemannen vor Übereilung. Volk und Herzog, erbittert durch den Verlust eines hölzernen Turms, den Feuer zerstört hatte, nahmen den vom Feind gebotenen Feldstreit an, stürmten keilförmig und anfangs unwiderstehlich vor, wurden aber bald, im Rücken und auf beiden Seiten gleichzeitig angegriffen, getrennt und in Unordnung und Flucht gebracht. Nur fünf Mann, wird berichtet, entkamen und verkündigten den Ihrigen die furchtbare Niederlage (Herbst 553). Die Goten aber büßten das fränkische Bündnis durch wachsende Zwietracht und Mutlosigkeit, so daß etliche Monate nach der Schlacht am Volturno 6000 bisher glückliche Verteidiger des Bergschlosses Kampsa im Samniterland huldigten und die letzten Burgen im Venetianischen dem Beispiel folgten. Andere Haufen endeten im offenen Kampf oder flüchteten über das Gebirge nach Rhätien und Hoch-Alemannien (schweizerische Urkantone*). Wer blieb, wurde teils in die griechischen Geschwader aufgenommen, teils verpflanzt und genötigt, im Gewühl der täglichen Lebenssorgen durch Verschmelzung mit andersgearteten Stämmen seine Volkstümlichkeit aufzugeben.

Spurlos zerging das tatkräftigste, edelste und bildsamste Germanengeschlecht, dessen Tugenden selbst in den letzten Verhängnissen hervorleuchteten, während Italien, wieder frei von den Fremden und der römischen Herrschaft zurückgegeben, keine Besserung der alten Gebrechen versuchte, vielmehr durch Üppigkeit, Schmeichelei, Glaubenszwang, Steuerdruck und knechtischen Sinn den Rächer des Ostgoten, den Langobarden, weckte und herbeirief. Dies geschah so. Das eben genannte kriegerische Volk siedelte, vom griechischen Hof eingeladen, seit dem Jahre 526 in Pannonien und kämpfte fortan immerdar mit den Gepiden, die Dakien oder die heutigen Landschaften Siebenbürgen, Moldau und Walachei bewohnten und oft den oströmischen Kaiser hart bedrängten. Da nahm endlich, der wechselnden Fehde müde, der Langobardenkönig Audoin ein sehr zahlreiches Heer, setzte über die Donau und lieferte zwischen ihr und dem Fluß Theiß, auf der Ebene Feld, eine entscheidende Schlacht, in der Turisend, der Fürst der Gepiden, völlig besiegt und zum Frieden genötigt wurde. Sein erstgeborener Sohn Turismod aber wurde von dem langobardischen Thronerben Alboin getötet (551).

Darüber erfreut, begehrten die Ältesten, es möge Audoin den heldenmütigen Jüngling zum Tischgenossen annehmen, jedoch vorher nach heimischer Sitte durch den mächtigsten Feind wehrhaft machen lassen. Sofort versammelte Alboin 40 berittene Söldner, zog an das Hoflager der Gepiden und bat den König Turisend, ihn mit

* »Da kamen etlich hoch standes über den Gothardt, das hoch gebirg, und liessen sich nider in der gegent und wüste da yetzt Uri ligt.« Frankes Chronik des gantzen Teutsch-Lands, S. 212.

dem Schwert zu umgürten. Jener empfing freundlich den Fremden, dem bei dem feierlichen Gastgebot der Ehrenplatz angewiesen wurde, brach aber, plötzlich von dem Andenken an Turismod ergriffen, in die klagenden Worte aus: »Sehet, da saß einst mein Sohn. Jetzt hat die Stelle sein Mörder inne.« Sogleich gab es bei den gepidischen Großen Bewegung und Rachegeschrei. Alle erhoben sich, zückten die Schwerter und wollten Alboin mit dem Gefolge an der Tafel erschlagen. Turisend aber unterdrückte schnell seinen Zorn, warf sich zwischen die bereits kampfgerüsteten Parteien, mahnte an die Heiligkeit des Gastrechts, überreichte dem Todfeind die gewünschten Waffen und ließ ihn ungefährdet von dannen ziehen.

Alboin jedoch, unempfänglich für Edelmut und nur eingedenk des Hasses, schloß bald nach dem Hintritt Audoins mit den Avaren, einem wilden, tartarischen Volk, im geheimen ein Schutz- und Trutzbündnis. Er versicherte sich der Freundschaft des griechischen Kaisers und brach darauf von zwei Seiten her in das Land der Gepiden ein. Er siegte durch Übermacht in einem großen Feldstreit, erschlug den feindlichen König Kunimund, dessen Hirnschädel in eine mit Gold gezierte Trinkschale umgewandelt wurde, und zwang die schöne Tochter, Rosamunda, des Vatermörders Eheweib zu werden (562). Fortan verschwanden die Gepiden, getötet, zersprengt und leibeigen gemacht.

Die Langobarden aber richteten bald bei wachsender Stärke ihre Augen auf Italien, wo wieder Unfrieden und Neuerungslust herrschten. Kaum war nämlich Justinian, der in seinen letzten Jahren aus Neid und Argwohn den getreuen Belisar zur Gefangenschaft und Armut verurteilt hatte, gestorben (14. Dezember 565), als unter dem schwachen Neffen und Nachfolger, Justin. II., die bisher künstlich verdeckten Gebrechen des Römischen Reiches unaufhaltsam hervorbrachen. Laut klagte der Landmann über Steuerdruck, der Kaufmann, nicht entschädigt durch den aus Indien nach Europa verpflanzten Seidenbau, über Handelsvorrechte (Monopole) und Zölle, der Arianer über Gewissenszwang, während im Osten die Perser drohten und an der unteren Donau die Avaren mit Brand und Schwert wüteten. Daneben gab es Krankheiten, Erdbeben, Teuerung und am Himmel Feuerzeichen, so daß die Menschen mit Furcht in die Zukunft blickten.

Unter solchen Umständen entließ Justin den italienischen Reichsvogt Narses, dessen Habgier und Stolz den gleichgearteten Hof beleidigt hatten, und übertrug die Statthalterschaft dem Flavius Longinus, einem kraftlosen, unkriegerischen Menschen. Die Kaiserin Sophia, so wird berichtet, sandte höhnend dem Besieger der Ostgoten eine Spindel und vollständige Frauenkleidung. Sie ließ ihm melden, wer keine Mannheit habe, möge gen Konstantinopel kommen und Frauenarbeit verrichten. »So will ich«, soll der Gekränkte geantwortet haben, »einen Faden spinnen, dessen Ende der Kaiserin Finger nicht finden mag.«

Dieser Drohung folgte die Tat. Geheime Boten traten vor Alboin und schilderten die Ohnmacht, Fruchtbarkeit und Schönheit Italiens, dessen Besitz einem streitbaren, bisher auf das öde Pannonien beschränkten Volk als Lohn des Heldenmuts gebühre. Die Langobarden, seit der Teilnahme am Gotenkrieg begierig nach dem Süden, bedurften der Einladung nicht. Schon längst hatte der junge, nach Ehre strebende König, der von den Zwisten zwischen Römern und Griechen, dem Elend des Volkes und den Gewalttätigkeiten der Beamten unterrichtet war, eine bewaffnete Heerfahrt nach Italien beschlossen und nur den günstigen Augenblick erwartet. Also wurde, um den Rücken zu schirmen, Pannonien den befreundeten Avaren überlassen und die Hut der Gebirgspässe von Friaul dem Neffen Gisulf als Herzog eines erlesenen Gefolges (Fara) anvertraut.

Der langobardische Heerbann aber, dem sich 20 000 Sachsen und andere Germanen beigesellten, wurde im April des Jahres 568 über die Julischen Alpen nach Venetien in Oberitalien geführt. Ohne Widerstand fielen Verona, Brescia, Trevigi, Mantua und Vicenza, nach hartnäckiger Gegenwehr Mailand durch Sturm, Pavia durch Hunger (572). Ergrimmt wegen des großen Verlustes hatte Alboin der gesamten Bürgerschaft den Tod geschworen. Als nun beim feierlichen Einzug unweit der Hauptpforte das Streitroß sich bäumte und nicht vorwärts wollte, nutzte ein mitleidiger Krieger das Warnungszeichen und sprach: »Herr, in diesem Ort wohnen fromme Leute. Brich dein Gelübde und du wirst leicht Eingang finden.« Sobald der König gehorchte, verschwand die Halsstarrigkeit des Pferdes. Die von Pavia aber huldigten vor dem Palast Theoderichs dem neuen Fürsten, der keine Strafe nahm, vielmehr den Sitz der Regierung nach der tapferen Postadt verlegte und den Kern seines Volkes in dem fruchtbaren Flußgebiet, fortan Lombardei geheißen, ansiedelte.

Denn die Eroberung der mittleren und südlichen Landschaften hinderte besonders ein plötzliches, gewalttätiges Ende. Rosamunda nämlich, in Verona während des üppigen Siegesmahles von dem übermütigen Gemahl aufgefordert, aus dem Schädel des Vaters als Prunkbecher zu trinken, hatte Blutrache gelobt. Sie hatte dem Schildträger Helmichis ihr Geheimnis entdeckt und ihm Krone und Hand geboten, wenn er den Mord vollziehen würde. Jener, von Liebe und Ehrgeiz bezwungen, willigte ein, begehrte aber die Mithilfe des riesenstarken Peredeo. Aber umsonst. Der Getreue wies Gold und Verheißungen mit Abscheu zurück. Da gebrauchte die Königin eine frevelhafte List. Sie vermummte sich eines Nachts als die Geliebte Peredeos, gönnte ihm Umarmung und sagte, darauf Stand und Absicht enthüllend: »Jetzt stirb entweder als Hochverräter, der des Königs Bett geschändet hat, oder töte deinen Herrn!« Zitternd versprach der Betrogene Gehorsam. Dergestalt ihrer Werkzeuge gewiß, führte Rosamunda an einem heißen Tag die Mörder in des Gatten Schlafgemach. Jener, von dem Geräusch erweckt, griff, weil man das Schwert weggenommen hatte, zu einem hölzernen Schemel und verteidigte sich so lange, bis die Übermacht siegte. Danach flohen die Verschworenen nach Ravenna, wo der Reichsvogt Longinus ihnen gerne Aufenthalt gewährte. Alsbald bewog er die unstete, von böser Lust entzündete Königin, auch den zweiten Gemahl Helmichis durch Gift zu entfernen. Der Sterbende aber raffte die letzten Kräfte zusammen, zückte das Schwert und zwang die treulose Rosamunda, den Bodensatz des Bechers zu leeren, so daß beide den Lohn der Untugend empfingen. Peredeo endlich fand in Konstantinopel, wo ihn das Volk wegen seiner Leibesstärke anstaunte, nach mancherlei Irrsalen den Untergang.

Die Langobarden, durch den verhängnisvollen Tod Alboins in ihrer staatsbürgerlichen und kriegerischen Entwicklung aufgehalten und in unmännliche wie schädliche Unbestimmtheit geworfen, wählten anfangs einen gewissen Kleph zum Nachfolger (573). Danach lebten sie zehn Jahre lang unter meistens zwieträchtigen Herzögen und erkoren, auch solcher Ordnung müde, als Schutzherr gegen innere und äußere Feinde den Autharis zum gemeinschaftlichen Oberhaupt oder König. Dieser, von Franken und Griechen bedrängt, sandte, um sich durch Freunde jenseits des Gebirges zu stärken, Boten an Garibald, Fürsten der Bayern, und begehrte dessen Tochter Theodolinda zum Eheweib. Als nun eine günstige Antwort erfolgte, besuchte Autharis verkleidet den Hof seines künftigen Schwiegervaters, sah die Braut, die ihm wohl gefiel, und schleuderte, von den Bayern bis an die Grenze Welschlands begleitet, seine Lanze mit solcher Kraft in einen fernen Baum, daß die Gefährten verwundert ausriefen: »So wirft nur Autharis, der König der Langobarden!« Theodolinda aber, die schön, keusch und gebildet war, gewann nicht bloß die Gunst des Volkes und der Großen, sondern bewog auch den zweiten Gemahl, König Agilulf (591–616), zur Annahme des katholischen Christentums, dem bisher die Langobarden als Heiden und Arianer widerstrebt hatten.

Aber während diese folgenreiche Handlung Germanen und Eingeborene inniger zu verschmelzen suchte, bereiteten Griechen, Avaren, Franken und ehrgeizige, machtgierige Herzöge eine lange Reihe von Wirren und Fehden, deren verderbliche Wirkung sich am besten aus etlichen Beispielen erhellt. Aribert, Theodolindas Neffe, hinterließ die Nachfolge zwei feindseligen Söhnen, von denen Godebert in Pavia, Bertarid in Mailand wohnte (663). Da benutzte Grimwald, Herzog von Benevent, den Zwist der Brüder, zog mit einem starken Heerhaufen gen Pavia und tötete verräterisch seinen bisherigen Bundesgenossen Godebert. Er zwang Bertarid zur Flucht in das Avarenland, bemächtigte sich der Herrschaft und bot, bald befestigt, dem Nebenbuhler volle Sicherheit, wenn er heimkehren und den Groll ablegen wolle. Jener, sehnsüchtig nach dem Vaterland und dem königlichen Wort vertrauend, folgte freudig und erschien an der Hofstatt Pavia vor Grimwald. Der hob den Knienden auf, umarmte ihn und sprach: »Alle Feindschaft ist abgetan, da du meiner Zusage folgtest«, und ließ ein geräumiges Haus mit kostbarem Gerät für den Gast einrichten.

Als aber scharenweise die Bürger ihren ehemaligen Fürsten besuchten, deuteten im Palast arglistige Schmeichler auf eine große Verschwörung hin und forderten, daß der Fremdling noch vor dem Anbruch des Tages ermordet würde. Denn das allein könne retten. Jedoch möge man, um leichter das Ziel zu erreichen, Bertarid betrunken machen. Der König gehorchte und sandte als Ehrengeschenke auserlesene Speisen und Weine in die Herberge, die in der Nacht heimlich von Wachen umstellt wurde. Der Sohn Ariberts aber, von einem getreuen Diener des Vaters gewarnt, goß verstohlen Wasser in den Becher und leerte ihn so oft auf die Gesundheit Grimwalds, daß dieser, durch die Späher sofort davon benachrichtigt, freudig ausrief: »Lasset den Trunkenbold nur in Ruhe! Bald soll er den Wein mit seinem Blut bezahlen!«

Als die Mahlzeit beendet war, zog sich Bertarid wie kaum der Sinne mächtig ins Schlafgemach zurück und beratschlagte hier mit dem Busenfreund Hunulf und einem getreuen Kammerdiener über die Weise der Rettung. Bald war der Entschluß gefaßt und ausgeführt. Also packte Hunulf dem Bertarid, der des zurückbleibenden Knechtes Gewand anlegte, die Lagerpolster und ein Bärenfell auf und trieb ihn unter Schlägen und Schimpfworten aus der Herberge. »Der Schelm«, hörten die ob des Lärms herbeigeeilten Wächter, »hat mir ein Bett gerüstet in dem Zimmer des elenden, betrunkenen Bertarid. Ich aber will in meinem eigenen Hause schlafen.« Dergestalt gewannen beide Freunde ungefährdet die Straße und einen entlegenen Teil der Mauer. Schnell ließ sich Bertarid an Stricken herab, bestieg das schon gerüstete Roß und floh über Asti und Turin nach Frankreich.

Der König, am folgenden Morgen von dem ganzen Hergang unterrichtet, lobte und belohnte die Treue des Dieners, der für seinen Herrn den Tod gewagt hatte. Den Hunulf aber beschied er aus der Kirche des heiligen Michael vor sich und fragte freundlich, ob es ihm gefalle, bei Bertarid zu leben. »Eher«, lautete die Antwort, »bei ihm in Armut und Elend denn anderswo in Reichtum und Macht.« Gerührt bewilligte Grimwald den erbetenen Abzug und nahm keine Rache.

Etliche Jahre nach dieser Begebenheit zeigte ein Langobarde die Macht der Vaterlandsliebe. Der griechische Kaiser Konstans nämlich belagerte mit großer Heeresstärke die Stadt Benevent, die Romuald, des Königs Sohn, trotz der geringen Mannschaft lange glücklich verteidigte. Als aber endlich wegen Hunger die Übergabe drohte, eilte Sefuald, des jungen Fürsten Erzieher, nach Pavia und forderte schleunige Hilfe. Er kehrte mit dem Verheißen des baldigen Aufbruchs zurück, wurde aber unweit dem feindlichen Lager entdeckt, gefangen und zu qualvoller Hinrichtung verurteilt, wenn er nicht lügen und den Waffengefährten die Unmöglichkeit des Entsatzes melden wolle. Sefuald heuchelte Gehorsam, ließ sich an die Mauer führen und sagte zu den hier versammelten Langobarden: »Brüder, seid mannhaft und freudigen Muths. König Grimwald nahet. Schon heute lagert er am Sangrofluß. Sorgt für Frau und Kind, denn mich erwartet der Untergang.« Kaum hatte Sefuald solches gesprochen, als die Griechen zornig herbeiliefen, ihn an ein Wurfgeschoß knüpften und in die Stadt schleuderten. Diese aber wurde bald darauf entsetzt.

Drei Jahre später (671) spannte Grimwald, durch einen Aderlaß den kriegerischen Freuden nicht entwöhnt, mit solcher Kraft den Bogen, daß ein kaum geschlossenes Blutgefäß aufsprang und seinen Tod herbeiführte. Sofort verließ Bertarid die Fremde, entriß die Herrschaft mit leichter Mühe den unmündigen Söhnen des Vorgängers und wußte sie nicht nur durch Waffen, sondern durch Gerechtigkeit zu behaupten.

Danach verhinderten grausame Fehden der Herzöge sowie Umtriebe der Franken und Griechen so lange den Frieden und die Stärke des langobardischen Volks, bis Luitprand, Ansprands Sohn, ein kluger, großmütiger und streitbarer Fürst, die Parteien niederschlug, durch weise Gesetze die innere Ordnung befestigte. Durch glückliche Heerfahrten dehnte er das Reichsgebiet dergestalt aus, daß die Griechen Rimini, Pesaro, Fano, Sinigaglia, Ancona, die sogenannte Fünfstadt (Pentapolis), nebst Ravenna, dem Sitz des Reichsvogtes, räumen und die schwer bedrängten Bischöfe Roms von den rechtgläubigen Franken Hilfe begehren mußten. Arglist und Verrat entwaffnete der König meistens durch Großmut. So ritt er einst mit zwei lange getreuen Schildknappen, die von den Feinden gewonnen worden waren, das Leben ihres Herrn zu bedrohen, allein und schweigend in einen tiefen Forst. Plötzlich hielt er still, zog das Schwert und sprach: »Ihr habt mich töten wollen. Auf! greift zu den Waffen und lasset uns einander versuchen!« Reuevoll baten die Diener um Verzeihung.

Obgleich die Langobarden allmählich das katholische Christentum annahmen, blieb dennoch bei der schroffen Eigentümlichkeit des germanischen Lebens das Streben nach Einigung Italiens fruchtlos. Denn während im Norden Piemont, das mittlere Pogebiet (Lombardei), der größte Teil Tirols, das Genuesische, ein Strich der Toskana und des späteren, von Rom bis Perugia ausgedehnten Kirchenstaats, im Süden Benevent, etliche Gaue Kalabriens und des Herzogtums Neapel den Fremden gehorchten, behaupteten sich die Griechen und Römer in dem wiedergewonnenen Ravenna, Rom, Neapel, den Landschaften zwischen der Tiberstadt und Perugia, den Seeplätzen Liguriens, in Bruttium, dem südwestlichsten Winkel, auf den Inseln Sizilien, Sardinien und Korsika. So mußte bei der Zerrissenheit der Stämme und Gebiete die Wiedergeburt Italiens schwieriger, der Kampf zwischen altem und neuem Volkstum zäher denn irgendwo werden. Überdies haßten die Langobarden Ackerbau und Gewerblichkeit, überließen jenen leibeigenen oder hörigen Leuten, diese den Eingeborenen. Sie trieben mit Leidenschaft Waffenwerk und Jagd, namentlich die Falkenbeize, und waren dabei unempfänglich für den Reiz künstlerisch-wissenschaftlicher Gesittung. Obschon Rechtgläubige, waren sie keineswegs geneigt, die steigenden Ansprüche des Priestertums zu dulden oder als blinde Werkzeuge zu fördern. Sie waren im ganzen ein kernhaftes, biederes Geschlecht.

Inzwischen wechselten auch im nordwestlichen Europa mannigfaltig die äußeren und inneren Verhältnisse der Germanen. Während nämlich Spaniens Westgoten um den Ausgang des 6. Jahrhunderts (585) durch Auflösung der suebischen Herrschaft in Galicien und entscheidende Siege über die keltiberischen Basken der Pyrenäentäler die gesamte Halbinsel räumlich einigten und durch die Annahme des katholischen Christentums teils die von der Geistlichkeit unterstützte Kronmacht der fortan erblichen, in Toledo seßhaften Könige mehrten, teils die Verschmelzung mit römischen Eingeborenen erleichterten, gerieten die Franken Galliens unter den schwachen Söhnen und Enkeln Chlodwigs in eine unaufhörliche Strömung heimischer und ausländischer Fehden. Deren Endergebnis war die Ohnmacht der Merowinger und die Stärke der zur Reichsverweserschaft als Hausmeier (Majordome) berufenen Karolinger.

Folgendes die gedrängte Übersicht dieser oft verwickelten und geringfügigen Ereignisse.

Nachdem die Austrasier (Ostländer), die – ausgezeichnet durch ungemischten Stamm und kühne Tapferkeit – den Brennpunkt des fränkischen Eroberungstriebes darstellen, unter ihrem König Theoderich Thüringen gedemütigt und die Gaue zwischen der Unstruth und dem Harz (Nordthüringen) den verbündeten Sachsen überlassen (528, 531) und anschließend Rhätien den bedrängten Ostgoten entrissen hatten, wurde mit vereinigten Kräften von allen Franken Ost- und Westlands (Neustriens) Burgund angegriffen, besiegt und mit Vorbehalt der heimischen Gesetze und Gewohnheitsrechte dem Gesamtreich einverleibt (534). Dieses, etliche Jahre lang (558–561) unter die alleinige Obhut Chlotars (Lothar) von Soissons gestellt, erlitt bald danach bei widerstrebender Sitte der Völker und unruhigem Ehrgeiz der mächtigen Gefolgschaftsführer solche Zerstückelung, daß Orléans und Burgund an Guntram, Paris an Charibert, Soissons an Chilperich und Austrasien an Siegbert, sämtlich schwache und unmännliche Fürsten, fielen. Fortan gab es Bruder- und Bürgerfehden, Meineide, Ohnmacht der Könige und gewalttätiger Trotz des beginnenden Dienstadels, aber auch Gleichgültigkeit der Gemeinfreien und üppige Verderbnis der Priesterschaft. Überall aber lauerte Raub- und Habgier, oft unter dem Deckmantel der Religion und geschworenen Treue.

Pflegerinnen dieser unwürdigen Leidenschaften waren besonders zwei Frauen: die westgotische Königstochter Brunhilde in Austrasien und die Fränkin Fredegunde in Soissons. Jene, schön, keusch, tatkräftig, aber zugleich schrankenlos rach- und herrschsüchtig, leitete unwidersprochen ihren gutmütigen, schlaffen und verwirrten Gemahl Siegbert. Die zweite, anmutig, verbuhlt, ränkevoll und neidisch, gebot anfangs als Maîtresse, später als Königin dem kenntnisreichen, aber willenlosen Fürsten von Soissons, Chilperich. Beiden unversöhnlichen Feindinnen der Ruhe und gesetzlichen Ordnung war jedes Mittel recht, den persönlichen Zwist in allgemeinen umzuwandeln, zumal die steigende Spannung der Ost- und Westländer (Austrasier, Neustrier, Germanen, Romanen) oft den gewünschten Anlaß brachte.

So wurde auf Anstiften Fredegunds zuerst Siegbert (575), danach, um die geheime Blutschande mit dem Bischof von Paris zu verhüllen, der eigene Gemahl ermordet (584) und die Nachfolge am Reich dem für den Rachekrieg erzogenen Sohn Chlotar II. übergeben. Nach manchen Wechseln der Fehde konnte er, um den Gifttod der Mutter zu ahnden (597), Brunhilde, die Verweserin Burgunds und

Austrasiens, in einer großen Schlacht überwinden. Sie wurde gefangen und gevierteilt (613). Daraufhin wurde das gesamte Frankenreich vereinigt, Austrasien jedoch etliche Jahre später (622) dem erstgeborenen Sohn Dagobert übergeben, der nach dem Tod des Vaters (625) König aller Franken wurde und Aquitanien, das Land zwischen der Loire und dem Pyrenäengebirge, unter die besondere Verwaltung eines jüngeren Bruders und seiner männlichen Erben stellte.

Bei so mannigfaltigen Wechseln der inneren und äußeren Verhältnisse, die meistens nur dem Gewaltrecht folgten, erhob sich durch Mut, Klugheit und Gerechtigkeitsliebe als Stammvater des bald aufblühenden karolingischen Geschlechts Pippin von Landen. Als Sohn Karlmanns, der im Aspengau zwischen Löwen und Lüttich, im späteren Brabant, beträchtliche Güter besaß, gewann er, da er sich bei vielen Prüfungen durch Vorsicht und Tatkraft auszeichnete, frühzeitig die Freundschaft des gelehrten, staatsklugen und tapferen Bischofs von Metz, Arnulf, und – von ihm empfohlen mit der Gunst Chlotars – die Leitung des jungen Dagobert und der austrasischen Angelegenheiten.

Dem bescheidenen Amt eines Hausmeiers, der anfangs nur das königliche Gesinde und Krongut beaufsichtigte, später das Dienstgefolge führte, gab fortan Pippin die Würde des obersten, allmählich unabhängigen Reichsrates, der bald alle Lande umfassen und das leere Fürstentum als Werkzeug eines höheren, aufstrebenden Willens gebrauchen sollte. Denn unterstützt von Arnulf – dessen Sohn Ansgisil, mit der einzigen Erbtochter Begga vermählt, die Kräfte beider Häuser einigte – stellte der Reichsverweser bald durch Strenge, bald durch Milde den so oft gebrochenen Landfrieden wieder her. Er förderte Ackerbau, Handel und Gewerbe und sammelte, um die Rechtspflege von den Willkürlichkeiten der Beamten unabhängiger zu machen, die bisher mündlich überlieferten Bräuche und Gewohnheiten der Völker in den Gesetzbüchern der Salter, Ripuarier, Bayern und Alemannen. Er bewog den König, als geborener Richter die Gaue zu durchreisen und öffentlich ohne Rücksicht auf Stand und Reichtum zu entscheiden. Vor allem aber durch die wachsende Macht der den Nachkommen erblich überlieferten Hausmeierschaft drängte er das merowingische Fürstengeschlecht in den Hintergrund zurück. Denn fortan mußten die jeweiligen Schattenkönige, an Leib und Seele geschwächt, fern den Reichsgeschäften dem Müßiggang, der Wollust, Schwelgerei und höfischen Eitelkeit dienen. Jährlich einmal mußten sie mit glänzendem Gefolge und den Abzeichen der Hoheit die Volksgemeinde (Märztag) besuchen, die üblichen Geschenke annehmen und nach beendigter Versammlung auf einem von Stieren gezogenen Wagen in den Palast zurückkehren. Hier mußten sie den sinnlichen Freuden so lange leben, bis der Ablauf des Jahres das Prunkspiel erneuerte. Alle Macht und die wirkliche Herrschaft standen inzwischen beim Hausmeier. Deshalb konnte nach dem Hinscheiden des Großvaters (639) der zweite Pippin, mit dem Beinamen der Heristaller,* ohne Mühe Austrasiens Verwaltung gewinnen (678) und bei wachsender Abneigung Neustriens unweit St. Quentin an der Somme im offenen Feldstreit siegen (687). Fortan konnte er als Reichsverweser der gesamten Frankenlande das königliche Gefolge für den jeweiligen Hausmeier beeidigen, den übermütigen Adel durch Waffen und geordnete Rechtspflege demütigen, Friesen, Bayern und Alemannen bald als Heerführer schrecken, bald als freigebiger Schirmherr des von frommen Sendboten verkündigten Christentums an mildere Sitten gewöhnen, geistliche und weltliche Ämter besetzen, Krieg und Frieden bestimmen, überhaupt die Werke des Königs üben, während Glanz und Name den Merowingern blieben.

Mit dem Tod dieses außerordentlichen Mannes brachen die kaum gezügelten Leidenschaften und Wirren desto heftiger hervor (714). Denn während Neustrien, unwillig über das austrasische Übergewicht, zu den Waffen griff und einen eigenen Hausmeier wählte, schüttelten Alemannen und Bayern die fränkische Lehnsoberherrlichkeit ab, fielen Sachsen und Friesen verheerend in die nordöstlichen Gebiete ein und warf schließlich zu Köln Pippins stolze und herrische Witwe, Plektrudis, den schönen und geistreichen Stiefsohn Karl in Banden. Aber der kühne Jüngling, des Vaters Abbild, entfloh (716). Er überwand an der Spitze eines erlesenen Haufens in zwei Schlachten die Neustrier und bändigte, da er fortan Reichsverweser des gesamten Frankenlandes war, die Friesen, Alemannen und Bayern. Durch glückliche Raubzüge schreckte er südlich der Loire die Aquitanier und nordöstlich dem Rhein die Sachsen. Er schuf überall Frieden und Ehrfurcht vor dem Gesetz des Staates wie der Kirche und erwartete in solcher Stellung den furchtbarsten Feind der Christenheit, die Araber des Morgenlands.

In Nordostgermanien erkannten Thüringer, Bayern und Alemannen – jedoch unter Vorbehalt der heimischen Rechte, Gewohnheiten und Obrigkeiten – die fränkische, zur Heeresfolge verpflichtende

* Heristall, Lieblingssitz an der Maas.

Herrschaft an. Die Sachsen lebten zwischen dem Rhein und der Weser in uralter Gemeinde- oder Gaufreiheit, und ohne Empfänglichkeit für den christlichen, meistens vom Schwert des Eroberers begleiteten Glauben folgten die Skandinavier in Schweden, Norwegen und Dänemark derselben Richtung. Die Angelsachsen Britanniens bildeten nach Überwindung der Urbewohner einen Bund von sieben Landschaften (Heptarchie), deren räumliche Lage wichtig für die folgende Geschichte ist und deshalb genauer bezeichnet werden muß.

Südlich der Themse dehnte sich gegenüber der Insel Thanet mit den Städten Canterbury und London der Gau Kent aus, den westlich Südsachsen (Sussex) mit dem Hauptort Chichester von Westsachsen (Wessex) trennte. Dieses, an Umfang und Hilfsmitteln frühzeitig herausragend, umfaßte die späteren Grafschaften Hamp-, Berk-, Wilt-, Dorset-, Devon- und Somersetshire, westlich begrenzt von Cornwall, der gebirgigen Zufluchtsstätte des verdrängten und ständig befehdeten Gälenvolks. Das Binnenland nördlich der Themse enthielt gleichfalls drei Gaue: Ostsachsen (Essex) oder die späteren Grafschaften Essex, Middlesex (Mittelsachsen) und Hertford, nordöstlich demselben Ostangeln in den Grafschaften Cambridge, Suffolk und Norfolk, und schließlich Mercia, ausgedehnt über die Grafschaften Oxford, Glocester, Monmouth, Buckingham, Bedford, Huntington, Northampton, Lincoln, Rutland, Derby, Nottingham, Leicester, Warwick, Worcester, Shrop, Stafford und Chester, während im Westen die Gebirge von Wales den Ureinwohnern blieben. Der Norden Britanniens bot nur einen Gau dar, Northumberland (Land nördlich der Humber), zu dem die Grafschaften York, Lancaster, Cumberland, Westmoreland, Durham, Northumberland und Südschottland bis an den Busen von Edinburg gehörten.

Diese sieben, allmählich gestifteten (449–587), freien Gemeinwesen standen, solange die Gefahren dauerten, in einer losen Verbindung zu Schutz und Trutz. Sie übergaben die Leitung der landschaftlichen Angelegenheiten den von der Volksversammlung (Rat der Weisen, Wittenagemot) erwählten Herzögen und Grafen, deren lebenslängliche Macht etwa während des 7. Jahrhunderts zum erblichen, von der Gemeinde beschränkten Königtum führte. Sie huldigten dem Christentum. Doch bei steigender Eifersucht begannen die Fürsten, vom Lehnsadel unterstützt, zur Einigung der getrennten Reiche blutige, jedoch unentschiedene Kämpfe, deren glücklichen Ausgang Wessex infolge überwiegender Hilfsmittel bestimmte. So wurzelte in England – während das schottische Hochgebirge, Irland, Wales und Cornwall Zufluchtsstätten der Gälen wurden – überall germanisches Völkerleben.

Zweiter Abschnitt

Die innere Geschichte der germanischen Völker und des Christentums, oder vom Ursprung und Wachstum des Lehnswesens und der Macht des römischen Bischofs

Mit Ausnahme der Friesen, Sachsen, Skandinavier und zum Teil Angelsachsen lebten am Ende des Zeitraums alle germanischen Stämme in einem Übergang aus der freistädtischen Gauverfassung in die fürstlich-lehnsherrliche, betrachteten aber dennoch nach alter Rechtsgewohnheit das Volk oder die Gesamtbürgerschaft als die Quelle der gesellschaftlichen Hoheit. Denn der König wurde aus gewissen, allein adligen Geschlechtern, die Merowinger, Asdinger, Lithinger, Balten, Amaler, Agilolfinger bei Franken, Vandalen, Langobarden, West- oder Ostgoten und Bayern hießen, erwählt und auf dem Schild erhoben. Bisweilen wurden sie, was langobardische, fränkische und westgotische Sitte gebot, feierlich gekrönt und durch die Grundgesetze so beschränkt, daß sie, ohnmächtig im Frieden, nur im Krieg unbedingt befehlen und über Feiglinge und Landesverräter selbst die Todesstrafe aussprechen durften.

Die Einkünfte des Königs bestanden in den freiwilligen Geschenken der Dienstleute, den beträchtlichen, vom Gesinde unter Aufsicht des Hausmeiers bestellten Kronländereien und den besten Beutestücken. Seine äußeren Abzeichen waren bei den Franken das lange Haar, dem Chlodwig Krone und Mantel zugesellte, bei den Ost- und Westgoten das Purpurgewand, bei den Vandalen und Langobarden daneben kostbares Gerät und prunkvolle Aufzüge. Seine inneren Vorzüge waren die bleibende Feldherrenschaft und die Leitung der Rechtspflege. Jene deutete den ehemaligen Herzog, diese den Grafen an, Ämter, deren Lebenslänglichkeit dem Königtum Ursprung gegeben hat.

Über die Gesetze, Krieg und Frieden sowie die Wahl der Obrigkeiten bestimmte das Volk, dessen ständische Verhältnisse jedoch durch die wachsende Ausbildung der Gefolgschaftsleute oder Dienstmannen wesentlich umgestaltet wurden, so daß auch die bisher schwache Kronmacht festeren Grund und Boden gewann. Die Siegespreise, Landeigentum, mußten nämlich, weil Geleit und Heerbann den Feind gebrochen hatten, beiden Arten der Krieger zufallen, bald in gleichem, bald in ungleichem Maße, je nachdem ob freie Wehren oder zum Dienst verpflichtete Gefolgschaftsleute die Vorhand hatten. Der Führer, eben als König bei der Landesteilung zu größeren Ansprüchen befugt als der einst wechselnde Herzog, empfing so bedeutende Grundstücke (Königsgut, fiskalische Güter, *fisci dominium, fiscales res*), daß er einen Teil für eigene Rechnung bewirtschaften ließ, einen anderen als Herr oder Ältester *(dominus, senior)* statt des Soldes an die Mitglieder des Gefolges (der Gesellschaft, Fahre) mit Benutzungs-, nicht aber Eigentumsrechten gleichsam pachtweise vergab. Die jeweiligen Inhaber der geliehenen Grundstücke (Lehen, Fe-od, *feudum* d. h. Lehnsgut) bildeten ein ansässiges Geleit, dem Fürsten als ihrem Hauptmann und Brotherrn zur unbedingten Heeresfolge verbunden und eben deshalb bald Getreue, Traute *(fideles)* und Gesellen* (*vasalli,* Vasallen), bald Dienstmannen *(ministeriales)* und Leute geheißen, dem Rang nach in höhere und niedrige gegliedert.

Zu den höheren gehörten neben den ersten, oft aus Römern erwählten Hofbediensteten (*palatini*, Pfalzministerialen), denen die Ämter des Haushofmeisters (Seneschall), Marschalls, Oberjägermeisters, Oberschenks, Pfalzgrafen oder vortragenden Rats in Landschaftssachen usw. statt des Grundstücks galten, sowie die Herzöge, Grafen und Markgrafen, sämtlich Vorgesetzte eines größeren oder kleineren Bezirks, zugleich Beamte und wirkliche Lehnsträger. Der Nießbrauch des übertragenen, keineswegs erblichen Ackerloses (Lehen) hörte mit dem Dienst auf, den der Vasall einem anderen Herrn anbieten durfte. Denn dem Beispiel des Königs folgend, überließen die reicheren Grundbesitzer entweder sehr oft einzelne Teile den minder Begüterten oder wählten für ein Stück des Lehnsgutes einen unteren Dienstmann (Afterlehnsträger), während die Geistlichkeit, durch Schenkung und Kauf im Genuß weitläufiger Ländereien, weltlichen Lehnsträgern den Schutz und die Benutzung ihrer Güter anvertraute (Kirchenlehen). Die unmittelbaren Folgen dieser Einrichtung waren das Streben der Lehnsleute, die Grundstücke, wie das etwaige Freigut (Allodium), erblich zu machen, und die Bedrängnis der freien Wehren, die – als die körperschaftlich verbundenen Dienstmannen – schnell erstark-

* Dieser Name kommt noch bei den ritterschaftlichen Vereinigungen des 15. Jahrhunderts vor, z. B. im Bundesbrief der St. Georgengesellschaft gegen die Appenzeller, bei Zellweger, Urkundenbuch II, S. 203. »Und also«, heißt es hier, »haben wir obige Gesellen einen gelehrten Aid zu Gott und zu allen Heyligen geschworen« usw. Desgleichen im Anfang: »Als wir vorgenannte Gesellen zueinander kommen seind, in dem Nahmen St. Georgen deß Ritters zu widerstehen mit der Hilff Gottes den unredlichen Läuffen wider die Geburen zu Appenzell« usw.

ten und teils ihre Freilose (Allodien) in des Königs Dienst gaben, teils, entschlossen, die Lasten des unabhängigen Heerbanns der abhängigen Leutschaft vorzuziehen, gegen die Angriffe der Lehnsträger behaupteten. Jedoch wurden, besonders im fränkischen Reich, bei innerer und äußerer Not die Wehren nicht selten in hörige Leute (Lidi) umgewandelt, die ihr ehemaliges Freigut als Pächter eines mächtigeren Dienstherrn bestellen mußten. Auf den Allodien wie Lehen wurde übrigens der niedere Felddienst von Leibeigenen besorgt, die größtenteils Gefangenschaft oder Unterwerfung gestiftet hatte.

Den Dienstleuten gegenüber standen als Denkmal altgermanischer Zeit die Freien, nirgends ganz ihrer Ackerlose und Rechte beraubt, überall die belebende Kraft und der Damm, an dem sich die Wogen des Lehnswesens brechen sollten. Sie allein durften, obgleich auch hierin später von den Lehnsfreien überflügelt, als schöffenbare Männer den Grafen und damit den Bezirksrichter (Centener) wählen, unter dessen Vorsitz den Tatbestand der Klage ermitteln und das Urteil finden. Sie durften ein echtes, meistens unteilbares Grundeigentum besitzen und den erstgeborenen Söhnen übertragen und brauchten keine Steuern unter was immer für Namen zu entrichten. Sie mußten auf eigene Kosten bei allgemeiner Not des Vaterlands im Heerbann dienen. Sie durften Forste, Ströme und Seen für Jagd, Häuserbau und Fischfang benutzen. Schließlich durften sie in der Volksversammlung, Mai- oder Märztag bei den Franken geheißen, mit der Leutschaft über Gesetze, Krieg, Frieden und Bündnisse abstimmen.

Allerdings hatte bereits jene Leutschaft das Recht erworben, unter der Leitung des Königs als des geborenen Oberlehnsherrn die Gegenstände des großen Reichstags vorläufig zu erörtern und dadurch oft ein entscheidendes Übergewicht zu gewinnen. Mancher Freie trat auch, gedrückt von den Beschwerden des Heerbanns, unaufgefordert den Dienstmannen bei, da er mehr der persönlichen denn der allgemeinen Wohlfahrt gedachte. So geschah es, daß schon um den Anfang des 7. Jahrhunderts einflußreiche Lehnsträger, namentlich die höchsten Beamten des Hofes und der Landschaft, wie Seneschalle, Pfalzgrafen, Herzöge, Grafen und Markgrafen, die Edlen *(nobiles)* und Ersten *(proceres)* hießen, ohne jedoch andere Abzeichen des fortan beginnenden, schrittweise auf die gesamte Leutschaft übertragenen Adels zu fordern als Würde des Amtes und erhöhtes Wehrgeld. Denn noch dachte niemand an ständische Vorrechte (Privilegien) und die Gemeinbürgerschaft ausschließende Ansprüche.

Während also die staatsbürgerliche Verfassung zwei einander feindlich gesonnene Gegensätze in den Wehr- und Lehnsfreien darstellte, blieben in der Rechtspflege meistens die Merkmale altgermanischer Gaufreiheit bestehen, obschon auch hier die stellenweise Aufnahme römischer Ordnungen folgenreiche Wechsel vorbereitete. Das erste Kennzeichen des ursprünglichen, von keinem fremden Beispiel gehemmten Entwicklungsganges ist die gemeinsame Öffentlichkeit, der gemäß in Gegenwart und unter Hinzuziehung der Freimänner das Gericht oder Ding unter dem Dach des Himmels bald auf einer luftigen Höhe, bald unter dem Schatten eines Baumes gehegt und durch den ausgesteckten Stab für eröffnet erklärt wurde. Ferner zeigt sich überall das Streben, bisher mündlich überlieferte Rechtsgewohnheiten durch schriftliche Sammlungen ebensosehr dem Mißbrauch der Beamten zu entziehen wie gegen römische, eingedrungene Satzungen zu schützen (500–700). Jedoch konnten diese nicht ganz abgewiesen werden, weil teils Geistliche und Könige, um ihre Macht zu mehren, das solchem Ehrgeiz günstige römische Recht nach Kräften in die neuen Gesetzbücher einschwärzten, teils oft römische und germanische Gaue einander durchkreuzten und die gegenseitige Verflechtung der gesellschaftlichen Vorschriften nicht selten unabwendbar machten.

Dennoch ist im ganzen der Hauptgehalt, besonders im Norden, echt germanisch oder volkstümlich geblieben. Weil die Germanen von der Grundansicht ausgingen, daß der einzelne Mensch ein abgeschlossenes, durch den Gesamtstaat nur erweitertes Gemeinwesen bildet, so suchte man vornehmlich die persönliche Freiheit oder die Rechte des Lebens und Eigentums als Bedingung der allgemeinen und landschaftlichen Rechte zu sichern. Deshalb wurden das sichtbare und unsichtbare Gut, der Körper, die Habe, die Ehre der Frauen und Männer gleichsam dem Schutz des gesellschaftlichen Gottesfriedens anempfohlen, die jeweiligen Eingriffe nach den sorgfältig abgemessenen Bestimmungen der Wehrgeldtafeln durch Schadenersatz an den Beleidigten gebüßt, besonders aber die leiblichen Unbilden mit fast ängstlicher Gewissenhaftigkeit abgeschätzt. Man bezeichnete den Wert der einzelnen Gliedmaßen, von denen bei den kriegerischen Franken das Auge obenan stand, und untersuchte die Tiefe und Länge der Wunde, ob sie geschlagen oder gestochen sei, ob Blut floß oder nur Gelenkwasser usw. Dabei beobachtete man aber hier wie in anderen Fällen genau den Stand der Parteien und setzte durchschnittlich den germanischen Freimann um die Hälfte höher an als den landgesessenen Römer. Selbst Tiere kamen bisweilen vor das peinliche Gesetz. Bei den Alemannen wurde z. B.

der Hund, der einen Menschen lebensgefährlich verwundet hatte, über der offenen Haustür seines Herrn so lange aufgehängt, bis er in Stücken herabfiel.*

Schimpf und Glimpf, häusliches und religiöses Leben, erhielten durch die Sittenordnungen mancher Völker genaue Vorschriften. Wer eine freigeborene Frau Hure oder Hexe schalt, zahlte bei den Franken 45 und 188 Gulden (Solidi), bei den Langobarden 20. Wer im Zorn den Franken Fuchs oder Hase nannte, wurde um 3 und 6 Gulden gestraft. Der Freie, der eine Leibeigene heiratete, verlor nach salischem Gesetz die Freiheit, nach burgundischem das Leben. Unanständiges, aus üppigem Mutwillen hervorgegangenes Antasten unbescholtener Frauen und Jungfrauen wurde je nach dem Maßstab der Beleidigung durch mindere oder größere Geldsummen gebüßt. Denn man schützte besonders das schwächere Geschlecht vor bösem Leumund und versenkte eben deshalb überführte Ehebrecher bei den salischen Franken nach altem Brauch im Sumpf. Denselben Tod gab das burgundische Recht der schuldigen Frau, die bei den Sachsen bis zum letzten Lebenshauch gegeißelt, bei den Vandalen mittels eines Dreheisens der Haupthaare beraubt wurde. Untreue, Giftmischung und an den Gräbern verübte Zauberei ermöglichten nach burgundischem Gesetz dem Mann die Scheidung. Den Herulern war die Ehe so heilig, daß gewöhnlich die Frauen nach dem Tod der Gatten freiwillig durch eigene Faust endigten.

Gastlichkeit galt den meisten Rechtsbüchern als Pflicht. »Wer«, verordneten z. B. die Burgunder, »einem Fremden Dach und Herd verweigert, soll um 3, wer ihn an einen Römer weist, um 6 Gulden gestraft werden.« »Arme Reisende«, gebot die fränkische Ordnung, »soll man freundlich aufnehmen. Denn der Herr wird am Tag der Vergeltung sprechen: Ich war ein Gast (Fremder) und du hast mich beherbergt.« »Niemand wage es«, lautete das bayrische Gesetz, »einen Wanderer zu schädigen auf was immer für Art. Wer ihn tötet, wird gebüßt um hundert Goldgulden. Der Räuber soll den Raub

---

* Das Gesetz lautet vollständig so: »Wenn des andern Hund einen Menschen totbeißt, wird mit dem halben Wehrgeld gebüßt. Wenn aber einer das ganze Wehrgeld fordern will, so müssen alle Türen seines Hauses geschlossen, und nur durch eine Tür aus- und eingegangen und der Hund vor der Türschwelle 9 Schuh hoch aufgehangen werden, bis daß er ganz verfault herabfällt, und sollen die Gebeine da liegen bleiben, und soll er durch keine andere Tür aus- noch eingehen. Wird er aber den Hund daraus werfen, oder auch zu einer andern Tür hineingehen, da soll er das halbe Wehrgeld wiedergeben.«

doppelt vergüten und überdies 100 und 60 Gulden an den Staatssäkkel zahlen.«

Heilig war den germanischen Gesetzgebern der Tod, der allen Groll der Lebenden tilgen und die schonungslose Blutrache beenden sollte. »Wer«, geboten deshalb die salischen Franken, »einen Grabhügel zerstört, zahlt 15 Gulden. Wer eine Säule, ein Gitter, womit das Grab nach der Altvorderen Sitte geschmückt wird, zerbricht, wird um 15 Gulden gebüßt. Wer einen Beerdigten ausgräbt oder plündert, sei so lang geächtet, bis die Verwandten des Mißhandelten seine Rückkehr gestatten. Wer inzwischen dem Ächter (Gebannten) Herberge und Brot gibt, zahle, auch die Gattin nicht ausgenommen, 15 Gulden Buße!«

Übrigens traf Todesstrafe, die das höchste Gut, nämlich das der persönlichen Freiheit, vernichtete, in der Regel nur den Landesverräter und Feldflüchtigen. Jedoch galt sie bei den Alemannen auch für den Nachtdieb, während Mord am Herzog durch das gesetzlich bestimmte Wehrgeld gesühnt werden konnte, und bei den Burgundern für jedweden Dieb und Mörder.

Neben dem Wehrgeld, das der Zahlungsunfähige bei dem Beleidigten oder dessen Verwandten abarbeiten mußte, bestand bei allen germanischen Völkern das Bruchgeld (Fridegeld, die Wette, *wadium*) als Sühne des verletzten Friedens. Es fiel daher in den Gemeindesäkkel oder bildete einen Teil der Beamteneinkünfte. Dergestalt hatte die schriftliche Gesetzgebung den Richter zur möglichsten Einfachheit genötigt, so daß er nur den Tatbestand ermitteln, die bestimmte Buße (Rechtsregel) anwenden und, wie das Zifferblatt der Uhr die Stunde anzeigt, so ohne alle Willkür das Verhältnis der Parteien zu dem inneren Räderwerk der gültigen Vorschriften gewissenhaft, fast mechanisch, bezeichnen sollte.

Behörden und Rechtsgang waren daher außerordentlich einfach. Zu jenen gehörten der Graf, der – bei den Franken bereits vom König erwählt – auf dem monatlichen Gauding (Landgericht) den Vorsitz führte sowie die äußere Ordnung handhabte, und die Schöffen. Diese, bald sieben, bald zwölf an der Zahl und durch den Obmann (Grafen) aus dem umstehenden Ring der Freimänner erkoren, untersuchten den Tatbestand. Sie verhörten die Parteien, prüften die Zeugen und urkundlichen Beweise und fällten endlich das Urteil oder wandten die im Rechtsbuch gegebene Entscheidung auf den vorliegenden Fall an. Der Graf aber verkündigte und vollzog den Spruch. Alles geschah öffentlich vor dem Volk.

Auf ähnliche Weise urteilte über geringe Gegenstände der Dingmann oder Bezirksrichter, gewöhnlich Centener (Zehnter), bei den

Langobarden Schultheiß, bei den Westgoten Volksvogt (Thiuphada) geheißen. Im Rechtsgang (Prozeß) liebte der Germane das Sinnbildliche, wie z. B. jede Klage durch die Überreichung eines Halms anhängig gemacht wurde, und den Grundsatz, daß jeder beurteilt wird nach dem Recht seines Volks, der Alemanne z. B., obschon Mitglied des fränkischen Reiches, nach alemannischer, der Burgunder nach burgundischer Ordnung. Dasselbe galt von den Zeugen und Mitgeschworenen, die, bald drei, bald zwölf an der Zahl, der Angeklagte aus den umstehenden Freimännern zur Bekräftigung seiner Aussagen wählen durfte. Daneben erfolgte der gerichtliche Beweis durch Jahr und Tag genau bezeichnende Urkunden, Eide, in der Kirche, bei den Alemannen auf die Waffen, bei den Franken und anderen Völkern auf die Evangelienbücher oder Heiligengebeine geschworen.

Aber auch Zweikampf und Gottesgericht galten als Beweis. Jener, bei den Bayern Wehading geheißen, trat ein, wenn der Kläger die Gegenpartei entweder des Meineids beschuldigte oder am Eid hindern wollte, bei Gebietsstreitigkeiten und um die Lügenhaftigkeit der Zeugen zu erhärten. Beide Widersacher, die Freimänner sein mußten, kämpften vollständig und gleichmäßig gerüstet unter den Augen des Grafen, der Schöffen und Zuschauer. Der Besiegte galt als schuldig. Frauen und gebrechliche Leute durften in den genannten Fällen Stellvertreter (Kämpen, *campiones*) erwählen.

Die Gottesgerichte, Ordale (Or-dale, d. h. höchster Ausspruch) waren gesetzlich bestimmt den Knechten, deren Herr das eidliche Zeugnis verweigerte, den Frauen, die auf den Zweikampf angeklagt keinen Ritter finden konnten, und den Freimännern, deren Zeugnis niemand als Eideshelfer bekräftigen wollte, also im Durchschnitt Menschen ohne guten Leumund. Die an das Ordal Verurteilten mußten, wenn sie eine friedliche Übereinkunft mit dem Kläger zurückwiesen, entweder mit nacktem Ellenbogen aus dem Boden des wild siedenden Kessels einen Stein herausholen (der Kesselfang) oder ein drei Pfund schweres Glüheisen bis zum bestimmten Ziel tragen. Danach wurde die Hand in einen versiegelten Sack gesteckt und drei Tage später untersucht. Brandmale galten als Zeichen der Schuld, die schon deshalb immer bei diesem wundersamen Prüfungsmittel hervortreten mußte, weil die alten Germanen keineswegs dickhäutiger waren als die neueren.

Die wesentlich geänderte Kriegsverfassung beruhte auf den Gesetzen des Heerbanns und der Gefolgschaft (Leutschaft). Jener verpflichtete den landgesessenen Freimann, wenn das Volk für die Fehde gestimmt hatte, zur unentgeltlichen Teilnahme, diese den

Dienstmann, der ohne Rücksicht auf den eigenen Willen für den Genuß des Lehens auf die Anordnung des Herrn zu den Waffen greifen mußte. Gebrechliche Wehrfreie entrichteten eine verhältnismäßige Heerbannsteuer. Den Oberbefehl führte der König. Unter ihm standen für die Landschaften, Gaue und Bezirke Herzöge, Grafen und Zehner (Centener), so daß Gebietsgenossen auch im Felde nebeneinander stritten. Die Lagerordnung war streng. Verräter und Feiglinge traf der Tod, Dienstnachlässigkeit wurde durch öffentlichen Tadel oder auch Geldbuße gestraft. Oft löste sich nach erobertem Sieg die Zucht auf. Ungehemmt durften Mord, Brand, Raub und alle Schrecknisse wilder Leidenschaft herrschen. Denn selbst die Boten des Friedens hatten mit der Entfaltung des Lehnswesens oft kriegerische Natur angenommen. An der Spitze ihrer Gotteshausleute zogen seit der Mitte des 7. Jahrhunderts die meisten fränkischen Bischöfe aus zur Schlacht und Beute.

Fehde, Jagd und Ackerbau bildeten die Hauptbeschäftigung der Germanen. Handel, Gewerbefleiß, Handwerke blieben den Römern, Knechten und Hörigen, dürftige Kenntnisse den Priestern und Klöstern. Noch empfand das neue Geschlecht den Reiz der Wissenschaft nicht. Ihm genügten die Taten der Gegenwart, die Sagen und Volkslieder der Vergangenheit. Gleichsam ganz nach außen gerichtet, war es den feineren Schwingungen des geistigen Lebens verschlossen, um so mehr, als mit den Ostgoten der bildsamste Stamm endete. Die Sitten behaupteten zwar im allgemeinen Einfalt und Lauterkeit, aber unaufhörliche Kriege und wachsende Feindschaft zwischen den Wehr- und Lehnsfreien erzeugten oft, besonders im Frankenvolk, zügellose Hab- und Blutgier, Untreue und Arglist, Völlerei und Rohheit.

Jedoch fanden diese Gebrechen ihr Heilmittel in dem starken Rechtsgefühl, der weiblichen, von den Gesetzen geschützten Zucht und dem nicht durch Gewalt, sondern durch Lehre ausgebreiteten Christentum. Nachdem nämlich das germanisch-arianische Bekenntnis mit dem Untergang der Ostgoten und Vandalen, dem Abfall der Westgoten, Burgunder und Langobarden seine öffentliche Gültigkeit verloren hatte, trat die rechtgläubige Kirche bei den Iren, Schotten und Angelsachsen dadurch in reiferer Gestalt als anderswo auf, daß sie Unduldsamkeit ächtete, den Prunk des Gottesdienstes beschränkte und als wissenschaftlich-sittliche Anstalt nicht durch Feuer und Schwert, sondern durch Lehre und Unterricht zu wirken trachtete. Zöglinge solcher Grundsätze, Männer furchtlosen Gemüts, gewandten, kenntnisreichen Geistes und unsträflichen Wandels, verfehlten daher selten bei kräftigen Naturvölkern den Zweck ihres mühevollen, uneigennützigen Sendbotenamts.

Dieser Bahn folgten im 7. Jahrhundert bei den Alemannen des Hochlandes die Schotten Kolumban und Gallus, aus dessen Einsiedelei am Gebirgswasser Steinach (613) allmählich das gleichnamige, für Christentum und Gesittung tätige Kloster entstand. Bei den Bayern war es Emmeran, bei den Ostfranken und Thüringern Kilian, bei den Friesen Willibrod und bei den Hessen der Angelsachse Winfried (Bonifacius), der überhaupt für das gesamte Norddeutschland im 8. Jahrhundert (719–754) Mittelpunkt der neuen Glaubensrichtung wurde. Das ostfränkische Erzbistum Mainz (748), dessen Sprengel Köln, Straßburg, Worms, Utrecht und andere Hochstifte umfaßte, die Bistümer Salzburg, Regensburg, Passau in Bayern, Würzburg, Eichstädt in Ostfranken und Hessen, die Klöster Fulda (seit 744), Ohrdurf und Fritzlar in Thüringen, gaben den zersplitterten Unternehmungen der größtenteils aus Angelsachsen hervorgegangenen Sendboten Kraft und Zusammenhang. Sie wurden Pflanzschulen milderer Sitten, steigender Gewerblichkeit und Wissenschaft, aber zugleich Stützen der inzwischen durch die Fortschritte des römischen Bistums wesentlich umgestalteten Kirchenverhältnisse.

Während nämlich das Mönchtum, durch Benedikt von Nursia geordnet, an Zahl und Wirksamkeit der Angehörigen gewann und in den meisten Klöstern des Ordens nicht nur Wohnstätten eines beschaulichen Lebens, sondern auch des Gewerbes und der Pflege der Wissenschaften darstellte, erweiterte mit gleichem Glück die Priesterschaft überhaupt den Bereich ihrer Besitzungen und zünftischen, dem weltlichen Gemeinwesen widerstrebenden Freiheiten. Denn teils mehrten Schenkungen, Vermächtnisse, vor allem aber Aufnahme der Dienstmannen die äußeren Hilfsmittel, teils brachten die als pflichtmäßige Abgabe geforderten, stellenweise errungenen Zehnten (um 585 und 567) und der geistliche, nach römischen Satzungen entscheidende Gerichtssprengel Ansprüche auf ständische Unabhängigkeit, wie denn bereits bei den Westgoten und Franken Abgeordnete mit den Wehr- und Lehnsfreien die Reichstage besuchten und häufig wegen ihrer überlegenen Kenntnisse leiteten.

Solches mußte geschehen, seit die Zersplitterung der Staatsbürger in Freimannen und Dienstleute den Anstoß zur ungehemmteren Entwicklung der körperschaftlichen Grundkraft gegeben hatte. Diese tritt daher auch in den inneren Bezügen der kirchlichen Gesellschaftsverfassung auf das bestimmteste hervor, indem teils die wachsende Macht der Bischöfe den niederen, oft durchaus sittenlosen und unwissenden Klerus als willenloses Werkzeug gebraucht, teils der römische Patriarch oder Papst, von vielfachen Umständen begünstigt, eine bisher nicht gesehene Bedeutsamkeit im Abendland gewinnt. Dafür sorgte zuerst die veränderte Stellung zum griechischen Kaiser, der als Schutz- und Oberherr seit Menschengedenken den von der Gemeinde und Geistlichkeit erkorenen Bischof bestätigte, das übliche Schutzgeld empfing und, um den Geschäftsgang zu beschleunigen, einen beständigen Gesandten (Apokrisiarius, Residenten) bei Hofe duldete.

Trotz der frühzeitigen Eifersucht zwischen den kirchlichen Vorstehern beider Hauptstädte dauerte die weltliche Hoheit des morgenländischen Reiches so lange, bis der römische Schützling aus Anlaß des Bilderstreits den schon lockeren Lehnsverband zerriß und Konstantinopel gegenüber völlige Unabhängigkeit gewann. Seit dem Verfall und Untergang der arianischen, besonders von den Germanen geschützten Kirche nämlich hatten im katholisch-rechtgläubigen Bekenntnis äußere Handlungen allmählich solches Übergewicht bekommen, daß nicht selten mehr die Sinne als die Gedanken durch den Gottesdienst beschäftigt wurden. Man betete zu den Heiligen, Standbildern und Gemälden, hielt die bei ihrem Anblick erregten Gefühle für den reinen Ausdruck der Frömmigkeit und vergaß über dem sichtbaren Zeichen dessen ursprünglichen Begriff. Manches Kloster begünstigte diese, hauptsächlich von Griechen und Römern ausgehende Rückkehr zur farbenreichen Sinnbildlichkeit des Altertums. Denn sie brachte Einkünfte und Ansehen, gewährte auch daneben in müßigen Stunden dem Kunstvermögen Gelegenheit, bald diesen, bald jenen wundersamen Heiligen in Farbe, Stein und Holz darzustellen und dem Auge des andächtigen Volkes zu enthüllen.

Jedoch erhob sich gegen den steigenden Mißbrauch einer anfangs unschuldigen Gewohnheit die niemals abgestorbene Partei des inneren Christentums und griff schonungslos und ohne vermittelnde Zwischenstufen das bereits tief verwurzelte Übel bei der Wurzel an. So gebot Kaiser Leo, mit dem Beinamen der Isaurische, gemäß seinem heftigen, durchgreifenden Wesen, daß bei schwerer Strafe alle Bilder von Engeln, Heiligen und Blutzeugen aus den Gotteshäusern entfernt werden sollten. Denn nicht Christen, sondern Heiden gezieme eine solche Verehrung (726). Sofort entbrannte in allen Teilen des Reiches wilder Hader und ärgerliche Feindschaft, die bald persönlichen Gelüsten offenen Spielraum verschaffte. Mönche und Priester stritten mit dem großen Haufen für, Regierung, Gelehrte und Minderzahl des Volkes gegen die Bilder (Bilderdiener, Bilderstürmer), während Araber, Avaren, Bulgaren, Erdbeben und Pest umsonst an die Notwendigkeit der Eintracht mahnten. Die römischen Bischöfe aber benutzten den günstigen Augenblick und erklärten den Kaiser zum Ketzer und Verräter am Glauben. Sie riefen die

Bürger zu den Waffen, zerrissen den byzantinischen Lehnsverband und traten als Oberhäupter an die Spitze der Freistadt Rom (733).

Ebenso glücklich für den neuen weltlichen Fürsten entwickelten sich die Verhältnisse zu den meisten germanischen Reichen, namentlich dem fränkischen und angelsächsischen. Denn dort bewilligten unaufgefordert teils aus Staatsklugheit, teils aus aufrichtiger Hochachtung rechtgläubige Könige und Verweser die Ehren geborener Oberbischöfe (Metropoliten), hier leitete Gregor der Große unmittelbar die von frommen und gelehrten Männern unternommene Bekehrung der Fremdlinge. Er weihte und bestätigte den jeweiligen Vorstand (Primas) der angelsächsischen Geistlichkeit, den Erzbischof von Canterbury, der als Zeichen der Abhängigkeit seinen Mantel (Pallium) von Rom empfing. Diesem Vorbild folgten die von irischen und angelsächsischen Sendboten dem Christentum gewonnenen Stämme Deutschlands. In Bayern wie in Ostfranken, bei den Alemannen wie bei den Thüringern und Friesen wurde der Papst – so hieß fortan ausschließlich der römische Bischof – als der natürliche Erzvater (Patriarch) anerkannt, dem auf Betreiben Winfrieds sogar sämtliche Bischöfe der unlängst gestifteten Kirchen feierlich in einer Urkunde Treue und Gehorsam gelobten (743).

Leicht konnte bei so günstiger Lage die Feindschaft der nach Einigung Italiens unaufhörlich ringenden Langobarden verschmerzt und im schwierigsten Fall durch fränkische Dazwischenkunft beseitigt werden. Auf diese Weise von der griechischen Oberherrlichkeit befreit und von den neugermanischen Staaten vielfach gefördert, festigte gleichzeitig das römische Bistum sein Ansehen bei der abendländischen Geistlichkeit, indem es teils den oberrichterlichen, teils den gesetzgebenden Bereich nicht nur rechtlich, sondern auch tatsächlich auszudehnen wußte. Für die erste Richtung entschied besonders der von manchen Gemeinden beliebte Brauch, in schwierigen Streitfällen freiwillig den Rat und das Gutachten der nicht selten durch Umsicht und Tugend ausgezeichneten Päpste einzuholen, die nun ihrerseits geschichtliches Herkommen in schuldiges Recht umwandelten und den Aussprüchen (Dekreten) über kirchliche Zwiste die Kraft wirklicher Synodalbeschlüsse beilegten, ohne daß gegen solche Verwechslung der Begriffe bedeutende Einreden erhoben wurden. Denn man ahnte ebensowenig die später gesteigerten Forderungen wie die Folgen der ersten, Rom gleichsam aufgedrungenen Bevormundung.

Dasselbe begegnete mittelbar auch in der kirchlichen Gesetzgebung des Abendlands. Vor dem Ausgang des 6. Jahrhunderts nämlich hatte die gottesdienstliche Feier keine feste Gestalt. Überlieferungen, die oft nach Örtlichkeit und Bedürfnis der einzelnen Sprengel wechselten, galten mehr denn urkundliche Vorschriften. Selbst manche Glaubenssätze der Katholischen schwankten, obgleich das gegensätzliche Bekenntnis in den Ostgoten seinen Grundpfeiler verloren hatte. Da trat Gregor der Große (590–604) als Ordner der heiligen Gebräuche (Liturgie, Agende) und kirchlichen Lehren auf. Entsprossen einem alten, reichen Adelsgeschlecht, durch Wissenschaft, Leben und öffentliche Ämter zur gründlichen Kenntnis des Menschen und der Zeit ausgebildet, fein und gewandt im Umgang, dennoch aber geneigt zur mönchischen Selbstbeschaulichkeit, war er ebenso beredt wie ehrgeizig und fähig, die Pläne geistlichen Herrschertums unter dem Deckmantel der Demut zu verbergen, wie er sich denn nicht nur Papst und allgemeiner Bischof, sondern auch Knecht der Knechte Gottes zuerst bezeichnete. Für den Gedanken, die rechtgläubige Kirche auszubreiten unter den Heiden und durch jedwede Mittel an den Sitz des römischen Bistums zu knüpfen, war er so begeistert, daß er sich gleichzeitig an die Spitze der angelsächsischen Bekehrungsversuche stellte, in Italien und außerhalb dessen die Ketzer verfolgte, den griechischen Thronräuber Phokas – der seinen trefflichen Vorgänger Mauritius mit all seinen unmündigen Kindern grausam mordete – beglückwünschte und die Geißel der Franken, Brunhilde, eine von Gott gesegnete, hochehrwürdige Frau nannte. Empfänglich für das Schöne, besonders der von ihm vielfach bereicherten Tonkunst, war er dagegen ein leidenschaftlicher Widersacher des Selbstdenkens und ein so grimmer Feind altrömisch-griechischer Wissenschaft, daß ihm Gerüchte die Zerstörung erhabener Denkmäler, namentlich der Geschichte des Titus Livius, zugeschrieben haben.

So geartet, hat Gregor bleibende Zeugnisse einer im Guten und Argen ausgezeichneten Persönlichkeit hinterlassen. Denn hauptsächlich wurden auf seine Veranlassung die kräftigen, bildungsfähigen Angelsachsen dem Christentum gewonnen, für die Bekehrung der Festlandsvölker Vereine und Schulen gestiftet, die neben der sittlichen auch die wissenschaftliche Bildung mit nachdrücklichem Eifer förderte und überall, besonders im üppigen Italien, höhere und niedere Priester durch Aufsicht, Tadel und Strafe zu reinerem Lebenswandel genötigt, bisweilen sogar aus Ämtern und Würden verstoßen. Für die Feier des äußeren Gottesdienstes wurden bisher zerstreute Vorschriften im Meßgesetz (Meßkanon) gesammelt, erweitert und besonders durch Aufnahme veredelter Tonkunst von manchen Mißbräuchen und Willkürlichkeiten befreit, aber gleichzeitig in die Fesseln einer zu ängstlichen, starren Kirchen- und Glaubensordnung eingeschmiedet. Denn während man dem diensttuenden Geistlichen jede Bewegung des Leibes, jeden Auf- oder Niederschlag der Augen, jeden stärkeren oder schwächeren Ton der Stimme beim Ablesen der Gebete genau vorzeichnete, den Schnitt und Wurf des prunkvollen Gewandes, die Zahl und Gestalt der geweihten Gefäße ebenso unabänderlich festsetzte wie die Anwendung der lateinischen Sprache und der in ihr niedergelegten Gesänge, wurden die Lehren vom Fegefeuer und vom mittels des Meßopfers regelmäßig wiederholten Sühnetod des Heilands für unumstößliche Grundwahrheiten des römisch-katholischen Christentums erklärt. Abweichende Meinungen aber wurden als Ausdruck der Ketzerei geächtet und mit größtmöglicher Strenge verfolgt. Zwar traf diese bei dem erleuchteten, menschlichen Sinn der angelsächsischen, irischen, schottischen und nordgermanischen Bischöfe und Sendboten damals die begehrten Opfer nicht, doch die schnell verbreitete Kirchenordnung Gregors überlieferte auch den folgenden, weniger gebildeten Menschenaltern den Wahn untrüglicher und, wenn es sein sollte, auf Waffengewalt angewiesener Rechtgläubigkeit.

Dergestalt hatte im Abendland das römische Bistum nach innen und außen ein Übergewicht vorbereitet, das bald, begünstigt von den Erschütterungen der südwesteuropäischen, besonders fränkischen Völker, gefestigt und ausgedehnt werden sollte.

Dritter Abschnitt

Die Wiedergeburt des Morgenlands durch Mohammed und den Islam; beginnende Tatkraft der Araber und glückliche Gegenwirkung der fränkischen Christen bei Poitiers

Die große Staats-, Sitten- und Glaubensänderung, die im 7. Jahrhundert das Morgenland ergreift, bald darauf Asien und Afrika mit Europa in folgenreichen Wettstreit um den Preis der Tapferkeit und Bildung verwickelt, ging von einem bisher wenig bekannten Volk aus, den Arabern. Deren heimische Halbinsel, die mit Einschluß der nördlichen, Richtung Balis am Euphrat streichenden Wüste, den ungeheuren Flächenraum von 55 000 Geviertmeilen umfaßt und eine westliche Küstenlänge von 1770 Meilen enthält, wird nach Osten vom Persischen, nach Westen vom Arabischen Meerbusen oder dem Roten Meer, nach Norden von Syrien und Palästina, nach Süden vom Weltmeer begrenzt. Bei den Eingeborenen wird sie in das Hoch- und das Niederland (Nedsch und Tehama), bei den Fremden, namentlich Griechen und Römern, in das glückliche, steinige und wüste Gebiet eingeteilt. Dem ersten entspricht etwa die südliche Landschaft Jemen, die sich längs dem Roten Meer fortzieht, dem zweiten der mittlere Bezirk Hedschas nebst den Steppen des Berges Sinai, dem letzten der weite, nordöstliche Strich.

Nur der südliche Jemen hat bei einem heiteren Himmel fruchtbaren Boden, der besonders Aloe, Myrrhen, Balsam, Kaffee und Palmen hervorbringt. In den übrigen Gauen wechseln unübersehbare Sandwüsten mit einzelnen ergiebigen Stellen, die vorzüglich am Arabischen und Persischen Meerbusen den Fleiß des Pflanzers und Kauffahrers lohnen. Dort blühten frühzeitig die Städte Mekka, unweit dem Küsten- und Hafenort Gedda am Fuß von drei kahlen Bergen erbaut, und zehn Tagesreisen entfernt Jatreb, später Medina geheißen. Hier lagen die Städte Teredon, unweit der Mündung des Euphrat, und Gerra (Katif), mit den Inseln Tylos und Aradus Hauptstapelplatz der für Mesopotamien (zwischen dem Euphrat und Tigris) und Persien bestimmten Waren. Im Jemen aber wurden Mareb (Saba) und Saana schon im höchsten Altertum Niederlassungen des Handels, der Gewerbe und der Künste. Abessinien und Ägypten, Indien und Byzanz lagen im Gesichtskreis dieser bald gebildeten, bald durch Reichtum und Üppigkeit verweichlichten Gemeinwesen, von denen die Himjariten viele Menschenalter lang eine Art Oberherrschaft behaupteten und schwächere Stämme, z. B. die Koreischiten, zwangen, im mittleren Arabien Zuflucht zu suchen.

Fast alle Haddhesis oder Seßhaften liebten den Gesang. In Mekka wurden sogar dichterische Wettkämpfe abgehalten, die besten Lieder gekrönt und öffentlich vorgetragen. Urkundliche Geschichte fehlte eben deshalb. Ihre Stelle vertraten Überlieferungen und Volksgesänge. Die Religion war ein wunderliches Gemisch einzelner Lehren des persischen Feuerdienstes, des Juden- und Christentums mit naturkundlichen Ansichten. Heilige, vom Himmel gefallene Steine fanden als Sinnbild der geheim wirkenden Weltkräfte beinahe abgöttische Verehrung. Besonders aber wallfahrtete man gen Mekka, um den schwarzen, viereckigen, von einem Geschlecht der Koreischiten im gleichnamigen Tempel aufbewahrten Stein Kaaba zu sehen und zu berühren. Für die Erforschung künftiger Dinge gab es verschiedene Mittel, welche die von Feen unterrichtete Bruderschaft der Weisen (Kahens) zunftmäßig hütete und für die Leitung des Volkes mit schlauer Folgerichtigkeit zu gebrauchen wußte.

Jüdische Gedanken wirkten um so nachteiliger, je rohere Vorstellungen der um den Ausgang des 2. Jahrhunderts abgefaßte Talmud ausbreitete. In ihm lese, hieß es zum Beispiel, Jehova täglich zweimal eine Stunde lang, genauso wie er oft einsam auf den Trümmern Jerusalems lustwandle und bei dem Anblick der Zerstörung voll Reue und Grimm wie ein Löwe brülle. Auch das besonders im Jemen aus Ägypten und Abessinien eingedrungene, vielfach entartete Christentum konnte mehr die geistigen Gärungsstoffe anhäufen denn eine reinere Gottesverehrung bereiten. Alles schwankte zwischen Licht und Nacht, Irrtum und Wahrheit.

Den zweiten, edelsten Teil der arabischen Bevölkerung bildeten die Beduinen oder Söhne der Wüste, die in Freiheit und Armut den seßhaften Städtebewohner als Nachkömmling schlechteren Stammes verachteten, sich selber aber Ismael, den Sohn Abrahams und der Hagar, zum Erzvater gaben. Der Beduine, in Hedschas und der großen Steppe zwischen Ägypten und dem Euphrat mit seinen Herden umherziehend, besaß neben einer glühenden Einbildungskraft ein überaus kriegerisches, mutiges, dem rastlosen Abenteuer geneigtes Wesen und Offenheit gegen Freund und Feind, den das gastliche Zelt gegen die sonst unabwendbare Blutrache des Herrn zu schützen pflegte. Er hatte ein Gefühl für die Freiheit der bei den übrigen Morgenländern zur klösterlichen Knechtschaft verurteilten Frau. Für ihn zählten Treue gegen den erwählten Ältesten (Scheikh, Emir), der bisweilen als Oberältester (Großscheikh) mehreren Stämmen gebot, und Ehrfurcht vor dem Gastrecht, das der Blutrache zügelnd zur Seite stand. Aber er besaß auch Empfänglichkeit für Dichtkunst und Sage. Ihm galt die unverbrüchliche Heilighaltung des gegebenen Wortes und endlich neben der Liebe zur persönlichen Freiheit und häuslichen Abgeschlossenheit der Drang nach Wechsel und Veränderung, dieweil ihm gehörte, was Schwert und Lanze erreichen konnten. Die Freund- und Feindschaften der Väter und Geschlechter gingen auf Söhne und Verwandte über. Eifersucht, nicht Raubgier, nährte den Fehdegeist der Stämme. Frühzeitig abgehärtet gegen alle Beschwerden der Witterung, nüchtern und mit den einfachsten Bedürfnissen zufrieden, haßte der Beduine mühsamen Erwerb, nannte Rosse und Kamele seinen Reichtum und floh Ackerbau und städtische Gewerblichkeit als Handwerk der Knechte, darin, wie in manchen anderen Ansichten, nicht unähnlich dem ältesten Germanen, mit dem er bald auch die Bestimmung, durch erobernde, zerstörende Kraft eine neue Weltordnung zu bereiten, teilen sollte.

In diesem Zustand allgemeiner Zerrissenheit und Gärung, die den siegreichen Einfall anfangs der Abessinier, später der Neuperser (529–550) als reifste Frucht überlebte, wurde der Stifter eines gemeinsamen Vaterlands und Glaubens, Abul Kasem, Sohn (ebn) Abdallahs, mit dem Beinamen der Ruhmwürdige (Mohammed), aus dem Geschlecht Haschem, dem Stamm Koreisch, zu Mekka geboren (20. April 571). In derselben Nacht, meldet die Sage, erfüllte ein wunderbarer Glanz die Städte, Flecken und Dörfer Syriens, sank, vom Erdbeben erschüttert, zu Medain der Palast des persischen Königs und erlosch das heilige Feuer der Magier. Schon im ersten Jahr des Vaters, im sechsten der frommen Mutter Emina beraubt, die ihm nichts hinterließ als fünf Kamele und eine betagte Sklavin aus Abessinien, trat der Knabe, wie der gemeine Araber erzogen, unter die Aufsicht seines Großvaters Abdul-Mutalleb und Oheims Abu-Taleb. Er begleitete diesen zur Messe im syrischen Bassora, wo der christliche Mönch Sergius vorahnend die künftige Bestimmung verkündigte, und stritt, kaum 14 Jahre alt, mit ausgezeichneter Tapferkeit in den Reihen der Koreischiten gegen die Feinde des ihnen anvertrauten Kaabatempels. Er besuchte im 25. Lebensjahr noch einmal den Markt von Bassora als Handlungsdiener der reichen Witwe Kadidscha und weihte, bald darauf mit ihr vermählt, die unabhängige Muße teils den Geschäftsreisen, teils der Dichtkunst und dem stillen Nachdenken über menschliche und göttliche Dinge, so daß er mit wachsender Klarheit den Zweck des Lebens in einer durchgreifenden Glaubens-, Staats- und Sittenänderung der arabischen und benachbarten Völker entdeckte und voll solcher Gedanken oft die Grotte auf dem heimischen Berg Hera besuchte.

Hier erschien dem vierzigjährigen Mann in der Nacht des göttlichen Ratschlusses vom 23. auf den 24. Ramadan des Jahres 611 christlicher Zeitrechnung der Erzengel Gabriel und verkündete mit den Worten: »Lies im Namen deines Herrn!« die Bestimmung, als der Seher und Bote Gottes aufzutreten unter den Heiden. Mohammed, bei körperlicher Schönheit und Würde von hinreißender Dichter- und Rednergabe, folgte sofort dem Ruf des inneren Geistes und enthüllte allmählich dessen Offenbarungen in einzeln aufgezeichneten Liedern, die später durch Abubeker im Koran (Schrift, Sammlung) geordnet und, in 114 Suren (Schritte, Kapitel) abgeteilt, die Hauptquelle des aus der Vernunft, christlich-jüdischen und persischen Überlieferungen geschöpften Bekenntnisses bildeten.

Mit Ausnahme der Schöpfung und des göttlichen Ursprungs der Schrift frei von allen Wunderwerken, geht der Islam, das ist die vertrauensvolle Ergebung in Gottes Willen, in der Glaubenslehre (Iman) von folgenden fünf Sätzen aus, die einander gegenseitig durchdringen und erläutern:

1) Glaube an die Einheit Gottes! Denn es gibt keinen Gott als Gott. Dieses einige, höchste Wesen ist ewig, unwandelbar, allgütig, allwissend, allgerecht, Schöpfer der sichtbaren Dinge, weder durch Meißel und Pinsel noch durch Sinnbild und äußere Abzeichen darstellbar, allein zugänglich dem Geist und der Wahrheit.

2) Glaube an die Offenbarungen Gottes, der Adam, Noah, Moses und Christus, zuletzt den höchsten der Propheten, Mohammed, sandte! Dieser ist gleich den Vorgängern nur Mensch, hat aber im Koran, der von Ewigkeit her mit Lichtstrahlen in die Tafel der unabänderlichen Ratschlüsse eingegraben war, wie durch einen Spiegel den Willen Allahs (Gottes) geschaut. Dennoch dichteten spätere Geschlechter dem sterblichen Mohammed die abenteuerlichsten Wunder an. Er heilt Kranke und erweckt Tote. Ihm klagt das Kamel und seufzt der Lichtstrahl entgegen, bringen Bäume und Steine den Huldigungsgruß. An der Hand des Erzengels Gabriel durchwandert er die sieben Himmel, verkehrt mit den Engeln, Propheten und Erzvätern, ja seine Schultern berührt der Finger Gottes, so daß kalter Schauer den Leib ergreift.

3) Glaube an den unbedingten Ratschluß! Gott hat die guten und bösen Geschicke des Menschen vorherbestimmt, ohne daß jedoch dadurch die sittliche Zurechnung gänzlich aufgehoben wird. Diese grelle, nur schwach verhüllte Leugnung der Willensfreiheit, die das Christentum von vornherein als Bedingung der Tugend betrachtete, bildet ein Hauptgebrechen des Islams und hielt den staatsbürgerlichen Entwicklungsgang auf.

4) Glaube an die Engel, deren sich Gott als Werkzeuge für die Vollziehung seiner Zwecke bedient! Eine sinnbildliche Ansicht, die mit den guten und bösen Geistern dem Judentum und der persischen Feuerlehre abgeborgt wurde.

5) Glaube an die Unsterblichkeit und das Jüngste Gericht! Diesen Satz hat der Dichter mit allen Farben einer üppigen und furchtbaren Einbildungskraft auf das reichste ausgemalt, den Trieben, Leidenschaften, Wünschen und Besorgnissen des Morgenländers innig angeschlossen. Wie daher diesseits Tugend und Laster, Licht und Nacht, Glück und Elend einander schroff gegenüberstehen, so jenseits in sieben Kreisen Paradies und Hölle, jenes den Guten, diese den Bösen bestimmt. Den frommen Gläubigen (Moslemin, Muselman) erwarten beim Eintritt in das andere Leben 80 000 Knechte, unermeßliche Schätze und Besitzungen. Ein ewiger Frühling wohnt in dem Immergrün der Gärten und Haine, wo des Herrn Wink kühlende Schatten und alle Arten der köstlichsten Früchte hervorruft. Man pflückt sie stehend, sitzend oder liegend. Smaragdene Lauben, neben denen duftende Ambrabäche murmeln, empfangen den Knecht Gottes. In Seide gekleidet, läßt er sich zwischen Blumen auf einem prachtvollen Teppich nieder und erteilt mit untergeschlagenen Beinen seine Befehle. Alsbald bringt man ihm auf goldenen Schüsseln ausgesuchte Speisen, 300 für jeden Gang. Daneben sprudeln perlender Serbet und reiner Wein aus den Quellen Kewßer und Selsebil, erscheinen schöne Edelknaben und schwarzäugige Jungfrauen (Houris), glänzend wie das Mittagslicht und frisch wie der Morgentau. Solche Seligkeit harrt besonders des Gerechten, der im Heiligen Krieg gegen die Feinde des Glaubens gefallen ist, »denn das Paradies liegt unter dem Schatten der Schwerter, und wer als Blutzeuge in der Schlacht stirbt, dessen Wunden werden funkeln am Tag des Gerichts wie Rubine und duften wie Moschus.« Aber auch geistige Freuden belohnen den Frommen, der mit den Weisen der Vorzeit lehrreiche Gespräche führen, die Geheimnisse der Welt lösen, Gottes Angesicht schauen darf. Dagegen sind endlos und unermeßlich die Qualen der Hölle, die im untersten Ring die Religionsheuchler, im zweiten die Götzendiener, im dritten und vierten die Magier und Sternanbeter, im fünften und sechsten die Juden und Christen, im siebenten sündhafte Moslemin, letztere 900 bis 9000 Jahre lang, einschließt. In Pechhäute gehüllt und in Ketten geschmiedet, erblicken die Verdammten mitten unter Flammen und Dampf nichts als den Baum Zachum, dessen verkohlte Äste keinen Schatten gewähren. Faulendes Aas ist ihre Speise, siedende Jauche ihr Getränke. Fällt die verbrannte Hülle ab, so schiebt sich eine an-

dere hervor. Sucht der Unglückliche dem Abgrund zu entfliehen, stoßen ihn Teufel zurück. Fragt er gefoltert, wie lange noch die Qual dauere, widerhallt das Wort »ewig« in den Tiefen.

Die Sittenlehre (Din) verpflichtete den Gläubigen zur unbedingten Gottergebenheit, die sich im reinen Lebenswandel und in der steten Herrschaft über die Leidenschaften äußern sollte. Das Versprechen, gebot der Koran, möge man jedermann, selbst dem Heiden, halten und irdisches Gut als Nebensache verachten. Vor allem den Heiligen Krieg gegen Ungläubige, die weder den Islam annehmen noch Zins zahlen wollten, solle man als das erste, verdienstvollste Werk betrachten. Gegen den Feind solle man mit gesamter Kraft, Frauen und Knechte nicht ausgenommen, rüsten und in der Schlacht eher sterben denn fliehen und Gefangenschaft dulden. Im Feld solle man Glücksspiele, Weingelage und nichtigen Tand meiden, dagegen gottesfürchtige und nützliche Gespräche führen und von der Beute vier Fünftel dem Heer und ein Fünftel den Priestern und Gesetzlehrern bestimmen. Vielweiberei, das zweite, die bürgerliche Entwicklung hemmende Hauptgebrechen der islamischen Völker, wurde bis zu vier Frauen gestattet. Der Ehebruch wurde durch Tod, Diebstahl durch Verlust einer Hand, jede andere Missetat nach dem Wiedervergeltungsrecht bestraft. Als äußere Religionsübungen verordnete der Koran das Gebet, fünfmal am Tag durch die Rufer (Muezzin) von den Türmen (Minarets) der Kirchen (Moscheen) herab laut so angekündigt, daß der Gläubige das Gesicht gen Mekka richten mußte. Weitere Vorschriften betrafen den regelmäßigen Gottesdienst am Freitag, Fasten im Monat Ramadan, häufiges Baden, die wenigstens einmal im Leben unternommene Wallfahrt nach Mekka zur Hochkirche (Kaaba) und schrankenlose Mildtätigkeit ohne Rücksicht auf Bekenntnis und Abstammung der Hilfsbedürftigen, denen der Zehnte des jährlichen Einkommens gehören sollte. Überdies wurden manche schädliche Gewohnheiten, z. B. die wilde Totenklage, die sinnlose Sterndeuterei und der Genuß berauschender Getränke, als Hindernisse der allgemeinen Wohlfahrt und Aufklärung verboten, während andere Bräuche, wie die Beschneidung, zufällig vom Judentum auf den neuen Glauben übergingen. Körperschaftlich abgeschlossene Priester und Mönche fehlten. Man kannte nur Ausleger und Lehrer des Gesetzes, dem zur Seite eine mündliche, vieldeutige Sage (Sunna) stand.

Dies sind die Grundzüge der zweiten morgenländischen Hauptreligion, die während ihrer kurzen, drangsalvollen Kindheit wie das Christentum durch die Kraft der inneren Wahrheit einen kleinen Kreis von Anhängern gewinnt, bald aber, gestützt auf das fühlbare

Bedürfnis arabischer Volkstümlichkeit, durch die Waffen schnellen Sieg erkämpft und sofort die begeisterten Scharen der geeinigten Halbinsel nach allen Richtungen hin aussendet, um im beispiellosen Sturmlauf Asien, Afrika und einen Teil Europas durch das Schwert dem Gesetz des Propheten zu unterwerfen und so dem christlichen Nebenbuhler die Bahn gewalttätiger Bekehrung in einem glänzenden Vorbild zu zeigen.

Drei volle Jahre verstrichen, bevor Mohammed unter seinen Hausgenossen 14 Gläubige fand, vor allem die Gemahlin Kadidscha, den Freund und künftigen Schwiegervater Abubeker, den Vetter Ali, Sohn des Oheims Abu-Taleb, und den mit der Freiheit beschenkten Knecht Zeid. Aber der Versuch, während eines fröhlichen Mahls die Ältesten des Geschlechts Haschem durch überraschende Darstellung der neuen Wahrheit zu gewinnen, scheiterte an dem Eifer des feurigen Jünglings Ali, der dem abmahnenden Abu-Taleb entgegnete: »Stände die Sonne zu meiner Rechten, der Mond zu meiner Linken, dennoch würden sie den von mir erwählten Lauf nicht hemmen.«

Inzwischen wuchsen mit den langsamen, aber festen Fortschritten des Glaubens die Gefahren, die vorzüglich die Eifersucht der Koreischiten bereitete. Denn kaum war Abu-Taleb, der Aufseher des Kaabatempels aus dem Geschlecht Haschem, gestorben, als der strenggläubige Nachfolger Abu-Sofian, Haupt der koreischitischen Omaijaden, die Ermordung des angeblichen Irrlehrers beschloß und dafür viele Verschworene beeidigte. Jener wurde gewarnt und entkam, von Ali und Abubeker begleitet, mit knapper Not dem nächtlichen Überfall (15. Juli 622, erstes Jahr der Flucht, Hegira) und erreichte unter großen Gefahren die befreundete Stadt Jatreb (Medina). Dessen Bürger nahmen größtenteils den Islam an, ehrten in Mohammed den Hohenpriester und Fürsten (Emir) und schlossen mit seinen Fluchtgefährten (Moajerin) als Beschützer (Ansarin) heilige Waffenbrüderschaft.

Sofort begann die offene Fehde gegen den Stamm der Koreischiten, die bei Beder, drei Posten von Jatreb, trotz der Überzahl geschlagen (März 624) wurden, im folgenden Jahr aber am Berg Ohud nach der heftigsten Gegenwehr des dreifach schwächeren Feindes siegten. Medina jedoch belagerten sie umsonst. Denn überall lenkte des Feldherrn Besonnenheit die kühne Todesverachtung des Volkes, so daß auf die Kunde solcher Taten Scharen freiwilliger Beduinen herbeieilten und der Juden Burgen im Binnenland nach kurzem Widerstand Zins gelobten. Da richtete Mohammed, jetzt stark für den entscheidenden Angriff, täglich fünfmal das Auge gen Mekka, das bald, von 10 000 Moslemin bedroht, ohne Schwertstreich die Tore öffnete (11. Januar 630). Zitternd und schwerer Rache gewiß, erschienen Abu-Sofian und die Ältesten vor dem Propheten. Der aber sprach: »Ziehet heim in Frieden!« Er zerbrach die Götzenbilder der Kaaba und übergab die Schlüssel des gereinigten und zur Mutterkirche erhobenen Hauses dem getreuen Osman.

Er nahm die Bewohner der fortan heiligen Stadt in die Pflicht und traf Anstalten, die übrigen Stämme Arabiens durch Güte wie Gewalt der Abgötterei und ohnmächtigen Zerstückelung zu entreißen. Binnen zwei Jahren war das große Werk vollendet (630–632). 114 000 Gläubige erschienen in dem letzten Pilgerzug. Schon konnte der erobernde Islam die heimischen Grenzen überschreiten und den ersten Waffenstreit mit dem Christentum bestehen. So forderten Boten von dem griechischen Kaiser Heraklius und seinem Lehnsmann, dem Gassaniden Hareth, im syrischen Gebiet von Damaskus Übertritt oder Zins. Jener antwortete höflich, dieser trotzig. Sofort brachen 3000 Moslemin gegen Palästina auf und trafen bei Muta, drei Tagereisen von Jerusalem, den wenigstens zehnfach stärkeren Feind. Dennoch geschah mit Wut der Angriff. Kämpfend wie ein Held sank Zeid. An seine Stelle trat, die heilige Fahne in der Hand, Jaafar, verlor zuerst den rechten, danach den linken Arm und trug das Banner so lange mit dem Stumpf, bis er an 50 Wunden verblutete. »Vorwärts«, rief Abdallah den bestürzten Gefährten zu, »den Sieg oder das Paradies!« und fiel im Schlachtgetümmel. Da übernahm Kaled, später das Schwert Gottes geheißen, den Oberbefehl und führte nach den mannhaftesten Taten die Reste des Heeres in guter Ordnung zurück (September 630? n. a. 629).

Mohammed aber, um den Tod der von ihm öffentlich gerühmten und im geheimen betrauerten Blutzeugen zu rächen, versammelte zwei Jahre später (Herbst 631) 10 000 Reiter und 20 000 Fußgänger. Er erreichte Tabuck, auf halbem Weg zwischen Medina und Damaskus, empfing die Huldigung mehrerer Gemeinden des Euphratlandes und rüstete, heimgekehrt, mit Nachdruck zu einer großen Heerfahrt gegen Persien, als sein Tod die kühnen Pläne durchkreuzte (17. Juni 632). Segen und Wohltaten bezeichneten die letzten Tage. Alle Knechte wurden mit der Freiheit, alle Armen Medinas und der Umgegend mit reichlichen Almosen beschenkt, alle etwa Beleidigten wurden eingeladen, öffentlich zu klagen, während Vertraute den Rücken des Reumütigen blutig geißeln mußten. Denn der Prophet, der, obschon Fürst und Oberpriester, einfach wie der gemeinste Araber gelebt hatte, der grobes Wolltuch zur Kleidung, Datteln, Gerstenbrot und Wasser zur Nahrung gewählt, eigenhändig

Röcke und Schuhe ausgebessert, die Stube gekehrt und den Gast bewirtet hatte, wollte auch auf dem Sterbebett ein Beispiel der Milde, Geduld und Sittenstrenge geben.

Um so stärker wurde der Verlust gefühlt. Ehrgeiz, Eitelkeit, Aberglaube und Zwietracht drohten in Ermangelung eines bestimmten Nachfolgers das kaum vollendete Werk zu erschüttern. Für Ali, den Gemahl der geliebten Tochter Fatima, sprachen Blutsverwandtschaft und treffliche Taten, gegen ihn der rauhe Omar und Ajesha, Mohammeds ränkevolle Witwe. Also wurde derselbigen Vater, Abubeker, von beiden Parteien zum Nachfolger (Chalifa, Kalif) erkoren und bevollmächtigt, in geistlichen wie bürgerlichen Sachen als unumschränkter Richter und Oberfürst zu herrschen.

Abubeker aber, der die inneren Gärungsstoffe ableiten und des Korans Wort: »Die Herrschaft ist Gottes, er gibt sie, wem er will« anwenden wollte, beschloß, wie das Kreisschreiben an die Stammältesten Arabiens meldete, die Gläubigen nach Syrien zu senden, damit sie das anmutige, fruchtbare und wohlgelegene Land den Ungläubigen entrissen und im Kampf für die Religion ein gottgefälliges Werk verrichteten. Mit lautem Beifall wurde die Mahnung gehört. Von allen Seiten zogen Scharen zu Roß und zu Fuß gen Medina und harrten in ihren Zelten mehrere Tage lang sehnsüchtig des Aufbruchs. Endlich erschien der Kalif, segnete das Heer und redete folgendermaßen zu dem Oberfeldherrn Abu-Obeidah: »Hütet euch, euer Volk zu unterdrücken oder ungeduldig zu machen. Nehmt vielmehr überall guten Rat an und tut, was recht und billig ist! Denn wer anders handelt, wird kein Glück haben. Wenn ihr dem Feind begegnet, so haltet euch mannhaft und kehrt ihm nie den Rücken zu! Wenn ihr siegt, so tötet keine Kinder, Greise und Frauen! Verheert keine Palmbäume, brennt keine Kornfelder ab! Auch die Obstbäume schont und das Vieh, sofern ihr es nicht für eure Notdurft schlachtet. Bündnissen und Verträgen seid getreu, Einsiedler kränkt weder am Leib noch am Eigentum! Wenn ihr aber Leute mit geschorenen Platten antrefft, so zerspaltet diesen Schülern des Satans ohne alle Barmherzigkeit den Schädel und gebt ihnen keine Gnade, bis sie entweder den Glauben annehmen oder Zins bezahlen!«

Diese Mahnung fand während des sechsjährigen Syrerkrieges (633–639) im ganzen bei Befehlshabern und Gemeinen treuen Gehorsam. Denn man kämpfte nicht sowohl aus Herrschsucht und für irdischen Lohn als auch aus Glaubenseifer und für das künftige Erbteil im anderen Leben. Furcht blieb daher unbekannt. Nie wurde der Feind gezählt, sondern stets angegriffen, gewöhnlich so, daß der Kern des Hinterzuges die in den Vorgefechten ermatteten Reihen durchbrach. Oft sprengten die kühnsten Reiter aus der Schlachtordnung in die Ebene und forderten Gleichgesinnte zum Zweikampf oder warfen sich, wenn er verweigert wurde, rücksichtslos in den dichtesten Haufen. »Mich dünkt«, rief einst Ikrimah, Kaleds Vetter, »ich sehe die schwarzäugigen Jungfrauen, die winken mit ihren grün seidenen Tüchern«, fiel auf die Christen und stritt, bis ihn nach langem Morden ein Wurfspeer niederstreckte. Von 30 Griechen umringt, erlegte Derar allein 17 und zerstreute die übrigen. »Ruhet ein wenig aus«, sprach derselbe Held zu Kaled, den der Kampf fast erschöpft hatte. »O Derar!« antwortete das Schwert Gottes, »wir werden in jener Welt ruhen. Wer heute arbeitet, der wird morgen dafür rasten«, und stürmte vorwärts.

Mit den Männern wetteiferten die Frauen, besonders aus dem Stamm der Himjariten. So trat Kaulah, Derars Schwester, durch die Überzahl der Griechen gefangen, in einem günstigen Augenblick vor die Gefährtinnen und sagte zu ihnen: »Warum wollt ihr euch von diesen Heiden dazu mißbrauchen lassen, Dienstmägde der Götzendiener zu werden? Zwar sind wir wehrlos, haben weder Schwert noch Speer und Bogen, aber Gott ist allmächtig. Greift zu den Zeltstangen, schließt einen engen Kreis und wählt lieber den Tod als die Berührung eines Ungläubigen!« Alle gehorchten und verteidigten sich so lange tapfer, bis Hilfe nahte. Am Yermuk entschieden Frauen und Jungfrauen die furchtbare Schlacht. Sie empfingen die flüchtige Reiterei des rechten Flügels mit Schmähworten, so daß sie voll Scham zurückkehrte, und mischten sich unter die Streitenden. Kaulah fiel, Opheirah hieb den Mörder nieder.

Im Lager des fastenden und betenden Volkes herrschten Zucht, Demut und Enthaltsamkeit. Soldaten, die entgegen dem Verbot Wein getrunken hatten, bekannten freiwillig den Fehltritt und forderten die gesetzliche Buße, 80 Streiche auf die Fußsohlen. »Nichts gezieme«, meinte der Kalif, »solchen Burschen besser als Armut und Beschwerde. An den Herrn müßten sie glauben, ihm dienen und danken. Die Belohnung der Geduld sei der Sieg.« Kostbarkeiten wurden verachtet und die dem Feind abgenommenen Seidenzelte und Prunkgeräte in einer großen Entfernung aufgestellt. Selbst Lebensmittel der Christen wurden als nicht geweiht durch den Namen Gottes selten berührt. Es gab keinen Streit über Frauen und Beute. »Ehre sei dir, o Gott!« rief Kaled bei dem Anblick einer schönen Gefangenen aus, »wir preisen dich, der du geschaffen hast, was dir wohl gefiel!« und gebot schleunige Auslösung. Nie neidete der Fußknecht dem Reiter das dreifache Los. Habgier war unbekannt. Dennoch wußte man mit dem Geld zu haushalten. Man kleidete sich in grobes Tuch, wählte Wasser zum Getränk und Milch, Reis und Früchte zur Nahrung.

Verträge galten als heilig, und das im Namen Gottes und seines Propheten gegebene Wort konnte niemals zurückgehen. Aber im offenen Feld durften, ja mußten alle Mittel der Zerstörung wirken. Krieger des Teufels töten hieß Verdienst um den Glauben erwerben. Kaled, ergrimmt über den freien Abzug, den der milde Abu-Obeidah einem Teil der Damaszener gegönnt hatte, ließ die ausbedungene Frist von drei Tagen ablaufen, sammelte darauf 4000 erlesene Reiter und setzte den Flüchtigen bis zur Erschöpfung nach. Er holte sie unweit von Laodicea ein und tötete oder fing den ganzen Haufen, Männer, Frauen und Kinder. Die reiche Beute aber wurde teils in den öffentlichen Schatz gelegt, teils den Waffengefährten abgetreten.

Das Betragen der ersten Kalifen unterstützte gleichzeitig den erobernden, schwärmerischen Aufschwung des Volkes. Niemals duldete Abubeker, der die Eitelkeiten der Welt verachtete, Reichtum. Jeden Freitag leerte er den durch die syrischen Siege anschwellenden Staatssäckel, um verdienstvolle Muselmanen zu belohnen und die Not der Armen, Witwen und Waisen zu lindern, so daß in seiner Hinterlassenschaft nur fünf Drachmen gefunden wurden. »Gute Handlungen«, pflegte er zu sagen, »sind ein Schutz gegen die Hiebe des Widersachers.«

Gleiche Tugend besaß der von ihm bestimmte Nachfolger Omar, als erster Kaiser der Gläubigen (Emir al Mumenin) begrüßt (634–644). Überaus freigebig und mildtätig, enthaltsam und mäßig, fromm und gewissenhaft, liebte er besonders unparteiische Rechtspflege. Deshalb empfingen vornehme Araber, die christlichen Zinsbauern zu schwere Steuern auflegten, folgende Mahnung: »Fordert von den Leuten nicht mehr, als sie tragen können. Denn ich habe den Apostel Gottes sagen hören: Plaget die Menschen nicht! Wer seinen Mitbruder peinigt in diesem Leben, den wird Gott am Tag des Gerichts im höllischen Feuer strafen.«

Streng wurde die im Koran gebotene, oft grausame Wiedervergeltung gehandhabt, ohne Rücksicht auf Person und Stand. Einst trat dem Fürsten Jabalah aus dem Stamm Gassan, als er bei der Wallfahrt nach Mekka der Sitte gemäß siebenmal um den Tempel herumging, unabsichtlich ein gemeiner Pilger auf sein langes Kleid, so daß es ihm von den Schultern herabfiel. »Wehe dir«, sprach Jabalah, »du hast im Haus Gottes meinen Rücken entblößt!« Er hörte nicht auf die Bitten des unvorsätzlichen Beleidigers, sondern schlug ihm vier Vorderzähne aus. Der Arme klagte und begehrte Hilfe. Sogleich beschied der Kalif den stolzen Missetäter und drohte, wenn ihm der

Beleidigte nicht verzeihen wollte, mit dem Gesetz der Wiedervergeltung. Denn vor dem Richterstuhl sei es gleichgültig, ob der eine Fürst, der andere Bauer heiße. Da bat Jabalah um die kurze Frist von 24 Stunden, entfloh, als diese mit des Klägers Erlaubnis gestattet wurde, zu den Christen und ließ sich taufen.

Als derselbe Omar eine Wallfahrt nach Jerusalem beschlossen hatte, ritt er, von etlichen Reisegefährten begleitet, auf einem roten Kamel, vor sich zwei Säcke mit Gerste, Reis und Früchten, hinter sich einen ledernen Wasserschlauch. Dies war das ganze Gerät. Unterwegs aber hielt der Kalif oft still, predigte, saß zu Gericht und teilte Belohnungen und Strafen aus ohne Ansehen des Standes und der Person. Etliche Hauptleute, die in Seide gekleidet erschienen, wurden so lange im dicksten Kot fortgeschleppt, bis die Prunkgewänder in Fetzen zerrissen. Hochmut und Flitterstaat sollten den Feind, nicht den Muselman auszeichnen. Darum fiel auch die Scheidewand zwischen dem Beherrscher und dem Volk. Jener gab öffentlich vom Pult Mohammeds in Medina herab Bericht und Rechenschaft, dieses trug Einwürfe und Beschwerden vor, ohne daß dort die Würde, hier der Gehorsam gemindert wurden.

Bei solchen Verhältnissen mußten die ersten Eroberungen der Araber als das Werk freier, vom Glaubenseifer und Ehrgefühl geleiteter Willenskraft auftreten. Sie mußten die bisher gebundenen Kräfte eines tapferen, feurigen und nüchternen Menschengeschlechts entfesseln und den ohnmächtigen oder zersplitterten Feinden nicht im mühsamen Fortschritt, sondern im stürmischen Siegeslauf die Herrschaft über drei Weltteile abgewinnen. So fiel, von Abu-Obeidah und Kaled bedrängt, das reiche, üppige Bollwerk Syriens, Damaskus, nach kurzer Abwehr (August 634). So öffneten die Festen Emesa (Hems) und Baalbek (Heliopolis) ihre Tore. So wurden am Yermuk, der in den See Tiberias stürzt, 80 000 Christen nach nicht unrühmlichem Widerstand erschlagen oder gefangen (Dezember 636). Darauf wurden die Bürger der auch den Moslemin heiligen Stadt Jerusalem ermahnt, zwischen Zins und Islam zu wählen. Gefalle keines von beiden, endete der Brief, so würden sie mit Männern kämpfen müssen, denen der Tod süßer sei als ihnen das Weintrinken und Schweinefleisch. Die Christen aber nahmen solches Ansinnen mit Verachtung auf und verteidigten viele Wochen lang heldenmütig und klug Freiheit, Vaterland und Glauben. Zuletzt, als feindliche Übermacht, Krankheiten und Hungersnot den Kern der Mannschaft gebrochen hatten, erschien Omar persönlich und gewährte angemessene Bedingungen, daß man die Einwohner weder an Leben und Vermögen kränken noch in der Ausübung ihrer

Religionspflichten stören sollte. Jedoch dürften die Kirchen keine Kreuze tragen. Die Glocken durften nicht läuten, sondern nur anschlagen. Schließlich sollte der Muselman durch Turbane, Waffen, Ehrenplatz und Landessprache als herrschender Stamm bezeichnet werden (637).

Der Fall Jerusalems wirkte wie ein betäubender Wetterschlag auf die übrigen Städte Syriens und Palästinas. Verzweifelnd am offenen Widerstand, beschlossen die Griechen arglistigen Meuchelmord. Daher begab sich Wathek, ein christlicher Araber, nach Medina, barg sich in den Zweigen eines Baumes und erwartete die Gelegenheit, den Kalif Omar, der nicht weit davon schlummerte, niederzustoßen. Doch der Anblick eines Löwen entwaffnete den Verbrecher, so daß er den Dolch fortschleuderte, seinen Vorsatz bekannte und durch Übertritt zum Islam die erbetene Gnade gewann.

Ebensowenig gelang es dem Kaiser Heraklius, der mühsam die Hauptstadt Antiochien schützte, den Glaubenseifer und männlichen Trotz etlicher Gefangener zu beugen. Denn als diese den Befehl erhielten, nach griechischer Hofsitte niederzufallen, entgegnete im Namen der Gefährten Derar: »Wir sind der Meinung, daß die Anbetung einem sterblichen Menschen nicht gebührt. Dergleichen Ehre elenden Geschöpfen zu erweisen hat der Prophet streng verboten.« Staunend fragte der Kaiser: »Was für einen Palast bewohnt euer Kalif?« »Eine Lehmhütte«, lautete die Antwort. »Und was für Gefolge und Bediente hat er?« »Die Bettler und Armen.« »Und auf was für Teppichen sitzt er?« »Auf Gerechtigkeit und Lauterkeit.« »Und was ist sein Thron?« »Enthaltung und gewisse Erkenntnis.« »Und welches ist sein Schatz?« »Das Vertrauen auf Gott.« »Und welche sind seine Leibwächter?« »Die Tapfersten der Gläubigen. Wisse, König, daß verschiedene zu dem Kalifen gesagt haben: Omar, du besitzest nun die Schätze des Kaisers. Fürsten und große Herren sind dir untertänig. Warum also legst du nicht köstlicheres Gewand an? Er aber antwortete: Ihr sucht die äußere Welt, ich dagegen suche die Gnade dessen, der Herr ist in dem jetzigen und zukünftigen Leben.«

Bald nach diesem denkwürdigen Gespräch fuhr der Kaiser, von wiederholten Unfällen und bösen Träumen geschreckt, heimlich zu Schiff nach Konstantinopel. Antiochien aber huldigte den Moslemin (638), die aus Furcht vor den Gefahren der Wollust und Schwelgerei nur etliche Tage in den Mauern der reichen, üppigen Stadt verweilten und nicht eher rasteten, als bis durch die Einnahme Cäsareas, Askalons, Akkarons, Ramlas, Joppes, Baruths, Sidons, Gazas, Sichems, Jabalahs und Laodiceas die Eroberung Syriens vollendet war (639). Mehr denn Feindes Schwert schadete eine pestartige

Krankheit, eine Folge des ungewohnten Himmels und der beständigen Drangsale. Mit 25 000 Waffengefährten starben der milde Abu-Obeidah, der furchtbare Kaled und andere Helden des ersten morgenländischen Heerzuges.

Jedoch hielt dieses Mißgeschick keineswegs den Siegeslauf der Araber auf. Sie richteten sich vielmehr gleichzeitig von Syrien mit dem rechten Flügel gegen das neupersische Reich im Osten, mit dem linken gegen das griechische Bollwerk Afrikas, Ägypten. Also brach Saad Ben-Wakaß, den der Kalif Omar zum Oberfeldherrn ernannt hatte, mit dem Gewalthaufen gegen den letzten Sassaniden, Yezdidschird, auf. Dieser, erschreckt durch die Fortschritte der »nackten Eidechsenfresser«, wie man spöttisch die Araber nannte, begehrte einen Friedensschluß. Sofort sandte Saad drei alte Emirs gen Medain, um die Bedingungen zu vernehmen.

»Wir haben«, sprach stolz der persische König, »euch Araber bisher in unseren Landen nur als Kaufleute und Bettler gesehen. Ihr speist grüne Eidechsen, trinkt Salzwasser, kleidet euch in grobes Tuch. Unlängst aber seid ihr in Menge nach Persien gekommen, habt gute Speisen, süßes Wasser, weiche Gewänder gefunden und solche Freuden euren Brüdern gemeldet. Die kommen jetzt scharenweise und wollen teilnehmen an den Lebensgenüssen. Dennoch unzufrieden, wollt ihr uns eine verhaßte Religion aufzwängen. Darum vergleiche ich euch mit den Füchsen, die der großmütige Gärtner anfangs in etlichen Paaren die Trauben seines vollen Weinbergs verzehren ließ, aber darauf, als sie schamlos in ganzen Rotten erschienen, sämtlich tötete. Weil euch jedoch Armut zu uns trieb, so verzeihe ich nicht nur, sondern belade auch eure Kamele mit Weizen und Datteln, auf daß ihr heimgekehrt festlich schmausen könnt. Wird aber meine Großmut verschmäht, so muß die Strafe in Persien euch treffen.«

In unbeweglicher Stellung hörten die Gesandten, ohne ein Zeichen der Mißbilligung zu geben, diese übermütige Drohrede an. »Was du«, entgegnete endlich der greise Scheikh Maghurah, »von dem früheren Leben der Araber gesagt hast, ist wahr. Sie speisten grüne Eidechsen, begruben aus Not und roher Eifersucht bisweilen ihre jungen Töchter, ja etliche verzehrten Aas und tranken Blut, während andere ihre Verwandten ermordeten aus Rache und Habgier. Sie trugen grobe Gewänder, unterschieden nicht Gutes vom Bösen, kümmerten sich nicht um Recht und Unrecht. Da erbarmte sich Gott unseres elenden Zustandes und sandte uns durch seinen heiligen Propheten das Buch des wahren Glaubens. Solches gebietet, Krieg gegen die Heiden zu führen und unsere Armut, unser

Elend gegen Reichtum und Macht zu vertauschen. Also nehmt, das fordern wir feierlich, unsere Religion an, zu keinen Steuern verpflichtet als denen, die alle Gläubigen zahlen. Wenn nicht, so gebt den Zins der Heiden! Wollt ihr aber keines von beiden, so rüstet für den Krieg!«*

Diesen letzteren wählte der König – aus Ehrgefühl und in der Hoffnung, die einem alten und früher mächtigen Volk drohende Gefahr werde die tief verwurzelte Sittenverderbnis aufhalten, die Zwiste der Großen schlichten und den Geist der Tapferkeit wecken. So stellte sich der heldenmütige Rustum an die Spitze eines Heeres von 100 000 Mann, mußte aber 15 Meilen von Bagdad entfernt, bei Kadesia, nach fruchtloser Gegenwehr vor dem Ungestüm und der besseren Zucht des Feindes fliehen (637) und dem Sieger eine unermeßliche Beute mit allen Ländern zwischen dem Euphrat und dem Tigris überlassen. Da fiel die Stadt Medain, deren Silber, Gold und Kleinodien Saad verteilte, während auf Omars Gebot die im Lauf der Jahrhunderte gesammelten Bücher in den Fluß geworfen wurden. Kufa und Bassora, befestigt und bald von kriegerischen Stämmen Arabiens besetzt, dienten als Bollwerke für die gegenwärtigen und künftigen Eroberungen. Noch einmal versammelte der Perserkönig, ermutigt durch die Abberufung Saads, aus den inneren Gauen des Reiches 150 000 Reiter, die unter der Führung Firuzans bei Nehawend, 50 Meilen südlich von Hamadan, die Entscheidungsschlacht wagten (641). Was nicht fiel unter den Schwertern und Lanzen der Moslemin oder in den tiefen Lagergräben ertrank, wurde zersprengt. Yezdidschird aber floh nach mannigfachen Drangsalen zu einem Müller, der aus Gewinnsucht den letzten Sassaniden im Schlaf ermordete und den Leichnam in das Wasser warf, das die Mühle trieb.

Dergestalt kam Persien vom Euphrat bis an den Oxus unter die Botmäßigkeit der Araber, die bald zahlreich angesiedelt waren und ihre Sprache, Religion und Sitte ausbreiteten, ohne jedoch das altertümliche Wesen ganz zerstören zu können. Dasselbe Schicksal hatte beinahe gleichzeitig Ägypten. Denn begünstigt durch den Zwiespalt der rechtgläubigen Griechen und der ketzerischen Kopten (Jakobiten), nahm Amru, nicht minder klug als tapfer, nach siebenmonatiger Gegenwehr Misra, das alte Memphis, am westlichen Nilufer (638), legte den christlichen Kopten, die dafür vollkommene Glau-

* Malcolms Geschichte Persiens, I, 145 der deutschen Übersetzung.

bensfreiheit behielten, einen Jahreszins von zwölf Millionen Goldgulden auf und vollendete, dergestalt reich an äußeren Hilfsmitteln, durch den Fall Alexandriens die Eroberung des Landes (640). Gewalttätigkeit traf nur die von den griechischen Fürsten teils aus Eitelkeit, teils aus Wißbegierde angehäuften Bücherschätze. Der Kalif Omar nämlich urteilte, wie überliefert wird, so: »Entweder sind diese Schriften, wenn sie mit dem Alkoran übereinstimmen, unnütz oder im Fall des Widerspruchs schädlich.« Demgemäß verzehrte angeblich das Feuer der 4000 Bäder Alexandriens monatelang die edlen und unedlen Früchte des menschlichen Geistes, obschon es wahrscheinlicher bleibt, daß nicht sowohl roher Mutwille als auch gleichgültige Unwissenheit die Denkmäler der Vorwelt durch Vernachlässigung einem allmählichen Untergang entgegenführte.

Inzwischen verhinderten steigende Zerwürfnisse, denen bald verheerende Bürgerkriege folgten, die den Osten und Westen umspannende Waffenstärke des Islams. Kaum hatte nämlich der Perser Firuz, um sein Vaterland zu rächen, den Kaiser der Gläubigen, Omar, öffentlich niedergestoßen (644), als der von sechs Wahlherren erkorene Nachfolger, Osman, durch Prunkliebe, launenhafte Willkür und hoffärtiges Wesen den Bruch zwischen Alis und des Korans Anhang (Schiiten, Absonderer) auf der einen, den Freunden der mündlichen Überlieferung (Sunna, Sunniten) und des freien, von Mohammeds Geschlecht unabhängigen Nachfolgerechts auf der anderen Seite beschleunigte. Unfähig, kräftig einzuschreiten, fiel er als Opfer der entfesselten Volksleidenschaften in Medina (Juli 655).

Da übernahm Ali, der milde, gerecht, bis zur Verwegenheit tapfer, aber auch spröde und ehrgeizig war, dem Wunsch aller Moslemin, selbst der Feinde, gemäß das Kalifat und änderte sogleich, um den Parteigeist zu bändigen, die meisten Statthalterschaften. Denn er vertraute teils auf die eigene Geisteskraft, teils auf das Ansehen, das ihm einst die Vermählung mit Fatima, der Tochter des Propheten, gebracht hatte. Dagegen mahnte dessen unversöhnliche, herrschsüchtige Witwe, Ajesha, die Gläubigen zum Abfall. Denn Mohammeds Eidam sei der Mörder Osmans gewesen und habe Haus und Religion geschändet. Sofort erhoben sich in den Euphratländern (Irak) die Häuptlinge Telha und Zobeir zum offenen Aufruhr, wurden aber bei Bassora nach heftigem Widerstand geschlagen und getötet. Ajesha mußte gen Medina wandern, um am Grab des Propheten ihre Sünden zu bereuen (656).

Doch die angefachte Flamme des Bürgerkrieges konnte dadurch nicht gelöscht werden. Bald traten Moavijah, Ältester des reichen und mächtigen Geschlechts der Omaijaden, der seit Jahren fast unbeschränkter Verweser Syriens war, und Amru, der Eroberer Ägyptens, an die Spitze des zweiten, auf den Untergang der Aliden gerichteten Bündnisses. So wurde Osmans blutiges Hemd in der Hauptmoschee von Damaskus ausgestellt und die herbeiströmende Menge eidlich zur Rache an Ali als dem angeblichen Mörder verpflichtet. Darauf wurde ein Heer von 80 000 Streitern in die Ebene Siffin, am westlichen Euphratufer, geführt. Hier kämpften beide Parteien 110 Tage lang mit außerordentlichem Grimm und ohne Entscheidung, so daß sie erschöpft einen kurzen Waffenstillstand schließen mußten.

Inzwischen gelobten einander in der Moschee von Mekka drei Männer, die Urheber des traurigen Bürgerkrieges aufzusuchen und zu töten, in dem Glauben, daß dadurch allein Frieden und Eintracht wiederhergestellt werden könnte. Dem Schwur folgte die Tat. Am selben Tag wurden Moavijah in Damaskus, Amru in Misr (später Kairo), Ali in Kufa von Barak, Amru, Sohn Bekers, und Abderrahman mit vergifteten Dolchen angegriffen. Nur der schuldreinste Kalif sank, die Nebenbuhler rettete ein glücklicher Zufall (660).

Ali aber starb groß, wie er gelebt hatte, noch in seinen letzten Augenblicken besonnen und milde gegen den Mörder, über den man, lautete die Bitte des Sterbenden, keine qualvolle Hinrichtung verhängen möge. So endete Abu-Talebs Sohn, der sieghafte Löwe und Liebling Gottes, von vielen Gläubigen nicht nur wegen seiner großmütigen Tapferkeit, sondern auch seiner auf Menschenkenntnis gegründeten Weisheit hochgeehrt. Für diese zeugen die noch vorhandenen, sinnreichen Denksprüche, die schlagende Kürze mit tiefem Gehalt verbinden. »Ein kluger Feind«, lauten sie unter anderem, »ist besser als ein törichter Freund. Widerwart ist die Vorläuferin der Glückseligkeit. Wer keinen Mut hat, der hat auch keine Religion. Das Herz eines Narren liegt hinter seiner Zunge. Eine lehrreiche Unterhaltung ist der Garten des Paradieses. Die Freiheit eines Menschen besteht darin, daß er die Wahrheit redet. Verzweiflung ist ein Freigelassener, Hoffnung ein Knecht. Die Welt ist der Schatten einer Wolke und ein Traum des Schlafenden.«

Der Omaijade Moavijah, fortan ohne Nebenbuhler und von Amru, Statthalter Ägyptens, tätig unterstützt, bändigte ebenso klug wie kräftig durch Milde, Freigebigkeit und Gewalt die Parteien. Er ließ, unbekümmert um die bisherigen Wahlrechte des Volkes, die meisten Landschaften seinem Sohn Jezid huldigen und verlegte, um dadurch das ungesetzliche Erbreich zu befestigen, den Sitz des Kalifats von Medina nach Damaskus. Fortan verschwand die einfache und männliche Lebensart der ersten Fürsten. Denn schon Jezid

(680–683), der üppig erzogen und von einem Troß höfischer Schmeichler umgeben war, frönte tierischer Sinnenlust und gesetzloser Willkür. Plackereien der Gläubigen und schlechte Reimkunst bildeten sein Tagewerk, Frauen, Wein, Hunde und Geldkisten seine Erholung.

Daher richteten bald die Stämme der Euphratländer (Irak), besonders in Kufa, wo von jeher ungestüme Neuerungslust wohnte, ihre Augen auf den jüngsten, tugendreichsten Sohn Alis, Hosein. Für ihn, meldeten Boten und Briefe, wollten 140 000 Gläubige, die über die schmähliche Knechtschaft ungeduldig waren, freudig Hab und Gut, Leib und Leben aufopfern. Man sehne sich danach, das rechtmäßige Oberhaupt, den gleichgearteten Enkel des göttlichen Propheten, zu schauen. Jener, dem das abgeschiedene Leben in Mekka mißfiel, gehorchte nach kurzer Unschlüssigkeit. Er verließ, entgegen den Warnungen der Freunde, mit geringem Gefolge und einem ansehnlichen Haufen von Frauen und Kindern die heilige Stadt, durchzog langsam die Steppen Nordostarabiens und betrat ahnungsvoll die stillen, unheimlichen Ebenen Iraks. Umsonst mahnten etliche Getreue aus dem Stamme Tai an schnelle Flucht in die Wüste, wo ihn 10 000 Schwerter schützen würden, jeder Schritt abwärts aber führe dem Tod näher. Denn die ganze Umgegend Kufas sei bedeckt von feindlichen Scharen. Hosein, dadurch nicht gebeugt, dankte für den freundlichen Rat und ritt, als die Sonne unterging, mit den Seinen weiter.

Da geschah es, daß er voll Müdigkeit auf dem Roß einschlummerte, jedoch plötzlich wegen eines wunderbaren Traumes erwachte und zu seinen Begleitern sprach: »Wir gehören Gott an, und zu ihm kehren wir wieder. Ich sah einen Reiter, der sprach: Die Menschen ziehen bei Nacht einher, und die Verhängnisse ziehen ihnen bei Nacht entgegen. Dies ist ein Vorbote unseres Todes, ich weiß es gar wohl.« Das unheilverkündende Wort ging bald in Erfüllung. Denn auf die erste Kunde von den Plänen der Aliden hatte der gehorsame Diener des Kalifen Jezid, Obeidollah, der Statthalter in Bosra und Kufa, das aufrührerische Volk durch Waffengewalt gedämpft und 5000 erlesene berittene Streiter entsandt, die am 8. Oktober des Jahres 680 in der Ebene Kerbela von allen Seiten hervorbrachen und Hoseins sorgloses Gefolge umringten. Darauf begehrte jener in einem Gespräch mit dem feindlichen Heerführer Amer, ihm entweder Rückkehr nach Arabien oder sichere Fahrt nach Damaskus zu gönnen. Gefalle ihm aber keines von beiden, so möge wenigstens die Wahl einer Grenzfeste frei stehen, damit er bis an das Ende seiner Tage den ungläubigen Türken befehdete.

Alle Bedingungen wurden verworfen. Man forderte rücksichtslose Unterwerfung oder das Gottesurteil der Schlacht. Dafür rüstete Hosein sofort in dem kurzen Zwischenraum der Nacht mit ruhiger Besonnenheit und tröstete seine Schwester Zeinab, die das Mißgeschick ihres Hauses bejammerte: »Setzt euer Vertrauen auf Gott und den Trost, der von ihm kommt! Alle Dinge im Himmel und auf Erden müssen vergehen und zu ihrem Schöpfer zurückkehren. Mein Vater war besser als ich, und meine Mutter war besser als ich, und mein Bruder war besser als ich, und ich, sie und jeder Muselman haben ein Beispiel an dem Apostel Gottes.« Darauf wurden die Freunde ermahnt, sich durch zeitige Flucht zu retten. »Nimmer«, antwortete im Namen aller Alabbas, »wollen wir euch einen Augenblick überleben«, und betete so inbrünstig, daß Furcht und Kümmernis von dannen wichen. Am folgenden Morgen stieg Hosein, vor sich den Alkoran und den ältesten Knaben, zu Pferd und stellte sein kleines Heer, 32 Reiter und 40 Lanzknechte, in gute Ordnung – Seiten und Rücken schützten Zeltstricke und ein Graben, der mit brennendem Holz und Rohr gefüllt war –, tröstete seine weinenden Schwestern und Töchter und erwartete gefaßten Mutes den Angriff.

Da sprengte, bestürzt ob der nahenden Entscheidung, Harro mit 30 Waffengefährten heran, um Gefahren und Tod zu teilen. »Ihr Treulosen«, sprach er an die Feinde gewandt, »habt durch die trügerischen Verheißungen der Kufianer den Großsohn des Propheten betrogen und ihn nebst seinen Frauen von dem Wasser des Euphrat abgehalten, aus dem doch Juden und Christen trinken, Hunde und Schweine sich erfrischen dürfen. Er ist in euren Händen wie ein Gefangener, der nicht vor- und rückwärts schreiten kann.« Statt zu antworten, schoß Shamer, Obrist der feindlichen Vorhut, den ersten Pfeil ab. Sofort begann der ungleiche Feldstreit, in dem die Aliden Mann gegen Mann meistens siegten, aber bald von den Bogenschützen erreicht wurden. Der Rosse beraubt, stürzten sie oft ungerächt tot oder verwundet nieder.

Die Mittagsstunde des Gebets brachte eine kurze Waffenruhe, nach deren Ablauf die Schlacht mit wachsender Heftigkeit entbrannte und bis an den Abend dauerte. Da verließ Hosein das von den Gefährten bedeckte Schlachtfeld und stieg vom Streitroß. Er ging blutend und einer Ohnmacht nahe in das Zelt seiner Schwester, nahm den jüngsten Sohn Abdallah und einen Enkel von überaus großer Schönheit auf den Schoß und forderte Wasser, um den brennenden Durst zu stillen. In diesem Augenblick erneuerte der Feind den Angriff. Beide Kinder, von Pfeilen getroffen, starben in den Armen ihres Beschützers. Der blickte, mehr wehmütig denn erschrocken, aufwärts, rief die Rache des Himmels über die Häupter der Gottlosen und stürmte, während seine Schwester um Gnade flehte, mit erhobenem Schwert gegen den dichtesten Haufen der unmenschlichen Reiter. Alle wichen bestürzt zurück. Lange wollte niemand die Hand an den Großsohn des Propheten legen. Selbst Amer, der Oberfeldherr, vergoß Tränen. Endlich trieb Shamer mit Fluchen und Schelten die Zaudernden vorwärts. Von 33 Stichen und Hieben durchbohrt sank Hosein. Den Kopf des schmählich verstümmelten Körpers überbrachte ein Eilbote dem Landvogt Obeidollah, der ihn höhnend mit Ruten strich. Da weinte Zeid, ein alter Moslemin, und sprach: »An den Lippen dieses Hauptes hing einst der Mund des Propheten.«

So zerging mit Ausnahme eines unmündigen Knaben das edle und tugendreiche Geschlecht der Aliden, die fortan allen Schiiten (Absonderern), namentlich den Persern, als die einzig rechtmäßigen Nachfolger am Kalifat erschienen. Die Omaijaden aber behaupteten die Gewaltherrschaft durch Waffen und gegen das Ausland gerichtete Eroberungszüge. Während nämlich unter Moavijah und Jezid im Nordwesten Kleinasien, Zypern und alle Inseln des Archipels erobert und die vom griechischen Feuer* verteidigten Mauern Konstantinopels zu Wasser und zu Lande sieben Sommer lang erfolglos bedrängt wurden (669–676), sicherte sich im Südwesten der kühne Akbah durch die Gründung Kairos (d. h. der siegreichen Stadt, 675) den Besitz Ägyptens. Er nahm Tripolis und Barka, durchbrach unter beständigen Gefechten mit den Berbern, Söhnen der Wüste, die Pässe des Atlas und demütigte am Westrand Afrikas die Feste Tanger. Als er im Hafen Asfi das atlantische Weltmeer erblickte, gedachte er ernsthaft der Überfahrt nach dem westgotischen Spanien. Da verhinderten ein gewalttätiger Tod (683) und innere Wirren die Ausführung des großartigen Plans so lange, bis der Nebenbuhler am Ruhm, Hassau, Statthalter Ägyptens, durch den Fall Karthagos und der fortan zum Islam bekehrten Berber die Eroberung Afrikas vollendete und dessen Landvogt, Muza, Sohn Nosairs (698), die Mittel brachte, die erste christlich-gotische Stadt Ceuta zu bestürmen (708).

---

* Diese unbekannte Mischung von Schwefel und anderen Brennstoffen hatte eine gelbliche Flamme, die kein Wasser löschen, nur Sand ersticken konnte. Der Erfinder, ein syrischer Mönch, soll das Geheimnis der griechischen Regierung verkauft haben. Dennoch vervollkommneten später die Araber das furchtbare, den kongrevischen Raketen ähnliche, aus tönernen Röhren und Kesseln geschleuderte Zerstörungsmittel und wandten es erfolgreich in den Kreuzzügen an.

Der hartnäckige, vom Grafen Julian geleitete Widerstand entmutigte die Moslemin nicht. Sie beschlossen vielmehr, als der damalige Kalif Walid Muzas Ratschläge gebilligt hatte, einen Heerzug nach Europa und hofften bei der damaligen Lage des westgotischen Reiches eher Bundesgenossen als Feinde zu finden. Allerdings war der Augenblick überaus günstig. Denn vielfältige und beinahe unheilbare Gebrechen hatten das streitbare und trotzige Volk Alarichs in ein zwieträchtiges, unmännliches Geschlecht verwandelt. Gestützt nämlich auf Zehnten und weitläufige Kirchengüter, gewann die Priesterschaft seit der allgemeinen Gültigkeit des rechtgläubigen Bekenntnisses nicht nur Befreiung von Steuern und öffentlichen Lasten, sondern auch unermeßliche Macht in weltlichen Angelegenheiten. Denn sie wirkte ein auf die Abfassung der schriftlichen Gesetze, erzog und leitete die Könige und besuchte den Landtag. Sie entschied über die Erscheinung der Lehnsträger oder des Adels, ja benutzte diesen als ein blindes Werkzeug schrankenloser Herrschsucht, während Unwissenheit und gegen Juden und Ketzer gerichtete Glaubensschwärmerei den gesunden Sinn des Volkes verdarben. Aufgelöst war die altgermanische Lagerzucht und Wehrordnung, üppig und steif die Hofhaltung, unkriegerisch und weichlich die Schar der größeren und kleineren Dienstmannen. Selbst Wissenschaften und Künste arbeiteten nur für den Vorteil der geistlichen Körperschaft, so daß für die Wiedergeburt des abgefaulten Gemeinwesens äußere Not beinahe unabweisbar wurde.

Zu diesen, dem Feind günstigen Gebrechen traten noch besondere, für dasselbe Ziel wirksame Verhältnisse. Kaum hatte nämlich Witiza, ein kluger und kräftiger Herr, heilsame Verbesserungen begonnen, als die darüber erbitterte Priesterschaft, vom Adel unterstützt, offenen Aufruhr anstiftete. Sie verjagte den König und übergab dem gehorsamen Schwächling Roderich die Nachfolge (710). Sofort sannen die Söhne des gestürzten Fürsten, Eba und Sisebut, mit ihrem Oheim Oppas, Erzbischof von Sevilla, auf Rache und wandten sich, uneingedenk der Früchte, an die Araber Afrikas, denen, wenn sie eine Schar nach Spanien sendeten, der tätigste Beistand verheißen wurde. Gleichzeitig bot Graf Julian, unlängst persönlich von Roderich beleidigt, Bundesgenossenschaft und übergab die bisher heldenmütig verteidigte Feste Ceuta.

Daher schickte Muza, um die Gegend zu erkunden, unter Tarik, Sohn Zariks, 100 Araber und 400 Afrikaner, die ungehindert landeten, bis zur grünen Insel (Algeciras) vorrückten und nach kurzem, gastfreien Aufenthalt heimkehrten (Juli 710). Darauf versammelte Tarik, Sohn Zeyads, vom Reichsvogt bevollmächtigt, 5000 Moslemin, betrat das Vorgebirge, das noch jetzt seinen Namen trägt (Berg Tariks, Dschebel al Tarik, Gibraltar), und gewann, überall von den Mißvergnügten mit Jubel empfangen, ohne Schwertstreich Algeciras. Bald nach dem ersten siegreichen Gefecht gegen eine westgotische Abteilung wurde er durch freiwillige Scharen bis zu 525 000 Streitern verstärkt, und er war entschlossen, bei Jerez de la Frontera, unweit der Stadt Cadiz, am Guadalete um die Herrschaft über Spanien zu kämpfen.

Dorthin nämlich hatte Roderich ein dreifach überlegenes Heer, in dem auch die scheinbar versöhnten Häupter der Widersacher dienten, geführt. Nach dreitägigem Geplänkel rüsteten beide Parteien am Morgen des 22. Juli 711 für die Schlacht,* der Araberfeldherr zu Roß, der Christenkönig in einem mit Elfenbein, Gold, Silber und Kleinodien geschmückten Wagen sitzend. Alsbald stießen die Völker des Morgen- und Abendlands in gleicher Wut aufeinander. Schon dachte Tarik, von der Überzahl gedrängt, an Rückzug, als der Erzbischof von Sevilla und die Söhne Witizas, auf Betrieb des unter den Arabern kämpfenden Grafen Julian mit ihren Geschwadern das gotische Feldlager verließen und Kräfte zu einem neuen Angriff brachten. Da in demselben Augenblick Roderich am Heil verzweifelte und floh, fiel Bestürzung auf die der Kriegszucht entwöhnten Christen. Sie folgten scharenweise dem Beispiel des Königs, der nie mehr gesehen worden ist, sei es, daß er im Getümmel oder im Fluß das Leben verlor. »Dieses Los«, lautete die über dem angeblichen Haupt Roderichs in Damaskus ausgestellte Inschrift, »haben Fürsten, die aus der Schlacht entfliehen.«

Lange rasteten die Sieger auf dem Schlachtfeld nicht. Nach einem zweiten Sieg bei Ecija, wo die Christen mit außerordentlicher Tapferkeit kämpften, drangen sie in drei täglich anwachsenden Gewalthaufen über Andalusien und das Mohrengebirge (Sierra Morena) nordwärts gegen Kastilien, östlich gegen Murcia und Granada vor. Die festesten Plätze, unter ihnen der gotische Königssitz Toledo und das Bollwerk Lusitaniens, Merida, huldigten. Wer nicht auswanderte, durfte ungekränkt an persönlicher und religiöser Freiheit bleiben. Er durfte in bürgerlichen und peinlichen Sachen heimischen Ordnungen und Richtern folgen, während sich der neue Oberherr neben einem Teil der Gebäude und Ländereien den üblichen Zins

* Andere, z. B. Aschbach, Geschichte der Westgoten, S. 321, glauben an eine achttägige Feldschlacht.

vorbehielt, der je nach der Stärke des Widerstands zwischen dem Fünftel und Zehnten des Einkommens schwankte.

Muzas Ankunft mit 30 000 erlesenen Kriegern beschleunigte den Gang der Eroberung (712). Bald gehorchten Lusitanien (Portugal), die Seeküsten Murcias, Karthagenas, Kataloniens und die meisten Binnenländer vom Atlantischen Meer bis zu den Pyrenäen. Nur in den Gebirgstälern Galiciens, Biskayas und Asturiens bewahrten die Christen unter der Feldhauptmannschaft Pelayos (gest. 751) die sonst überall mit Schmach verwirkte Ehre und Freiheit. In der Grotte unserer lieben Frauen zu Kabadonga auf dem Berg Ausena in Asturien belagert, trotzte die kühne Schar tagelang allen Anstürmen. Dann brach sie hervor, siegte am Ufer der Deva und eroberte Leon (722). Fortan war ein fester Grund gewonnen, aus dem sich unter siebenhundertjährigen Kämpfen das wiedergeborene Reich der christlichen Spanier mühsam erheben konnte.

Inzwischen hemmte der argwöhnische Neid des Kalifen Walid, der die glücklichen Feldherren Muza und Tarik abrufen (714) und im Elend sterben ließ, für kurze Zeit den Siegeslauf der europäischen Araber. Aber schon fünf Jahre später überstiegen sie unter dem Statthalter Alohor das Pyrenäengebirge, nahmen Narbonne und zwangen den Herzog Eudo von Aquitanien, einen Merowinger, seine Tochter als Geisel der Treue dem achtbaren Hauptmann Munuz zu vermählen. Sie plünderten, die Rhône hinaufschiffend, Autun in Burgund (725) und zogen an Sens vorbei mit Beute beladen nach Spanien zurück.

Die Kunde des erfolgreichen Abenteuers, der Schätze und Zerwürfnisse im Frankenland, wo der Hausmeier und Herzog Karl mit dem aquitanischen Nebenbuhler kämpfte, reizte zu größeren Unternehmungen. Daher beschloß der kühne und kluge Oberstatthalter Afrikas und Spaniens, Abderrahman, Sohn Abdallahs, um den Ruhm zu mehren und die Geldkisten des habgierigen Kalifen Hescham zu füllen, eine allgemeine Heerfahrt gegen die Christen in Gallien und brach, von 400 000 Männern, Frauen und Kindern begleitet, über Pamplona und die Gebirge der Basken in Aquitanien ein (732). Nichts widerstand dem furchtbaren Anprall. Die feindlichen Haufen wurden an der Dordogne geschlagen. Bordeaux und andere Städte wurden gestürmt, weltliche und heilige Gebäude vernichtet, Frauen und Kinder in die Knechtschaft geführt, Männer und Greise niedergehauen.

Da flehten der Herzog Endo und wer sonst entrann bei Karl, dem Reichsverweser der Franken, um Hilfe. Jener, längst des entscheidenden Augenblicks gewärtig, versammelte rasch die Aufgebote und Gefolge der Neustrier, Austrasier, Alemannen, Bayern und anderer Völker Binnen-Germaniens und zog, mit den Resten des albanischen Heeres vereinigt, in fester Ordnung den Sarazenen (Morgenländern) entgegen.

Schon hatten diese über Périgueux und Saintes Poitiers erreicht, die Kirche des heiligen Hilarius gebrochen und Martins Wundergrab zu Tours bedroht, als südlich der letzten Stadt die Franken erschienen und in der Ebene lagerten. Sieben Tage lang erprobten einander beide Völkerheere in leichten Vorgefechten, die meistens zugunsten der morgenländischen Bogenschützen und Reiter endeten. Als aber Mangel und Erbitterung wuchsen, rüsteten an einem Samstag im Oktober Abderrahman und Karl zur Schlacht. Voll trotzigen Selbstgefühls, das ununterbrochene Siege zu verleihen pflegen, und begierig nach den Freuden des Paradieses, stürmten in auf- und abwallenden Geschwadern die Araber vorwärts. Fest wie die Felsen des Nordens standen die geschlossenen Reihen der Germanen. Tausende sanken auf beiden Seiten, ohne daß mit dem Abend die Entscheidung nahte.

Da rafften kurz vor dem Untergang der Sonne Austrasier, Bayern und Alemannen ihre letzten Kräfte zusammen und durchbrachen mit eiserner Faust den Gewalthaufen der erschöpften Moslemin, die nach dem Fall Abderrahmans bei einbrechender Nacht ins Lager flohen. Vorsichtig, eines zweiten Kampfes gewärtig, biwakte Karl auf dem Schlachtfeld und ordnete beim Morgengrauen die Seinen zum neuen Feldstreit. Denn unübersehbar dehnten sich noch die Zelte der Feinde aus. Aber bald meldeten Kundschafter den heimlichen Abzug, den ruhig zu dulden teils Furcht vor Hinterhalt, teils Größe der Einbuße geboten. Also vergab Karl, fortan ob seines zerschmetternden Ungestüms in der Sarazenenschlacht »der Hammer« (Martell) geheißen, nach alter Sitte Beute und Waffen an Wehrmänner und Dienstleute und führte darauf die Völker sieggekrönt ins gerettete Vaterland zurück.

Vierter Abschnitt

Die unmittelbaren Folgen des ersten großen Feldstreits zwischen Germanen und Arabern, dem Christentum und dem Islam; im Morgen- und im Abendland Untergang der Omaijaden, Aufgang der Karolinger

Die Niederlage bei Poitiers hatte den kühnen Unternehmungsgeist der spanischen Moslemin nicht gebrochen, nur gebeugt. Kaum forderten daher anderweitige Fehden die Abwesenheit des fränkischen Reichsverwesers, als sie, gestützt auf den ungestörten Besitz der Feste Narbonne und geheime Einverständnisse mit mißgestimmten Großen Burgunds, ganz Languedoc (Septimanien) überschwemmten. Sie eroberten Arles und Avignon und wüteten ringsum mit Feuer und Schwert. Da eilte Karl der Hammer das zweitemal an der Spitze des austrasischen Heerbannes herbei. Er stürmte Avignon, das den Flammen übergeben wurde, folgte dem flüchtigen Feind über die Rhône nach Narbonne und vernichtete sieben Meilen von der Stadt entfernt, an der Berre, nahe dem altgotischen Königspalast, in furchtbarer Feldschlacht den Gewalthaufen. Er schleifte die Mauern von Nîmes, Agde, Béziers und Maguelone und erreichte, daß den Feinden nichts übrig blieb als ein schmaler Küstenstrich zwischen der Aude und dem Pyrenäengebirge (737). Aber auch dieser mußte, losgerissen vom Mittelpunkt, bald eine Beute der Christen werden.

Während dergestalt im Westen Europas Spanien, im Osten nach erfolgloser, zwölfmonatiger Einschließung Konstantinopels (716) der Sund des Schwarzen Meeres (Bosporus) die Grenzen der arabischen Herrschaft bildeten, reiften die Innenverhältnisse allmählicher Umgestaltung entgegen. Je mehr nämlich das erbliche Kalifat als Ausdruck der priesterlichen und weltlichen Oberhoheit in unumschränkte Willkür entartete, desto träger und zügelloser wurde die Lebensweise der mit unbedingter Macht ausgestatteten Omaijaden. Von Jugend auf den üppigen Freuden des Serail (Hofes) hingegeben, überließen sie seit Moavijah die Reichswaltung den Stellvertretern (Wesiren) und Statthaltern, die, ausgerüstet mit bürgerlicher und kriegerischer Macht und umringt von dienstbaren Beamten und zahlreichen Leibwächtern, in den weitläufigen Landschaften der Ferne schon nach Unabhängigkeit strebten. Sie verschwendeten entweder wie der zweite Jezid (gest. 724) ungeheure Summen an Bauten, Kleider und Frauenprunk oder legten wie Hescham (gest. 743), der Geizige, die maßlosen Steuern Afrikas und Spaniens als tote Schätze in den Geldkisten nieder. Sie folgten mit einem Worte nicht besonnenen Grundsätzen und edleren Leidenschaften, sondern launenhaften Einfällen und gemeiner Sinnlichkeit.

Bei diesen persönlichen Gebrechen der geborenen Alleinherrscher geschah nichts für den Fortschritt der gesellschaftlichen Ordnung, die trotz des lebendigen, tatkräftigen Wesens der für Glauben und Waffenruhm begeisterten Araber starr und seelenlos blieb. Denn seitdem die freien Söhne der Wüste und die gewerblichen Bewohner der Städte Eroberer geworden waren, gingen allmählich gesellschaftliche Rechte und Ansprüche auf in dem glänzenden Ehrgeiz des Feldlagers und in der schrankenlosen Machtfülle des Erbpriesterkönigtums. Jenes erzeugte einen Verdienstadel, der bald, geknüpft an die Nachkommen der Vertrauten Mohammeds (Moajerin, Ansarin), Erblichkeit gewann. Dieses (das Kalifat) hinderte besonders dadurch die Bildung eines freien Bürger- und Bauernstandes, daß der Grund und Boden, nach morgenländischen Begriffen Eigentum der Krone, bald den Gläubigen für den Zehnten, bald den Ungläubigen für ein Fünftel oder Drittel des Ertrages verpachtet wurde. Da überdies die letzteren Vermögenssteuer und Kopfgeld zahlten, so mußten Ackerbau und Gewerbefleiß erlahmen, zumal meistens Juden und Christen als Schreiber, Rentmeister, Zoll- und Münzaufseher den Haushalt durch Unterschleife, willkürliche Härte oder Nachsicht in endlose Verwirrung stürzten. Künste und Wissenschaften konnten bei dem Mangel an volkstümlicher Freiheit und der Vorherrschaft des kriegerischen Lebens nur langsam und dürftig gedeihen. Jedoch fanden Erd- und Naturkunde, Gesang und Baukunst bei einzelnen Kalifen günstige Aufnahme, während die Auslegung des Korans, der als weltliches und heiliges Gesetz eine zweifache Tätigkeit erforderte, in dem Rechts- und Gottesgelehrten das Bedürfnis gründlicher und vielseitiger Kenntnisse wecken mußte.

Dies war die schwankende Gestalt der Innenverhältnisse des arabischen Weltreichs, als um die Mitte des 8. Jahrhunderts bei wachsender Entartung des Omaijadengeschlechts die Abbassiden, gestützt auf die Abstammung von Abbas, einem Oheim des Propheten, und das Bündnis mit der in Chorasan (Persien) starken Alidenpartei, zu den Waffen griffen. Sie entrollten ihr schwarzes Banner und besiegten und töteten in einer großen Schlacht den damaligen Kaiser der Gläubigen, Mervan II. Sie eroberten und plünderten die Hofstatt Damaskus und erhoben anschließend den überall glücklichen Führer Abul Abbas, mit dem Beinamen der Blutvergießer (el Saffeh), als rechtmäßigen Erben der Macht in das Kalifat. Jener, um den Besitz durch schonungslose Grausamkeit zu befestigen, bot mit so gleisnerischer Demut den Nebenbuhlern aufrichtige Versöhnung an, daß 90 Omaijaden arglos in Damaskus erschienen, um nach heimischer Sitte an einem großen Gelage allem Groll abzuschwören. Aber während die Gäste unter freundlichen Gesprächen bei Tisch saßen, ließ Abul Abbas bestellte Mörder einbrechen, die mit Knüppeln und Zeltstangen die Wehrlosen niederschlugen, darauf über Tote und Verwundete Teppiche warfen und das Mahl unter dem Gewimmer der Sterbenden fortsetzten. Gleichzeitig wurden an anderen Orten die Mitglieder und Verwandten des unglücklichen Fürstenhauses überfallen und ohne Unterschied des Alters und Geschlechts vernichtet, Greise wie Säuglinge. Nur Abderrahman, Sohn Moavijahs, entkam durch Flucht zu den Berbern nach Spanien, wo ihn bald Adel und Volk, entrüstet über der Abbassiden Greueltat, als letzten Omaijaden an die Spitze eines unabhängigen Reiches stellten (756), dessen schnell aufblühende Hofstatt Cordoba an den Ufern des Guadalquivir wurde. Einzelne afrikanische Stämme, wie die Fatimiden in Fez (789) und die Aglabiden in Tunis (805), folgten dem gegebenen Beispiel der Trennung, so daß mehr und mehr die Einheit der moslemitischen Weltherrschaft entwich und kleineren, nur durch den Glauben lose verbundenen Gemeinwesen Platz machte.

Während dergestalt im Morgenland mit dem neuen, gewalttätig eingesetzten Fürstenhaus die fortan wachsende Zersplitterung begann, bahnten sich gleichzeitig bei den abendländischen Franken die pippinisch-karolingischen Reichsverweser durch Einigung der bisher getrennten Völker den Weg zu dem morschen Thron der stark gealterten Merowinger, die im entscheidenden Augenblick geräuschlos und ohne blutige Erschütterung abtreten mußten. Folgendes bezeichnet den Gang dieses für die gesamte Christen- und Heidenwelt Europas wichtigen Ereignisses.

Als Glaubensheld und Friedensstifter zwischen Ost- und Westländern (Austrasiern, Neustriern) gefeiert und mit allen Kräften des öffentlichen Vertrauens ausgestattet, brach Karl der Hammer den widerstrebenden Trotz Burgunds und Aquitaniens, dessen Herzog Hunold, Sohn Eudos, nach kurzem Streit Treue gelobte. Er gab den Friesen mit der fränkischen Oberlehnsherrlichkeit die noch unsicheren Anfänge des Christentums, zwang etliche Gaue der Sachsen zur Zinspflicht und unterstützte durch Schutz, Empfehlung und Geschenke die angelsächsischen Sendboten Willibrod und Winfried bei den Friesen, Sachsen, Hessen und Thüringern. Unempfänglich für die Ehre des freien Heerbanns hielt er, um den beständigen Fehden zu genügen, Rotten besoldeter Lanzknechte *(soldarii).* Mehr durchgreifender Krieger denn umsichtiger Staatsmann, herrschte er willkürlich über Ämter und Güter der Kirche, strafte mißliebige Bischöfe und Äbte durch Absetzung oder Bann und ernannte aus seinen zuchtlosen Waffengefährten Nachfolger, welche die rohe Lebensart des Feldlagers in die früher schon üppigen Klöster und Pfründen trugen, über Jagd und Krieg jede Pflicht der Seelsorge verabsäumten und dadurch die fast notwendige Hemmung des fränkischen Priestertums ihrer wohltätigen Folgen beraubten. Er richtete endlich mit Luitprand, dem weisen König der Langobarden und Erbfeind des Papstes, ungeheuchelte Freundschaft auf und sandte, um davon ein Zeichen zu geben, seinen liebsten Sohn, Pippin, nach Pavia, damit ihm der Langobarde gemäß heimischer Sitte die erste Jünglingslocke abschneiden und sein zweiter Vater werden möchte.

Nach dieser inhaltsreichen, kräftigen Haltung, die vier Jahre lang selbst den Namen eines merowingischen Schattenkönigs verschmäht hatte, übergab der Hausmeier Karl nicht vor dem Volk, sondern vor den Dienstleuten seinem ältesten Sohn, Karlmann, Austrasien und die Gaue des späteren Deutschland, dem jüngeren, Pippin, Neustrien und Burgund. Danach erkrankte er und starb zu Chiersy, einem Krongut an der Oise (15. Oktober 741).

Kriegerisch und kräftig wie der Vater, bei manchen widerstrebenden Eigenschaften des Gemüts dennoch in brüderlicher Eintracht verbunden, erhoben die Söhne, um den Schein der Gesetzlichkeit zu retten, einen blödsinnigen, im Kloster aufgewachsenen Merowinger, Childerich, in das Königtum der Franken und schützten danach mit den Waffen die vielfach erschütterte Ruhe des Reiches. Daher wurde Hunold, der Aquitanier-Herzog, genötigt, die Nachfolge seinem Sohn Waifar zu übergeben, selber aber im Eiland Rhe als Mönch zu leben (745). Der Alemannen ungefüger Herzog Theobald wurde vor dem in Cannstadt versammelten Volk als schuldig der Empörung abgesetzt und statt seiner Landfried erwählt (746). Odilo, der Bayern trotziger Herzog, wurde nach blutigen Fehden zum Gelübde der Treue gezwungen (744). Schließlich wurde die sächsische Grenzmark durch den Fall der Feste Hohensiegburg einstweilen beruhigt.

Müde der weltlichen Stürme und vom angeborenen Trieb zum beschaulichen Leben mit unabweisbarer Macht ergriffen, legte jetzt Karlmann die ihm übertragene Herrschaft in die Hände des kühnen, ehrgeizigen Bruders und zog, von gleichgesinnten Waffengefährten begleitet, nach Italien. Er empfing zu Rom durch den Papst Zacharias die Priesterweihe und wanderte darauf als Benediktiner in die Einsamkeit des Klosters Montecassino (747). Pippin aber, fortan der einzige Reichsverweser, herrschte nach außen und innen mit Umsicht und Kraft. Er durchzog die Gaue Sachsens bis an die Oker und behauptete über Bayern, dem Thassilo, Odilos Sohn, vorstand, die Rechte des Oberlehnsherrn. Als wiederum Landfried zu den Waffen griff, löste er das über zweihundertjährige Herzogtum der Alemannen auf und übertrug die Regierung königlichen Kammerboten, die teils die Krongüter verwalten, teils die Gerichte leiten und den Heerbann befehligen sollten (748). Mit Beihilfe des Erzbischofs Bonifacius (Winfried) von Mainz verbesserte er die verfallene Zucht der fränkischen Geistlichkeit. Er untersagte ihr Jagd, Spiel, Fehde, Völlerei und Unkeuschheit, gebot stellenweise Rückgabe des von dem Vater genommenen Kirchenguts und schützte durch die Strenge des Gesetzes Witwen, Waisen und Arme gegen den habgierigen Trotz der Großen. Er handelte mit einem Wort nicht als Beamter, sondern als unbestrittenes Oberhaupt der dem fränkischen Gemeinwesen angehörigen Völker, während der merowingische Königsname höchstens in den Unterschriften der Urkunden erschien.

Schließlich, als alles für den entscheidenden Schritt vorbereitet war, sandte der Hausmeier, Fürst und Herzog Pippin den Bischof Burkard von Würzburg mit dem Abt Folrad von St. Denis nach Rom und ließ in seinem wie der Franken Namen dem damaligen Papst Zacharias die Frage vorlegen: »Ob der mit Recht König heißen dürfe, der müßig zu Hause sitze, oder derjenige, der die Sorge und Last aller Reichsgeschäfte trage?« Alsbald antwortete der Nachfolger des heiligen Peter mit apostolischem Ansehen: »Wer eines Königs Macht ausübt, muß auch eines Königs Namen führen.« Gestützt auf diesen Ausspruch und eingedenk der uralten Souveränität, versammelte sich das Volk der Franken, Wehrmänner und Dienstleute, zu einem großen Märztag in Soissons. Dieser wies dem letzten Merowinger Childerich, der aus einem schlechten Fürsten ein guter Mönch werden sollte, das Kloster des heiligen Bertin in Sithiu zum Aufenthaltsort an, begrüßte den Hausmeier Pippin als König und trug ihn dreimal auf dem Schild in der bewaffneten Gemeinde umher.* Danach gab Bonifacius im Medarduskloster durch feierliche Salbung den schon bedeutungsvollen Segen der Kirche. Dies geschah im Frühling des Jahres 752.

---

* »Von der antwurt waren dy Franci muetig und verslussen Hildericum mit sambt siner Husfrauen in einem closter und erhueben Pipinum zu einem Kunig.«
Andreas von Regensburg, Chronik von Bayern bei von Freibergs Sammlung historischer Schriften, II. Band, S. 384.

DRITTES BUCH

DER DRITTE ZEITRAUM

Vom Regierungsantritt der Abbassiden im Morgenland, der Karolinger im Abendland bis zur Trennung Deutschlands vom großen Frankenreich

(752–888)

Erster Abschnitt

Die Zeiten König Pippins I. und Kaiser Karls des Großen

Ohne daß es die Völker ahnten, hatten – bei gleich starkem, aber verschiedenartigem Ehrgeiz – Papst und Frankenkönig ein folgenreiches Schutz- und Trutzbündnis aufgerichtet. Jener wollte das weltliche Schwert der Nachbarn, die man als Beschirmer (Patrizier) des Heiligen Stuhls der Apostel Peter und Paul begrüßte, gegen Langobarden und Griechen in Italien kehren. Dieser wollte das Ansehen der Kirche für die Befestigung der jungen, noch schwankenden Herrschaft gebrauchen und etwaige Gegenversuche durch den Schrecken der Religion lösen. Darum gab Zacharias bereitwillig Rat und Segen für die Erhebung des neuen Fürstenhauses, das seinerseits bald den günstigen Augenblick benutzte, um unter dem Schein der Dankbarkeit und des Glaubenseifers jenseits der Alpen einen gefährlichen Nebenbuhler zu demütigen.

Seit dem Anfang des 8. Jahrhunderts nämlich hatten die Langobarden bei der steigenden Spannung zwischen den griechischen Kaisern und den römischen Bischöfen mit Glück nach der endlichen Einigung Italiens gestrebt. Unter dem klugen und tatkräftigen Luitprand (713–743) hatten sie teils die mangelhaften Grundgesetze verbessert, teils die Fünfstadt (Pentapolis, Rimini, Pesaro, Fano, Sinigaglia, Ancona) erobert und dem mehr kühnen als besonnenen Nachfolger am Reich, Aistulf, Mittel gebracht, Ravenna, den Sitz der byzantinischen Statthalterschaft, einzunehmen und das Herzogtum Rom zu bedrohen (752). Da überstieg Papst Stephan II., von kleinem Gefolge begleitet, den schneebedeckten St. Bernhard, eilte rastlos nach Pontion, einem Krongut in Pertois und warf sich, den

Leib in ein härenes Kleid gehüllt und Asche auf dem Haupt, gleich dem büßenden Pilger, vor Pippin, dem König der Franken, zu Boden. Er schilderte in beweglicher Rede die Bedrängnisse der rechtgläubigen Kirche und flehte bei ihrem geborenen Schutzherrn (Patricius) um schleunige Hilfe.

Pippin hob wie bestürzt den knienden Priester auf, gab tröstende Antwort und sprach die Einladung aus, im Kloster des heiligen Dionysius bei Paris zu überwintern (753–754). Darob erfreut, weihte der Papst, der ein Denkmal seiner Anwesenheit hinterlassen wollte, im oben genannten Münster den Hochaltar. Er salbte den König, die Königin Berthrada und ihre Söhne Karl und Karlmann zu rechtmäßigen Fürsten der Franken und sprach sie von allen an den Merowingern etwa begangenen Missetaten frei. Er drohte den Völkern mit geistlichem Fluch, wenn sie jemals aus andern Ländern und Geschlechtern ein Oberhaupt wählen würden.

Dafür dankbar, versammelte Pippin im Frühling (754) ein starkes Lehnsgefolge und bahnte sich mit dem Schwert den Weg über das von den Langobarden nur schwach verteidigte Gebirge. Er umlagerte Pavia und nötigte Aistulf, eidlich die Rückgabe der vom Papst begehrten Plätze zu versprechen und als Unterpfand angesehene Geiseln zu stellen. Kaum hatten aber die Franken, denen die Heerfahrt keineswegs gefiel, Italien verlassen, als der Langobarde die ihm abgezwungene Versöhnung brach und das zweitemal Rom bedrängte. Wiederum erschien, um Hilfe angerufen, mit zahlreichem Kriegsvolk der Kirche Schutzherr. Er siegte in den Engpässen, legte dem gedemütigten Feind einen Jahreszins von 5000 Goldgulden auf und überließ Ravenna, die fünf Städte nebst etlichen anderen Orten dem Papst, der sofort ein weltlicher Fürst wurde, als Lehen, jedoch unter Vorbehalt der fränkischen Hoheitsrechte (755).

Ebenso glücklich endete die neunjährige Fehde mit den Aquitanern (759–768), die nach mannhafter Gegenwehr größtenteils auf Unabhängigkeit verzichten und namentlich in der Landschaft Gascogne, zwischen der Garonne und den Pyrenäen, dem Herzog Wels als Lehnsmann des Königs huldigen mußten, während Narbonne, das letzte Besitztum der Araber in Gallien, zum christlichen Reich zurückkehrte und das trotzige, freie Sachsen statt des Geldzinses jährlich 300 Rosse versprach. Dergestalt vom In- und Ausland geehrt oder gefürchtet, starb Pippin zu Paris am 24. September des Jahres 768.

Alsbald versammelten sich Wehrmänner und Dienstleute zu einem großen Gemeindetag (März- oder Maitag) und erwählten den ältesten Sohn Karl zum König über Austrasien, Thüringen, Bayern und einen Teil Neustriens. Dem jüngeren Karlmann sollten Burgund, die Provence, das übrige Neustrien, Alemannien und das Elsaß *(Alesatia)* gehorchen.* Diese Zerstückelung und die von den Großen absichtlich genährte Eifersucht beider Brüder, die bei gleichem Ehrgeiz ein ungleiches Maß der Geisteskräfte besaßen, wurden bald Anlaß zum Wiederausbruch des kaum beendeten Aquitanenkriegs. Vom alten, seiner klösterlichen Abgeschiedenheit müden Herzog Hunold angeregt, griff beinahe das ganze Land zu den Waffen. Sofort rückte Karl, während Karlmann still hielt, allein gegen den Feind aus. Er siegte in mehreren Gefechten, verjagte Hunold und sicherte die Unterwürfigkeit Aquitaniens durch die Feste Fronsac an der Dordogne. Er empfing die Huldigung der dem Herzog Wels übergebenen Gascogner und kehrte reicher an Ruhm, aber ärmer an häuslichem Frieden in die Heimat zurück.

Schon drohte trotz der vermittelnden Mutter offene Bruderfehde, als Karlmann glücklicherweise zu Samoucy, unweit Lyon, plötzlich starb (4. Dezember 771). Während darauf die ratlose Witwe Gerberga mit den unmündigen Kindern und etlichen Mißvergnügten nach Pavia an den Hof ihres Vaters, des Langobarden Desiderius, floh, erkoren die von der Geistlichkeit und den Lehnsgroßen geleiteten Völker Karl zum König, so daß dieser sofort mit Billigung der Franken an die Spitze des gesamten Reiches treten konnte.

43 Jahre lang hat der Riesengeist dieses außerordentlichen Mannes nach innen und außen hin gewirkt. Er hat dem ungeheuren Gebiet zwischen dem Eiderfluß im Norden, der sizilianischen Meerenge im Süden, dem Ebro im Westen und den Karpathen und der Oder nach Osten Denkmäler des Hasses und des Wohlwollens gegeben. Mit Ausnahme der Angelsachsen und Normannen (Skandinavier) hat er alle Stämme germanischen Ursprungs, deutsche wie welsche, geeinigt: Die Freiheit liebenden Sachsen, die wilden Avaren und die gewandten Langobarden hat er bald durch Waffen, bald durch Klugheit unterjocht, dem spanischen Araber einen beträchtlichen Grenzgau abgetrotzt und die Vorhut des großen, noch unentwickelten Slawengeschlechts gedemütigt. Den Greuel unaufhörlicher Kriege hat er durch Wissenschaft, Bildung und Christentum, nicht Priesterherrschaft, nach Kräften gemildert und das zerstörte Leben in anderer Gestalt wiedererweckt. Durch Übernahme des abendländischen Kaisertums hat er den Ansprüchen auf

* Einhard, Leben Karls des Großen, Kap. 3.

verderbliche Weltherrschaft im christlichen Europa das Tor geöffnet und überhaupt als Kriegsfürst, Gesetzgeber und Mensch dem ganzen Zeitalter die bestimmende Richtung im Bösen wie im Guten vorgezeichnet. Deshalb wird er mit Fug und Recht »der Große« genannt.

Karl, am 2. April 742 wahrscheinlich zu Aachen geboren, der von der bis in den Tod zärtlich geliebten Mutter Berthrada (Bertha) an häusliche, vom Vater Pippin an kriegerische Tugend gewöhnt wurde und unter dem Geräusch der Waffen mehr den Regierungs- und Feldherrnkünsten als Wissenschaften und Friedensgeschäften durch Erziehung befreundet war, wurde in seinem 26. Jahr König des geteilten, im 29. des gesamten Frankenreichs. Er hatte einen vollkräftigen, sieben seiner Füße hohen Leib und ein rundliches, von wallenden Locken umgebenes Haupt. Unter der stolz gewölbten Stirn hatte er große, lebhafte Augen und eine gebogene, starke Nase. Bei kurzem, etwas fleischigem Nacken hatte er eine breite, hohe Brust. Im Gang und in der Haltung zeigten sich männliche Festigkeit und Würde, in den Gesichtszügen freundliche Milde, der auch die feine, der ganzen Heldengestalt kaum angemessene Stimme zu entsprechen schien. Er hatte eine durch Jagd, Krieg, Mäßigkeit und mannigfaltige Leibesübungen so gekräftigte Gesundheit, daß er, die letzten vier Jahre ausgenommen, niemals körperliche Gebrechen gekannt hat und leichte Anfälle durch Reiten und Fechten zu vertreiben pflegte. Oft stärkten oder ergötzten ihn auch kalte und warme Bäder, besonders in Aachen, wo bisweilen hundert und mehr Gäste dem trefflichen Schwimmer folgten. Einfach und vaterländisch, gewöhnlich aus selbstgefertigtem Leinzeug der Hausfrau und Töchter, war seine tägliche Kleidung, deren Hauptzierde das Schwert mit silbernem oder goldenem Handgriff bildete. Nur bei festlichen Gelegenheiten sah man fremde, von Edelsteinen und anderen Kostbarkeiten funkelnde Gewänder.

Schlichte Bürgerlichkeit zeichnete die Mahlzeiten aus. Prunk, Lekkereien, Unmäßigkeit in Speise und Trank waren verbannt, heitere und lehrreiche Gespräche, in späteren Jahren bisweilen vom Anhören geschichtlicher Abschnitte begleitet, allein gültig. Wenige, oft drei- bis viermal unterbrochene Stunden des Schlafes genügten dem vollkräftigen Körper und rastlosen Geist, der häufig zu den nächtlichen Gestirnen aufschaute und am Himmel die Schicksale der Völker und Menschen las. Mit der Zeit wurde so gespart, daß selbst die Augenblicke des Ankleidens entweder freundlichen Gesprächen oder Entscheidungen der vom Pfalzgrafen vorgelegten Klagen dienen mußten. Karl war überaus beredt in deutscher Sprache, deren Wesen und Gesetze fleißig erforscht wurden. Auch des Lateinischen und Griechischen war er nach Verhältnis der damaligen Hilfsmittel wohl kundig und in der Geschichte, Größen- und Zahlenlehre nicht unerfahren. Überhaupt besaß er reinen Sinn für wissenschaftliche Bildung und gemeinnützige Kenntnisse, so daß er noch im hohen Alter, obschon mit geringem Glück, das Schreiben zu lernen versuchte.

Der römisch-katholische Kirchenglaube galt ihm teils als wirklicher Kern des Christentums, teils als wirksames Mittel, die Zwecke des weltlichen Schwertes durch Beihilfe des geistlichen zu fördern. Darum bestand unverbrüchliche Freundschaft mit dem päpstlichen Stuhl, jedoch ohne unwürdige Abhängigkeit. Bisweilen verübte auch blinder Glaubenseifer, entgegen dem angeborenen Wohlwollen des Herzens, im Krieg mit den Feinden des Christentums und Frankenreichs fühllose Grausamkeiten. An Umsicht und Klugheit im Ratschluß, Feuer und Ausdauer im Handeln übertraf ihn niemand der Zeitgenossen, die sämtlich seine Größe fürchteten oder ehrten. Den hartnäckigen Widersachern war er schrecklich ohne Rücksicht auf die Mittel und Folgen, geprüften Anhängern aber, Verwandten und Vertrauten bis zur Aufopferung liebreich und wohlgesinnt.

Durch Waffen und Friedenskünste alle Germanenstämme im fränkischen Weltreich zu einigen, jedoch mit Schonung der besonderen Sitten und Grundzüge, und die Leiden fast ununterbrochener Kriege durch mannigfaltige Gesittung zu mildern, war die Lebensaufgabe seines zerstörenden und wiedererschaffenden Geistes, der ebensosehr die uralten Wehr- und Volksfreiheiten wie die unlängst geborenen Vorrechte und Auswüchse des Lehnswesens haßte. Deshalb suchte er für beide feindseligen Grundkräfte im verfassungsmäßigen Königtum eine ausgleichende, vermittelnde Durchdringung, aber entgegen dem eigenen Willen vernichtete er dadurch bei dem Mangel an hinlänglichen Bürgschaften für die nächste Zukunft alles Gleichmaß der ständischen Gewalten und beschleunigte den Untergang der meisten Gemeindefreiheiten. Dasselbe geschah im kirchlichen Bereich durch die für höhere Zwecke übernommene Begünstigung des Papsttums, dem die pflegende Schutzherrschaft des Königs und Kaisers das Bewußtsein der noch unentwickelten Stärke gebracht hatte.

Da dergestalt die Tatkraft Karls gleich entscheidend nach außen und nach innen wirkte, so ist es vergönnt, die an ihn geknüpften Zeitereignisse auch in beiden Richtungen aufzufassen und anfangs die Hauptfehden, danach die folgenreichsten Wechsel und Schicksale der staatsbürgerlichen, sittlich-religiösen und wissenschaftlichen Verhältnisse in gedrängten Umrissen zu beschreiben. Die fränkischen Heerfahrten aber, die, am besten nach den Weltgegenden gegliedert, nach Südwesten Italien und Spanien, nach Nordosten das spätere Deutschland, Dänemark und Ungarn umfassen, eröffnet für die erste Hälfte der Langobardenkrieg.

Im Wissen um die Gefahr, die das zwischen der Kirche und dem pippinisch-karolingischen Fürstenhaus aufgerichtete Bündnis bedrohte, hatte Desiderius, Aistulfs Nachfolger, in Blutsverbindungen Hilfe gesucht und, unterstützt von der friedfertigen Königin Bertha, Karl und Karlmann zu Schwiegersöhnen gewonnen. Umsonst mahnte dagegen Papst Stephan beide Brüder ab. »Sie würden«, meldete ein Schreiben, »ihr erlauchtes Geschlecht und Volk durch Verwandten mit den treulosen, stinkenden Langobarden, die sicherlich die Stammeltern der Aussätzigen seien,* besudeln und wie Wahnwitzige handeln.« Tatsächlich wirkten diese oft wiederholten, von der zärtlich geliebten Mutter lange glücklich bekämpften Vorstellungen so viel, daß Karl bald nach der Übernahme des Gesamtreichs unter nichtigem Schein die Fremde verstieß und Hildegard, Tochter eines alemannischen Adligen, zur Frau erkor.

Dadurch gekränkt und überdies von flüchtigen Gegnern des Frankenkönigs aufgewiegelt, vergaß Desiderius die bisher aus Klugheit beobachtete Schonung des Römischen Stuhls, eroberte mehrere Ortschaften der Fünfstadt und bedrohte Rom. Sofort sandte Papst Hadrian (seit 772) Eilboten über die Alpen und begehrte die schleunige Hilfe seines Freundes und Schutzherrn. Dieser, längst begierig nach einem Vorwand der Einmischung in die Streitigkeiten Welschlands, überstieg mit seinem Gewalthaufen den Berg Cenis, während sein Oheim Bernhard andere Scharen durch die Schluchten des später nach ihm benannten Mont Joux *(mons Jovis)* führte (773). Die Langobarden, im Rücken und auf der Stirnseite angefallen, flohen alsbald aus den Pässen nach Pavia, das nach sechsmonatiger Belagerung huldigte. Da erklärte Karl das 206 Jahre alte Reich Alboins für aufgelöst und nannte sich fortan König der Franken und Langobarden. Er gestattete den neuen Angehörigen unter Verpflichtung zur Hee-

* Wenn der Heilige Vater die Langobarden eine stinkende Nation nennt, so dürfte diese damals bei den Feinden jenes Volkes sprichwörtliche Schmähung auf eine alte, in des Andreas von Regensburg bayrischer Chronik aufbewahrte Volkssage gehen. Langobardische Jungfrauen, heißt es dort, hätten sich gegen die Gewalttätigkeiten der eingedrungenen Avaren durch eine List gesichert. »Sie punden roches Hunerfleisch zu iren prüsten in dem sinn das es also faulet und übel smecket. Da nu dy Avares oder Huni dy Junckfrauen beruerten da wanten (wähnten) sy es wär von Art das sy also stuncken und also behielten die Junckfrauen ire Keuschat unversert.«
Von Freiberg, Historische Schriften und Urkunden, II. Band, 3. Heft, S. 379.

resfolge die heimischen Gesetze und Rechtsbräuche, sandte aber Desiderius mit Frau und Kind von St. Denis in das Kloster Corvey. Er bezwang jetzt wie später die widerstrebenden Herzöge von Friaul, Spoleto und Benevent, bestätigte als Oberlehns- und Schutzherr der Kirche den Besitz der schon beträchtlichen, aber zerstückelten Landmark und empfing dafür in Rom seit dem Tag der Cäsaren nicht mehr gesehene Ehren und Festlichkeiten (774).

Unter solchen Verhältnissen und bei dem steigenden Haß zwischen Christen und Moslemin mußte der König eine Gelegenheit suchen, jenseits des Pyrenäengebirges als Eroberer und Glaubensheld zu glänzen. Denn dahin riefen teils die gefeierten Taten des Großvaters, teils die Mahnungen des befreundeten Papstes, vor allem aber die Zerwürfnisse der spanischen Araber, die von mißvergnügten Statthaltern und Großen der Südostländer aufgewiegelt selbst das fränkische Bündnis nicht verschmähten, um Abderrahman, den ersten Kalifen des Omaijadengeschlechts, zu demütigen. Daher erschienen die Boten der Unzufriedenen auf der Reichsversammlung zu Paderborn und begehrten Hilfe. Sie verhießen als Zeichen der Treue die Übergabe mehrerer fester Plätze, sobald die Ankunft der Franken Kräfte zur offenen Empörung gegen den Fürsten der Gläubigen (Emir al Mnmenin) in Cordoba gebracht hätte (777). Karl, damals ohne bedeutende Feinde, ergriff begierig den günstigen Anlaß und rief im Frühling des folgenden Jahres den Heerbann und die Lehnsgefolge Neustriens, Austrasiens, Burgunds, der Langobarden und der Aquitanen zu den Waffen. Er überstieg in zwei gesonderten Haufen von Jean de Port und Roussillon aus die Pyrenäen und nahm, von Arabern und westgotischen Christen unterstützt, Pamplona, Zaragoza und Huesca ein. Er übergab als spanisches Gebiet die Gaue zwischen dem Ebro und dem Gebirge den morgenländischen Häuptlingen zu Lehen und führte darauf langsam das Heer durch die engen und waldigen Talgründe zurück.

Schon hatte der Gewalthaufen den Ausgang erreicht, als die Basken, ein kühnes und behendes Bergvolk, mit Ungestüm den Hinterzug anfielen und größtenteils aufrieben. Unter den Tapfersten aber sanken nicht ungerächt der Pfalzgraf Anshelm, der Seneschall Ekhart und Rutlaud (Roland), Markrichter von Bretagne – Helden, deren Werke und Tod spätere Lieder verherrlicht haben. Des Unglücks Urheber, Herzog Welf von Gascogne, Waifars Sohn, büßte den Treubruch durch schmachvolle Hinrichtung.

Dennoch war der Besitz des spanischen Grenzgaus keineswegs gesichert. Zwiste der Moslemin und Parteiwechsel am Hof von Cordoba unterhielten eine fast beständige Fehde, die zwar die fränkische

Herrschaft bis an den Ebro ausdehnte, aber gleichzeitig arabische Freibeuter an die Küsten der Provence und der Toskana führte, während unter den großen Wirren die kleinen westgotischen Gemeinwesen am Fuß der Pyrenäen zu einer sonst unmöglichen Selbständigkeit emporstreben durften.

Nicht wenig trugen diese fernen Land- und Seezüge mit ihren bunten Abenteuern zur Erhöhung Karls bei. Ihn ehrte der Christ als Glaubenshelden und Schutzherrn der Kirche, der kriegerische Lehnsmann als glücklichen Welteroberer, dessen beispiellose Macht so lange an die Glanzzeit der römischen Cäsaren erinnerte, bis sie im deutschen Kaisertum einen dem Zweck und Gehalt entsprechenden Namen fand. Zu diesem folgenreichen Ereignis boten wiederum der gefällige Papst den gewünschten Anlaß und die Religion das Mittel. Nach dem Tod Hadrians I. nämlich (795) wurde Leo III. einhellig zum römischen Bischof erkoren und von dem Frankenkönig, dem er als Zeichen der Lehnsabhängigkeit die Schlüssel zum Grab des heiligen Peter und die Fahne der Stadt Rom übersandt hatte, in fast demütiger Sprache willkommen geheißen. »Gleich wie ich«, lautete das Schreiben, »mit euren Vorfahren einen Bund aufrichtete, so möchte ich diese Einigung des Glaubens und der Liebe unverletzlich mit euch erneuern. Meine Pflicht sei, die Kirche Christi gegen die Heiden und Ungläubigen von außen zu verteidigen und innerlich über den katholischen Glauben zu halten. Ihr, heiligster Vater, steht uns bei mit euerm Gebet!«*

Aber des Königs mächtige Freundschaft konnte nicht alle Gefahren vom kirchlichen Oberhaupt entfernen, das bald dem römischen Volk und vielen Großen, vielleicht wegen des engen Bündnisses mit den Fremden, gehässig wurde. Die Mißgestimmten, an ihrer Spitze Paschalis und Kampulus, einflußreiche Vettern des Vorgängers Hadrian, richteten eine geheime Gesellschaft auf und führten den klug entworfenen Racheplan mit rücksichtsloser Kühnheit aus. Denn als Leo am heiligen Georgsfest (25. April 799) ohne Argwohn vom Lateranpalast nach der Lorenzkirche ziehen wollte, brachen bewaffnete Rotten aus dem Hinterhalt hervor, zerstreuten das wehrlose Gefolge und schleppten den Papst unter Schlägen und Stößen in das

---

* Leo war allerdings sehr fromm und deutsch. Denn als ihm am Tag der Einweihung eine Frau die Hand küßte, wurden, meldet die Sage, die dadurch entstandenen Wallungen dadurch gebüßt, daß der Heilige Vater den Gedanken faßte, sich die Hand abhauen und von nun an den Fuß küssen zu lassen.

nahe Stephankloster, wo jedoch in der nächsten Nacht die Treue des Kämmerlings Albinus den Gefangenen über die Mauern nach Spoleto rettete und unter den Schutz einer fränkischen Wache stellte. Alsbald eilten Boten an den Hof des Schutzherrn, meldeten die Freveltat und forderten schleunige Hilfe. Diese wurde bereitwillig zugesagt, gleichzeitig aber das Verlangen geäußert, den Beleidigten persönlich zu sehen. Sofort fuhr Leo über das Gebirge, erschien, mit Ehren empfangen, im Feldlager bei Paderborn im Sachsenland, schilderte seine Beschwerden und kehrte, des Beistandes gewiß, nach etlichen Tagen in Gesellschaft von zwei Erzbischöfen, vier Bischöfen und drei Grafen als Bevollmächtigter des Königs nach Rom zurück, wo er wieder in sein Amt eingesetzt und bis zur Ankunft Karls durch Bewaffnete geschützt wurde.

Jener, nicht lange säumig, überstieg (August 800) mit einem zahlreichen Heer die Alpen und hielt am 24. Dezember feierlich Einzug in die Hauptstadt der Christenheit, um bald als Richter die Streitigkeiten zwischen Volk und Papst zu entscheiden. Denn schon sieben Tage später zogen Erzbischöfe, Bischöfe, Äbte und andere Geistliche mit den römischen und fränkischen Großen in die Peterskirche, setzten sich, während diese standen, neben den Oberhäuptern des Reiches und der Kirche und erklärten, daß niemand den Statthalter Gottes und Verweser des Apostolischen Stuhls richten könne, gleich wie es von alters her Brauch gewesen sei. Als nun kein Kläger die im Einzelnen uns unbekannten Beschuldigungen durch Zeugen und Urkunden zu erhärten wagte, stieg Leo vor allem Volk, das Evangelienbuch in der Hand, auf eine Kanzel, rief die Dreieinigkeit an und schwor mit heller Stimme,* daß er die ihm angeschuldigten Verbrechen nicht begangen habe. Darauf sang die Priesterschaft ein Loblied zu Ehren Gottes, der Jungfrau Maria, Peters, des Fürsten der Apostel, und aller Heiligen.

Über diesem beispiellosen Rechtsstreit, in dem sich der Beklagte durch einseitigen Eid reinigte, nahte das zu der zweiten außeror-

* Nach den meisten Zeitschriftstellern hatte ein Wunder die dem Papst abgeschnittene Zunge wiederhergestellt. Andere Berichte lassen den Heiligen Vater trotz der Verstümmelung sprechen. Reginos Zeitbuch z. B. (Perz. Monumenta I, 562) meldet zum Jahr 799: »Die Römer blendeten den Papst Leo und schnitten ihm bis auf die Wurzel die Zunge ab« *(linguam ejus radicitus absciderunt)*. Ebenso Eginhard, vita Karoli Magni, c. 28, Ed. Perz. – Ähnliche Wundergeschichten der Legende (heiligen Sage) werden jetzt häufiger. Man muß sie, um den Geist der Jahrhunderte zu bezeichnen, bisweilen dem wirklichen Tatbestand gegenüberstellen.

dentlichen Handlung bestimmte Weihnachtsfest. Als nämlich Karl am ersten Weihnachtstag im Schmuck eines römischen Schutzherrn gegenüber dem Hauptaltar der Peterskirche Platz genommen und nach beendeter Messe sein Gebet verrichtet hatte, trat unerwartet und wie von Begeisterung gefaßt der Papst vor und setzte dem knienden König eine goldene Krone auf. Da rief das versammelte Volk, sei es freiwillig oder nach getroffener Übereinkunft, mit lautem Jubel: »Leben und Sieg Karl, dem August, dem großen, friedestiftenden Kaiser der Römer!« Und nachdem diese Worte dreimal wiederholt waren, hielt Leo eine Hand an den Mund, berührte mit der anderen den Saum des fürstlichen Kleides und salbte den Träger zum Kaiser. Dieser, dem Anschein nach durch eine Ehre überrascht, die zwischen der Kirche und den Großen des Reiches längst verabredet war und der tatsächlich geübten Machtvollkommenheit einen geheimnisvollen, vieldeutigen Namen gab, zeigte sich bald aufrichtig dankbar.* Denn nicht nur wurden die Hauptfeinde des römischen Bischofs durch Verbannung gestraft, sondern auch kostbare Geschenke, Edelsteine, goldene und silberne Kronen, Schüsseln, Kelche und ähnliche Geräte am Grab und im Heiligtum des Apostels Petrus niedergelegt.

Karl, der auf diese Weise ohne Nebenbuhler im Südwesten und als Nachfolger am römischen Kaisertum sogar befugt war, von den Franken einen neuen Huldigungseid zu fordern, konnte jetzt alle Kräfte gegen den noch unbezwungenen Nordosten Europas richten, wo besonders die Sachsen schon seit Jahren mit Begeisterung und trotziger Ausdauer für angestammte Freiheit und uralten Odinsglauben kämpften. Denn noch lebte unter den Germanen des Festlands jenes zwischen dem Niederrhein und der dänischen Grenze seßhafte Volk allein in der angeborenen Gauverfassung. Es bildete, unbekannt mit Lehnswesen und erblicher Fürstenmacht, eine lose Bundesrepublik, deren Abgeordnete jährlich an der Weser unter offenem Himmel über allgemeine Angelegenheiten beratschlagten und auch für die Dauer außerordentlicher Gefahren einen Oberfeldherrn oder Herzog wählten. Noch gehorchten die besonderen Gaue im Krieg und Frieden ihren frei und ohne Rücksicht auf Geburtsvorrechte erkorenen Obersten und Richtern (Herzögen,

---

* Daß Leo nach reiflicher Beratung handelte, geht aus unverdächtigen Zeugnissen hervor. So meldet z. B. das Chronicon Moissiacense (bei Perz. I, 805): »mit Beirath aller Bischöfe und Priester, des Senats der Franken und Römer *(senatus Francorum et Romanorum)* setzte der Papst dem König eine goldene Krone auf.«

Grafen), die jedoch über Leben und Tod nicht absprechen, sondern nur nach gültigen Bräuchen das Sühn- oder Lehrgeld bestimmen durften. Noch rächte der Mann, der auf seinem Hof niemandem zu Diensten und Abgaben verpflichtet war, einen Schimpf selbst und folgte bei gemeinsamen Zügen der Fahne des Gottes, der durch seine Priester über Feiglinge und Verräter das peinliche Gericht hegte und den gefallenen Helden die Freuden Walhallas verhieß. Zwar hatten die Gefolge an Macht der Führer, Zahl und Abhängigkeit der Gemeinen zugenommen, aber diesem Waffenadel fehlten alle Vorrechte in der bürgerlichen Gesellschaft. Er konnte, obschon reich an Gut und Zinsleuten, Friedens- und Kriegsämter nur durch das Vertrauen der Freisassen gewinnen und mußte selbst bei großen Verdiensten jedem Anspruch auf Erblichkeit der Grafen- oder Herzogswürde entsagen.

Neben dem Mut und der Waffenfertigkeit des sächsischen Volkes, das nach wie vor in die Stämme der Engern, West- und Ostfalen zerfiel, bot das von Flüssen, Sümpfen und Urwäldern vielfach durchschnittene Land treffliche Verteidigungsmittel, während einzelne Burgen auf jähen Höhen Frau und Kind nebst den wertvollsten Besitztümern schützten und im Notfall das geschlagene Heer deckten. Da auf diese Weise Haß auf das Heidentum sowie Ehr- und Beutegier auf der einen, Eifer für die heimische Freiheit und Religion auf der andern Seite wirkten, bekam der Kampf, der um den Sieg der Grundsätze geführt wurde, allmählich solche Kraft und Zähigkeit, daß beide Parteien, vom Blutverlust erschöpft, aufgeben und eine angemessene, obschon den Franken günstige Abkunft treffen mußten.

Die mannigfaltigen Wechsel des Krieges aber treten in zwei Hauptabschnitten hervor, von denen der erste den zehnjährigen Streit der einzelnen Völkerschaften und das Übergewicht der Dienstgefolge darbietet (772–782), der zweite infolge wachsender Erbitterung Bundesheere und Landwehren (Heerbann) aus nahen und fernen Gauen auf dem blutigen Schlachtfeld zeigt (782–803) und den edelsten, durch kein Mißgeschick gebeugten Wetteifer der Herzöge und Völker entzündet. Denn bei den Ostfalen diesseits wie jenseits der Elbe glänzte Alboin (Albinus), bei den Engern Bruno und bei den Westfalen Wittekind (Wedekind), der durch Mut, Klugheit und Ausdauer viele Jahre lang der alles zusammenhaltende Eckpfeiler war, mit dessen Sturz das ganze Gebäude der losen Bundeseinigung wankte. Aus dieser großen, für die Entwicklung der deutschen Stämme wichtigsten Fehde treten folgende Hauptereignisse hervor.

Beunruhigt durch Streifzüge der westlichsten Sachsen, versammelte Karl 772 in Worms die Bevollmächtigten der Franken und brach, als diese die gewünschte Einwilligung gegeben hatten, mit einem ansehnlichen Heer auf. Er stürmte die Feste Eresburg (Stadtbergen, an der Diemel im Paderbornischen), zerstörte das benachbarte Heiligtum des Helden Irmin (Hermann), der gepanzert und von eisernen Ringen umgeben auf einer elf Fuß hohen Marmorsäule (Irmensäule) stand,* drang bis an die Weser vor und kehrte mit zwölf Geiseln, Unterpfand des abgeschlossenen Vergleichs, ohne Gefährdung zurück. Kaum hatte aber der König die Alpen überschritten, um seinen Schwiegervater Desiderius zu demütigen, als sich die Westfalen erhoben, das schon christliche Hessenland mit Feuer und Schwert verwüsteten, Eresburg einnahmen und zerstörten (774). Wiederum erschien Karl im nächsten Frühling an der Spitze eines zahlreichen, geharnischten Fußvolks. Er stürmte die hohe Siegburg, am Einfluß der Lenne in die Ruhr, und zwang durch Übermacht anfangs die Ostfalen, danach die Engern und endlich die Westfalen, die inzwischen das fränkische Lager bei Lidbach (dem heutigen Lübbecke) unweit Minden** und dem Weserstrom, überfallen hatten, Geiseln zu geben und Frieden zu geloben. Gleichzeitig wurden Maßnahmen für die Einführung des Christentums getroffen. Weite Waldstrecken wurden gelichtet und Kirchen und Klöster gestiftet, so daß viele Odinsjünger sich taufen ließen.

Aber die Ruhe war nur scheinbar. Denn sowie neue Bewegungen zum Eilzug nach Lombardien nötigten, brachen die Sachsen mit verdoppelter Wut vor. Sie eroberten und zerstörten Eresburg und umlagerten, obschon erfolglos, die hohe Siegburg. Alsbald eilte Karl mit überlegenen Streitkräften herbei und empfing nach glücklichen Gefechten bei Lippspringe die Huldigung der dort versammelten Gefolgschaftshaufen. Er stellte Eresburg wieder her, baute bei Lippstadt eine große Feste (776) und berief, entschlossen zu einer aufrichtigen Versöhnung, im Frühling des nächsten Jahres eine allgemeine Reichsversammlung gen Paderborn, damit sie den gleichfalls eingeladenen Sachsen gründliche Friedensbedingungen vorlegte.

---

* Die Irminsul mit ihrem geweihten Hain muß man aller Wahrscheinlichkeit nach in dem Raum suchen, den das Osninggebirge zwischen den Städten Horn, Lippspringe, Dringenberg und Driburg ausfüllt. Siehe von Ledebur, Kritische Beiträge zur Geschichte der Feldzüge Karls des Großen, S. 12.

** Ledebur, S. 43.

Viele Gemeinfreie und der gesamte Adel gehorchten. Sie erkannten den Frankenkönig als Oberhaupt an, der dafür die Gültigkeit der heimischen Gesetze und Landtage vergönnte, schwuren Urfehde und gelobten, die Ausbreitung des Christentums auf keine Weise zu hindern, unter Strafe des Verlustes der persönlichen Freiheit und des Erbguts. Danach empfingen ganze Scharen die Taufe. Karl aber, im Glauben, Sachsenland sei gedemütigt, brach mit dem Kern der Franken gegen die Araber in Spanien auf (778).

Aber der furchtbarste Feind war noch nicht besiegt. Während nämlich Alboin, Bruno und andere Gefolgschaftsführer in Paderborn huldigten und mancher Freisasse ihrem Beispiel folgte, floh Wittekind, Herzog der Westfalen, mit den Getreuen über die Elbe zu den stammverwandten Dänen und erwartete am Hof seines Schwagers Sigurd (Siegfried), der im heutigen Schleswig herrschte, einen günstigen Augenblick. Dieser kam, als die Franken jenseits der Pyrenäen mit wechselndem Glück kämpften. Sofort erhoben sich die Sachsen, von Wittekind aufgewiegelt, in der Nähe und Ferne. Sie brachen Schlösser und Kirchen, Altäre und Klöster, so daß etwa die Mönche Fuldas im Buchwalde mit den Gebeinen des Blutzeugen Bonifacius 14 Meilen ostwärts flüchten mußten. Unter Raub, Mord und Brand zogen sie hinauf bis nach Deutz, Köln gegenüber, wurden aber auf dem Heimweg durch den Oberlahngau bei Battenfeld an der Eder von den schnell entsandten Ostfranken und Alemannen eingeholt und nach tapferem Widerstand geschlagen (778).

Rasch verfolgte der König, der bei Düren eine große Volksversammlung gehalten hatte, den Sieg. Er setzte bei Lippenheim über den Rhein und drang nach einem heftigen Treffen an der Aa bei Bocholt in Westfalen vor. Er nahm Geiseln (779), unterwarf den ganzen Bardengau, das heutige Herzogtum Lüneburg, und empfing beim Zusammenfluß von Ohre und Elbe im Lager von Orheim die Huldigung der benachbarten Gefolge und Gemeinfreien (780).

Hart waren die Bedingungen des Vertrages. Denn der Sachse entsagte dem Recht eines freien Landtags und erkannte die Verwaltung fränkischer Grafen und die Gültigkeit der strengen, bisweilen grausamen und vernunftwidrigen Kirchengesetze an. Sterben nämlich sollte, wer einen christlichen Priester töten, den Körper eines Verstorbenen nach heidnischen Gebräuchen verbrennen, aus Haß gegen die Taufe fliehen und an den Fastentagen Fleisch essen würde. Beträchtliche Geldbuße sollte zahlen, wer sein neugeborenes Kind nicht binnen Jahresfrist dem Geistlichen zur Aufnahme in die christliche Gemeinschaft brächte. Wer hingegen, auch wenn er aller dieser Verbrechen schuldig war, zum Priester gehen und die Taufe nehmen würde, dem sollte jede Strafe erlassen werden.

Zwieträchtig und in Unkenntnis der Folgen nahmen die meisten Gaue der Sachsen diesen schmachvollen Frieden an und trugen geduldig zwei Jahre lang das doppelte Joch der geistlichen und weltlichen Herrschaft. Ja, dem Adel und den Gefolgschaftsleuten gefiel die neue Ordnung, die durch Burgen und Bistümer in Bremen, Verden, Minden, Halberstadt, Hildesheim, Paderborn, Münster und Osnabrück an Festigkeit, durch Bekehrungen und kriegerische Solddienste an Umfang gewann. Aber beim Volk erinnerten Zehnten und Frondienste für den Kirchen- und Schanzenbau trotz der zahlreichen Taufen und christlichen Bildungsanstalten an den Verlust der Freiheit. Solcher Stimmung vertrauend, kehrte Wittekind das zweitemal aus seinem dänischen Zufluchtsort zurück. Er stellte sich an die Spitze der schnell versammelten Scharen und siegte am rechten Weserufer bei dem Berg Süntel zwischen Minden und Rinteln, in der Umgegend des heutigen Hausberge,* so entscheidend, daß von einem beträchtlichen Frankenheer nur wenige entkamen und nebst den Gemeinen der Kämmerer Adalgis, der Konstabel (Konnetable) Geilo, vier Grafen und 20 andere Befehlshaber fielen (782).

Auf die erste Kunde dieser Niederlage, die Zwietracht und Langsamkeit zu nutzen hinderten, brach Karl mit Übermacht ins Sachsenland ein. Er hielt Gericht über die Meuterer, wie man die Verteidiger der heimischen Unabhängigkeit nannte, und ließ 4500 Gemeinfreie bei Verden an der Aller enthaupten. Fortan änderte sich die Gestalt des Krieges. Der bisher lässige Heerbann griff zu den Waffen und lieferte, von Wittekind geführt, bei Detmold den Franken die erste, geordnete Feldschlacht, jedoch ohne gewissen Ausgang. Denn während der König nach Paderborn zog, um neue Hilfsvölker zu erwarten, näherte sich der Herzog in gleicher Absicht den Niederungen der Hase im Stift Osnabrück. Hier wurde bald danach, wahrscheinlich am 23., 26. und 28. Juni, auf beiden Seiten mit wetteifernder Wut gestritten und so lange um den schwankenden Sieg gerungen, bis endlich die Sachsen, nicht sowohl überwunden als vernichtet, das Schlachtfeld, besonders am Schlachtvörderberge im heutigen Amt Vörden, mit ihren Leibern deckten und die übrigen größtenteils in eine Burg Wittekinds (Wieksburg) flüchteten (783).

---

* Ledebur, S. 81.

Dennoch konnte Karl, auch bedeutend geschwächt, das Land nicht behaupten. Er mußte vielmehr an den Rhein zurückweichen und konnte erst im folgenden Jahr mit Feuer und Schwert durch Westfalen über die Weser bis an den Elbstrom vorbrechen. Die Sachsen aber blieben trotz der Verwüstung standhaft und beunruhigten unaufhörlich die Seiten und den Rücken des Feindes, so daß dieser genötigt wurde, den ganzen Winter durch von den Grenzfesten, besonders Eresburg, aus ebenso beschwerliche wie erfolglose Streifereien zu unternehmen (785).

Da berief Karl im nächsten Frühling eine Reichsversammlung der Franken nach Paderborn. Er schilderte die Hartnäckigkeit der Sachsen und rückte, als die Anwesenden den gewünschten Eifer bezeugten, mit dem gesamten Heerbann und Lehnsgefolge zu einem letzten, entscheidenden Feldzug aus. Zum zweitenmal drang er durch den Bardengau ohne bedeutenden Widerstand bis an die Elbe vor. Jetzt verzagte Wittekind an der Rettung des Vaterlandes. Er legte mit Alboin die Waffen nieder und ließ sich, vom König achtungsvoll empfangen, zu Attigny taufen. Die Edelleute und viele tausend Gemeinfreie folgten dem Beispiel des Herzogs, der fortan in tatloser Abgeschiedenheit alterte: Sie huldigten dem fränkischen Gesetz und dem Christentum.

Sieben Jahre lang dauerte die dumpfe Gärung und Stille in Sachsen, nur bisweilen unterbrochen vom Waffengeräusch der zu fremden Kriegen geforderten, unwillig gehorchenden Hilfsscharen. Als nun Karl, getäuscht durch die bisherige Ruhe, von neuem ein beträchtliches Aufgebot verlangte, das mit den Friesen an die Donau gegen das Volk der Avaren ziehen sollte, erhoben sich plötzlich die Rustringer, ein streitbarer Sachsenstamm im heutigen Oldenburgischen. Sie überfielen und zersprengten den vom Grafen Theoderich geführten Haufen (793). Schnelligkeit und Übermacht, Geiseln und Besatzungen sicherten zwar die Treue der Westfalen und Engern, die schon zum Kampf gerüstet auf dem Sendfeld, südlich von Paderborn, wiederum Frieden geloben mußten, aber desto heftiger entbrannte die Fehde in den ostfälischen Gauen von der Weser bis zu den nördlichen Elbufern. Umsonst baute der König Festen und Schanzen, wie bei Herstelle unterhalb Karlshafen am Weserstrom. Umsonst verwüstete er mit Feuer und Schwert die Marschlande von Hadel und die fruchtbaren Ebenen des Bardengaues. Kein Mißgeschick brach den Mut der Freisassen, die gleichzeitig mit den slawischen Obotriten im Mecklenburgischen kämpfen mußten. Selbst das grausamste, bisher nicht versuchte Zerstörungsmittel blieb wirkungslos. Erbittert nämlich durch den wachsenden Trotz, ließ Karl 10 000 Männer, Frauen und Kinder aus dem Wummegau (Wihmodi) im Bremischen abführen und jenseits des Rheins unter die Franken verteilen (802). Bald darauf ließ er dasselbe Los etlichen Gemeinden am rechten Elbufer bereiten.

Als daher weder Eidschwüre noch Geiseln, weder Bann noch Tod den beiden Parteien gleich verderblichen Krieg beenden konnten, entsagte der König zuletzt der Waffengewalt und dachte ernsthaft an eine aufrichtige Versöhnung durch Rechtsvertrag. Also traten Bevollmächtigte vor die nach Selz (Königshofen) an der Saale beschiedenen Boten der Sachsen und trugen ihnen eine freie Vereinigung mit ihren bisherigen Erbfeinden an. Sie sollten nämlich als Christen in das gemeinschaftliche Reich der Franken eintreten. Wie diese sollten sie Karl als ihr Oberhaupt anerkennen und ihm nach geschehener Mahnung die Heeresfolge leisten. Zwar sollten sie jetzt wie früher weise und redliche Männer zu Schöffen oder Urteilsfindern wählen, aber dem Kaiser die Setzung der lebenslänglichen Richter (Grafen) als eine Kronehre gestatten. Auch sollten sie den Bischöfen und anderen geistlichen und weltlichen Beamten den schuldigen Gehorsam leisten, aber mit Ausnahme des den Kirchen und christlichen Anstalten bestimmten Zehnten keine Steuern zahlen, weder auf Kopf noch auf Eigentum. Sie sollten die gleichen Reichstage und Grundordnungen haben wie die Franken und die gleiche Währung (Wehrgeld), Vorzüge und Ehre genießen. Schließlich sollten sie wie jene, auch nicht anders als in ihrer Heimat, von ihresgleichen und nach ihrem eigenen Recht gerichtet werden.

Lange und heftig widerstrebte das angeborene Unabhängigkeitsgefühl der Sachsen diesen an sich ehrenvollen Bedingungen. Man erhob Bedenken, besonders gegen den Zehnten, der leicht andere Abgaben herbeiführen und aus Gottesknechten Menschenknechte machen werde, deutete hin auf die der gemeinen Freiheit schädliche Heeresfolge und vom König ausgehende Grafenwürde. Denn endlose, nun pflichtmäßige Fehden würden den bisherigen Freisassen zur Verarmung und Dienstbarkeit führen, während ihn im Frieden lebenslängliche und bald in Erbrichter umgewandelte Grafen auf unmerkliche Weise um seine angestammten gesellschaftlichen Freiheiten bringen dürften.* Allerdings mußten so kräftige und durch die Erfahrung bestätigte Einwürfe bald dem Drang der Gegenwart und der Willfährigkeit des schon früher gleichgültigen Adels weichen.

* Vgl. Möser, Osnabrückische Geschichte, Teil I, dritter Abschnitt, § 41, 42, 43.

Denn diesen hatten freundliche Reden und Geschenke, vor allem Landgüter, seidene Kleider, Geld und Wein dem Frankenreich so gewonnen, daß er kräftig zur unbedingten Annahme des Friedens mahnte und nichts aussparte, um den Trotz der zersplitterten, führerlosen und vom Elend einer dreiunddreißigjährigen Fehde niedergedrückten Wehrfreien zu brechen.*

Nach solchen Vorbereitungen zog Karl im nächsten Frühling (804) mit einem großen Heergefolge an die Elbe. Er lagerte unweit Harburg bei Holdenstatt und empfing hier die Huldigung der zahlreich versammelten Sachsen, von denen ganze Scharen durch die Taufe im benachbarten Fluß äußerlich Christen wurden, in der Tat aber noch Heiden blieben. Daher suchten Bistümer und Kirchen, Klöster und Schulen, Burgen und Schanzen durch Güte wie durch Gewalt die neue Ordnung zu befestigen, die Sitten zu mildern und alle Grundzüge des letzten germanischen Freistaats durch Gewerblichkeit und Lehnswesen zu verwischen.

Damit aber Sachsen, das Hauptziel jahrelanger Heerfahrten, gegen etwaige Unternehmungen der befreundeten Nachbarn gesichert würde, erschienen entscheidende Feldzüge gegen Slawen und Normannen als Gesetz der Klugheit und Vorsicht. Das erste Völkergeschlecht, das von der Spitze des Adriatischen Meeres durch Mähren und Böhmen bis zur Ostsee in einem großen Halbkreis ausgebreitet und wie ein Bollwerk vor den Gewalthaufen in Polen, Rußland und an der mittleren und unteren Donau geschoben war, bildete damals bei gemeinsamer Sprache und Sitte mehrere unabhängige Reiche, an deren Spitze beschränkte Häuptlinge (Krale) standen. Diese Verfassung, durch einen nicht sowohl kriegerischen als begüterten Adel (Knäsen) noch mehr gelockert, wurde die Quelle und Trägerin aller mit Zwietracht und zersplitternder Stammeifersucht verbundenen Übel. Denn die den Slawen angeborenen Tugenden der Freiheitsliebe, Gastfreundschaft, Mäßigkeit und Milde, die selbst gefangene Erbfeinde nach kurzer Dienstzeit ungefährdet entließ, blieben ebenso wirkungslos wie die musterhafte Keuschheit und Treue der häuslichen, fleißigen Frauen, ja sie brachten den verhaßten Germanen durch die Aussicht auf Beute und Parteienzwist

*Poëta Saxo bei Perz. I, 261. »*His ubi primores donis illexceret, omnes subjectos sibimet reliquos obtriverat armis*«, d. h. »Nachdem er durch solche Gaben den Adel verlockt und die übrigen sich durch Waffengewalt untertan gemacht hatte.«

stets erfolgreiche Mittel der Unterjochung. Dasselbe gilt namentlich von den deutschen Slawen, die zwischen dem Adriatischen Meer und den Mündungen der Elbe seßhaft waren und im Süden Winden, im Norden Wenden (Seeanwohner) genannt wurden. Trotz des Widerstands der Verzweiflung wurden sie anfangs von den Franken, später von den Sachsen gedemütigt. So fielen jene, um den späteren Nachfolgern gleichsam die Bahn zu bereiten, auf den Befehl Kaiser Karls in das Land der Behemannen (Böhmen, Tschechen) ein und verheerten es mit Feuer und Schwert (806). Danach zwangen sie die Sorben, die zwischen der Elbe und Saale siedelten, zur Huldigung und bauten die Festen Magdeburg und Halle, während an der unteren Elbe Hohbuchi (Hamburg) gebaut wurde,* um die im Holsteinisch-Schleswigischen seßhaften Wilzen zu zügeln (811) und den befreundeten Obotriten im heutigen Mecklenburg nachdrückliche Hilfe zu geben.

Jedoch blieb trotz solcher Siege und Maßnahmen die Abhängigkeit der slawischen Völkerschaften ungewiß, zumal im Norden weit furchtbarere Feinde der Franken auftraten: die Normannen. Diesen echt germanischen Stamm in Dänemark, Schweden, Norwegen und den benachbarten Inseln (Skandinavien) zeichneten damals gemeinsame Sprache, freie Verfassung, Odinsglaube, unbändige Kühnheit sowie Lust am Gesang und kriegerischen Abenteuer aus. Die einzelnen Völkerschaften bildeten teils kleine Freistaaten, teils Fürstentümer, deren beschränkte Häuptlinge je nach dem Umfang des Reiches bald Fylkskönige (Volkskönige), bald Stuhlkönige hießen und als eigentliches Abzeichen der Würde ein größeres oder kleineres Gefolge unterhielten. In diesen Hirdmännern, denen Jarle (Grasen) und Herser vorstanden, lag der Keim des späteren Lehnswesens. Noch lebten jedoch die meisten Skandinavier in dem gemeinheitlichen oder republikanischen Grundgesetz, wählten ihre Richter und Feldhauptleute und schlossen sich für Beute und Waffenruhm freiwillig den Land- oder Seefahrten an. Jene betrafen hauptsächlich die Küsten Frieslands, Galliens, Britanniens, Spaniens und Portugals, diese beunruhigten von Dänemark oder Jütland aus bald die den Franken verbündete Obotritenmark, bald das nordelbische, kaum befriedete Sachsen.

* Nach Ledebur, S. 181, lag Hohbuchi (Hohenbüchen, Feste auf einem Buchenberg) in der Nähe des späteren Hamburg bei dem heutigen Buchberg, im Kirchspiel Steinbeck, unweit der Einmündung des Billeflüßchens in die Elbe.

Nach langer Fehde (804–811) gelang es endlich dem Kaiser Karl, mit Hemming, dem Fürsten der Dänen, einen Versöhnungsvertrag abzuschließen, in dem die Eider als nördliche Grenze des Frankenreiches anerkannt wurde. Dagegen konnten weder Leuchttürme noch Wachen den Unternehmungsgeist der normannischen Freibeuter bändigen. Sie wagten, kühn und verschlagen, oft im Angesicht des Heerlagers Anfälle, trieben Menschen und Vieh weg und verschwanden, wenn überlegene Mannschaft nahte, ebenso schnell, wie sie gekommen waren.

Anders und günstiger den Franken gestalteten sich die Verhältnisse im Südosten, wo der Raabfluß die Markscheide bezeichnen und das tartarische Avarenvolk Untertanenpflicht schwören mußte. Dazu gab Bayern den nächsten Anlaß. Lange nämlich hatte Herzog Thassilo, stolz, aber schwach, mutig in der Gefahr, aber unschlüssig vor ihrem Auftritt, seit dem Sturz seines Schwiegervaters Desiderius von Lombardien den Plan verfolgt, Bayern der fränkischen Oberlehnsherrlichkeit zu entziehen. Er hatte mit den Avaren geheime Unterhandlungen angeknüpft und für offenen Widerstand gerüstet. Darüber argwöhnisch, forderte Karl die Erneuerung des Treueides und drang, als solches Ansinnen mit Hohn aufgenommen wurde, von drei Seiten her in das Herzogtum ein. Da verzagte Thassilo, bat zu Augsburg um Gnade und stellte zwölf Geiseln, unter ihnen seinen Sohn Theodo (788).

Kaum waren aber die Franken abgezogen, als der verhaltene Grimm wiederum ausbrach und auf den Rat Liudburgas, die ihren gefangenen Vater rächen wollte, zu den oft versuchten Mitteln griff. Daher wurden die Avaren aufgewiegelt, aber, da sie nirgends unterstützt wurden, nach kurzer Raubfahrt in Deutschland und Italien geschlagen. Darauf mußte Thassilo, von allen Getreuen verlassen, in Ingelheim bei Mainz vor den Fürsten des Reiches erscheinen und als Hochverräter, der des Königs Befehle mißachtet und fremdes Volk aufgehetzt habe, das Todesurteil empfangen. Karl aber milderte die Strafe und erlaubte, daß der Reumütige mit Frau und Kind ins Kloster Fulda ziehen und hier ein beschauliches Leben führen durfte. Danach wurde das Herzogtum Bayern, bisher fast unabhängig, aufgelöst und wie einst Alemannien unter die Verwaltung königlicher Kammerboten gestellt (788).

Dergestalt im Rücken gesichert, richteten die Franken alsbald den Hauptschlag gegen den gefährlichsten Feind im Südosten. Seit dem 6. Jahrhundert nämlich hatten allmählich die tartarischen Avaren, gewöhnlich Hunnen genannt, zwischen der Ens und der Sau feste Wohnsitze gewonnen und, von mehreren Stammfürsten (Khan) regiert, gegen Griechen und Germanen behauptet. Vom Körperbau groß und stark, überaus kriegerisch und gewandt, stritten sie meistens auf gepanzerten Rossen mit Schwert, Speer und Bogen. Sie erlernten von den Byzantinern Brückenbau und Befestigungskunst und umgürteten die Grenzgaue mit neun Gehegen oder Ringen, die durch Erdwälle und Pallisaden verteidigt wurden. An gefangenen Frauen und Männern übten sie gefühllose Wildheit, so daß jene oft an Wagen gespannt, diese in der Schlacht vorangetrieben wurden, um unter den Streichen des Feindes zu fallen. Dennoch fanden Üppigkeit und Prunksucht, eine Folge des durch Handel und Raubzüge erworbenen Reichtums, bei diesen ursprünglich rauhen Hirten und Jägern Eingang, aber die edleren Begleiterinnen der Gesittung, Künste und Wissenschaften, blieben von den Hofhaltungen der Fürsten und Großen ausgeschlossen.

Bei so unnatürlicher Mischung roher Kraft und verfeinerter Lasterhaftigkeit war die Alleinherrschaft in einem fruchtbaren, gesegneten Land des dauerhaften Bestands weder würdig noch fähig. Kaum hatte daher Karl, um die wechselvollen Fehdezüge durch einen Hauptschlag zu endigen, in drei Heersäulen von Norden, Westen und Süden aus die für unüberwindlich geltenden Ringe angegriffen, als die Verteidiger nach kurzem Widerstand in die Berge und Wälder flüchteten, so daß der Feind bis an die Raab vorbrechen und die in vielen Jahren angehäuften Schätze meistens blutlos gewinnen konnte (791).

Aber neue Unruhen in Sachsen hinderten damals eine nachdrückliche Verfolgung des Sieges, der erst geraume Zeit später (803) dadurch abgeschlossen wurde, daß teils ganze Scharen als Christen nach Kärnten wandern und hier mit den slawischen Bewohnern verschmelzen mußten, teils deutsche Pflanzer, besonders aus Bayern, in den fruchtbaren Gauen zwischen Donau, Sau und Drau unter fränkischer Hoheit Wohnsitze erhielten (Slavonien). Die Markgrafschaft Osterland (Österreich), von Deutschen und Christen bewohnt, schützte fortan den Ostrand des jetzt abgerundeten und über die meisten Germanen und viele zinspflichtige Slawenvölker ausgedehnten Frankenreiches. Zu ihm gehörten im Südwesten die Länder zwischen Ebro und Pyrenäengebirge, alle Völker Italiens bis an den Sund von Messina, in Gallien die Aquitanier und Gascogner, die Neustrier, Austrasier und Burgunder, die an beiden Seiten des Jura bis zur Aar siedelten, die Alemannen, die am rechten und linken Rheinufer bis zu den Hochgebirgen Helvetiens ausgebreitet waren, im Südosten die Bayern, zwischen dem Lech und der Ens, die Slawen und Avaren, vom Adriatischen Meerbusen bis zur Theiß und zur Raab und im Nordosten schließlich die Friesen, Thüringer und Sachsen, die durch den Eiderfluß von den souveränen Dänen, durch die Elbe vom halb unterjochten Slawenstamm geschieden waren.

Das innere Leben so verschiedenartiger Völker, die sämtlich trotz ihrer besonderen Freiheiten den König und Kaiser Karl als gemeinschaftliches Oberhaupt ehren mußten, bietet neben mehreren gemeinschaftlichen Grundzügen in den Sitten und Gesetzen, in der Religion und Wissenschaft den mannigfaltigsten Wechsel dar. Die Übersicht dieser folgenreichen, für Gegenwart und Zukunft entscheidenden Verhältnisse geht am zweckmäßigsten von der die Gesamtheit bindenden Reichsverfassung aus. Obschon jedermann zugänglich, der bei Hofe Beschwerden vorbringen wollte, und frühzeitig daran gewöhnt, möglichst an Ort und Stelle mit dem angeborenen, scharfen Blick zu sehen, bedurfte Karl dennoch für die vollziehende Macht, die regelmäßig in den Landschaften Grafen und Herzöge ausübten, außerordentlicher Gehilfen. Diese, Sendboten *(missi)* genannt und für bestimmte Sprengel zuständig, mußten jährlich viermal die Amtsführung aller Beamten untersuchen, die Gaudinge berufen und leiten und etwaige Beschwerden der Gemeinen und Armen entweder sogleich nach den jeweiligen Vollmachten erledigen oder darüber an den König berichten. Sie mußten allgemeine Reichsgesetze bekanntmachen und besondere, dem Bezirk nützliche Ordnungen vorschlagen und erörtern. Sie mußten den Heerbann beaufsichtigen, Unterrichter (Centner), Schöffen, Vögte und Schreiber wählen lassen, die Verwaltung der Krongüter prüfen und über alles teils mündlich, teils schriftlich Auskunft geben.

Um aber Parteilichkeit zu verhüten und den Wetteifer zu beleben, wurde dieses schwierige und verwickelte Geschäft gewöhnlich zwei erprobten Männern übertragen, einem Geistlichen und einem Weltlichen. So konnten nicht leicht die bleibenden Verweser der Landschaften, Herzöge, Grafen und in den Grenzgauen Markgrafen, die ihnen anvertraute Macht mißbrauchen ohne Gefahr baldiger Entdeckung und Strafe. Ungünstiger waren dagegen der gesellschaftlichen Freiheit die bedeutenden Änderungen der Rechtspflege, die in größere Abhängigkeit vom König geriet und viele Grundzüge ihrer alten Öffentlichkeit verlor. Während nämlich früher das Volk die Grafen erwählte, trat jetzt die Krone überall mit der Befugnis auf, aus ihren Lehnsleuten jene Vorsteher der Gerichte, meistens für die Dauer des Lebens, zu ernennen und selbst den Wirkungskreis der Schöffen zu beschränken. Denn diese wurden unter der Leitung des Sendboten vom Volk erkoren und dem Grafen als Gehilfen beigesellt, um teils auf einen vorgetragenen Fall das Recht zu weisen, teils den Tatbestand zu untersuchen. Bei etwaiger Parteilichkeit waren diese aber nicht dem jeweiligen Vorsteher, der leicht dadurch hätte einschüchtern können, sondern dem außerordentlichen Gesandten verantwortlich. Deshalb dauerte auch das Schöffenamt, für jedes Gauding meistens an sieben Glieder übertragen, mehrere Jahre und blieb die Hauptstütze der Volksrechte, zu deren Schutz ein feierlicher Schwur verpflichtete. Todesstrafen waren noch selten. Sie trafen nur Hochverrat, Kirchenraub, Meineid, Feldflüchtigkeit und Straßendiebstahl. Alle anderen Missetaten konnten nach dem freilich vielfach geänderten Wehrgeldanschlag gebüßt werden: der Mord eines Getreuen (Trauten, *antrustio*) mit 72 000, die Entwendung eines Lamms mit 7 Denarien. Öffentlichkeit, aber ohne Schild und Lanze des Anwesenden, Eideshelfer, Gottesurteile und Zweikämpfe – obschon selten* – und die Beweisführung durch Zeugen und Urkunden blieben unverändert. Ebensowenig wechselte die altgermanische Ansicht, daß jeder nach seinem Gesetz und von seinesgleichen gerichtet werden müsse. Vielmehr ließ Karl die Bräuche der einzelnen Völker, wie der Friesen, Sachsen, Thüringer, Bayern, Alemannen, Langobarden usw., teils sammeln, teils vervollständigen.

Die gesetzgebende Gewalt mußte gleichfalls manche Änderungen erleiden. Denn die schon ausgebildeten Dienstmannen und stellenweise Verschmelzung der Germanen mit Römern, das neue Kaisertum und die wachsende, absichtlich geförderte Macht der Priesterschaft – diese Umstände wirkten sämtlich zugunsten der Krone. Also wurde unter ihrer Leitung jährlich einmal im Herbst der Reichstag als Quelle der allgemein verbindlichen Ordnungen versammelt. An ihm durften erscheinen: Bischöfe und Äbte für die Geistlichkeit, Herzöge, Grafen, Markgrafen und höhere Hofbeamte für den Lehnsadel, endlich Schöffen *(scabini)* für die Gemeinfreien. Der König eröffnete entweder persönlich oder durch Stellvertreter die bei heiterer Witterung unter freiem Himmel, bei unfreundlicher unter dem Dach der Pfalz versammelten Stände. Er legte die Gegenstände der Beratung vor und begehrte, daß sie erörtert würden. Hatten danach Priester und Weltliche, die in zwei gesonderte Kammern *(curiae)* zerfielen, einen gemeinschaftlichen Schluß gefaßt, so wurde

---

* Als Grund wird angegeben: »Es scheint uns besser, daß man vor den Schranken mit dem Prügel drein schlage, denn Meineid begehe.« Capitular. des Jahres 801.

dieser vom König als gültiges Gesetz *(capitulare)* bestätigt, von den Anwesenden unterzeichnet, besiegelt und den Beamten zur Vollziehung übergeben.

Um den Geschäftsgang des Reichstages, der über Krieg und Frieden, Bündnisse, Verträge, Handel, Gewerbe, Schulen und Kirchensachen entschied, abzukürzen und etwaigem Widerstand der Abstimmenden zu begegnen, hielten König, Staatsräte und Getreue im Sommer eine vorberatende Versammlung, so daß nicht leicht auf der größeren ein wesentliches Hindernis begegnen konnte. Trotz solcher Schranken galt dennoch rechtlich wie tatsächlich die Grundansicht, daß ein verbindliches Gesetz nur aus der Wechselwirkung der Krone und der Stände hervorgehe.[*] Deshalb wurden in jeder Landschaft alljährlich um die Mitte des Monats Mai vom Sendboten die Bischöfe, Äbte, Grafen, Schutzvögte der Kirchen und Schöffen versammelt, um teils das Betragen der jeweiligen Beamten und die Lage der religiösen und weltlichen Angelegenheiten zu untersuchen, teils die allgemeinen Reichsgesetze zu vernehmen und für den besonderen Kreis nützliche Ordnungen entweder aufzustellen oder vorzuschlagen. Die mündlichen und schriftlichen Berichte des Sendboten, der sorgfältig alle Beschwerden prüfte und besonders die Schöffen als unmittelbare Stellvertreter des Volkes in Fragen und Antworten vernahm, sollten gleichzeitig dem König und dem Reichstag eine feste Übersicht des Besonderen geben, wie denn jener seinen Bevollmächtigten deshalb die gemessensten Vorschriften erteilte und örtliche Klagen oft zum Gegenstand einer allgemeinen Beratung machte.[**] Sollten aber rechtskräftige Volksgesetze geändert werden, so mußte die Landsgemeinde vorher beistimmen.[***]

Obschon so die Freisassen an der richterlichen und gesetzgebenden Macht den ihnen gebührenden Anteil behaupteten, hatten sich dennoch unter Karl und den Vorgängern die Verhältnisse der staatsbürgerlichen Gesellschaft auf Kosten der gemeinen Freiheit so entwickelt,

---

[*] *»Lex consensu populi fit et constitutione regis«*, d. h. »Das Gesetz wird erlassen durch den Beschluß des Volkes und die Bestätigung des Königs.« Edictum Pistense a. 864. Capitul. 803 und 804 bei Baluz. II, 177.

[**] *»Secunda autem ratio Regis erat interrogatio, quid unusquisque ex illa parte regni, qua veniebat, digna relatu vel retractatu afferret«*, d. h. »Ferner pflegte der König oft zu fragen, was dieser oder jener aus seinem Vaterland Bemerkenswertes mitbringe.« Hincmar, De Ordine Palat., c. 25.

[***] *»Ut populus interrogetur de capitulis, quae in lege noviter addita sunt. Et postquam omnes consenserint subscriptiones et manufirmationes in ipsis Capitulis faciant«*, d. h. »Man befrage das Volk über die neuerlichen Gesetzanhänge. Wenn alle sodann beigestimmt haben, sollen die Unterschriften erfolgen.« (Capitul. ann. 803, § 9.)

daß bereits die Keime ständischer Vorrechte (Privilegien) in deutlichen Merkmalen hervortraten und eine traurige Zukunft eröffneten. Denn während die Geistlichkeit auf den wachsenden Kirchengütern durch selbstgewählte Schutzvögte (*advocati*, Kastvögte) ihre Gerichtsbarkeit ausdehnte, Zehnten empfing und keine Lasten des Heerbanns trug, bekam der Adel beinahe ausschließlich Grafen- und Herzogtümer, Reichs- und Hofämter. Er befehligte neben dem Lehnsgefolge das allgemeine Aufgebot, zahlte nachlässig seine einzige Steuer, den Zehnten, und bestimmte, auf den Reichstagen gewöhnlich den kirchlichen Stellvertretern verbunden und dadurch den Boten der Freisassen überlegen, die Richtung der örtlichen Angelegenheiten. Gleichzeitig trachtete er nach allmählicher Erblichkeit der Lehen und Ämter, die damals allein den Begriff des Adels bildeten oder, wie man zu sagen pflegt, adlig machten. Nur die starke und überall eingreifende Persönlichkeit des Königs, dem Geburtsvorrechte mißfielen, hielt die schnelle Entfaltung der schon offenbaren Ansprüche auf und erhielt ein gewisses Gleichmaß der gesellschaftlichen Kräfte.

Dennoch gerieten viele Wehrfreie in große Bedrängnis. Sie mußten trotz des königlichen Verbots bald Grafen, Bischöfen und anderen Beamten unentgeltlich Hand- oder Spanndienste tun, bei der Heu- und Getreideernte oder beim Pflügen und Winzern behilflich sein, bald auf den Ruf des Heerbanns Haus und Heim verlassen, so daß etliche, müde der steten Plackereien, ihr Freigut verkauften oder einem mächtigen Kronvasallen in Lehen gaben und dann als Pächter bestellten. Andere sanken in Armut, Hörigkeit und Leibeigenschaft. Dessen ungeachtet blieb die Zahl der Freisassen in Sachsen, Alemannien, Bayern und Ostfranken (Austrasien) noch bedeutend, während sie in den südgallischen Landschaften und in Italien, wo jedoch die Städte Zuflucht gewährten, außerordentlich abnahm. Zwischen ihnen und den Knechten, deren Menge durch Kriege und Druck anwuchs, standen nach wie vor die Halbfreien (*coloni*, Lazzen), die teils ihren in Lehen umgewandelten Freihof als Pächter bestellten, teils als Hintersassen auf den Krongütern wohnten. Freigelassene, die der Herr in Gegenwart von elf Zeugen am Altar einer Kirche von aller Dienstbarkeit entbunden hatte, traten unter den besonderen Schutz des Königs und wurden den übrigen Franken gleich geachtet.

Die Kriegsverfassung, die eng an die staatsbürgerliche geknüpft war, ruhte auf Heerbann und Lehnsgefolge. Jener nahm ab an Zahl und zu an Lasten, dieses erstarkte nach außen und innen durch die Menge der Mitglieder und Vorrechte. Denn während das altgermanische Gesetz die Freisassen nur zu den Waffen entbot, wenn die Grenzen bedroht wurden, bestimmten nach der neuen Ordnung

Reichstag und König den Aufbruch auch für auswärtige Fehdezüge, bald vom Ebro an die Theiß, bald von der Elbe an den Tiber. »Wer«, lautete das darauf bezügliche Gebot, »vier Morgen (Hufen, *mansi*) Eigen- oder Lehnsguts besitze, solle vollständig gerüstet und mit Mundvorrat für drei Monate versehen zu Felde ziehen. Wer weniger habe, solle diesen Maßstab so beobachten, daß der Inhaber von drei, zwei und einem Morgen sich einem Markgenossen von einer Hufe, einem von zwei und drei von einem Morgen beigesellte, um gemeinschaftlich den nötigen Aufwand zu bestreiten.«

Für alle Heerbannpflichtigen bestanden gewisse Grenzen, von denen an die gesetzliche Ausrüstung, besonders des Bedarfs, gerechnet werden sollte, z. B. die Pyrenäen für die Anwohner der Loire, diese für die Rheinländer, die Elbe für das überrheinische Aufgebot. Selbst die Hintersassen, die auf dem Erbe der Gemeinfreien oder dem Lehen der Dienstleute wohnten, mußten der Fahne folgen. Nur die Bischöfe, Äbte und Geistlichen überhaupt durften zu Hause bleiben, nicht aber ihre Angehörigen.

Die gewöhnlichen Waffen des leicht bewehrten Fußkämpen waren Schild, Lanze, Bogen, zwei Sehnen, zwölf Pfeile. Wer zwölf Hufen besaß, erschien in vollem Harnisch und führte neben dem Speer ein zweischneidiges Schlachtschwert. Die nicht zahlreiche Reiterei diente gepanzert. Des Königs und der Befehlshaber Mundvorrat folgte mit dem Feldgerät, wie Schaufeln, Bohrern und Beilen, auf Karren. Für Brücken und Fahrzeuge mußten die Grafen des Bezirks sorgen.

Das Kriegsgesetz war außerordentlich streng. Wenn ein Lehnsmann, der mehrfach gemahnt wurde, die Heeresfolge nicht leistete, verlor er Ehre und Gut. Den saumseligen Freisassen traf eine Buße von 60 Schillingen (120 Gulden), die er, wenn er zahlungsunfähig war, dem König als Knecht abverdienen durfte. Jedoch sollte, um Unparteilichkeit zu bewahren, nicht der Graf, sondern der Sendbote die Bannbrüche verhängen und einziehen. Dennoch geschahen unzählige Unterschleife und Bedrückungen. Mancher Wehrfreie sank in Armut oder übergab sich und sein Erbgut einem mächtigen Herrn zu Lehen. Nicht allen Mißbräuchen der Art vermochten Befehle des Reichstages zu begegnen. Man glaubte schon viel getan zu haben, wenn die Strafen nicht an Grundstück und Leib, sondern an Gold, Silber, Kleidern, Vieh und anderer beweglicher Habe genommen und beigetrieben wurden.* Stärkeren Eindruck machten die unmit-

* Capitul. a. 812 bei Bouquet, Recueil des histoires de la France, Band V, S. 684.

telbaren Lagergesetze, die meistens entweder altem Herkommen folgten oder dieses den neuen Zeitverhältnissen anpaßten. Wenn ein Dienstmann also ohne Harnisch (Brünne) erschien, verlor er das Lehen, und wer zu spät den Sammelplatz besuchte, mußte sich für die Tage seiner Säumnis des Fleisches und Weines enthalten. Den Feldflüchtigen traf der Tod. Der Trunkenbold wurde so lange zum Wassertrinken verurteilt, bis er sich gebessert hatte. Wer plünderte oder Saaten verdarb, wurde durch dreifachen Schadenersatz gebüßt.

Für die christliche Kirche, ihre Beamten, Güter und Anstalten wurde mit besonderer Freigebigkeit und oft ängstlichem Eifer gesorgt, während Grafen, Sendboten und andere hohe Mitglieder der weltlichen Reichsordnung das mindeste Vergehen nicht ungeahndet ausüben durften. Während Völker und Fürsten der Fremde überall den erobernden Arm der Franken fühlen mußten, ehrte der Kaiser den Papst als sichtbares Haupt der Gläubigen durch Worte und Werke und bestätigte und erweiterte seine Besitzungen und Rechte, jedoch ohne der Lehnsoberherrlichkeit über sie zu entsagen. Er wagte in geistlichen Angelegenheiten nicht leicht ohne den Rat des römischen Bischofs einen entscheidenden Schritt, forderte mit eiserner Strenge den Zehnten als eine göttliche, schon unter den Juden gültige Satzung von Reichen und Armen, Kron-, Lehns- und Freigütern, ja, verpfändete die eigene Ehre für die Beitreibung der ersten, regelmäßigen Steuer, der Sitte und Verfassung bisher auf gleiche Weise widerstrebten. Zwar wurden keine eigenen oder Kronländereien Kirchen und Klöstern überlassen, aber dafür brachten Zehnten, Geschenke an Geld und Kostbarkeiten sowie die Vermächtnisse um ihr Seelenheil bekümmerter Großer hinlänglich Entschädigung. Auch trat mancher kleine Grundbesitzer, müde der Heerbanndienste und anderer Lasten, als Lehnsmann in den Dienst eines Gotteshauses, dem er das bedrängte Freigut der Väter bald verpfändet, bald für niedrigen Kaufschilling als Eigentum übergeben hatte.

Diese schon bedeutenden Güter, die als Opfer der Frommen für heilig und unantastbar erklärt wurden,* schützte im Namen des

---

* »Wir wissen«, sprach die Geistlichkeit in einer 803 überreichten und gewährten Bittschrift, »daß die Besitzungen der Kirche Gott geweiht sind. Wir wissen, daß sie Gaben der Gläubigen und Sündengeld *(pretia peccatorum)* sind. Wer daher etwas von diesen geweihten Gegenständen an sich zu bringen sucht, begeht einen Kirchenraub *(sacrilegium)*. Wer das nicht einsieht, muß blind seyn« *(caecus est qui ista non videt)*. Bouquet, Recueil, Band V, S. 668.

Königs der Kastvogt, der von den meisten Bischöfen und Äbten aus den redlichen und wohlhabenden Männern des Gaues frei erwählt wurde und zugleich Richter über die Leute der Kirche oder des Klosters war. Daneben bestätigte und erweiterte Karl als der fromme Verteidiger des Apostolischen Stuhls und des christlichen Glaubens die Freiheiten der gesamten Priesterschaft. Nicht nur wurde dieser und den Gemeinden die Bischofswahl zurückgegeben, sondern auch die schon ausgedehnte Gerichtsbarkeit durch förmliche Reichsschlüsse gewährleistet. Kein Graf oder weltlicher Beamter nämlich sollte ohne bischöfliche Bewilligung einen Geistlichen und Dienstmann *(homo)* der Kirche vorladen und beurteilen. Vielmehr soll er stille sitzen, wenn die eine oder andere von zwei streitenden Parteien selbst mitten im Laufe der Untersuchung sich vom weltlichen Richter an einen geistlichen wendete, von dessen Ausspruch keine weitere Berufung (Appellation) stattfinden dürfte.

Zweckmäßiger als dieses falsche, dem Kaiser Konstantin untergeschobene und von Karl aus Schwäche erneuerte Gesetz mochte die Verordnung erscheinen, die den Mißbräuchen der priesterlichen Heerbannpflichtigkeit begegnen und die rohen Sitten des Feldlagers aus einem nur der Seelsorge und dem Volksunterricht bestimmten Stand nach Kräften entfernen wollte. »Wir verbieten«, lautete der Reichstagsbeschluß, »allen Knechten Gottes, Waffen zu tragen, zu fechten und sich beim Heer einzufinden oder aufzuhalten. Ausgenommen sind diejenigen, die zur Besorgung des Gottesdienstes ernannt sind, ein Geschäft, dem ein oder zwei Bischöfe mit ihren ältesten Kaplänen wohl genügen können. Überdies darf jeder Hauptbefehlshaber einen Geistlichen der Beichte wegen bei sich behalten. Aber kein Priester soll Heiden- oder Christenblut vergießen, und kein Knecht Gottes soll jagen, in den Wäldern mit Hunden herumstreifen und Habichte, Falken und Possenreißer *(jongleurs, joculatores)*, die auch den Äbtissinnen untersagt sind, halten.«*

Die dunklen Schatten der staatsbürgerlichen und kirchlichen Ordnungen, mit denen Karl auf Kosten der allgemeinen Freiheit Adels- und Priestervorrechte als den festen Bindestoff eines ungeheuren Reiches zu fördern versuchte, treten zum Teil in den Hintergrund, wenn man die für Bildung und Gesittung der Völker getroffenen Maßnahmen überblickt und in ihnen ohne Mühe ein ebenso

* Bouquet, V, S. 645.

folgerichtiges wie weises Streben für die geistigen Fortschritte der Zeitgenossen entdeckt. Selten haben Ehrgeiz und Herrschsucht auf eine ähnliche Weise schreiende Gewalttaten vergütet und persönliche Leidenschaften während und nach ihrer Befriedigung dem öffentlichen Besten zugewandt.

Der Kaiser nämlich, von reiner Liebe zu den Wissenschaften getrieben und im Glauben, daß nur die auf ihrem Gebiet errungenen Siege dauerhaft sind und die fernsten Geschlechter mit der Gegenwart unsichtbar verknüpfen, versuchte gleichzeitig, obschon auf verschiedenen Wegen, alle Stände der bürgerlichen Gesellschaft, Adel, Geistlichkeit und Volk, für die höchsten Lebenszwecke zu gewinnen und zu betätigen. Deshalb arbeitete er auch unablässig an der eigenen Vervollkommnung. Er füllte im reiferen Alter manche Lücken dürftiger Jugendkenntnisse auf, lernte Latein und Griechisch und studierte unter Peter von Pisa und Alkuin, seinen treuen Freunden, Sprach-, Zahlen- und Sternenkunde. Er bildete seine natürliche Beredsamkeit auch nach den Gesetzen der Kunst aus, erforschte das Wesen und den Bau der deutschen Mundart, die von ihm zuerst entsprechende Namen der Monate und Winde empfing und ließ bisher zerstreute Volkslieder sammeln. Er vereinigte endlich durch Freigebigkeit und Freundschaft an seinem Hofe die Blüte aufgeklärter und tugendhafter Zeitgenossen, damit sie als Lehrer und Schriftsteller die Wißbegierde des Fürsten leiteten, in allen Landschaften des weitläufigen Reiches Bildung und Wissenschaft wie von einem Brennpunkt aus weckten und verbreiteten.

Diese Männer, teils Franken, teils Fremde, stifteten eine Gesellschaft, die unter dem Namen der Akademie Karls mitten in der Roheit des Jahrhunderts den Sinn für das Schöne und Wahre gerettet, manche nützlichen Kenntnisse zum Gemeingut der Menschheit erhoben, den starren Kirchenglauben, bisweilen gegen anderen Willen, bekämpft und selbst in den Klöstern eine Flamme geistigen Wetteifers entzündet hat. Der Verein, dessen Mitglieder durch scherzhafte Beinamen ihren besonderen Wirkungskreis bezeichneten, wurde hauptsächlich von folgenden Gelehrten gebildet und in Tätigkeit erhalten.

Der Angelsachse Alkuin, der mit gründlicher und vielseitiger Wissenschaft klare und allgemein verständliche Darstellungsgabe vereinigte, blieb, nachdem er Aachen, das christliche Athen, nach jahrelangem Aufenthalt verlassen hatte, als Vorsteher der Klosterschule des heiligen Martin zu Tours durch traulichen Briefwechsel mit dem Kaiser in ununterbrochener Verbindung und scheute sich nicht, einzelne seiner Mißgriffe freimütig zu tadeln. »Suche«, schrieb er z. B.

nach den Siegen über die Sachsen und Avaren, »für das neue Volk fromme, gelehrte und sittenreine Prediger, die dem Vorbild der heiligen Apostel folgen. Diese reichten ihren Zuhörern Milch dar, das heißt, sanfte, menschenfreundliche Gebote. Aus solchen Betrachtungen wirst du nach deiner Liebe zur Religion urteilen, ob es ratsam sei, so rohen Völkern beim Anfang des Glaubens das Joch der Zehnten aufzulegen, oder ob nicht bedacht werden müsse, daß die Apostel, die doch von Gott selbst unterwiesen und von Christus zur Predigt des Evangeliums gesandt waren, nie den Zehnten gefordert, nie ihn eingetrieben haben.« Übrigens hieß Alkuin nach seinem Lieblingsdichter Horaz für den gelehrten Verein Flaccus.

Einhard (Eginhard), nicht nach der Schutzgöttin der Geschichte, sondern nach der schönen Stimme Calliopius* genannt und ohne Empfehlung der Geburt nur durch Verdienste des Geistes so erhoben, daß er Karls Geheimschreiber, Oberbaumeister und Schwiegersohn wurde, gewann in der Zahlen- und Größenlehre, in der Ton- und Baukunst den gebührenden Ruhm, während sein »Leben des Kaisers« von einem warmen Gemüt, unbestochenem Wahrheitssinn und nicht gewöhnlicher Kenntnis der römischen Sprache als bleibendes Denkmal zeugt.

Engelbert, durch Anmut des Leibes und Geistes ausgezeichnet und später mit Bertha, einer Tochter Karls, vermählt, hieß in dem wissenschaftlichen Kreis wegen seines dichterischen Schwunges Homer, der Westgote Theodulf aus gleichem Grunde Pindar, der Erzbischof Rikulf von Mainz wegen der Liebe zu ländlichen Gedichten Damötas, der Abt Abälard von Corvey Augustin, wegen der Anhänglichkeit an den berühmten Kirchenvater. Der Kunst und Wissenschaft liebende Kaiser endlich hieß König David, dessen Psalmen mit besonderer Lust auswendig gelernt und gesungen wurden. Auch der treffliche Lombarde und Geschichtsschreiber Paul Warnefried, der seinem unglücklichen Vaterland Treue bewahrte, lebte an dem Aachener Hof und versuchte bald als Gelehrter, bald als Volksschriftsteller die Bildungsmaßnahmen seines neuen, von ihm keineswegs geliebten Herrn zu fördern, während eine beträchtliche Büchersammlung, von Gerward beaufsichtigt, dem gemeinsamen Gebrauch bestimmt wurde.

---

* Dieser Beiname geht wohl auch auf den anmutigen Vortrag zurück, das *bene proferre, quod elegeris* machte schon Fulgentius, c. 14, Ed. Staveren II., zur Musengabe der Kalliope.

In dieser Weise von Freunden umgeben, die durch wechselseitigen Austausch der Gedanken und Einsichten den Trieb nach Wissenschaft nährten und läuterten, wollte Karl, der nicht zufrieden war mit den eigenen Fortschritten, möglichst alle Stände und Landschaften an die Achtung der Geisteskraft gewöhnen. Er wollte schädliche Vorurteile ausrotten, den rohen Trotz auf Selbsthilfe und leibliche Überlegenheit brechen und gute Sitten und nützliche Kenntnisse zum Gemeingut der bürgerlichen Gesellschaft erheben. Deshalb wurden besonders an die reich ausgestatteten Hauptkirchen und Klöster Schulen geknüpft, in denen zunächst junge Geistliche nicht nur als Priester, sondern auch als Volkslehrer ausgebildet werden sollten. »Denn«, meldete schon 787 ein Kreisschreiben den Bischöfen und Äbten, »Bistümer und Klöster sind zwar den Zöglingen eines frommen und beschaulichen Lebens bestimmt, sollen aber gleichzeitig denen, die sich mit der Gnade Gottes in den Wissenschaften üben wollen, zum Aufenthalt dienen. Wer dem Höchsten durch seinen Wandel zu gefallen sucht, muß ihm nicht minder durch eine richtige Sprache zu gefallen trachten. Gut handeln ist freilich besser als wissen. Aber je reicher der Mensch an Wissenschaft ist, desto leichter und tüchtiger mag er gut handeln. Oft haben wir Briefe aus den Klöstern erhalten, die zwar nicht schlechte Gedanken verrieten, allein eine ungehobelte Sprache führten. Denn diese hatten die Leute aus Mangel an Übung bei aller Frömmigkeit nicht in ihrer Gewalt und drückten sich deshalb sehr fehlerhaft aus. Daher muß man dafür sorgen, daß Männer, die sich so wenig um das Schreiben bekümmerten, wahrscheinlich auch im Verständnis der heiligen Bücher wenig geschickt sind. Also ermahnen wir euch, die Wissenschaften nicht nur nicht nachlässig, sondern vielmehr mit Wetteifer zu betreiben, und wünschen, daß in jedem Bistum und Kloster kundige und fleißige Lehrer angestellt werden.*«

Gemäß dieser Einladung, die statt des Befehls galt, wurden allmählich teils die alten Schulen verbessert, teils neue gestiftet und mit hinlänglichen Einkünften, besonders den Zehnten, ausgerüstet. Gesang, Lesen, Schreiben, deutsche und lateinische Sprache, Zahlen- und Größenlehre bildeten die Gegenstände des Unterrichts, den neben den künftigen Geistlichen auch Söhne der Laien benutzen durften. Feldgeschäfte und Handwerke füllten, besonders in den An-

---

* Bouquet, V, S. 621.

stalten der Benediktiner, die Mußestunden der gottesdienstlichen und wissenschaftlichen Arbeiten. Bald blieb keine Landschaft ohne diese Schutzstätten der Gelehrsamkeit und des Gewerbes. Denn bei den Romanen (Welschen) blühten unter Alkuins Leitung Tours, Lyon und Orléans auf, bei den Germanen (Deutschen) gewannen St. Gallen (seit 750), Reichenau, Hirsau (im Schwarzwald) im Süden, Trier, Paderborn, Osnabrück, Corvey und Fulda im Norden Auszeichnung, während jenseits der Alpen Rom, Montecassino usw. den schon begründeten Ruf behaupteten.

Oft mußte jedoch Karl, um unter den rohen, unwissenden Mitgliedern des Priesterstandes Zucht und geordnete Tätigkeit zu erhalten, strenge Vorschriften erlassen und die Sprache und das Betragen eines Herrn und wachsamen Oberaufsehers annehmen. So sollte bei Strafe der Absetzung kein Geistlicher für Messe, Taufe und andere kirchliche Handlungen Geschenke empfangen, kein Abt einen Klosterbruder für Geld in das beschauliche Leben einführen oder gar, was hin und wieder geschah, Schuldige blenden und an ihren Gliedmaßen verstümmeln. Kein Bischof, der sich häufig oder länger als drei Wochen von seinem Amtssitz entferne, sollte sein Bistum, und kein Pfarrer, der faul sei und nichts lernen wolle, seine Pfründe behalten. Kein Geistlicher sollte in seiner Wohnung ein fremdes Weib beherbergen, Wirtshäuser besuchen, im Lande umherziehen oder Waid- und Waffenwerk treiben. Ein Geistlicher sollte auch nicht mehrere Ämter verwalten oder in doppelter Ehe leben.

Als aber dennoch bei vielen Priestern, die sich Knechte Gottes nannten, Schwelgerei, Habgier, Prunk- und Jagdliebe in ungestörter Herrschaft blieben, gebrauchte Karl selbst die üblichen Kirchenversammlungen als Mittel, um auf das noch nicht ganz abgestorbene Ehrgefühl zu wirken. »Wir wollen wissen«, lauteten z. B. die den Bischöfen zugesandten Vorfragen, »was das bedeute, die Welt verlassen? Woran man diejenigen, die die Welt verlassen, von denen, die ihr anhängen, unterscheiden könne? Ob etwa nur daran, daß sie unbewaffnet und unverheiratet sind? Ob derjenige das Zeitliche aufgegeben habe, der Tag und Nacht durch allerlei Künste seine Besitzungen zu mehren trachtet und deshalb bald durch Androhen höllischer Strafen, bald durch Verheißen himmlischen Lohns einfältige, ungelehrte und unvorsichtige Leute, reiche wie arme, dazu überredet, sich selbst und ihre rechtmäßigen Erben des gesetzlichen Gutes zu berauben? Ob derjenige die Welt verlassen habe, der aus Begierde nach fremdem Eigentum falsche, meineidige Zeugen erkauft und sich an einen gewissenlosen Richter wendet, um durch dessen Ausspruch zu erwerben, was ihm nach dem Recht nicht gehört? Was von denen zu halten sei, die aus angeblicher Liebe zu Gott, seinen Heiligen und Bekennern die Gebeine der Heiligen bald dort-, bald hierhin tragen, um neue Kirchen zu bauen, denen sodann gutmütige Menschen ihr Erbteil schenken oder vermachen sollen? Was das für Leute seien, von denen der Apostel spricht: Folget mir nach!, und welche er meine, wenn geschrieben wird: Kein Diener Gottes mische sich in weltliche Geschäfte! Und wie man dem Apostel nachfolgen und Gott dienen müsse?«

Überhaupt suchte Karl, der wegen seiner geistlichen Strenge ein Bischof der Bischöfe genannt wurde, die Priesterschaft möglichst nach dem Vorbild der von ihm hochverehrten Kirchenväter in Zucht und Wissenschaft zu fördern, so daß er einst betrübt über den Abstand wehmütig ausrief: »Hätte ich doch zwölf gelehrte und treffliche Pfaffen, wie Augustin und Hieronymus waren!« »Wie!« entgegnete Alkuin, wegen des Vergleichs beleidigt, »der Schöpfer des Himmels und der Erde hatte nur zwei ihnen ähnliche Männer, und du begehrst deren zwölf?«

Jedoch wurde im ganzen das gewünschte Ziel erreicht und die Geistlichkeit der Kirchen und Klöster durch Milde und Ernst an Sittsamkeit, Fleiß und Achtung der Wissenschaften gewöhnt, während auf Weilern und in Dörfern Volksschulen entstanden, wo die Kinder der Armen und Begüterten, der Edlen und Gemeinfreien unter der Leitung eines tüchtigen Pfarrers in brüderlicher Gleichheit lebten und Lesen, Singen, Rechnen und Schreiben lernten. Oft besuchte der Kaiser diese Lieblingsanstalten, prüfte, legte Fragen vor, lobte die Fleißigen und tadelte die Trägen. So wußte er selbst bei dem verwilderten Adel den Trotz aus Geburt zu beugen und die reinere Flamme eines geistigen Wetteifers hier und da zu entzünden. Vor allem wollte aber Karl als Gesetzgeber sittlich-religiös auf die germanischen Völker einwirken und gewisse ihnen angeborene Grundtugenden und Laster dort schützen, hier ausrotten. Er wollte schädliche Vorurteile des christlich-heidnischen Aberglaubens tilgen und durch einen vernünftigen, nicht auf toten Äußerlichkeiten ruhenden Gottesdienst für manche Kriegsgreuel Entschädigung bringen, obschon auch hier Mißgriffe nicht fehlten. So wurde die Gastfreiheit gegen jedweden Reisenden dringend empfohlen* und

* Capitul. a. 803. »Niemand soll in unserm Reich Wanderern Herberge und Herd verweigern oder ihrem Vieh Futter vorenthalten.« Bouquet, V, S. 66. Vgl. Capitul. a. 809, S. 681.

jedem Kirchspiel die Verpflegung seiner Armen geboten, Straßenbettelei aber streng untersagt.* Ein Viertel des Zehnten wurde den Bedürftigen bestimmt** und den Witwen, Waisen und Bedrängten der besondere Schutz des Gesetzes verliehen. Die ziemlich allgemeine Völlerei wurde dadurch gemindert, daß ein Betrunkener weder als Zeuge noch als Partei vor Gericht treten und der Graf nur nüchtern auf dem Dingmal erscheinen sollte.*** Schließlich wurde auch der in mannigfachen Gestalten sichtbare Aberglaube mit väterlichem Ernst angegriffen und bekämpft. »Niemand«, lauteten die darauf bezüglichen Verordnungen, »möge wähnen, daß man zu Gott nur in drei Sprachen beten dürfe. Niemand solle aus dem Vogelflug, Roßgewieher, Psalter und Evangelienbuch die Zukunft deuten oder auf Alrunen und Zauberbänder (Amulette) als Mittel gegen mancherlei Böses halten. Niemand solle wegen Hagel die Glocken taufen und Zettel an Stangen befestigen,**** niemand beim heiligen Stephan, bei dem Kaiser und seinen Söhnen schwören oder ihnen zu Ehren die Becher leeren. Niemand solle die Geister im Walde (Nimiden), an den Felsen und Quellen anrufen oder aus Abgötterei Feuer (Nodfyr) und geweihte Kerzen anzünden. Niemand solle zum Mond, als könne er die Herzen der Menschen bewegen, bei der Zu- und Abnahme abergläubisch emporschauen oder unchristliche Totenfeste (Dads-isas, Totenessen bei den Sachsen) begehen.«

Um aber beim Gottesdienst gleichzeitig auf Gemüt und Verstand einzuwirken, wurden teils mit Hilfe römischer Meister in Metz und Soissons Singschulen errichtet und Gehalt und Tonweise der Kirchenlieder und Psalmen veredelt, teils wurden die Bücher des Alten und Neuen Testaments in die Muttersprache übertragen und deutsche Predigtauszüge der Kirchenväter für öffentlichen und häuslichen Unterricht durch Paul Warnefried angefertigt. Bisweilen geschahen auch Rückfälle ins roheste Gewaltrecht. Wer nämlich bei den Alemannen sonntags die Kirche nicht besuchte, sollte durch Stockschläge, das drittemal durch Verlust der Freiheit büßen.

---

* Capitul. a. 806 bei Bouquet, S. 677. »Hinsichtlich der Straßenbettler wollen wir, daß jeder unserer Getreuen seine Armen vom Lehns- oder Freigut nähre und nicht dulde, daß er auf Bettel ausziehe.« Vgl. Capitul. a. 805 bei Bouquet, S. 673.

** Capitul. a. 805 bei Bouquet, S. 674.

*** Capitul. a. 803 bei Bouquet, S. 664 und Capitul. a. 810 bei Bouquet, S. 681.

**** Capitul. a. 789 bei Bouquet, S. 649, 650.

Für die äußere Wohlfahrt des Volks wurde, soweit es die fast beständigen Fehden duldeten, nach Kräften Sorge getragen. Gleiche Gewichte im ganzen Reich, erträgliche Münzen und geringe Weg- und Brückenzölle erleichterten den Verkehr, der vorzüglich auf den Flüssen sehr lebhaft war. Waffen und in teuren Zeiten Getreide abgerechnet, konnte alles ausgeführt werden. Kaufleute standen unter dem besonderen Schutz der Gesetze. Am kräftigsten aber unterstützte der Kaiser den Ackerbau. Die scharfsinnigen und gründlichen Vorschriften über Bestellung der Kron- oder Kammergüter, die den Hauptteil des Einkommens bildeten, konnten dem Landmann als Beispiel einer wirklichen Musterwirtschaft dienen. Nichts war übersehen, das Kleinste wie das Größte berücksichtigt und der Willkür des Amtmanns und Meiers entzogen. Jede Örtlichkeit war in Bedacht genommen, jedem Zweig ländlicher Betriebsamkeit, wie dem Wein- und Feldbau, der Obst-, Pferde-, Rinder-, Schaf-, Ziegen- und Schweinezucht, der Wirkungskreis nebst den zweckgemäßen Hilfsmitteln vorgezeichnet. Die Zahl der Hühner und Gänse auf den jeweiligen Höfen war genau bestimmt, überhaupt war alles angewandt, um in die mannigfaltigen, kleinteiligen Geschäfte Wechselbeziehung und Einheit zu bringen.*

Selbst auf die Dorfschulen wurden landwirtschaftliche Kenntnisse verpflanzt. Jedes Kind mußte Rechnen und Arzneien lernen,** die Namen und Behandlungsweise der nützlichsten Bäume, Pflanzen und Kräuter für den künftigen Hausgebrauch sich einzuprägen wissen. Schädlich für die allgemeine Freiheit und Wohlfahrt wurden dagegen die in vielen Landschaften eingezäunten und unter Königsbann gestellten Forsten. Denn nicht nur verloren dadurch die Markgenossen das durch Jahrhunderte geheiligte Benutzungsrecht, sondern es folgten auch manche Lehnsgroße und geistliche Körperschaften dem Beispiel des Kaisers und beeinträchtigten ungeahndet das uralte Eigentum aller, ohne daß an etwaige Entschädigung gedacht wurde.

Von einem angeborenen Sinn für das Schöne geleitet und bei mehrmaligem Aufenthalt in Italien durch die Betrachtung der altertümlichen Werke in Rom, Ravenna, Verona, Mailand und Pavia tief ergriffen und zum edlen Wetteifer entflammt, wollte Karl in der

---

* Capitulare de villis bei Bouquet, S. 652 ff., trefflich erläutert von Anton in der Geschichte der Landwirtschaft, S. 440 ff.

** Mösers Ausdruck in der Osnabrückischen Geschichte, I, S. 366.

kirchlichen und weltlichen Baukunst Denkmäler hinterlassen, deren Entwurf und Ausführung, fern von kleinlichen Rücksichten, nur auf großartige, öffentliche Zwecke hinweisen sollten. So entstand zu Aachen unter Eginhards Leitung der erste würdige Dom in deutschen Landen, der Heiligen Jungfrau geweiht und durch Umfang, Pracht und Erhabenheit ausgezeichnet. Türen und Gitter waren aus reinem Erz, Gerät und Leuchter aus Silber oder Gold. Den Fußboden und die Wände schmückten Marmor und Mosaikarbeiten des alten Palastes in Ravenna. Auf acht reichverzierten Säulen ruhte die vergoldete Kuppel.

Oft mahnte der Kaiser Bischöfe und Grafen zur Sorgfalt für die ihnen anvertrauten Gotteshäuser. Er forderte Berichte über den Zustand des Daches, Fußbodens, der Mauern und Gemälde, ja sandte beträchtliche Gaben nach Jerusalem, um Pilger zu verpflegen und neue Kapellen zu stiften. Mit demselben Eifer und Geschmack wurden für den wechselnden Aufenthalt des Hofes und der Reichsversammlungen zu Aachen, Ingelheim, Nimwegen, Düren, Frankfurt und an anderen schicklichen Stellen der Kronländereien Pfalzen und Paläste erbaut, die Bequemlichkeit und Schönheit zu vereinigen suchten. Besonders bewunderte man zu Aachen die geräumigen Säle des Dienstgefolges, der weltlichen und geistlichen Großen, den kunstreichen Söller, von dem herab der Kaiser ungesehen alle Ein- und Ausgehenden überschauen konnte, und die vielen Hallen und Lauben. Zu Ingelheim bei Mainz erregten das auf 100 Marmor- und Granitsäulen ruhende Dach und die für jene Zeit im Frankenland einzigen Wandgemälde Aufmerksamkeit, in denen die Taten des Cyrus, Romulus, Hannibal, Alexander, Konstantin und Theodos mit den Kriegsfahrten Karls des Hammers, Pippins und seines großen Sohns wenn auch roh, so doch kenntlich geschildert wurden. Daneben fand mancher gemeinnützige Bau freigebige Unterstützung. Zwar scheiterte der Plan, die Donau und den Main, also das Schwarze Meer und die Nordsee, durch einen Kanal zu verbinden, an der Unkunde des Zeitalters, aber dagegen wurde nach zehnjähriger Arbeit die hölzerne Brücke bei Mainz vollendet und in Aachen eine ebenso schöne wie bequeme Badeanstalt eingerichtet.

Karls häusliches Leben schließlich war außerordentlich einfach und geregelt. Auf den Tisch kamen gewöhnlich neben dem Wildbret, das die Jäger an Spießen brachten, vier Schüsseln. Heitere oder ernste Gespräche, bisweilen Abschnitte aus den Zeitbüchern und Kirchenvätern würzten das Mahl. Das reichverzierte Schwert und Wehrgehänge ausgenommen, hatte die tägliche Kleidung kein auffallendes Abzeichen. Nur bei festlichen Gelegenheiten herrschten

Pracht und Glanz. Die mit Hildegarde und Fastrade gezeugten drei Söhne und fünf Töchter wurden auf das zärtlichste geliebt und sorgfältig in allen Wissenschaften sowie Turnkünsten unterwiesen. Man erblickte die schönen Jungfrauen nicht nur am Webstuhl und Spinnrocken, sondern auch auf der Jagd und bei anderen männlichen Übungen. Sie waren fast unzertrennlich vom Vater, der ohne ihren Umgang nicht leben konnte. Strenge Einteilung der Zeit und nur wenige Stunden Schlaf brachten die Möglichkeit, neben den vielfältigen Reichsgeschäften auch anständiger Erholung zu gedenken. Diese gewährte außer dem Reiten, Fechten und Baden besonders die nicht selten gefahrvolle Jagd.

Dergestalt im öffentlichen und häuslichen Leben glücklich, dachte Karl in den letzten Jahren hauptsächlich an Mittel, um den Riesenbau des fränkischen Reiches durch Bestimmung der Nachfolge zu befestigen. Deshalb wurden die weltlichen und geistlichen Großen nach Diedenhofen (Thionville) beschieden und mit ihrem Willen die Länder so verteilt, daß der Erstgeborene, Karl, Ost- und Westfranken (Neustrien) bis an die Loire, Thüringen, Sachsen, die nördlichen Gaue Bayerns und Alemanniens (Schwabens), Pippin Italien nebst dem Süden Bayerns und Alemanniens, Ludwig das Gebiet jenseits der Loire, d. h. Aquitanien, Gascogne, Provence und Südburgund, erhalten sollte. Sie sollten einander gegen innere und äußere Feinde helfen und etwaige Grenzstreitigkeiten nicht durch Fehden und Zweikampf, sondern durch das Kreuzgericht entscheiden (806). Als aber die hoffnungsvollsten Söhne beinahe gleichzeitig starben, versammelte der vom Gram und Alter niedergebeugte Vater den Reichstag in Aachen. Karl übergab mit seiner Genehmigung Italien dem Enkel Bernhard, Sohn Pippins, unter dem Namen eines Königs und ermahnte den Nachfolger am Kaisertum, Ludwig, zur Pflichttreue gegen Gott, die Kirche, das Volk und die Geschwister. Danach befahl er ihm, eine goldene Krone mit eigenen Händen vom Altar zu nehmen und sich selbst aufzusetzen (813).

Diese feierliche Handlung, die den deutlichsten Beweis fast unabhängiger Machtfülle enthielt, überlebte der große Kaiser nur sechs Monate. Er starb am siebten Tag einer hitzigen Fieberkrankheit zu Aachen im Alter von 72 Jahren im 47. Jahr seiner Herrschaft (28. Januar 814). Der Körper wurde noch am selben Tag unter lauten Klagen des Volkes in die Marienkirche getragen und, angetan mit den Abzeichen des Königtums, auf den Knien das goldene Evangelienbuch, auf dem Haupt ein Stück des heiligen Kreuzes und an den Hüften eine Pilgertasche, auf einen goldenen Thron gesetzt. Die Gruft aber wurde zugemauert und über dem Schwibbogen mit folgender Inschrift versehen: »Allhier ruhet der Leichnam Karls, des großen und rechtgläubigen Kaisers, der das Frankenreich durch edle Taten gemehrt und im Glück 47 Jahre lang verwaltet hat.«

Weil die Tatkraft dieses außerordentlichen Mannes sogar den ungeheuren Kreis der heimischen Gebiete überschritten hat, so findet hier die gedrängte Schilderung der gleichzeitigen, nicht-fränkischen Begebenheiten des Abend- und Morgenlands ihren schicklichsten Platz.

Während bei den Angelsachsen im 7. und 8. Jahrhundert aus den Schulen von Canterbury, York und Durham ebenso fromme wie gelehrte Männer hervorgingen, die wie Aldhelm, Beda (gest. 735) und Alkuin die Kenntnisse des griechisch-römischen Altertums bewahrten und ohne Vernachlässigung der vaterländischen Mundart zur Grundlage der wissenschaftlichen Bildung erhoben, stiegen in staatsbürgerlicher Hinsicht Schwäche und Zwietracht der sieben jetzt in eifersüchtige Fürstentümer umgewandelten Gaue. Da flüchtete Egbert vor der Übermacht des gewalttätigen Nebenbuhlers Brithrick aus Wessex, dem Erbe seiner Väter, an den Hof Karls des Großen (788). Dort erlernte er, da er freundlich aufgenommen wurde, die Künste des Krieges und Friedens und wandte sie, nachdem er heimgekehrt war (800), in dem kleineren Spielraum mit solchem Nachdruck an, daß er endlich durch Güte und Gewalt als erster angelsächsischer König die zerstückelten Landschaften zu einem Gemeinwesen vereinigen konnte (827). Des Volkes uralte Freiheiten blieben zwar ungeschmälert, aber die jetzt beginnenden Raubzüge der Normannen (Dänen) hemmten den kaum begonnenen Entwicklungsgang und traten an die Stelle der früher wirksamen Zersplitterung.

In Spanien arbeiteten sich die christlichen Westgoten unter beständigen Kämpfen mit den Arabern mühsam zu einer veredelten Wiedergeburt des Glaubens und der Volkstümlichkeit empor. Räumlich waren sie durch den Zug der Gebirge und Ströme in zwei Hälften geschieden. Im Nordwesten nämlich bildeten allmählich Asturien, Galicien und Leon eine zusammenhängende Herrschaft, deren Hofstatt die zu Königen erhobenen Enkel Pelayos anfangs in Gijon, danach in Oviedo, zuletzt unter Ordunno II. in Leon aufschlugen (918). Weithin breitete sich der Ruf des Klosters St. Jago de Compostella in Galicien aus, wo seit den Tagen König Alfons II. (gest. 843) die wundertätigen Gebeine des Schutzheiligen und Apostels Jakobus ruhten. Langsamer entwickelte sich Nordostspanien. Während nämlich an beiden Seiten der Pyrenäen in Biskaya,

Navarra und Alava die Basken alt-iberische Sprache und Sitte retteten, erstarkten in den späteren Grafschaften Katalonien, Aragonien und Kastilien (Burgos) Waffengefolge flüchtiger Westgoten durch stete Fehden mit den Arabern, so daß sie, bald von diesen Feinden befreit, den fränkischen Lehnsverband des bis an den Ebro vorgeschobenen spanischen Gebiets zerreißen und unter den Erbgrafen Barcelonas oder Kataloniens, den Königen Navarras und Aragons, selbständige Gemeinwesen gründen konnten (888). Jedoch mußten hier wie im Nordwesten die neuen Verhältnisse schon deshalb auf größere Schwierigkeiten als irgendwo sonst stoßen, weil der Islam den Mittelpunkt oder das Binnenland einnahm. Das Christentum aber besetzte nur die Flügel oder die äußersten Enden der Halbinsel und konnte, dermaßen zersplittert, nur schrittweise Raum und Vereinigung gewinnen.

In Italien gehorchten Kalabrien, Neapel, die Küstenstädte Dalmatiens und Venetiens nebst Sizilien den Griechen, die Lombardei, deren heimische Rechte und Gewohnheiten ungekränkt blieben, mit den Herzogtümern Friaul, Spoleto und Benevent den Franken. Ansehnliche, aber noch nicht abgerundete Bezirke der mittleren Lande, am oberen (Adriatischen) und unteren (Tyrrhenischen) Meer unterstanden unter fränkischer Oberlehnsherrlichkeit dem Stuhl des heiligen Peter, dessen wechselnde Nachfolger, die Päpste, gewissermaßen als lebenslängliche Konsuln an der Spitze des römisch-priesterlichen (theokratischen) Freistaats standen. In den Niederungen (Lagunen) und auf den Inseln des Po gedieh die Republik Venedig aus kleinen Anfängen zu einer bedeutenden und reichen Seemacht, seit die von jährlich erkorenen Tribunen geleiteten Bürger das Feldherrn- und Richteramt einem lebenslänglichen Herzog (Doge) übertragen (697) und bei steigenden Gefahren den Sitz der gemeinschaftlichen Regierung nach dem Eiland Rialto verlegt hatten (810). Denn bald wurden, da die Zahl der Bewohner durch Flüchtlinge aus der Nachbarschaft wuchs, alle Inseln durch Brükken und Stege zu einer Seestadt verbunden. Die häufigen Streitigkeiten zwischen dem fränkischen und dem byzantinischen Hof wurden zur allmählichen Begründung der Selbstherrlichkeit (Souveränität) benutzt. Durch glückliche und kühne Kämpfe mit den arabischen und slawischen Freibeutern wurden die Gewässer und Küsten des Adriatischen Meeres dem fortan steigenden Handel geöffnet, während unter dem Schutz des heiligen, aus Alexandrien nach der Lagunenstadt verpflanzten Markus die venetianische Kirche ihre uralten Freiheiten gegen alle Ansprüche des römischen Bistums behauptete.

An der Markscheide Europas und Asiens schwankte dagegen das griechische Reich zwischen Leben und Tod. Theologische Zwiste, besonders für und gegen die Bilder, unglückliche Fehden mit den Arabern, Bulgaren und anderen rohen Völkerschaften der unteren Donau, Weiber- und Priesterränke, Verschwörungen im Palast und Heerlager, Üppigkeit und Habgier der Vornehmen sowie Feigheit und Müßiggang der Gemeinen verhinderten jeden edleren Aufschwung und machten das noch reiche Erbe vielfältiger Wissenschaft und Kunst mehr zu einer Bürde als einer Wohltat des öffentlichen Wesens. Dennoch hörten die Anmaßungen und Eitelkeiten des längst erloschenen, weltbeherrschenden Kaisertums nicht auf, sondern wuchsen vielmehr mit den Bedrängnissen der inneren und äußeren Not.

Kräftiger und schöner entwickelte sich unter den Abbassiden das Morgenland. Denn die ersten Kalifen dieses Geschlechts haben mit Ausnahme des blutgierigen und gewalttätigen Stifters, Abul Abbas, geistige Bildung gefördert und, ohne in Weichlichkeit oder unmännliche Ruhe zu versinken, den bisher nur kriegerischen und für den Glauben entzündeten Araber an die Achtung der Wissenschaft gewöhnt. Den Anstoß zu dieser neuen Richtung, die dem bis jetzt erobernden Islam die Bahn eines edleren Wettstreits öffnete, gab Harun al Raschid, Sohn Mahadis, der sich nicht nur durch Siege über Griechen und innere Empörer, sondern auch durch Schutz und Pflege der höheren, von den Waffen unabhängigen Gesittung auszeichnete (786–809). Er umgab sich mit Gelehrten aller Völker und machte die Hofstatt Bagdad am Tigris, unweit dem alten Ctesiphon, zum Umschlagplatz des Handels, Gewerbes und Schriftwesens (Literatur). Durch syrische Ärzte ließ er die Werke griechischer Weltweisen, namentlich des Aristoteles, in Übersetzungen verbreiten und Unterrichtsanstalten für Arznei-, Zahlen- und Sternenkunde gründen. Er legte Krankenhäuser und Arzneiläden (Apotheken) an. Er setzte Dichtern und Tonkünstlern Preise aus und weckte und belebte in den Gesellschaften der Vornehmen und Großen den Sinn für das Wahre und Schöne.

Vom Gefühl der Wahlverwandtschaft getrieben, knüpfte er endlich mit dem Kaiser des Abendlands freundschaftliche Verhältnisse an, die auch durch gegenseitige Boten und Geschenke beurkundet wurden. So sandte der Kalif kostbare Seidenzeuge, Zelte von glühend bunten Farben, Balsam, Narden, Salben, Rauchwerk, metallene Kronleuchter, die erste in Europa gesehene Schlaguhr und seinen einzigen, weißen Elephanten. Karl aber entgegnete durch spanische Rosse und Maultiere, friesische Mäntel, starke und behende Jagdhunde. Selbst der Glaubenshaß konnte diese aufrichtige Hochachtung der mächtigsten Fürsten des Jahrhunderts nicht stören. Denn ungefährdet durften nicht nur christliche Pilger Jerusalem besuchen, sondern Harun schenkte ihnen auch das hochverehrte Heilige Grab und freute sich über die wachsende Annäherung beider, bisher auf den Tod feindseliger Bekenntnisse.

Hinter diesem Vorbild blieb der Sohn und Nachfolger al Mamun (809–833) nicht zurück. Neue Schulen und Gelehrtenvereine wurden gestiftet. Für Erd- und Völkerkunde wurden wissenschaftliche Reisen unternommen. Die ersten Himmelstafeln wurden durch Aldrogan entworfen. Die Werke griechischer Denker, Geschichtsforscher, Meßkünstler und Erdbeschreiber wurden im Ausland aufgekauft und durch eine Gesellschaft gelehrter Männer in arabischen Übersetzungen vervielfacht. Vaterländische Dichter wurden durch Wettkämpfe ermuntert. Die Söhne der Großen wurden durch die höheren Lehranstalten in Bagdad, Damaskus, Bassora, Kufa und Samarkand als künftige Richter (Kadis) und Priester (Imams) hauptsächlich nach den Grundsätzen des Koran ausgebildet. Ohne Rücksicht auf öffentlichen Beruf wurden dort auch Jünglinge aller Stände in der Weltweisheit, Zahlen-, Sternen- und Arzneikunde unterwiesen. Mit einem Wort, es wurden vielseitige Anregungen eines wissenschaftlichen, den Muselmanen bisher unbekannten Lebens gegeben.

Jedoch hatte dies, da es frühzeitig abhängig war vom Hof und von zünftischen Gelehrten, keine bedeutende Rückwirkung auf die Gesamtbürgerschaft. Der Volksunterricht, von engherzigen Priestern bewacht und von den Regierenden aus Furcht vor etwaigen Äußerungen einer geläuterten Willensfreiheit vernachlässigt, blieb elend und gefiel sich höchstens in Gedichten, Märchen und unschuldigen Erzählungen. Aber ungeachtet solcher Gebrechen hat die wissenschaftliche Begeisterung der ersten Abbassiden den wohltätigsten Einfluß auf den allgemeinen Bildungsgang des Morgen- und Abendlands geübt. Sie hat viele Schriftdenkmäler der Griechen und Römer dem sonst unabwendbaren Verderben entrissen und nützliche Kenntnisse und Erfahrungen des Altertums teils gerettet, teils erweitert. Besonders in der Naturkunde und Scheidekunst (Chemie), die fast ausschließlich dem Fleiß und Scharfsinn der Araber angehört, hat sie den Wetteifer der Fürsten in Persien, Ägypten, Nordafrika und vor allem Spanien geweckt, wo bald die Omaijaden als unabhängige Nebenbuhler der Kalifen von Bagdad mit hochherziger Freigebigkeit Wissenschaften und Künste förderten. Durch Bücherschätze und Bildungsanstalten in Cordoba, Toledo, Granada, Sevilla, Valencia, Murcia u. a. wurden sie selbst die Lehrer christlicher Abendländer.

Während also der Islam den bisher kriegerischen und erobernden Glaubenseifer allmählich aufgab und gegen edlere Gesittung austauschte, sank besonders infolge religiöser Zwiste, die den regeren Gedankenverkehr zu begleiten pflegen, die äußere Einheit und Machtfülle. Denn neben dem östlichen Kalifat der Abbassiden in Bagdad und dem westlich-spanischen der Omaijaden in Cordoba entstanden schon im 8. Jahrhundert die unabhängigen Reiche der Edresiden zu Fes (788–974) und der Aglabiden zu Tunis (801–908), die bald als kühne und verschlagene Freibeuter die Küsten des Mittelmeers heimsuchten und den größten Teil Siziliens den Byzantinern entrissen (seit 830). Dies war die Lage der Völker im Zeitalter Karls.

Zweiter Abschnitt

Die Abnahme und Auflösung der großen Reiche im Abend- und Morgenland; vom Tod Karls bis zur Trennung Deutschlands vom Frankenstaat oder des Germanischen vom Romanischen

(814–888)

Gleichsam ermattet von den kriegerischen Kämpfen und staatsbürgerlichen Anstrengungen, sinken die germanischen Völker während dieses tatenärmsten Zeitraums in Schlaffheit und Ohnmacht. Mit der wachsenden Macht eines rohen, körperschaftlich verbundenen Lehnsadels, dem auch kraft- und willenlose Fürsten gehorchen müssen, verlieren sie die meisten Grundlagen der Wehr- oder Gemeindefreiheit, an deren Stelle Hörigkeit und Leibeigenschaft in größerem Umfang denn jemals treten dürfen. Damit nichts halb bleibe, beugen sie auf der anderen Seite den Nacken unter das Joch einer unwissenden, sinnlich-üppigen Priesterschaft, die allmählich in dem römischen Bischof ihren geistlichen Oberlehnsherrn findet. Sie löschen die nur bei den spanischen Arabern und britischen Angelsachsen matt glimmende Fackel der Wissenschaft. Während sie früher durch Waffen und Gesetzgebung verbunden waren, sind sie jetzt zwieträchtig und versuchen die widerstrebenden Grundzüge der Sitte und Sprache in den beiden unabhängigen Reihen des deutschen (germanischen) und welschen (romanischen) Wesens zu trennen, so daß jenes neben Skandinavien und Britannien in Deutschland oder Ostfranken, dieses in Frankreich oder Westfranken, Spanien und Italien hervortritt. Dergestalt zersplittert, dulden sie das allmähliche Wachstum der bisher bedeutungslosen Slawen und Magyaren (Ungarn).

Den Gang dieser an sich notwendigen Auflösung des großen Germanenreichs beschleunigte die Schwäche der Karolinger, die, dem Ahnherrn nicht gleich an Geist und Kraft, bald das Schicksal der Merowinger erleiden sollten. Davon gab schon die Regierung des ersten Nachfolgers sattsam Zeugnis. Ludwig I. oder Fromme (814–840) nämlich hatte bei guten Naturanlagen eine sorgfältige Erziehung bekommen. Er hatte den Leib für die Beschwerden der Jagd und des Krieges abgehärtet, den Verstand durch frühzeitige Teilnahme an den öffentlichen Geschäften und Kenntnis der lateinischen und griechischen Schriftwerke ausgebildet und das weiche Gemüt durch Aufnahme deutscher Heldenlieder und volkstümlicher Sitte zu stärken getrachtet, aber bei dem allen kein festes Selbstbewußtsein gewonnen. Denn überaus mißtrauisch gegen die eigenen Fähigkeiten, lenkbar und milde, wurde der König nach und nach das Werkzeug fremden Ehrgeizes, besonders der Blutsverwandten und Priester. Er nahm in schwierigen Lagen halbe Maßregeln, flüchtete, von Widerwärtigkeiten niedergebeugt, der augenblicklichen Tröstung wegen zur gehaltlosesten Frömmelei und ächtete die weltlichen Wissenschaften und freien Künste als Heidentum. Er bestimmte, während Geistlichen und Adel das Krongut vergeudeten oder souverän die Reichsverwaltung besorgten, mit ängstlicher Genauigkeit den Schnitt und die Farbe der Mönchskutten, die Stärke und Zahl der Glockenschläge in den Klöstern und spendete, während die Staatseinkünfte versiegten, ohne Rücksicht reichliche Almosen den Armen und Reisenden. Durch schrankenlose Freigebigkeit steigerte er den Stolz undankbarer Lehnsträger bis zum ungebundenen Trotz der Selbsthilfe und verdarb es über dem Bestreben, aller Welt Freund zu sein, am Ende mit allen Parteien und Günstlingen. Das Leben dieses bedauernswerten Fürsten bietet daher nur eine Kette von Treulosigkeiten, Unfällen und Glückswechseln dar, deren Hauptquelle in dem Mangel an gehaltener Willenskraft liegt und eine Halbheit nach der anderen hervortreibt ohne Maß und Richtung. Folgende Züge mögen den Beweis liefern!

Aus Gemächlichkeit und um die Ansprüche der aufkeimenden Eifersucht zu befriedigen, verteilte Ludwig mit Einwilligung der in Aachen versammelten weltlichen und geistlichen Großen die Herrschaft so unter seine drei Söhne, daß Lothar, der Erstgeborene, den kaiserlichen Namen und die Mitregentschaft, Pippin Aquitanien, das Gebiet Toulouse nebst der Grafschaft Carcassonne in Septimanien, Autun und Nevers in Burgund, Ludwig, später mit dem Beinamen der Bayer oder der Deutsche belegt, Bayern, Kärnten, Böhmen und die avarischen und slawischen Grenzgaue bekamen. Überdies sollte Lothar, Fürst aller anderen Länder, als Kaiser Krieg und Frieden im Reich bestimmen und die jüngeren Brüder, die sich dagegen nicht ohne seinen Willen vermählen und auf den jährlichen Zusammenkünften Geschenke als Zeichen der Lehnsabhängigkeit darbieten mußten, in ihren Rechten und Gütern gegen innere und äußere Feinde schützen (817).

Diese parteiische, weder den Bedürfnissen der Völker noch den Eigentümlichkeiten der Länder entsprechende Übereinkunft mißfiel vor allem Italien. Es griff zu den Waffen, erlag aber bald dem Übergewicht des gesamten fränkischen Heerbanns und empfand die volle Rache eines schonungslosen Siegers. Denn des Aufstands Urheber,

König Bernhard, Enkel Karls des Großen, wurde auf Befehl des Oheims geblendet, mancher angesehene Teilnehmer wurde ermordet, verstümmelt, eingekerkert. Umsonst suchte der schwache Kaiser die Blutschuld durch Beichten, Fasten und Almosen zu sühnen. Die strafende Gerechtigkeit erschien bald in häuslichen Wirren und Mißgeschicken. Während nämlich normannische Freibeuter die Küsten Flanderns und Aquitaniens heimsuchten, sarazenische Scharen plündernd die Grenzgaue Spaniens durchzogen und in der Bretagne, der Gascogne, bei den Slawen und bei den Avaren Empörungen ausbrachen, gehorchte Ludwig unbedingt den Launen seiner zweiten Frau Judith und etlicher Günstlinge. Denn ränkevoll und ehrgeizig, gewandt und beharrlich, trachtete die neue Kaiserin, Tochter des bayerischen Grafen Welf, ihrem Lieblingssohn Karl, später der Kahle genannt, ein unabhängiges Reich zu verschaffen. So wurde jener von dem schwachen Vater, dem umsonst die älteren Söhne widersprachen, auf einer Versammlung in Worms zum König über Schwaben, Rhätien und einen Teil Burgunds erhoben. Gleichzeitig wurde Bernhard, Herzog von Septimanien und Graf Barcelonas oder der spanischen Mark, als Erzkämmerer und Erster Rat an den Hof berufen, um die Partei der Fremden gegen die heimischen Großen durch Wort und Tat zu schützen (August 829).

Aber bald brach das schleichende Mißvergnügen in offenem Aufruhr aus, der von Lothar und Pippin geleitet wurde und besonders in Aquitanien und Neustrien so schnell und heftig um sich griff, daß der bedrängte Vater den Herzog Bernhard entlassen, die verhaßte Stiefmutter in ein Kloster senden und mehrere Monate lang ohne alle Fürstenmacht wie ein Gefangener leben mußte. Jedoch stiftete die Klugheit des Mönchs Guntbald, der Ludwig den Bayern und die Ostfranken zu gewinnen wußte, einstweilige Versöhnung. Alles Geschehene sollte vergessen, Judith in Gnaden angenommen, Bernhard von den Reichsgeschäften entfernt und Lothar, als des Zwistes Haupturheber, der Mitregentschaft entzogen und auf Italien beschränkt werden (830).

Aber nicht gebessert durch diese traurige Erfahrung, sank der Kaiser bald in die alte Schlaffheit zurück. Er vergab Krongüter an Weltliche und Geistliche, folgte den Gelüsten seiner eigenwilligen, nur auf die Erhöhung ihres Lieblings Karl gerichteten Gemahlin und bewirkte, daß endlich alle drei Söhne, die gleich ruchlos und ländergierig waren, im Einverständnis mit dem Papst und der vornehmeren Priesterschaft die Waffen gegen den Vater ergriffen. Dieser, im Glauben an die Treue seiner Bischöfe und Äbte, die unzeitige Frömmigkeit aus dem Dunkel und der Armut zu Ehren und Reichtum berufen hatte, zog mit zahlreichem Kriegsvolk den Feinden entgegen und lagerte nach fruchtlosen Unterhandlungen auf einer Ebene im Elsaß, zwischen Straßburg und Basel, damals das Rothfeld, später das Lügenfeld geheißen. Schon rüsteten beide Heere zur Schlacht, als Papst Gregor IV., der den italienischen König Lothar über die Alpen geleitet hatte, unter dem Vorwand der Friedensstiftung zu dem gutmütigen Kaiser kam und – Honig auf der Zunge, Galle im Herzen – so glatte und verführerische Worte gebrauchte, daß die meisten weltlichen und geistlichen Herren in einer Nacht zu den Söhnen überliefen. Da sprach am folgenden Morgen (29. Juli 833) der betrogene Vater zu den wenigen, noch getreuen Großen: »Auch ihr solltet von hinnen ziehen, meinetwegen soll niemand Leib oder Glieder verlieren!« Jene gehorchten weinend und folgten den Verrätern, die sofort das fast einsame Lager zu stürmen drohten.

Bewältigt von Schmerz und Furcht bat Ludwig um eine Zufluchtsstätte für sich, die Kaiserin Judith und den unmündigen Karl. Freundlich gewährten die Söhne das Ansuchen. Sie empfingen den Vater, der sie zärtlich küßte, mit der gebührenden Ehre, nahmen aber bald darauf dem Heer den Huldigungseid ab. Sie teilten nach Willkür das Reich, sandten die Stiefmutter nach Tortona in Italien und den Stiefbruder nach Prüm bei den Ardennen in ein Kloster. Auf dem Reichstag in Compiègne ließen sie die Absetzung des nun gefangenen und von allen Parteien verlassenen Kaisers bestätigen und diesem als Mönch ein Kloster in Soissons zum Aufenthaltsort anweisen.

Während danach Pippin nach Aquitanien und Ludwig nach Bayern heimkehrten, der Papst aber, froh des Sieges über den mächtigsten Fürsten der Christenheit, seinem Bischofssitz zueilte, übernahm Lothar, der kaiserlichen Namen führte, die gänzliche, bisher beispiellose Demütigung eines betrogenen und von seinen Kindern mit unmenschlichem Haß verfolgten Vaters. So mußte dieser in Gegenwart des zahlreich versammelten Volkes wie ein Büßender vor dem Fronaltar der Medarduskirche auf ein härenes Gewand niederknien und ein langes Sündenverzeichnis, das ihn als Vatermörder und Kirchenräuber, Gotteslästerer und Meineidigen bezeichnete, mit lauter Stimme vorlesen. Er mußte sein Wehrgehänge auf dem Altar niederlegen, sein Fürstenkleid ausziehen und den groben Kittel eines Reumütigen anlegen. Aber keine Drohungen und keine Schmeicheleien, keine Lügen und keine Ränke konnten zur Annahme des Klostergelübdes und unbedingter Verzichtleistung auf das Reich bewegen, so daß sich Lothar damit begnügen mußte, den Vater von Soissons nach Aachen zu führen.

Solches Betragen empörte endlich alle besser Gesinnten, die im Frühling (834) unter der Leitung Ludwigs des Bayern und Pippins von Aquitanien zu den Waffen griffen und den alten Kaiser befreiten. Dieser, von neuem in Metz gekrönt und durch die wiedererlangte Gnade Gottes, wie die Urkunden lauteten, in alle Macht eines Oberhaupts der Franken eingesetzt, verzieh seinen Feinden, namentlich Lothar, der König Italiens blieb. Er zog aber keineswegs Lehre und Warnung aus dem selbstverschuldeten Mißgeschick, vielmehr wurzelten Frömmelei, schrankenlose Liebe zu Judith und zum Liebling Karl, Mißtrauen und Schwäche nur tiefer. Kaum war daher Pippin von Aquitanien gestorben (838), als der Kaiser nicht nur dessen Söhne von der Thronnachfolge ausschloß, sondern auch mit dem falschen Lothar einen Teilungsvertrag abschloß, der jenem, mit Ausnahme Bayerns, die Landschaften östlich der Maas und dem jüngeren, für volljährig erklärten Halbbruder das große Gebiet im Westen des Flusses zusicherte. Daneben verhießen feierliche Eidschwüre wechselseitige Hilfe gegen besondere und allgemeine Feinde.

Darüber erbittert, rüstete Ludwig der Deutsche, von den Sachsen und Thüringern unterstützt, zum hartnäckigsten Widerstand, mußte aber, als der Vater mit einem ansehnlichen Kriegsvolk durch Hessen nach Thüringen vorbrach und den Rückzug bedrohte, nach Bayern flüchten. Der Tod des alten Kaisers, der Ingelheim gegenüber auf einer Rheininsel starb und in seinen letzten Augenblicken den Teufel leibhaftig zu sehen wähnte (20. Juli 840), beendete nicht die unnatürliche Fehde, sondern veränderte nur deren Gestalt. Er vollendete mit dem gänzlichen Untergang der Reichsverfassung den bleibenden Zwiespalt der deutschen und welschen Stämme, die sich allmählich unter wechselnden Kämpfen blutsverwandter Fürsten in Sitte, Mundart und räumlicher Markung zu getrennten Gemeinwesen absonderten und die meisten Rechte der Freisassen dem überall erstarkenden Lehns- und Priesteradel aufopferten.

Kaum hatte nämlich Lothar das Hinscheiden des Vaters vernommen, als er, entschlossen, die ihm übertragene Kaisermacht durch die Waffen zu behaupten, den ihm widerstrebenden und jetzt zu Schutz und Trutz verbündeten Brüdern, Karl dem Kahlen und Ludwig dem Bayern, das Gottesgericht der Schlacht anbot. Diese wurde im Gau von Auxerre bei Fontenaille blutig und lange unentschieden gestritten (25. Juli 841). Endlich wich Lothar, geschlagen, aber nicht gedemütigt, und sammelte bei Aachen neue Streitkräfte, während geheime Unterhandlungen die Freundschaft der Gegner aufzulösen versuchten. Da lagerten Karl und Ludwig mit ihrem Heergefolge bei Straßburg und gelobten einander öffentlich unverbrüchliche Treue, jeder in des welschen und deutschen Volkes schon eigentümlicher Mundart. Denselben Eidschwur wiederholten die Krieger zu Roß und zu Fuß, die danach, in bald größeren, bald kleineren Scharen versammelt, ein kunstreiches Turnspiel hielten und durch mannigfaltige Angriffe und Schwenkungen das Bild eines ernsthaften Streites darzustellen suchten (Hornung 842). Lothar, von den Verbündeten täglich schwerer bedrängt, bot endlich Waffenstillstand und Friedensschluß an. 40 Schiedsrichter jeder Partei sollten die beiderseitigen Ansprüche prüfen und durch einen angemessenen Frieden der langen, verheerenden Bürger- und Bruderfehde ein Ziel setzen.

Die letzte Frucht dieser oft unterbrochenen und wieder angeknüpften Unterhandlungen war der folgenreiche und berühmte Vertrag von Verdun, dessen Bedingungen scheinbar aus den Ratschlüssen und Absichten der Fürsten, in der Tat aber aus den sittlich-staatsbürgerlichen Verhältnissen der Völker hervorgegangen sind (August 843). Dafür zeugt schon die räumliche Aufteilung der neuen Reiche. Lothar nämlich bekam als Kaiser im Süden Italien und das Land vom Mittelmeer an längs der Rhône bis zur Einmündung der Saône, im Norden das Gebiet zwischen dem Rhein auf der rechten, der Maas und Schelde auf der linken Seite bis an die See hinab. Die erste, von Romanen (Welschen) bewohnte Hälfte trat später unter dem Namen des Königreichs Arles oder Burgund als unabhängiges Gemeinwesen hervor, die andere, von Germanen (Deutschen) besetzt, erschien fast gleichzeitig in abgeschlossener Gestalt als Königreich Lothringen (Lotharingien), das wiederum durch die Maas in rein deutsche und gemischte Gaue geschieden war, so daß selbst die Aufteilung des lotharischen Erbes keine lange Dauer verbürgen konnte. Denn während der nördliche Flügel sich weit ausdehnte, wurde der südliche vom Rhônefluß und vom Alpengebirge eingeengt und die Mitte von keiner hinlänglichen Breite unterstützt, um dieses Mißverhältnis auszugleichen. Nicht minder mußte Italien bei festen Naturgrenzen und heranreifender Volkstümlichkeit das schwache Einigungsband des diesseitigen und jenseitigen Kaisertums abstreifen und eine souveräne (nationale) Stellung erstreben.

Alle vom lotharischen Reich westlich gelegenen Landschaften Neustriens, Burgunds, Languedocs, Aquitaniens, Gascognes und der spanischen Mark fielen, unter dem Namen Westfranken oder Karolingen und bald ausschließlich Frankenreich *(Francia, la France)* genannt, mit einem Teil Frieslands an Karl den Kahlen und verschmolzen bei mannigfaltigen Brechungen langsam zu einem Gemeinwesen, das in Sprache, Sitte und Denkart dem Romanentum (Welschtum) huldigte. Ostfranken oder Deutschland *(Francia orientalis, Teutonica)* endlich, die Gaue Mainz, Worms und Speyer ausgenommen, die sämtlich auf dem rechten Rheinufer lagen, kam an Ludwig den Deutschen (I.) und bildete den Kern aller ungemischten Germanen des Festlandes, der nur in den östlichsten Bezirken hin und wieder mit slawischem Blut versetzt war. So trennten sich die welschen und die deutschen Stämme des karolingischen Weltreichs für immer, um fortan die gesonderte Laufbahn eigentümlicher Entwicklung zu verfolgen. Nur der Glaube blieb allen gemeinsam. Das bürgerliche Gesetz aber nahm mit Sprache und Sitte bei manchen gleichartigen Zügen in West- und Ostfranken seine besondere Richtung, fand jedoch, bevor sich die neuen Verhältnisse vollkommen entfalteten, in Lothringen eine Zwischenmacht, die einerseits der Rückkehr des alten Gesamtstaates begegnete, andererseits dic Reibung beider Völkermassen als Bedingung ihrer freien Ausbildung unterhielt und bei dem zweifachen Stamm seiner Bewohner bald auf diese, bald auf jene Seite trat. Deshalb mußten die gleichartigen und widerstrebenden Bestandteile einander unausgesetzt so lange anziehen und abstoßen, bis die naturgemäße Trennung gewonnen und dem welschen wie dem deutschen Wesen sein ihm angemessener Bereich vorgezeichnet war.

Dieser inneren Notwendigkeit folgend und überdies entschlossen, den Abend eines lasterhaften, ehrgeizigen Lebens dem Mönchsstand zu widmen, teilte Lothar unter seine drei Söhne das Reich so, daß Ludwig (II.) als Kaiser Italien bekam, Karl die Provence nebst Lyon und den westlichen Gauen Helvetiens erhielt (Königreich Provence), Lothar (II.) die Länder zwischen Rhein, Schelde und Maas bis etwa an die Saône und die Rhône unter dem fortan gültigen Namen Lothringen (855).

Aber auch diese Ordnung dauerte nicht lange. Denn während Karls frühzeitiger Tod (863) das Erbe Provence an die Brüder brachte und der Kaiser Ludwig in Italien mit Arabern, Griechen und unruhigen Lehnsgroßen kämpfte, gab der kinderlose Tod Lothars (869) der Herrsch- und Habgier neue Nahrung und drohte Westfranken mit Ostfranken über Lothringen in eine unabsehbare Fehde zu verwikkeln. Denn dort erhob Karl der Kahle, hier Ludwig der Deutsche, beide gestützt auf die Bedürfnisse gemischter Völkerschaften, Ansprüche auf die Nachfolge. Jedoch verhinderte der Mersener Vertrag, der nach langer Beratung auf einer Landspitze in der Maas, zwischen Heristall und Mersen, abgeschlossen wurde (9. August 870), den Ausbruch gleich starker Eifersucht und gewährte die Forderungen der welschen und deutschen Stammeigentümlichkeit. Es wurde nämlich die Maas so als Markscheide angenommen, daß Aachen, Köln, Trier, Metz, Straßburg und Basel, mithin alle Landschaften am linken Rheinufer bis an die Vogesen und Ardennen, die Ourthe und die Maas zu Ostfranken (Deutschland) gerechnet werden sollten, Vienne aber, Lyon, Besançon, Toul, Verdun, Cambrai, Hennegau und der dritte Teil Frieslands zu Westfranken (Frankreich).

Diesen Ursprung hatten das deutsche Ost- und das welsche Westlothringen, das später nach der Maas und der Mosel in ein unteres und oberes Herzogtum aufgeteilt wurde. Während also die Souveränität des lothringischen Zwischenreichs endete, führte die steigende Entartung der westfränkischen Karolinger zu schnellen und durchgreifenden Wechseln der inneren und äußeren Verhältnisse. Denn kaum war Karl der Kahle, der nach dem Tod Ludwigs II. durch Ränke und Bündnis mit dem Papst Johann Italien und das Kaisertum erworben hatte (875), im Jahr 877 gestorben, als unter seinem leibes- und geisteskranken Nachfolger, Ludwig dem Stammler, die letzten Reste des königlichen Ansehens sanken. Adel und Priesterschaft herrschten willkürlich über die Güter und Rechte des Volkes wie der Krone, verfielen in wilde Parteibildungen und dachten, während normannische Scharen straflos an den Küsten mit Feuer und Schwert wüteten, nur an den eigenen Nutzen. Der Tod des Königs, dem noch elendere Söhne folgten (879), vermehrte das öffentliche Elend. Nirgends gab es Sicherheit des Lebens und Eigentums, der Rechte und Freiheiten, überall herrschten schrankenlose Fehdelust, Willkür und Unterdrückung des Schwächeren. Das Reich drohte aus den Fugen zu geraten und sich einer allgemeinen Auflösung zu nähern.

In solchem Augenblick der Gefahr versammelte Graf Boso aus dem Ardennenwald, den sein Schwager Karl der Kahle zum Statthalter der Provence bestellt hatte, in dem Flecken Mantaille, zwischen Vienne und der Isère, die alten Stände Burgunds, Freisassen, Adel und Geistlichkeit, damit sie beratschlagten und entschieden über die Rettung des allgemeinen Wesens. Da erkannten Bischöfe und Äbte, Grafen und Herren nebst allem Volk einmütig, daß man in Anbetracht der gegenwärtigen Wirren eines Oberhaupts bedürfe, und erkoren den Statthalter Boso zum König der Provence. Jener nahm nach kurzer Weigerung die Wahl an. Er gelobte eidlich, allen Recht und Gerechtigkeit zu verleihen, den Zorn, die Hartherzigkeit, Habgier, Hoffart und andere böse Lüste zu zügeln, wie ein aufrichtiger Vater der Großen und Kleinen *(majores, minores)* Wahrheit durch Wort und Tat zu bekennen, seinen Versprechen treu zu bleiben und gutem Rat zu folgen, die Bosheit zu strafen und die Tugend zu lieben (879). Dieses neue Königreich Provence oder Südburgund (diesjuranische, cisjuranische), nach der Hauptstadt Arles auch das arelatensische genannt, umfaßte die Grafschaft Burgund (Hochburgund, *Franche Comté*), die Gebiete von Macon und Chalons in Bourgogne, Vienne und Lyon, den südöstlichen Teil Languedocs von Viviers bis nach Agde und die Provence.

Der Tod Bosos (887), der durch Klugheit und Waffenstärke seinem Sohn Ludwig die Nachfolge gesichert hatte, und die wachsende Ohnmacht der Karolinger gaben Anlaß zur Stiftung des nördlichen oder überjuranischen (transjuranischen) Burgund. Der Statthalter dieses Landes nämlich, Rudolf, Sohn des ostfränkischen Grafen Konrad und Enkel Kaiser Ludwigs des Frommen, berief, als überall das gemeinsame Frankenreich endete, die geistlichen und weltlichen Großen der Nachbarschaft nach St. Moritz im Wallis. Er schilderte den Verfall der Ordnung und Zucht und erreichte, daß ihm alle einhellig Namen und Macht eines Königs über Nordburg zuerkannten (888). Das Gebiet zwischen dem Jura und den Penninischen Alpen, später Savoyen geheißen, die eigentliche Grafschaft Burgund, das Land zwischen dem Rhein und dem Jura, den Alpen und der Reuß, mithin Wallis, die Waadt und alle Gaue der heutigen Schweiz bis an den zuletzt genannten Fluß, bildeten den Umfang eines Reiches, das trotz der zerrissenen Grenzen in den Pässen der Gebirge und im Mut der Bewohner hinlängliche Mittel besaß und alle Angriffe der Deutschen siegreich so lange abwies, bis die neue, souveräne Ordnung bestätigt wurde.

Während so Westfranken, das in seinen Grundfesten erschüttert war, südöstlich die Unabhängigkeit Burgunds und südwestlich die Trennung der spanischen, von allem Lehnsverband befreiten Gebiete anerkennen mußte, verschwanden in Ostfranken die letzten Erben Karls des Großen. Kaum hatte nämlich Ludwigs des Deutschen jüngster und unfähigster Sohn, Karl der Dicke (III.), anfangs in Alemannien (876), später seit dem Tod der Brüder, Ludwig und Karlmann, in ganz Deutschland die Nachfolge erhalten (882), als Not und Verwirrung ihren Höhenpunkt erreichten. Hier brachen die unlängst gedemütigten Slawen aus Böhmen und Mähren vor, dort suchten normannische Abenteurer Lothringen heim, welche die Klöster Prüm, Stablo und Malmedy plünderten, Köln und Bonn verbrannten, und die Aachener Pfalz in einen Pferdestall umwandelten. In etlichen Gauen Frieslands nahmen sie bleibenden Wohnsitz und bedrängten gleichzeitig Westfranken so schwer, daß es den minderjährigen Karl den Einfältigen überging und dem König der Deutschen huldigte (884).

Die Normannen aber, dadurch nicht abgeschreckt, brachen von Löwen aus in die ost- und westfränkischen Gaue der Nachbarschaft ein. Sie eroberten Rouen und erschienen, 40 000 Mann stark, mit 700 Schiffen vor Paris (November 885). Umsonst leistete hier Graf Odo die heldenmütigste Abwehr. Denn der feige und fast blödsinnige Kaiser, der ein zahlreiches Kriegsvolk herbeiführte und auf dem Montmartre lagerte, verhieß den Feinden nicht nur 7000 Pfund Silber als Lösegeld, sondern gestattete ihnen auch, jenseits der Seine so lange mit Feuer und Schwert zu wüten, bis die Brandschatzung bezahlt sei. Diese Niedertracht tilgte den letzten Schimmer der Achtung gegen den Urenkel Karls des Großen. Sofort versammelten sich in der Pfalz Tribur am Rhein die Boten der Schwaben, Franken, Bayern und Sachsen als der vier Hauptvölker Deutschlands. Sie setzten den Kaiser ab und wählten den tapferen und klugen Herzog von Kärnten, Arnulf, einen natürlichen Sohn Karlmanns, zum König (887).*

Dieses Ereignis vollendete die bleibende Trennung der deutschen und welschen Stämme des altfränkischen Gesamtreichs, das fortan gesonderten, nur durch die Religion, Sitte und Sprache schwach verbundenen Gemeinwesen Platz machte. Denn während Bosos Sohn Ludwig Südburgund behauptete und Graf Rudolf Nordburgund gründete, errangen Bernhard der Behaarte und Wilhelm der Fromme die Unabhängigkeit der Markgrafschaft Barcelona, beriefen die Westfranken (Franzosen) anfangs den streitbaren Grafen Odo von Paris, darauf den unkriegerischen Karl, mit dem Beinamen der Einfältige, an das Königtum und kämpften in Italien bei wachsender Verwirrung die Herzöge Berengar von Friaul und Guido von Spoleto um die Krone. Überall trat das Streben nach volkstümlicher Abgeschiedenheit und Abgrenzung hervor.

Außerhalb des Festlands bot inzwischen das Germanentum der Angelsachsen und Skandinavier nicht minder denkwürdige als eigentümliche Erscheinungen dar. Wenn nämlich dort die Wehrfreiheit

---

* »Da Karolus Romisch kayser an leib und an muet (Gemüth) so krankh was, das er gemaynklich vernicht ward geschätzt, do ward Arnolf vnn manicklich zu Romischem kayser erwelt. Do kam Karolus in soliche armut das er nicht prot hett. Der kayser Arnolf machet Im ein klayne gült davon er lebet. Dy nam er danckperlich verguet.«
Andreas von Regensburg, Chronik, bei von Freibergs Sammlung historischer Schriften, II, S. 398.

größtenteils dem Lehnswesen erliegt, steigt sie hier nach langen und blutigen Kämpfen mit fremden und heimischen Waffengefolgen in verjüngter Gestalt bald als Freistaat, bald als Volksfürstentum empor. Wenn bei Ost- und Westfranken die Bildungsanstalten Karls des Großen unter dem wüsten Treiben lehnsherrlicher Roheit und priesterlichen Aberglaubens verfallen, um der allgemeinen, nur von etlichen Strahlen spanisch-arabischer Wissenschaft aufgehellten Nacht Raum zu geben, so tritt in dem Angelsachsen Alsred ein belebender Lichtgeist auf, der nach innen und außen hin kräftig die Bedürfnisse höherer Gesittung erkennt und fördert. Er entzieht sein Volk der Verknechtung durch Pflege der Freiheit, des Rechts, aller Künste des Krieges und Friedens und schafft eine Grundverfassung, welche die Ansprüche des Adligen und des Freisassen, des Fürsten und der Gemeinde, deshalb glücklich zu einigen weiß, weil sie auf dem Gesetz der Gesamtwohlfahrt ruht und keine erblichen Vorzüge kennt.

Diese reichhaltige, dem einseitigen Heer- und Lehnswesen der Franken schroff entgegenstehende Entwicklung Angelsachsens (Englands) ging, wie jede reife Frucht des inneren Lebens, von der äußeren Not aus und bahnte sich unter unaufhörlichem Streit mit Gefahren, Irrtümern und Gebrechen den Weg zum Selbstbewußtsein. Kaum hatte nämlich Egbert durch den Sieg bei Wilton (823) die zerstückelten Gaue der Hoheit Wessex unterworfen und den Grund eines Gesamtreichs gelegt, als die beginnenden Eroberungs- und Raubzüge der Normannen oder Dänen das mühsam aufgebaute Werk erschütterten und aus den Fugen brachten. Denn der ganze skandinavische Norden war seit dem Anfang des 9. Jahrhunderts in flutender Bewegung nach dem Südwesten Europas, wo an den Küsten Frieslands, Lothringens, Westfrankens, Spaniens und Italiens kühne Freibeuterscharen, die begierig nach Gewinn und Abenteuer waren, ebenso schnell erschienen wie verschwanden.

Vor allen aber litten die Angelsachsen, die unter dem frommen, unkriegerischen Sohn Egberts, König Ethelwolf (838–857), ohne kräftiges Oberhaupt waren. Von gegenseitiger Eifersucht zerrissen, mußten sie dulden, daß der nicht auf Raub, sondern auf feste Wohnsitze gerichtete Däne in Northumberland und Ostangeln siedelte und den bisher vereinzelten Angriffen Ziel und Zusammenhang brachte. Umsonst suchten Ethelwolf, seine Söhne Ethelbald, Ethelbert und Ethered (857–871) den nun steigenden Gefahren durch männliche Abwehr zu begegnen. Die Skandinavier, die unaufhörlich durch neue Rotten verstärkt und von kundigen Führern geleitet wurden, siegten in der Schlacht bei York (867) so entscheidend, daß sie fortan ohne Hindernis die benachbarten Gaue mit

Brand und Raub durchziehen, Kirchen und Städte zerstören und Männer und Frauen in die Knechtschaft schleppen konnten.

In dieser Not trat Alfred auf, der jüngste Sohn Ethelwolfs und Osburgs, die einem alten, edlen Geschlecht aus Wessex angehörte. Schon als Knabe war er außerordentlich wißbegierig. Obgleich schlecht unterwiesen und nur in den Turnkünsten des Leibes geübt, wurde er im Alter von sechs Jahren (854) als Begleiter seines andächtigen, nach Rom pilgernden Vaters von Papst Leo IV. zum König gesalbt und an Kindesstatt angenommen. Bei dem fast einjährigen Aufenthalt im Mittelpunkt der Christenheit wurde er von dem Anblick der Denkmäler des Altertums und der Bildung, wie einst Theoderich in Konstantinopel, tief ergriffen. Nach seiner Heimkehr machte er sich durch ausdauernden Fleiß, den das Anhören sächsischer Volkslieder entzündet haben soll, mit der Sprache und den Schriftwerken Roms vertraut. In manchen heißen Gefechten gegen den Erbfeind zeichnete er sich durch Mut und Klugheit aus, war beredt und von milden, reinen Sitten, jedermann gefällig, aber ohne Schwäche.

So geartet und vorbereitet, wurde Alfred als die letzte Hoffnung des schwerbedrängten Landes einhellig von den Ständen zum König über Wessex erwählt (871). Doch nach siebenjährigem, stellenweise glücklichem Widerstand sah er sich von den meisten Waffengefährten verlassen, die bei des Feindes Überzahl entweder nach Wales oder in die Bretagne flüchteten oder dem Sieger huldigten. Er mußte, von etlichen Getreuen begleitet, unter der Hülle eines gemeinen Bauern in die damals wüste Grafschaft Somerset fliehen und hier wochenlang in der Hütte eines Viehhirten unerkannt leben (878). Endlich boten die ringsum von Wald und Sümpfen geschützten Niederungen der Flüsse Parret und Thone einen ebenso festen wie geheimen Aufenthaltsort dar. Denn bald durch Wälle und Gräben gegen feindliche Übermacht gesichert, wurde die Insel der Edlen (*aethelingey*, Athelney) die Zufluchtsstätte und der Waffenplatz der tapfersten Männer, die auf nur ihnen bekannten Wegen Angriff und Rückzug fanden, manche im Flachland sorglos umherschweifende Dänenschar überfielen, aufrieben und zerstreuten und, durch kleine Fehden hinlänglich vorbereitet, mit Sehnsucht die Gelegenheit zu größeren Unternehmungen erwarteten.

Da kam nach Jahresfrist die trostreiche Kunde, Oddune, der Graf von Devonshire, habe bei dem Schloß Kinwith, an der Mündung des Tau, den furchtbaren Dänenführer Hubba, Sohn Ragnar Lodbrocks, geschlagen und neben anderer Beute die schwarze, von den Normannen abergläubisch verehrte Fahne erobert. Sie zeigte in der

Mitte einen Raben, der von den drei Zauberschwestern Hubbas und Hinguars eingewebt worden war und Sieg oder Niederlage verkündete, je nachdem er bei dem Beginn der Schlacht freudig die Flügel regte oder matt herabsinken ließ. Alfred, jetzt zu einer entscheidenden Tat entschlossen, sandte geheime Boten an die Getreuen in Somerset, Wiltshire und Hampshire und mahnte sie, an einem bestimmten Tag bei dem Felsen Brixton, unweit dem Forst Selwood in Somerset, zu erscheinen, vorher aber nichts zu unternehmen. Denn noch stand der Feind, zahlreich und wohlbewaffnet, auf und an dem Hügel der Stadt Eddington in Wiltshire, nicht nur in offenem Feldstreit, sondern auch durch Überfall besiegbar.

Um die Lage persönlich zu erkunden, nahm der König, wohlerfahren im Gesang und Saitenspiel, das Gewand eines nordischen Skalden, und näherte sich, nur von einem Harfenträger begleitet, den Dänen, die ihn freundlich aufnahmen und selbst ins Zelt des ersten Häuptlings, Guthrum, führten, so daß der Sänger mehrere Tage lang verweilen, alle Gelegenheit ausspähen und freigebig beschenkt zurückkehren durfte. Darauf versammelte Alfred, der entschlossen war, den aus Sorglosigkeit in der Ebene gelagerten Feind ohne Zaudern anzugreifen, die Waffengefährten im Selwoodforst und erinnerte mit etlichen Worten an die Pflicht, Heimat und Christentum gegen raubgierige Fremdlinge und Heiden entweder heldenmütig zu schützen oder zu sterben. Als die Seinen jubelnd antworteten, brach er rasch auf und gab, von keinen Feldwachen entdeckt, das Zeichen zur Schlacht. Nach kurzem, heftigem Kampf war der vollständigste Sieg gewonnen. Wer von den Dänen nicht auf dem Schlachtfeld blieb, flüchtete mit Guthrum in eine nahe Burg, wo Hunger, Kälte und Elend 14 Tage später zur Übergabe zwangen. Alfred aber, der gewillt war, die ungestüme Naturkraft der stammverwandten Normannen nicht zu vertilgen, sondern zu brechen, gewährte entweder schleunigen Abzug oder feste Ansiedlung in Northumberland und Ostangeln, jedoch nach Annahme des Christentums.

Die meisten Krieger folgten dem Beispiel Guthrums, den der angelsächsische König zu Auler, unweit dem Eiland der Edlen, als Athelstan aus der Taufe gehoben hatte, und begannen die ihnen angewiesenen Äcker unter eigenen, bürgerlichen Ordnungen zu bestellen. Wem solcher Wechsel mißfiel, der durfte mit dem kühnen, unruhigen Häuptling Hastings die Schiffe besteigen und an den Küsten Flanderns, Lothringens und Westfrankens Abenteuer suchen (Mai 879, 880). Die kurze, jetzt folgende Frist der Ruhe benutzte Alfred trefflich. Er baute die zerstörten Städte, von denen London und Winchester in der Grafschaft Hamp Sitze der Regierung wurden,

Dörfer und Kirchen wieder auf, gab den normannischen Ansiedlern, jedoch unter besonderen Grafen, gleiche Rechte und Gesetze wie den Angelsachsen und schuf eine regelmäßige Landwehr, die teils in den Burgen und Schanzen, teils im offenen Felde dienen sollte. Er bemannte die erste, 120 Segel starke Flotte mit einheimischen, friesischen und anderen fremden Seeleuten. An festen Plätzen entlang der ganzen, einem Feldlager ähnlichen Küste aufgestellt und mit hinlänglichem Wurfgeschoß versehen, schützte sie nachdrücklich den Seefrieden und wies manchen Freibeuter blutig zurück.

Während sich so Angelsachsen von den Leiden früherer Raubzüge erholte, nahte plötzlich eine große Gefahr. Hastings nämlich, seit 13 Jahren der Schrecken Westfrankens, lenkte nach mannigfaltigen Mißgeschicken in die alte Laufbahn ein. Er sandte seinen Gewalthaufen mit 250 Schiffen die Rother hinauf vor die Feste Apuldore an den Grenzen von Kent und Sussex, folgte selber mit 80 Fahrzeugen der Richtung des Themseflusses und verwüstete von Milton aus, wo ein verschanztes Lager aufgeschlagen wurde, ringsum das Flachland. Diesen günstigen Augenblick ergriffen die in Northumberland und Ostangeln angesiedelten, von Guthered, Guthrums fehdelustigem Sohn, geleiteten Normannen. Sie versammelten, wie von einem unwiderstehlichen Trieb nach kriegerischem Abenteuer ergriffen, 240 Schiffe, landeten in Wessex und belagerten Exeter in Devonshire (893). Alfred, in dieser doppelten Gefahr ungebeugten Mutes, warf sich zuerst mit dem schnell gerüsteten Heerbann auf den Feind bei Apuldore, das gestürmt wurde, und befreite danach Exeter. Er sandte Hastings die mit ihrer Mutter gefangenen Söhne ohne Lösegeld zurück und gewann durch solchen Edelsinn, daß der Däne und der Kern seiner Waffengefährten freiwillig abzogen. Gewalt und Milde vollendeten einen Sieg, der teils für viele Jahre die äußere Sicherheit befestigte, teils die inneren Kräfte durch allmähliche Verschmelzung der sächsischen und normannischen Bewohner, die fortan demselben Gesetz gehorchen mußten, bedeutend verstärkte. Da überdies die gälischen Briten in Wales meistens der Oberherrlichkeit des Königs huldigten, so sahen sich alle Völker vom äußersten Süden bis an die schottische Grenze zu einem Gemeinwesen verbunden.

Wenn Alfred als glücklicher Held in mehr als 50 See- und Landschlachten hervorleuchtet und die äußere Unabhängigkeit des angelsächsischen Reiches gründet, so gebührt ihm für die innere Friedenswaltung der weniger glänzende, aber dauerhaftere Ruhm eines zeitgemäßen Wiederherstellers der vom weitverzweigten Lehnswesen untergrabenen und unterdrückten bürgerlichen Freiheit. Dies erhellt vor allem aus den Ordnungen der Rechtspflege, die nach altgermanischer Weise in kleinere und größere, einander ergänzende Kreise aufgeteilt war und auf dem Grundsatz der Öffentlichkeit und gegenseitigen Verbürgung beruhte. Je zehn Haushaltungen, nach dem – allerdings unbestimmten – Landmaß auch Heiden geheißen, bildeten den Friborg (Verbürgung der Freien) oder die Zehnmännerzahl *(tienmannatale)* mit einem frei erwählten Vorsteher (*friborges heofod*, d. h. Haupt). Zehn Friborge oder 100 Haushaltungen bildeten den Zehnt *(tithing)*, dessen Obmann Zehenhaupt *(tien heofod)* oder Borsholder *(decanus)* genannt wurde. Zehn Zehnten endlich oder 1000 Haushaltungen und 100 Friborge hießen die Gemeinde der Hundertschaft *(hundrede)* oder des Waffendachs *(wapentach)*, dessen Vorsteher oder Hundertrichter (*centenarius, hundreter, hundredes ealdor*, Ältester) dem Grafen *(jarl, earl)* oder Obmann des größten Kreises, der Grafschaft *(shire)*, am nächsten stand. Diese altsächsische Gliederung wurde mit Ausnahme des Friborgs vom König so wiederhergestellt, daß jeder Reichssasse einem Zehnt angehören mußte und daß für den Knecht der Herr, die Frau der Gatte, den noch nicht vierzehnjährigen Sohn der Vater, den Fremden der Hauswirt, den ganzen Bezirk der Obmann und jedes freie Mitglied die Bürgschaft übernehmen mußten.

Wer auf erhobene Anklage für das Versprechen, am bestimmten Tag sich vor Gericht zu stellen, keine Gewährleistung bei den Zehntgenossen finden konnte, wurde bis zur anberaumten Frist verhaftet. Entfloh er aber in der Zwischenzeit, so fiel die gesetzliche Buße auf den Borsholder und Zehnt, wenn nicht durch zwölf Zeugen aus der Heimat und Nachbarschaft die Unschuld an der Flucht des Gefangenen bewiesen werden konnte. Kam ein flüchtig gewordener Gast (Fremder) in Verdacht, so mußte der Hauswirt entweder durch das eigene und zweier Nachbarn Zeugnis erhärten, daß der Angeklagte nur zwei Tage bei ihm verweilte, oder wie für einen straffälligen Angehörigen die gesetzliche Buße zahlen. Über gemeinsame Angelegenheiten entschieden die vom Borsholder versammelten Hausväter, über kleinere Streitigkeiten galt ebenderselben Ausspruch. Größere Sachen und Händel der Zehnten untereinander kamen vor das Gericht der Hundertschaft, das regelmäßig jeden Monat vom Hundertmann (Sendgrafen?) versammelt wurde und aus einem Ausschuß von zwölf durch die Gemeinde erwählten Schöffen oder Geschworenen *(jury)* bestand. Daneben wurde jährlich einmal die ganze Hundertschaft einberufen, damit besonders jeder Bürger erklärte, welchem Zehnt er angehöre.

Klagen auf Mord, Frauen- und Straßenraub, Brandstiftung und andere, gegen die ganze Gesellschaft gerichtete Verbrechen gingen an das Grafen- oder Gaugericht *(scyre gemote)*. Jährlich zweimal unter dem Vorsitz des Bischofs und Grafen (Ältesten, Alderman, Earl, *thane*) um Ostern und Michaelis gehalten, überließ es wahrscheinlich gleichfalls die Untersuchung und Spruchfällung bestimmten Geschworenen, die man die Weisen oder Richter nannte.* Überdies stand dem Grafen in der bürgerlichen Verwaltung und Rechtspflege zügelnd der vom König gesetzte Landvogt *(shire reeve, sheriff)* zur Seite. Er sollte die Kronrechte in der Grafschaft wahren, die Geldbußen einziehen und die Amtsführung des höchsten Verwesers beobachten.

Die oberste Aufsicht endlich behielt sich der König vor, der oft die Landschaften durchreiste, wobei er öffentlich zu Gericht saß, unparteiisch die Klagen prüfte und entschied, aber auch nachlässige oder schlechte Beamte ohne Rücksicht auf Stand und Macht nach der Strenge des Gesetzes strafte. Damit das Gesamtwohl nicht an Personen, sondern an verfassungsmäßige Ordnungen geknüpft würde, berief er jährlich zweimal gen London nach Westminster den Reichstag oder die Versammlung der Weisen *(wittenagemot)*. Diesem aus Abgeordneten der Geistlichkeit, des Adels und der Wehrfreien *(Thegene, Karle)* so gebildet, daß ein gewisser Grundbesitz (später 40 Heiden) gefordert wurde, entschied teils über höhere und verwikkelte Rechtsklagen, teils über Gesetzvorschläge des Königs und seiner Räte. Die Bischöfe, Äbte und Priester überhaupt hatten nur in Gegenständen der reinen Kirchenzucht eine gesonderte Stimme, durften aber ohne Beiziehung der weltlichen Gerichte weder an Leib noch Gut strafen. Die auf dem Festland überall errungene Souveränität der geistlichen Rechtspflege konnte bei den Angelsachsen keine Wurzeln fassen.

Das Ziel der zahlreichen Gesetze, die größtenteils altgermanischen Gewohnheiten folgten, war nicht nur die Gliederung der Staatsgewalten, sondern auch die Abwehr der auf Leben, Gesundheit und Eigentum gerichteten Angriffe. Dabei galt neben dem mosaischen Grundsatz: »Auge um Auge, Zahn um Zahn!« das besonders im Sachsenland unaustilgbare Sühnerecht (Kompositionsrecht).

---

* Dies erhellt u. a. aus dem Miroir des justices bei Spelmanns Vita Alfrede, S. 83. »Der König«, heißt es hier, »strafte den Richter Kadwin am Leben, *pur ceo que il judgeast Hachwy a la mort sans le assent des toutes les Jurors*« usw.

Denn, vorsätzlichen Mord ausgenommen, konnten alle Verbrechen, selbst die Teilnahme an einer Verschwörung gegen den König, durch Geld gebüßt werden. Sorgfältig bestimmten die Wehrgeldtafeln den Schaden und Ersatz, aber noch ängstlicher bewachte die höchste Staatsmacht den Gang der Behörden und strafte unerbittlich entdeckte Mißbräuche. Ja, Alfred verurteilte in einem Jahr 44 Richter als Mörder zum Tode, weil sie durch falsche Sprüche über das Leben von Reichssassen verfügt hätten. Kadwin z. B. mußte sterben, weil er ohne Übereinstimmung aller zwölf Geschworenen einen Angeklagten für schuldig erklärte und drei ungesetzliche Schöffen einschob. Freherue wurde verurteilt, weil er trotz des schwankenden Urteils der Schöffen den Harpin sterben ließ, entgegen dem Grundsatz, daß man bei gleich geteilten Stimmen der Zwölfer freisprechen und nicht verdammen soll.*

Diese unnachsichtige Handhabung der Rechtspflege verfehlte ihre Wirkung nicht. Bald herrschte Sicherheit auf allen Straßen und Wegen. Der Wanderer konnte am Abend goldene Armbänder liegen lassen und sie am Morgen unberührt wiederfinden. Um endlich für die Abtragung der dem Kirchen- und Schulwesen bestimmten Zehnten eine feste Übersicht zu gewinnen, wurde auf den Befehl des Königs das erste Grundbuch (die Rolle von Winton oder Winchester) abgefaßt, das ein Verzeichnis aller größeren und kleineren Lehen wie Freigüter enthielt und dem späteren Gerichtstagsbuch *(Doomsdaibook)* Wilhelms des Eroberers als Vorbild diente.

Am meisten aber arbeitete Alfred an der Bildung und Gesittung des unter den langen Fehden tief gesunkenen und verwilderten Volkes. Einst die wissenschaftliche Leuchte ihrer germanischen Stammesbrüder und ebenso aufgeklärte wie eifrige Beförderer des Christentums, hatten die Angelsachsen um die Mitte des 9. Jahrhunderts fast jede Spur ihres früheren, geistigen Aufschwungs verloren und solche Unwissenheit gepflegt, daß nach des Königs eigenem Geständnis südlich der Themse kein Priester die lateinische Messe zu lesen verstand und noch viel weniger wahrhaft gemeinnützige Kenntnisse besaß. »Einst«, lautete die Zuschrift an den Bischof Wulfsig von London, »kamen Fremdlinge, wenn sie Weisheit und Gelehrsamkeit suchten, hierher. Jetzt müssen wir ins Ausland gehen. Nur wenige Geistliche diesseits des Humber können angelsächsisch den Gottesdienst halten oder einen lateinischen Brief in die Mutter-

* Spelmann, S. 83.

sprache übertragen. Und jenseits des Humber wohnen wahrlich auch nicht viele mit solchen Fertigkeiten ausgestattete Männer. Gewiß aber bleibt's, daß bei meinem Regierungsantritt kein einziger Priester der Art gefunden wurde.«

Alfred, der freie Menschen ohne Wissenschaft und Bildung für vernunftlose Wesen erklärte,* versuchte aufrichtig und ernsthaft den verschollenen Ruhm des angelsächsischen Namens wiederherzustellen und den Wissenschaften, die das Festland verschmähte, eine Schutzstätte zu eröffnen. So wurden fremde wie einheimische Gelehrte durch Vertrauen und Freigebigkeit bewogen, teils als unzertrennliche Gesellschafter des Königs längere oder kürzere Zeit am Hofe von Winchester zu leben, teils die neuen und alten Schulen als Vorsteher zu leiten. Unter den Ausländern gewannen besonderen Ruf Johann der Ire (Johannes Scotus, Erigena), ein ebenso gründlicher Kenner der griechischen, chaldäischen und arabischen Sprache wie scharfsinniger Denker, ebenso Grimbald, früher Mönch im Kloster des heiligen Bertin zu Sithiu, ein trefflicher Tonkünstler und Lehrer, dem die höhere Bildungsanstalt in Oxford hauptsächlich ihre schnelle Blüte verdankte. Asser war trotz der Anhänglichkeit an sein Kloster Bangor der weltlichen Geschäfte so kundig, daß er des Königs Leben auf nicht unwürdige Weise beschreiben konnte. Johannes war in demselben britischen Gotteshaus zur Größen- und Zahlenlehre ausgebildet worden. Der Festlandssachse Johannes wurde als Abt mit mehreren Stammesgenossen an das unlängst gestiftete Kloster von Athelingey berufen. Von den geborenen Angelsachsen zeichneten sich aus: Plegmund, Erzbischof von Canterbury, in kirchlichen und wissenschaftlichen Angelegenheiten Alfreds Erster Rat, Werefried, Bischof von Wigorn, besonders verdient um den Aufbau der Muttersprache, die er durch selbständige Aufsätze und Übertragung lateinischer Schriften zu bereichern suchte, sowie Wulfsig, Bischof von London, und Dunwulf, Bischof von Winchester, eifrige und umsichtige Beförderer eines besseren Volksunterrichts.

Mit solchen Männern durch Umgang und Briefwechsel verbunden, trachtete der König, dabei unablässig mit der eigenen Bildung beschäftigt, nach Kräften überall Licht, Wissenschaft und gemein-

---

* »*Liberum hominem illiteratum probruto et cephalo et stulto reputamus*«, d. h. »Einen ungebildeten Freimann halten wir für ein viehisches, dummes Geschöpf.« Spelmann, S. 64.

nützige Kenntnisse auszubreiten. Daher wurden nicht nur in den nächsten und fernsten Gauen des Reiches zerstörte Kirchen und Klöster wiederhergestellt, sondern auch die ihnen angehörigen Schulen nach einem vollkommeneren Maßstab erneuert. Denn nicht zufrieden mit dem früheren Bildungsgesetz, das nur Priester umfaßte, wollte Alfred den Adel und die Gemeinfreien an die Hochachtung der Geisteskräfte gewöhnen und vom Rost roher Leibesgewalt reinigen. So mußte jeder Angelsachse, der zwei Heiden Land besaß, seine Kinder in die unteren Schulen senden, damit sie wenigstens lesen lernten, während die höheren Anstalten, besonders in Oxford, nur nach einem gründlichen, vorbereitenden Unterricht in der Muttersprache Lateinisch und andere Gegenstände der eigentlichen Gelehrsamkeit ihren freilich nicht zahlreichen und meistens der Kirchenlaufbahn bestimmten Zöglingen darboten.

Daneben versuchte der König, der von Natur aus ein trefflicher Dichter und Redner und durch Übung ein feiner Menschenkenner war, auch als Schriftsteller zu wirken und vorzüglich solche Kenntnisse und Gedanken zu verbreiten, die fern von spitzfindiger Grübelei mit dem Leben und den täglichen Bedürfnissen im engen Zusammenhang stehen oder dem allgemein nützlichen Bereich der Geschichte, Erdkunde und Sittenlehre angehören. Deshalb übersetzte er die Geschichtsbücher des Orosius und des Beda aus dem Lateinischen ins Angelsächsische, jene mit erläuternden Anmerkungen und lehrreichen Beiträgen, außerdem die Tröstungen des Boethius, das Hirtenbuch *(pastorale)* und die Gespräche Gregors des Großen, hauptsächlich für den Handgebrauch der Pfarrer bestimmt, die Fabeln Aesops und die Psalmen. Sein hochherziger Entschluß, die ganze Heilige Schrift zu übertragen, wurde nur durch den Tod vereitelt, aber er bearbeitete die Reiseberichte der Normannen Other und Wulfstan, die über die Beschaffenheit der Meere und Länder Dänemarks, Norwegens und Schwedens die erste, zuverlässige Kunde gebracht hatten.

Denselben gemeinnützigen Zweck verfolgten die selbständigen Schriften des Königs. Er versuchte teils durch erläuternde Sammlungen griechischer und germanischer Gesetze die Richter zu belehren, teils durch Lieder, Fabeln, Gleichnisse und Denksprüche einfache, schlagende Wahrheiten unter dem Volk zu verbreiten. »Reichtum«, hieß es z. B., »ohne Weisheit ist nichts. Wollte jemand 170 Jucharte mit Gold besäen, er würde, wenn es auch emporwüchse zur gelben Frucht, aber sein Wesen nicht änderte, einen toten Schatz ernten und verhungern müssen. Denn welcher Unterschied ist zwischen Stein und Gold, das du nicht weise zu gebrauchen verstehst? – Der

Welt Herrlichkeit vergeht zu Staub, und das Leben läuft schnell ab. Auch wenn du die Herrschaft der Erde und alle Schätze derselben hättest, enden deine Tage bald. Ohne Christus ist kein Gewinn, nur Elend im Glück dieser Welt. Richten wir also unseren Wandel nach den himmlischen Geboten ein, damit erfüllt werde, was Salomon spricht. Heil dem, sagt er, der in dieser Welt Gutes tut! Denn er kommt zuletzt dahin, wo er Gutes findet.«*

Um bei den mannigfaltigen und schwierigen Geschäften des Krieges und des Friedens für wissenschaftlich-künstlerische Arbeiten die nötige Muße zu gewinnen, benutzte Alfred die Zeit mit der ängstlichsten Sparsamkeit und wich selten, wenn es nicht außerordentliche Umstände forderten, von seiner sorgfältig geregelten Lebensordnung ab. Tag und Nacht nämlich zerfielen in drei gleiche Abschnitte, von denen der erste den Sorgen um das Gemeinwesen, der zweite dem Gebet und den Wissenschaften, der dritte dem Schlaf und der Erholung des Leibes gewidmet war. Sechs Wachskerzen, durch dünne Rindshornscheiben vor dem Zugwind geschützt und täglich in der Kapelle aufgestellt, vertraten die Stelle eines Zeitmessers. Jede brannte vier Stunden, deren Ablauf sogleich von dem diensttuenden Geistlichen, gewissermaßen dem Zifferblatt der Uhr, gemeldet wurde. Dieselbe Genauigkeit herrschte in der Verwaltung der Einkünfte, die meistens aus den in allen Teilen des Reiches gelegenen Kronländereien flossen. Die erste Hälfte des Jahreseinkommens zerfiel, weltlichen Zwecken bestimmt, in drei Reihen, von denen die eine für den Unterhalt der Hofbeamten, die zweite für die Besoldung der zahlreichen Künstler, Goldarbeiter und Handwerker, die dritte für die Anstellung ausgezeichneter Fremder ausgesetzt wurde. Die zweite Hälfte, dem Gottesdienst und den Wissenschaften gewidmet, umfaßte vier Abteilungen, von denen die erste einheimischen Armen, die zweite den neuen, die dritte den alten Klöstern in Angelsachsen, Irland, Wales, Cornwall, der Bretagne und Westfranken, die vierte den Schulen, besonders in Oxford, angehören sollte.

Nach solchen Taten, die den Grundstein der Freiheit und Stärke Angelsachsens (Englands) legten, soweit es von den Kräften eines Mannes abhing, starb Alfred (901). Ihm folgte sein zwar tapferer, aber geistig beschränkter Sohn, Eduard I., der Ältere, auf den Thron.

---

* Diese Denksprüche bei Spelmann, S. 97, tragen, wenn auch in den Worten umgewandelt, das Gepräge des weisen und frommen Alfred.

In Skandinavien, wo während des ganzen Zeitraums eine unruhige, auf Krieg und Beute gerichtete Völkerbewegung nach dem Nordosten und Südwesten Europas hin wirkte, trat Norwegen als Mittelpunkt kühner Heerzüge in schärferen Umrissen aus dem früheren Dunkel der Sage und Absonderung hervor. Durch das hohe, wald- und schneebedeckte Dobrengebirge von Schweden getrennt, war es wegen der langen, von Inseln und tief einschneidenden Buchten unterbrochenen Küste für Schiffahrt und Seeräuberei günstig gelegen und bei dem meistens unfruchtbaren Boden, von dem nur der hundertste Teil Ackerbau duldet, auf Jagd, Fischerei und Viehzucht angewiesen. Im überaus kalten Winter und heißen Sommer war es von den mannigfaltigsten, großartigsten Naturschönheiten umgeben, die hier Gletscher und Felsen, dort üppige Urwälder und Wasserstürze darbieten.

So eigentümlich ausgestattet, wurde und blieb Norwegen die Heimat eines freien, waffenfreudigen Abenteurervolks, dem unter verschiedenen Namen beschränkte Häuptlinge vorstanden. Jeder Kriegsfürst (Gram) hatte ein bald größeres, bald kleineres Gefolge (Hirdmänner), dem er, wenn eine Fahrt unternommen werden sollte, Nahrung, Waffen und Schiff gab. Dieses, der Drache geheißen, war mit Blech bekleidet und mit Bildern Odins und anderem Schnitzwerk verziert. Es zählte gewöhnlich 15 Ruder, deren jegliches 13 Ellen lang war. Freiwillige, die auf eigene Kosten dienten, schlossen sich dem Zug an, der oft bis zu den Küsten Italiens führte, während noch kühnere Scharen durch die Wildnisse Rußlands nach dem Südosten vorbrachen und hier entweder Reiche stifteten oder als Wäringer (Waräger, Krieger) für ungewisse Zeit den Kern der griechischen Leibwache in Konstantinopel bildeten.

Neben solcher Heldenkraft, die oft an Verwegenheit grenzte, besaß der vornehme und gemeine Normanne das lebendigste Gefühl für die Schönheit der Frau und der Dichtkunst. Nie fehlte im Gefolge des Fürsten der Skalde, um die Taten der Vergangenheit und der Gegenwart zu preisen, und nicht selten brach eine durch Anmut und Geist ausgezeichnete Frau den ungefügen Trotz des Mannes, ja leitete ihn nach ihrem Willen.

Davon gab die Geschichte des 9. Jahrhunderts ein denkwürdiges Zeugnis. Es wohnte nämlich auf dem Dobrengebirge der reiche und tapfere Halfalan, dem sechs oder sieben Gaue der Nachbarschaft als Oberkönig huldigten. Dessen Sohn, Harald Haarfager (Schönhaar), behauptete mit Beihilfe etlicher Getreuen des Vaters Herrschaft gegen aufrührerische Versuche der Lehnsträger und wollte, als die Fehde geendet hatte, nach der Altvorderen Sitte in die Fremde ziehen und Abenteuer bestehen. Da erklärte Gida, die schöne Tochter Erichs von Hadaland, sie werde nicht eher dem Brautwerber Gunst geben, bis ihm ganz Norwegen untertänig geworden sei. Nach langem Sträuben und von Liebe zu der ehrgeizigen Frau bezwungen, gehorchte Harald. Er gelobte, das Haar nicht eher zu scheren, als bis er Gidas Wunsch erfüllt habe. Er versammelte ein großes Kriegsvolk und zwang nach zweijährigem, blutigem Kampf (865–867) die freien Stämme in den späteren Stiften Drontheim und Bergen zur Anerkennung seiner fürstlichen Oberhoheit. Darauf griff er die Inseln und Küstenlande von Nordmöre bis Båhus mit einer starken Flotte an und tötete oder vertrieb die kühnsten Seehelden, von denen fortan viele in Island, auf den Färöer- und Orkneyinseln siedelten. Er führte, um das neue Lehnsreich zu befestigen, Steuern sowie höhere und niedere (Jarle, Herser) Dienstmannen ein, förderte, gegen innere und äußere Feinde durch Land- und Seesiege gesichert, nach Aufhebung des Fehderechts Handel und Verkehr und suchte überhaupt die alte Freiheit mit ihren Tugenden und Gebrechen auszurotten.

Aber jene hatte in den Sitten des Volkes so starke Wurzeln geschlagen, daß schon unter Erich Blodöxe (d. h. mit der blutigen Streitaxt), Haralds und Gidas Sohn und Nachfolger am Oberkönigtum (seit 934), Unruhen ausbrachen, die den grausamen Fürsten zur Flucht nach den Orkneyinseln zwangen und den norwegischen Lehnsstaat auflösten, ohne jedoch alle seine Spuren zu tilgen. Die altgermanische Gauverfassung aber zog teils in die fernsten Gebirgstäler, teils zu den Orkney- und Färöerinseln, besonders aber nach Island, wo bald der letzte Freistaat dieses Zeitraums aufblühen sollte. Durch Zufall von einem normannischen Seefahrer entdeckt (860), von einem anderen umschifft (864) und etliche Jahre später von dem gefürchteten Freibeuter Floke sorgfältig erforscht und wegen des in mehreren Buchten angehäuften Eises mit dem sofort gültigen Namen bezeichnet, wurde Island trotz seines unfruchtbaren Bodens und rauhen Himmels binnen kurzem die Zuflucht vieler freiheitsliebender Männer. Sie konnten die Sitten, Sprache und Grundgesetze der Altvorderen aus dem norwegischen Lehnsreich Harald Schönhaars in die damals öden Täler des Feuerbergs Hekla retten und, bald durch Flüchtlinge aus Dänemark und Schweden beträchtlich vermehrt, etwa ein halbes Jahrhundert nach der ersten Ansiedlung (928) die bisher vereinzelten Höfe und Dörfer zu einem freien Gemeinwesen einigen.

Die ganze Insel nämlich wurde in vier Gaue, jeder Gau in drei Bezirke (Viertel, Hundreden?), jeder Bezirk in neun Zehnten (Hrepar) gegliedert, jene mit erblichen Richtern (Jarlen, Grafen) und Vorstehern, diese mit fünf gewählten Ältesten, die zur Beratung über Ortsangelegenheiten den Gemeindetag der Freimänner beriefen und leiteten. Zu den vier Gau- und zwölf Bezirksgerichten trat bei steigender Prozeßsucht als oberste Dingstätte für das ganze Land das Fünftgericht. Es entschied, 36 Mitglieder stark, teils über die Sprüche der unteren Gerichte, teils über manche Sachen, die nur hier verhandelt werden konnten. Jährlich einmal, im Frühling, versammelte sich die große, gesetzgebende Volksgemeinde (das Althing) am See Thingvalla (Gerichtsfeld), dessen höchste, von vulkanischen Ausbrüchen gebildete Uferstelle der Gesetzfelsen (Logberg, *Legis rupes*) genannt wurde. Der anfangs für unbestimmte Zeit, später lebenslänglich gewählte Gesetzmann (Lagmann) hatte den Vorsitz und sorgte für die Vollziehung der gefaßten Beschlüsse. Auf dem Althing, das über Krieg und Frieden, Bündnisse und Verträge, gemeinheitliche Ordnungen und verwickelte Rechtsfälle entschied, konnte jeder Freimann sprechen und abstimmen. Jedoch blieb trotz der oft heftig aufbrausenden Leidenschaften den Ältesten oder Weisen ihr gebührliches Ansehen, zumal wenn sie Zeichen, Träume und andere fast geheiligte Volksurteile mit Umsicht in den Fluß der Rede einzuflechten wußten.

Dergestalt durch einfache und gleichmäßige Grundgesetze gegen Gewaltherrschaft und Mißbrauch der Freiheit geschützt und durch die räumliche Lage ebensosehr zum weitläufigen Seeverkehr mit Skandinavien, England, Ost- und Westfranken wie zum stillen, ausdauernden Fleiß berufen, blühte die Republik Island bald im Handel und Gewerbe, in der Wissenschaft und Kunst wie ein zweites, hochnordisches Athen mit außerordentlicher Schnelligkeit und Kraft auf. Denn während die Schiffe dieser glücklichen und freien Insel teils um des Handels, teils um der kriegerischen Abenteuer willen das Meer von den Küsten Grönlands an bis zu dem Sund Konstantinopels besuchten und nach längerer oder kürzerer Abwesenheit die Kenntnisse, Fertigkeiten und Erzeugnisse der Fremde in die Heimat trugen, erschienen isländische Skalden, die Mitwerber übertreffend, an den Höfen der skandinavischen Könige und behaupteten das reiche Erbe uralter Volks- und Glaubensüberlieferung. Gründliche und nachdenkliche Gelehrte pflegten in der Schule zu Skalholt neben der vaterländischen griechische und römische Altertumskunde, Rechtswissenschaft, Erd- und Geschichtsschreibung. Die letztere entsprach besonders der nüchternen und dennoch feurigen Gemütsart, die gerne aller Völker Begebenheiten untersuchte und aufbewahrte, da sie davon überzeugt waren, daß es nicht minder ruhmvoll sei, fremde Taten zu erzählen, als eigene auszuführen.*

Aber nicht zufrieden mit den Grenzen der innig geliebten und nach langer Entfernung wieder besuchten Heimat, verpflanzten die Isländer bisweilen Stamm und Eigentümlichkeit in ferne, von ihnen entdeckte Himmelsstriche. So fand und benannte Erik der Rote Grünland (Grönland, um 985), an dessen westlicher Küste alsbald eine beträchtliche Ansiedlung aufblühte, während Laif, angefeuert durch den Ruhm des Vaters, dieselbe Laufbahn wählte und nach vielen Gefahren ein waldiges Uferland erreichte, das nach den wilden Reben Weinland genannt und allmählich besetzt wurde (1000). Es bleibt wahrscheinlich, daß ein Teil Nordamerikas, von der Labradorküste bis zur Hudsonstraße, dieser seit dem 12. Jahrhundert gänzlich verschollenen Niederlassung des nördlichsten Germanenvolks entspricht.

Bei so mannigfaltigen und rührigen Verhältnissen des isländischen Freistaats konnte der nur auf das kriegerische Heldenleben berechnete Odinsglaube dem von Norwegen her vorbrechenden Christentum nicht lange widerstehen. Es wurde durch einhelligen Beschluß des Althing als Versöhnung der drohenden Bürgerfehde angenommen, wie dazu der von beiden Parteien erwählte Schiedsrichter geraten hatte. »Der Gesetzmann Thorgeir nämlich«, meldet Are, der isländische Geschichtsschreiber, »sagte zu den in Thingvalla versammelten Männern, er sei der Meinung, daß viel Unruhe bevorstehe, wenn die Menschen hier im Lande nicht alle ein Gesetz hätten, und erwies aus vielen Gründen, daß sie es nicht dahin dürften kommen lassen. Er sagte, das werde ihnen solchen Zwiespalt bringen, daß sich Gewalttätigkeiten erheben und die Landschaft veröden würden. Wir müssen aber nicht diejenigen herrschen lassen, die lieber Zwietracht wollen, vielmehr dergestalt zwischen ihnen vermitteln, daß beide Teile einigermaßen zum Ziel kommen und daß alle ein Gesetz und eine Sitte halten. Denn das steht einmal fest: wenn wir das Gesetz zerreißen, zerreißen wir auch den Frieden. – Als er hiermit seine Rede endigte, da fielen ihm beide Teile darin bei, daß alle ein Gesetz haben sollten, so wie er selber es verkünden würde. Hierauf ward das zum Gesetz gemacht, alle Männer sollten Christen sein und die Taufe empfangen, wer noch ungetauft im Lande hier wäre. Aber in bezug auf das Kinderaussetzen sollte das alte Gesetz

* Saxo bei Dahlmann, Forschungen, I, 162.

bestehen bleiben, ebenso wegen des Roßfleischessens. Die Männer könnten den Göttern heimlich opfern, wenn sie wollten. Aber sie sollten landflüchtig werden, sobald Zeugen dazu kämen. Aber etliche Winter darauf ward diese heidnische Sitte mit anderem abgeschafft.«*

Das Christentum, auf diese Weise nicht, wie so oft auf dem Festland, durch Gewalt oder List, sondern durch offenen Volkswillen angenommen, zeigte auch bald nur heilsame Folgen. Keine Glaubensschwärmerei und Priesterherrschaft befleckte den im ganzen reinen Wandel der Geistlichen, die dem Vorbild des ersten Bischofs Isleif (gest. 1080) nacheiferten und für Schulen und gemeinnützige Kenntnisse sorgten. Keine knechtische Unterwürfigkeit schändete den Laien, der neben einem unaustilgbaren Rechts- und Freiheitsgefühl besonders den Trieb nach Bildung besaß und die Wissenschaft nicht als Erbteil der Kirchendiener, vielmehr als Gemeingut aller Bürger betrachtete und pflegte. So leuchtete Island, der letzte altgermanische Freistaat, wie ein heller Stern am dunklen Himmel roher und zügelloser Lehnsherrschaften.

Dagegen behauptete sich in Dänemark, dessen später abgeschlossene Grenzen Schonen, Seeland, Nord- und Südjütland (Schleswig) nebst den Inseln im Sund, Kattegat und Belt, umfaßten, das wüste, auf Beute und Abenteurerei gerichtete Gefolgschaftswesen ohne Zusammenhang und Volkstümlichkeit. Jedoch huldigten die kleineren Kriegshelden (Grams) den Fürsten von Lethra auf Seeland oder den Skioldungern so lange als Oberkönigen, bis mit Ragnar Lodbrock, dem gefürchteten Zeitgenossen Karls des Großen (gest. 794), die Stärke des kühnen Geschlechts erlosch und fortdauernder Zersplitterung Raum machte, die erst nach der Mitte des 9. Jahrhunderts Gorm der Alte durch Demütigung der meisten Häuptlinge beenden konnte.

Bei so unbestimmten Verhältnissen mußte das von Ansgar, Bischof von Hamburg (gest. 865), in Südjütland verkündete Christentum nur schwachen und ungewissen Einfluß üben. In Schweden, wo neben den Germanen Finnen im Norden siedelten, fanden die vielfach zersplitterten Stämme der Sueonen (Schweden) und Goten trotz der wechselseitigen Eifersucht den Grund zu einer losen Verbindung im gemeinschaftlichen Heiligtum von Upsala (Sigtuna), dessen jeweiliger, aus dem Geschlecht der Inglinger entsprossener Erzpriester gleichzeitig als Oberkönig geehrt wurde. Heldenleben,

---

* Aus Ares Isländerbuch bei Dahlmann, I, 476.

Odinsglaube, Land- und Seefehden, trotzige Freiheit, die jeder Unterordnung abhold war, standen in voller Macht und vereitelten die von Ansgar und seinen Getreuen unternommenen Bekehrungsversuche. Außerhalb der Heimat gewannen die schwedischen Normannen fruchtbaren Spielraum in dem slawischen Küstenland zwischen der Düna und dem Ilmensee, das von ihnen unter dem Namen der Waräger so lange heimgesucht wurde, bis sich das unterdrückte Volk ermannte und seine Peiniger vertrieb (859). Als aber danach endlose Streitigkeiten unter den Eingeborenen entstanden, erging auf den Rat der Ältesten von Novgorod (Neustadt) am Ilmensee eine Botschaft über das Meer zu den Wohnsitzen der Waräger, die Russen hießen. Sie schilderte die Größe und Ergiebigkeit ihres Landes und bat, man möge herbeikommen, Frieden stiften und die Herrschaft empfangen (862).

Freudig nahm Rurik, unter den russischen Warägern ausgezeichnet durch Geburt und Taten, die Einladung an. Er versammelte seine zahlreichen Waffengefährten, reiste in das Slawenland und gründete hier durch Mut und Klugheit ein Fürstentum, das sich bald vom Peipus bis zur Newa, vom Nordufer der Düna bis an den Weißen See ausdehnte und nach dem Tod des Stifters (879) auch einen beträchtlichen Teil des Südens umfaßte, wo etliche Jahre später Kiew Hofstatt des neuen russischen Großfürstentums wurde (892). Losgerissen von der Heimat und durch keine frischen Zuzüge ergänzt, verschmolzen übrigens binnen etlichen Menschenaltern die skandinavischen Fremdlinge mit den slawischen Urbewohnern, die dafür sich und dem Land den Namen jener beilegten (Russen) und aus Ruriks Geschlecht die fast schrankenlosen Herrscher wählten.

Auf ähnliche Weise entwickelte sich in Westfranken die jüngste Ansiedlung der Normannen. Unfähig nämlich, die königliche Macht Harald Schönhaars zu brechen oder zu tragen, bestieg Hrolf (Rollo), der Sohn des norwegischen Jarls (Grafen) Rognwald von Moroe, mit einem zahlreichen, tapferen Gefolge das für die Meerfahrt gerüstete Geschwader. Er erschien, bald ein kühner und unbezwungener Freibeuter, an den Küsten Angelsachsens, Frieslands, vor allem aber Westfrankens und rastete nicht eher, bis König Karl der Einfältige, am Widerstand verzweifelnd, Unterhandlungen anbot. So wurde zu St. Clair an der Epte durch den Erzbischof von Rouen eine Übereinkunft geschlossen (911), der gemäß Hrolf das Land zwischen der Andelle, Eure und dem Meer nebst der Bretagne als westfränkisches Lehen empfing, mit seinem Gefolge als Herzog Robert von der Normandie das Christentum annahm und Gisela, des Königs Tochter, heiratete. Aber so stark war das trotzige Selbstgefühl, daß der neue Lehnsträger und Eidam schon bei der Huldigung seinen Oberherrn und Schwiegervater straflos beschimpfen durfte. Denn als vor dem versammelten Hof der übliche Fußkuß begehrt wurde, erfolgte die stolze Antwort: »Das ist gemein.« Alle Vorhaltungen blieben fruchtlos. Endlich nahte sich ein normannischer Gefolgschaftsmann, der für den Herrn das kränkende Geschäft verrichten sollte, dem Throne. Er beugte das Knie und hob den Fuß des französischen Oberfürsten so ungeschickt in die Höhe, daß dieser rücklings niederstürzte. Ungeachtet solcher Derbheit, die den Grundzug Roberts und seiner Waffengefährten bildete, verschwanden bereits im ersten Menschenalter Sprache und Sitten der nordischen Fremdlinge. Welsche Mundart und strenges Lehnswesen kennzeichneten das neue Geschlecht, während ein schlanker und starker Körperbau, Liebe zur Dichtkunst und Lust am kriegerischen Abenteuer auf eine ältere Heimat hinwiesen.

So wurden die Skandinavier für den Norden und einen Teil Südost- und Südwesteuropas der Haupthebel wirksamer Völkerbewegungen. Ruhiger blieb dagegen die von der Ostsee bis zum Adriatischen Meer, von der Elbe bis an den Don ausgedehnte Mark der Slawen, die zersplittert und untereinander eifersüchtig waren und ungeachtet des starken Freiheitsgefühls keine Mittel fanden, erobernd aufzutreten oder die von den Germanen her drohenden Gefahren zu beseitigen.*

Jedoch brachten für diese Karls des Großen Tod und seiner Nachfolger Schwäche augenblicklichen Stillstand. So warfen in Norddeutschland zwischen Oder, Spree und Elbe Wilzen und Obotriten das fränkische Joch ab. Swatopluk (863–894) einigte Mähren, Böhmen und das Land bis an den Gran, die Theiß und den Marosch zum unabhängigen, mit dem Tod des Stifters jedoch wieder zerstükkelten Mährenreich. Im Süden erschienen Krain (Windische Mark) und Kärnten, auch Steier umfassend, bei einer gemischten, slawisch-

* Gerade die republikanische Verfassung, die bei den meisten Slawen als eigentümliches Merkmal in der Urzeit galt und noch bestand, hinderte wegen der vielfachen Eifersüchteleien und Streitigkeiten gemeinsame Unternehmungen, gleich wie sie eben dadurch dem Fürstentum die Bahn ebnete. »Diese Völker«, meldete im 6. Jahrhundert der Geschichtsschreiber Prokopius (III, S. 277, Ed. Hoeschel), »sind von alters her der Herrschaft eines Einzigen nicht unterworfen, sondern leben in Volksherrschaft, und daher wird bei ihnen alles, was im Guten und Schlimmen geschieht, von den Gemeinden verhandelt.« Dieses merkwürdige Zeugnis verdanke ich Dahlmann, Forschungen, I, 218.

deutschen Bevölkerung unter wechselnden Markgrafen mehr souveräne denn abhängige Grenzländer.

Dieses Bollwerk mußte um so wichtiger werden, je größere Umgestaltung das Gebiet der mittleren Donau, Altpannonien, erlitten hatte. Hier nämlich, im ehemaligen Standlager der Germanenzüge, nahmen gegen Ende des Zeitraums (889–897) die streitbaren Magyaren, bei den Abendländern Ungarn genannt, feste Wohnsitze. Bald waren sie Christen wie Heiden, Griechen und Slawen, Welschen und Deutschen der furchtbarste Feind. Weder Mongolen noch Tartaren verwandt, sondern eigentümlichen, unbekannten Ursprungs, siedelte Menschenalter lang das magyarische Hirten- und Jägervolk in den Steppen Jugriens, das den heutigen russischen Gebieten Perm und Tobolsk, östlich vom Ural, entspricht. Danach räumte es aus gleichfalls verborgenen Ursachen die Heimat, überschritt auf der Wanderung nach Südwesten die Wolga, den Don und den Dnepr und zog, durch Scharen von Bulgaren, Komanen und andere Tartaren verstärkt, ohne Widerstand über das Karpatengebirge.

Gegen Ende des 9. Jahrhunderts (889) lagerte es bei Munkatsch im Herzen Pannoniens. Dieses, ohne Schanzen und Burgen, von zwiespältigen Walachen, Slawen und Deutschen bewohnt, leistete nur schwache Abwehr. Bald (897) herrschte der Fremdling in den Ebenen vom Saufluß bis zu den Karpaten, von der Morawa bis zur siebenbürgisch-moldauischen Grenze. Wer nicht floh, wurde getötet oder in Leibeigenschaft geführt und sein Grundstück als Lehen unter die Sieger verteilt. Anfangs geboten Älteste und Stammhäuptlinge den Horden. Aber bald erkannte man die Notwendigkeit der Einheit des Volkes und wählte Almus, dem sein heldenmütiger Sohn Arpad (Arpaden) folgte, zum Oberkhan (König).

Abgeneigt dem Ackerbau und vornehmlich der Pferdezucht ergeben, wie sie denn auch als Hirten und Jäger in Zelten wohnten, blieben die Magyaren in der neuen Heimat unruhig und kriegerisch. Mit Lanzen, Bogen und Schwertern bewaffnet und durch Eisen- und Filzharnische gegen Hieb und Stich ziemlich gesichert, schnell kommend und verschwindend, kämpften sie nach der alten Hunnen Art meistens zu Pferde, und das um so furchtbarer, je schonungsloser Beutegier und Haß auf das Christentum sie vorwärts trieben, so daß nicht selten gleichzeitig wüstende Haufen am Hellespont und am Rhein, an Donau, Elbe und Tiber gesehen worden sind.

Im schroffen Gegensatz zu der äußeren, wilden Naturkraft des Ungarnvolks steht die innere Beschaulichkeit der Byzantiner, die mitten unter den Anstürmen der Araber, Bulgaren, Russen und Magyaren ihre spitzfindigen Glaubensstreitigkeiten fortsetzten und endlich in Waffen greuelhafter Bürgerfehde umwandelten. Kaum hatte nämlich nach langem, bisweilen blutigem Hader der Bilderdienst durch einen Beschluß der Kirchenversammlung von Nicäa (842) gesetzliche Gültigkeit bekommen, als sich gegen die Lehre und Verfassung des herrschenden Bekenntnisses eine bisher schwache Partei mit wachsender Stärke erhob, die Paulicianer. Diese, die durch Unglück geläuterte Abkömmlinge der Arianer waren und nach einem ihrem Meister, dem Armenier Paulus, benannt wurden, verschmähten, um die Einfalt des Urchristentums wiederherzustellen, alles Priesterwesen und alle kastenmäßige Gliederung (Hierarchie). Sie gaben den geistlichen Vorstehern oder Mitgenossen weder ausschließliche Ehren noch Rechte, sondern setzten sie gleich den übrigen Gemeindemitgliedern. Sie hielten nur die Schriften des Neuen Bundes für göttlich und für eine auch den Laien eröffnete Quelle des Unterrichts und der Erbauung. Sie deuteten die meisten christlich-kirchlichen Gebräuche sinnbildlich und erkannten, von einem doppelten Urwesen der geistigen und leiblichen Kräfte ausgehend, im Inneren des Menschen den Kampf des Guten mit dem Bösen an, doch so, daß jenes als Ausdruck der ewigen, unwandelbaren Wahrheit zuletzt siegen müsse.

Wegen solcher Lehren, die weder den kirchlichen noch den staatsbürgerlichen Grundsätzen des rechtgläubigen Hofes gefallen konnten, auf das grausamste verfolgt, flüchteten die Paulicianer scharenweise in die Gebirge des kleinasiatischen Pontoslandes. Hier stifteten sie unter arabischem Schutz ein souveränes Gemeinwesen (um 860) und bekämpften das griechische Reich in offenen, meistens glücklichen Ausfällen und Feldschlachten. Aber die Erhebung des tapferen und klugen Mazedoniers Basilius an das von den isaurischen Vorgängern vielfach geschändete Kaisertum (867–886) änderte die Verhältnisse. Denn sobald der Stammvater des gleichnamigen Fürstengeschlechts (Mazedonier, bis 1056) durch Weisheit und Strenge in allen Zweigen der inneren Staatsverwaltung Zusammenhang und Pflichttreue wiederhergestellt hatte, richtete er seine Tatkraft nach außen und kämpfte siegreich mit Bulgaren, Arabern und Paulicianern. Diese, vereinzelt und ohne Bundesgenossen, erlagen nach dem heldenmütigsten Widerstand der von wildem Glaubenseifer bewegten Übermacht. Tausende wurden als Ketzer und Aufrührer hingerichtet, verstümmelt, eingekerkert oder in die Knechtschaft geschleppt. Nur wenige retteten sich durch Flucht in die Wüsteneien Thrakiens und des Bulgarenlandes, um die Wiedergeburt der Grundsätze eines reineren Gottesdienstes späteren Zeiten vorzubehalten (873).

Während dergestalt in Europa die jungen Eroberungsreiche und uralten Freistaaten der Germanen, zum Teil auch der Slawen zergingen und an ihre Stelle kleinere Gemeinwesen mit lehnsherrlich-fürstlichen Ordnungen traten, versank in Asien und Afrika das den Islam bisher einigende Kalifat der Abbassiden in Üppigkeit und Ohnmacht, die alle Bande des Gehorsams auflösten. Davon zeugte vorzüglich die seit dem Tod al Mamuns (833) übliche Sitte, Soldknechten, die dem wild-tapferen, zwischen dem Schwarzen und dem Kaspischen Meer jenseits des Jaxartes seßhaften Tartarenvolk der Türken angehörten, die Sorge für des Kalifen Sicherheit zu übertragen. Bald wurden diese als feste Schar mit mannigfaltigen Ehren und Vorrechten bewidmeten Leibwächter so gewaltig, daß sie nicht nur bei jeweiligen Thronzwisten entschieden, sondern auch die freie Wahl ihres Obristen gewannen, der fortan im Krieg und im Frieden den Beherrscher der Gläubigen als Erster Rat leitete und nur noch eines besonderen Namens bedurfte, um an den Ufern des Tigris die Rolle der fränkischen Hausmeier zu wiederholen. Gleichzeitig wuchsen an Umfang und Kraft die schon im Gegensatz der Schiiten und Sunniten gegründeten Religionsstreitigkeiten und befestigten die Zwietracht des Islams durch Ausbildung gegliederter Gesellschaften (Sekten).

Unter diesen verwarfen die Karmathier, benannt nach dem Geburtsort ihres Meisters al Faradsch, zugunsten des Hauses Ali die Nachfolge der Abbassiden. Sie deuteten den Koran nicht buchstäblich, sondern sinnbildlich und suchten, als entschiedene Gegner aller Äußerlichkeiten, die Pflichten des Gläubigen nur im Inneren (Bathin). Sie traten, nachdem sich der anfangs geheime Bund beträchtlich ausgebreitet hatte, bald öffentlich mit den Waffen in der Faust gegen das gesetzliche Oberhaupt des Reiches und der Kirche in die Schranken. Bei solchen Verhältnissen, welche die unermeßliche Macht einzelner Statthalter noch gefährlicher machte, mußte der Mittelpunkt des Ganzen, das Kalifat, allmählich aus den Fugen geraten. So gewannen Unabhängigkeit in Ägypten die Tuluniden (868–905), in Tunis die Aglabiden (801–908), die bald die Herren Siziliens (830–968)wurden, und in Fes die Edresiden (708–974), während die Omaijaden Spaniens unter beständigen Kämpfen mit den Christen Bagdad durchaus entfremdet wurden.

Dennoch blieben hier, trotz des zunehmenden Verfalls, Üppigkeit und Hoffart ungeschwächt, ja ließen in widersinnigen Erfindungen selbst das früher unübertroffene Vorbild der Byzantiner weit hinter sich zurück. So baute Moktaderbillah einen Palast, in dessen Vorhof neben zwei großen Wasserbecken zwei Bäume aus

Gold und Silber standen, die sich in 18 Äste und jeder wiederum in mehrere Zweige teilten. Auf einem von ihnen saßen buntgefiederte Vögel mit lieblichem Gesang, auf dem anderen 15 in Gold und Perlen gekleidete Reiter, die sich bei einem gegebenen Zeichen langsam vorwärtsbewegten. Wenn der Kalif fremden Botschaftern Zutritt erteilte, sah man 160 000 Krieger vor dem Schloß aufgestellt, 7000 Eunuchen am Eingang und 700 Kämmerer unmittelbar am Thor versammelt, während zahllose Gondeln, mit Seide und Gold geschmückt, den Tigris bedeckten, die Wände des Palastes von den kostbarsten Tapeten funkelten und 100 Löwen, die von ihren Führern an goldenen Ketten gehalten wurden, das Getöse der Pfeifen, Trommeln und Trompeten überschrieen. Hinter einem schwarzseidenen Vorhang saß auf einem sieben Ellen hohen Thron – das Schwert an der Seite, in der Hand den Stab des Propheten und von dessen schwarzem Mantel eingehüllt – der Kalif, dem sich niemand nähern durfte, ohne die Erde zu küssen. Aber all diese Pracht und Herrlichkeit konnte, weil ihr Freiheit und Kraft fehlten, nur für wenige Stunden als ein täuschendes Blendwerk dienen, das bei wirklichen Gefahren in ein Nichts zerrinnen mußte.

Dies war die Gestalt der äußeren Völkergeschicke im Abend- und im Morgenland. Das innere Leben zeigte zuerst für die Grundgesetze der germanisch-romanischen Stämme, mit Ausnahme Skandinaviens, Angelsachsens, Islands und Venedigs, eine entschiedene Neigung zum fürstlich-adligen Lehnswesen. Überall nahm unter den drückenden Wirren vielfacher Fehden die Zahl der Wehrfreien in dem Maße ab, in dem die der Lehnsfreien wuchs. Dienstehre begann schon höher zu stehen als Heerbannsehre. Reichstage und Landsgemeinden wurden seltener, daneben wurden sie meistens geleitet von Lehnsleuten. Die Gerichte der Schöffen wurden schwächer. Dort wie hier herrschten, besonders in Frankreich und Italien, Erzbischöfe, Bischöfe, Äbte, Herzöge, Grafen und andere Würdenträger des Königs, der dennoch bei dem Übergewicht der geistlichen und weltlichen Großen fast ohnmächtig blieb. Er bestritt Hofstaat und andere Bedürfnisse aus den Erb- und Krongütern, ohne daß nur eine Spur regelmäßiger Steuern erblickt wurde.

Umsonst bekämpften die sächsischen Freisassen, im rätselhaften Stillingabunde vereinigt, das ihnen von den Franken aufgedrungene Lehnswesen. Nach mannhafter Gegenwehr durch Ludwig den Deutschen bewältigt, büßten sie blutig den letzten Versuch für das uralte, heimische Grundgesetz. 140 Gemeinleute wurden enthauptet, 14 gehenkt, viele an Armen und Beinen verstümmelt.* Fortan wurzelten auch in dem neuen Herzogtum Sachsen, obschon unter steten Gärungen, Adel und Lehnsherrlichkeit fester (842).

Bei so günstigen Verhältnissen gewann gleichzeitig die Geistlichkeit in den öffentlichen Angelegenheiten eine überwiegende Macht, namentlich bei den Westfranken. Denn hier galt bald unter Ludwig dem Frommen und seinen Söhnen die Ansicht, daß höhere Regierungsbeschlüsse nur von den Stellvertretern des christlichen Glaubens ihre letzte Weihe erhalten könnten. Demgemäß sprachen Priester das Absetzungsurteil über die Kaiser Ludwig (833) und Lothar (842), leiteten den Vertrag von Verdun ein, schrieben den Königen Wahlbedingungen vor, die besonders der Kirche und ihren Dienern Schutz und Förderung verhießen, und führten die Vormundschaft minderjähriger Fürsten. Sie lenkten bei der Roheit des Lehnsadels und dem steigenden Verfall der Freisassen fast unumschränkt die Reichstage, ja trotzten Ludwig dem Stammler (gest. 879) die Befugnis ab, daß sich neben ihnen ohne vorangegangene Einwilligung kein weltlicher Herr niederlassen dürfe.

So nahm die Macht der Könige und Wehrfreien ab, die der Geistlichen und Lehnsträger zu. Diesen Umschwung der staatsbürgerlichen Ordnungen empfanden auch die Sitten und Wissenschaften. Jene wurden wilder und zuchtloser, diese sanken entweder gänzlich mit den von Karl gestifteten Schulen und Lehranstalten oder schrumpften zum winzigen und toten Besitztum etlicher Klöster zusammen. Nur in Island, Angelsachsen und bei den spanischen Omaijaden blieb geistige, fruchtbare Regsamkeit, während Bagdad und Konstantinopel mehr als Umschlagplatz unausgearbeiteter Stoffe denn als Leuchten lebensvoller Bildung gelten konnten.

Nirgends zeigte sich aber die Haupterscheinung des Zeitalters, das Ende der altgermanischen Völkereinheit, bestimmter als in der Sprache, die gleich den Stämmen mehr und mehr in einer welschen (romanischen) und einer deutschen (germanischen) Gestalt hervortrat. Die erste Mundart *(lingua romana, roman, romance)*, die bei dem zahlenmäßigen Übergewicht der besiegten Ureinwohner und dem herkömmlichen Gebrauch der lateinisch-christlichen Messe in den

---

* »*Ludovicus in Saxonia seditiosos, qui se Stillinga nominaverant, nobiliter, legali tamen cœde, compescuit*«, d. h. »Ludwig zügelte in Sachsen Aufrührer, die sich Stillinga nannten, mannhaft durch gesetzliche Hinrichtungen.« Nithard, IV, 377.

ehemaligen Binnen- und Grenzländern des Römischen Reiches allmählich ausgebildet wurde, trieb auf dem gemeinsamen Baum drei wiederum mannigfaltig zersplitterte Äste hervor: das Französische, Italienische und Spanische. Jedoch herrschte noch eine so ungewisse Strömung der aus heimischen und fremden Stoffen erwachsenden Wort- und Satzlehre, daß kaum die allgemeinen, geschweige denn die besonderen Merkmale bezeichnet werden können. Denn nirgends hatte sich das neue, aus dem Niederschlag römisch-landschaftlicher und germanischer Eigentümlichkeit entspringende Volkstum Südwesteuropas zu einer festen, unverrückbaren Gestaltung herangebildet. Überall waren nur die ersten Grundlinien in den Gesetzen, Sitten und Gewohnheiten gezogen, so daß selbst die räumlichen Grenzen hin und wieder schwankten. Demnach wirkten aus Westfranken, neben dem überwiegenden römischen Landschaftswesen, Franken, Burgunder und Normannen zurück, drängten einander ohne Entscheidung in Spanien gotische, römische und arabische Kräfte, in Italien langobardische, römische und griechisch-arabische. Überall herrschte bald aus Not und Zufall, bald aus Gemächlichkeit und freier Wahl ein gegenseitiger Austausch der Begriffe und Kenntnisse, der Worte und Verknüpfungsweisen. Viele Menschenalter mußten ablaufen, bevor diese ungleichartigen Stoffe zu einem volkstümlichen Ganzen verbunden wurden.

Rascher und voller entwickelte sich dagegen der deutsche (germanische) Sprachstamm in Skandinavien, Ostfranken (Deutschland) und Angelsachsen, in dem die Einwirkung der Fremde teils später, teils schwächer auftrat und dem ursprünglichen Wesen Zeit und Mittel der Ausbildung verschaffte. Jedoch verhinderten auch hier Armut der Kenntnisse, ungefüge Lust am kriegerischen Abenteuer und gänzlicher oder stellenweiser Übergang des gemeinheitlichen Grundgesetzes in ein lehnsherrliches, vor allem aber die Aufnahme des vom romanischen Süden her vorbrechenden, bald durch Waffen, bald durch römisch-katholische Sendboten verkündeten Christentums. Denn dieses erschien während des 8. und 9. Jahrhunderts meistens nicht als höhere Einigung des Glaubens und der Vernunft, als gewissenhafter Bürge der gesellschaftlichen Rechte und Freiheiten, wie einst in den Blütetagen der bekehrten Ost- und Westgoten, Burgunder und Vandalen, sondern als rechtgläubige, eine weltliche Herrschaft erstrebende Kirche, deren geborenes Oberhaupt der Papst oder Bischof von Rom sei.

Für die teilweise Verwirklichung eines so folgenreichen Grundsatzes arbeitete besonders Nikolaus I. (858–867), der besonders zwei Gelegenheiten, fürstliche Gewaltherren dem geistlichen Gericht zu unterwerfen, ebenso scharfsichtig entdeckte wie schnell nutzte. Der griechische Kaiser, Michael III., nämlich setzte auf Betrieb seines grausamen, lasterhaften Günstlings Bardas den frommen und freimütigen Patriarchen Ignatius eigenmächtig ab und verlieh die Nachfolge einem zwar gelehrten, aber schwachen Mann, Photius. Darüber entbrannte zu Konstantinopel und in den Landschaften heftiger Streit. Beide Parteien verketzerten einander so lange, bis der Papst, um Vermittlung angerufen, Bevollmächtigte entsandte, mit dem Befehl, genau die Sache zu untersuchen und nach strengem Recht zu entscheiden (861). Aber jene, durch Gold und Schmeicheleien gewonnen, bestätigten auf der in die Hauptstadt berufenen Kirchenversammlung den Spruch des Kaisers und meldeten ihrem Herrn die Schuld des Ignatius. Kaum hatte aber Nikolaus den ganzen Hergang vernommen, als er in gerechtem Zorn Erzbischöfe, Bischöfe und Äbte nach Rom lud und ihnen die auf den Streit bezüglichen Briefe und Urkunden vorlegte. Er bewirkte, daß alle einmütig nicht nur den abgesetzten Patriarchen für rechtmäßig erklärten, sondern auch seinem Gegner Photius, wenn er im Trotz verharren würde, mit dem Bann drohten (863). Jener und die Hofpartei antworteten auf gleiche Weise. Sie beschuldigten den Papst sowie die gesamte abendländische Kirche in den Lehren vom Ausfluß des Heiligen Geistes, dem ehelosen Priesterstand (Zölibat), dem Fasten usw. der Ketzerei und sprachen nach langem Hader auf einer Versammlung in Konstantinopel darüber den Bann aus (866).

So trennte sich für immer die längst zweigespaltene Christenheit des Morgen- und des Abendlands, der Griechen und der Lateiner. Das römische Bistum aber gewann besonders dadurch, daß sein Vorsteher nach freiwillig geschehener Aufforderung als geistlicher Oberrichter gehandelt und die Unschuld verteidigt hatte. Den zweiten Anlaß zur Übung solcher Machtvollkommenheit brachte fast gleichzeitig der berüchtigte Ehestreit König Lothars II. Dieser schwache und wollüstige Fürst nämlich beschuldigte, um eine frühere Geliebte, die schöne und eitel-stolze Waldrada, zu heiraten, bald nach ihres Vaters Tod seine tugendhafte Gemahlin Dietberga öffentlich der abscheulichsten Laster. Sie habe einen unzüchtigen Wandel geführt, selbst mit dem eigenen Bruder, Herzog Hukbert im jenseitigen Burgund, Blutschande getrieben. Umsonst erhärtete die Königin durch Gottesurteil und Zeugenbeweis vor einem geistlichen, in Metz versammelten Gericht ihre Unschuld. Denn bald durch Drohungen und Gewalttätigkeiten eingeschüchtert und durch listige Reden des bestochenen Erzbischofs Günther von Köln verstrickt, bekannte sich das verlassene, vor kurzem freigesprochene Weib für schuldig, ja übergab ein schriftliches Verzeichnis nie begangener Missetaten. Darauf verkündeten die nach Aachen berufenen Erzbischöfe, Bischöfe und Äbte feierlich die Ehescheidung, legten der Dietberga lebenslängliche Buße in einem Kloster auf und führten die bisherige Beischläferin Waldrada Lothar als rechtmäßige Gemahlin zu (862).

Der Papst, inzwischen von den Bitten und Klagen der nach Frankreich entflohenen Königin bestürmt und von lothringischen Boten zur bestätigenden Annahme des Aachener Urteils dringend eingeladen, schickte sogleich für die nähere Prüfung zwei Bevollmächtigte, die alsbald durch Geld und Zusagen gewonnen wurden und auf der in Metz gehaltenen Kirchenversammlung den geschehenen Spruch bekräftigten. Auf die erste Kunde solcher Treulosigkeit lud Nikolaus die höhere Priesterschaft Italiens nach Rom. Er erklärte die Beschlüsse von Aachen und Metz für nichtig, setzte die dafür besonders tätigen Erzbischöfe von Trier und Köln ab und drohte schließlich dem König mit der Kirchenacht, wenn nicht sofort Waldrada verstoßen und Dietberga zurückgerufen würde. Zitternd gehorchte Lothar, ließ aber bald reuig und von sinnlicher Lust bezwungen das Kebsweib auf einer angeblichen Pilgerfahrt nach Rom entführen und an den Hof bringen. Jetzt bat die Königin, wiederum mißhandelt, in jammervollen Briefen um Scheidung und klösterliche Einsamkeit. Aber der Papst blieb standhaft und nötigte den König, seine ehelichen Pflichten zu erfüllen. Als der Tod des Heiligen Vaters dem verbuhlten Fürsten neue Aussichten eröffnete (867), trat auch der Nachfolger, Johann II., mit dem Nachdruck eines befehlenden Gesetzwächters dazwischen und fand Gehorsam.

Während so tatsächlich römische Bischöfe Könige und bisher unabhängige Erzbischöfe (Metropoliten) ihrer richterlichen Oberherrlichkeit unterwarfen, breitete sich gleichzeitig der Lehre nach ein neues, solchen und ähnlichen Ansprüchen günstiges Kirchengesetzbuch aus, das in die schwankenden Verhältnisse größere Einheit und Unterordnung zu bringen versuchte. Unter dem erborgten Namen des berühmten Bischofs Isidorn von Sevilla nämlich, der sich aus geistlicher Demut in den angeblichen Urkunden als Sünder *(Isidorus peccator, mercator)* bezeichnen mußte, verfaßte wahrscheinlich ein gewisser Benedikt, Helfer (Diakonus) zu Mainz, die berüchtigte, folgenreiche Sammlung der falsch-isidorischen Beschlüsse (pseudo-isidorische Dekretale). Aus echten und unechten Sprüchen der Kirchenversammlungen, aus wirklichen und erdichteten Gutachten der römischen Bischöfe in den sechs ersten christlichen Jahrhunderten, aus Wahrheit und Lüge bunt zusammengewürfelt, stellte dieses Machwerk, der Zeit gleichsam vorgreifend und sich wiederum anschmiegend, Grundsätze des geistlichen Rechts auf, die, waren sie erst einmal angenommen, das bisherige Gebäude zertrümmern mußten. Denn ihnen gemäß sollte der Papst als allgemeiner Bischof der Heiligen katholischen Kirche *(universalis Ecclesiae Episcopus)*, als Nachfolger St. Peters, des obersten der Apostel, und als Statthalter Christi auf Erden den Inbegriff der kirchlichen Machtfülle (Supremat) darstellen. Er sollte die ganze christliche Gesellschaft beaufsichtigen, nach Belieben Landschaftsversammlungen (Provinzialsynoden) berufen und entlassen sowie deren durch sein Ansehen allein gültigen Beschlüssen das Siegel der gesetzlichen Kraft aufdrücken. Er sollte alte Ordnungen vollziehen und neue geben, verwickelte und schwierige Streitsachen mit oberrichterlicher Macht entscheiden und Berufungen (Appellationen) annehmen. Er sollte Erzbischöfe als seine ersten Gehilfen mit dem Mantel (Pallium) feierlich belehnen und dadurch weihen und Bischöfe von einem Sprengel in den anderen versetzen. Er sollte neue Stifte und Kirchen gründen, von allen höheren und niederen Beamten Rechenschaft fordern und überhaupt unabhängig von jeder weltlichen Macht als oberste gesetzgebende, richterliche und vollziehende Behörde handeln.

So entgegengesetzt diese Ansichten dem bisherigen Recht und Herkommen auch waren, fand die trügerische Sammlung des falschen Isidor (830–857) dennoch bei der steigenden Unwissenheit allmählich Eingang und diente ehrgeizigen Päpsten, die den günstigen Augenblick erkannten, als verfassungsmäßige Richtschnur ihrer Ansprüche. Jedoch vergingen Jahrhunderte, bevor der ausgestreute Same in den verschiedenen Ländern der Christenheit aufging und volle Früchte trug. Für dasselbe Endergebnis, die geistliche Oberherrlichkeit des Römischen Stuhls, wirkten ferner die gleichzeitigen Änderungen in der eigentlichen Kirchenzucht. Man fing an, die Sünden und gesetzwidrigen Handlungen der Gläubigen nach Art der Wehrgeldtafeln zu schätzen, Fasten, Psalmenbeten und Almosen als ergänzende Strafen und nach sorgfältiger Abstufung in sogenannte Bußbücher *(poenitentiale)* einzutragen und, da bald das Geschäft an Umfang und Verwicklung wuchs, den Loskauf durch Geld für alle, oft wunderlich bestimmte Verbrechen zu gestatten. »Wer«, heißt es z. B. im römischen Bußbuch, »einen totgefundenen Fisch speiset, muß vier Wochen fasten, und eine Woche, wenn er aus einem Brunnen trinkt, worin eine Henne ertrunken ist.« »Wenn ein Bischof«, lautet ein anderes Sündentagebuch, »an dem Laster der Völlerei leidet, so soll er sich bessern oder das Amt verlieren. Trinkt ein Mönch bis zum Erbrechen, so faste er dreißig, ein Ältester oder Helfer vierzig, ein gemeiner Priester sieben, der Laie, der einen anderen zum Rausch verleitet hat, vierzig Tage lang!«*

Nicht minder widersinnig war die Art und Weise der Abrechnung. Vor sich nämlich das aufgeschlagene Bußbuch, zur Seite Tinte, Feder und Papier, untersuchte und verzeichnete der Beichtvater bei jedem Geständnis des armen Sünders den Grad der Straffälligkeit und bestimmte die Zahl der Fasten, Psalmengesänge und Almosen. Er erweiterte durch geschickt eingestreute Fragen den Kreis der reumütigen Bekenntnisse und machte dann, natürlich mit Rücksicht auf die Vermögensumstände des Beichtkinds, den entsprechenden Geldüberschlag oder nahm, wenn etwa bare Münze fehlte, für die Kirche ein Grundstück an, dessen einstweilige Nutznießung allenfalls aus Großmut dem ehemaligen Besitzer gestattet wurde. Wer aber, wie z. B. der Mönch, gar kein Eigentum hatte, empfing für die ihm auferlegten Bußjahre eine angemessene Zahl von Geißelhieben.

Es bedarf kaum der Bemerkung, daß in dem Verhältnis, in dem so die ursprüngliche, auf Sittlichkeit und freien Willen gegründete Kirchenzucht fiel, auch die gesamte Priesterschaft als Werkzeug der Habgier an Unabhängigkeitsgefühl verlieren und die Pläne des Römischen Stuhls fördern mußte. Dieser gewann überdies an äußerem Umfang. Denn ihm huldigten als weltlichem Lehnsherrn die Herzoge Capuas (seit 881) und als geistlichem Oberhaupt alle zum Christentum bekehrten Völker des Abendlands. Nur die russischen und mährischen Slawen schlossen sich mit den Bulgaren und Chazaren (850–863) nach langem Streit enger dem griechischen Glaubensbekenntnis an.

Aber trotz des außerordentlichen Wachstums der kirchlichen Machtfülle herrschten die Päpste keineswegs unumschränkt in weltlichen Angelegenheiten. Hier hemmten teils der Adel, teils der ostfränkische Kaiser, der vor allem den jeweils von der Gemeinde und Geistlichkeit erwählten römischen Bischof dem Herkommen nach

* Siehe Spittlers Geschichte des kanonischen Rechts, S. 288. »Der Klerikus durfte sich also eher betrinken als der Laie, und wenn der Laie einen anderen zu einem allzu starken Glas Bier verleitete, so mußte er schärfer Pönitenz tun als der Mönch, der sich selbst bis zum Erbrechen volltrank. Ähnliche Bemerkungen gelten hinsichtlich der Sünden gegen das sechste Gebot.«

bestätigte und dadurch als abhängigen Lehnsträger bezeichnete. Dennoch war der Keim zur Bildung eines souveränen Priesterkönigtums gelegt. Die nächste Zukunft mußte entscheiden, ob er in sich zergehen oder zum Riesenbaum erstarken sollte, unter dessen Schatten die Völker der Christenheit vor dem Druck ihrer Zwingherren flüchten könnten.

VIERTES BUCH

DER VIERTE ZEITRAUM

Von der Trennung Deutschlands vom großen Frankenreich bis zur Gründung des römischen Priesterkönigtums (Hierarchie)

(888–1077)

Erster Abschnitt

Vom Ursprung und Wachstum des Kaiserreichs deutscher Nation unter den Wahlkönigen karolingischen (bis 919), sächsischen (bis 1024) und fränkisch-salischen (bis 1125) Stammes

Wirft man auf den ganzen, an Bestrebungen und schlagenden Ereignissen überaus reichen Zeitraum einen prüfenden Vorblick, so zeigen sich besonders drei Hauptmerkmale und Kennzeichen der herrschenden Eigentümlichkeit. Zuerst nämlich erscheint nirgends bei den scharf geschiedenen Morgen- und Abendländern ein Volk mit dem Beruf zur erobernden und gebietenden Oberleitung. Denn dort löst sich bei dem wachsenden Übermut der Statthalter und fremden Leibwächter das Kalifat von Bagdad bis zur willenlosen Ohnmacht auf, hier verfolgen Germanen und Romanen, weder durch Glauben noch durch Staat geeinigt, die schon begonnene Zersetzung und Ausscheidung widerstrebender Stoffe. Jedoch legen gegen Ende des Zeitalters bei den Moslemin die seldschukischen Türken den Grundstein einer neuen, überwiegenden Herrschaft, während unter den Christen die Ostfranken oder Deutschen dieselbe Aufgabe durch das erstarkende Kaisertum, das Heilige Römische Reich Deutscher Nation, vorbereiten. Neben ihnen greifen die Skandinavier, die allmählich dem Christentum gewonnen wurden, am kräftigsten in den Gang der Begebenheiten ein. Sie überziehen anfangs als Dänen, später als westfränkische (französische) Normannen das mit Alfreds Tod tief gesunkene Angelsachsen (England) und stiften hier (1066) wie in Neapel-Sizilien, wo sie gleichzeitig wiederum als abenteuernde Mischlinge des Nordens und Südens, des deutschen und welschen Blutes, erscheinen, einen streng gegliederten und abgeschlossenen Kriegerstaat.

Diese durchgreifende Herrschaft des Lehnswesens, dem nur Island, das äußerste Skandinavien, sowie etliche Gaue Italiens und Ostfrankens in angestammter Wehrfreiheit Trotz bieten, bildet für Europa den zweiten Grundzug des Zeitraums. Sie steigt, auf dem Trieb nach körperschaftlicher Verbrüderung und Waffenehre als festem Unterbau ruhend, wie ein riesiger Turm mit mannigfaltigen Schnörkeln und Zieraten empor, errichtet eine steile Scheidewand zwischen Volk und Adel, Laien- und Priesterschaft und durchdringt noch vor dem Ende des 11. Jahrhunderts alle Teile der bürgerlichen Gesellschaft und Betriebsamkeit. Die Wissenschaft wird Lehen, denn mehr und mehr begibt sie sich in den ausschließlichen Dienst des durch Gelübde gebundenen Klostergeistlichen. Die Waffenehre wird Lehen, denn ihr entsagt bald willig, bald gezwungen der Freisasse, um entweder in Hörigkeit zu fallen oder der neuen, ritterschaftlichen Kriegerzunft beizutreten. Die Religion wird Lehen, denn gleichwie der Papst die Statthalterschaft der Seelenleitung empfängt, so schwört ihm als sichtbarem Schutzherrn die gesamte Geistlichkeit Treue. Die Erde wird Lehen, denn bei den meisten Völkern Europas verschwindet das in Eigentum stehende Frei- und Erbgut.

Aber gerade der rasche und kräftige Aufschwung des Lehnswesens erzeugt noch vor dem Ende des Zeitraums einen fortan wachsenden Gegensatz oder Rückfall in die ursprünglichen Verhältnisse. Während nämlich die römisch-katholische Kirche als unumschränkte Oberlehnsherrin der Gewissen in den wiedergeborenen Paulicianern Westitaliens und Südfrankreichs einen geistlichen, im deutschen Kaiser einen weltlichen Feind findet und den folgenreichen Belehnungsstreit (Investiturstreit) mit Glück beginnt, tritt der fürstlich-adligen Lehnsmacht das freistädtische (republikanische) Bürgertum entgegen. Doch diese zuerst in Oberitalien sichtbare Gegenpartei (Opposition) ist noch schwach, denn der kriegerische Glaubenseifer herrschte mit überwiegender Kraft als sittlicher Haupthebel des Zeitalters.

Die Bekehrung (Christianisierung) der meisten slawischen und aller germanischen Stämme Europas bildet daher das dritte Merkmal. Aber jene trägt den wilden Grundzug des Lehnswesens, den Trotz auf leibliche Waffengewalt. Ganze Völkerschaften werden vor allem von den Deutschen ohne Gefühl für Menschlichkeit und Treue der Verträge teils ausgerottet, teils als Christen in hörige Knechtschaft geführt. Inmitten solcher Glaubensschwärmerei öffnet das Morgenland seine Pforten. Die Blüte welscher und deutscher Kriegerkraft entlädt sich in den Kreuzzügen, um wesentlich verändert dermaleinst heimzukehren und dem Christentum selber eine veredelte Gestalt zu geben.

Richtet man sich nach diesem allgemeinen Vorblick auf die besondere Geschichte des Abendlands, so erscheinen hier die Deutschen wegen der feldherrlichen und staatsbürgerlichen Überlegenheit als das leitende Hauptvolk, an dessen Entwicklung auch die Schicksale der gleichstämmigen und slawischen Nachbarn größtenteils geknüpft sind. Noch zerfiel das ausgedehnte Gebiet Ostfrankens uralter Sitte gemäß in Gaue. Aber schon erstrebten Grafen und Herzöge, meistens Lehnsträger der Krone, die erbliche Vorsteherschaft über die größeren Gebiete (Territorien), von denen besonders Lothringen, Sachsen, Thüringen, Bayern, Franken und Alemannien (Schwaben) durch Umfang der Grenzen, Zahl und vielfach eigentümliche Weise der Bewohner Ansehen gewannen. Jede Völkerschaft dieser in größere und kleinere Bezirke (Gaue) geteilten Sondergebiete bewachte ihr herkömmliches Gesetz und Recht mit stets reger Eifersucht. Sie verschmähte den Begriff eines geborenen, erblichen Oberhaupts, sondern übertrug vielmehr seinen geistlichen und weltlichen Stellvertretern, den Erzbischöfen und Bischöfen, den Herzögen, Grafen und etlichen Gemeinfreien die Wahl oder Bestätigung des jeweiligen Lehnskönigs.

Wie sich dessen Verhältnis zu den Ständen änderte, bleibt ohne eine vorläufige Übersicht der äußeren und allgemeinen Geschichte dunkel. Diese aber tritt in folgenden Hauptbegebenheiten hervor. Tapfer und klug hatte Arnulf, der nach der Absetzung Karls des Dikken zum König erkoren wurde, das Reich gegen Normannen, Slawen und Magyaren geschützt. Jenseits der Alpen, wo die Herzöge Berengar von Friaul und Guido von Spoleto in wilder Parteibildung um die lombardische Krone stritten und die Päpste Stephanus VI. und Formosus einander wetteifernd verfluchten, hatte er durch kräftige Dazwischenkunft Namen und Ansehen des schiedsrichterlichen Kaisers gewonnen (896). Aber nach seinem frühzeitigen Tod (899), der eine Folge welschen Giftes war, hatte er dem minderjährigen Sohn, Ludwig dem Kind, nur Schmach und jammervolle Wirren hinterlassen. Denn während die mächtigen Lehnsgroßen, besonders der Erzbischof von Mainz und der Herzog Otto von Sachsen und Thüringen (seit 907), den letzten Karolinger in Ostfranken als Werkzeug der Hab- und Fehdelust mißbrauchten, verheerten die Ungarn straflos mit Feuer und Schwert bald Bayern und Schwaben, bald Böhmen und Italien. Alle Ordnung und Ehre geriet aus den Fugen. Da übertrugen die Deutschen das geschändete Königtum dem biederen und mannhaften Herzog Konrad (I.) von Franken, zu dem damals die späteren Landschaften Baden, Hessen, Nassau, Wetterau, das mittlere Maingebiet und am linken Rheinufer Worms nebst Speyer gehörten (911).

Aber schon hatten Zwietracht und Selbsthilfe so tiefe Wurzeln geschlagen, daß Fürsten wie Völker nur des besonderen Nutzens gedachten und eigenmächtig zu herrschen versuchten. So schloß sich ein Teil der Lothringer Frankreich an und verweigerte Sachsen unter dem Herzog Heinrich, Ottos des Erlauchten Sohn, Minderung der übergroßen Lehen. Der Bayernherzog Arnulf, der Böse genannt, flüchtete lieber zu den räuberischen Ungarn, als daß er dem Reich huldigte, und die bisherigen Kammerboten Alemanniens, Erchinger und Bertold, erstrebten durch offenen Aufruhr unabhängige Herzogswürde. Doch dieses Unternehmen scheiterte. Nach langer Fehde wurden die beiden Brüder mit ihrem Neffen Leutfried auf sicheres Geleit nach Altheim vor den Landtag geladen, wo sie treulos als Verräter von den Bischöfen, Grafen und Herren angeklagt, zum Tode verurteilt und hingerichtet wurden. Danach bekam Burkhard, Sohn des thurgauischen Grafen Adelbert, mit Beifall der schwäbischen Großen das jetzt wiederhergestellte Herzogtum Alemannien (917).

Nicht lange darauf erkrankte der König lebensgefährlich. Sterbend ermahnte er den Bruder Eberhard, Herzog von Franken, des Reiches Kleinode, wie die heilige Lanze, die goldenen Armbänder, das Schwert und das Kriegsgewand, dem bisherigen Erbfeind, Herzog Heinrich von Sachsen, zu überbringen, selber aber von der Bewerbung abzustehen. Denn ihn müsse nicht der Glanz des eigenen Hauses, sondern die Sorge für das Gemeinwohl leiten (19. Oktober 918). Diesem großmütigen Rat folgte Eberhard und erreichte, daß auf dem Tag zu Fritzlar Heinrich I. von den Franken und Sachsen zum König der Deutschen erwählt wurde (919–936).

Milden, freundlichen Gemüts, war Heinrich aber dennoch überaus streitbar und kriegserfahren. Bei fester Anhänglichkeit an die Grundsätze des Lehnswesens war er empfänglich für Bürger- und Volksrecht. Obgleich ein eifriger, katholischer Christ, war er aber unmenschlich in den slawischen Glaubenskämpfen. Auch ohne wissenschaftliche Bildung war er wegen seines natürlichen Verstandes fähig, sich auf das Nächste und Notwendigste zu richten. So gewann der Stammvater des sächsischen Königs- und Kaiserhauses (919–1024) in Lothringen, Schwaben und Bayern durch Klugheit und Waffengewalt Anerkennung. Er stiftete nach glücklichen, oft grausamen Fehden mit den Slawen an der Elbe und Havel die Markgrafschaften Meißen und Nordsachsen (später brandenburgische Altmark) und siedelte dort wie hier in ummauerten Plätzen (Burgen) viele deutsche Pflanzer an. Im Norden gab er den Schleifluß und die Mark Schleswig dem Reich zur Dänengrenze, traf aber vor allem gegen die Raubfahrten der Ungarn ebenso zweckmäßige wie folgenreiche Schirmanstalten.

Während des neunjährigen Stillstands nämlich (925–933), mit dem jener rastlose Feind die Freilassung eines gefangenen Häuptlings erkauft hatte, mehrte und übte der König die bisher schwache und unbeholfene Reiterei der Lehnsträger. Andererseits baute er in Sachsen und Thüringen Burgen und feste Lagerstätten, die dem Krieger als Bollwerke, dem umwohnenden Volk als Zufluchtsorte dienen sollten. So wurde geboten, daß acht der jeweiligen, mit Land belehnten Grenzwächter (*milities agrarii*, Grenzer, Granitzer) das Feld bestellten und den dritten Teil der Früchte ablieferten. Der neunte Mann aber sollte für sich und die Gesellen in der Burg (*urbs*, Stadt) Wohnungen und Scheunen zimmern. Da überdies Zusammenkünfte und Gastereien der in ihren Arbeiten wechselnden Gemeinde nur innerhalb der Mauern gehalten und manche Freisassen der Ferne und Nähe durch die Sicherheit des Wohnorts angelockt wurden, gediehen allmählich mit der wachsenden Bevölkerung auch Gewerbe und Handel in den Burgen, deren anfangs rein kriegerische Dienstgenossenschaft später in ein selbständiges Gemeinwesen übergehen konnte. Diesen Ursprung hatten neben anderen Plätzen Meißen, Merseburg, Quedlinburg und Goslar.

So gerüstet, versammelte Heinrich, als der Waffenstillstand abgelaufen war, das Volk und sprach: »In unserem Reich wohnt Ruhe nach so langen Stürmen. Unsere auswärtigen Feinde sind besiegt. Nur die heidnischen Ungarn stehen noch aufrecht und fordern Zins. Sie zu befriedigen, müßten wir selbst die Kirchen und Diener Gottes plündern.« – Ungestüm rief das ganze Heer: »Wir sind Christen! Krieg! Krieg!«, reckte die Hände empor und schwur den Fahneneid. Auf solche Kunde brachen die Ungarn in zwei gewaltigen Haufen in Deutschland ein. Der erste durchzog plündernd und überall siegreich Bayern und Schwaben bis an den Rhein und kehrte über Italien zurück. Der andere warf sich, in zwei Scharen geteilt, auf Thüringen und Sachsen, wurde aber bei Sondershausen und Merseburg getötet, gefangen und vertrieben (934).

Bald nach dieser mannhaften Tat, die einstweilen die Kraft des ungefügen Feindes brach, starb der König auf seiner Pfalz Memleben an der Unstruth (2. Juli 936). Noch im selben Jahr erschienen die weltlichen und geistlichen Großen des Reiches in Aachen und wählten einhellig und gemäß dem Wunsch des hochgeehrten Vaters den ältesten Sohn, Otto (I.), zum König der Deutschen. Nachdem er den Lehnseid empfangen hatte, führten sie ihn aus dem Schloß in die Marienkirche. »Sehet hier«, sprach Heribert, Erzbischof von Mainz, zu dem versammelten Volk, »den von Gott erkorenen, von allen Fürsten erwählten König Otto! So euch solches gefällt, erhebet die Hände!« Dies geschah mit lautem Glückszuruf. Darauf näherte sich der Erzbischof dem Altar, auf dem Schwert, Mantel, Szepter und Krone als Zeichen der übertragenen Macht lagen, und überreichte sie mit passenden Anreden. »Nimm hin«, hieß es z. B., »dieses Schwert, um alle Feinde Christi und alle bösen Christen zu vertreiben, allen wahrhaften Christen aber den Frieden auf das stärkste zu befestigen!« »Regiere«, lautete der Spruch bei der Aushändigung des Herrscherstabs, »die Völker mit väterlichem Ansehen. Sei barmherzig den Dienern Gottes, den Witwen, Waisen und Armen, auf daß auch du in diesem und jenem Leben vor Gott Gnade findest!« – Danach gesalbt und gekrönt, bestieg der König den Stuhl Karls des Großen, kehrte nach beendigtem Hochamt in die Pfalz zurück und speiste öffentlich vor allem Volk mit den geistlichen und weltlichen Großen an einem prunkvoll zugerichteten Marmortisch, wobei das erstemal vier Herzöge die sogenannten Erzämter verwalteten. Der von Lothringen nämlich diente als Kämmerer oder Aufseher des Haushalts, der von Franken als Ordner der Tafel oder Truchseß, der von Schwaben als Mundschenk und der von Bayern als Marschall oder Aufseher des Reitzeugs und Lagerwesens.

Otto, mit so beispiellosem, den Griechen abgeborgtem Glanz zum König erhoben, besaß allerdings ausgezeichnete Gaben, um nach außen hin zu wirken, aber mittelmäßige Fähigkeiten für den schwierigen Bereich der inneren Verwaltung. Von ungewöhnlich schlankem, jedoch starkem Körper, hoher Brust, großen, mehr erschreckenden als freundlichen Augen, weißlichem, dünnem Haupthaar, raschem, unruhigem Gang, hatte er zwar ein offenes Gemüt ohne Arglist, aber unbezwingliche Herrschsucht. Seine Ansicht des christlichen Glaubens war frei von frömmelnder Verehrung der Priesterschaft und leerer Gebräuche, jedoch befangen von wilder Schwärmerei, die jetzt mehr und mehr auf die Könige und Völker Deutschlands überging. Das Gefühl innerer Tüchtigkeit und der Stolz auf rein deutsche Abstammung waren die Gesetze seines gesellschaftlichen Lebens. Er haßte die Wissenschaft nicht, aber hielt sie für unwürdig eines weltlichen Fürsten und blieb trotz des langen Aufenthalts in Italien mitten unter gebildeten Männern stets kriegerisch, rauh und ungefügig. Überall sprach er deutsch und forderte, daß Berichte ihm nur in der heimischen Mundart vorgelegt würden. Beredt war er nicht, aber wenn keine aufwallende Leidenschaft blendete, gerecht und unparteiisch. Von Karl dem Großen, seinem beständigen Vorbild, hatte er Mäßigkeit, ausgenommen in der Liebe zu den Frauen, Tatkraft des Eroberers und Glaubenseiferers, aber nicht Milde und Empfänglichkeit für höhere Gesittung geerbt.

Ein Fürst, der nur nach außen hin wirkte, konnte daher teils die Unterjochung der Slawen vollenden, teils des deutschen Reiches Grenzen jenseits der Alpen suchen und abschließen, während die inneren Verhältnisse sich selbst und dem Zufall überlassen blieben, so daß die glänzenden Siege über äußere Feinde den Zündstoff heimischer Unruhen nicht mindern, sondern vermehren mußten. Dies zeigte schon die doppelte Hauptrichtung der für den christlichen Glauben und die deutsche Herrschaft unternommenen Kriegszüge, die planlos und durch eine weite Kluft getrennt den Nord- und Südosten der europäischen Völkermark umfaßten und, die Ungarnfehde ausgenommen, sämtlich einem blinden Eroberungstrieb als oberstem Gesetz folgten, ebenso gleichgültig gegen die Wahl der Mittel wie die Heiligkeit der Verträge.

Zuerst nämlich warf sich Otto auf die zwieträchtigen und zersplitterten Slawen- oder Wendenstämme und zwang die Herzöge von Böhmen und Polen (Großpolen), welchem letzteren die Landschaften zwischen Oder, Warthe und Weichsel gehörten, zur Zinszahlung und Lehnsabhängigkeit. Durch offene Waffengewalt und heimtückische Arglist – so z. B. als er dem Markgrafen Gero vergönnte, 30 vornehme Lausitzer trotz des Gastrechts an der Tafel ermorden zu lassen – vollendete er die Unterjochung der Haveller, Ukern, Lausitzer und anderer Völkerschaften zwischen Ostsee, Elbe und Oder und gründete für die Sicherung des aufgedrungenen Christentums die Bistümer Brandenburg (939), Havelberg (946), Merseburg, Zeiz, Prag (967) und das Erzstift Magdeburg (968). Er zwang, bis an den See Limfjord (Ottensund) mit Feuer und Schwert wüstend, den Dänenkönig Harald, die Taufe anzunehmen und die neuen Bistümer in Nord- und Südjütland (Schleswig), Aarhus und Ripen, in seiner Nähe zu dulden (965).

Danach richtete er, im Norden gesichert, die Hauptstärke des Reiches teils gegen Ungarn, teils gegen Italien, um dort wie hier edleren Ruhm zu gewinnen. Während nämlich der König an den sächsischen Grenzen mit den Wenden kämpfte, brachen die streitbaren Horden der Magyaren zahlreicher denn je in Bayern ein, erfüllten alles Land bis an die Iller und das Gebirge mit Raub, Brand und Mord und lagerten zuletzt vor der Stadt Augsburg am Lech. Die Bürger aber, vom Bischof Ulrich angefeuert, kämpften tapfer und töteten viele Feinde vor den Toren. Auf solche Kunde versammelte Otto aus allen Gauen des Reiches ein ansehnliches Heer zu Roß und zu Fuß, befreite Augsburg und rüstete unweit der Stadt, auf den Ebenen des Lechfeldes, wohin sich die Heiden zurückgezogen hatten, am Tag des heiligen Laurentius (10. August 955) zur entscheidenden Schlacht. Daher gelobten die Christen einander auf das heilige Sakrament Vergessenheit früherer Beleidigungen und treuliche Hilfe und bildeten danach acht Haufen. Die erste, zweite und dritte Schar bestand aus Bayern, die vierte aus Franken, die fünfte, voran den König und des Reiches Banner, den Erzengel Michael, aus der Blüte aller deutschen Völker, die sechste und siebente aus Schwaben, die achte, der Hinterzug und das Gepäck, aus Böhmen.

Während sich so die Deutschen auf der Ebene ausbreiteten und, um den furchtbaren Pfeilen zu entgehen, absichtlich den Zug durch Seitenwege nach dem Gebirge und dem Wald richteten, setzten plötzlich die Ungarn über den Lech, fielen die Nachhut an und nahmen das Gerät mit sich. Aber bald mußten sie dem Ungestüm der Schwaben und Franken weichen. Nach diesem wechselnden Vorgefecht mahnte Otto mit etlichen Worten zum heldenmütigen Tod oder Sieg, ergriff Schwert, Schild und die heilige Lanze und fiel auf den Feind. Sofort entbrannte ein grimmiger, blutiger Streit, der, als die geharnischten Reihen der Deutschen nach langem Widerstand durchbrachen, mit der allgemeinen Flucht, Gefangenschaft und Niederlage des Fremdlings endete. Den Lech rötete das Blut der Erschlagenen.*

Fortan hörten die Raubeinfälle der Ungarn auf, nicht nur aus Furcht, sondern auch weil Christentum und mildere Sitten dem rauhen Naturvolk eine andere Richtung gaben. Deshalb konnte auch König Otto mit größerem Nachdruck in die mannigfaltigen Wirren Italiens eingreifen und hier vor allem durch die Wiederherstellung des Kaisertums den Samen verhängnisvoller Begebenheiten ausstreuen, deren Grund zunächst in den heillosen Zerrüttungen der Halbinsel hervortritt.

Während nämlich ruch- und sittenlose Päpste, wie der zehnte, elfte und zwölfte Johann (914–964), die Ehre des Römischen Stuhls schändeten und Buhlerinnen gehorchten – wie der berüchtigten

* »Die beiden wurden erschlagen biß ohn Sieben.« Baierische Chronik eines Ungenannten bei Freiberg, Historische Schriften und Urkunden, Band I, S. 32. Es geschahen auch Wunder. So meldet der genannte Chronist S. 31: »Und in dem Durchziehen kamen die Ungern gen Freysing, da Erblendete sie Gott, daß sie von der dritten stund an Suntag, da sie dahin komen, biß auf die 6. stund an den freytag, da sie gegen naher zogen mit offen Augen, den berg zue Freysingen nit sahen.«

Theodora, die heimlich mit Johann X., öffentlich aber mit dem römischen Ratsherrn Konstantin vermählt war und Mutter der gleichartigen Töchter Marozia und Theodora wurde –, wüteten im römischen Gebiet bald Griechen, bald Araber, in der Lombardei Magyaren und um die Krone kämpfende Lehnsgroße. Diese Zwiste, von den Anhängern der Markgrafen von Spoleto und Friaul mit wechselndem Glück fortgesetzt, gaben der Fremde Gelegenheit zur Einmischung und bewirkten, daß Graf Hugo von Provence, damals durch List und Gewalt Herr in Niederburgund, mit Beihilfe mächtiger Eingeborener das italienische oder lombardische Königtum gewinnen konnte (926).

Um sich zu befestigen in dem neuen Besitz, trat Hugo etliche Jahre später (934) die burgundischen Ländereien seinem bisherigen Nebenbuhler, Rudolf II., König von Oberburgund, ab und vermählte dessen schöne, geistreiche und gebildete Tochter, Adelheid, mit seinem ältesten Sohn und Mitfürsten, Lothar, während er selber die verrufene Römerin Marozia zum ehelichen Weibe nahm. Aber alle diese Maßnahmen verfehlten ihren Zweck. Denn die welschen, erbittert durch den Stolz, die Wollust und Parteilichkeit des Fremdlings, der Kirchen- und Staatsämter nur seinen provenzalischen Getreuen überließ, griffen zu den Waffen und zwangen den König, mit den angehäuften Schätzen nach Arles zu fliehen (946). Fortan führte Lothar nur den fürstlichen Namen, aber alle Macht stand bei Berengar, dem Markgrafen von Ivrea, der kühn und schlau war und nach dem plötzlichen, vielleicht durch Gift verursachten Tod des gutmütigen Königs (950) für sich und seinen Sohn Adelbert die Stimmen der in Pavia versammelten Reichsgroßen gewann, so daß beide am selben Tag erwählt und gekrönt wurden.

Nur ein Umstand trübte den aufsteigenden Herrscherglanz: Adelheid weigerte sich, mit Adelbert, dem vermeintlichen Mörder ihres Gatten, Bett und Thron zu teilen. Darüber ergrimmten Vater und Sohn. Sie ließen die edle Frau in Como verhaften, aller Erbgüter berauben und schmählich mißhandelt in einen finsteren Kerker des Schlosses Garda werfen (April 951). Dort befreite, von Mitleid gerührt, der fromme Priester Martin die Gefangene und führte sie unter mannigfachen Abenteuern und Gefahren nach der Burg Canossa, die der blutsverwandte Graf Azzo unlängst erbaut hatte. Der Beschützer, bald von den Dienstmannen Berengars umlagert und hart bedrängt, sandte nach genommener Übereinkunft Boten an den damals verwitweten König der Deutschen und trug ihm mit der Hand Adelheids die italienische Krone an. Freudig folgte Otto dem doppelten Siegespreis. Er fuhr über die Alpen, entsetzte Canossa und feierte prunkvoll in Pavia das Beilager mit der Adelheid. Er nannte sich zwar in den Urkunden König von Italien (Dezember 951), gab jedoch einstweilen, als häusliche Zwiste und Unruhen in Schwaben Rückkehr forderten, das lombardische Reich dem gebeugten Berengar zu Lehen.

Als aber jener mit wachsendem Übermut handelte, die königlichen Befehle verachtete und, nicht zufrieden mit der Lombardei, selbst Papst und Römer bedrängte, erschien Otto, den dringenden Einladungen folgend, das zweitemal in Italien und empfing zu Mailand vor den versammelten Bischöfen, Herzögen und Markgrafen des Reiches aus den Händen des Erzbischofs Walpert von Mailand die eiserne und in Rom die kaiserliche Krone (2. Februar 962). Dafür bekam die Kirche alle ihr von Berengar entrissenen Ländereien zurück, auch kostbare Geschenke an Gold, Silber und Edelgestein.

Aber kaum hatte der Kaiser Rom verlassen, um etliche widerspenstige Burgen zu bezwingen, als der zügellose Wollüstling Johann XII. ungebührliche Ansprüche erhob und, da diese abgewiesen wurden, mit Adelbert, Berengars Sohn, in ein geheimes und bald sogar offenkundiges Bündnis trat. Sofort eilte Otto in dem Willen, die geistliche Zucht als weltlicher Oberrichter zu handhaben, nach Rom, versammelte Bischöfe und Äbte in der Peterskirche und forderte sie auf, den flüchtigen Papst anzuklagen und zu beurteilen. Sogleich erschollen die heftigsten und schmählichsten Beschwerden. »Der Heilige Vater«, hieß es, »habe den Vatikan in ein Freudenhaus umgewandelt, Pfründen verkauft, ein Kind von zehn Jahren zum Bischof ernannt, im Pferdestall einen Helfer geweiht, ja im Rausch dem Teufel Gesundheit zugetrunken.« Einmütig wurde darauf Johann abgesetzt und der bisherige Oberschreiber als Leo VIII. zum Nachfolger erwählt. Auch wurde versprochen, fortan ohne des deutschen Kaisers Genehmigung keinen Papst mehr zu wählen (Dezember 963).

Dieser gewalttätige Eingriff in bisher gültige Rechte erzeugte bei den Römern, besonders dem Adel, solche Entrüstung, daß Otto, der endlich mit dem gefangenen Berengar nach Deutschland zurückgekehrt war (964), zum drittenmal die Alpen übersteigen und den vertriebenen Papst Johann XIII., Leos Nachfolger, durch grausame Strenge rächen mußte. So wurden etliche römische Lehnsgroße gehenkt, andere eingekerkert, noch andere geblendet oder verbannt (966) und danach der Kirche alle Güter, vor allem in der Statthalterschaft (Exarchat), zurückgegeben. Um die noch schwankenden Verhältnisse Deutschlands und Italiens zu befestigen, wurde dem kaum vierzehnjährigen Sohn Otto (II.) teils die Nachfolge am Kaisertum durch feierliche Krönung zugesichert (967), teils eine Tochter des griechischen Nebenbuhlers Romanus, Theophania, als Bürgschaft künftigen Friedens mit ihm vermählt (7. April 972).

Nach sechsmaliger Abwesenheit heimgekehrt, erkrankte und starb bald darauf Kaiser Otto zu Memleben, 62 Jahre alt (7. Mai 973). Fortan wurde er wegen seiner Taten »der Große« genannt. Denn von ihm war der Same zu folgenreichen und tiefgreifenden Umgestaltungen diesseits wie jenseits der Alpen ausgestreut und der Anstoß zu einem frischeren Umschwung bisher gebundener oder unbekannter Kräfte der kirchlich-staatsbürgerlichen Gesellschaft gegeben worden.

Während nämlich teils glückliche Kriege, teils blutsverwandte und getreue Herzöge, z. B. die Billunger in Sachsen, den sonst unvermeidlichen Wirkungen der deutschen Stammeifersucht heilsam begegneten und die Volkseinheit stärkten, knüpfte die Übernahme des abendländischen Kaisertums das Los der Deutschen und Welschen enger denn je aneinander und erzeugte gleichzeitig den zwar noch dunklen, aber schon in den ersten Umrissen ausgebildeten Begriff einer weltlichen Oberleitung. Diese sollte der jeweilige ostfränkische König, vom Papst als dem geistlichen Haupt der Christenheit gekrönt, über die rechtgläubigen Völker und Fürsten so ansprechen und üben dürfen, daß jeglichem Volk seine ihm eigentümlichen Gesetze und souveränen Freiheiten ungekränkt blieben, alle jedoch im Kaiser den geborenen Ältesten und väterlichen Schiedsrichter ehrten.

Diese jetzt wachsenden Ansprüche auf eine halb freiwillige, halb erzwungene Vorsteherschaft des Heiligen Römischen Reiches Deutscher Nation mußten natürlich besonders in den beiden Hauptbereichen, Deutschland und Italien, sich entwickeln und hier eine vielseitige, lebendige Wechselwirkung bereiten. Während nämlich in der Lombardei die Parteibildungen der bisher so oft um die Krone kämpfenden Lehnsgroßen allmählich abstarben und die weitläufigen Ländereien des Adels, in kleinere Güter zerstückelt, den Ackerbau und Wohlstand mehrten, während Erzbischöfe, Bischöfe und Äbte unter dem freigebigen Schirm der neuen Herrscher erstarkten und manche Rechte der Herzöge, Markgrafen und Grafen gewannen, während in den größeren Städten, wo jetzt an die Stelle des lehnsherrlichen Schwertes der geistliche Krummstab trat, Einwohnerzahl, Gewerblichkeit und Selbstgefühl wuchsen und die Wiedergeburt der alten Wehrfreien in der Gestalt bürgerlicher Gemeinwesen vorbereiteten, sammelte die kirchlich-priesterliche Macht im Papsttum so große Kräfte, daß sie nicht nur den schrankenlosen Eroberungsplänen des Kaisertums für die Freiheit Italiens erfolgreich widerstehen, sondern auch in Deutschland vielfache Mittel des Angriffs finden konnte. Denn die Eifersucht der Volksstämme, der Druck des Lehnswesens und Faustrechts, die Widersetzung der allmählich erblichen Fürsten gegen den König, der gleichzeitig als Kaiser die Ansprüche auf den Süden behaupten und den Pflichten eines Schirmherrn der Kirche genügen wollte, gaben den Päpsten ebensoviele Anlässe zur Einmischung in die inneren Reichsangelegenheiten wie Bundesgenossen für den bald zwischen der geistlichen und weltlichen Macht ausbrechenden Kampf. Damit erleichterten sie auch in Deutschland durch Rückwirkung der italienischen Gemeinden die Wiedergeburt des verschütteten Bürgertums, der städtischen Gemeinwesen. Deshalb mag der glückliche Wurf, den Otto der Große durch Einigung der deutschen, lombardischen und kaiserlichen Krone tat, mit vollem Recht verhängnisvoll heißen, zumal Schwächen und Fehlgriffe der meisten Nachfolger die Hindernisse häuften und die Verwicklungen mehrten.

Davon gab schon der Sohn, Otto II., ein deutliches Zeugnis. Wissenschaftlich gebildet, aber geistesarm, ehr- und herrschsüchtig, aber ohne Besonnenheit und Ausdauer, dabei abhängig von einer ränkevollen, hochmütigen und frömmelnden Frau, die als griechische Kaisertochter in den Deutschen nur rohe Heiden sah, hat er während seiner zehnjährigen Regierung (973–983) weder nach innen noch nach außen hin feste, durchgreifende Grundsätze beobachtet und sich mehr den Begebenheiten überlassen als diesen ihre Richtung vorgezeichnet. Zwar gelang es, Unruhen in Bayern, das fortan dem Herzogtum Schwaben verbunden wurde (976), Böhmen, das zinspflichtig blieb, und Lothringen, wo eine westfränkische Partei umsonst wirkte (980), durch die Überlegenheit der deutschen Waffen zu stillen. Aber dagegen scheiterten alle auf Italien gerichteten Eroberungspläne. Denn hier wirkten zum Teil Kräfte, die nicht durch Eisen bezwungen werden können.

In der Lombardei nämlich stritten die streitbaren und zahlreichen Mailänder mit ihrem Erzbischof Landulf, der entgegen dem urkundlichen Recht die Verwaltung der Stadt seinen unmittelbaren Lehnsleuten übergeben wollte. Andere Gemeinden und der in Burgen seßhafte, kleinere Adel *(capitanei, castellani)* kämpften aus gleichen Ursachen. In Rom bedrängte der städtische und landschaftliche Lehnsadel, von Crescentius, einem Sohn der berüchtigten, jüngeren Theodora, geführt, den Papst. Araber, die sich in Bari, und Griechen, die sich in Neapel, Amalfi und Kalabrien angesiedelt hatten, verwüsteten Süditalien. Schließlich trachteten mächtige Lehnsträger, vor allem die Herzöge von Capua und Benevent, bald einander feindselig gesonnen, bald verbündet, nach Ausdehnung ihrer Grenzen und Rechte.

So hatte sich die Halbinsel in drei gärende Massen aufgelöst, die bei schon starker Volkstümlichkeit die Einigung mit dem deutschen Reich ebensowenig ernsthaft wollten, wie sie sie wegen des herrschenden Zwiespalts zurücktreiben konnten. Demnach erschien Otto, von verschiedenen Seiten her um Hilfe angerufen, an der Spitze eines beträchtlichen Heerhaufens. Er stillte in Mailand durch angemessenen Versöhnungsvertrag den Hader zwischen Bürgerschaft und Erzbischof, brach in Rom durch offene Gewalt und Hinterlist einstweilen den Trotz der Lehnsgroßen, von denen mehrere, heißt es, zu einem Gastmahl geladen und ermordet wurden, sagte danach, von blinder Herrschlust getrieben, dem byzantinischen Kaiser Fehde an und fiel sofort in Apulien ein (981). Die Griechen aber schlossen mit den Arabern Versöhnung und Bündnis ab, legten unweit Tarent bei Basantello einen Hinterhalt und siegten hier so vollständig, daß nur etliche Scharen der Deutschen durch die Flucht entkamen (Juli 982). »Wie haben euch meine Landsleute doch erschreckt!« spottete Theophania, als der Kaiser auf dem Schiff eines Juden mit knapper Not Rossano erreichte.

Bald war er von Gram über die schimpfliche Niederlage in der Blüte seiner Jahre verzehrt (7. Dezember 983). Der kaum dreijährige Sohn und Nachfolger, Otto III. (983–1002), wurde, während die Mutter und der Erzbischof Willigis von Mainz als Reichsverweser auftraten, durch den Bischof Bernward von Hildesheim und den berühmten Gelehrten, Gerbert, zwar sorgfältig, aber höchst fehlerhaft erzogen. Man gewöhnte nämlich den sonst gutmütigen und fähigen Knaben – so wollte es Theophania – an die steife, vornehme Hofsitte und Sprache der Byzantiner, lehrte ihn Griechisch und Lateinisch als alleinigen Ausdruck wahrhafter Bildung überschätzen, deutsche Mundart und Weise aber als Zeichen roher Gemeinheit verachten. Durch solche Mißgriffe bewirkte man, daß der Zögling, ohne Wurzel im Vaterland und von der Fremde zurückgestoßen, trotz bedeutender Anlagen das Bild eines zerrissenen Gemüts darstellte, das nirgends feststeht und endlich in Frömmelei und halbem Wahnsinn untergeht.

Kaum hatte nämlich Otto auf der ersten Römerfahrt (996) durch Waffengewalt den zügellosen Lehnsadel gebeugt und von dem eigenmächtig eingesetzten Papst Gregor V. die Kaiserkrone gewonnen, auf dem zweiten Zug (998) mit grausamer Strenge den Führer der römischen Lehnsgroßen, Crescentius, hinrichten und den ehemaligen Lehrer Gerbert unter dem Namen Sylvester II. zum Vorstand der Kirche wählen lassen (999), als er, nach zweijähriger Abwesenheit heimgekehrt, plötzlich in lähmende Schwermut fiel. Denn von Italien als herrischer Fremdling gehaßt, von Deutschland als Liebhaber welscher Volkstümlichkeit beargwöhnt, überdies von abergläubischen Gedanken, die der Ablauf eines vollen Jahrtausends erweckte, tief bewegt, suchte der unglückliche Fürst den entweichenden Seelenfrieden in einer beschwerlichen Buß- und Pilgerfahrt. So wanderte er barfuß, in schlechtem, zerrissenem Gewand, bei ärmlicher Kost und von wenigen Getreuen begleitet nach Polen, besuchte Gnesen, wo die Gebeine des unlängst von den heidnischen Preußen erschlagenen Sendboten und Bischofs von Prag, Adelbert, ruhten und beichtete am Grab des Heiligen weinend und zerknirscht wirkliche und erdichtete Sünden. Er erhob Gnesen zum Erzbistum und zog danach langsam über Magdeburg nach Aachen. Dort erbrach er Karls des Großen Grabstätte, eignete sich ein goldenes Kreuz nebst etlichen noch unverwesten Kleidungsstücken an und eilte mit diesem Raub nach Rom, im Glauben, daß ihm fortan nichts Böses mehr begegnen könne. Aber schon anderthalb Jahre später (Januar 1002) starb Otto in Palermo, wahrscheinlich an Gift, das ihm Stephania, des Crescentius Witwe, gereicht hatte, um Blutrache für den Gemahl zu nehmen.

Darauf wählten die Deutschen, deren Fürsten unlängst in den Markgrafen von Österreich, aus dem Geschlecht der Grafen von Bamberg (Babenberger), und den Herzögen von Kärnten Zuwachs bekommen hatten, den letzten Sachsen, Herzog Heinrich von Bayern, zum König (1002–1024), während die Lombarden, die begierig waren, die fremde Oberherrlichkeit abzuschütteln, dem Markgrafen Harduin von Ivrea das italienische Reich übertrugen. Doch dieser Versuch, ein unabhängiges Volkstum im Norden der lebenskräftigen Halbinsel zu gewinnen, scheiterte an den Parteibildungen der eifersüchtigen Lehnsgroßen, den Umtrieben der höheren, vom mailändischen Erzbischof Arnulf geleiteten Geistlichkeit und dem Schwert der Deutschen, die dreimal über das Gebirge zogen, um die früheren Anrechte zu behaupten. So mußte Harduin, überdies ein roher, unbedeutender Mann, nach vielfachen Glückswechseln die Eiserne Krone niederlegen und in ein Kloster flüchten (1015), während Heinrich, zufrieden mit dem üblichen Kaisernamen, sich weder um das Wachstum der lombardischen Gemeinden und Lehnsgroßen noch um die steigende Ausbreitung normannischer Abenteurer in Neapel kümmerte, sondern wegen angestammter Trägheit und Schwäche mehr dem Zufall und der Gunst des Himmels als selbständiger Kraft vertraute.

Daher wurden die Krongüter bald Klöstern und Stiften, unter denen das neue Bistum Bamberg durch Umfang des Sprengels und mannigfaltige Freiheiten hervorragte, überlassen, bald an fehdelustige Lehnsgroße verschenkt, während der furchtsame, vom Adel schwer bedrängte König Rudolf (III.) von Burgund im Straßburger Vergleich den deutschen Kaiser, seinen nächsten Verwandten, als Schutzherrn und einzigen Erben anerkannte (1016) und eidlich gelobte, diese willkürliche Übereinkunft, möge sie auch dem Willen des burgundischen Volkes widerstreben, niemals zu brechen.

Solche Handlung ausgenommen, tat Heinrich, der letzte König sächsischen Geschlechts, nichts für die Stärke des Reiches, dem das Schicksal eine desto kräftigere Entwicklung unter den Nachfolgern fränkischen Stammes, den Saliern (1024–1125), vorbehalten hatte. Nach einem zweimonatlichen, unruhigen Zwischenreich nämlich versammelten sich alle weltlichen und geistlichen Fürsten, unter ihnen acht Herzöge, von vielen Dienstleuten und Freimännern begleitet, auf der großen Ebene bei Kambe am Rhein, zwischen Worms und Mainz, und lagerten so, daß die Zelte der Lothringer am linken, die der Franken, Schwaben, Bayern, Sachsen und Slawen am rechten Ufer standen. Nach langer Beratung wurde hier Graf Konrad von Waiblingen, der im rheinischen Franken geringe Lehen, aber große Erbgüter* besaß und Gisela, die Tochter des reichen Schwabenherzogs Hermann, zur Frau genommen hatte, unter lautem Jubel des Volkes als König der Deutschen ausgerufen, feierlich nach Mainz geleitet und von dem dortigen Erzbischof Aribo gekrönt (8. September 1024). Darauf schwuren alle Bischöfe und Äbte, Herzöge, Grafen und Ritter, auch die angesehensten Gemeinfreien, durch Handschlag Treue.

Sofort zog Konrad, um den inneren Frieden zu befestigen, von einem Gau in den anderen. Er hörte und entschied nach strengem Recht die Klagen der Parteien, bestätigte dem Adel, der Geistlichkeit und der Bürgerschaft die gesetzlichen Lehen, Güter und Freiheiten und warf, dergestalt in der Heimat gesichert, sein Auge auf Burgund. Er forderte, es solle gemäß dem Straßburger Erbvergleich an das deutsche Reich abgetreten werden. König Rudolf aber antwortete, jene Übereinkunft sei zwischen ihm und seinem Vorgänger Heinrich nicht als Oberherrn, sondern nächstem Verwandten abgeschlossen

---

* »*Vir egregiae libertatis, quippe qui nunquam se submiserat alicujus servitio*«, d. h. »Er war ein Mann von trefflicher Freiheit und hatte sich niemals dem Dienst eines anderen unterworfen.« Sigebertus Gemblacenis, ad a. 1024. Den späteren Beinamen »Salier« empfingen Konrad und die Nachfolger, weil sie besonders große Eigen- oder Saalgüter, die wegen des wachsenden Lehnswesens immer seltener wurden, besaßen. Vgl. Kortüm, Königtum, Dienstmannenschaft, Landesteilung, S. 33, A. 77.

worden, und verweigerte die Vollziehung. Da versammelte Konrad in Schwaben und Franken ein starkes Kriegsheer. Er nahm Basel, die wohlhabende Grenzstadt des burgundischen Landes (1025), ein und zwang den darüber furchtsamen Gegner zur Unterwerfung. Nach dessen Tod (1032) brach er durch Waffengewalt den vereinzelten Widerstand der zwieträchtigen Lehnsgroßen und ließ sich das erstemal in Peterlingen (Payerne) (1033), danach in Genf (1034) zum König Burgunds krönen und huldigen.

Auf solche Weise wurden diesseits und jenseits des Jura Hoch- und Niederburgund, vor allem das Stift Basel, Welsch-Neuenburg, die Grafschaften Genf und Savoyen (oberhalb Maurienne zwischen der Rhône, Genf und Tarantaise), der Sundgau, die westliche Schweiz bis an den Rhein und die Aare, die Städte und Gebiete Avignon, Lyon, die Grafschaften Burgund, Venaisin, Provence, Dauphiné (Delphinat) und das Fürstentum Orange, 625 Jahre nach dem Rheinübergang der alten Burgunder, dem Heiligen Römischen Reich Deutscher Nation vereinigt. Jedoch blieben alle bisherigen Rechte und Gewohnheiten unverändert, während besondere Statthalter, unter ihnen Humbert, Stammvater des Grafenhauses von Savoyen oder St. Maurienne, für die Handhabung der gesetzlichen Ansprüche des jeweiligen Kaisers und Oberlehnsherrn wachten. Eigentliche Verschmelzung mit den Deutschen war schon wegen der gemischten, halb romanischen, halb germanischen Sprache und Sitte unmöglich, so daß bald, trotz des Reichsverbands, aus den verschiedenartigen Lebensstoffen eine mehr oder minder freie Stellung der burgundischen Volkstümlichkeit hervorgehen mußte.

Ähnlich, aber mit selbständiger Kraft, entwickelte sich Italien, das den Keim der folgenreichsten Bewegung nährte. Teils nämlich suchten die mächtigen Lehnsträger, Erzbischöfe, Bischöfe, Herzöge, Markgrafen und Grafen, den niederen Adel zu unterdrücken und ihm dasselbe Los zu bereiten, das er einst den meisten, jetzt in Hintersassen und Eigenleute umgewandelten Wehrfreien aufgedrungen hatte. Teils kämpften die durch Handel, Gewerbe und mannigfaltige Rechte begünstigten Stadtgemeinden aber auch mit den Burgmannen *(castellani)* der Nachbarschaft und den geistlichen Lehnsherren, welche die durch königliche Gnade erworbene Grafengewalt oder richterliche Oberaufsicht ihren Vögten *(vicecomites)* übertragen wollten. Hauptschauplatz dieser besonders über Norditalien ausgedehnten Parteikämpfe, aus denen das Bürgertum emporwachsen sollte, war Mailand, dessen kluger und ehrgeiziger Erzbischof Heribert die Freisassen und kleineren Lehnsträger des Reiches durch Waffen und List in seine unmittelbaren Dienstleute umzuschaffen trachtete. Jene aber, entschlossen, für das alte Recht zu siegen oder zu sterben, bildeten fortan eine eigene Gesellschaft, *motta* (Zusammenkunft, Verschwörung) genannt, verließen nach erfolglosem Widerstand die Stadt und setzten, von Gleichgesinnten unterstützt, die Fehde mit wachsender Erbitterung fort. Gleichzeitig breiteten sich im Süden der Halbinsel die westfränkischen Normannen aus, die bald im Dienst des Herzogs Sergius von Neapel gegen Griechen und Araber stritten, bald auf eigene Gefahr hin Abenteuer suchten und bereits den Grundstein der späteren Grafschaft Aversa legten.

So verschiedenartige Wirren forderten die schnelle Gegenwart des Deutschland und Italien gemeinsamen Königs. Deshalb folgte dieser den dringenden Mahnungen Heriberts, überstieg mit einem zahlreichen Heer die Alpen (1026) und empfing in Mailand die lombardische, in Rom die kaiserliche Krone. Er demütigte Benevent und Capua, gab den Normannen einen schon beträchtlichen Bezirk im Herzogtum Neapel zu Lehen und wandte, von heimischen Unruhen zurückgerufen, beinahe zehn Jahre lang kein Auge auf das inzwischen mit neuen Brennstoffen erfüllte und heftig bewegte Italien. Es erschienen nämlich neben den staatsbürgerlichen Parteibildungen der Lombardei kirchliche Absonderer, die, den alten Paulicianern ähnlich, Papst und bischöfliche Macht verwarfen, frei gewählten Ältesten gehorchten, in Ehelosigkeit und Gütergemeinschaft lebten, täglich in der Bibel lasen, viel fasteten und beteten und solche Grundsätze lieber durch den Flammentod als Ketzer besiegelten denn aus Menschenfurcht verleugneten. Deshalb fand die neue Lehre trotz des wachsenden Drucks bei Bauern und Bürgern günstige Aufnahme. Sie breitete sich von den Gebirgen des Montferrat über Mailand und die benachbarten Gemeinden aus, erschütterte den Kirchenfrieden und stärkte auch im weltlichen Bereich den Geist der Widersetzlichkeit gegen das Machtgebot der großen, von Heribert geleiteten Lehnsträger.

Daher überstieg der Kaiser das zweitemal mit einem zahlreichen Heer die Alpen (1036). Er berief nach kurzem Aufenthalt in Mailand einen Reichstag nach Pavia und hörte und entschied die Klagen der Gemeinfreien und des niederen Adels *(valvassoren)* gegen die Hoffart der mächtigen Landesherren *(capitanei),* besonders des mailändischen Erzbischofs, der viele unmittelbare Lehnsleute und Freisassen teils zu seinem Dienst gezwungen, teils aus ihrem Erbe durch Waffengewalt vertrieben und die Güter dem Kirchsprengel einverleibt habe. Er ließ den stolzen Priester, der weder zum Recht stehen noch den weitläufigen Besitzungen und Ansprüchen des fast unabhängigen Erzbistums irgend etwas vergeben wollte, in Haft nehmen und sorgfältig bewachen.

Auf diese Kunde geriet das Volk von Mailand in die größte Gärung. Edle und Gemeine, Geistliche und Laien, Frauen und Kinder hielten, mit dem Bußsack umgürtet, mancherlei Umzüge und flehten unter Tränen und Gebeten zu Gott, daß er ihren Herrn befreien möge. Viele ihm feindselige Lehnsträger vergaßen sogar den besonderen Feind und gedachten nur des Hasses gegen die Fremden. Kaum war daher der Gefangene seinen deutschen Wächtern, die Wein und Völlerei bezwungen hatten, durch List entronnen, als die Mailänder der Reichsacht trotzten und für die hartnäckigste Abwehr rüsteten. Überdies verhießen die hohen und festen Ringmauern, die von dreieckigen Vorwerken, 100 Türmen und 310 Pforten geschützt waren, Schutz gegen die noch schwache Belagerungskunst. In der Tat scheiterten alle Anstürme des kaiserlichen Heeres, das ungeachtet des kräftigen Beistands der welschen Gemeinfreien *(motta)* und kleineren Dienstleute nach fünfzehntägigen Gefechten nach Pavia abziehen und in wilder Verwüstung des Flachlandes Ersatz für das mißlungene Unternehmen suchen mußte (Mai 1037).

Gleichen Ausgang nahmen spätere Angriffe hauptsächlich deshalb, weil der kluge und tapfere Erzbischof durch die Erfindung des sogenannten Stadtbanners *(caroccio)* dem bisher unbeholfenen Fußvolk in der Schlacht einen sicheren Halt- und Mittelpunkt gegen die Bewegungen der geharnischten Reiterei zu geben wußte. Jene fortan in den italienischen Gemeinden mehr und mehr übliche Fahne hing an einem schlanken, mastähnlichen Baum, der dem mit Eisen beschlagenen und von Stieren gezogenen Rüstwagen so entstieg, daß sie überall gesehen wurde und den zerstreut kämpfenden Scharen zum Zeichen des Ansturms und Rückzugs wurde, mit einem Wort, die verschiedenen Wechsel des Treffens meldete und dadurch einheitsvollen Zusammenhang in die noch schlecht bewaffneten und geübten Rotten brachte.

Dagegen versuchte der Kaiser, ebenso umsichtig wie gerecht, die steigenden Zwiste des hohen und niederen Adels durch angemessenen Vertrag auszugleichen, vor allem aber die Grund- oder Besitzverhältnisse der kleineren Lehnsträger und Gemeinfreien für immer gegen Gewalt und Übergriffe zu schützen, damit bei wachsendem Wohlstand der Landsassen und Bürger auch die Zügellosigkeiten roher Selbsthilfe verschwinden und der Herrschaft des Gesetzes Platz machen möchten. So verfügte die folgenreiche »Ordnung über die Lehen« (*constitutio de feudis*, 28. Mai 1037), daß der Nießbrauch vom Vater auf den Sohn oder, wenn dieser gestorben sei, den Enkel übergehen solle. Kein kleiner Lehnsträger solle ohne den gerichtlichen Ausspruch der Gleichen *(judicium parium)* sein Gut verlieren dürfen, und kein Lehnsherr solle ohne Einwilligung des Aftervasallen durch Tausch, Verkauf oder auf andere Weise die Schicksale des Lehens ändern. Für alles wurde eine Buße von 100 Pfund Gold angesetzt, wovon die eine Hälfte der Reichskammer, die andere dem Beeinträchtigten zufallen werde.

Keine Einrichtung konnte zeitgemäßer auftreten als das erwähnte Gesetz, das dem übermäßigen Wachstum der kirchlichen und weltlichen Großen in Oberitalien plötzlich Schranken vorschrieb. Durch die Erblichkeit der kleineren Lehen rief es den fast abgestorbenen Begriff des echten, freien Grundeigentums wiederum ins Leben, den Ackerbau und Gewerbe als unmittelbare Frucht des gesicherten Besitzes forderte. Gleichzeitig beschleunigte es das allmähliche Verschmelzen des niederen Adels mit den städtischen Gemeinfreien und gab dadurch den Hauptanstoß zu einer bürgerschaftlichen Entwicklung, deren Folgen bald die gesamte Lombardei empfinden sollte.

Anders gestalteten sich zunächst die Verhältnisse Deutschlands, wo bei der noch schwachen Zahl und Kraft der Städte und Gemeinfreien die trotzige, alleinherrschaftlichen Stellung der Erzbischöfe, Bischöfe und Äbte, der Herzöge, Markgrafen und Grafen durch die wachsende Erblichkeit der größeren Lehen und Ämter gefestigt, der Nationalverband zerrissen und das salische Königsgeschlecht genötigt wurde, die Kronmacht und Hausmacht als Bollwerk gegen die Ungebundenheit und Herrschsucht der Reichsfürsten durch Waffen und List auf Kosten des gemeinen Wesens mit eiserner Beharrlichkeit zu erweitern und zu stärken. Davon gibt besonders die blutige und verheerende Fehde über Burgund ein schlagendes Zeugnis.

Als nämlich Kaiser Konrad das erstemal Italien besuchte (1026), erhob sein Stiefsohn, Herzog Ernst II. von Schwaben, neue, fruchtlose Ansprüche auf die Thronnachfolge. Er fiel, um den zweideutigen Rechten der Verwandtschaft durch die Tat Kraft zu verschaffen, mit beträchtlichen Scharen in Burgund ein und warf bei Solothurn und Zürich Schanzen auf, während sein getreuer Lehnsmann, Graf Wels der Andere, Gründer von Ravensburg am Bodensee, Bayern überzog unf Graf Werner von Kyburg, des Herzogs Busenfreund, in Schwaben wütete. Da verließ Konrad, um die Gefahr der drohenden Unruhen zu stillen, plötzlich Italien und berief eine allgemeine Versammlung des Volkes nach Ulm, damit sie richtete über die Friedbrüchigen. Nicht als ein Bittender, sondern stolz auf die zahlreichen Haufen seiner Ritter und Dienstmannen erschien auch Herzog Ernst, entschlossen, mit dem Kaiser zu unterhandeln, oder, falls eine Absprache verweigert würde, von dannen zu ziehen. Aber sein Gefolge wollte nicht gegen des Reiches Oberhaupt stehen. »Wenn wir«, sprachen sie, »unseres Königs und Kaisers Knechte gewesen und von demselben euch zu eigen wären überlassen worden, so könnten wir uns freilich von euch nicht lossagen. Doch da wir Freie sind und den Beschützer dieser unserer Freiheit in unserm König und Kaiser haben, so würden wir durch Abfall von ihm unsere Freiheit und Ehre verlieren, und diese verliert ein Mann nur mit dem Leben.«* Der Herzog, in allen Hoffnungen getäuscht, folgte der Notwendigkeit und rief die Gnade des Stiefvaters an, der ihn, vor allem auf Bitten seiner Mutter Gisela, nach zweijähriger Haft in Giebichenstein an der Saale in alle Würden und Ehren wiedereinsetzte, jedoch unter der Bedingung, daß er seinen Freund und treuen Ratgeber, den geächteten Grafen Werner von Kyburg, als eigentlichen Urheber des Aufruhrs gefangennehmen und ausliefern sollte (1030). Ernst, durch keine Bitten und Drohungen zum Verrat an der Freundschaft zu bewegen, wurde sofort mit des Reiches und der Kirche Fluch belegt und als ein Empörer gegen menschliche und göttliche Ordnung von starken Heerhaufen bekämpft. Er aber widerstand mit etlichen Fähnlein getreuer Männer monatelang klug und kühn in den Schluchten des Schwarzwaldes. Endlich zog er, müde des Elends, aus der Burg Falkenstein, zwischen den Flüssen Kinzig und Wolfach, in die Ebene der Grafschaft Baar und fand hier unweit den Trümmern eines alten Schlosses nach mannhafter Gegenwehr den gewünschten Tod. Niemand überlebte den Führer.

So im Süden hinsichtlich Burgunds und Schwabens, das Hermann IV., ein Bruder des unglücklichen Fürsten, bekam, gesichert, wandte der Kaiser seine Hauptsorge auf den Nordosten Deutschlands. Er zwang, während Dänemark unter Kanut dem Großen durch den Wiedergewinn Schleswigs souverän wurde, Polen und Böhmen zu bleibender Lehnsherrlichkeit und gab dem Heiligen Römischen Reich Deutscher Nation solche Ausdehnung, daß es nach Osten die Weichsel, nach Westen die Schelde und die Rhône überschritt und nach Süden die Meerenge von Sizilien berührte. Um bei diesem ungeheuren Umfang die Kronmacht als Bedingung durchgreifender Ordnung im Mutterland zu stärken, stellte Konrad, auch hier ein entschiedener Feind der größeren Lehnsträger, das Herzogtum Franken unter die Aufsicht der königlichen Pfalzgrafen am Rhein und übergab Schwaben (1038) und Bayern (1028) dem Sohn und erwählten

* Pfister, Geschichte von Schwaben, III, S. 78.

Nachfolger Heinrich, dem gleichzeitig Burgund huldigen mußte. Er gewährte, um so beispiellose Ansprüche durchzusetzen, den meisten Lehen Erblichkeit und begünstigte nach bestem Vermögen das unlängst in Westfranken versuchte Gegenmittel gegen faustrechtliche Selbsthilfe, den Gottesfrieden *(treuga Domini)*. »Von Mittwoch abend bis Montag früh«, lautete derselbe, »sollen die Waffen ruhen und alle Menschen, wie sie auch verschuldet sein mögen, ihre Geschäfte in Sicherheit besorgen. Und wer diesen von Gott gebotenen Stillstand bricht, soll in den Fluch der Kirche fallen und eine angemessene, körperliche Züchtigung erleiden. Wer ihn hält, soll von den Banden seiner Sünden erlöst werden.« Kaum hatte der Kaiser die genannte Maßnahme für Burgund und mehrere Gaue Deutschlands bestätigt und viele Zwiste durch öffentliches Gericht in Güte geschlichtet, als er zu Utrecht in Niederlothringen starb (4. Juni 1039).

Sein Sohn und Nachfolger war wie der Vater kriegerisch, unbiegsam und herrschsüchtig, aber wegen aufbrausender Leidenschaftlichkeit oft ohne die nötige Voraussicht, doch im ganzen offen und gerecht. Durch seine Vermählung mit Agnes, Tochter des Grafen von Poitiers, den letzten widerstrebenden Lehnsgroßen Burgunds versöhnt und durch die freiwillige Huldigung des mailändischen Erzbischofs Heribert auch in Oberitalien ohne bedeutende Feinde, wandte sich König Heinrich III. (als Kaiser II., 1039–1056) mit besonderem Nachdruck auf durchgreifende Umgestaltung der zerrütteten Verhältnisse des Römischen Stuhls und gesamten Kirchenregiments, so daß hier infolge beiderseitiger Mißgriffe der Same zu jenen Erschütterungen ausgestreut wurde, die ein Menschenalter später mit dem glänzenden Sieg des Papsttums über die weltliche Macht des salischen Kaiserhauses endigen sollten. Folgendes ist der Entwicklungsgang dieses entscheidenden Ereignisses.

In Rom hatte das Volk Sylvester III., der Adel Benedikt IX. an die Vorsteherschaft der Christenheit erwählt. Der letzte hatte endlich aus Furcht und Bequemlichkeit den gelehrten und frommen Erzpriester Gratian unter dem Namen Gregor VI. eigenmächtig zum Amtsgenossen angenommen. Raub, Mord und Ziellosigkeit waren die unmittelbaren Früchte der Parteibildung, während einander die drei Nebenbuhler wetteifernd durch Bann und weltliche Waffen verfolgten. Da beschloß Heinrich als oberster Schutzherr des geistlichen Gemeinwesens schnelle und kräftige Dazwischenkunft. Er fuhr über die Alpen, ließ durch eine in Sutri gehaltene Kirchenversammlung die damaligen Machthaber absetzen und den Bischof Suidger von Bamberg als Klemens II. zum alleingültigen Nachfolger wählen. Von diesem mit der Kaiserkrone geschmückt, ließ er den

Römern das eidliche Gelübde abnehmen, fürder keinen Papst zu dulden, den nicht der Kaiser bestätigt habe (1046).

Nirgends erhob sich Einspruch, ja es konnten zweimal hintereinander geborene Deutsche durch königlichen Machtspruch ohne allen Widerstand an die Spitze der Kirche gestellt und scheinbar als willenlose Werkzeuge für die Besserung einzelner Gebrechen benutzt werden. Heinrich nämlich wollte nachdrücklich dem geistlichen Ämterkauf (Simonie) entgegensteuern und die Unzucht, Habgier und Ziellosigkeit der oberen und niederen Priester ausrotten, den Papst aber als die erste vollziehende Behörde dieser vom weltlichen Haupt des Reiches gefaßten Pläne gebrauchen und mit Kraft unterstützen. Also erschien Leo IX. (1048–1054), früher Bischof Bruno von Toul, auf Mahnung des Kaisers als Sittenrichter der Christenheit. Er setzte auf einer Kirchenversammlung zu Reims (1049) vier der Simonie überwiesene Bischöfe ab, zwang in Mainz den des Ehebruchs angeklagten Bischof von Speyer zur Reinigung und lud alle Anwesenden ein, jedes geistliche Ärgernis unverzüglich anzuzeigen. Mehrere französische Bischöfe, die sich nicht gestellt hatten, belegte er mit dem Bann. Er handhabte dieselbe Zucht in Italien und überließ seinem Nachfolger, Victor II. (1054–1057), die weitere Ausbildung der von den Päpsten jetzt tatsächlich ausgeübten oberrichterlichen Macht in Kirchensachen. Denn jener sandte, wiederum im Einverständnis mit dem Kaiser, statt persönlich aufzutreten, Boten *(legati, nuntii)* über die Alpen, die bevollmächtigt waren, alle Fehlgriffe gegen die geistliche Zucht rücksichtslos zu untersuchen und zu bestrafen, wie denn auch zu Lyon unter Leitung des Erzpriesters Hildebrand sechs Bischöfe wegen verschiedener Missetaten ihrer Ämter enthoben wurden, ohne daß sich eine Stimme des Widerspruchs hören ließ (1055). So mußte der Römische Stuhl, der souverän und ohne die bisher gültige Hoheit der Kirchenversammlungen als unabhängige, oberstgerichtliche Behörde handelte, eine feste Grundlage des öffentlichen Ansehens gewinnen, dem der kurzsichtige, gutmütige Kaiser alle Hilfsmittel gewährte, ohne weder die Pläne noch die Folgen der schnell anwachsenden Gegenmacht zu ahnen.

Als König der Deutschen versuchte Heinrich besonders die Kronmacht auf Kosten der fürstlichen zu stärken und die kleineren Lehnsträger und städtischen Gemeinfreien durch Erblichkeit der Besitzungen und dem Handelsverkehr nützliche Rechte zu gewinnen. Vorzugsweise aber versuchte er auf eine oft willkürliche und herrische Weise die großen Herzogtümer als Mittelpunkte der gefährlichsten Widersacher teils an das Reich zu ziehen, teils abhängigen Günstlingen zu übertragen. So wurde Kärnten dem schwäbischen

Grafen Welf (III.) verliehen und das schon mächtige Welfenhaus vom Bodensee nach der südöstlichsten Markung geschoben (1047). Bayern wurde ohne Rücksicht auf die Ansprüche des bisherigen Lehnsrechts, als wenn es Eigentum der Salier werden sollte, nach vielerlei Wechseln unter die besondere Verwaltung der Kaiserin Agnes gestellt (1056). Franken wurde trotz des Umfangs und der dringlichen Notwendigkeit nicht besetzt. Schwaben wurde Otto, dem erst jetzt bekannten Sohn des Grafen von Schweinfurt, unter der Bedingung überlassen, daß ihm Bertold, der reiche Graf von Zähringen, einer Burg unweit Freiburg im Breisgau, folgen sollte. Sachsen wurde aus Furcht vor der uralten Macht seiner Völker und Stammfürsten den Billungern eingeräumt. Niederlothringen (das Land an der Maas, *ducatus Mosanus*) aber wurde dem widerspenstigen Herzog Gottfried dem Bärtigen durch Waffengewalt entrissen und dem gefügigen Grafen Adelbert (Albert) aus Elsaß übergeben und, als dieser starb, Friedrich von Luxemburg zugesprochen (1048).

Der plötzliche Tod des Kaisers (5. Oktober 1056) mußte bei solcher Spannung der kirchlichen und staatsbürgerlichen Verhältnisse den Durchbruch des angehäuften Gärungsstoffes um so mehr beschleunigen, je weniger der von den Ständen an die Nachfolge berufene Sohn, Heinrich IV. (1056–1106), wegen seiner Minderjährigkeit, verkehrten Erziehung und mäßigen Anlagen Kraft und Gabe für die gebietende Stellung des König- und Kaisertums besaß. Allerdings glaubte Agnes, die Regentin-Mutter, die durch den geschmeidigen Bischof Heinrich von Augsburg als Beirat unterstützt wurde, vor allem in der Gunst süddeutscher Fürsten für die Beschwichtigung der drohenden Stürme das wirksamste Mittel zu finden. So wurde das Herzogtum Schwaben dem unlängst zum Gemahl der Tochter Mathilde erkorenen Grafen Rudolf von Rheinfelden verliehen und ein beträchtlicher Teil Burgunds als Aussteuer gegeben (1058). Der darüber unwillige Graf Bertold von Zähringen wurde nach kurzer Fehde mit Kärnten abgefunden (1061), Bayern dem wankelmütigen und ehrgeizigen Grafen Otto von Nordheim überlassen. Sachsen wurde zwar den heimischen Herzögen nicht genommen, aber durch gesetzwidrige Frondienste für den Bau einer prachtvollen Pfalz und weitläufigen Festung zu Goslar in wachsenden Unfrieden gebracht.

Diese Stimmung benutzte Hanno, Erzbischof von Köln, ein überaus strenger, herrschsüchtiger und habgieriger Mann, aber dabei arbeitsam, mäßig und uneigennützig in der Ausübung seiner geistlichen Pflichten. »Entgegen allem Brauch der Deutschen«, klagten sofort die zahlreichen Mißvergnügten, »stehe jetzt die Regentschaft bei einer Frau, da doch Frauentreue flüchtiger sei als Wasser und

Wind, bald bejahe, bald verneine, bald hasse, bald liebe. Fern der künftigen Laufbahn, werde der junge König beim Spinnrocken durch knechtischen Dienst zur Frau erzogen. Ein Mann, der verbuhlte Bischof von Augsburg, verfüge nach Willkür über die Zölle und Einkünfte des Reiches, biete die Gerechtigkeit, Ehren und Ämter feil. Spott und Schmach möge die streitbaren Deutschen treffen, weil sie geduldig so schimpfliches, unleidliches Joch trügen!«

Diesen Reden folgte im gelegenen Augenblick rasche Tat. Der zwölfjährige König wurde von Kaiserswerth am Rhein nach Köln entführt. Die darüber untröstliche Mutter wurde zur Niederlegung der Reichsverweserschaft bewogen, die selber von Erzbischof Hanno übernommen (1062–1064) wurde. So wurde dafür gesorgt, daß sich Heinrich an Fleiß, Nüchternheit und Achtung der ständischen Rechte gewöhnen, die trotzige Selbsthilfe der Lehnsgroßen aber dem Gesetz huldigen mußte.

Dieser im ganzen löblichen Richtung widerstrebte besonders Adelbert, Bischof von Bremen, ein Mann hochadliger Geburt, der beredt und witzig war und den Freuden der Tafel, Jagd und gesellschaftlichen Unterhaltung über Gebühr ergeben. Unstet in seinen Neigungen und Lüsten, war er bald bis zur Ausgelassenheit fröhlich und saß Nächte durch am Spieltisch, bald war er niedergeschlagen bis zur Zerknirschung und tagelang im Bett. Hier ernsthaften Gesprächen, dort Gaukeleien und Possen zugetan, war er gegen Arme und Niedere freigebig und nicht herablassend, so daß er oft vor dem Schlafengehen 30 Bettlern und darüber die Füße wusch, aber stolz und trotzig gegen Fürsten und Herren. Bei dem allen war er einem Ziel rastlosen Ehrgeizes getreu: der Gründung eines nordischen Erzstiftes, das sich unabhängig von jedem anderen Sprengel im Lande der überelbischen Slawen und Skandinavier ausbreiten und den Glanz des kölnischen, ihm tödlich gehässigen Nebenbuhlers verdunkeln sollte.

Diesem geistesstarken, aber sittenlosen Priester, der überdies keine Achtung vor Freiheiten, Rechten und Verträgen besaß, gelang es, durch List den jungen König zu entführen und während der zweijährigen, fast willkürlichen Reichsverweserschaft (1064–1066) unbedingt nach den Grundsätzen schrankenloser Macht zu leiten. Alles war dabei feil. Man verkaufte, besonders an Hofgünstlinge, Bistümer und Abteien, überließ geistliche und weltliche Güter den Meistbietenden und beraubte Kirchen und Klöster, um die Kosten der üppigen Lebensart zu bestreiten. In Sachsen, das Adelbert haßte, mehrte er Frondienste und Festungswerke und handelte überhaupt nach den Launen der frechsten Willkürherrschaft. Dieser Zustand konnte bei dem noch regen Selbstgefühl der deutschen Stämme nicht lange dauern. Unter Hannos Leitung brach der Unfrieden auf einer Reichsversammlung zu Tribur am Rhein in offener Tat hervor und zwang den für mündig erklärten König, seinen bisherigen Ratgeber nach Bremen zu entlassen und persönlich an die Spitze der öffentlichen Angelegenheiten zu treten (1066).

Heinrich aber, der schon vertraut war mit dem Gedanken an zügellose Herrschaft und unfähig, sich selbst, viel weniger noch andere zu leiten, wurde auch bald von dem verstoßenen Günstling nach wie vor am Gängelband der Schmeichelei und gesetzwidrigen Machtfülle geführt. Er verkannte alle Rechte der Völker und Fürsten. Auf den bloßen Verdacht der Untreue hin nahm er dem Grafen Otto von Nordheim das Herzogtum Bayern ab und gab es Welf IV., dem Sohn der Welfin Kuniza und des italienischen Markgrafen Azzo von Este (1070). Er beraubte, ohne seine Rechtfertigung zu hören, den Herzog Bertold der Mark Verona und des Herzogtums Kärnten (1073) und drohte Rudolf von Schwaben, den nur die Dazwischenkunft der Kaiserin Agnes rettete, mit demselben Schicksal. Obgleich mit der tugendhaften Bertha, Tochter des Markgrafen Otto von Susa, vermählt, frönte er allen Lockungen schrankenloser Sinnlichkeit. Er hielt öffentlich zwei oder drei Beischläferinnen, zwang durch List und Gewalt Frauen und Jungfrauen, die ihm gerade gefielen, zu seinem bösen Willen und suchte endlich mit planmäßiger Beharrlichkeit Thüringen und Sachsen in abhängige Kronländereien umzuwandeln. So wurden dort für den verbündeten Erzbischof Siegfried von Mainz die gehässigen Zehnten mit Gewalt eingetrieben, hier Ämter und Ehren ausschließlich an Franken und Schwaben verliehen. In Goslar und der Umgegend wurden neue Zwingburgen gebaut. Für die kostbare Hofhaltung wurden Steuern und mannigfaltige Lieferungen ausgeschrieben, auf Jagden und wilden Lustfahrten Männer und Frauen straflos mißhandelt und Saaten und Baumpflanzungen mutwillig zertreten. Magnus, der Sohn des unlängst verstorbenen Sachsenherzogs Ordulf, und seine Getreuen wurden eingekerkert. Unter dem Vorwand eines Krieges mit den Polen wurden in allen Gauen des Reiches Scharen zu Roß und zu Fuß versammelt und überhaupt nachdrückliche Maßnahmen getroffen, um durch einen Gewaltstreich die Freiheiten der Sachsen und Thüringer zu vernichten.

Diese aber, um dem drohenden Sturm tapfer zu begegnen, verbündeten sich heimlich und erschienen plötzlich, 60 000 Bewaffnete stark, vor Goslar und bald darauf unter den Mauern der zwei Meilen entfernten Harzburg, deren Ein- und Ausgänge sorgfältig bei Tag und Nacht bewacht wurden (August 1073). Da knüpfte der kluge und beredte Bertold von Zähringen, uneingedenk der früheren Beleidigung, täuschende Unterhandlungen an und rettete den bedrängten König auf einem verborgenen Weg aus der Harzburg in die benachbarten Waldungen. Von hier ging es nach dreitägigem Umherschweifen über Eschwege nach Hersfeld, dem Sammelplatz des angeblich gegen die Polen bestimmten Aufgebots der süddeutschen und rheinischen Gaue. So eindringlich schilderte hier Heinrich den Fürsten, vor denen er auf die Knie fiel, die erlittenen Unbilden und den Trotz der Sachsen, wie die Gefahren des Beispiels offener Empörung, daß etliche unverzüglich aufbrechen, andere eine vollständigere Rüstung gegen jenes streitbare und heftig bewegte Volk erwarten wollten. Aber reiflicheres Nachdenken über die Folgen der in Sachsen und Thüringen versuchten Unumschränktheit, Selbstsucht und Besorgnis für die eigene Sicherheit bewirkten eine schnelle Änderung der Ansichten und Urteile, so daß Heinrich von den meisten Lehnsgroßen, vor allem Bertold und dem Schwabenherzog Rudolf, verlassen wurde. Nur von den rheinischen Städten, besonders Worms, mit Eifer unterstützt, mußte er im Frieden von Goslar Sachsen und Thüringen die Zerstörung der Zwingburgen und Schadenersatz geloben (1074).

Als nun das Volk, ohne Maß in seinem Grimm, auf der Harzburg selbst die Kirche brach und die Grabmäler nicht verschonte, nutzte der König sogleich den günstigen Augenblick. Er versprach den Herzögen Welf von Bayern, Rudolf von Schwaben, Bertold von Kärnten und anderen Herren oberdeutscher Lande die Teilung Sachsens und Thüringens, wenn sie gemäß der Christenpflicht Tempelraub und Gotteslästerung strafen und Aufruhr unterdrücken wollten. Der Reichshilfe gewiß, sandte er alle Friedensboten, die Entschuldigung versuchten, ungehört zurück und eilte mit einem großen und wohlgerüsteten Heer nach Bredingen an der Unstruth, um die Acht an den Thüringern und Sachsen zu vollziehen. Noch einmal trugen diese, bevor das Schwert im ersten großen Bürgerkrieg der Deutschen entschiede, Einigung an, wurden aber mit Hohnworten abgewiesen.

Sofort wappneten beide Teile zu einer Hauptschlacht, die am 15. Juni (1075) bei Hohenburg an der Unstruth, unweit Langensalza, geliefert und, nachdem die Sachsen von Mittag bis neun Uhr des Abends in schrecklicher Wut und schwankendem Glück gestritten hatten, von den Königlichen durch Überzahl gewonnen wurde. Bestürzt wegen der Menge des auf beiden Seiten gefallenen Volkes, hielten die Herzöge Bertold und Rudolf Fasten, gelobten, daß sie nicht mehr in dieser Fehde kämpfen würden und rieten bald danach mit anderen Fürsten den von Zwietracht zwischen Adel und Gemeinfreien zerrissenen Sachsen, sich auf ihr Wort an den König zu ergeben. Der werde nach aller Angemessenheit handeln, seine Zusagen streng erfüllen und mannhaft Vergessenheit des Geschehenen bewilligen. Die Leichtgläubigen folgten, legten auf der Ebene zwischen Greussen und Kindelbrück in Thüringen die Waffen nieder und vertrauten der Rechtlichkeit des Siegers.

Dieser aber ließ entgegen der Übereinkunft den Herzog Magnus von Sachsen und Otto von Bayern, nebst anderen Führern der Sachsen und Thüringer, auf den Burgen Bayerns, Schwabens und Burgunds gefangenhalten, bis ihre Sache untersucht werden würde. Die Lehns- und Erbgüter ließ er unter seine Günstlinge verteilen und jede Klage auf Freigebung der Eingekerkerten als Zeichen widerspenstiger Gesinnung abweisen. Gleichzeitig rückten königliche Scharen in Sachsen ein und machten durch vielfache Freveltaten die Lage des niedergebeugten, nirgends unterstützten, vielmehr überall verlassenen Volkes fast unerträglich. In solcher Not wandten sich dessen geheime Boten an den damaligen Vorsteher der Kirche, Papst Gregor VII., schilderten ihm das steigende Elend und baten um sein Fürwort bei dem hartherzigen, verblendeten König Heinrich.

Dies ist der Punkt, an dem die rasche Entwicklung der römisch-katholischen Kirchenmacht in die Volksgeschichte der Deutschen unmittelbar eingreift und genaueren Bericht fordert. Nicht als Frucht eines Menschenalters oder Stifters, sondern als Ergebnis der religiösen, sittlichen und staatsbürgerlichen Entfaltung des gesamten Germanenstamms, nicht gegründet auf rohe Waffengewalt, sondern auf die Herrschaft geistiger Mittel, hat sich das römisch-christliche Priesterreich noch vor dem Ausgang des 11. Jahrhunderts siegend über das weltliche Lehnsfürstentum in allen Teilen Europas erhoben. Gegen den Druck der Großen hat es ein schützendes Bollwerk aufgestellt, die vielfach getrennten Völker welscher und deutscher, bisweilen auch slawischer Abkunft unter dem Banner des christlichen Glaubens versammelt und für die morgenländischen Heerfahrten gekräftigt. Dem fast erdrückten Stand der Gemeinfreien hat es die Bahn der städtischen Wiedergeburt gebrochen, zugleich aber den Samen der Unduldsamkeit und des starren Glaubenseifers teils ausgestreut, teils gepflegt, mit einem Wort, den Hauptanstoß zu den eigentümlichsten Taten im Guten und Bösen gegeben.

Diese Richtung ging aber besonders von Gregor VII. aus, der unbedenklich den außerordentlichsten Männern des ganzen Mittelalters schon deshalb angehört, weil er trotz ungünstiger Verhältnisse durch selbständige Kraft den Weg zum Nachruhm gefunden hat. Sohn armer Eltern aus Soana (Siena) in der Toskana, wurde er vom Vater, der ein Zimmermann war, ohne Aussicht auf Beihilfe als Knabe nach Rom gesandt. Hier wurde er von dem gelehrten Laurentius, später Erzbischof zu Amalfi, in der lateinischen Sprache, im weltlichen und kirchlichen Recht unterrichtet. Darauf war er mehrere Jahre lang Zögling und Freund des frommen, derselben Wissenschaften kundigen Erzpriesters Gratian, der als Papst Gregor VI. auf Befehl Kaiser Heinrichs III. die Würde niederlegen und über die Alpen ziehen mußte. So vorbereitet folgte Hildebrand aus Dankbarkeit und Lernbegierde dem letztgenannten Meister und Beschützer freiwillig in die Verbannung nach Deutschland. Hier betrachtete er aufmerksam die Sitten und Gelüste der Völker und Fürsten, trat danach zuerst als Laienbruder, dann als Mönch, endlich als Prior dem berühmten Kloster Cluny in Westfranken bei und geleitete nach mehrjährigem Aufenthalt den Papst Leo IX. nach Rom, um fortan ihm und seinen Nachfolgern durch Rat und Tat nahezustehen.

Dies zeigte besonders die Regierung des zweiten Nikolaus (1058–1061), der auf Betrieb Hildebrands, des damaligen Erzpriesters und Kanzlers, zwei entscheidende Handlungen vollzog. Um nämlich die Papstwahl von den Parteien des römischen Volkes und Adels wie von den Machtsprüchen der deutschen Kaiser unabhängig zu machen, übertrug der Beschluß einer in Rom gehaltenen Kirchenversammlung durch das sogenannte Kardinalgesetz dem fortan bestimmten Ausschuß regelmäßiger Wahlherren die alleinige Befugnis, St. Peters Nachfolger zu ernennen. So sollten die sieben bisherigen Seitenbischöfe des römischen Sprengels *(episcopi cardinales)* oder die Vorsteher der Kirchen von Präneste, Porto, Ostia, St. Rufina, Alba, Sabina und Tusculum mit den Pfarrern und Helfern (Kardinalpriestern, Kardinalsdiakonen) der römischen Hauptgemeinde aus ihrer Mitte den jeweiligen Papst erkiesen und dem Volk zur Annahme vorstellen. Jedoch, lautete die zweideutige Beschränkung, ohne Abbruch des Ansehens und der Ehre des deutschen Kaisers, sofern derselbe das Recht dazu für seine Person vom Heiligen Stuhl würde erlangt haben (1059).

Während dergestalt bei den Wirren und Unruhen Deutschlands die Papstwahl ohne bedeutende Hindernisse der weltlichen Macht entzogen und einem bleibenden Rat (Senat, Kardinalkollegium) übertragen wurde, gewann die Kirche den zweiten folgenreichen Sieg durch die Gründung eines normannischen Lehnsfürstentums im Süden Italiens. Nikolaus nämlich vergab nicht nur Apulien und Kalabrien als Ländereien des Heiligen Stuhls an den Herzog Robert Guiscard, der dafür den Eid der Treue und steten Dienstbereitwilligkeit schwur, sondern überließ auch das noch nicht eroberte Sizilien unter gleichen Bedingungen dem kühnen und glücklichen Abenteurer (1059).

Nachdem Hildebrand mit unbestrittener Klugheit und Kraft etwa 15 Jahre lang, ohne den Namen zu führen, die kirchlichen Angelegenheiten geleitet hatte, nahm er nach dem Tod Alexanders II. als Gregor VII. den ihm längst gebührenden Ehrenplatz ein (22. April 1073) und behauptete diesen bis an seinen Tod (1085) durch Bescheidenheit im Glück, Starkmut im Mißgeschick und eine unübertroffene Würde des Betragens und Folgerichtigkeit der Grundsätze, unbekümmert um die Urteile der Mit- und Nachwelt.

»Der christliche Glaube, so wie ihn der Sohn Gottes verkündet hat«, lautet etwa des Papstes Bekenntnis, »ist göttlich und an sich selbst allein wahr. Denn es gibt nur eine Wahrheit. Das Christentum soll deshalb die allgemeine, herrschende Religion der Welt werden, das ganze Leben der Sterblichen leiten und den Frieden und die Seligkeit bringen, die nur die Frucht göttlicher Wahrheit ist. Aber alles Geistige, mithin auch die Religion, bedarf einer körperlichen Ausprägung, ohne die der Mensch, als sinnliches Wesen, den allein seligmachenden Glauben nicht erkennen würde. Dieser sichtbare Ausdruck des Christentums ist nun die Kirche, die, gleich wie es nur eine göttliche Wahrheit gibt, auch nur eine sein kann. Die Gemeinschaft aller Christgläubigen hat freilich in dem Sohn Gottes ihren unsichtbaren Vorsteher, aber ihr ist auch ein sichtbares Oberhaupt notwendig, der Papst. Dieser sitzt an Gottes Statt und lenkt sein Reich auf Erden.

Soll sich jedoch die Kirche Gottes würdig ihrer Bestimmung gestalten, so sind besonders gegenwärtig zwei Bedingungen unabweisbar. Erstens muß die Gemeinschaft der Gläubigen eine reine Seele und einen hellen, nüchternen Geist haben, der Unwissenheit und dem lasterhaften Wesen der Priesterschaft Ziel setzen, sich verjüngen in der Wahrheit und Tugend. Da aber der Mensch stets zum Schlimmen neigt, so muß man den Klerus dem Umgang mit der verdorbenen Welt möglichst entziehen, zu einer abgeschlossenen Körperschaft erheben, die sich nicht fortpflanzt durch leiblichen Samen, sondern ihr Gedächtnis sucht im lauteren Bekenntnis des allein wahren, christlichen Glaubens und im reinen Wandel vor Gott und den Menschen. Daher muß Ehelosigkeit, schon früher von den apostolischen Vätern empfohlen, für die gesamte Priesterschaft bindendes Gesetz werden.

Zweitens, wie der Geist frei ist von seiner irdischen Hülle, dem Körper, so muß die Kirche Gottes frei sein von irdischer Menschenmacht. Diese aber hat hauptsächlich dadurch in den geheiligten Kreis jener eingegriffen, daß sie teils die Diener und Beamten des göttlichen Wortes souverän ernannte, Bistümer und Abteien ohne Rücksicht auf Kenntnisse und Tugend besetzte, teils Kirchengüter und Priester in den weltlichen Lehnsverband hineinzog, wie denn die Überreichung des Stabes und Ringes an Erzbischöfe, Bischöfe und Äbte ein sinnbildliches Zeichen der weltlichen Hoheit ist. Diese unwürdige Stellung muß aufhören, die Kirche frei werden in ihren Wahlen und zeitlichen Besitzungen, die überdies nicht durch Blut und Schwert erobert, sondern durch Vergabe der Gläubigen und rechtlichen Kauf erworben wurden.

Alle gegenwärtigen Gebrechen der christgläubigen Gemeinde haben ihren Ursprung in der Knechtschaft. Denn was dienet, sündiget. Solche Sündhaftigkeit aber hört auf, wenn die weltliche Zwingherrschaft endet, besonders für den Papst, den Statthalter Gottes, unter dem daher das Herrscherschwert ist. Die Welt wird gelenkt durch zwei Lichter, durch die Sonne, das größere, und den Mond, das kleinere. Jener gleicht die apostolische, diesem die königliche Macht. Wie das mindere Gestirn der Nacht nur leuchtet durch die Sonne, so sind Kaiser, Könige und Fürsten nur durch den Papst. Weil dieser allein ist durch Gott, ist auch unter ihm alles. Er soll belehren, ermahnen, strafen, bessern, richten und entscheiden über Geistliches und Weltliches. Also ist die Kirche der göttliche Richterstuhl, oder der Papst Statthalter Christi und über allem. Denn es steht geschrieben: ›Du bist Petrus und auf diesen Fels will ich meine Gemeinde bauen, und die Pforten der Hölle sollen sie nicht überwältigen. Und ich will dir des Himmelreichs Schlüssel geben. Alles, was du auf Erden binden wirst, soll auch im Himmel gebunden sein, und alles, was du auf Erden lösen wirst, soll auch im Himmel gelöst sen.‹«

Dies war ungefähr das staatsbürgerlich-kirchliche Glaubensbekenntnis Gregors, der nicht sowohl aus der eigenen Fülle des Geistes als der Zeit schöpfte und die bisher unordentlich zusammengetragenen Steine für einen kühnen, geregelten Bau benutzte. In der Tat hatte die weltliche Macht vielfach ihre Grenzen überschritten und den Klerus als Werkzeug ehrgeiziger Pläne gebraucht und unter die Dienstmannen aufgenommen. Die Bildungsanstalten und frommen Stiftungen hatte man größtenteils verfallen und modern lassen, die Ausbreitung des Christentums durch das Schwert als bleibenden Grundsatz eingeführt und dergestalt dem schrankenlosen Faustrecht gleichsam eine religiöse, höchst verderbliche Weihe gegeben.

Dieses entartete Lehnswesen mußte nun entweder im Kirchentum eine feindliche Gegenwirkung erregen oder das ganze Jahrhundert in Wildheit und rohe Leidenschaft stürzen. Gregor, erfüllt von dem Bild seiner hohen Lebensaufgabe und vertraut mit den Kräften der Widersacher, beschloß auf zweifachem Weg dem Ziel sich anzunähern und den Feind, ohne daß er es ahnte, zu trennen. So wurde, damit vor allem die Geistlichkeit teils vom Hauptgegenstand des Streites, der weltlichen Belehnung (Investitur), abgezogen und teils in eine souveräne Körperschaft umgewandelt werden möchte, allen höheren und niederen Priestern Ehelosigkeit (Zölibat) geboten und dem Übertreter des Gesetzes wie dem Laien, der bei einem beweibten Priestern die Messe hörte oder beichtete, der Bann angedroht (9. März 1074).

Kaum erscholl die Kunde dieses von einer römischen Kirchenversammlung gefällten Spruches, als sich dagegen in Deutschland, Italien, Frankreich, Spanien und England eine allgemeine Bewegung erhob. »Man wolle«, hieß es, »lieber dem Priestertum als der Ehe entsagen. Uneingedenk des apostolischen Wortes: Wer sich nicht mäßigen kann, heirate! (1. Korinther VII, 9), kehre der ketzerische Papst den Lauf der Natur um und gebe durch sein lästerliches Gebot den heimlichen Sünden freien Spielraum. Er möge, wenn er Engelstugenden fordere, seine Pfründen auch mit Engeln besetzen. Sie, die Priester, wollten gemäß dem Brauch der Altvorderen entweder beweibt oder gar nicht Lehrer des Evangeliums heißen.« An etlichen Orten stand die niedere Geistlichkeit der oberen, die den Beschluß annahm, sogar in offenem Aufruhr gegenüber, wie denn die Bischöfe von Passau und Mainz fast darüber das Leben eingebüßt hätten. Andererseits erklärte eine Pariser Kirchenversammlung die Feinde des von Gott verordneten Ehestandes zu Ketzern. So mußte in Cambrai ein Mönch, der des Papstes Befehl öffentlich verteidigte, den Scheiterhaufen besteigen und in Konstanz jeder unverheiratete Geistliche vom Bischof die feierliche Mahnung empfangen, sich ohne Zaudern ein Weib zu nehmen.

Gregor, ohne sich zu beunruhigen, ließ den ersten Sturm austoben, brachte danach teils durch Bevollmächtigte (Legaten), teils durch Mönche das Gesetz von der Ehelosigkeit unter das gemeine Volk, das sofort überall die Vollziehung übernahm, so daß der verhaßte Befehl noch vor Ablauf eines Jahrhunderts beinahe allgemeine Gültigkeit finden konnte. Während dergestalt ein Hauptband, das die Priester bisher an die bürgerliche Gesellschaft geknüpft hatte, zerrissen wurde, geschah für die Unabhängigkeit der Kirche dadurch der zweite vorbereitende Schritt, daß laut einem Beschluß (1075) die Strafe des Bannes jeden Geistlichen treffen sollte, der von einem weltlichen Fürsten ein Amt erkaufen oder die Belehnung (Investitur) mit demselben durch die bisher herkömmliche Übergabe des Herrscherstabes und Ringes empfangen würde, denn Freiheit gebühre der Kirche in ihren Gliedern und Gütern.

Um aber diesen beispiellosen Grundsatz an dem ersten und mächtigsten Großen der Christenheit, dem deutschen König und Kaiser, werktätig zu bewahrheiten, nutzte der Papst mit ungemeiner Klugheit die günstigen Verhältnisse der Gegenwart. Heinrich nämlich brach offenbar die den Sachsen gegebenen Zusagen. Er hielt die Geiseln und Führer des Volkes in Banden und vergönnte zügellosen

Rotten allen Mutwillen. Er überließ sich ohne Maß den Freuden der Jagd, Tafel und Wollust, trieb schamlosen Pfründenhandel (Simonie), wies die Klagen der Unterdrückten zurück und verachtete alle Zeichen des nahenden Sturmes. Da fielen, in ihrer Sicherheit durch gedungene Meuchelmörder bedroht, die Herzöge Rudolf, Welf und Bertold von dem gelobten Gehorsam ab, und Gregors Boten erschienen, nicht mehr mahnend, sondern drohend an der Hofstatt zu Goslar. »Der König möge alles an der Kirche, den Fürsten und dem Volk geübte Unrecht augenblicklich vergüten, persönlich aber sich in Rom einfinden und verantworten vor dem Stellvertreter Christi auf Erden. Das alles bei Strafe des Bannes.«

Heinrich, erbittert über solche Anmaßung, entließ die Gesandten mit harten Worten. Er lud die weltlichen und geistlichen Herren des Reiches nach Worms, schilderte ihnen den unerhörten Stolz des Römischen Stuhls und bewirkte, daß die Versammlung dessen Vorsteher als schuldig der Simonie und eines lästerlichen Lebens absetzte. Sofort berief Gregor, zum äußersten Schritt entschlossen, an 110 Erzbischöfe, Bischöfe und Äbte nach Rom, verteilte ansehnliche Geschenke und hielt, da alles gerüstet war, vor den Prälaten, der Ritter- und Bürgerschaft etwa folgende Rede:

»Heiliger Peter, der Apostel Fürst, neige, wir flehen darum, zu uns dein Ohr! Höre mich, deinen Knecht, den du von Kindheit an ernährt und bis zu diesem Tag aus den Händen der Gottlosen befreit hast, die mich wegen der Treue zu dir haßten und noch hassen. Kraft deiner Gnade und nicht um meiner Werke willen gefiel und gefällt es dir, daß das hauptsächlich dir anvertraute Christenvolk mir gehorche, daß um deinetwillen von Gott mir die Macht, zu binden und zu lösen im Himmel und auf Erden, verliehen ist. Demnach, auf dieses Vertrauen gestützt, untersage ich, für die Ehre und den Schutz der Kirche, im Namen des allmächtigen Gottes, des Vaters, Sohnes und Heiligen Geistes, laut der Macht und Würde, Heinrich, dem König, dem Sohn Heinrichs des Kaisers, dem Frevler an der Kirche, die Regierung des ganzen deutschen Reiches und Italiens und entbinde alle Christen vom Eid, den sie ihm geschworen haben und schwören werden. Ich binde ihn mit den Fesseln des Fluches, auf daß die Völker wissen, daß du bist Petrus und der Sohn des lebendigen Gottes, der auf diesen Fels seine Kirche erbaut hat, und daß die Pforten der Hölle nichts gegen sie vermögen werden.«

Dieses außerordentliche Urteil, das der Papst in eigener Machtvollkommenheit über den ersten Fürsten des Jahrhunderts fällte (23. Februar 1076), gab das Zeichen zu einer ungeheuren, viele Menschenalter lang mit geistigen und leiblichen Waffen zwischen Kirche und Staat geführten Fehde und stürzte Deutschland in einen zwanzigjährigen Bürgerkrieg, der alle Stämme und Gaue in seinen Kreis hineinzog, Welfen und Ghibellinen als zwei durch Grundsätze und Bestrebungen bis auf den Tod feindselige Parteien hervorrief, ganze Geschlechter vertilgte und bisher unbekannte Häuser in den Vordergrund stellte, während gleichzeitig die Bevölkerung Frankreichs und Italiens, vom veredelten Glaubenseifer und Tatendrang getrieben, dem Banner der ersten Kreuzfahrt folgte, das Heilige Grab befreite und Morgen- und Abendland, Islam und Christentum, die bisher getrennt waren, zu gegenseitiger Durchdringung brachte.

Kaum hatte sich inzwischen die Kunde von Heinrichs Ächtung verbreitet, als die Sachsen, müde des langen Drucks, zum zweitenmal Aufruhr erhoben, im Süden die Herzöge Welf, Bertold und Rudolf mit vielen geistlichen und weltlichen Herren für die gemeine Wohlfahrt den oberdeutschen Bund aufrichteten und gen Tribur am Rhein einen großen Volkstag ausschrieben, damit er die Wirren im Reich und in der Kirche gründlich prüfen und heilen möchte. Sofort erschienen einträchtiger und zahlreicher denn je die Aufgebote der Sachsen, Schwaben, Franken, Bayern und Lothringer an dem bezeichneten Ort, vernahmen aus dem Mund päpstlicher Boten, was in Rom geschehen sei, und dachten ernsthaft an die Wahl eines neuen Oberhaupts. Um diesem Schritt zu begegnen, schickte der König, der Tribur gegenüber zu Oppenheim mit seinen Anhängern gelagert hatte, eine Gesandtschaft nach der anderen und begehrte gütliche Einigung. Die Fürsten aber antworteten: »Geduldig haben wir bisher mancherlei Unbilden ertragen, weil wir unsern Eid nicht brechen wollten. Nunmehr wäre es Torheit, wenn die von Gott verliehene Gunst, einen vom Heiligen Vater gebannten König zu stürzen, ungenutzt vorüberzöge.«

Schon rüstete dieser für offenen Feldstreit, als der Feind folgenden Antrag machte: Heinrich möge unbedingt den schiedsrichterlichen Ausspruch des Papstes annehmen, den man bitten wolle, auf Mariä Reinigung nach Augsburg zu kommen, binnen Jahresfrist die Lösung vom Bann bewerkstelligen oder alle Anrechte eines Königs der Deutschen aufgeben. Einstweilen solle er seine Räte und Dienstleute entlassen, bis zum gesetzten Ziel ruhig und in strenger Buße zu Speyer leben, Worms aber, das er zur Mördergrube gemacht habe, dem Bischof Adelbert, aus dem Hause Rheinfelden, wiedergeben.

Der König, hoffnungslos und zaghaft, unterzeichnete den schmählichen Vertrag (16. Oktober), beurlaubte seine Getreuen und zog nach Speyer, während die Fürsten gleichfalls ihre Völker verabschiedeten, den Papst von allem benachrichtigten und die Gebirgspässe Italiens besetzten. Dennoch täuschte Heinrich, der auf schnelle Aussöhnung mit dem kirchlichen Widersacher gerichtet war, die Wachsamkeit seiner weltlichen Gegner. Er eilte um Weihnachten bei strenger Kälte nach Besançon in Burgund und überstieg dann mit der Königin Bertha, dem dreijährigen Sohn Konrad und kleinem Gefolge unter vielfachen Gefahren und Beschwerden den St. Bernhard. In Piemont angelangt, lehnte er die angebotene Hilfe der lombardischen Städte und Herren ab. Er begehrte durch Boten und Schreiben demütig Aufnahme in die Gemeinschaft der Gläubigen und stand, als endlich der Papst einwilligte, wie ein Büßender barfuß, in schlechtem Gewand und bei rauhem Wetter drei Tage lang im Hofraum der Burg Canossa, die zu den Gütern der reichen Gräfin und eifrigen Kirchenfreundin Mathildis gehörte. Darauf gelobte er unbedingten Gehorsam gegen das über die Klagen der deutschen Fürsten und Völker dem Papst zuständige Schiedsurteil und empfing nach so kränkenden Vormaßnahmen endlich am 28. Januar (1077) mit seinen Begleitern die Lösung vom Bann.

Danach hielt Gregor das Hochamt, brach, als es beendet war, das geweihte Brot in zwei Hälften, ließ den König vortreten und sprach: »Die Feinde Gottes und der Kirche beschuldigen mich, den Nachfolger des heiligen Petrus, der Simonie und eines unlauteren Wandels. Auch du bist schwerer Missetaten angeklagt, der Lügen und vielfacher Ungerechtigkeiten. So entscheide denn über uns beide das Gottesgericht! Nimm den Leib des Herrn! Er wird dir beistehen, wenn du rein bist, und dich verzehren, wenn du ihn schuldig genießest.« Zitternd und vom Glaubensschrecken gelähmt, verweigerte Heinrich die angebotene Entscheidung, weil ihr seine abwesenden Feinde kein Vertrauen schenken würden, erneuerte jedoch den Schwur, die Spruchfällung der päpstlichen Sende, selbst wenn sie Einbuße der Herrschaft forderte, unbedingt anzunehmen.

Inzwischen grollten die Städte und Herren Lombardiens dem König wegen so feigen und unschicklichen Betragens, während jenseits der Alpen die feindseligen Fürsten, im Einverständnis mit dem römischen Hof, kriegerische Rüstungen machten, ohne den nach Augsburg gesetzten Tag zu erwarten. Nachdem alles vollendet war, wählten sie in Forchheim den bisherigen Herzog Rudolf von Schwaben zum wahren König und Beschützer des Reiches der Franken, den sie nach Mainz führten und mit großem Gepränge krönten (März 1077). Dort wie hier waren päpstliche Boten zugegen.

Auf diese Kunde verließ Heinrich, der jetzt durch den Gang der Begebenheiten von allen Gelübden entbunden war, Italien, zog über Kärnten nach Bayern und gab, bald von 12 000 Bewaffneten umgeben, das Zeichen zu einem Bürgerkrieg, der bei geteilter Schuld und steigender Verwicklung allmählich ganz Deutschland ergreifen mußte.

Für den Papst und die Fürsten stritten der hohe Adel und die obere Geistlichkeit. Die meisten Städte, Kaufleute und Bauern, die niedere Ritter- und Priesterschaft standen zur weltlich-königlichen Partei.

Um aber dieser bei allen Glückswechseln einen klugen und getreuen Führer zu geben, übertrug Heinrich das Herzogtum Schwaben als erbliches Lehen dem biederen und waffenkundigen Grafen Friedrich von Hohenstaufen, einer unlängst im Remstal auf hohem Berg erbauten Burg und vermählte ihm seine einzige Tochter Agnes (1079), so daß jetzt das salische und hohenstaufische Haus für große Geschicke durch Blutsbande und gleichartige Bestrebungen verknüpft wurden. Fortan entbrannte vom Rhein bis an die Elbe die furchtbarste Bürgerfehde, die auf beiden Seiten nichts Weltliches und nichts Heiliges verschonte. Kirchen wurden aufgebrochen und geplündert, Frauen geschändet, Männer verstümmelt, ganze Landschaften mit Raub und Brand erfüllt, keine Verträge und Eidschwüre mehr geachtet. Lange blieb Gregor, ohne sich zu erklären, scheinbar ein unbefangener Zeuge des greuelvollen Kampfes und begnügte sich mit geheimen Umtrieben und Zusagen. Als aber endlich die Fürstlich-Päpstischen bei Fladenheim in Thüringen (27. Januar 1080) durch den Eifer der Sachsen gesiegt hatten, wurde der Bann über Heinrich und seine Räte erneuert, die Wahl Rudolfs an das Königtum der Deutschen öffentlich gebilligt und durch Übersendung einer goldenen Krone mit stolzem Sinnspruch bestätigt.*

Da ließ Heinrich, jetzt nicht mehr kleinmütig, eine Versammlung geistlicher und weltlicher Herren nach Brixen entbieten. Er ließ den Papst als offenbaren Schwarzkünstler, Traumdeuter, Feind der Christenheit und des Reiches absetzen und den Erzbischof Wibert von Ravenna unter dem Namen Klemens III. an die Vorsteherschaft der Kirche erheben. Darauf rüstete er mit verdoppeltem Nachdruck für einen entscheidenden Feldstreit. Dieser geschah im Herbst desselben Jahres (15. Oktober) an der Elster, unweit Merseburg. Tödlich getroffen von der Lanze des lothringischen Ritters Gottfried von Bouillon, räumte Rudolf, bisher siegreich, mit den Seinigen das Schlachtfeld und starb etliche Tage später in den Armen seiner Freunde. Seine letzten Worte waren wie die des Thebaners Epaminondas bei Mantinea und des Engländers Wolf vor Quebec: »Ich habe genug gelebt, ich sterbe unbesiegt.«

* Er lautete: *»Petra dedit Petro, Petrus diadema Rudolpho«*, d. h. »Der Fels verlieh die Krone an Petrus, dieser an Rudolf.«

Rasch nutzte Heinrich die Gunst des Augenblicks und überstieg, während Herzog Friedrich von Schwaben die Heimat schützte, mit einem zahlreichen, bald von Welschen beträchtlich verstärkten Heer die Alpen. Nach kurzer Gegenwehr gewann er die Hauptpässe der Apenninen und lagerte um Pfingsten (1081) unter den Mauern Roms, das die Bürgerschaft so lange hartnäckig verteidigte, bis ein nächtlicher Überfall zur Aufnahme des bald von Klemens feierlich gekrönten Kaisers nötigte (März 1084). Gregor aber, in der Engelsburg eingeschlossen, lehnte standhaft jede der früheren Stellung unwürdige Übereinkunft ab und flüchtete, von inneren und äußeren Feinden bedrängt, mit Beihilfe etlicher Normannenhaufen nach Salerno, wo ihn nach wenigen Monaten Leibes- und Seelenschmerzen ins Grab stürzten (24. Mai 1085). Seine letzten Worte waren: »Ich habe Gerechtigkeit geliebt und das Laster verabscheut. Darum sterbe ich in der Verbannung.«

Nicht den Geist und die offene Handlungsweise, wohl aber den Lebensplan und die Ausdauer des Vorgängers erbte der Nachfolger, Urban II. (gest. 1099), so daß er, gerichtet auf Herrschaft der Kirche und Demütigung des ihr feindseligen salischen Fürstenhauses, kein Mittel verschmähte und selbst Arglist und Verrat gebrauchte. Deshalb wurde einerseits die hochbetagte Gräfin Mathildis dem jungen Sohn des bayerischen Herzogs Welf (IV.) vermählt, andererseits Konrad, der Erstgeborene Heinrichs, dem der Vater vor der zweiten Rückkehr nach Deutschland (1093) die Verweserschaft Italiens übertragen hatte, durch Ränke und Vorspiegelungen bewogen, die Partei des Papstes zu ergreifen und aus den Händen des mailändischen Erzbischofs die lombardische Krone zu empfangen (1093). Doch der Ausgang entsprach den Hoffnungen der Kirche nicht. Beide Parteien in Deutschland, erbittert durch das heimtückische Betragen und müde des langen Haders, schlossen den Mainzer Versöhnungsvertrag ab (1097), der Friedrich von Hohenstaufen und seinen Nachkommen das Herzogtum Schwaben und Welf IV. unter gleicher Bedingung Bayern erblich zusicherte sowie Bertold II. von Zähringen endlich als Namensherzog mit der Reichsvogtei über den Thurgau, Stadt und Münster von Zürich bewidmete, so daß er nicht nur in diesen Lehen, sondern auch in allen weitläufigen Erbgütern unabhängig vom schwäbischen Herzogtum bleiben sollte.

Während auf diese Weise einem zwanzigjährigen Bürgerkrieg, der die frühere Eifersucht der deutschen Volksstämme gefestigt und in den Hohenstaufen und Welfen zwei gleich starke, einander feindselige Nebenbuhler erzeugt hatte, allmählich Ruhe und Ordnung folgten und während Heinrich, durch das Mißgeschick gebessert, Mäßigung und

Gerechtigkeit übte, versuchte noch einmal der römische Hof das salische Fürstengeschlecht durch häusliche Zwietracht zu demütigen und für Nachgiebigkeit im geistlichen Belehnungsstreit (Investiturstreit) zu gewinnen. Überdies wünschten viele fehdelustige Ritter, verschlossen den edleren Mahnungen der von Frankreich und Italien gegen das Morgenland gerichteten Kreuzfahrten, baldige Rückkehr des heimischen Faustrechts und grollten dem Kaiser, der schonungslos den Landfrieden hielt und manche Raubburg nehmen und brechen ließ.

Diese Mißvergnügten, besonders zahlreich in Bayern und Sachsen, verstrickten den jungen, leichtfertigen Heinrich, dem seit des Bruders Konrad Tod (1104) die Thronnachfolge bestimmt war, in Jagden und andere rauschende Freuden, um desto sicherer den dafür getadelten Jüngling mit Unfrieden und Argwohn erfüllen zu können. »Nur knechtische Geduld«, hieß es, »möge die Launen eines schwachen, hochbetagten Vaters ertragen und ruhig dessen Tod abwarten. Wozu einem König gehorsam sein, über dem noch der Bann liege?« Als aber trotz der gleisnerischen Vorspiegelungen etliche Bedenklichkeiten kindlicher Pflicht blieben, löste sie ein Schreiben des damaligen Papstes Paschalis II. (seit 1099). Es forderte Hilfe für die bedrängte Kirche Gottes. Sofort verleugnete der Sohn den angeblich ketzerischen Vater. Er empfing aus den Händen der nach Nordhausen berufenen weltlichen und geistlichen Fürsten Namen und Würde eines Königs der Deutschen und zwang nach mancherlei Glückswechseln den durch ruchlose Hinterlist gefangenen Kaiser, alle Abzeichen der Macht auszuliefern, dem Reich zu entsagen (31. Dezember 1105) und demütig die Befreiung vom Priesterfluch zu begehren.

Umsonst, die Rache der Feinde hatte noch nicht ihr Ziel gefunden. So mußte der unglückliche Heinrich, nur von den Städten, besonders am Rhein, mehr bemitleidet als kräftig unterstützt, ins Land des Bischofs von Lüttich flüchten und hier im äußersten Elend sterben (7. August 1106). Keine geweihte Erde nahm den Körper des Verfluchten auf. Der ihn bergende Sarg stand fünf Jahre lang in einem Gewölbe des vom Kaiser zu Speyer gestifteten Doms und wurde erst dann beigesetzt, als der reuige Sohn Aufhebung des Bannes bewirkt hatte. So hob sich unter den Saliern in Deutschland mit den erblich gewordenen Lehen die Fürstenmacht, in der gesamten Christenheit, hauptsächlich durch die Niederlage Heinrichs IV. und die Fehlgriffe des Vorgängers, das Priesterkönigtum oder Papsttum.

Zweiter Abschnitt

Übersicht über die nichtdeutsche Völkergeschichte

In Angelsachsen (England) lösten Schwäche der Könige, Ehr- und Habgier der Priester, die unter der Leitung des Mönches Dunstan den kriegerischen und rührigen Sinn des Volkes fast erstickten (950–979), das Werk Alfreds des Großen dergestalt auf, daß den vereinzelten Empörungen der in Northumberland angesiedelten Skandinavier bald glückliche Heerfahrten beutelüsterner Dänen folgten, die eine bleibende Steuer (Dänengeld) erpressen konnten. Als danach der Fürst der Angelsachsen, Ethelred, unfähig, im offenen Kampf zu trotzen, die sorglos und zerstreut wohnenden Fremdlinge durch feigen Überfall mitten im Frieden größtenteils vernichtete (13. Dezember 1002), erschien König Suen I. als Rächer des Dänenblutbads. Er besiegte in einem Feldzug den zwieträchtigen, aller Lagerzucht entwöhnten Feind (1013) und übergab die Vollendung der begonnenen Herrschaft seinem Sohn Kanut (1014–1035).

Dieser, gleichzeitig König über Dänemark, Schweden und Norwegen, nahm, da er denn ebenso klug wie streitbar war, Emma, die Witwe des verjagten Angelsachsen Ethelred, zur Frau. Er gab den Dänen und Angelsachsen gleiches Recht und Gesetz, stellte die verfallenen oder zerstörten Kirchen und Klöster wieder her und gewährte den Wissenschaften und Künsten wenn nicht Pflege, so doch Schutz. Aber bei aller Umsicht und Kraft hatte er kein Mittel, das verschiedenartige Wesen zweier Völker auszugleichen und für das Gemeinwohl zu einigen. So konnte beim frühzeitigen Tod seiner Söhne und Nachfolger Harald (1039) und Hardikanut (1042) Eduard der Bekenner, den Emma ihrem ersten Gemahl Ethelred geboren hatte, aus der französischen Normandie in die Heimat zurückkehren und den Namen eines Königs gewinnen (1042–1066). Die wahre Macht aber stand bei dem dänischen Grafen Godwin, der sie, als Eduard kinderlos starb, seinem Sohn Harald überlieferte.

Dagegen erhob sich plötzlich ein auswärtiger Nebenbuhler, Herzog Wilhelm von der Normandie. Waffenkundig, kühn, verschlagen und unbekümmert um die Wahl der Mittel, beschloß der Sohn Roberts des Prächtigen oder auch des Teufels, die Ansprüche auf den englischen Thron, die angeblich eine letztwillige Verfügung seines Neffen Eduard (des Bekenners) gewähren mußte, durch das Gottesgericht der Schlacht zu behaupten. Überdies waren die Zeitverhältnisse dem Plan des Eroberers außerordentlich günstig. In England nämlich hatte König Harald nicht nur viele und mächtige Feinde, sondern es wirkte auch gegen ihn die alte Eifersucht zwischen Angelsachsen und Dänen. In Frankreich und Deutschland herrschten minderjährige, von Lehnsleuten und anderen Wirren hart bedrängte Fürsten, Philipp I. und Heinrich IV. Auf dem Stuhl des heiligen Peter saß Papst Alexander II., freundlich gesinnt dem Normannen, der klug seinen schiedsrichterlichen Ausspruch gesucht und erhalten hatte. In der deutschen und französischen Ritterschaft endlich lebte ein unruhiger, abenteuerlicher Sinn, leicht entzündlich und großer Anstrengungen fähig, sobald Gelegenheit und Heerführer erschienen. Kaum hatte daher Wilhelm, schon früher als Feldherr berühmt, den Zug, auf den erwartungsvoll halb Europa hinblickte, angekündigt, als an 60 000 Bewaffnete, unter ihnen ein Drittel geharnischter Reiter, herbeieilten und nach glücklicher Überfahrt an der Küste von Sussex landeten. Sogleich ließ der Herzog, um alle Ungewißheit unmöglich zu machen, sämtliche Schiffe, 900 an der Zahl, verbrennen – nach anderen Berichten zurückkehren –, das Kriegsvolk aber unweit dem Strand bei der Hafenstadt Hastings ein Lager beziehen und sich bereithalten für den entscheidenden Feldstreit.

Inzwischen hatte Harald im Norden den Aufstand des eigenen Bruders Tosti durch das siegreiche Gefecht bei Battlebridge unweit York unterdrückt (25. September 1066). Danach hatte er den ganzen Heerbann der Angelsachsen versammelt und langsam den Normannen entgegengeführt. Schon rüsteten beide Teile zur Schlacht, als Wilhelm, nicht sowohl aus Furcht denn um den Schein der Mäßigung zu gewinnen, Vergleich anbot. Harald möge entweder die beiderseitigen Ansprüche dem Urteil des Papstes anheimstellen oder dem Gottesgericht des Zweikampfs folgen. Und wenn auch dieser Vorschlag mißfiele, solle er den Lehnseid schwören. Da antwortete der König: »Gott soll morgen im offenen Feldstreit entscheiden.« Das fand bei den Angelsachsen so freudige Zustimmung, daß die meisten, wie des Sieges gewiß, die Nacht auf den vierzehnten Oktober mit Gastereien und Lustbarkeiten zubrachten. Die Normannen aber gedachten nur der kriegerischen Vorkehr und riefen Gott um einen glücklichen Ausgang der gefährlichen Abenteuer an.

Als nun der Tag dämmerte, standen beide Heere in der ihnen eigentümlichen Ordnung. Das angelsächsische, größtenteils Fußvolk, bildete in tiefen Reihen, Schilde und Speere vorgestreckt, zwei Treffen, das normannische, stark an Reiterei, drei Haufen, dünn und in Zwischenräumen aufgestellt. Montgomery befehligte die Vorhut, Gottfried Martel das Mitteltreffen, der Herzog den Hinterzug, der die Blüte der Ritterschaft zählte und an keinen Ort gebunden jeweils dem Bedrängten helfen sollte. Mit einem dichten Pfeilregen und dem Rolandslied* machten die Normannen den ersten Angriff, vermochten aber weder jetzt noch später die feste Ordnung der Angelsachsen zu durchbrechen. Bis zum Abend dauerte die Schlacht mit gleicher Wut und schwankendem Ausgang. Da gebrauchte Wilhelm, ebenso kühn wie besonnen, eine glückliche Kriegslist. Er fiel, während die Seinigen in vorgetäuschter Flucht zurückwichen, mit der gesamten Reiterei auf die ausgedehnten Flügel des rasch folgenden Feindes und gab dadurch auch dem Fußvolk Zeit, sich wiederum zu sammeln und die Stirnseite anzugreifen. Diesem doppelten Stoß erlagen die Angelsachsen, lösten die Glieder und flüchteten auf eine benachbarte, schnell verschanzte Höhe, mit dem Willen, am nächsten Tag den Kampf zu erneuern.

Der Herzog aber führte, als schon die Nacht angebrochen war, die noch streitlustigen Normannen zum Lagersturm, der, sobald König Harald von einem Pfeil tödlich getroffen in den vordersten Reihen sank, mit der allgemeinen Niederlage des angelsächsischen Heeres endete. Wer nicht durch die Flucht entkam, fiel unter den Streichen der verfolgenden Reiter, die keine Gefangene machen wollten, sondern alles niederhieben.

Darauf dankte Wilhelm kniend mit den Seinen Gott für den vollständigen Sieg, gelobte dem heiligen Martin, auf dem Schlachtfeld eine Kirche und Abtei, die Schlacht *(battle)* geheißen, zu bauen, und rückte nach kurzer Rast gegen London, das, erschreckt durch die Verbrennung der Vorstadt Southwark, auf den Rat der hohen Geistlichkeit huldigte und dem Herzog die Krone anbot. Jener, dem Wunsch des angelsächsischen und normannischen Volkes entsprechend, berief die Versammlung der weltlichen und kirchlichen Großen in die Abtei von Westminster. Er schwor, auf eine angemessene Weise regieren und für gute Gesetze und unparteiische Rechtspflege sorgen zu wollen, und empfing unter dem Freudengeschrei der Menge aus den Händen des Erzbischofs Ethelred von York die Abzeichen der angelsächsischen Königswürde (26. Dezember).

Trotz dieses feierlichen Vertrags, dem nach blutigen Fehden (bis 1073) auch die übrigen Städte und Landschaften folgten, änderte Wilhelm I., als wenn das Reich erobert wäre, in Alleinherrschaft die alten Satzungen und Bräuche, vor allem gerichtet auf durchgrei-

---

* *»Cantilena Rolandi inchoata, ut Martium viri exemplum pugnaturos accenderet«*, d. h. »Das Rolandslied wurde angestimmt, damit des Mannes heldisches Beispiel die Kämpfer entflammte.« Ordar. Vital. hist. eccl., III, 501.

fende Einführung des normannisch-französischen, bei den Angelsachsen in der Art unbekannten Lehnswesens. So wurde der gesamte Grund und Boden in 60 215 Ritterlehen *(knight fess)* zerlegt, von denen fast die Hälfte (28 015) der Geistlichkeit, 1400 der Krone und 700 der größeren (Baronien, *baronies*) ausschließlich normannischen Rittern anheimfielen, während die noch vorhandenen, nicht unbeträchtlichen Freilose (Allodien) allmählich durch mannigfaltige Steuern und Leistungen den Begriff des echten Eigentums verloren. Denn das sogenannte Gerichtstagsbuch *(domsday-book)* enthielt ein genaues Verzeichnis nicht nur von allen Ländereien der Dienstleute und Freisassen, sondern auch von der beweglichen Habe an Pferden, Schafen, Hornvieh und barem Geld. Nach dieser oft einseitig abgefaßten Schätzung bestimmten sich die jeweiligen Abgaben der Untertanen und Einkünfte des Königs. Man befragte, wie sich ein Geschichtsschreiber ausdrückt, das in der Schatzkammer niedergelegte Grund- oder Lagerbuch, um zu wissen, wieviel Wolle den englischen Schafen noch genommen werden könnte, und bezog im Durchschnitt alljährlich auf diese Weise etwa 400 000 Pfund Sterling, ungerechnet die häufigen Geldstrafen und andere zufällige Einkünfte. Dazu kam, daß die Krone die Unterhaltung der 60 000 Mann starken Lehnsmiliz nichts kostete, weil die neuen, normannischen Grundherren jeden Augenblick gerüstet standen, um den König, der sie freigebig mit Gut und alleiniger Waffenehre beschenkt hatte, gegen das Mißvergnügen der besiegten Eingeborenen zu schützen.

Nicht geringere Wechsel trafen das altsächsische Recht und Gesetz. Denn die üblichen Geschworenen- und Grafengerichte, die gegenseitigen Rechtsverbürgungen, die Reichstage *(wittenagemots)*, die fortan umgewandelt wurden in jährlich dreimal gehaltene Versammlungen der großen Lehnsträger (Baronen) oder Parlamente – diese und ähnliche Eckpfeiler der angelsächsischen Freiheit wurden teils umgestürzt, teils mit lehnsherrlichen Bräuchen und Weisen so verbunden, daß sie fast unkenntlich wurden. Selbst die Landessprache mußte vor den neuen Lehnshöfen und Richterstühlen der normannischen weichen. Schwere Geldbußen trafen den Vater, der seine Kinder nicht anhielt, in den eigens dafür errichteten Stadt- und Dorfschulen die Mundart der Fremdlinge zu lernen. Dennoch erwuchs bei steigender Verschmelzung aus dem Angelsächsischen und Normannischen die englische Sprache als stärkster Bindestoff des alten und neuen Geschlechts.

Mit unerbittlicher Strenge handhabte Wilhelm den Landfrieden. Wer ihn brach, wurde mit dem Tode bestraft oder an den Gliedmaßen verstümmelt. Bald hätte ein Mädchen, das mit Gold beladen war, alle Gaue des Reiches sicher durchwandern mögen. Höchst nachteilig wirkte dagegen die schrankenlose Jagdfreude des Königs auf Feldbestellung, Wohlstand und Sitten zurück. Ganze Bezirke, besonders in Hampshire, wurden eingezäunt, Bauernhöfe und Kirchen niedergerissen, um dem Rotwild als Freistätte zu dienen. Denn wer in diesen geweihten Bannforsten einen Hirsch oder Eber fing, verlor unnachsichtig beide Augen, so daß manche Zeitgenossen den Fürsten einen Vater der wilden Tiere genannt haben.

Auch Burgen gegen innere und äußere Feinde baute Wilhelm: im Norden an der schottischen Grenze Newcastle am Thynefluß, in London den Tower, um die verdächtige Stadt zu zügeln. Den Ansprüchen der Geistlichkeit und des Papsttums gegenüber wurde keine Schwäche und Halbheit gezeigt. Gregors VII. Bote, der den Peterspfennig und die Lehnshuldigung forderte, bekam zur Antwort: »Die englische Krone verdanke man Gott und dem Schwert, werde sie also niemandem untertänig machen.« Gleiche Behandlung empfing die eingeborene Priesterschaft. Mehrere widerspenstige Bischöfe und Äbte wurden abgesetzt, alle Ländereien der Kirche zu Lehnsdiensten gezwungen, Klöster des überflüssigen Goldes und Silbers beraubt und ausgezeichneten Fremden die höchsten und einträglichsten Pfründen gegeben.

Unter großen Plänen für die Eroberung Frankreichs starb Wilhelm der Eroberer. Ihm folgte der erstgeborene Sohn, Robert Kurzbein *(Gambaron),* am Herzogtum Normandie, der zweite gleichnamige am englischen Königtum (1087–1100), das trotz der Kraftfülle des Vaters viele Gärungsstoffe einschloß. Schottland und Irland lagen noch unentwickelt. In Skandinavien, dessen Volkstümlichkeit gleichfalls gebunden erscheint, geschah dadurch die unmittelbare Vorbereitung zu durchgreifender Umwandlung, daß überall der christliche Glaube festere Wurzeln schlug: in Schweden durch König Olof (um 1001), in Norwegen durch Olof II. (um 1020), in Dänemark, das sich gleichzeitig erobernd über die Nachbarslande und Angelsachsen ausbreitete, durch die Oberkönige Suen I. (gest. 1014) und Kanut den Großen (gest. 1035). Mit dem letzten Fürsten, der allein im Norden durch die Stiftung bevorrechteter Leibwächter (Thingmänner) den Keim eines Lehnsadels legte, sank die überwiegende Macht Dänemarks und erlosch das Heldengeschlecht der Skioldunger, deren Nachfolger, die Estrithiden (1047–1376), der fortan bleibenden Zersplitterung Skandinaviens nicht mehr hemmend begegnen konnten. In der Republik Island wirkten ungestört alle Segnungen der durch Aufnahme des Christentums (seit 1000) gemäßigten und gegen Mißbrauch geschützten Volksfreiheit. Handel und Gewerbe, Künste und Wissenschaften, Entdeckungs- und Kriegsfahrten kämpften um den Vorrang und machten bei häuslicher Zucht und Sitte die Felseninsel zum glücklichsten Wohnplatz der Erde. Ganz anders treten die Skandinavier im Süden auf, wo sie, verwandelt in Sitten, Gesetzen und Sprache, neben dem kriegerisch-abenteuerlichen Wesen der Heimat eine entschiedene Neigung zum Lehnsherrentum und allen damit verbundenen Eigenschaften offenbaren, im übrigen aber ihre ritterschaftlichen Innungsrechte gegen Eingriffe der Fürsten- und Priestermacht zu behaupten wissen.

Mittelpunkt dieser nach dem Süden in das Gebiet der Romanen (Welschen) verpflanzten Nordländer blieb die französische Normandie, wo schon zwei Menschenalter nach dem Tod des ersten Herzogs Robert (gest. 931) die Masse der Bevölkerung in drückende Leibeigenschaft und Hörigkeit sank, während der zahlreiche, streitbare Lehnsadel die leiseste Aufregung mit blutiger Strenge zurückwies. Davon gab der als bieder und menschenfreundlich gepriesene Herzog Richard II. (gest. 1027) ein schlagendes Zeugnis. Als nämlich die Bauern einigen Anteil an Jagd und Fischerei begehrten, wurden die Boten, die das Gesuch bescheiden vortrugen, auf Befehl des Fürsten der guten Lehre wegen an Händen und Füßen verstümmelt, danach die sorglosen Rotten des Landvolks vom Grafen Rudolf und seinen ergrimmten Standesgenossen überfallen, niedergehauen und zerstreut.

Milder, aber auch verschlagener als in der französischen Normandie, wo die vielfach mißhandelte Bretagne das Hauptafterlehen bildete, tritt dagegen der italienische Normanne in Neapel und Sizilien auf, hier wie jenseits der Alpen durch den Hang zu kriegerischen Abenteuern angesiedelt und festgehalten. Denn nicht sowohl Andacht als Lust an bunten Begebnissen der Fremde führte um das Jahr 1016 etliche normannische Edle nach der Kapelle des Erzengels Michael am Berg Gargano in Apulien, wo sie durch Zufall einem reichen und mißvergnügten Bürger aus der griechischen Stadt Bari begegneten. Jener, Melo genannt, schilderte so lebhaft die Schönheit und Fülle des Landes, aber auch die Niedertracht und Feigheit seiner Beherrscher, daß die Pilger freudig den begehrten Beistand verhießen und baldige Rückkehr zusagten.

Treulich wurde das gegebene Wort gehalten. An 40 Ritter wanderten im nächsten Frühling mit ihren Knechten unter dem Vorwand der Pilgerfahrt nach Apulien, traten in Melos Dienst und begannen, bald von Landsleuten verstärkt, die anfangs glückliche Fehde mit den Griechen. Aber schließlich (1019) wurden sie durch die Überzahl so geschlagen, daß von 250 Männern nur zehn am Leben blieben, während Melo nach Deutschland flüchtete und hier den Tod fand (1020). Doch dieses Mißgeschick hielt den kriegerischen Wanderungstrieb der Normannen nicht auf. Neue Scharen eilten unter dem Befehl von Gottfried Dreugot und seinen Brüdern, die mit dem Herzog Richard II. haderten, nach Italien. Sie eroberten für Pandulf, Fürsten von Capua, Neapel (1027), wandten sich aber bald, unzufrieden mit dem bisherigen Schutz- und Brotherrn, an den vertriebenen Herzog Sergius und gewannen, als dieser durch ihre Hilfe den Wiederbesitz Neapels erworben hatte, die Lehnsgrafschaft Aversa, zwischen der Hauptstadt und Capua gelegen (1029).

Neun Jahre später bestätigte Kaiser Konrad der Salier die Würde des normannischen Häuptlings Rainulf, der ein Bruder Gottfried Dreugots war, und lockte dadurch frische Haufen beute- und ehrbegieriger Abenteurer nach dem Süden. Unter den Ankömmlingen leuchteten besonders die Söhne des Ritters Tankred von Hauteville durch Mut und Klugheit hervor, namentlich Wilhelm mit dem eisernen Arm, Drogo, Roger und Robert Guiscard (der Schlaue). Der erste, als Ältester des Hauses von den in Melfi versammelten Waffengefährten zum Oberfeldherrn und Grafen von Apulien erhoben (1043), setzte den griechischen Krieg mit Glück fort, überlebte aber den Sieg bei Trani (1046) nicht lange. Dasselbe Schicksal hatte sein Bruder und Nachfolger Drogo, der mitten in einer glänzenden Laufbahn auf Betrieb des römischen und griechischen Hofes ermordet wurde (1050). Diese Missetat rächte Humfried, der dem Bruder im Herzogtum folgte, dadurch, daß der Papst Leo IX. in der Schlacht bei Civitella gefangen und genötigt wurde, den Normannen die derzeitigen und künftigen Eroberungen als Lehen abzutreten (1053) und zu bestätigen.

Solchem Grundsatz getreu, gewann Robert Guiscard, der durch Gewalt an Humfrieds Stelle getreten war (1057–1085), als Lehnsmann der Kirche vom Papst Nikolaus II. Namen und Ehre eines Herzogs von Apulien und Kalabrien (1060). Er vertrieb, jetzt auch vom Glaubenseifer unterstützt, die ketzerischen Griechen aus ganz Süditalien, bezwang mit Hilfe einer zahlreichen Flotte Korfu (1081) und erstürmte nach glänzendem Seesieg über den Kaiser Alexius Komnenus die Hafenstadt Durazzo (1082). Er befreite den in der Engelsburg von Heinrich IV. belagerten Papst Gregor VII. und endete unter großen Anstalten für eine nachdrückliche Befehdung des griechischen Festlandes (17. Juli 1085). Da drohte das italienische Normannenreich durch Zwist zwischen dem erstgeborenen Sohn und Nachfolger, Roger Bursa (1087–1111), und seinem größeren Halbbruder, Boemund, Fürst von Tarent, in Bürgerkrieg zu sinken, als der erste Kreuzzug das Ziel eines edleren Ehrgeizes brachte und die Blüte der Ritterschaft ins Morgenland führte.

Während also in Süditalien die letzten Spuren griechisch-morgenländischer Herrschaft verschwanden, hatte Roger, ein anderer Sohn Tankreds von Hauteville, Sizilien erobert (1061–1089). Er hatte die Araber und den Islam in die Gebirge des Binnenlandes zurückgedrängt, Palermo zur Hofstatt der neuen Großgrafschaft Sizilien und Kalabrien erhoben und nachdrücklicher als irgendein anderer zeitgenössischer Fürst die kirchlichen Hoheitsrechte der Krone und des Reichstages (Parlament) gegen den Römischen Stuhl behauptet. Schließlich hatte er durch Freigebigkeit, Milde und Großmut teils den Trotz des unruhigen Lehnsadels gezügelt, teils die Verschmelzung der Fremden mit den Eingeborenen erleichtert. Ohne Hindernisse konnte daher sein Sohn, Roger II. (1101–1154), die Nachfolge gewinnen und als König Siziliens alle normannischen Staaten diesseits wie jenseits der Meerenge vereinigen (1130).

In der welschen (romanischen) Völkerreihe tritt noch bestimmter als in der deutschen (germanischen) die Neigung zum abgeschlossenen, auf Kosten der allgemeinen Freiheit bevorrechteten Lehnswesen als Grundzug der bürgerlichen Gesellschaft hervor. Dies zeigt besonders der Entwicklungsgang Frankreichs (Westfrankens), wo der Ursprung und das Wachstum Burgunds, die Ansiedlung der Normannen und die schon seit der Mitte des 9. Jahrhunderts übliche Erblichkeit der größeren und kleineren Lehen das durch maßlose Schenkungen an Adel und Geistlichkeit verminderte, zuletzt nur noch auf die Grenzen der Stadt Laon beschränkte Krongut den Untergang der persönlich kraftlosen Karolinger beschleunigten und das Geschlecht der Kapetinger emporbrachten (987).

Obgleich durch feste Naturmarken – die Rhône, die Saône, die Maas und die Schelde im Osten, das Pyrenäengebirge im Süden – abgerundet, bildete dennoch Frankreich keine Gesamtheit, sondern zerfiel in eine Reihe souveräner, nur lose verbundener Lehnsfürstentümer, von denen durch Umfang und Macht hervorragten: im Nordwesten das Herzogtum Normandie, im Nordosten zwischen der Schelde, der Somme und dem Meer die Grafschaft Flandern mit mehreren Afterlehnsträgern, z. B. den Grafen von Boulogne und Terouanne, im nordwestlichen Binnenland, zwischen der Seine und der Loire, das Herzogtum Francien (Isle de France) mit den Grafschaften Anjou, Maine, Blois und Tours sowie den Städten Paris und Orléans beim Hause Hugos des Großen, dem auch im Südosten das Herzogtum Burgund mit den Afterlehen Chalons, Mâcon, Nevers und Auxonne angehörte, in der Picardie und

Champagne die Grafschaft Vermandois, im Südwesten, zwischen der Garonne, Dordogne und den Pyrenäen das Herzogtum Aquitanien (Guyenne) und Gascogne mit vielen unabhängigen Lehnsträgern, wie den Grafen von Toulouse, Auvergne, Bourges, la Marche, Angoulême, Périgord, und den Herren von Bourbon.

Gestützt auf diese den Plänen des Ehrgeizes günstige Zersplitterung, den Reichtum und die Stärke seines uralten, in Franken und Burgund seßhaften Geschlechts, entfernte der kluge, tapfere und kriegskundige Sohn Hugos des Großen, Hugo Capet (Breitkopf), durch Gift den letzten Karolinger, Ludwig V. oder den Faulen *(Faineaut)*. Er empfing zu Reims den Namen und die Ehre eines Königs der Westfranken (Juli 987), bestätigte danach den weltlichen und geistlichen Großen ihre Lehen, Güter, Rechte und Freiheiten und nahm, fortan besonders auf Erblichkeit der Krone gerichtet, mit Einwilligung des Adels und der Priesterschaft seinen Erstgeborenen, Robert, zum Reichsgehilfen an. Nicht nur durch Gewalt, sondern auch durch Umsicht erreichte er, daß dieser beim Tod des Vaters unter dem Namen Robert I. (996–1031) die Nachfolge ohne Hindernisse gewinnen und trotz aller gutmütigen Schwäche, die Bettlern und Räubern, Priestern und wundertätigen Gauklern zustand, auch seinem kräftigeren Sohn, Heinrich I. (1031–1060), verschaffen konnte.

Doch weder dieser sonst tätige und wachsame Fürst noch der träge und sorglose Thronerbe Philipp I. (1060 bis 1108) konnten, zumal die Vereinigung Englands und der Normandie einen mächtigen äußeren Feind erweckt hatte, den zügellosen Übermut der Lehnsgroßen bändigen und dem Gesetz Ehrfurcht verschaffen. Das Recht der wildesten Selbsthilfe galt. Städter und Landvolk sahen sich bei der Schwäche des Königtums den willkürlichen Steuern und gröbsten Mißhandlungen des auf seine Burgen und Lanzen trotzenden Adels preisgegeben. Man nannte den meistens leibeigenen und hörigen Bauer, als wenn dadurch sein Wesen dem Begriff nach bezeichnet sei, Hüttenbewohner und Schuft *(villani vilains)*. Man nötigte den Bürger *(burgensis)*, in einer gewissen Jahreszeit nur schlechte Früchte zu verkaufen, damit die Herren *(seigneurs)* ihre Erzeugnisse desto teurer absetzen konnten.

Bei den höheren Ständen, vor allem Nordfrankreichs, gesellte sich die roheste Ruchlosigkeit zu dem finstersten Aberglauben. Ein Graf von Soissons z. B., der scheinbar aus Andacht in einer Kirche den Anbruch des Auferstehungstages erwartete, antwortete dem die Leidensgeschichte erzählenden Priester mit Lachen: »Fabeln, Wind!« Aber, entgegnete jener, wenn das eure Meinung ist, warum wacht ihr denn hier? »Ich harre«, versetzte der fromme Ritter, »des schönen Frauenvolks, das hierher kommen soll.«* Auf der anderen Seite teilte der hohe Adel mit dem großen Haufen den wachsenden Trieb zu Wallfahrten in das Gelobte Land, so daß der bald ertönende Ruf zur Befreiung des Heiligen Grabes bei Vornehmen und Gemeinen Widerhall finden und der selbstsüchtigen, zersplitterten Tätigkeit eine edlere, öffentliche Richtung geben mußte.

In Spanien erzeugten die ununterbrochenen Fehden zwischen Christen und Moslemin, das von Natur aus ernsthafte und durch Mißgeschick geläuterte Gemüt der Westgoten und das in manchen Städten der Küste wie des Binnenlandes noch nicht erloschene Gedächtnis an altrömische Bürgerfreiheiten eine weniger drückende Entwicklung des Lehnswesens als in Westfranken. Es blieb mehr den Pflichten und Rechten germanischer Waffengefolgschaften als den Ansprüchen eines auf Leibeigenschaft und Dienstbarkeit ruhenden Herrentums getreu, während andererseits volkstümliche Einheit durch die Eifersucht und den Unabhängigkeitssinn der besonderen, gleichsam nur für ihren Herd kämpfenden Staaten oder Genossenschaften außerordentlich erschwert und hingehalten wurde.

Jedoch bildete sich die schon früher sichtbare Gliederung in ein nordwestliches und nordöstliches Gebiet immer mehr aus und bereitete dadurch den Ursprung großer, zusammenhängender Reiche unmittelbar vor. So konnten auf der einen Seite unter beständigen Kriegen mit den Arabern Leon, Asturien, Galicien und ein Teil Altkastiliens um den Anfang des 10. Jahrhunderts (918) zum Königtum Leon verschmelzen und, bis an den Tejo vorgeschoben, nach dem Abgang der heimischen, Pelayos Geschlecht angehörigen Fürsten in die östliche Grafschaft Burgos (Kastilien) übergehen (1038). Auf der anderen Seite zerfielen mit Ausnahme der Gebirgsbasken und Kataloniens alle Landschaften zwischen den Pyrenäen und dem Ebro nach dem Tod des gemeinsamen Königs, Sancho III. (1035), dergestalt in eine dreifache Masse, daß Navarra dem ältesten Sohn Garsias, Kastilien dem zweiten, Ferdinand I. (dem Großen), und Aragonien dem dritten, Ramiro I., als unabhängige Reiche überlassen wurden.

Fortan nahm besonders in Kastilien, dem Asturien, Leon und Galicien etliche Jahre später (1038) vereinigt wurden, der bisher schwan-

* Guibert von Nogent bei Schlosser, Weltgeschichte, III, 1, S. 342.

kende Glaubens- und Freiheitskampf mit den Moslemin eine rasche, den Christen günstige Wendung. Sevilla, Toledo, Zaragoza huldigten. Auf den Türmen Coimbras, in der Kastiliens Lehnshoheit ehrenden Grafschaft Portugal, wehte die christliche Fahne. Überall aber leuchtete die ritterliche Tugend des Don Ruy Diaz hervor. Geboren auf dem Schloß Bivar in Kastilien, war er von Jugend an bis zum Ende (1099) dem Waffenwerk ergeben. Klug, tapfer und großmütig gegen den Feind, der ihm den glorreichen Namen El Cid, d. h. Herr, als Zeichen der Bewunderung gab, war er im Glück bescheiden, im Mißgeschick, oft eine Folge des Neides und der höfischen Undankbarkeit, trotzig. Voll feinen Ehrgefühls und glühenden Eifers für den christlichen Glauben, aber dennoch menschlich dem Heiden gegenüber, war er seiner Ehefrau, den Freunden und Kindern treu. Bei häufigen, unverdienten Kränkungen blieb er immerdar eingedenk des seinen Oberlehnsherren, den Königen Ferdinand und Alfons (1065–1109), geschworenen Diensteides. So stellte Rodrigo Diaz ein Vorbild damals in Europa noch unbekannter Rittertugend auf und verrichtete Taten, die noch jetzt im Lied der Spanier leben.

In Italien nehmen die Völker des Südens, der Mitte und des Nordens gleicherweise eine festere Gestaltung an. Bleibende Vereinigungen, abgeschlossene Gebiete treten mehr und mehr aus der bisherigen Strömung der äußeren und inneren Verhältnisse hervor. Der Süden nämlich, Neapel und größtenteils auch Sizilien, gehorchte den französischen Normannen, deren Lehnsherrschaft nicht wie in der Heimat von den Gesetzen entbunden, sondern durch ständische Rechte gezügelt wurde. Denn Abgeordnete des Adels, der Geistlichkeit und bald auch der größeren Städte, vor allem Neapels, Melfis (Amalfis), Salernos und Palermos, erschienen auf den Reichstagen (Parlamenten) und beschränkten die Willkür der auch hier durch erobernde Waffenmacht gegründeten Kronmacht, während frühzeitige Verträge trotz der kirchlichen Oberlehnshoheit den Königen mancherlei Mittel für die Wahrung der weltlichen Rechte verschafften.

Der größte Teil Mittelitaliens gehörte, obschon keineswegs abgeschlossen, vielmehr oft von unabhängigen Lehnsherrschaften unterbrochen, dem Heiligen Stuhl, der überdies im mächtigsten Haus der Toskana einen treuen Bundesgenossen fand. Denn die Gräfin Mathildis, einst dem Herzog Gottfried dem Bucklichten von Lothringen vermählt, unterstützte nicht nur das Oberhaupt der Kirche durch Geld und Dienstmannen, sondern trat ihm auch in ihrem letzten Willen (1115) beträchtliche Güter ab, die lange Gegenstand eines heftigen Streites geblieben sind.

In Oberitalien hoben sich unter den städtischen, nach allmählicher Befreiung von geistlicher und weltlicher Lehnsgewalt strebenden Gemeinden besonders Genua, Mailand und Venedig hervor. Das letztere, durch Waffen und Handel Herr des istrischen und dalmatischen Küstenlands, folgte in seinen Innenverhältnissen dem wachsenden Einfluß reicher und edler Geschlechter (Notabeln, *nobili*) und behielt die ursprünglich gemeinheitliche Grundverfassung nur dem Schein nach bei.

Auf diese Weise lagen in der Halbinsel Italien Keime eines üppigen und mannigfaltigen Lebens verschlossen, das im günstigen Augenblick nach allen Richtungen hin aufgehen und den Brennpunkt der nächsten, dem Staat und der Kirche bestimmten Umwandlungen darbieten mußte.

Ärmlicher treten dagegen die nichtgermanischen Völker Nordosteuropas auf. Von den Slawen nämlich gehorchten die Polen, seit dem Jahr 1000 größtenteils Christen, die Böhmen, Lausitzer, Schlesier, Haveller, Obotriten und andere Stämme zwischen der Niederelbe und Ostsee nach furchtbaren Vernichtungsfehden dem deutschen Oberlehnsreich, das für die Befestigung der drückenden Herrschaft Leibeigenschaft, Zwietracht, Aufnahme der mächtigsten Häuptlinge unter den bevorrechteten Adel, Burgen und das Christentum gebrauchte. Der Versuch des klugen, tapferen und gebildeten Fürsten Gottschalk, die zersplitterten Kräfte in einem Gemeinwesen zu sammeln und durch gütliche Ausbreitung des neuen Glaubens, selbst auf Kosten der heimischen Sitten, zu sichern (1047–1066), scheiterte aber an dem Eifer des Volkes für seine heidnischen Bräuche und Gewohnheiten, die noch so stark wirkten, daß nach Gottschalks Ermordung alle Wenden der unteren Elbe und Ostsee zu den Waffen griffen, Priester und Deutsche verjagten und den alten Glauben wiederherstellten. Einstweilen waren sie wegen der Wirren im deutschen Reich zwar frei, aber nicht einträchtig.

Dem slawisch-russischen Staat, wo die letzten Spuren der normannischen Stifter verschwanden, gab Wladimir der Große (981–1015) feste, durch die Düna, den Dnepr und den Ladogasee abgeschlossene Naturgrenzen. Durch Einführung der Schreibkunst und des griechischen Christentums legte er den ersten, wenn auch noch schwachen Keim geistiger und gesellschaftlicher Regsamkeit. Gleichzeitig hielt er aber dadurch die beginnende Entwicklung wiederum auf, daß er aus falscher Zärtlichkeit das notdürftig geeinigte Reich unter seine zwölf Söhne teilte, deren ältester als Großfürst von Kiew aus eine gewisse Oberleitung der kleineren Herrschaften führen sollte.

In Ungarn, wo unter dem Arpaden Stephan dem Heiligen (997–1038) römisch-katholisches Christentum und deutsche Lehnsverfassung tiefere Wurzeln schlugen, hinderten Kampf des alten und neuen Glaubens, unruhiger Trotz der Großen, Abhängigkeit vom deutschen König als Oberlehnsherrn (1044–1060) und verwirrende Thronzwiste so lange eine freiere Entfaltung der volkstümlichen Kraft, bis Ladislaus I. (1077–1095) und sein Sohn Koloman (bis 1114) die meisten der erwähnten Hemmungen durch Einsicht und Nachdruck entfernten. Sie vereinigten Kroatien und das dalmatische Uferland mit dem jetzt befestigten Magyarenreich (1095, 1105), verbesserten das Gerichtswesen, schufen Posten und regelmäßige Steuern und förderten Ackerbau und Gewerblichkeit. In den bald ausbrechenden Bewegungen der westeuropäischen Christenheit gegen den Islam und das Morgenland beobachteten sie eine bewaffnete, den Verhältnissen angemessene Parteilosigkeit.

Ein Bild der Schwäche und des Jammers bieten dagegen die Grenzwächter Europas und Asiens, die Byzantiner. Nach außen hin werden sie, seit im 10. Jahrhundert die Arabernot endet, von anderen, nicht minder gefährlichen Feinden bedrängt: den Normannen in Italien und Dalmatien, den Ungarn am Adriatischen Meer, den seldschukischen Türken in Kleinasien, den Russen in der Krim und am Kuban, den Bulgaren, Komanen, Chazaren, Petschenären und ähnlichen Tartarenhorden an der unteren Donau. Nach innen hin von herrschsüchtigen und wollüstigen Frauen, käuflichen Hofbedienten, ränkevollen, unduldsamen Priestern und willenlosen und lasterhaften Kaisern regiert, von denen 26 binnen 250 Jahren so wechseln, daß drei durch Eisen, drei durch Gift, zwei durch Blendung, sechs durch Entthronung fallen und einer freiwillig verzichtet. Tritt bisweilen ein Fürst kräftig und wohlgesinnt dem allgemeinen Wesen auf, so muß er seine Tugend büßen durch den Neid und Groll aller Beamten, die von den öffentlichen Gebrechen leben.

Daneben herrschen bei der entscheidenden Bevölkerung Konstantinopels wachsende Prunk- und Genußgier, Feigheit und schwärmerische Lust an Religionszänkereien, die dennoch auf durchaus unfruchtbarem Gebiet einen matten Schimmer altgriechischer Verstandesschärfe und Gelehrsamkeit zu erhalten bestimmt waren. Unter solchen Umständen mußten die häufigen Thronwechsel, welche die Herrschaft der durch Basilius I. eingeführten makedonischen Kaiser bezeichnen (867–1056), nicht sowohl das Werk einer eigentlichen Gegenpartei als der persönlichsten Leidenschaften werden und jedes Festhalten an nützlichen Regierungsgrundsätzen hindern.

Davon nur ein Beispiel! Theophano, eine wollüstige, herrschgierige und abgefeimte Frau, reichte ihrem ersten Gemahl, Romanus II., Gift und gab darauf dem längst erkorenen Buhlen als Nikephoros Phokas Hand und Kaisertum. Bald müde des neuen Gatten, gebrauchte sie das zweitemal Meuchelmord (969) und bereitete, obschon in ein Kloster verwiesen, dem dritten Günstling, Kaiser Johann Tzimisces, aus Eifersucht und Überdruß dasselbe Schicksal (976).

Den lasterhaften Makedoniern, unter denen Bulgarien, Kreta, Zypern und Syrien erobert, Sizilien aber und größtenteils Süditalien den Fremden preisgegeben wurden, folgten die aus Italien nach Vorderasien eingewanderten Komnenen (1057–1185). Umsonst suchte Alexius (1081–1118), der Sohn des Stifters Isaak Komnenus (reg. 1057–1059), durch mannhafte Festigkeit den steigenden Verfall des Reiches aufzuhalten. Die Fortschritte der Seldschuken im Osten und der Normannen unter Robert Guiscard im Westen machten die Lage um so hoffnungsloser, je mehr leidenschaftliche Religionsstreitigkeiten den Bruch zwischen der griechischen und lateinischen Kirche gefestigt und die frühere Gleichgültigkeit der beiderseitigen Gläubigen in schwärmerischen Haß umgewandelt hatten.

Dennoch retteten unerwartet die Kreuzzüge, deren Ursachen zum Teil in der völkerschaftlichen, aufgewiegelten Stellung des Morgenlands und den Parteibildungen des Islams hervortreten. Wie nämlich die Germanen in deutsche und welsche, nur lose verbundene Stämme und Gemeinwesen zerfielen, so trennten sich, ungerechnet die mannigfaltigen Brechungen der Lehre, die Araber und ihnen verwandten Völker in zwei räumlich und staatsbürgerlich geschiedene Hauptmassen, von denen die morgenländische, geknüpft an das Kalifat von Bagdad, ähnlich den Deutschen, ursprüngliche Weise und Art dem Wesen nach beibehielt, die abendländisch-spanische aber unter den Kalifen Cordobas, wie das Geschlecht der Welschen, durch Aufnahme mancher fremder Bildungsstoffe umgestaltete und vielseitiger ausprägte.

Die Omaijaden, vor allem Abderrahman III. (912–961) und sein Sohn Hakem (961–976), haben jedoch mehr nach innen denn nach außen gewirkt. Ackerbau und Gewerbe, Künste und Wissenschaften, Handel und Verkehr haben sie mit freigebiger Umsicht gefördert, die Hochschulen Cordoba, Sevilla, Granada, Toledo und Valencia durch Bücherschätze, Sammlungen und ausgezeichnete Lehrer zu Werkstätten des geistigen Lebens gemacht und selbst wißbegierigen Christen geöffnet. Sie haben den Staatshaushalt ohne drükkende Steuern so geordnet, daß die jährlichen Einkünfte, nicht gerechnet die beträchtlichen Lieferungen an Naturerzeugnissen, 60 Millionen

Gulden abwarfen. Sie haben Flüsse durch kühne Brücken überwölbt, Städte mit prachtvollen Moscheen und Palästen geschmückt und besonders Andalusien alle Früchte einer milden und klugen Friedensverwaltung gebracht. Denn während 12 000 Dörfer an beiden Ufern des großen Stroms (Guadalquivir) lagen, zählte Cordoba allein 200 000 Einwohner, 600 Moscheen und 900 öffentliche Bäder.

Andererseits wurde aber bei den beständigen Christenfehden diese in ruhiger Zeit musterhafte Regierungsweise dem Gesamtreich verderblich. Die Parteien der Großen nahmen zu, souveräne Fürstentümer entstanden oder behaupteten sich, wie Zaragoza (853–1115), Toledo (1013), Valencia (1026), Sevilla, Murcia, Jaen, Lisboa, Granada, Niebla und andere. Kraftlos und ohne Geräusch endeten die in den letzten Nachkömmlingen entarteten Omaijaden mit Hascham IV. (1038). Jetzt, da bei der Zerrissenheit des abendländischen Islam alles dem geeinigten Christentum einen entscheidenden Sieg verhieß, eilte der schwärmerische Stamm der Almoraviden (Morabethuns), der unlängst in Marokko ein Reich gestiftet hatte (1056–1143), den spanischen Glaubensgenossen zu Hilfe (1087) und entzündete, bald Herr der meisten altarabischen Staaten, einen neuen, wechselnden Kampf zwischen den beiden Hauptbekenntnissen des Mittelalters.

Für Nordafrika und Syrien wurde Ägypten Bindeglied. Schon blühend in den Tagen der Tuluniden (868–905) und Ichschidier (bis 952), gewann es unter den Fatimiden, die als Erben Alis und der Fatima mit ihren arabischen Anhängern Tunis und Sizilien den Aglabiden, Fez den Edrisiden, Palästina, Damaskus und andere Teile Syriens den Hamadaniden entrissen, eine hohe Stufe des Wohlstands und der Gesittung (952–1171). Denn der Verkehr mit Sizilien und den nordafrikanischen Küstenländern, der Besitz Syriens, das Binnenasien öffnete, Mekkas, Medinas und der arabischen Küste, wodurch der indische Handelsweg gebahnt wurde, im Süden die Nähe des christlichen, dem inneren Afrika schon vertrauten Nubien – all diese Umstände machten Kairo, die Hauptstadt Ägyptens, zum Warenlager Afrikas, Asiens und selbst Europas, so daß binnen etlichen Menschenaltern unermeßliche Reichtümer aufgehäuft wurden. Dazu kam der trefflich geregelte Staatshaushalt, in dem neben den beträchtlichen Zöllen allein die Grundsteuer jährlich über 20 Millionen Gulden abwarf, ohne den Reichssassen zu beschweren und die Gewerbetätigkeit zu lähmen.

Dabei galt volle Gewissensfreiheit. Die Kirchen der Christen und die Synagogen der Juden erhoben sich ungefährdet neben den Moscheen der Moslemin, und der Pilger nach Jerusalem und Mekka fand auf gleiche Weise den Schutz des Gesetzes.* Da trat unter dem sechsten der fatimidischen Kalifen, Hakem (gest. 1021), der, halb wahnwitzig, als Abkömmling der Tochter des Propheten göttliche Verehrung forderte, der bisher gezügelte Glaubenseifer mit allen Schrecknissen blinder Schwärmerei hervor. Christen und Juden wurden eingekerkert, ihre Kirchen und Synagogen geschleift, die abendländischen Pilger schwer beraubt und mißhandelt. Selbst Moslemin, die an die Fortpflanzung des göttlichen Geistes im Geschlecht der Fatima nicht glauben wollten, wurden von den zu einer geheimen Gesellschaft verbundenen Schiiten hart bedrängt. Der geheimnisvolle Tod des Kalifen, den fortan die Drusen des Libanon und andere Schwärmer für den wahrhaften Gesandten Gottes hielten, verhinderte zwar einstweilen diese Gewalttätigkeiten, stellte aber keineswegs in Ägypten die frühere Eintracht und Gesittung wieder her. Vielmehr untergruben Sektengeist und Herrschsucht der Wesire (Sultane) den Thron der Fatimiden und beschleunigten die dem gesamten Morgenland nahende Entwicklung der Kreuzzüge.

Dasselbe Los war dem Kalifat von Bagdad bestimmt. Spaniens, Nordafrikas, Ägyptens, bald auch Kleinasiens und mehrerer Binnenlande beraubt, ging es mit schnellen Schritten der Auflösung entgegen. Dafür wirkte zuerst und am nachdrücklichsten die wachsende Glaubenszwietracht, indem nicht nur Schiiten und Sunniten einander schroff gegenüberstanden, sondern auch aus dem Schoß der ersten – die gleichsam muselmanische Protestanten waren und den inneren Gottesdienst auf Kosten der äußeren Gebräuche und Überlieferungen begehrten (Bathenier) – zwei Hauptgesellschaften hervorgingen: Drusen und Ismaelier. Jene, angesiedelt in den Tälern des Libanon, erklärten, weil der Geist des Propheten vom Vater auf den Sohn sich vererbe, den Fatimiden Hakem für den wahrhaften Abgeordneten Gottes. Sie leugneten die Verbindlichkeit des Korans, der nur sinnbildlich zu deuten sei, horchten, darin den Quäkern gleich, auf die Offenbarungen Gottes durch Stimmen des Gewissens und führten, in der Meinung, daß nur sie Engel, die Ungläubigen aber Teufel seien, mit Andersgesinnten Krieg auf Tod und Leben. Die Ismaelier aber, von ähnlichen Grundsätzen ausgehend, ehrten den Urenkel des ersten Abubeker, Ismail, als rechtmäßigen Imam oder Nachfolger des Propheten und bildeten frühzeitig unter dem

* Siehe Schlosser, Weltgeschichte, III, 1, S. 84 ff.

Namen der Assassinen eine staatsbürgerlich-religiöse Bruderschaft (Orden), die sich vom Gebirgsschloß Alamut (d. h. Geiernest) über andere Festen Persiens (Chorasans) ausbreitete und später auch in etlichen Bezirken der syrischen Drusen Wurzeln schlug.

Hassan, Sabahs Sohn, ein geschworener Feind der Abbassiden und Christen, war durch reifliches Nachdenken und lange Lebenserfahrung vertraut mit den edlen und gemeinen Leidenschaften des Menschen. Anfangs im Dienst der Seldschuken, später der ägyptischen Fatimiden und zuletzt der eigenen ehr- und herrschsüchtigen Pläne, gab er seit der Besitznahme des obenerwähnten Schlosses Alamut (1090) als Fürst (Scheich) und Großmeister dem Orden seine gegliederte, auf unbedingten Gehorsam und schrankenlose Treue berechnete Verfassung. Dem Oberhaupt nämlich waren zunächst untergeordnet die Meister oder Werber (Dais), die in alle Grade der geheimen Lehre eingeweiht waren und das Amt der Sendboten übernahmen. Darunter standen die Gesellen (Refik), die stufenweise in den Kreis der Vertrauten aufgenommen wurden und die große Anzahl der Geworbenen ausmachten. Die Geweihten (Fedavi) endlich, weiß gekleidet und mit roten Stiefeln, Mützen und Gürteln, stellten die vollziehende Gewalt der Gesellschaft dar.

Aus den kräftigsten und kühnsten Jünglingen der Ismaelier erwählt, wurden sie schrittweise an schwärmerischen Glaubenseifer, blinden Gehorsam, Waffenkunst und Todesverachtung gewöhnt, bisweilen auch durch den Genuß der Haschischi, einer berauschenden Hanfart, in eine erkünstelte Begeisterung versetzt, die später dem ganzen Orden den herkömmlichen Namen Assassinen brachte. Sie wurden in einsamen Burgen und Tälern erzogen und den abschwächenden Lüsten der Städte entfremdet. Dabei waren sie gläubig wie die ersten Gefährten Mohammeds an die sinnlichen Freuden des den Blutzeugen lohnenden Paradieses. So geartet, zückte der Fedavi seinen Dolch nicht für Gold oder weltliche Ehre, sondern für den angeblich ungefälschten Islam und die ebenbürtige Nachkommenschaft Alis, daher gleich furchtbar gegenüber den Abbassiden wie allen der Bruderschaft nicht angehörigen Fürsten und Herren des Morgenlandes. Denn geringere Opfer verschmähten Stolz und Staatsklugheit.*

---

* »*In solos magnates conspirationem faciunt, plebejos occidere apud ipsos summe ignominiosum est*«, d. h. »Nur gegen die Großen verschwören sie sich und halten es für schimpflich, gemeine Leute zu töten.« Jacob de Vitriaco bei Martene, Anecdot. III, 281. Vgl. von Hammers Geschichte der Assassinen, S. 106 ff.

Nicht weniger entscheidend als die dergestalt gefestigte Religionsparteibildung wirkte für den Verfall des Kalifats von Bagdad bei dem wachsenden Übermut der türkischen Leibwache die Aufnahme des Großemirats oder der erblichen Feldherrn- und Reichsverweserschaft, die ähnlich dem fränkischen Hausmeiertum alle wahrhafte Macht dem obersten Beamten brachte, dem Beherrscher der Gläubigen aber nichts als den leeren Namen und die nichtige Würde des kirchlichen Vorstehers gönnte. Bedrängt nämlich von inneren und äußeren Feinden, rief der Kalif al Radhi, der Zwanzigste aus dem Geschlecht des Abul Abbas, den tapferen und umsichtigen Abubeker, Sohn Rayeks, von Bassora nach Bagdad und erhob ihn zum Großfürsten (Emir al Omrah), mit der Befugnis, alle Kriegs- und Friedensgeschäfte zu leiten und auch in den öffentlichen Gebeten neben seinem Herrn genannt zu werden (935).

Fortan ging von jenem die Macht auf den Diener über, zumal bald danach Achmed, Moezzoddaulat (Arm des Reiches) geheißen, die Würde in seinem Geschlecht, den Buiden, erblich machte (945–1059) und Togrulbeck, dem Häuptling der Seldschuken, die Bahn bereitete. In den reißenden Fortschritten dieses kriegerischen, aus verschiedenen turkmenischen Stämmen gebildeten Volkes liegt die dritte Ursache des Verfalls der abbassidischen Kalifen und zugleich der stärkste Hebel des wiedergeborenen, erobernden Islams. Aus zerstreuten mongolisch-tartarischen Horden, die lange Zeit unbekannt in den Steppen des heutigen Kirgisenlandes umherschweiften, waren sie durch Seldschuk zu einem Heeresgefolge um Sold dienender Abenteurer vereinigt worden und seit der Annahme des Islams gewohnt, Raubzüge für Glaubensfehden zu halten. So richteten die seldschukischen Türken unter Togrulbeck, des ersten Führers Enkel (1037–1063), nach dem Sturz des persischen Gaznavidenreichs (1037) ihre Hauptfahrten vom Süden nach Westen, bezwangen alle Länder zwischen dem Oxus und dem Tigris, nahmen, durch die Zwietracht der Sunniten und Schiiten begünstigt, Bagdad, die Stadt des Heils, ein und erhoben ihren Sultan zum Großfürsten des bis zur Ohnmacht herabgesunkenen Kalifen (1059).

Gestützt auf solchen Vorgänger, verband der Neffe und Nachfolger Alp Arslan – der mutige Löwe – die Gebiete zwischen dem Gihon und dem Tigris zu einem festeren Ganzen. Er drängte die ägyptischen Fatimiden nach und nach aus dem nördlichen und östlichen Syrien, besiegte und fing in Vorderasien den griechischen Kaiser Romanus und machte sich gleichzeitig in Arabien so furchtbar, daß man in Mekka nicht mehr für die Fatimiden, sondern den Kalifen von Bagdad zu beten begann. Aber inmitten kühner Entwürfe durch Meuchelmord aufgehalten (1072), mußte der Sultan und Großfürst die Vollendung des Werkes seinem durch Heldenmut, Bildung und Milde ausgezeichneten Sohn Malekschah (1072–1092) überlassen.

Dieser beherzigte des Vaters Grabschrift: »Alle, die ihr Alp Arslans Herrlichkeit bis zu dem Himmel steigen saht, kommt nach Meru, wo sie im Staube liegt.« Er handhabte strenge Gerechtigkeit, unterstützte die Kranken, Armen und Elenden, öffnete den Wissenschaften in Bagdad, Isfahan, Bassora und anderen Städten eine Herberge und richtete überhaupt seinen Ruhm mehr nach innen denn nach außen. Nichtsdestoweniger gewann das seldschukische Reich durch Eroberungen fast den Umfang der altarabischen Macht. Alle Völker von den Grenzen Chinas an bis zum Mittelmeer, von Samarkand bis zur südlichen Spitze Arabiens huldigten dem Sultan, dessen Bruder Tutusch die ganze syrische Küste von Antiochien bis nach Ägypten unterwarf und als Lehnsmann verwaltete, während Suleiman, des Vaterbruders Sohn, Armenien und den größten Teil Vorderasiens einnahm und zum beinahe unabhängigen Lehnsstaat Ikonium (Cogni, Rum) vereinigte (1073–1085), so daß der griechische Kaiser, um die eigene Hauptstadt besorgt, einen jährlichen Zins geloben mußte.

Für die gesamte Christenheit aber wurde besonders folgenreich der Verlust Jerusalems und des Heiligen Landes, wo wilde turkmenische Raubhorden – nach ihrem Führer Orthok Orthokiden genannt – an den Bürgern und Pilgern maßlose Gewalttätigkeiten übten, Altäre umstürzten, Kirchen brachen und geweihte Stätten schändeten. Auch nach dem Tod des Häuptlings (1091) ließen sie unter dessen Söhnen, Ilgazzi und Sokman, von dem rohen Betragen keineswegs ab. Da erschollen lauter und allgemeiner im Morgen- und Abendland die Klagen der Bedrängten und Mißhandelten, zumal mit dem Tod Malekschahs (1092) die zügelnde Oberaufsicht im Seldschukenreich verschwand. Teilungen und Fehden der Nachfolger, Statthalter und Feldherren brachen aus und beschleunigten den im ersten Kreuzzug sichtbaren Durchbruch der gespannten Verhältnisse.

Dritter Abschnitt

Übersicht über die innere Geschichte, oder Leben, Glauben und Wissen der Völker

Blickt man auf den allgemeinen Entwicklungsgang der staatsbürgerlichen Gesellschaft in Europa – Asien und Afrika kennen keinen Wechsel –, so tritt, mit Ausnahme Islands, Skandinaviens, Venedigs und etlicher anderer städtischer Gemeinwesen, bei allen Völkern christlich-germanischen Stammes eine entschiedene Neigung zur adligen Lehnsherrschaft (Lehnsaristokratie) hervor, an deren Spitze der lebenslängliche, meistens auch erbliche König steht. Da überdies in Frankreich, Italien, England und Deutschland die größeren und kleineren Lehen zum größten Teil vom Vater auf den Sohn übergehen, die Gemeinfreien aber entweder vereinzelt und zerrissen oder, wenn nicht Leibeigenschaft und Hörigkeit sie verschlungen hat, als Mitglieder des niederen Adels erscheinen, so sind auch die Volks- oder Reichstage, mögen sie wählen oder gesetzgebende Gewalt üben, fast das ausschließliche Vorrecht (Privilegium) der priesterlichen und weltlichen Lehnskörperschaft geworden.

Die besondere Art und Weise dieser folgenreichen Umgestaltung hängt vor allem bei den Deutschen zunächst von den Schicksalen ab, welche die ursprüngliche, auf Gemeinfreiheit gegründete Gauverfassung erlitt. Daß sie fast bis auf die letzte Spur verschwand, dafür wirkte zuerst der leidige, den Königen aber nützliche Brauch, Bistümer, Abteien und Klöster vom Grafenbann zu befreien (eximieren) und dadurch allmählich in abgeschlossene, beinahe souveräne Gebiete (Territorien) umzuwandeln.

Längst nämlich hatte die Kirche in bürgerlichen Sachen über ihre Angehörigen die Gerichtsbarkeit gehegt, dagegen in peinlichen Klagen den weltlichen Hof anerkannt. Doch der Ehrgeiz der Priester und die verkehrte Klugheit der Könige, die in geistlichen, unbeweibten Lehnsleuten treue Bundesgenossen gegen den hohen Adel zu finden glaubten, ruhten nicht eher, als bis die schwache Verbindung mit der Gesamtheit zerrissen und die vollkommene Gerichtsbarkeit vom Grafen auf den Bischof und Reichsabt übertragen war. Dazu trat ferner die geänderte Lage des Grafentums selber, dessen Inhaber allmählich erblich und aus einem Beamten ein mächtiger Grundherr wurde, der nicht selten durch Schenkungen, Kauf, Vertrag und Heiraten mehrere Gaue zu einem abgerundeten Gebiet vereinigte und auf die Nachkommen vererbte.

Ebenso bestimmt arbeitete endlich für denselben Zweck die gänzlich umgewandelte Kriegsverfassung. Während nämlich noch unter Karl dem Großen und den unmittelbaren Nachfolgern der Heerbann den Kern des volkstümlichen Aufgebots bildete, trat seit der Mitte des 10. Jahrhunderts infolge der ungarischen Fehden der Reiterdienst als Hauptwaffe der Landesverteidigung auf. Mit Eifer benutzte der Lehnsadel, frühzeitig daran gewöhnt, das Roß zu tummeln, das neue Heerwesen für die Erweiterung seines Einflusses und seiner Dienstmannen, während die Gemeinfreien teils unter der Last des oft willkürlich geforderten Heerschillings als bleibender Abgabe verarmten und in Hörigkeit und Leibeigenschaft sanken, teils um ihre Waffenehre und Unabhängigkeit zu retten der lehnsherrlichen Körperschaft beitraten.

Diese selber, Ritterschaft, Ritter *(militia, miles)* geheißen und eine wahrhafte Durchdringung des Adels und der Gemeinfreien, mußte in dem Maße nach zunftähnlicher Gliederung streben, in dem durch den Vorgang der Klöster und geistlichen Bruderschaften der den Germanen angeborene Genossenschaftstrieb gestärkt und die ungefüge Kriegslust durch die an Umfang wie Gehalt wachsenden Kämpfe mit den Feinden des Christentums geordnet und gleichsam veredelt wurde. Daher trägt bereits um den Ausgang des 11. Jahrhunderts bei den Deutschen, Engländern, Franzosen, Spaniern und Italienern die Ritterschaft gewisse Grundzüge und Abstufungen, die in dem folgenden Zeitraum vollkommen ausgebildet und an der jeweils entsprechenden Stelle genaueren Bericht erhalten werden.

Dasselbe Verhältnis gilt für den Gegensatz der Lehnsherrschaft (Feudalaristokratie), die Städte, in denen die unterdrückten Gemeinfreien ihre Wiedergeburt finden, so daß im Bürgertum die zügelnde Gegenkraft der adligen Ritterschaft erscheint. Die ersten Gründe und Bedingungen dieser überaus wichtigen Entwicklung gehören gleichfalls dem 11. Jahrhundert, Wachstum und Blüte aber dem nächsten Zeitalter an. Abgesehen von einzelnen Gemeinden, die in Oberitalien, Südfrankreich, Spanien und den Rheinlanden Überbleibsel altrömischer Freiheiten gerettet hatten, darf man den Ursprung der Bürgerschaften als das eigentümliche Werk des Völkerlebens betrachten und von einer doppelten Quelle ableiten. Zuerst nämlich geschah es oft, daß Bischöfe, die in ummauerten Plätzen wohnten, durch sogenannte Freiheiten (Immunitäten) dem Grafenbann entzogen wurden. Das dergestalt mit eigener Gerichtsbarkeit oder Weichbildrecht bewidmete Gebiet bezeichnete seine Grenzen durch das Standbild des Schutzheiligen (Weichbild) und gewann allmählich unter dem Schutz der Sicherheit an Bevölkerung und dadurch auch an Kunst- und Gewerbetätigkeit. Denn die Bischöfe, bald in feindseliger Stellung zur weltlichen Macht, wandten alles an, um die Treue und Wohlfahrt der Untergebenen zu festigen. Deshalb galt der Grundsatz, den Steuerdruck möglichst zu mindern und den Erwerb eines bald größeren, bald kleineren Gemeindeguts zu gestatten und zu erleichtern.

Andere Städte verdankten ihr Weichbildrecht nicht geistlichen, sondern weltlichen Herren. In Deutschland nämlich befreiten besonders die salischen Könige ganze Bezirke, in denen Krongüter lagen, von der gräflichen Gerichtsbarkeit und übertrugen einem Reichsvogt *(advocatus imperii)* als oberstem Beamten die Verwaltung der Rechtspflege. Die Bürgergemeinden, die in solchen Reichsvogteien durch den König oder Kaiser gegründet und Reichsstädte *(civitates imperiales)* genannt wurden, reiften langsamer als die bischöflichen ihrer Unabhängigkeit entgegen, eben weil der weltliche Schutzherr stärker war als der geistliche. Doch trotz der Hindernisse wuchs dort wie hier mit der äußeren Wohlfahrt und der durch leibeigene oder hörige Flüchtlinge vermehrten Bevölkerung das Gefühl der inneren Kräfte, so daß um den Ausgang des 11. Jahrhunderts die ersten, wenn auch schwachen Versuche für die Wahl eigener Obrigkeiten geschehen konnten.

In Italien, wo Erinnerungen an die Römerzeit, lebhafter Handel und Gewerbe, die Ohnmacht der Könige und beständige Fehden der größeren und kleineren Lehnsträger das bürgerschaftliche Wesen förderten, waren die meisten Städte bischöflichen Ursprungs und deshalb besonders geeignet, das ihnen vorgesteckte Ziel schneller zu erreichen als die Gemeinden jenseits der Alpen. So gewann in der Lombardei namentlich Mailand, glücklich wetteifernd mit dem freien Venedig, bereits um 1077 das Recht, den jährlich erwählten Konsuln *(consoli)* die alleinherrschaftlichen, vollziehende und richterliche Gewalt zu übertragen, während die Bürgerschaft über Gegenstände der Gesetzgebung beratschlagte und entschied. Langsamer und ungewisser waren dagegen die Fortschritte der gemeinheitlichen Entwicklung in England, Frankreich und Spanien. Jedoch zeigten sich auch hier deutliche Spuren des gesammelten Brennstoffs, der nur den richtigen Augenblick für den Durchbruch erwartete.

Für die Rechtspflege behauptete sich zwar im allgemeinen mit der Öffentlichkeit auch die alte Ordnung, aber geschriebene Gesetze hörten in dem Maße auf, wirksam zu bleiben, in dem bei steigender Unwissenheit Ordalien, Gewohnheitsrechte und willkürliches Verfahren der Richter und Schöffen an Ansehen gewannen. Überdies lähmte ungeachtet des abgeschlossenen Gottesfriedens wilde Selbsthilfe den Gang der regelmäßigen Behörden. Die Kirchenverfassung näherte sich mehr und mehr dem römischen Wahlpriesterkönigtum (päpstliche Hierarchie), das auf der einen Seite den schwärmerischen Glaubens- und Bekehrungseifer der Völker wohltätig leitete und auf der anderen dem Übergewicht der Lehnsherrschaft hemmend begegnete, so daß es wesentlich beitrug zur Wiedergewinnung einer neuen, sittlich-staatsbürgerlichen Grundlage.

Die Religion des Zeitalters war das mit heidnischen Begriffen, Sinnbildern und Gebräuchen stark versetzte römisch-katholische Christentum, bei den welschen (romanischen) Stämmen durch Bruchstücke der römischen Götterlehre, bei den deutschen (germanischen) durch Reste des Odinsdienstes oft bis zur Unkenntlichkeit entstellt. Heiligengebeine, Wallfahrten, prunkvolles, mit vielfältigen Gebeten und Zeichen verbundenes Meßopfer, überhaupt die äußere Gottesverehrung galten für den Kern des Christenglaubens, den man, hieß es, durch Feuer und Schwert ausbreiten müsse. Priester und Mönche standen beim gemeinen Volk, weniger bei den selbstsüchtigen Großen, in besonderer Gunst. Wundertäter fanden leicht Eingang, ja der Engländer und der Franzose waren überzeugt, daß seine Könige vom Himmel das Vorrecht erhalten hätten, durch Berühren die Kröpfe zu heilen und diese ärztliche Kraft auf ihre Nachkommen zu vererben.

Die Sitten waren roh und durchaus kriegerisch. Man wollte dabei jedoch mehr die besonderen (individuellen) als allgemeinen Rechte und Angelegenheiten berücksichtigen. Alles trachtete nach Aufstellung abgeschlossener Bruderschaften, die zwar andere gleichartige ertragen, aber in ihrem Inneren frei zu herrschen begehren. Innungen entstanden bei Priestern und Weltlichen, dort als Mönchsorden und Kirche, hier als Ritterschaft und Lehnsverein bekannt. Bei diesem starken Selbstgefühl und körperschaftlichen Eigennutz hatte die Gesamtbürgerschaft (Nation) keinen Stellvertreter. Die allgemeine Sicherheit und Ruhe, oder der Landfrieden, hingen nicht von den ohnmächtigen Gesetzen, sondern von persönlichen Leidenschaften und Begierden ab. Sollte die ungefüge Kraft der Völker nicht in sich selber zergehen, so mußte das Ziel höher gesteckt und die Rennbahn, von den Schlacken der Selbstsucht gereinigt, allen Geschlechtern welschen und deutschen Stammes geöffnet werden. Dies geschah nun bald durch die Kreuzzüge und deren Nachwirkungen.

Wissenschaft und Kunst des Zeitalters waren dürftig, jedoch reicher im Morgen- als im Abendland. Denn noch blieben ihnen dort nicht sowohl aus Liebe als aus Eitelkeit und Gewohnheit die Kalifen von Bagdad, Kairo und Cordoba günstig gesonnen. Noch bestanden, von den Abbassiden, Fatimiden und Omaijaden geschützt, Hochschulen und Büchersammlungen. Aber es fehlte jetzt wie früher und später dem Islam die Fähigkeit, die Erkenntnis des Wahren und Schönen in ein Gemeingut umzuwandeln, das dem Recht als Stütze, dem Unrecht als Schrecken gegenüberstehen könnte. Wie daher Persien unter den Samaniden (913), Gaznaviden (seit 975) und Seldschuken (seit 1037) bei allem Reichtum an geschichtlichen Sagen und Märchen – von denen jene der große Dichter Ferdusi (gest. 1030) zum abgeschlossenen Heldengesang Schah-Nama, diese unbekannte Verfasser zum wunderbaren Kranz der tausendundeinen Nacht geordnet haben – keine volkstümliche Bildung gewann, so bewegte sich überhaupt die Wissenschaft der Araber in einem engen, nur auf eigentliche Gelehrsamkeit beschränkten Bereich. Jedoch gab es trotz dieser Mängel auf vielen Gebieten Fortschritte: Länder- und Völkerkunde durch Reisen und Eroberungszüge, Ackerbau und Gewerbe durch den freigebigen Eifer der ägyptischen Fatimiden und spanischen Omaijaden, Arznei- und Naturwissenschaft durch Aufnahme der Scheidekunst (Chemie) und den Scharfsinn Avicennas (gest. 1036), Zahlen- und Sternkunde durch die genaueren Beobachtungen Alferganis (850) und anderer, besonders vom Sultan Malekschah unterstützter Gelehrter, während die Weltweisheit (Philosophie), von dem angeborenen Ernst der Morgenländer mit Nachdruck ergriffen, an dem Griechen Aristoteles ihr Vorbild fand. Unter den zahlreichen Übersetzern und Erklärern dieses Königs der Geister im Mittelalter zeichnete sich neben Avicenna im 12. Jahrhundert der spanische Averrhoes aus. Ihm gelang es, nicht nur auf sein Volk, sondern auch auf lernbegierige Christen zu wirken und in Cordoba eine Leuchte der Wissenschaften auszuhängen, die weithin glänzend den Anbruch eines neuen Tages verkündete und einen Hauptanstoß zum frischeren Umschwung der geistigen Kräfte gab.

Obschon an Umfang und Tiefe der Forschungen bei weitem von den Morgenländern übertroffen, haben die abendländischen Völker dennoch ungeachtet ihrer vorherrschenden Neigung zum kriegerischen Leben manche eigentümliche Seite der wissenschaftlich-künstlerischen Tätigkeit entwickelt und durch einzelne Strahlen die auf dem Zeitalter ruhende Nacht erhellt. Während nämlich die Deutschen, bereits jetzt zum geschichtlichen Fleiß neigend, in Wittekind von Corvey (1000), Ditmar von Merseburg (gest. 1018), Adam von Bremen (gest. 1076) und Lambert von Aschaffenburg (gest. 1077) sorgfältige, aber von keinen höheren Kunstgesetzen geleitete Sammler des zerstreuten Stoffes besaßen und in Notker, Mönch von St. Gallen (gest. 1022), und Willeram, Abt zu Ebersberg (gest. 1085), neben dem älteren Otfried von Weißenburg (840–870) gründliche Kenner der Muttersprache fanden, richteten sich Franzosen und Italiener hauptsächlich auf die wissenschaftliche Bearbeitung der Gottesgelehrsamkeit und erhielten an Lanfrank aus Pavia (gest. 1089) und Anselm aus Aosta (gest. 1109), den Vorläufern des im nächsten Menschenalter wirksamen Abälard, die Stifter der erst später in Grübeleien und Spitzfindigkeiten ausartenden Religionswissenschaft (Religionsphilosophie, Scholastik).

In der Dichtkunst blieben für den germanischen Hochnorden die Skalden immer noch Mittelpunkt der geschichtlichen Sage und des den Skandinaviern zur zweiten Natur gewordenen Heldenlieds. Im südlichen Frankreich und in Katalonien blühte unter heiterem Himmel und milden Regierungen der ton- und gemütreiche provenzalische Volksgesang auf, während Deutschland nur das durch reine Sprache und wunderbare Verflechtung ausgezeichnete Loblied zu Ehren des Erzbischofs Hanno von Köln hervorbrachte. In der kirchlichen Tonkunst behauptete Italien den schon unter Gregor dem Großen errungenen Vorrang, zumal Guido von Arezzo (1028), Erfinder der Tonzeichen (Notenzeichen), die Lehrart wesentlich verbesserte.

Dagegen wurde die Kirchenbaukunst, obgleich erst später ausgebildet, mehr und mehr Eigentum der Deutschen, die in den Domen von Speyer, Worms und Basel (1020–1050) schon Spuren beginnender Meisterschaft zeigten und dem byzantinischen Geschmack zu huldigen aufhörten. Nicht ohne Rückwirkung auf den gesamten Bildungsgang blieben die Mönchsorden, die an Zahl und Bedeutsamkeit in dem Maße wuchsen, wie mit dem Körperschaftsgeist auch der Hang zum beschaulichen Leben erstarkte. So entstanden, meistens nach der Regel Benedikts geordnet und später durch Bernhard von Clairvaux vervollkommnet, um die Mitte des 11. Jahrhunderts (1048) die Zisterzienser (Bernhardiner), bald danach die durch ein strenges Grundgesetz und steten Blick auf den Tod *(memento mori)* gebundenen Karthäuser, benannt nach dem Kloster Chartreuse unweit Grenoble (1084–1086), während Stephan von Thiers in Muret bei Limoges die langsam fortschreitende Brüderschaft von Grandmont stiftete (1076). So allgemein war besonders in Frankreich die Neigung zum Mönchtum, daß viele Reiche teils sich und ihr Vermögen einem Kloster in Lehen gaben, teils auf dem Sterbebett wenigstens eine Kutte anlegten, um dadurch in den letzten Stunden die Segnungen des gottgefälligen Standes zu empfangen.

Überschaut man die innere Gesamtlage der Völker und Staaten, so treten von allen Seiten her Gegensätze auf, die kein ruhiges Verweilen dulden konnten, vielmehr zu einem ebenso mannigfaltigen wie entscheidenden Kampf treiben mußten. Zuerst nämlich wird die Kluft zwischen der Weltlichkeit und der Geistlichkeit gefestigt, indem Zölibat und Mönchsorden jede wechselseitige Durchdringung unmöglich machen, genauso wie Christentum und Islam durch völkerschaftlichen Haß und Fehden in Spanien, Portugal und Sizilien bei steigendem Druck der Pilger schärfer denn je getrennt erscheinen und selbst die römisch-katholische Kirche in den wiedergeborenen Paulicianern gefährliche Feinde findet. Gegensätze zeigen sich ferner für die bürgerliche Gesellschaft im Lehnsrittertum und den vom starken Einigungstrieb ergriffenen Gemeinfreien und Städten, endlich in dem nur begonnenen, nicht vollendeten Streit des deutschen Kaisertums und des römischen Papsttums. Die volle Entfaltung dieser teils gebundenen, teils schwach gelösten Kräfte gehört dem nächsten Zeitraum an, der eben deshalb auch den Höhepunkt und die Blüte des Mittelalters enthält und einer ausführlicheren Darstellung würdig ist.

FÜNFTES BUCH

DER FÜNFTE ZEITRAUM

Von der Gründung des römisch-katholischen Priesterkönigtums (Hierarchie) im Westen und der seldschukischen Macht im Osten bis zum Untergang der Hohenstaufen (1268) und der Kalifen von Bagdad (1258) im Abend- und im Morgenland

(1077–1268)

Erste Abteilung

Von Gregor VII. bis zum Tod Kaiser Friedrichs I. (bis 1190)

Erster Abschnitt

Der erste Kreuzzug und die nächsten Folgen

Lange hatten die Bedrängnisse und Mißhandlungen der abendländischen Pilger und Christen durch den Übermut der orthokidischen Türken, die Jerusalem und die Umgegend beherrschten, keinen eifrigen Anwalt gefunden. Dieser erschien endlich in einem sonst unbedeutenden und beschränkten Menschen, Peter dem Einsiedler, der aus unberühmtem Geschlecht zu Amiens entsprossen war. Nach kurzem Kriegsdienst hatte er den Waffenrock mit der Kutte eines Klausners vertauscht und als solcher in Südfrankreich durch enthaltsame Lebensart und eigentümliches Wesen die ehrerbietige Achtung des Volkes wie der Geistlichen gewonnen. Denn bei einem hageren, fast verschrobenen Körper, hellen und feurigen Augen, geringem Verstand, aber entzündlicher Einbildungskraft besaß er die Fähigkeit, durch fließende und bilderreiche Rede auf den großen Haufen zu wirken.

Vom Wallfahrtseifer nach Jerusalem getrieben (1093, 1094), sah Peter mit steigendem Grimm, wie die Türken Säulen und Gemälde zerschlugen, Altäre erstiegen und umstürzten, Kelche und heiliges Gerät mit Füßen traten und Priester und weltliche Christen durch willkürliche Steuern, Gefängnis und Schläge mißhandelten. Er gelobte dem klagenden Patriarchen Simeon, der ihm Briefe an den Papst und mehrere Fürsten des Abendlands mitgab, als Sendbote für die Befreiung des Heiligen Grabes und der Kirche von Jerusalem nach Kräften zu wirken. Voll solcher Gedanken und schon zur Abfahrt gerüstet, sah er im Gotteshaus der Auferstehung, wo er nach verrichtetem Gebet in tiefen Schlaf gefallen war, den Heiland und glaubte die Worte zu vernehmen: »Auf, Peter! Eile, verrichte mit Mut deinen Auftrag. Ich aber werde mit dir sein!« Durch diese Erscheinung gestärkt, trat er am folgenden Morgen die Reise nach Antiochien an. Hier bestieg er ein nach Apulien bestimmtes Schiff, erreichte ohne Widerwart die Seestadt Bari und übergab zu Rom dem damaligen Papst, Urban II., das Schreiben des Patriarchen Simeon.

Jener lobte nicht nur den Inhalt, sondern bevollmächtigte auch den Überbringer, als Gesandter der Christenheit das Kreuz zu predigen gegen die Heiden. Fortan durchzog Peter zuerst Italien, darauf Südfrankreich. Er schilderte mit glühenden Farben die Bedrängnisse der morgenländischen Glaubensgenossen und bestätigte seine Aussage durch das obenerwähnte Traumgesicht und einen vom Himmel gefallenen Brief. Er stiftete überall, wo es nötig war, Frieden und Eintracht, ja gewann in solchem Grad den Ruf eines Heiligen, daß die Menge seinem Maultier die Haare aus dem Schweif riß und als Reliquien aufbewahrte.

Nach so glücklichen Vorkehrungen berief Urban, der die Wichtigkeit des Unternehmens erkannte, eine Versammlung nach Piacenza (März 1095), wo auf der Ebene 4000 Geistliche und 30 000 Laien erschienen. Er führte die um Hilfe flehende Botschaft des griechischen Kaisers Alexius ein und unterstützte ihr Gesuch mit aller Kraft der Beredsamkeit. Da riefen Tausende aus: »Man erhebe sich und sprenge die Fesseln der Christenheit!« Sie schworen, wie es der Papst forderte, bei der ersten Gelegenheit für die Sache Gottes zu streiten.

Noch glänzender und zahlreicher war die große Landes- und Kirchengemeinde, die im Dezember desselben Jahres, am achten Tag nach dem Fest des heiligen Martin, zu Clermont in der Auvergne gehalten wurde. Man sah neben einer ungeheuren Volksmenge 14 Erzbischöfe, 225 Bischöfe, 400 Äbte und viele geringere Geistliche. Nachdem die dringlichsten Angelegenheiten der Kirche verhandelt und gegen die zügellose Lebensart der Priesterschaft manche heilsame Ordnungen aufgerichtet waren, des weiteren die feindseligen Könige Heinrich IV. von Deutschland und Philipp I. von Frankreich feierlich mit dem Bann belegt waren, lud der Papst die Versammlung, die kein Gebäude fassen konnte, in die breiteste Straße der Stadt. Dort bestieg er die Rednerbühne und sprach, als bei dem Gedanken an die Leiden der morgenländischen Christen die Umstehenden laut aufseufzten, etwa folgendermaßen:

»Ja, lasset uns weinen, meine Brüder, aber wehe uns, wenn wir nichts als diese Tränen haben! Von Zion ging des Herrn Wort aus, von Jerusalem kam des Herrn Gesetz zu uns. Auf denn! Ihr Bäche, kehret um zu eurer Quelle, waschet rein die Orte, die der Gottlosen Frechheit besudelt hat! Es bezeugen die Bücher des Alten und Neuen Bundes, daß der Erlöser des Menschengeschlechts die Lande der Verheißung durch seine Gegenwart erleuchtete, vor allem aber Jerusalem, die Heilige Stadt, von welcher kommen sollte zu den sündhaften Sterblichen der Heiland. Diese Wiege unserer Seligkeit und Mutter des Glaubens hält jetzt in arger Knechtschaft ein Heidenvolk gefangen, das Gott fremd ist. Nachkömmlinge der ägyptischen Magd legen den Kindern der Freien schwere Steuern und Lasten auf. Götzendiener herrschen seit Jahrhunderten im Gelobten Land, wo des Herrn Fuß wandelte, und haben die Christgläubigen in Ketten geschlagen. Hunde sind eingebrochen in das Allerheiligste. Das Volk Gottes wird mißhandelt und beraubt, das königliche Priestertum dient im Kot, und die Fürstin der Landschaften, die Stadt Gottes, zahlt Zins. Der Tempel des Herrn, aus dem Händler und Wucherer vertrieben wurden, ist jetzt die Wohnung des Teufels und der höllischen Scharen. Die Stadt des Königs der Könige muß dem Aberglauben der Heiden Frondienste leisten, die Kirche der Auferstehung, die Ruhestätte des Heilands, den Frevel derer dulden, die keinen Teil haben an dem ewigen Leben, sondern bestimmt sind dem höllischen Feuer. Die durch Geheimnisse und Wunder geweihten Plätze sind Viehställe geworden. Die Kinder der Frommen werden ihren Eltern entrissen und müssen entweder Gott lästern und dem Satan gehorchen oder beharrlich im Glauben den qualvollsten Märtyrertod sterben. Jene Kirchenräuber achten nicht auf Ort und Stand. Im Heiligtum werden Priester und Leviten ermordet, Jungfrauen geschändet und ermordet, selbst hochbetagte Frauen nicht verschont. Wehe uns, daß wir in so elende Zeiten fielen, die David weissagend verkündete: ›O Herr!‹ spricht er, ›die Heiden sind in dein Heiligtum eingefallen und haben deinen Tempel besudelt, dein Volk geschändet und deine Erben verknechtet.‹ Gott, zürnest du denn fort und fort? Wehe uns, daß wir stille sitzen und ruhig zuschauen den Missetaten! Aber auf, auf! Jeglicher umgürte die Lenden mit dem Schwert und werde ein Sohn des Allmächtigen! Gedenket der Glaubenshelden, des großen Karl und seines frommen Sohnes Ludwig, welche die

Reiche der Türken zerstört und die Herrschaft der heiligen Kirche erweitert haben! Wer den Eifer des Herrn in sich fühlt, der komme! Laßt uns die Ketten zerbrechen und das Joch abwerfen! Laßt uns ausziehen, und der Herr wird mit uns sein!«

Ein tausendstimmiger Ruf »Gott will es! Gott will es!« unterbrach den Redner, der, nachdem Stillschweigen geboten war, mit steigender Heftigkeit so fortfuhr:

»Unterdrücker der Witwen, Waisen und Schuldlosen, hungrige Geier, die ihr am liebsten euch selbst zerfleischt und das Schwert in Bruderblut taucht, legt ab den Gürtel eines falschen, gottlosen Rittertums. Werdet Ritter Christi und eilt herbei zum Schutz der morgenländischen Kirche, welche die Milch des göttlichen Wortes in euren Mund träufelte! Darum gestatten wir allen, die an der bewaffneten Pilgerfahrt Anteil nehmen und sich nach altem Brauch mit dem Kreuz bezeichnen, im Namen Gottes, der Apostel Peter und Paul vollkommenen Ablaß und verheißen denen, die im Kampf fallen, das ewige Leben. Wir nehmen auch unter unseren besonderen Schutz jedweden Streiter des Herrn, so daß niemand bei Strafe des Bannes einen Sohn der Kirche an Leib oder Gut kränken darf.«

Bei diesen Worten entstand allgemeine Bewegung. Etliche weinten, andere zitterten, als wenn sie Augenzeugen der geschilderten Leiden wären, noch andere mahnten lässige Nachbarn zur Teilnahme an dem segensvollen Pilgerzug. Da schloß der Papst nach kurzem Schweigen mit folgenden Worten: »So reiset denn hin, und nichts halte euch ab! Denkt an des Herrn Ausspruch: ›Wer Vater und Mutter mehr liebt denn mich, ist meiner nicht wert. Und wer verläßt Häuser und Brüder, Vater und Mutter, Schwestern, Frau und Kinder um meines Namens willen, der wird's hundertfältig nehmen und das ewige Leben gewinnen.‹«*

Kaum hatte Urban seine Rede geschlossen, als sich zuerst Bischof Ademar von Puy hervordrängte, auf die Knie fiel und um das rote Kreuz und den Segen bat. Beides wurde gerne bewilligt und dadurch solche Begeisterung geweckt, daß der Papst, um den weltlichen und geistlichen Herren das beliebte Feldzeichen an die rechte Schulter zu heften, sein Gewand zerreißen mußte. Danach wurde Ademar wegen seiner geprüften Rechtschaffenheit und des lauteren Eifers zum Stellvertreter des kirchlichen Oberhaupts für die Heerfahrt ernannt,

---

* Nach Wilhelm von Tyrus, S. 641, bei Bongars, Gesta Dei per Francos, und Guibert, S. 479. Vgl. Wilken, Geschichte der Kreuzzüge, I, 52.

der allgemeine Gottesfriede unter den Christen verkündigt und die Versammlung acht Tage nach ihrem ersten Zusammentritt feierlich entlassen.

Nie haben Reden und Beschlüsse stärker gewirkt als zu Clermont. Denn von hier breitete sich bald, von den heimgekehrten Priestern und Rittern angefacht, der Eifer für den heiligen Krieg über alle Landschaften, Stände, Berufsarten, jedes Alter und Geschlecht aus. Straßen, Städte und Dörfer verwandelten sich in Lager- und Übungsplätze. In der Normandie wie in Toulouse, in der Gascogne wie in Lothringen nahmen Adel und Leibeigene, Bürger und Bauern, Greise und Jünglinge, Männer und Frauen das Kreuz. Mönche entflohen, wenn ihre Äbte die Erlaubnis verweigerten, heimlich aus den Zellen, Nonnen brachen das Klostergelübde, Diebe, Räuber und Mörder verließen Kerker und Schlupfwinkel, um als bewaffnete Pilger der gegenwärtigen oder künftigen Strafe zu entgehen. Manche Schwärmer brannten sich sogar das verehrte Zeichen mit glühendem Eisen in die Haut ein und gaben vor, von Gott selber geweiht zu sein. Aber nicht auf Frankreich allein, wo einerseits Druck des Lehnswesens, andererseits Abenteurerei und Glaubenseifer wirkten, beschränkte sich die gewaltige Bewegung. Sie ergriff auch England und Schottland, den skandinavischen Hochnorden und Italien, besonders den Süden. Nur Deutsche und Spanier blieben gleichgültiger, jene wegen der inneren Wirren und des kälteren Blutes, diese, weil sie den Feind des Christentums in ihren eigenen Gebieten bekämpften.

Unter den Fürsten und Herren, die für die erste Fahrt ins Morgenland rüsteten, leuchtete durch Heldenmut, leutseligen Biedersinn und Gerechtigkeitsliebe Gottfried hervor, Herzog von Niederlothringen, mit dem Beinamen nach dem Stammschloß Bouillon. Ältester Sohn des Grafen Eustach von Boulogne und Idas, der Schwester Herzog Gottfrieds des Buckligen, hatte er die Erbgüter des ermordeten Oheims durch Vermächtnis, die Mark Antwerpen (1076) und zuletzt das Herzogtum Niederlothringen (1089) durch Belehnung vom Kaiser Heinrich IV. gewonnen. In dessen Fehden mit Rudolf von Schwaben hatte er unerschütterliche Treue und glänzende Tapferkeit gezeigt, sich durch keine Glückswechsel von der ursprünglichen Tugend abgewandt und dadurch das Vertrauen der Waffengefährten in solchem Grad erworben, daß ihm 80 000 berittene Söldner und Fußknechte für die Befreiung des Heiligen Grabes als Oberfeldherrn Gehorsam schworen, unter ihnen die jüngeren Brüder Eustach und Balduin mit ihrem Neffen Balduin von Rames, Sohn Hugos von Rechest.

Außer Gottfried von Bouillon machten sich diesseits der Alpen durch rege Teilnahme an der Kreuzfahrt bemerkbar: der Graf Robert von Flandern, ein kühner, reicher Ritter; der Herzog Robert von der Normandie, Sohn Wilhelms des Eroberers, ein tapferer, jedoch sinnlich träger Herr, der überdies, von mißvergnügten Lehnsgroßen bedrängt, das Erbe seiner Väter dem Bruder Wilhelm II., König von England, um 10 000 Mark Silber für fünf Jahre verpfändet hatte; der freigebige, lebenslustige Graf Stephan von Blois und Chartres, der 365 Burgen besaß; der biedere Graf Hugo von Vermandois, Bruder des habgierigen französischen Königs Philipp; der vorsichtige, unbeugsame und tapfere Graf Raimund von Toulouse oder St. Gilles, der bei schon vorgerücktem Alter und häßlichem Äußeren durch Reichtum und Leutseligkeit der mächtigste Fürst im Süden seines Vaterlands war. Jenseits des Gebirges versammelten die Normannen Boemund, Herr von Tarent, und sein Neffe Tankred auf die gewisse Kunde von der beschlossenen Kreuzfahrt den Kern der italienischen Krieger. Aber nirgends hatten die Führer so entgegengesetzte Eigenschaften. Denn Boemund war wie Robert Guiscard der Vater bei außerordentlichem Heldenmut habgierig, herrsch- und ruhmsüchtig, Tankred bei gleicher Tapferkeit uneigennützig, fromm und bescheiden, jener rauh und hart, dieser menschenfreundlich und milde.

Unter solchen Rüstungen erschien der für den Aufbruch bestimmte Frühling des Jahres 1096, und mit ihm zog auf den Straßen Frankreichs, Lothringens, Süddeutschlands, Ober- und Unteritaliens bewaffnetes Volk, zahlreich wie die Sterne und der Sand am Meer,* dem Morgenland entgegen. Umsichtig hatte man nach den nötigen Unterhandlungen, besonders mit dem griechischen Kaiser, verschiedene Wege bezeichnet. Der Herzog Gottfried nämlich sollte durch Ungarn, der Graf Raimund von Toulouse und der Bischof Ademar durch Oberitalien und Dalmatien die Fahrt auf Konstantinopel richten und sich an diesem gemeinschaftlichen Sammelplatz vorläufig vereinigen. Aber die zucht- und meistens wehrlosen Rotten Peters des Einsiedlers, den man nach der Mönchskutte auch Kukupeter *(Petrus cucullatus)* nannte, konnten die festgesetzte Frist nicht erwarten. Schon um Ostern verließ die Vorhut unter dem französischen Ritter Walther von Pexejo und seinem Neffen, Walther ohne Habe *(Gautier senz avoir)*, das Lager bei Köln. Sie eilte durch Schwaben,

* Anna Comnena, I., X, S. 284, Ed. Hoeschel.

Bayern und Ungarn, wo der König Koloman Lebensmittel und Durchzug gewährte, nach Bulgarien, fand aber hier, von den mißhandelten Einwohnern bei Belgrad und Nissa angegriffen, mit Walther Pexejo größtenteils den Tod. Die Reste erreichten unter Walther Habenichts im tiefsten Elend Konstantinopel, wo ihnen Kaiser Alexius freundliche Aufnahme bewilligte.

Fast denselben Ausgang nahm Peters Gewalthaufen, der von Franzosen, Italienern und Deutschen gebildet wurde.* 40 000 Mann stark, lagerte er nach mannigfaltigen Übergriffen, besonders bei Semlin (Malville) und Nissa, unter den Mauern der griechischen Hauptstadt (1. August). Trotz der Warnungen setzte er aus Ungeduld, die Ungläubigen zu treffen, nach Kleinasien über und empfing bei Nicäa, der Hofstatt des seldschukischen Sultans Kilidsch Arslan, den verdienten Lohn für die an Kindern, Frauen und Männern geübte Grausamkeit. Kaum 3000 entrannen dem Schwert der Türken, um bald bettelnd in die Heimat zurückzukehren. Ritter und Fußknechte, unter ihnen Walther Habenichts, Greise, Frauen, Geistliche und Kinder wurden erschlagen, die Leichen aufgehäuft und den Raubvögeln überlassen.

Noch schmählicher endeten die zuchtlosen Rotten des deutschen Priesters Gottschalk, die beinahe sämtlich unweit Meßburg an der Leitha von den Ungarn aufgerieben wurden, und des französischen Ritters, Wilhelm des Zimmermanns, an Aberglauben und Zuchtlosigkeit der Auswurf des gesamten Kreuzheeres. Denn voran zogen, wie vom Heiligen Geist getrieben, eine Gans und eine Ziege. Diesen folgten, mit jedem Tag anwachsend, an die 200 000 Pilger zu Fuß und 3000 zu Roß – ein räuberisches, mordgieriges Gezücht, das nach den schändlichsten Untaten bei Meßburg teils unter dem Schwert der ergrimmten Ungarn fiel, teils in die Knechtschaft wanderte.

Als sich so die für den ersten Zug bewaffnete Christenheit ihres eigentlichen Gesindels entledigt hatte, brachen die geordneten Heerhaufen unter verschiedenen Abenteuern auf. Als Hugo von Vermandois, mit der Fahne des heiligen Peter geschmückt und von einem glänzenden Gefolge begleitet, von Italien nach Dyrrachium (Durazzo) in Epirus übersetzte, verlor er hart am griechischen Gestade durch Sturm die meisten Schiffe und Gefährten. Er selber aber wurde nach Konstantinopel geführt und gezwungen, dem griechi-

---

* Maxima gens Alamannorum, Wilhelm von Tyrus, S. 645.

schen Kaiser den Lehnseid zu schwören. Währenddessen durchzog Gottfried von Bouillon mit 80 000 erlesenen berittenen Streitern und Fußknechten ohne alle Unfälle in strenger Zucht Deutschland, Ungarn und Bulgarien und lagerte nach kurzer Rast bei Philippopel unter den Mauern der griechischen Hauptstadt (August bis Weihnachten). Da bereiteten Furcht und Mißtrauen der Byzantiner und Stolz und Übermut der Lateiner blutige Zerwürfnisse, die endlich dahin geschlichtet wurden, daß der Herzog, müde des langen Haders, mit seinen angesehensten Gefährten Lehnstreue schwor und gelobte, alle einst dem Römischen Reich untertänigen Städte, Burgen und Landschaften, die man erobern würde, den dafür eingesetzten Bevollmächtigten zu überliefern. Dennoch mußte Alexius, trotz der übertünchten Hoheit, bisweilen die bittersten Kränkungen erfahren. So setzte sich z. B. an einem glänzenden Hoftag der Ritter Robert aus Paris mit auf den Thron und sprach, als Balduin, Gottfrieds Bruder, diese Grobheit rügte, laut in seiner romanischen Mundart: »Welch ein Bauer ist der Kaiser, daß er die trefflichsten Ritter stehen läßt!«

Jedoch hatte einstweilen das Vorgehen des ersten christlichen Feldherrn die gewünschte Wirkung. Denn auch die nachfolgenden Fürsten, wie Robert von Flandern, Raimund von Toulouse und selbst der verschlagene, ehrgeizige Boemund, huldigten. Nur Tankred, der keinen Herrn über sich erkannte als den Heiland, blieb hartnäckig.

Endlich standen alle Pilger, nachdem diese und ähnliche Hindernisse beseitigt waren, im Mai (1097) unter den Mauern Nicäas, der seldschukischen Hauptstadt, vereinigt. Man zählte bei der Musterung, ungerechnet die Priester, Mönche, Frauen und Kinder, angeblich 600 000 Bewaffnete, unter ihnen 100 000 vollständig geharnischte berittene Söldner. Umsonst leistete die türkische Besatzung die heldenmütigste Abwehr. Vergeblich versuchte Sultan Kilidsch Arslan, in einem heftigen Feldstreit geschlagen, die durch Stürme, Hunger und Krankheit schwer Bedrängten zu befreien. Sie mußten nach siebenwöchiger Belagerung die Burg und Stadt gemäß einem geheimen Vertrag den Bevollmächtigten und Kriegern des griechischen Kaisers übergeben (20. Juni).

Kaum stillte dieser durch Geschenke, Schmeicheleien und Verheißungen den Grimm der Christen, die entgegen einer ausdrücklichen Übereinkunft von allen Früchten ihres Sieges ausgeschlossen blieben und nicht einmal den angemessenen Beuteanteil erhielten. Jedoch beschwichtigten Tankreds Hochsinn, der aus Liebe zum Frieden selbst den Lehnseid schwor, und die Begierde, das Heilige Land zu schauen, den Unwillen der Pilger, tilgten aber nicht das jetzt gefestigte Mißtrauen in die Griechen. Also brach das gesamte Heer nach kurzer Rast von Bithynien nach Phrygien auf, wo Kilidsch Arslan aus allen Gauen seines Reiches den Kern der leichten Reiterscharen versammelt hatte. Es gewann mit knapper Not und beträchtlicher Einbuße die Schlacht bei Doryläum, im anmutigen Tal Gorgoni gelegen (1. Juli), und durchwanderte, fortan nicht mehr vom Feind belästigt, aber von Hunger, Durst und Mühsal gequält, die langen, öden Ebenen bis zum phrygischen Antiochien.

Jeden Tag verschmachteten fast 500 Menschen, ebenso die meisten Rosse und Lasttiere, so daß man Ziegen, Hunde und Schweine mit dem Gepäck belud und viele Ritter, die unfähig waren zu gehen, Ochsen bestiegen. Selbst die Falken, die ihren Jagdherrn bis hierher treu begleitet hatten, erlagen dem heißen Himmel. Aber gerade das Unglück stärkte den Mut und die Eintracht der Pilger, die endlich in der fruchtbaren, wald- und mattenreichen Umgegend Antiochiens ausruhen durften.

Während hier der Gewalthaufen mehrere Wochen lang rastete, zogen Tankred und Balduin, des Herzogs Gottfried Bruder, auf verschiedenen Straßen über das taurische Gebirge der kilikischen Mittelmeerküste zu. Jener eroberte die gewerblich tätige, meistens von armenischen und griechischen Christen bewohnte Stadt Tarsus, dieser, da er darüber aus Neid zwistig war mit dem edleren Nebenbuhler, wandte sich nach kurzem, blutigem Streit ostwärts und nahm diesseits des Euphrat die Burgen Tellbascher, Ravendan und bald darauf jenseits des Stromes Edessa ein. Der unabhängige, aber gesetzlich beschränkte Fürst dieses armenisch-christlichen Gemeinwesens wurde, weil er weder gegen die wachsende Macht der Türken schützen konnte noch freiwillig entsagen mochte, vom Bürgerrat der Zwölfer* abgesetzt und in einem Volksauflauf ermordet, danach Balduin zum Herrn der Stadt und der Grafschaft Edessa angenommen.

Diese leichte, aber wichtige Erwerbung deckte Seiten und Rücken des großen Kreuzfahrerheers, das überall freudig von den armenischen und griechischen Glaubensgenossen als Befreier empfangen wurde, längs der Mittelmeerküste über Kilikien nach Syrien zog und sich mit Ausnahme Balduins, der am Euphrat zurückblieb, bei Artasia (Artah), vier Meilen von Antiochien, versammelte. Hier beschloß man nach reiflicher Überlegung, jene uralte und feste Stadt, die

---

* Diese konstitutionelle Monarchie mitten unter despotischen Staaten ist merkwürdig, wird aber ausdrücklich bezeugt von Albert Aquensis, IV., 20, *»XII procerum senatores et primi civitatis«*, bei Wilken, I, 167.

30–40 000 Schritte lang und 6000 breit war und an beiden Ufern des wasserreichen Orontes mehrere Hügel und zwei, nur durch ein schmales Tal getrennte, hohe Berge umfaßte, ohne Zaudern zu belagern und nicht eher zu verlassen, als bis sie erobert sei. Deshalb wurde auch die Oberleitung aller Streitkräfte einem Kriegsrat übertragen, dessen wechselnden Vorstand die Wahl der Fürsten und Herren bestimmen sollte, und für gemeinschaftliche Ausgaben eine Gemeindekasse angeordnet.

Darauf näherten sich die Wallbrüder, noch 300 000 streitbare Männer stark und überall von der christlichen, zu den Waffen eilenden Bevölkerung des Flachlands unterstützt, am 18. Oktober Antiochien. Sie schwelgten, vor drei Toren gelagert und von keinem Feind gestört, 15 Tage lang in allen Freuden der Sinnlichkeit, verzehrten oder verschleuderten die Vorräte mehrerer Monate, stellten keine Feldwachen aus und schweiften sorglos in der anmutigen, von Hügeln, Wiesen und Gärten durchschnittenen Nachbarschaft umher.

Klug benutzte Bagi Sejan, der von seinem Oheim, Sultan Malekschah, die Herrschaft über die Stadt bekommen hatte (seit 1086), der Christen Fehlgriffe. Er fiel bei Tag und Nacht aus den Toren, fing die Zufuhr auf und erschlug das Geleit. Regen, Kälte, Krankheiten und Hunger steigerten bald die Not bis zu einem unerträglichen Grad. Zelte und Kleider verfaulten, Pferde und Menschen sanken scharenweise vor Elend um. Von jenen, die zu Anfang der Belagerung 70 000 zählten, blieben im vierten Monat 2000 übrig, und von diesen starben täglich so viele, daß die Lebenden kaum Zeit und Raum für die Beerdigung fanden.

Da verzweifelte mancher bisher standhafte Pilger und floh nach Kilikien, Zypern und Edessa. Selbst Peter der Einsiedler folgte mit Wilhelm dem Zimmermann dem Beispiel der Feigheit, wurde aber von Tankred eingeholt und zurückgeführt. Im Glauben, die Ursachen der wachsenden Leiden müßten in den heimlichen Sünden gesucht werden, gebot der Bischof Ademar von Puy, des Papstes Stellvertreter, ein dreitägiges Bet- und Bußfest.* Er schärfte die Sitten- und Lagergesetze, entfernte alle käuflichen Dirnen und Ehefrauen und untersagte bei schwerer Strafe Würfelspiel, Diebstahl, Raub und Handelsbetrug, Fluchen und Saufgelage. Dennoch wurden von den ei-

* »*Ut afflicitis corporibus animae ad orationem possent consurgere fortiores*«, d. h. »damit bei heimgesuchten Leibern die Seelen sich desto feuriger zum Gebet erheben könnten.« Wilhelm von Tyrus, S. 695.

gens dafür ernannten Richtern viele Schuldige verurteilt, etliche gepeitscht, andere geschoren, gebrandmarkt oder in Ketten gelegt. Endlich gelang es den Anstrengungen der Fürsten, besonders Gottfrieds, Antiochien unter beständigen Gefechten und Drangsalen so von allen Seiten einzuschließen, daß bald der bitterste Mangel herrschte, während die Belagerer teils von Edessa, teils vom Mittelmeer her Überfluß an Lebensmitteln und Kriegsbedürfnissen bezogen.

Nichtsdestoweniger war bei der Festigkeit der Mauern und dem ausdauernden Mut der Besatzung, die sich während eines kurzen Waffenstillstands mit Vorräten zu versorgen wußte, die Übergabe höchst ungewiß, zumal vom Euphrat her starke Hilfsscharen heranrückten und die Christen zwischen zwei Feuer zu bringen drohten. In dieser Verlegenheit knüpfte der schlaue und ehrgeizige Boemund, nachdem ihm die Fürsten im Fall des Gelingens den Siegespreis abgetreten hatten, mit einem türkischen Befehlshaber, dem armenischen Renegaten Pyrrhus (Firuz),* Einverständnis an. Er erstieg in der dunklen Nacht des 3. Juni (1098) nebst seinem Gefolge mittels einer Strickleiter den jenem Verräter anvertrauten Turm der drei Schwestern und hieb die sorglose Mannschaft nieder, wie auch Pyrrhus, der Entdeckung fürchtete, den eigenen Bruder erschlug.** Dann ließ er dem Gewalthaufen, der unter dem Ruf: »Gott will es!« hereinbrach, eine Nebentür der Mauer öffnen. Bald waren alle Straßen und Plätze der Stadt mit Raub und Mord erfüllt, so daß ohne Rücksicht auf Alter und Geschlecht 10 000 Moslemin getötet und die übrigen zur Flucht in die Burg gezwungen wurden. Hilflos irrte der alte Fürst Bagi Sejan so lange in dem benachbarten Waldgebirge umher, bis ihn etliche armenische Holzhauer erkannten und niederschlugen. Wehrgehänge und Kopf wurden den siegreichen Christen überbracht.

Diese hatten aber kaum in Antiochien die kostbaren Beutestücke verteilt und, nicht belehrt durch frühere Leiden, bald zu beten, bald zu schwelgen begonnen, als auf Befehl des Sultans Barkiarok von Persien und Bagdad der Statthalter Mosuls, Fürst Kerboga, nach erfolgloser Einschließung Edessas mit 200 000 Reitern und Fußknechten am Orontes lagerte, die christlichen Vorwachen zurücktrieb, einen ziemlich breiten und tiefen Graben aufwarf und so unter glücklichen

---

* Kemaleddin bei Reinaud, Extraits des historiens arabes, S. 6, nennt ihn Zerrad, d. h. Waffenschmied.

** »*Facto pius et sceleratus eodem*«, d. h. »fromm und verbrecherisch durch dieselbe Tat«, meint der Erzbischof Wilhelm von Tyrus, S. 710.

Gefechten die Verbindung der meisten Tore mit dem Flachland abschnitt. Gleichzeitig machte die türkische Besatzung der Burg, die von Schamseddaula, dem klugen und heldenmütigen Sohn Bagi Sejans, geführt wurde, bei Tag und Nacht heftige Ausfälle. Da kam, als Hunger und Krankheit wuchsen, Verzweiflung über das Pilgerheer. Viele Ritter und Gemeine, unter ihnen auch Wilhelm der Zimmermann, ließen sich im Dunkeln an Stricken von der Mauer herab und entflohen nach der Mittelmeerküste, etliche sogar zu den Türken. Weder der Schandname Strickläufer noch die Bitten, Mahnungen und Befehle der Priester und Feldherren verhinderten die Mutlosigkeit des Volkes. Tausende saßen, seit die letzte Aussicht auf Entsatz durch den griechischen Kaiser an den Umtrieben und Lügen verräterischer Flüchtlinge gescheitert war, in den Kellern und Gemächern, brüteten über ihrem Elend und vergaßen alle Manneskraft.

Darüber ergrimmt, ließ Boemund, dem der Kriegsrat auf den Vorschlag des Bischofs Ademar unumschränkte Macht übergeben hatte, Feuer in die Wohnungen werfen, so daß, da ein starker Wind aufging, binnen etlichen Augenblicken 2000 Häuser, mehrere Kirchen und prachtvolle Denkmäler des Altertums in Asche sanken. Aber die dumpfe Verzagtheit endete dadurch nicht. In solcher Bedrängnis trat Peter Barthélemy, ein Geistlicher aus der Provence, zu dem Grafen Raimund und dem Bischof Ademar von Puy und entdeckte ihnen, der Apostel Andreas habe viermal sichtbar bei Androhung schwerer Strafe geboten, zwölf vertraute Männer in die Peterskirche zu senden, damit sie unweit dem Hauptaltar nachgraben und die rettende, heilige Lanze des Erlösers suchen möchten.

Dieser Befehl des Himmels wurde sogleich vollzogen, die Erde geöffnet, der geweihte Speer, der, hieß es, des Heilands Seite durchbohrt hatte, nach langem Harren gefunden und in Purpur eingehüllt dem jubelnden Volk als Unterpfand des gewissen Sieges gezeigt. In der Tat änderte sich schnell die Stimmung. Man begehrte stürmisch die Schlacht und gelobte feierlich, vor dem Fall der heiligen Stadt Jerusalem nicht an Heimkehr zu denken. Freudig gehorchten die Fürsten, gelobten dreitägiges Fasten und Umzüge und geboten, daß sich für den Tag Peter und Paul, den 28. Juni, jeder wehrhafte Pilger zum Streit rüstete. Darauf hielt am Morgen vorher Bischof Ademar in der Peterskirche ein prunkvolles Hochamt, teilte das Abendmahl aus und verhieß allen tapferen Kämpfern Christi Gnade und vollkommenen Sündenerlaß.

Inzwischen verkannte Kerboga in stolzer Sicherheit die nahende Gefahr, schlug jeden angemessenen Vergleich aus und schalt seine Unterfeldherren (Emir), die zu Vorsicht mahnten, Feiglinge und

Verräter. Ja, als in der Frühe des Schlachttages die Besatzung der Burg am höchsten Turm ein schwarzes Banner aushängen und die Trompeten ertönen ließ, verachtete der Fürst auch dieses Warnzeichen und sandte, während er selber am Schachbrett blieb, nur 2000 Reiter ab, um die Orontesbrücke zu schützen.

Doch jene flohen beim ersten Anblick des Feindes, der, weißgekleidete und singende Priester voran, um den Rücken zu decken, langsam vom Fluß nach dem nahen Gebirge zog. Den ersten Haufen führte Graf Hugo, den zweiten Herzog Gottfried, den dritten Graf Robert von der Normandie, den vierten der Bischof Ademar, dessen Kaplan die heilige Lanze trug, den fünften Tankred, den sechsten und zahlreichsten Boemund, der damalige Oberfeldherr. Etliche hundert Mann blieben unter dem kranken Grafen Raimund von Toulouse zur Sicherung der Stadt zurück.

Die Türken, zwieträchtig, schlecht geleitet und in 15 Geschwadern schachbrettförmig aufgestellt, hielten den stürmischen Anprall der begeisterten Christen, die am Anfang der Schlacht den heiligen Georg in glänzender Rüstung zu sehen glaubten, nicht lange aus, sondern lösten sich, Kerboga voran, in wilder Flucht auf, von der schwachen Reiterei etliche Meilen weit verfolgt. Nur der Orthokide Sokman, der unlängst durch den ägyptischen Kalifen aus Jerusalem vertrieben worden war, kämpfte mit seinen Getreuen klug und tapfer, mußte aber endlich dem Ungestüm und der Übermacht Boemunds weichen. Unermeßlich war die Beute an Gefangenen, Rossen, Kamelen, Lebensmitteln, Gewändern, Gold und Silber. Vor allem bewunderte man jedoch das geräumige, seidene Feldherrenzelt, das in seinen Haupt- und Nebengängen 2000 Menschen fassen konnte und einer kleinen, mit Mauern und Türmen geschmückten Stadt glich. Am Abend desselben Tages huldigte auch die Burg unter Bedingung eines freien Abzugs für die heldenmütige Besatzung. Viele Moslemin aber folgten dem Beispiel Schamseddaulas und nahmen das Christentum an, weil es ebenso tapfer wie der Islam feige gestritten hatte.

Nachdem die Fürsten, besonders Boemund und Raimund, vier Monate lang teils über den Besitz Antiochiens, das dem ersteren endlich blieb, gehadert, teils auf nahen und fernen Streifzügen Beute und Schlösser gewonnen hatten, forderte das Volk unter heftigen Drohungen Aufbruch nach Jerusalem. Denn es erblickte in der verheerenden Seuche, die auch den frommen und mutigen Bischof Ademar hinweggerafft hatte, nicht die Folgen der Unmäßigkeit und des heißen, von den Ausdünstungen modernder Leichen verpesteten Himmels, sondern die strafende Zuchtrute Gottes, den öffentliche und geheime Sünden schwer beleidigt hätten. Allerdings war das Elend furchtbar: Es starben an 50 000 Frauen, viele treffliche Ritter und eine zahllose Menge gemeiner Pilger. Also verließen am 24. Dezember die meisten Scharen das unheimliche Antiochien. Sie stürmten nach mannhafter Gegenwehr die feste Stadt Marra, deren Bewohner ohne Rücksicht auf Alter und Geschlecht, entgegen dem Vertrag, durch Feuer und Schwert vertilgt wurden (12. Dezember), und belagerten erfolglos in der Landschaft Tripolis die Burg Archa, wobei Peter Barthélemy der Provenzale die Echtheit der heiligen Lanze gegen Arnulf, den Kaplan Roberts von der Normandie, und andere Zweifler durch das Gottesgericht des Scheiterhaufens in der Karwoche (1099) verteidigte, aber an den Brandwunden starb. Danach zogen sie langsam, unter beständigen Kämpfen mit der Ehr- und Habgier des christlichen Adels und dem verzweiflungsvollen Widerstand der Ungläubigen, durch das alte Phönizien und Palästina über Byblus, Berytus, Sidon, Tyrus, Akkaron (Ptolemais), Cäsarea, Lidda, Ramla und Nikopolis (Emmaus) dem Ziel ihrer Gelübde, Drangsale und Gefahren entgegen.

Von rastloser Ungeduld getrieben, brach Tankred mit 100 Rittern von dem zuletzt genannten Standlager auf und besuchte Bethlehem, die Geburtsstätte des Heilands. Er befestigte seine Fahne an der Kirche des geweihten Ortes, streifte darauf bis an die Mauern Jerusalems und brachte, mit einer anderen Schar vereinigt, nach heftigem Gefecht etliche Stücke Vieh als Siegeszeichen zu dem großen Heer in Nikopolis. Da vergossen viele Pilger auf die Kunde, jene Tiere gehörten der Heiligen Stadt an, Freudentränen, knieten nieder und priesen Gott.* Aber alle wurden von solcher Sehnsucht bewegt, daß sie noch in der Nacht auszogen und endlich am Morgen des 6. Juni von einem Hügel herab den Gegenstand ihrer heißesten Wünsche erblickten. Dem kurzen Schweigen der Wehmut und Andacht folgte ein lautes, inbrünstiges Dankgebet. Ritter und Fußknechte küßten den geweihten Boden und näherten sich darauf mit schallendem Gesang den Mauern der Heiligen Stadt.

Diese liegt in einer gebirgigen, kornreichen, aber wasserarmen Gegend Palästinas auf zwei Bergen, von denen Zion (die Burg,

---

* *»Prae fervore devotionis lachrymas et suspiria cibibere non valentes, pronos in terram se dederunt, adorantes et glorificantes Deum«*, d. h. »aus inbrünstiger Andacht vermochten sie nicht Tränen und Seufzer zu unterdrücken, warfen sich auf den Boden und priesen und dankten Gott.« Wilhelm von Tyrus, S. 745.

Oberstadt) nach Süden, Moria (die Unterstadt) nach Norden blickt. In Zion zeigt man als die ehrwürdigsten Denkmäler der Vorzeit den Turm oder das Schloß Davids, die runde und dunkle Kirche der Auferstehung, die über dem Grab des Heilands erbaut ist und nach dem christlichen Volksglauben am Morgen eines jeden Osterfestes von himmlischem Feuer, das die Wachskerzen entzündet haben, wunderbar erleuchtet zum Mittelpunkt der Erde wird. Auf Moria zeigt man den Tempel Salomons, der früher durch Brücke und Säulengang mit der Hochstadt verbunden war, von der aus nördlich und außerhalb der Ringmauern der Hügel Golgotha (Schädelstätte, *Calvariae locus)* emporsteigt. Nur nach Norden trifft das Auge auf eine weite, fruchtbare Ebene, auf allen übrigen Seiten hemmen hohe und kahle Berge, von tiefen Tälern durchschnitten und von der Stadt getrennt, die Aussicht. Gegen Süden und Westen zieht sich das Klagetal (Hinnom) fort, berühmt durch den Blutacker des Judas. Nach Osten dehnt sich das Tal Josaphat mit der Marienkirche, die im tiefsten Grund liegt, den Gräbern Davids, Stephans und der Heiligen Jungfrau sowie dem Haus, in dessen Nähe Christus von den Juden gefangen wurde. Östlich wird es begrenzt vom Ölberg, wo ein großer Felsen an die Himmelfahrt des Erlösers erinnert.*

Dergestalt von Natur überaus fest, wurde Jerusalem bei der Ankunft des christlichen Heeres durch hohe Türme, starke Ringmauern und eine Besatzung von 40 000 Bewaffneten verteidigt. Diese, von dem tapferen Iftikhar-Eddaulah (d. h. Ruhm des Reiches) befehligt und reichlich mit Lebensbedarf und Kriegsgerät versehen, standen im Dienst des ägyptischen Kalifen Mostaali, dessen kluger Wesir Afdal während der Belagerung Antiochiens die Verlegenheit der seldschukischen Türken benutzt und Tyrus, die Heilige Stadt und andere Plätze Palästinas für die Fatimiden, als die rechtmäßigen Nachkommen Alis, erobert hatte, den wilden Stamm der Orthokiden aber aus ganz Syrien vertrieben hatte.

Die Christen, bekannt mit den Zerwürfnissen der Moslemin und von brennender Kampfbegier getrieben, schlossen sofort Jerusalem an der nördlichen und westlichen Seite ein. Herzog Gottfried lagerte vor dem Hauptbollwerk, der Burg Davids, neben ihm zur Linken Graf Raimund mit dem ritterlichen Tankred, dann nordwärts vor dem Tor und der Kirche des Märtyrers Stephanus Herzog Robert von

---

* Vgl. besonders Symbolae ad geographiam medii aevi, Ed. Werlauff.

der Normandie nebst dem Grafen von Flandern, Balduin von Bourg, und anderen Herren. Die Ost- und Südseite blieben frei. Erst später besetzte eine Abteilung den Ölberg. Obgleich nur 20 000 Fußknechte und 1500 Reiter stark und von dem ebenso zahlreichen Troß mehr gehindert als unterstützt, von Hunger, Durst und Beschwerden entkräftet, ohne hinlängliche Sturmleitern und Wurfmaschinen, wagten dennoch die Pilger schon am fünften Tag der Belagerung (12. Juni) einen allgemeinen Angriff, nahmen die Vormauer weg, mußten aber nach fruchtlosen Anstrengungen, tiefer einzubrechen, auf den Befehl der Fürsten gegen Abend von dem ungleichen Kampf ablassen und fortan reiflicher rüsten.

Daher zogen, um das nötige Bauholz für das Belagerungswerkzeug herbeizuschaffen, der Herzog und Graf Robert, von einem syrischen Christen geführt, in einen sieben Meilen entfernten Wald, fällten und brachten auf Eseln und Kamelen die schlanksten Bäume ins Lager, während andere Haufen Gesträuch für die Verfertigung der Schanzkörbe sammelten. Mit solchem Eifer arbeiteten Ritter und Knappen, Frauen, Greise und Kinder, daß binnen etlichen Tagen eine hinlängliche Anzahl von Türmen, Leitern und Mauerbrechern geliefert wurde.

Inzwischen quälte aber der Durst, furchtbarer als die Hungersnot vor Antiochien, die schon von der Glühsonne des morgenländischen Juli erschöpften Menschen und Tiere. Denn man mußte, da Brunnen und Zisternen verschüttet waren, das Wasser teils fünf Meilen Weges weit herholen, teils an der einzigen Quelle Siloa den wachsamen Feinden durch blutige Kämpfe abgewinnen. Da flohen etliche Pilger, an der Rettung verzweifelnd, nach Joppe an der Küste, andere ließen sich, die Mauern Jerusalems küssend, von den Geschossen und Steinen der Ungläubigen töten, während bald auch Mangel und Krankheiten den standhaftesten Mut auf die Probe setzten.

Die Ankunft einer genuesischen Flotte, die Lebensmittel, Wein und geschickte Baumeister brachte, linderte jedoch allmählich das Elend und bestimmte den Kriegsrat – den überdies das Gerücht von einem nahenden Heer der Muselmanen schreckte –, alle Anstalten für den Hauptsturm zu treffen. So zogen die Christen am Freitag, den 8. Juli, weißgekleidete Priester mit Kreuzen und Heiligenbildern voran, in voller Waffenrüstung, barfuß, unter dem Schall der Trompeten und mit fliegenden Fahnen, zuerst in die Marienkirche und danach auf den Ölberg, wo Peter der Einsiedler und Arnulf aus Flandern in begeisternden Reden Fürsten und Volk zur Eintracht, Frömmigkeit und Ausdauer mahnten, und kehrten, oft von den staunenden Sarazenen verhöhnt und beunruhigt, tief gerührt ins Lager zurück. Sofort bestimmte man den nächsten Donnerstag für einen allgemeinen und entscheidenden Angriff auf die Heilige Stadt.

Der verhängnisvolle Tag (14. Juli) erschien, und mit ihm stürmte wie ein Mann* das christliche Heer, dessen Gefahren selbst Frauen teilten, wutentbrannt gegen die feindlichen Mauern und Tore, fand aber ebenso kluge wie tapfere Gegenwehr. Denn Steine, Balken, Pfeile und mit Schwefel und siedendem Öl angefüllte Geschirre wurden in solcher Menge herabgeschleudert, daß die Belagerer gegen Abend nach beträchtlicher Einbuße vom Kampf ablassen mußten. Dieser begann in der Frühe des folgenden Tages mit gleicher Erbitterung und dauerte sieben Stunden lang ohne sicheren Ausgang. Schon wichen, ermattet von den fruchtlosen Anstürmen, Ritter und Fußknechte, und selbst die kühnsten Führer, Gottfried und Tankred, dachten an einen allgemeinen Rückzug, als plötzlich auf dem Ölberg ein Mann in strahlender Rüstung erschien und den weithin schimmernden Schild schwenkte, als wenn er zur Fortsetzung des Streits mahnen wollte. Freudig deuteten der Herzog und sein Bruder Eustach auf den Sieg verkündenden Boten des Himmels, und jubelnd griff das Volk von neuem zu den Waffen, während die Frauen Trank und Speise herbeibrachten, Gefahren und Mühseligkeiten teilten.

So wurde binnen einer Stunde trotz der feindlichen Geschosse die äußere Mauer zwischen dem Stephanstor und dem Tal Josaphat an mehreren Stellen gebrochen, der Graben ausgefüllt und der lothringische Hauptturm, dessen Spitze ein vergoldetes Kreuz und Christusbild schmückten, mit seinem Wurfzeug an die innere Mauer vorgeschoben. Umsonst leisteten die Moslemin den Widerstand der Verzweiflung. Von zahllosen Geschossen umschwirrt und vom Rauch des angezündeten Strohs und Flechtwerks fast erstickt, räumten auch die Mutigsten den ihnen angewiesenen Platz. Da fiel aus dem zweiten Stock des Turms die Fallbrücke, unterstützt von zwei Balken, welche die Belagerten für ihre Abwehr gebraucht hatten. Binnen etlichen Augenblicken standen zuerst die flandrischen Brüder Engelbert und Ludolf, danach der Herzog Gottfried, Tankred, Robert von der Normandie und der Graf von Flandern auf der Mauer, die an anderen Stellen mittels Leitern erstiegen wurde. Bald öffnete die eingedrungene Schar das Stephanstor, von wo die Pilger mit dem Ruf »Gott will es! Gott hilf!« in die Straßen vorstürmten.

---

* Ausdruck des Chronisten Ibn-Giouzi bei Reinaud, S. 11.

Nicht lange darauf überstieg Raimund von Toulouse an der Südseite die Burg Davids, während der Gewalthaufen durch das gesprengte Südtor mit solcher Heftigkeit eindrängte, daß 16 Provenzalen im Gewühl erstickten. Furchtbar raste jetzt in den Straßen und Häusern die entfesselte Mordgier. Überall wurden ohne Unterschied Männer und Frauen, Greise und Kinder, oft mit ausgesuchten Qualen, getötet, Säuglinge von den Brüsten der Mütter hinweggerissen und zu Boden geschleudert oder Gefangene langsam verbrannt oder gezwungen, von den Türmen herabzuspringen. Alle zur Synagoge flüchtenden Juden wurden durch Feuer vertilgt, 10 000 Muselmanen, unter ihnen viele Priester (Imam) und Gesetzkundige (Ulema), in dem durch Tankred gestürmten Tempel Salomons (Moschee Omar) so lange hingewürgt, bis das Blut die Treppe herabrieselte und die Hufe der Rosse netzte. Selbst die auf das Dach Geflüchteten traf am anderen Morgen der Untergang. Von 40 000 Menschen blieben nur etliche Hunderte verschont, um die Toten zu beerdigen und Gassen und Wohnungen zu reinigen.

Endlich müde des Mordens und Raubens, legten die vom Fuß bis zum Scheitel mit Blut bespritzten Sieger die Waffen ab,* wuschen sich und zogen barfuß, das Haupt unbedeckt, unter Gebeten und Lobgesängen in die Kirche des Heiligen Grabes, wo etliche reumütig die eben gewonnene Beute in den Opferstock legten, andere schluchzend ihre Sünden bekannten und Besserung gelobten. Alle aber stimmten aufrichtig in die Danklieder der versammelten Priesterschaft ein und priesen Gott, daß er die geweihten Stätten befreit habe vom Joch der Ungläubigen. Danach wählten, um der aufkeimenden Zwietracht und Zügellosigkeit kräftig zu begegnen, die am Heiligen Grab versammelten Herren nach fruchtlosem Widerspruch der Geistlichkeit, die ein Priesterreich gründen wollte, den Herzog Gottfried durch Stimmenmehrheit zum König von Jerusalem (22. Juli) und den ehrgeizigen, ränkevollen Kaplan Arnulf zum Patriarchen der morgenländischen Kirche.

Kaum waren so die Innenverhältnisse notdürftig geordnet, als von Ägypten her eine große Gefahr drohte. Denn über 100 000 Neger, Beduinen und Ägypter nahten unter Afdal, dem Wesir des Kalifen, um die junge Pflanzung der Christen im Keim zu ersticken. Jene, nur 5000 Reiter und 15 000 Fußknechte stark, aber voll Selbstver-

---

* »*Victores a planta pedis usque ad verticem cruore madentes*«, d. h. »die Sieger, von der Fußsohle bis zum Scheitel von Blut triefend.« Wilhelm von Tyrus, S. 759.

trauen und Glauben an die wundertätige Kraft des unlängst gefundenen heiligen Kreuzes, zogen dem Feind freudig entgegen und gewannen durch Heldenmut und Klugheit bei Askalon einen so entscheidenden Sieg (11. August), daß fortan nicht nur viele Jahre lang die Angriffe der Moslemin ruhten, sondern auch freiwillig die Befehlshaber von Ptolemais, Askalon, Cäsarea und anderen Städten teils Verträge abschlossen, teils Zins gelobten. Denn Gottfrieds steigender Ruhm war weniger die Frucht der Waffengewalt als der herausragenden Milde, Weisheit und Gerechtigkeit.

Darum wählten ihn selbst arabische Stammeshäuptlinge entweder zum Schiedsrichter ihrer Zwiste oder überbrachten persönlich Geschenke als Zeichen ehrfurchtsvoller Hochachtung, die bei jedem Besuch nur neuen Zuwachs fand. So trafen einst zwei Emire den gefeierten Helden vor der Seefeste Assur auf einem Strohsack sitzend und verwunderten sich darüber. Bescheiden antwortete der König, darin den ersten Kalifen des Islams gleich: »Warum soll die Erde, einst die Ruhestätte der Toten, nicht auch den Lebenden zum Polster dienen?« Da riefen begeistert die Fürsten des Morgenlands aus: »Wahrlich, dieser Mann ist geboren, die Welt zu überwinden und alle Völker zu beherrschen!« Ein anderer Emir kam mit beträchtlichem Gefolge und herrlichen Gaben nach Jerusalem, um die bekannte Leibesstärke des Königs zu erproben, der bereitwillig die sonderbare Bitte gewährte und zuerst mit dem eigenen, danach des Arabers Schwert zwei Kamelen auf einen Hieb den Hals durchschnitt. Erstaunt huldigte der Moslemin dem Christen als Lehnsherrn und ließ reiche Geschenke an Rossen, Kamelen, Gewändern, Gold und Silber zurück.*

Lange überlebte aber König Gottfried die Gründung des Reiches Jerusalem nicht. Er starb mitten in der Blüte seiner Jahre und seines Ruhmes (18. August 1100), beweint von Franken, Syrern und Griechen und geachtet von den Erbfeinden des christlichen Glaubens. Denn er war ein ernster, seinem Wort getreuer Mann und hatte erfüllt,** was die einfache Grabschrift am Gewölbe der Auferstehungskirche ohne Schmeichelei meldete: »Hier liegt Gottfried von Bouillon, der dieses ganze Land dem Christentum gewonnen hat. Seine Seele ruhe in Christo!«

---

* Wilhelm von Tyrus, S. 775 und IX, 20.

** »*Vir serius et stabilis in verbo*«, d. h. »Er war ein ernsthafter, dem Wort getreuer Mann.« Wilhelm von Tyrus, S. 765.

Blickt man von den Kriegstaten der Kreuzfahrt auf die Gestaltung der Innenverhältnisse, die größtenteils schon der erste König mit Hilfe der weisesten und biedersten Pilger durch die schriftliche Sammlung verschiedenartiger Gesetze und Gewohnheiten unter dem Namen »Briefe des Heiligen Grabes« *(lettres du sépulcre, assises du royaume de Jérusalem)* ordnete, so erscheint das christlich-morgenländische Reich Jerusalem im ganzen als ein veredeltes Abbild des abendländischen Lehnswesens. Von Ibelin im Süden bis Paneas im Norden ausgedehnt, umfaßte das eigentliche Krongebiet, neben Jerusalem, Joppe und 20 Flecken, vier unmittelbare, durch ein loses Band zusammengehaltene Lehnsherrschaften: nach Norden die Grafschaft Edessa, vom Wald Marit bis nach Maredin in Mesopotamien, unter Balduin, dem Bruder Gottfrieds von Bouillon; das Fürstentum Antiochien, das südlich von den Burgen Margath und Valenia, westlich von Tarsus, östlich von Heraklea begrenzt wurde und im erblichen Besitz Boemunds (gest. 1110) stand; die an Raimund von Toulouse (gest. 1105) übertragene Grafschaft Tripolis, von der südlichen Markung Antiochiens bis zum Hundefluß, zwischen Byblus und Berytus, gelegen; und das von Tankred (gest. 1112) am See Genezareth gestiftete Fürstentum Tiberias. Diesen größeren, meistens nach eigenen Gewohnheiten verwalteten Landschaften schlossen sich viele kleinere Lehen und Herrschaften an, je nachdem Glück und Waffengewalt die Gefolgschaftsleute der Fürsten begünstigt hatten, wie denn in der Stadt Jerusalem Häuser und Gerät dem ersten Besitzergreifer, der vor der Tür seinen Schild aufstellte, bleiben durften.*

Der sonst erbliche König, aus Mangel an ebenbürtigen Nachkommen und Verwandten von den höheren geistlichen und weltlichen Herren durch Wahl ernannt, schwor auf ein Evangelienbuch, daß er die heilige Kirche und die Witwen und Waisen in ihren Rechten gegen jedermann schützen, alle Gewohnheiten und Satzungen des Reiches aufrechterhalten und erfüllen und alle von den Vorgängern gegebenen Verleihungen und Freiheiten anerkennen werde. Darauf bezügliche Streitigkeiten werde er mit Hilfe des Lehnshofes schlichten, endlich unparteiische Gerechtigkeit handhaben und verteidigen

---

* Man hatte ausgemacht, *»ut urbe violenter impugnata quod sibi quisque acquireret, id jure proprietatis sine molestia possideret in perpetuum«*, d. h. »jeder sollte nach eroberter Stadt mit Eigentumsrecht besitzen, was er gewinnen würde.« Wilhelm von Tyrus, S. 795.

mit aller ihm gesetzlich übertragenen Macht. Danach wurde das dergestalt auf die Verfassung beeidigte Oberhaupt in der Kirche des Heiligen Grabes durch den Patriarchen gekrönt, dem Volk vorgestellt und mit Ring, Szepter, Schwert und Reichsapfel geschmückt. Nachdem er von allen anwesenden Lehnsträgern durch den Huldigungseid begrüßt worden war, wurde er in den Tempel Salomons geführt, wo ein öffentliches Mahl die Feierlichkeit beschloß.

Von den vier Kron- oder Reichsbeamten beaufsichtigte der Seneschall alle königlichen Burgen und Festen, alle Amtsleute *(baillifs)* und Schreiber. Er verwaltete innerhalb und außerhalb des Landes die Einkünfte und Kammergüter, entschied im Namen des Königs, als des geborenen Oberrichters, bei ihm vorgebrachte Klagen und trat in dringlichen Fällen als Stellvertreter des abwesenden oder verstorbenen Fürsten auf. Der Konnetable führte den Vorsitz im Gerichtshof des hohen Adels (Pairs). Er urteilte über alle Klagen nicht bezahlten Soldes, übte nächst dem König die höchste Macht im Heer aus, das er musterte und in Schlachthaufen ordnete, verteilte die Beute, schlichtete die Streitigkeiten zwischen Herren und Waffenknechten und trug an festlichen Tagen die Reichsfahne. Der Marschall beeidigte und beaufsichtigte alle Dienstmannen der Krone, Ritter und Fußknechte, sorgte für die Herberge des Königs und des Heeres und entschied in Abwesenheit des Konnetable die Zwiste der Kriegsleute. Der Oberkammerherr *(le chamberlain)* war dagegen als Mundschenk und Schwertträger nur auf untergeordnete Hofdienste beschränkt.

Der König, zwar Oberrichter und Feldhauptmann, aber überall durch das strenggegliederte Lehnswesen eingeschränkt, mußte bei allen wichtigen Angelegenheiten den Patriarchen, die Barone und die angesehensten Ritter beraten. Die gesetzgebende Gewalt hatte der Reichstag, der vom König ausgeschrieben und von den Hochadligen, Geistlichen und Bürgern besucht wurde.

Streitigkeiten der unmittelbaren Lehnsträger (des hohen Adels) entschied unter dem Vorsitz des Königs der Oberhof *(la haute court)*, vor dem die Barone erscheinen konnten und mußten, um teils ihre und der Freunde Sachen zu schützen, teils auf königliche Mahnung vor dem Recht zu stehen oder Recht zu finden. Ähnliche Höfe galten für den mittelbaren oder niederen Adel (Afterlehnsträger), während der Bürgerhof *(court des borgés)* nach den eigenen Satzungen und Gewohnheiten die Klagen der Standesgenossen durch frei gewählte Schöffen untersuchen und das Urteil durch den königlichen Grafen sprechen und vollziehen ließ. Selbst die syrischen Christen wurden mit Ausnahme peinlicher Verbrechen nach den heimischen Gewohnheiten von Richtern ihres Volkes und Glaubens beurteilt, so daß offenbar die bürgerliche Freiheit in der morgenländischen Pflanzung bedeutende Fortschritte machte. Jedoch zeugte die rechtskräftige Befugnis, nicht den Ritter, wohl aber den Bürger bei entschiedener Zahlungsunfähigkeit dem Gläubiger als Gefangenen zu überlassen, von dem zähen, auch in Palästina gültigen Unterschied eines bevorrechteten und eines dienstbaren Standes. Als Binde- und Zwischenglied erschien wie im Abendland die Kirche, deren obere Beamte, Patriarch, Erzbischöfe und Bischöfe, aus den lehnsherrlichen Grundstücken, Zehnten und freiwilligen Gaben beträchtliche Einkünfte bezogen und bald in den zahlreichen Klöstern für die Bekämpfung der Weltlichkeit einen mächtigen, wenn auch unzuverlässigen Bundesgenossen bekamen.

Neben dem neuen christlichen Gemeinwesen, das deutsche und welsche, syrische und griechische Geschlechter verschmolz, bildeten sich allmählich eine Reihe von Bruderschaften aus, die unter dem Namen der geistlichen Ritterorden auf der Grenze des Priesterlich-Weltlichen standen und das Mönch- und Kriegertum zu vereinen versuchten. Dafür wirkten teils die Notwendigkeit, das den Heiden entrissene Erbe Gottes, das Land der Verheißung, durch ein regelmäßiges Aufgebot (Miliz) zu schützen, teils der dem Jahrhundert tief eingeprägte Glaube an die Verdienstlichkeit der Abtötung des Fleisches.

Aus diesem Bund der Selbstpeinigungslehre (Asketik) und der Kriegswissenschaft gingen hauptsächlich jene eigentümlichen Bruderschaften (Korporationen, Orden) hervor, die mit den christlichen Heerfahrten ins Morgenland in der gleichen Zeit blühen, verfallen und sterben. An ihrer Spitze erscheinen zuerst die Johanniter oder Hospitalritter, deren Keime schon in älteren, allgemein menschlichen Vereinen hervortreten. Früh nämlich stifteten Mildtätigkeit und Gewinnsucht in und bei Jerusalem mehrere Anstalten für die Beherbergung und Pflege der armen und kranken Pilger des Abendlands. Denn ihnen war bereits um die Mitte des 9. Jahrhunderts unweit der Marienkirche im Tal Josaphat ein Hospital bestimmt, das neben Äckern, Weinbergen und Gärten eine treffliche, von Karl dem Großen verehrte Büchersammlung besaß. Während des 11. Jahrhunderts stifteten bei wachsendem Eifer für Wallfahrten Kaufleute aus Amalfi nahe der Auferstehungskirche ein Mönchskloster zu Ehren der Heiligen Jungfrau. Hier hielten Benediktiner nach lateinischer Weise Gottesdienst, unterstützten arme oder gebrechliche Wallbrüder auf das liebreichste und erbauten bald darauf außerhalb ihrer Ringmauern das Kloster der büßenden Maria Magdalena, in dem fromme Schwestern bedrängten Pilgerinnen dienten (um 1050–1060). Da aber auch diese Anstalten dem Bedürfnis nicht genügten, so gründeten die Benediktiner neben ihrer Kirche ein Kranken- und Armenhaus (Hospitium), das sie nach Johannes dem Barmherzigen, dem heiligen Patriarchen von Alexandrien, benannten und bei steigenden Einkünften der rücksichtslosesten Mildtätigkeit ohne Ansehen des Glaubens und des Stammes weihten.

Solche Denkart bewerkstelligte besonders während der Belagerung Jerusalems durch die Christen Gerhard aus der Provence, der damalige Vorsteher des Johanneshospitals. Griechen und Syrer, Moslemin und Christen, Arme, Kranke und Wunde, alle Bedrängten fanden den gemeinschaftlichen Menschenfreund. Darum vergab der fromme König Gottfried nicht nur beträchtliche Grundstücke an die Anstalt, sondern gestattete ihr auch, sich vom Kloster der Heiligen Jungfrau zu trennen und unabhängig das vorgesteckte Ziel zu verfolgen. Daher nahmen Meister und Brüder des Hauses die Regel und Kleidung der geordneten Augustiner Chorherren an und hefteten ein weißes, achteckiges Kreuz auf die linke Seite des schwarzen Mantels. Sie betrachteten die Kranken und Bedürftigen als ihre Gebieter und sich selbst als deren Knechte und erreichten, diesem Grundsatz treu, bald solche Achtung, daß Fürsten und Ritter des Morgen- und Abendlands durch Gaben und Vermächtnisse Reichtum brachten. Papst Paschalis II. gewährte sogar das Vorrecht (1113), sich nach dem Tod Gerhards ohne die Dazwischenkunft geistlicher oder weltlicher Behörden einen Meister zu wählen, keinen Zehnten an den Patriarchen von Jerusalem zu entrichten und im ungeschmälerten Besitz der jetzigen wie der künftigen Schenkungen zu verbleiben.

Schon traten einzelne Ritter, die dem Waffenwerk entsagten, der mildtätigen, nur auf Kranken- und Armenpflege gerichteten Bruderschaft bei, die von ihrem zweiten Meister, Raimund Dupuy, eine festere Grundlage gesellschaftlicher Ordnungen empfing (1118–1150). Das aufzunehmende Mitglied nämlich sollte von christlichen Eltern abstammen, ehelich geboren, nicht in einem anderen Orden, nicht leibeigen oder verheiratet sein und Keuschheit, Armut und Gehorsam gegen die Befehle des Oberen eidlich geloben. Kein Bruder sollte kostbare Kleider, am wenigsten Pelze tragen, niemand sollte, um Almosen zu sammeln oder in anderer pflichtgemäßen Absicht, allein gehen, sondern stets in Begleitung von einem oder zwei Gefährten, die auch ihr Licht selbst mitbringen sollten und überall, wo sie übernachteten, anzünden müßten, damit nicht in der Finsternis der böse Feind Lebensgefahr bereitete. Der Unzüchtige sollte durch öffentliche Kirchenbuße, Rutenstreiche und Verstoßung aus der Bruderschaft gestraft werden. Der Hehler von Geld oder Geldeswert sollte in Gegenwart aller Hausgenossen die verbotene Sache am Hals tragen, Geißelhiebe empfangen und 40 Tage lang, jeden Mittwoch und Freitag bei Wasser und Brot, Buße tun. Der Geistliche sollte nur in weißen Kleidern die Geschäfte seines ehrwürdigen Amtes verrichten, überhaupt jedermann die strengste Sittlichkeit beobachten.

Nicht zufrieden mit diesen allgemeinen Vorschriften, verpflichtete der feurige Gesetzgeber, der gleichsam eine beständige Kreuzfahrt neben der Mildtätigkeit unterhalten, also schlagen und heilen wollte, die Ritter der Bruderschaft zum Kampf mit den Ungläubigen. Denn diese beunruhigten bei dem geringen Umfang des Königreichs Jerusalem unaufhörlich von den benachbarten Bergen und Schlössern auf der offenen Ebene, hieben die Männer nieder, schleppten Frauen und Kinder in Knechtschaft und unterbrachen die Verbindung zwischen der Heiligen Stadt und den entfernteren Plätzen des christlichen Gebiets. Daher fand der Gedanke, Menschenliebe und Männerkraft in einem bisher unbekannten Mönchsrittertum auszuprägen, den ungeteilten Beifall der weltlichen und priesterlichen Macht.

So zahlreich trat der Adel in einen Orden, der die Bahn kriegerischen Ruhmes und stiller Demut gleichzeitig eröffnete, daß man sich binnen kurzem genötigt sah, die Mitglieder nach dem Beruf und Stamm in verschiedene Reihen zu sondern. Während nämlich die Ritter als Streiter Christi dem Waffenwerk oblagen oder heimgekehrt vom Schlachtfeld Kranke und Arme pflegten, waren die Geistlichen als zweiter Stand am Altar und Siechbett beschäftigt, folgten endlich die sogenannten dienenden Brüder, die jedoch nicht in die Ritterschaft aufgenommen werden durften, bald dem kriegerischen, bald dem friedlichen Beruf.

Hinsichtlich der Landeszugehörigkeit zerfiel der Verein bei wachsendem Umfang an Leuten und Gut nach den Sprachen in sieben Zungen, Provence, Auvergne, Frankreich, Italien, Aragonien, Deutschland und England. Die Verfassung war ein gemäßigtes Geschlechterregiment (Aristokratie), indem der Rat, den Großmeister an der Spitze, alle Hoheitsrechte übte und namentlich durch Wirtschaftsbeamte, Lehrer geheißen, die Verwaltung der weitläufigen, später in Komtureien und Kommandereien geteilten Liegenschaften besorgte.

Selbst Frauen von reinen Sitten und edler Abkunft durften, wenn sie die drei Klostergelübde abgelegt hatten, als Schwestern einem Orden beitreten, der zwei Menschenalter lang ein Spiegel häuslicher und kriegerischer Tugend blieb und darin glücklich mit den Nebenbuhlern, den Tempelherren, wetteiferte.

»Diese«, meldete der heilige Bernhard (gest. 1153), »leben im strengsten Gehorsam gegen die Befehle der Regel und des erwählten

Großmeisters, meiden in der Nahrung und Kleidung allen Überfluß, gehören ohne Frau und Kind einer mäßigen und fröhlichen Brüderschaft an, bewohnen ohne Eigentum ein gemeinsames Haus, haben alle, könnte man sagen, nur ein Herz und eine Seele, fliehen den Müßiggang, beschäftigen sich, wenn sie nicht streiten, mit Ausbesserung der Kleider, Waffen und anderem, was Zeit, Ort und gemeine Notdurft fordern. Bei ihnen herrscht kein Ansehen der Person. Nicht der Adligste, sondern der Tüchtigste gilt. Sie unterstützen einander nach Kräften, der Bruder trägt des Bruders Lasten. Ein unbescheidenes Wort, eine ungebührliche Handlung, ein lautes Gelächter, selbst das geringste Gemurmel, wird auf der Stelle bestraft. Schach- und Würfelspiel, Jagden und Falkenbeize, Harlekine und Gaukler, Bänkelsänger und Schauspieler sind ihnen ein Greuel. Sie scheren das Haupt, erscheinen niemals geschmückt, stets mit nachlässigem Haar, staubigem, von der Hitze und dem Panzer gebräunten Angesicht. Entsteht Krieg, so schützen sie sich drinnen durch Treue und Glauben, draußen durch das Eisen, nicht durch das Gold. Sie flößen bewaffnet, nicht aber geziert, dem Feind Schrecken ein, ohne die Habsucht zu reizen. Ihnen gefallen starke und schnelle, nicht aber buntscheckige und geschmückte Streitrosse. Denn gerichtet auf Kampf, nicht auf Prunk, auf Sieg, nicht auf Eitelkeit, wollen sie vielmehr Furcht denn Bewunderung erregen. In der Schlacht besonnen, nicht leidenschaftlich, ordnen sie ihre Scharen mit Bedacht und Umsicht, stürzen dann, uneingedenk der sonstigen Sanftmut, mit Ungestüm auf den Feind, dessen Zahl oder Wildheit ihnen nie furchtbar ist. Denn sie hoffen Sieg von der Stärke des Herrn. Darum sind schon Tausende vor einem, Zehntausende vor zweien geflohen. So erscheinen sie zugleich sanfter als die Lämmer und grimmiger als die Löwen, so daß ich nicht weiß, ob man sie Mönche oder Ritter heißen soll. Jedoch gebühren ihnen wohl beide Namen.«*

Solcher Lobspruch war nicht übertrieben und grundlos. Denn der Templerverein erhob sich binnen 50 Jahren durch Frömmigkeit, Heldenmut und Sitteneinfalt von dürftigen Anfängen zu glanzvollem Reichtum und gebietender Macht im Morgen- und im Abendland. Neun französische Ritter nämlich, unter ihnen Hugo von Payens und Gottfried von St. Omer, stifteten, gerührt durch die Gefahren der ar-

---

* Bernhardi, Exhortatio ad milites templi, c. 4, Band I, 545, verglichen mit Vertot, Histoire des chevaliers de Malte, I, 150. Amsterdam 1772. Über die Verfassung des Ordens vgl. Wilken, II, S. 543–546.

men Pilger und entflammt von dem Beispiel der Johanniter, zu Ehren der süßen Mutter Gottes eine Bruderschaft und verpflichteten sich neben den gewöhnlichen drei Mönchsgelübden zum Schutz Palästinas und zum Kampf mit den Ungläubigen (1119).

Gerne trat der damalige König Balduin den Teil seines Palastes, der neben dem hochberühmten Tempel Salomons lag, als Wohnung dem fortan gleichnamigen Orden der Tempelherren (Templer, *templarii)* ab. Papst Honorius II. und die nach Troyes in der Champagne berufene Kirchenversammlung bewilligten dem ersten Großmeister, Hugo von Payens, eine neue, nach den Satzungen des heiligen Benedikt durch den Abt Bernhard geordnete Regel (1128), die besonders das gottesdienstliche und häusliche Leben schärfer bestimmte und ein weißes Kleid mit rotem Kreuz auf der Brust und ein weißschwarzes Banner mit der Aufschrift »Nicht uns, Herr, nicht uns, sondern deinem Namen gib Ruhm!« zu äußeren Abzeichen erwählte.

Freudig gaben Fürsten und Völker, Priester und Weltliche, wetteifernd Beiträge zur Förderung des heilsamen, der gesamten Christenheit nützlichen Unternehmens. So stiftete König Heinrich I. von England zu London den Tempelhof (1130), schuf der deutsche Kaiser Lothar aus einem Teil seines Stammlands, der Grafschaft Supplingenberg, eine reiche Komturei (1130), trat der betagte Graf Raimund von Barcelona und der Provence der Bruderschaft bei. Der heldenmütige König Alfons von Navarra und Aragonien, in 29 Schlachten Sieger über die Mauren, setzte sie und die Johanniter sogar zu Erben seiner Reiche ein (1133). Zwar wurde dieses Vermächtnis, als entgegen dem Natur- und Völkerrecht, nicht vollzogen. Aber es zeugte dennoch urkundlich für den hohen Ruf beider Verbindungen, von denen die ältere des heiligen Johannes bereits um die Mitte des 13. Jahrhunderts 19 000, die jüngere 9000 Morgen Landes in Europa und Asien besaß,* ungerechnet die beträchtlichen Einkünfte anderer Art.

* Matth. Paris ad a. 1244 bei Vertot, I, 320, *»habent insuper Templarii in christianitate novem millia maneriorum. Hospitalarii vero novem decem, praeter emolumenta et varios proventus ex fraternitatibus et praedicationibus provenientes, et per sua privilegia accrescentes«*, d. h. »überdies besitzen die Tempelherren in der Christenheit 9000, die Hospitaliter aber 19 000 Morgen Landes, ungerechnet die mannigfaltigen Vorteile und Einkünfte, die aus Bruderschaften und Predigten fließen und durch die Vorrechte gesteigert werden.« Vgl. Wilken, I, S. 562 und Schlosser, Weltgeschichte, III, 1, S. 185 und 186.

Der Templerorden, dessen weitläufiges Gebiet in Landschaften (Provinzen), Balleien und Komtureien zerfiel, hatte, ähnlich den Hospitalitern, verschiedene Gattungen von Mitgliedern. Obenan standen, im versammelten Kapitel jedesmal feierlich aufgenommen, die Ritter, oft mehr als 300 an der Zahl. Ihnen folgten die Priester und Kapläne, die in den herrlich ausgeschmückten Kirchen und Kapellen den Gottesdienst mit besonderer Pracht und Salbung verrichteten. Diesen folgten die dienenden Brüder, teils Waffenträger (Brüder Wappner, *frères servans d'armes),* teils Handwerker (Brüder Handwerker, *frères servans des métiers),* wie Schmiede, Bäcker, Maurer usw. Das Kriegsgesetz war streng. Niemand durfte vor drei Feinden fliehen oder tollkühn angreifen. Der Gefangene galt als ausgestoßen. Man kümmerte sich nicht um ihn. Die höchste Macht stand beim Großmeister und beim Rat (Konvent), in dem der erste Komtur, der Marschall, Seneschall, Schatzmeister, Turkopolier, oder Befehlshaber der Leichtbewaffneten, und andere Beamten Sitz und Stimme hatten. Als Stellvertreter der ganzen Bruderschaft versammelte sich bisweilen in Jerusalem der große Rat (Generalkapitel).

Nach dem Vorbild dieser beiden Rittervereine entwickelten sich in Spanien der Orden von Kalatrava, ursprünglich bestimmt für die Verteidigung des gleichnamigen, an den Grenzen Toledos und Kastiliens gelegenen Waffenplatzes (1157), die Gesellschaft von St. Jago, dem Schutz der nach Compostella in Galicien ziehenden Pilger gewidmet (1175), und die von Alkantara, nach Benedikts Regel geordnet (1219). Im Morgenland endlich gründete sich unter den Mauern der Feste Akkaron die Bruderschaft der Deutschritter (1190), die nur auf Mitglieder ihres Volkes beschränkt war. Kenntlich durch einen weißen Mantel mit schwarzem Kreuz, machten sie Krankenpflege und Kampf mit den Ungläubigen zu ihrer Lebensaufgabe, folgten im übrigen aber meistens den Templern als Muster.

Während so die weltlich-geistlichen Orden bei den Christen eine werktätige Schule der Kriegskunst, Ehre und oft von blindem Glaubenseifer begleiteter Frömmigkeit wurden, entfaltete sich bei den Moslemin der körperschaftliche Trieb nur in einer, mehr geheimen denn öffentlichen, mehr knechtischen denn freien Verbindung. Die durch Hassan Sabah nämlich gestiftete Bruderschaft der Assassinen breitete sich von den Gebirgen Persiens und Chorasans auch über einen Teil Syriens aus, wo unter beständigen Fehden mit den Franken auf den Höhen des Libanon bei Tortosa oder Antaradus ein beträchtliches Gebiet nebst zehn unersteigbaren, anmutig gelegenen Schlössern erworben und von dem ismaelitischen Gebirgsfürsten

(Scheich al Dschebel) gegen alle Angriffe bald der Christen, bald der rechtgläubigen Mohammedaner behauptet wurde (seit 1105). Denn geleitet vom Obermeister (Oberdai), den die Abendländer gewöhnlich »den Alten vom Berge« *(vetulus de monte, vieil de la montagne)* nennen, und entflammt durch die Aussicht auf reiche Beute und überschwenglichen Lohn im Paradies, ruhte der schwärmerische Fedavi (Geweihte) nicht eher, als bis das bezeichnete Opfer unter den Stößen des Dolches ausgeblutet hatte. So fielen kurz hintereinander der Statthalter von Aleppo mit seinen beiden Söhnen (1109), Maudud, Fürst von Mosul (1113), während des Gebets in der Moschee, der Emir Achmed im Angesicht des ganzen Hofes von Bagdad (1115), Afdal, der Wesir von Ägypten (1121), und der Fatimide, Kalif Amer.*

Wenn also der erste Kreuzzug auf die Innenverhältnisse des schon früher zwieträchtigen Islams zersetzend zurückwirkte, dem Christentum aber trotz des unlängst begonnenen, jedoch keineswegs beendeten Streits zwischen der weltlichen und geistlichen Macht, dem Kaiser- und Papsttum, durch gemeinsame Gefahren und Siegespreise augenblickliche Einigung brachte, so hat er die räumliche Stellung der morgenländischen Völker durch den Gewinn der Heiligen Stadt und ihrer Vorwerke nicht minder entscheidend verändert und besonders die bereits vorher sichtbare Zerstückelung der gebietenden Seldschuken gefestigt.

Diese behaupteten nämlich, etwa vom Tod Malekschahs (1092) an bis zur Mitte des 12. Jahrhunderts, in Binnenasien unter drei zwistigen Brüdern neben dem Mittelpunkt Persien (Iran) nach Westen Aserbaidschan (Irak), Mesopotamien und Syrien, nach Osten Chorasan und die Länder am Gihon und in Vorderasien unter den Erben Suleimans und Kilidsch Arslans (gest. 1106) die trotz des Verlustes von Nicäa noch ausgedehnten Bestandteile des Reiches (Sultanats) Ikonium oder Rum. In Syrien endlich gehörten ihnen unter den Söhnen des ersten Eroberers, Tutusch, so lange Aleppo und Damaskus, bis jenes zuerst von den aus Jerusalem vertriebenen Orthokiden besetzt (1117) wurde, dieses von dem großen, unabhängigen Statthalter über Mosul, Emadeddin Zenki,** gefährlich bedroht und zur späteren Unterwerfung vorbereitet wurde.

---

* Siehe Schlosser, Weltgeschichte, III, 1, S. 178.
** Zengui, Sanguinus bei den Abendländern.

Denn die bisher zersplitterten Kräfte der Muselmanen hatten besonders in den Euphratlanden und Syrien allmählich aus einem zufälligen Staatsfehler das Mittel festerer Einigung gezogen. Die seldschukischen Sultane nämlich übertrugen teils aus Trägheit, teils aus Dankbarkeit ihren ehemaligen Erziehern und Vormunden unter dem Namen Atabeks, d. h. »Väter des Fürsten«, die beinahe unumschränkte Verweserschaft weitläufiger Bezirke, wo der Diener Bürgern und Soldaten gebieten durfte, während der Herr in seinem Palast und Harem schwelgte. Als Sohn eines kühnen, türkischen Emirs, Kasimeddaulah Aksonkor, der sieben Jahre lang die Statthalterschaft über Aleppo, Hams, Mambedsch und Ladsikia geführt, aber nach dem Tod Malekschahs im Krieg mit Tutusch Amt und Leben eingebüßt hatte (1094), zeigte Emadeddin Zenki, der genötigt war, in den Sold verschiedener Fürsten zu treten, in allen Kämpfen gegen die Christen einen so glänzenden Heldenmut, daß ihm der Sultan Mohammed, Malekschahs Nachfolger in jenen Westlanden, freiwillig die Verweserschaft Mosuls übertrug (1127) und ihm gewährte, sich von hier aus Aleppo nebst allen Städten und Gauen, die der Fluß Asi (Orontes) durchströmt, zu unterwerfen. Bald folgte die Belehnung mit Syrien, Mesopotamien und überhaupt allen westlichen Gebieten des Reiches. Denn jetzt endlich erkannte man zu Bagdad in der Zerstückelung der Westgrenze die erste Ursache der bisherigen Mißgeschicke und versuchte, unbekümmert um die Folgen, durch ein mächtiges Grenzfürstentum den Fortschritten der Christen zu begegnen.

Diesen gönnte jedoch der Atabek, in allen Unternehmungen planmäßig, bis zum günstigen Augenblick absichtlich Ruhe. Er mied voreilige Fehden und trachtete nur auf Kosten türkischer Emire nach Ausdehnung und Befestigung der Herrschaft. Schlanken und regelmäßigen Wuchses, mit brauner Gesichtsfarbe und blauen Augen, in Gebärden und Haltung würdevoll, seinen Feinden gegenüber oft hart, grausam und treulos, handhabte Zenki als gemeinsames Oberhaupt verschiedenartiger Völker die strengste Gerechtigkeit. Er schützte die Unschuld des Schwachen und brach den Übermut des Starken. Er sorgte, selber höchst uneigennützig und einfach, für den Wohlstand der Untertanen, schenkte alle Freitage den Armen hundert Goldstücke und zeichnete jede Reise oder Heerfahrt durch Handlungen der Mildtätigkeit aus. Er leitete, überall gegenwärtig und wachsam, persönlich die verwickelten, mannigfaltigen Geschäfte der Regierung. Um Bedrükkungen zu verhindern, gestattete er keinem Soldaten den Erwerb von Grundstücken. Er gab mit einem Wort für die Morgenländer das Muster eines unverzagten, gerechten und weisen Alleinherrschers.*

Dieser außerordentliche Mann richtete, nachdem er sein Fürstentum nach innen und außen hin befestigt hatte, plötzlich die Waffen gegen das christliche Reich Jerusalem und stürzte auf dessen östliche Vormauer, Edessa, in der Überzeugung, jetzt endlich sei die entscheidende Stunde der Rache an den Feinden des Glaubens und der Freiheit gekommen.** Zu solchen Hoffnungen berechtigten allerdings die damaligen Bedrängnisse der Franken, deren Geschichte, seit dem Tod Gottfrieds reich an schnellen Wechseln der Blüte und des Verfalls, hier eine übersichtliche Schilderung fordert.

In einem ununterbrochenen Siegeslauf hatte sich die christliche Herrschaft von Elarisch an der ägyptischen Grenze bis nach Maredin und Schaiketan in Mesopotamien ausgebreitet und mit Ausnahme von Aleppo, Emesa, Hamah und Damaskus ganz Syrien allmählich unterjocht. Auf die benachbarten Stämme der Muselmanen hatte sie lähmenden Schrecken geworfen und Kaufleute und Reisende, wenn sie sicher ziehen wollten, in die vom Hunger und räuberischen Arabern bedrohten Wüsten gebannt. Auch von den noch freien Städten hatte sie regelmäßigen Zins gefordert und erhalten und überhaupt so kühnen Aufschwung genommen, daß, wenn christliche Boten den Jahrmarkt von Damaskus besuchten, der Muselman ohne Zaudern seinen armenischen, griechischen und christlichen Sklaven die Freiheit gab und die Landschaft des Fürstentums Aleppo bis zum Gartentor, 20 Schritte von der Stadt, dem Fremdling steuerte. Aber bald schlug dieses außerordentliche Glück um und machte eben so überraschenden Mißgeschicken Raum.***

Während nämlich unter dem kräftigen, tapferen, aber sittenlosen König Balduin I., Gottfrieds Bruder (1100–1118), ein ägyptisches Heer von 30 000 Mann bei Askalon vor 900 Fußknechten und 260 Rittern schimpflich floh und, 1101 trotz der beträchtlichen Zu-

* Siehe Wilken, II, S. 586 nach morgenländischen Berichten, und Reinaud, S. 78–90.

** Bisher hatten die Muselmanen, zwieträchtig und durch den Fall Jerusalems wie betäubt, keine Angriffsunternehmung gewagt und den Klagen des Dichters Abivardi das Ohr verschlossen. Umsonst konnte dieser den Gläubigen Bagdads und des Binnengebiets zurufen: »Eure syrischen Brüder haben keine andere Ruhestätte als den Rücken des Kamels und die Eingeweide des Geiers. Wie viel Blut wurde vergossen, wie viel Frauen und Jungfrauen wurde, um ihre Schönheit zu verhüllen, nichts gelassen als die flache Hand!« Siehe Reinaud, S. 14.

*** Nach arabischen Berichten bei Reinaud, S. 59.

züge das zweitemal geschlagen, einen siebenmonatigen Waffenstillstand bewilligen mußte, und während die Festen Tripolis, Berytus, Sidon und Akkon (Ptolemais) nach hartnäckiger Gegenwehr dem ausdauernden Mut der Belagerer wichen (1109, 1110), fanden an die 300 000 Pilger, Franzosen, Italiener und Deutsche, unter dem Befehl der Grafen Hugo von Vermandois und Wilhelm von Poitiers, des Erzbischofs Anselm von Mailand und des Herzogs Welf IV. von Bayern mit zahllosen edlen und einfachen Frauen durch Hunger, Krankheiten und türkisches Schwert in Kleinasien den Tod (Sommer 1101). Wer nicht fiel, kam mit Ausnahme etlicher Flüchtlinge in Gefangenschaft, ein Los, das auch die meisten Frauen und Jungfrauen, unter ihnen die schöne Markgräfin Ida von Österreich, traf. Unermeßlich war dabei die Beute an kostbarem Gerät. Drei Meilen weit sah man die kappadokische Ebene von Marasch, wo die Hauptschlacht geschah, bedeckt mit goldenen und silbernen Geschirren, Geld, seidenen und purpurnen Kleidern, Hermelin- und Zobelpelzen. Selbst der Chorrock und der wundertätige Arm des heiligen Ambrosius, beide mit Edelsteinen und Gold geschmückt, wurden von dem flüchtigen Erzbischof Anselm den Ungläubigen preisgegeben.

Das traurige Ende dieser zweiten Kreuzfahrt, die entgegen allen Warnungen Bagdad, den Sitz des Kalifats, zu ihrem Ziel erwählt hatte, schwächte nicht nur den Eifer der abendländischen Christen, sondern wirkte auch zunächst verderblich auf die fast entblößte und neuer Streitkräfte bedürftige Grafschaft Edessa zurück. Denn so entscheidend siegten hier bei Rakkah am Fluß Balich die verbündeten Emire Sokman der Orthokide und Dschekermisch, Statthalter Mosuls, daß der Graf von Edessa, Balduin Dubourg (von Burg), mit seinem tapferen Vetter Joscelin von Courtenay in feindliche Haft geriet. Tankred, von den Edessanern zum Stellvertreter des gefangenen Herrn ernannt, behauptete notdürftig die Stadt, und Boemund, von Griechen und Türken bedrängt, verließ sein Fürstentum Antiochien, um im Abendland Hilfe gegen den zweifachen Widersacher zu suchen (1104).

Um aber den Nachstellungen des Kaisers Alexius zu entgehen, ließ der verschlagene Normanne kurz vor der Abfahrt das Gerücht seines Todes verbreiten. In dem scheinbaren Trauerschiff ließ er einen Sarg aufstellen, der ihn jedesmal in der Nähe griechischer Küsten und Städte so lange barg, bis die Gefahr vorübergegangen war und die Begleiter aufhörten, das Hinscheiden ihres fortan zum erquickenden Mahl wiedererweckten Herrn laut zu bejammern. Nach mannigfaltigen Abenteuern glücklich in Apulien, der Heimat, angelangt (1105) und bald darauf mit der schönen Tochter des französischen Königs Philipp, Konstantia, vermählt, predigte Boemund, der als gefeierter Glaubensheld von den Fürsten und Völkern mit Begeisterung empfangen wurde, das Kreuz gegen Griechen und Heiden. Er setzte, von 34 000 Streitern zu Roß und zu Fuß begleitet, nach Illyrien über (Winter 1108), mußte aber nach erfolgloser Einschließung der Seefeste Dyrrachium, durch Krankheiten, Zwietracht und kluge Abwehr des Feindes gezwungen, einen unrühmlichen Frieden beschwören, der neben anderem den lebenslänglichen Besitz Antiochiens als eines griechischen Lehens gestattete (September 1109). So tief war das reizbare Gemüt des ehrgeizigen, in seinen Hoffnungen betrogenen Fürsten verwundet, daß er nach Ablauf von kaum sechs Monaten in Apulien starb. Erbe des väterlichen Fürstentums in Syrien wurde fortan der unlängst durch Konstantia geborene Knabe, Boemund II.

Kurz vor- und nachher traten auch die übrigen Zierden der christlichen Ritterschaft im Morgenland vom Schauplatz ihrer Taten ab, namentlich der biedere Graf Raimund von Toulouse (Februar 1105), dessen erstgeborener, eigennütziger Sohn, Bertram von St. Gilles, die Herrschaft über Tripolis und andere Städte gewann. Der fromme und unbestechliche Tankred (Dezember 1112), noch in den letzten Augenblicken gerecht, übergab das klug und mannhaft geschützte Fürstentum Antiochien seinem Schwestersohn Roger unter der Bedingung, daß er es für den rechtmäßigen Erben, den jungen Boemund, verwalten sollte. Dem standhaften König Balduin schließlich war es nicht beschieden, den Ausgang der großen, gegen Ägypten bestimmten Rüstungen zu erleben (März 1118). Unter dem hochbetagten und durch Alter gebrechlichen Nachfolger, Balduin II., dem bisherigen Grafen von Edessa (1118–1131), wuchsen die Bedrängnisse und Gefahren des Reiches Jerusalem. Denn obschon die Seefeste Tyrus nach der tapfersten Gegenwehr durch Hunger fiel (Juni 1124) und bei Ibelin ein zahlreiches Ägypterheer dem Heldenmut und der Begeisterung von 3000 Christen weichen mußte (1123), brachte die Gefangenschaft des Königs – den Balak, Orthoks Enkel und Fürst von Aleppo, am Euphrat überrascht, in die Wüste geschleppt und erst nach mehreren Monaten für ein Lösegeld von 80 000 Goldstücken in Freiheit gesetzt hatte (1124) – Verwirrung in den Geschäftsgang und gab dem zügellosen, herrschsüchtigen Wesen einzelner Herren neue Nahrung. So haderte Joscelin, Graf von Edessa, kaum der muselmanischen Haft entronnen, mit dem jungen Fürsten Boemund II. von Antiochien um nichtige Lehnsansprüche und schloß, um seinem Widersacher zu schaden, selbst mit den Ungläubigen Bündnis ab. Als ihr Gemahl in Kilikien gefallen war, wandte sich die herrschsüchtige Witwe Elisa, Tochter König Balduins, für den Besitz des Fürstentums sogar an den Erbfeind der Christenheit, Emadeddin Zenki, um Hilfe, so daß der graue Vater durch Waffengewalt den Verrat der Tochter verhindern und vom Volk Antiochiens für Boemunds einziges Kind den Huldigungseid fordern mußte.

Bald nach dieser Handlung starb König Balduin (August 1131). Sein sechzigjähriger Eidam und Nachfolger, Fulko (1131–1143), bisher Graf von Anjou, Maine und Tours, besaß, schwach von Körper und Geist, trotz der angeborenen Herzensgüte und Bescheidenheit keine Kraft, um den inneren Wirren und äußeren Gefahren nach Gebühr zu widerstehen. Überdies hatte Melisende, eine ränkevolle, ehr- und herrschsüchtige Frau, solche Macht über ihn, daß der Gemahl nur den königlichen Namen trug und auch in den kleinsten Dingen als Werkzeug eines fremden Willens auftreten mußte. Daneben erweckten die leichtfertige, wollüstige und feige Natur des jüngeren Grafen Joscelin II. von Edessa, der gerade das Gegenteil seines streitbaren, männlichen Vaters war, und das unstete Wesen der verwitweten Fürstin Elisa von Antiochien gerechte Besorgnisse.

Zwar gelang es hier dem König, die unheimliche Frau durch Vermählung ihrer und Boemunds Erbtochter, Konstantia, mit Raimund, dem Sohn des alten Kreuzfahrerhelden und Sängers, Wilhelm von Poitiers, zu entfernen, aber die Lage Antiochiens blieb nichtsdestoweniger äußerst mißlich. Denn der neue Fürst hatte bei aller leiblichen Schönheit und Stärke, Milde und Gottesfurcht eine zügellose Spielsucht, aufbrausende Heftigkeit und sträflichen Leichtsinn, der ihn nicht selten zu unritterlichem Wortbruch und zu törichten, gemeinschädlichen Unternehmungen verleitete. Überhaupt wurden Einfalt und Reinheit der Sitten, Uneigennützigkeit und brüderliche Hingebung bei den morgenländischen Christen immer seltener. Nur die Johanniter und Templer blieben den Pflichten der Ritterschaft getreu. Sie bewahrten Zucht und kriegerische Tugend, schützten für den wehrlosen Pilger Wege und Heerstraßen und kämpften bald als Angreifer, bald als Verteidiger unverdrossen mit den Ungläubigen.

Jedoch waren diese nicht die einzigen Feinde des Heiligen Landes. Neben ihnen traten Griechen als Eroberer in Syrien auf. Johannes Komnenus nämlich, der menschenfreundliche und tapfere Sohn und Nachfolger des Kaisers Alexius (1118–1143), begehrte von dem Fürsten Raimund die mit Boemund I. verabredete Rückgabe Antiochiens an das Römische Reich. Als er abgewiesen wurde, brach er an der Spitze eines zahlreichen Kriegsvolks durch Kilikien, wo Tarsus,

Mamistra, Adana und andere Plätze fielen, ohne Hindernisse in Syrien ein, überschritt den Orontes und umlagerte die Hauptstadt, während der Atabek Zenki den König Fulko in der Burg Monsferrand einschloß und so lange hart bedrängte, bis er, um Leib und Gut zu retten, in die Schleifung jenes Bollwerks der Grafschaft Tripolis einwilligte (August 1137). Dergestalt ohne Aussicht auf Hilfe, schwor Raimund dem griechischen Kaiser den Huldigungseid und gelobte, dem Besitz Antiochiens zu entsagen, sobald jener, von den Lateinern unterstützt, im nächsten Frühling die Städte Aleppo, Cäsarea und Hams den Feinden des Kreuzes entreißen und ihm, dem Fürsten, als Lehen übertragen würde.

Johannes kehrte darauf nach Kilikien zurück und rüstete mit Kraft und Umsicht für die gemeinschaftliche Heerfahrt gegen das Heidentum. Im April fiel er, 200 000 berittene Söldner und Fußknechte stark, der Übereinkunft gemäß in das Gebiet der durch friedliche Botschaften getäuschten Muselmanen ein (1138). So huldigten nach kurzem Widerstand die Burgen Buzaa, Sarepta, Kafartab und die zwischen dem Gebirge und dem Fluß Orontes gelegene Stadt Schaisar. Aber alle Versuche, das feste Schloß einzunehmen, scheiterten an dem Mut der Besatzung sowie der Zwietracht und Hinterlist im griechisch-fränkischen Heer. Denn während Raimund aus Furcht, bei etwaigem Glück Antiochien zu verlieren, den Plänen des Kaisers nach Kräften entgegenarbeitete, tat es der Nebenbuhler, Graf Joscelin von Edessa, aus Neid, damit nicht das von Johannes verheißene Fürstentum am Orontes errichtet und seinem gehaßten Nachbarn übergeben würde.

So mußten die Griechen, überdies im Rücken und auf den Seiten durch den unverdrossenen Emir Zenki bedroht, nicht nur Schaisar, sondern auch alle unlängst gewonnenen Burgen räumen und über Antiochien, dessen Besitznahme wiederum durch List vereitelt wurde, unverrichteter Sache nach Kleinasien zurückkehren (Herbst 1138). Dennoch rüstete Johannes unter dem Vorwand einer Wallfahrt zum Grab des Herrn mit Eifer und Klugheit für den zweiten, gegen Christen und Heiden bestimmten Syrerzug, starb aber kurz vor dem Aufbruch in Kilikien an den Folgen einer leichten, durch Unvorsichtigkeit erhaltenen Jagdwunde. Beinahe gleichzeitig traf dasselbe Schicksal den König Fulko von Jerusalem (1143).

Jetzt endlich glaubte der wachsame Atabek Zenki den günstigen Augenblick für die Ausführung eines Hauptschlags nutzen zu müssen. Denn in Konstantinopel beschäftigten Unruhen und Thronzwiste den neuen Kaiser Manuel Komnenus, und in der Heiligen Stadt besorgte eine Frau, die verwitwete Königin Melisende, die Regierung für ihren unmündigen Sohn, Balduin III. (1143–1162). Dazu kam, daß, getäuscht durch die scheinbare Untätigkeit des Feindes und vom wachsenden Hang zur Sinnenlust bezwungen, Graf Joscelin den Schutz Edessas den unkriegerischen Bürgern und etlichen Söldnerscharen überließ, selber dagegen in dem anmutig gelegenen Schloß Tellbascher mit gleichgearteten Genossen an der Tafel und am Spieltisch schwelgte. Plötzlich lagerte sich Zenki mit einem unermeßlichen Heer vor dem östlichen Bollwerk der morgenländischen Christenheit und nahm es nach achtungszwanzigtägiger Belagerung im Sturm (13. Dezember 1144). Sobald Raub und Mord die erste Wut der Sieger gestillt hatten, gab er den Gefangenen Freiheit und Güter zurück und gebot dem ernannten Statthalter, den Umständen angemessene Steuern zu fordern. Er zeigte überhaupt Milde und Menschlichkeit, nur darin eifriger Muselman, daß die Kreuze niedergeworfen und die Kirchen in Moscheen umgewandelt wurden.

Jedoch nicht lange überlebte der Atabek den Ruhm einer Eroberung, die ihm nach der Meinung etlicher Glaubensgenossen einen Platz im Paradies bereitete. Er wurde zwei Jahre später vor den Mauern der kurdischen Burg Dschaber nachts in seinem Bett von einem beleidigten Knecht überfallen und erschlagen (14. September 1146). Von den beiden Söhnen bekam Saifeddin die Nachfolge am Fürstentum Mosul. Nureddin, des Vaters Ebenbild, erbte Aleppo und die syrischen Landschaften und wurde bald den Christen ein furchtbarer Rächer gebrochener Treue.

Während nämlich der Fürst, um die Herrschaft zu sichern, alles Kriegsvolk in der Umgegend Aleppos versammelte und sogar Edessa der Obhut seiner armenischen Bewohner vertrauensvoll übergab, gewann Graf Joscelin durch Einverständnis mit denselben die Stadt, konnte jedoch das feste, mit Mannschaft und Lebensbedarf wohl versehene Schloß nicht bezwingen (Dezember). Kaum waren daher sechs Tage abgelaufen, als Nureddin mit einem großen Heer erschien und, unterstützt von den Burgmannen, bei Tag und bei Nacht die Christen so schwer bedrängte, daß diese endlich beschlossen, sich begünstigt von der Dunkelheit einen Weg durch das feindliche Lager zu bahnen. Aber des Fürsten kluge Maßnahmen zerstörten den Plan der Verzweiflung. Im Rücken und auf der Stirnseite, dort von der Besatzung, hier von dem Gewalthaufen der Muselmanen angefallen, wurden die Christen meistens in den Straßen und vor den Toren im regellosen Kampf getötet oder gefangen und die wenigen entflohenen Ritter, Fußknechte und Bürger bei dem Schloß Kaukabah eingeholt und größtenteils niedergemacht, so daß beim ersten und zweiten Fall Edessas über 30 000 Christen erschlagen und an 16 000 in Knechtschaft geschleppt worden sind. Damit noch nicht zufrieden, ließ Nureddin die Stadt und die Burg schleifen. Nichts blieb von der alten Herrlichkeit als eine ungeheure Ruine und das Gedächtnis der abendländischen Schande. Des Unheils Urheber, Graf Joscelin, entkam nach Samosata.

Wie ein Wetterschlag aus heiterem Himmel wirkte die plötzliche Kunde von dem Fall und Untergang Edessas auf die meisten christlichen Völker Südwesteuropas. Man fürchtete den Verlust Jerusalems und der heiligen Stätten und erhob sich, besonders in Frankreich und Deutschland, mit wetteifernder Begeisterung zur dritten bewaffneten Pilgerfahrt. Deren Verständnis fordert aber einen kurzen Bericht der dort und in Italien vorangegangenen Zwischenbegebenheiten.

Zweiter Abschnitt

Übersicht über die Geschichte Deutschlands, Italiens und Frankreichs bis zum Ende des dritten Kreuzzugs

(1149)

In Deutschland hatte der Tod Heinrichs IV., der als ein Opfer selbstverschuldeter Mißgriffe, fürstlichen Undanks und päpstlicher Umtriebe gefallen war, einstweilen den folgenreichen Belehnungsstreit (Investiturstreit) zugunsten der Kirche beendet, aber gleichzeitig bei deren klugem und ehrgeizigem Zögling, dem jungen König Heinrich V. (1105–1125), den Grundsatz gefestigt, unbekümmert um das Recht und die Biederkeit alle dem Zweck vorteilhaften Mittel zu ergreifen und rücksichtslos anzuwenden.

Dies war die Frucht der vom römischen Bischof Paschalis bewerkstelligten Empörung des Sohnes gegen den Vater. Doch bald wandte der Schüler die erlernten Künste gegen den Meister, der sich unerwartet in das anderen gestellte Netz verstrickt sah und mit einem Zug die früheren Siegespreise verlieren mußte. Der König nämlich, der mit den Reichsständen entschlossen war, alle weltlichen Hoheitsansprüche zu behaupten, erschien nach täuschender Einigung unvermutet an der Spitze eines erlesenen Heeres vor Rom. Er ließ das Volk zerstreuen und den Papst und die Kardinäle verhaften und nicht eher in Freiheit setzen, bis ein urkundlicher, von beiden Teilen beschworener Vertrag anordnete, daß in Zukunft Erzbischöfe, Bischöfe und Äbte zwar frei und ohne Bestechung (Simonie) erwählt, aber zugleich vom fürstlichen Oberlehnsherrn als Zeichen der Abhängigkeit mit Ring und Stab geschmückt werden sollten. Schließlich gelobte Paschalis eidlich, sich wegen dieser Übereinkunft weder durch Bann noch auf andere Weise zu rächen und vollzog danach die feierliche Kaiserkrönung (15. April 1111).

Kaum war aber Heinrich in die Heimat zurückgekehrt, als die im Lateranpalast gehaltene Kirchenversammlung den Vertrag für nichtig erklärte, der Erzbischof Guido von Vienne über den Urheber die geistliche Acht aussprach (1112) und in Deutschland eine längst mißvergnügte Partei gegen den Feind der Kirche zu den Waffen griff und eine zehnjährige, wilde Fehde hervorrief. Denn während die Sachsen aus alter Eifersucht gegen den wachsenden Ruhm der Franken nach dem Tod des billungischen Fürstengeschlechts (1106) dem durch Vermählung mit Richenza, der Erbtochter des Grafen von Nordheim, reichen Lothar von Supplingenburg als Herzog folgten, um möglichst die Kronmacht zum Vorteil der Großen zu schwächen, wurden die Westfalen, Friesen und Niederrheiner bald durch hohe Geistliche, namentlich den Erzbischof von Mainz, bald durch Beute- und Kriegslust aufgewiegelt. Dagegen kämpfte fast ganz Süddeutschland für den Kaiser, den besonders die beiden hohenstaufischen Brüder mit unerschütterlicher Treue verteidigten: Friedrich II. und Konrad, jener in Schwaben (seit dem Tod des Vaters, Friedrich I., 1105), dieser in Franken Herzog.

Als zuletzt selbst die dem salischen Hause feindseligen Welfen, den Herzog Welf V. von Bayern an der Spitze, die Partei der Kirche verließen und sich für das Recht der weltlichen Stände erklärten, erkannte Papst Calixtus II., ehemals Erzbischof Guido von Vienne, die Unmöglichkeit, Gregors VII. Grundsätze gegenüber den Deutschen zu behaupten. Er knüpfte Unterhandlungen an und bewilligte, daß die Wormser Übereinkunft (Konkordat, 23. Oktober 1122) den hochwichtigen Belehnungsstreit unter folgenden Bedingungen beendete:

»Der Kaiser Heinrich gelobt der heiligen römischen Kirche wahren und dauerhaften Frieden, gestattet die freie Wahl der Bischöfe und Äbte, gewährleistet dem heiligen Peter alle früheren Besitzungen und Hoheitsrechte (Regalien) und verzichtet auf die Belehnung mit Ring und Stab. Dagegen gestattet der Papst, daß die Bischöfe und Äbte des deutschen Reiches in Anwesenheit des Kaisers oder seiner Bevollmächtigten ohne Zwang und Bestechung erwählt und darauf noch vor der geistlichen Weihe (Konsekration) durch Übergabe des Szepters in Lehnspflichtigkeit genommen und angehalten werden, alle Obliegenheiten gegen den weltlichen Schutzherrn zu erfüllen. Wahlstreitigkeiten aber möge der Kaiser mit Beirat des Erzbischofs (Metropoliten) oder der jeweiligen Landschaftsbischöfe *(provincialium judicio)* entscheiden und von allen außerhalb Deutschlands dem römischen Reich zugehörigen Bischöfen und Äbten sechs Monate nach geschehener Wahl die feierliche Belehnung durch das Szepter fordern und vollziehen!«

So wurde zwar die äußere Ehre des Römischen Stuhls gerettet, in der Tat aber des fünfzigjährigen Streites Hauptgegenstand, die Lehnsabhängigkeit der Priesterschaft, von der weltlichen Macht wenigstens einstweilen gewonnen. Jedoch überlebte Heinrich, auch in Italien durch den Besitz des mathildischen Erbes ein glücklicher Nebenbuhler des Papstes (seit 1116),* diesen Sieg nicht lange. Er starb drei Jahre nach dem Wormser Vertrag kinderlos als der letzte Stammhalter des salischen Königsgeschlechts (23. Mai 1125), das vornehmlich durch den hartnäckigen, noch nicht beendeten Zwist mit der geistlich-kirchlichen Macht tief in die Verhältnisse des Zeitalters eingegriffen hatte.

Fortan konnten besonders drei Häuser, die sich durch reiches Lehns- und Erbgut auszeichneten, Ansprüche auf die Thronnachfolge erheben: im Nordosten die Supplingenburger, den Herzog Lothar von Sachsen an der Spitze, im Südwesten die Welfen und die Hohenstaufen.

Die Welfen, schon diesseits und jenseits der Alpen, am Bodensee wie in Sachsen ausgebreitet, ehrten nach dem Tod Herzog Welfs V. (1120) als Stammältesten den bayrischen Herzog Heinrich III. oder Schwarzen (1120–1126), der mit Wulfhilde aus dem Geschlecht der Billunger vermählt und dadurch Lüneburg und das umliegende Gebiet erworben hatte. Die Hohenstaufen besaßen ebenso unternehmende wie kluge Vorsteher an den Herzögen Friedrich II. von Schwaben und Konrad von Franken, deren Mutter Agnes, Tochter Kaiser Heinrichs IV., den Markgrafen Leopold IV. von Österreich geheiratet und dadurch die Babenberger den Hohenstaufen, den Erben der waiblingischen Salier, angenähert hatte. Den Ausbruch der welfischen Eifersucht aber verhinderte einstweilen die Ehe Judiths, der Tochter Heinrichs des Schwarzen, mit dem schwäbischen Herzog Friedrich, der unter so günstigen Verhältnissen allerdings begründete Hoffnungen auf die Stimmenmehrheit der in Mainz versammelten, aus den vier großen Völkerschaften der Sachsen, Bayern, Schwaben und Franken erkorenen zehn Wahlherren setzen durfte.

* Mathildis starb am 24. Juli 1115.

Aber das Übergewicht der durch Albrecht, Erzbischof von Mainz, geleiteten Kirchenpartei entschied für den ihr freundlich gesinnten Herzog von Sachsen, der sogleich als König Lothar I. (30. August 1125–1137) den Früchten der mühsam errungenen Wormser Übereinkunft entsagte und bald danach die dem Priestertum verhaßten hohenstaufischen Brüder, die sich weigerten, mehrere salische Güter als eröffnete Reichslehen herauszugeben, auf einem Fürstentag zu Straßburg ächtete (1126). Seine einzige Erbtochter Gertraud vermählte er mit dem jungen Herzog von Bayern, Heinrich IV. (dem Stolzen, 1126–1139), und gab ihr die braunschweigisch-nordheimischen Ländereien, zuletzt auch das Herzogtum Sachsen (1136) zur Mitgift. Unbekümmert um königliche Ehre, gelobte er sogar dem Papst Honorius II. für den Besitz des mathildischen Erbes Jahreszins und schwor den Dienstmanneneid.

Inzwischen widerstanden die Hohenstaufen ihren an Zahl und Kräften überlegenen Feinden jahrelang mit Klugheit und Mut. Denn während Herzog Friedrich die Heimat schützte und, für Feldschlachten zu schwach, Städte und Burgen meistens glücklich verteidigte, eilte Herzog Konrad über das Gebirge und empfing in Mailand, das unter solchem Vorwand mit etlichen anderen Gemeinden nach völliger Unabhängigkeit vom deutsch-römischen Kaisertum strebte, die lombardische Königskrone (1128). Als aber dagegen Novara, Pavia, Cremona, Brescia und Piacenza aus Neid gegen Mailands übermütige Macht zugunsten Lothars ein Bündnis aufrichteten und in Rom bei zwistiger Papstwahl die einen Innozenz II., die anderen Anaklet II. (März 1130) anhingen, verbreitete sich der Parteienstreit auch über Süditalien. Denn da er Herr Siziliens und nach dem Tod des kinderlosen Herzogs Wilhelm von Apulien (1127) auch Erbe allen Normannenlands diesseits der Meerenge war, gewann der bisherige Großgraf Roger II., Sohn und Nachfolger (seit 1101) des gleichnamigen Vaters, von dem Papst Anaklet, dem er dafür die Lehnstreue schwor, den Namen und die Ehre eines Königs von Sizilien (1130–1154). Er setzte nach der Halbinsel über, demütigte oder bedrohte die Städte Neapel, Amalfi und Salerno, die Herzöge von Capua, Benevent und Aversa und nötigte den Gegenpapst Innozenz Schutz in Frankreich zu suchen.

Da versammelte Lothar, dessen Schwiegersohn Heinrich der Welfe nach langem Zaudern die Waffen gegen seinen Schwager und

---

* »*Contra Fridericum, qui me semper in loco fratris dilexit, bellum sumere satis et ultra videtur mihi difficile*«, d. h. »gegen Friedrich, der mir stets als Bruder lieb war, die Waffen zu ergreifen, ist überaus schwer.« Schreiben Heinrichs an Lothar bei Schlossers und Berchts Archiv, II, S. 369.

Freund, Friedrich von Hohenstaufen, ergriffen hatte,* 3000 berittene Söldner. Er überstieg die Alpen, zwang den von seiner Partei verlassenen König Konrad zur Flucht nach Deutschland und empfing in Rom aus den Händen von Papst Innozenz die Kaiserkrone, mußte aber bald darauf von Welschen und Normannen bedrängt den Heimweg nehmen, während der Papst zu Pisa eine Freistätte fand (1132, 1133).

Fortan wurde die Fehde zwischen den Welfen und Hohenstaufen mit wechselndem Glück und steigendem Grimm so lange fortgeführt, bis unter Vermittlung des frommen und beredten Abtes Bernhard von Clairvaux der Herzog Friedrich und der König Konrad, niedergebeugt durch den Verlust des deutschen Rüstplatzes Ulm, dem Reichsoberhaupt huldigten und dafür den Genuß ihrer Güter und Ehren behielten (1135).*

Dergestalt versöhnt, konnten Heinrich der Stolze, dem Bayern und Sachsen gehorchten, und Konrad, jetzt Herzog von Franken und Reichsbannerträger, als Häuptlinge der beiden mächtigsten Fürstenhäuser Deutschlands, des welfischen und des hohenstaufischen, den Kaiser auf dem zweiten Zug nach Italien mit zahlreicher und glänzender Ritterschaft begleiten und in Apulien, wo den Normannen die meisten Eroberungen entrissen wurden, um den Preis des Heldenmuts wetteifern. Als aber Lothar durch Krankheiten und Zwist mit dem Papst, der nicht als Bundesgenosse, sondern als Oberlehnsherr handelte, zur Rückkehr gezwungen wurde und in einer ärmlichen Hütte des Ober-Inntals den Tod gefunden hatte, eine Folge des welschen Himmels (3. Dezember 1137), brach die kaum beschwichtigte Eifersucht in lichten Flammen aus und festigte zwischen Welfen und Hohenstaufen eine fortan unauslöschliche, auf gegenseitigen Untergang gerichtete Zwietracht.

Der Herzog Heinrich von Bayern und Sachsen nämlich, dessen Lehen und Erbgüter damals von der Nordsee bis zum Mittelmeer reichten, zählte so sicher auf die Nachfolge, daß er eigenmächtig die Reichskleinodien zu sich nahm und in stolzen Worten seine Hoffnungen als Ansprüche bezeichnete. Aber beleidigt durch dieses zuversichtliche, bisweilen spröde Betragen, traten viele Fürsten auf die

---

* Darüber hocherfreut, meldete Innozenz dem Kaiser: »*Alterum Goliam, filistum nequissimum, Fridericum, ducem Sueviae,Deus in funda et lapide veriDavid per manus vestrasmor suo prosternit*«, d. h. »Gott hat den zweiten Goliath, den boshaften Philister, Herzog Friedrich von Schwaben, durch Euch, als den anderen David, niedergeworfen.« Ebd., S. 371.

Seite der hohenstaufischen Partei, die besonders der schlaue Erzbischof Adelbert von Trier leitete, und erkoren, in Koblenz versammelt, den frommen und bescheidenen Herzog Konrad von Franken (22. Februar, 1138–1152) in Gegenwart des päpstlichen Gesandten Theodwin zum König der Deutschen.

Umsonst erhoben Sachsen und Bayern Klagen über eine Wahl, an der nicht alle Völker durch Stellvertreter teilgenommen hätten. Der Hohenstaufe, nicht zufrieden mit der endlichen Beistimmung des Nebenbuhlers, forderte, daß er unverzüglich auf das eine oder andere Herzogtum verzichtete. Denn die Einigung zweier großen Reichslehen widerstrebe dem gesetzlichen Herkommen und bedrohe die Sicherheit der öffentlichen Ordnung. Als Heinrich dieses Begehren zurückwies, sprach der parteiische Fürstentag in Goslar, ohne die Verteidigung des Beklagten anzuhören, die Acht aus und übertrug Sachsen dem bisherigen Markgrafen Albrecht von Brandenburg (Nordsachsen), Bayern dem Halbbruder des Königs, Leopold (V.), Markgraf zu Österreich (1138).

Fortan entbrannte die zweite Fehde zwischen den Welfen und den hohenstaufischen Waiblingern (Ghibellinen),* die acht Jahre lang mit wechselndem Glück und steigender Erbitterung in den meisten Gauen Deutschlands fortgeführt wurde. Denn während Heinrich durch die Mannhaftigkeit und Treue des Volkes Sachsen behauptete und, von frühzeitigem Tod dahingerafft, seinem unmündigen, gleichnamigen Sohn als Erbteil hinterließ (1139), kämpfte der Bruder, Welf VI., in Bayern und Schwaben mit gleicher Ausdauer und Klugheit. Bald gaben sogar bestimmte Parteinamen den bisher schwankenden Ursachen des Streits eine festere Haltung und wirkten selbst auf die Fremde zurück. Als nämlich König Konrad mit seinem Bruder Friedrich, Herzog von Schwaben, Weinsberg, ein festes Städtchen in Nordschwaben, hart bedrängte, eilte Welf an der Spitze eines ansehnlichen Heerhaufens herbei, um das Stammgut seiner Väter zu befreien, und gab vor dem Beginn der Schlacht das Losungswort aus: »Hier Welf!« Die Hohenstaufischen aber, eingedenk des uralten Hofes Waiblingen, wo der König die ersten Jahre der Kindheit zugebracht hatte, entgegneten mit dem Ruf: »Hier Gibeling!« und stürzten in den Streit, der mit der Flucht des Feindes

---

* *»Quod fuit seminarium turbationam inter principes Alemaniae«,* d. h. »was die Pflanzschule aller Wirren unter den Fürsten Alemanniens war.« Chronicon Wingartense.

und bald auch der Übergabe des Schlosses endete (Weihnachten 1140).*

Fortan wurde die Fehde, deren Teilnehmer sich gleichsam bestimmte Feldzeichen gewählt hatten, leidenschaftlicher und sorgloser in den Mitteln. Denn während Konrad, um durch List zu siegen, den jungen Heinrich als Herzog von Sachsen anerkannte und seine Mutter Gertraud mit dem zweiten Halbbruder Heinrich, Nachfolger am Herzogtum Bayern, vermählte (1141), setzte Welf VI. den jetzt ungleichen Kampf mit Erbitterung fort und nahm von Bela, König der Ungarn, und dem Normannen Roger öffentlich Hilfsgelder an. So überschritt der Zwist des welfischen und des hohenstaufischen Fürstenhauses bereits die heimischen Grenzen und drohte fremde Völker in den mit jedem Jahr wachsenden Kreis hineinzuziehen. Da gebot der Ruf zur Kreuzfahrt einstweilige Waffenruhe und führte die Deutschen auf den ihnen bisher unbekannten oder ruhmlosen Schauplatz des Morgenlands.

Dazu gab wiederum Frankreich den ersten Anstoß, den der heilige Bernhard, Abt von Clairvaux im burgundischen Bistumssprengel Langres, mit Feuereifer und besonnener Kraft über die Nachbarschaft ausbreitete. Dieser ungewöhnliche, in alle Haupthandlungen der Zeit tief verflochtene Mann wurde fünf Jahre vor der ersten großen Pilgerreise (1091) durch Frau Elise von Montbard dem Ritter Tecelin, Herrn der Burg Fontaines bei Dijon in Burgund, geboren. Von der frommen Mutter, die jedoch bald starb (1105), wurde er früh an ein gottesfürchtiges, beschauliches Leben gewöhnt und zu Châtillon an der Seine, damals Sitz einer berühmten Lehranstalt, in weltlicher Wissenschaft unterwiesen. Aber nicht befriedigt und von unwiderstehlicher Sehnsucht nach klösterlicher Einsamkeit getrieben, überredete der dreiundzwanzigjährige Jüngling seine vier Brüder, der Welt zu entsagen und mit etlichen gleichgesinnten Gefährten das in einer wilden Einöde des Bistums Chalons an der Saône unlängst gestiftete, wegen der strengen Regel Benedikts noch spärlich besuchte Kloster Citeaux aufzusuchen (1112).

Dieses wuchs infolge der musterhaften Zucht binnen kurzem so an, daß der Abt Stephan unfern der Aube in dem rauhen, düsteren

---

* So erklärt die später berühmten Parteinamen der Cod. histor. Basil. E., S. 16. *»Fridericus praecepit clamari: hye Gibeling! cum in illa villa nutrix ipsum infantulum lactaverit etc.«* »Friedrich gebot, hie Gibeling! zu schreien, weil ihn als Kind die Amme in jenem Hof gepflegt habe.«

Wermuttal ein neues Gotteshaus gründen mußte (1115), das den heiteren, bedeutungsvollen Namen »helles Tal«, Clairvauc *(clara vallis)*, empfing und bald durch die Tat rechtfertigte. Denn uneigennützige, bescheidene Dienstbeflissenheit, unbedingter Gehorsam gegen die beschworene Lebensordnung, schrankenloser Eifer für die erkannte Wahrheit und Pflicht, hinreißende Beredsamkeit in großen, fast knabenmäßige Scheu in kleineren Kreisen, Freimut mit gewandten, feinen Sitten verbunden – diese Tugenden des ersten Abtes Bernhard machten den neuen Orden schnell berühmt und verwikkelten ihn, der sich anfangs nur auf einen kleinen Raum beschränkt sah, allmählich in die Geschicke der Völker und Könige.

Der unermüdliche Vorsteher nämlich verteidigte nicht nur mit Glück die Ansprüche der römisch-katholischen Kirche gegen vielfache Angriffe der weltlichen, durch Fortschritte des Wissens und Glaubens unterstützten Macht, sondern versöhnte auch, um den ärgerlichen Streit zwischen Innozenz und Anaklet beizulegen, das erstemal die Hohenstaufen mit den Welfen. Als die bedrängte Christenheit des Morgenlands Hilfe forderte, trat er hier wiederum vermittelnd auf, ja wurde für den gesamten Kreuzzug die Seele und vorwärtstreibende Kraft. Dafür wirkten allerdings in Frankreich manche günstige Nebenumstände, die hauptsächlich in der Eigentümlichkeit des gesellschaftlichen Lebens erscheinen.

Diesem hatte zwar König Ludwig VI. (1108–1137), Nachfolger Philipps I., unter der Leitung des umsichtigen, kenntnisreichen und aufgeklärten Abts Suger von St. Denis durch offenes Anschließen an die jetzt zuerst sichtbaren Stadtgemeinden des Südens, strenge Rechtspflege und einen geordneten Staatshaushalt eine veredelte Richtung gegeben. Aber unter dem jugendlichen Sohn und Thronerben, Ludwig VII. (1137–1180), brach bei der Fahrlässigkeit des üppigen Hofes die zügellose, rohe Raubgier des Adels nur desto gewalttätiger hervor. Kirchen und Klöster, Witwen und Waisen wurden geplündert, Priester und Mönche mißhandelt, Bürger und Bauern, wenn man die Obhand hatte, bis auf das Blut ausgesaugt, die Gesetze verhöhnt und nach dem Recht des Stärkeren gehandhabt. Selbst unter den Augen des Königs geschahen die abscheulichsten Frevel. Mehr als 1000 Männer und Frauen wurden in der Fehde mit dem Grafen Thibaut von Champagne bei dem Sturm auf Vitry in eine Kirche getrieben und den Flammen überliefert.

Da weckte die Kunde von dem Fall Edessas und den Gefahren für die Heilige Stadt das schlummernde Gewissen der vornehmen Sünder. Viele Ritter sahen wie Ludwig in einer bewaffneten Pilgerfahrt das von Gott dargebotene Gnaden- und Versöhnungsmittel, andere erblickten darin den Weg zu weltlichen Ehren, Schätzen und Abenteuern. Kaum hatte der damalige Papst, Eugen III. (seit 1145), solche Stimmung vernommen, als er durch Ablaß und ähnliche geistliche Freiheiten den auch der Kirche heilsamen Eifer stärkte und den Abt Bernhard bevollmächtigte, statt des apostolischen Vaters in Frankreich und den Nachbarländern das Kreuz zu predigen.

Jener, nicht niedergebeugt durch die Hinfälligkeit des Leibes, gehorchte freudig und trat um Ostern (1146) zu Vézelay in der Grafschaft Nivernois vor die große, unter freiem Himmel eröffnete Volksversammlung. Er zeigte von der hohen, hölzernen Bühne aus den für die Reise schon entschlossenen König, dem selbst seine junge Gemahlin, Eleonora von Poitou, zu folgen bereit war, und ermahnte, oft durch stürmischen Beifallruf unterbrochen, Ritterschaft und Volk, dem Ruf Gottes bereitwillig zu gehorchen. Nichts widerstand dem gewaltigen Redner und Propheten der Zeit. Er mußte tagelang Kreuze verteilen und durfte bald ohne Übertreibung nach Rom an den Papst berichten: »Städte und Burgen werden leer, und sieben Leiber können nicht einen Mann ergreifen. Überall bleiben Witwen zurück, obschon die Männer leben.«

Das Beispiel der Franzosen wirkte schnell und stark auch auf andere Christenvölker. Es wappneten die Engländer, Italiener, vor allem die Deutschen, die jetzt endlich vom Bürgerkrieg befreit des Heiligen Grabes gedachten und die Erinnerung an frühere Lauheit durch gesteigerten Eifer zu vertilgen suchten. Nur König Konrad blieb mitten in der großen Bewegung gleichgültig, sei es aus Furcht vor heimischen, kaum gedämpften Unruhen oder weil er persönlich auf einer Wallfahrt nach Jerusalem die Hindernisse und Gefahren erkannt hatte.

Um solche Bedenklichkeiten aufzuheben und gleichzeitig den Verfolgungen der Juden, die in den Rheinlanden als Ungläubige, Betrüger und Wucherer geplündert und ermordet wurden, entgegenzusteuern, erschien Bernhard trotz des rauhen Spätherbstes in Frankfurt am Main. Er verhinderte das unchristliche Blutvergießen und predigte das Kreuz gegen die Heiden des Morgenlands. Tausende nahmen das geweihte Zeichen aus den Händen des begeisterten Redners, der König aber wies alle Mahnungen zurück und änderte seine Gedanken nicht. Dennoch beschloß der unermüdliche Abt auf den Rat des Bischofs Hermann von Konstanz, den für Weihnachten in Speyer ausgeschriebenen Reichstag abzuwarten und währenddessen am Oberrhein und am Bodensee als Gesandter des Herrn aufzutreten.

Sofort reiste Bernhard, begleitet von etlichen Kloster- und Weltgeistlichen, durch die Pfalz über Freiburg, Basel und Schaffhausen nach Konstanz und wurde hier und an anderen Orten vom jubelnden Volk unter Glockengeläut und Gesang nicht nur als Prediger des Heilands, sondern auch als Wundertäter, der durch Gebet und Händeauflegen Blinden wie Lahmen die Gesundheit zurückgab, mit andächtiger Ehrfurcht empfangen. Dasselbe geschah auf der Heimfahrt über Winterthur, Zürich, Rheinfelden, Basel, Straßburg und Speyer, wo am 25. Dezember, also am ersten Weihnachtstag, eine feurige Rede gehalten, der König jedoch nicht gewonnen wurde. Als aber zwei Tage darauf Bernhard zwischen der Messe wiederum das Wort nahm und am Schluß des hinreißenden Vortrags den schon schwankenden Fürsten an die einstige Rechenschaft vor dem Weltrichter erinnerte, da sprang Konrad tief bewegt vom Stuhl auf und nahm mit den Worten »Ich erkenne die Gnade des Herrn!« das Kreuz und die geweihte Fahne.

Unter den vielen Rittern und Herren, die sogleich dem Beispiel des Reichsoberhaupts folgten, befand sich auch der fünfundzwanzigjährige Sohn Herzog Friedrichs (II.) von Schwaben, ein hochherziger, vor Tatendurst brennender Jüngling. Der Kummer über den Entschluß des Geliebten beschleunigte den Tod des alten, kränklichen Vaters, den umsonst Bernhard auf der Rückreise nach Clairvaux zu trösten suchte. Unverzüglich bekam darauf Friedrich die Nachfolge am Herzogtum.

Sofort ruhten in Deutschland alle Fehden. Man rüstete hier wie in Frankreich einmütig für die dritte große Pilgerfahrt und vergaß die persönlichen Zwiste. Fürsten und Ritter, die noch unlängst bitteren Groll nährten, zogen, als der für den Aufbruch bestimmte Frühling (1147) erschien, friedlich nebeneinander nach Regensburg, dem gemeinsamen Sammelplatz. Hier wurden, ungerechnet die Leichtbewaffneten zu Roß und das zahllose Fußvolk, 70 000 Geharnischte aus Franken und Schwaben, Bayern und den Rheinlanden im strahlenden Waffenschmuck und mit fliegenden Bannern gesehen, unter ihnen vor allem die Herzöge Heinrich II. von Bayern, Friedrich III. von Schwaben, Ladislaus von Böhmen, Welf VI., Stammhalter seines Hauses, der Markgraf Odoachar von Steyer, die Bischöfe von Basel, Passau, Regensburg und Freisingen, letzterer, Otto geheißen, des Königs Halbbruder und der Zeit Geschichtsschreiber. Selbst Frauen folgten bewaffnet und zu Roß, bereit, mit ihren Männern Drangsale und Gefahren zu teilen.

Nachdem nun Konrad seinem Sohn Heinrich die Nachfolge am Reich und dem klugen Abt Wibald von Corvey die Vormundschaft übertragen hatte, brach er im Mai mit dem Heer von Regensburg auf, feierte zu Neustadt in Österreich das Pfingstfest und überschritt fröhlich die Grenzen Ungarns, während der König Ludwig, von seiner Gemahlin Eleonora begleitet, die nicht minder zahlreichen als prachtvoll gerüsteten Franzosen im Lager bei Metz versammelte und nach kurzer Rast durch Worms, wo man am 29. Juni den Rhein überschritt, Würzburg, Regensburg, Passau, Neustadt und Ungarn den fortan beginnenden Mühen und Gefahren entgegenführte.

Der griechische Kaiser Manuel Komnenus (1143–1180) nämlich hatte aus Argwohn, dem gewöhnlichen Begleiter der Schwäche, im geheimen feindselig gerüstet. Er hatte Konstantinopel befestigt und von den Pilgerfürsten das eidliche Versprechen gefordert, nicht nur keine Gewalttätigkeiten zu üben, sondern auch alle künftigen Eroberungen dem Byzantinischen Reich abzutreten. Dabei gebrauchte er maßlose Höflichkeiten und Schmeicheleien, die dem einfachen und biederen Wesen der Abendländer am meisten widerstrebten, als glänzende Hülle bösartiger Absichten. Bei diesem gegenseitigen Mißtrauen konnte daher das Versprechen der Wallbrüder, die strengste Zucht zu beobachten, keine Bürgschaft des Friedens geben, wie denn auch bald bei Philippopel zwischen den Deutschen und den Griechen ein blutiger Hader ausbrach, in dem auf beiden Seiten viele Menschen erschlagen wurden. Alsbald sandte der Kaiser, davon benachrichtigt, wilde Scharen von Petschenären und Komanen, die unter häufigen Gefechten das deutsche Heer bis in die Nähe Konstantinopels geleiteten, von wo es nach einem kurzen, beschwerlichen Aufenthalt in der Vorstadt Pera und stets zwistig mit den Griechen nach Kleinasien übersetzte und bei Chalcedon lagerte.

Auf ähnliche Hindernisse und Streitigkeiten traf der französische König. Jedoch wußten er und die Ritter den Grimm mit größerer Selbstüberwindung und Gefügigkeit zu verbergen und so manchen Unannehmlichkeiten vorzubeugen (Oktober). Dennoch ruhte Manuel nicht eher, als bis ihm die angesehensten Ritter den Lehnseid geschworen und gelobt hatten, keine dem griechischen Reich angehörige Stadt und Landschaft sich zu unterwerfen. Dafür sollten getreue Wegweiser und reichliche Lebensmittel um angemessenen Marktpreis den Dank und die Freundschaft des kaiserlichen Schutzherrn bezeugen.

Inzwischen hatte die Heerfahrt der Deutschen einen traurigen Ausgang genommen. Schon zu Nikomedien nämlich wurde der Fürstenrat über die künftige Richtung des Zuges zwiespältig. Die einen wollten mitten durch das Türkenland über Philomelium und Ikonium, die anderen längs der Mittelmeerküste Syrien erreichen. Da beide Meinungen nach langem Hader ihre Anhänger behielten, nahm der König Konrad mit dem Gewalthaufen die Straße nach Ikonium, andere Scharen folgten dem Bischof Otto von Freisingen und wählten den längeren, aber weniger gefahrvollen Weg. Hier wie dort gebrauchten die tückischen und habgierigen Griechen wetteifernd bald Waffen, bald Ränke, um die gehaßten Fremdlinge zu verderben. Sie erschlugen, aus Hohlwegen und Gebüschen vorbrechend, die Nachzügler, vergifteten das Mehl durch beigemischten Kalk, nahmen das Geld der ausgehungerten Fremdlinge und spotteten, wenn diese die verheißene Speise erwarteten, hinter ihren Mauern und Türmen über die Betrogenen.

Das größte Unheil kam jedoch über die Abteilung Konrads. Mit jedem Schritt wuchsen Gefahren und Drangsale. Bald hemmten reißende Ströme, bald jähe Gebirge, bald Hunger und Durst. Erschöpft, aber in der Hoffnung, binnen drei Tagen das noch dreimal so weit entlegene Ikonium zu sehen, ruhte endlich das Heer bei Doryläum, in einem engen, ringsum von hohen Bergen und steilen Felsen eingeschlossenen Tal des Landes Kappadokien, als in dunkler Nacht die griechischen Führer, die absichtlich eine falsche Straße gewählt hatten, zu den heimlich aufgemahnten Türken entflohen. Diese, von Paramus, dem Feldherrn des Sultans Masud, befehligt, sperrten sogleich alle Ein- und Ausgänge, während andere Scharen auf den Seitenbergen erschienen. Furchtbar war jetzt beim Anbruch des 26. Oktober die Lage der Christen: Fußvolk und Reiterei waren ermattet, die Zug- und Schlachtordnung durch Gepäck, unbewehrte Männer und Frauen unterbrochen, die Gegend unbekannt. Die Niedergeschlagenheit festigte sich durch den Anblick der verfinsterten Sonne, die man als Zeichen des göttlichen Zornes deutete. Dagegen war der Feind zahlreich, mit allem Bedarf wohl versehen und der Örtlichkeit kundig.

Unter solchen Verhältnissen beschlossen der König und die Fürsten nach reiflicher Beratung, auf einem Seitenweg durch das Gebirge Lykiens nach Nicäa zu ziehen und von hier längs der Küste dem Bischof Otto von Freisingen zu folgen. Aber ein schreckliches Los harrte der Unglücklichen, die teils dem beweglichen Feind, teils dem Hunger und dem Elend erliegen mußten. Von 70 000 geharnischten Rittern entkamen kaum 7000, vom Fußvolk etwa ein Zehntel dem Verderben. Alle Schätze und Kleinodien wurden mit dem unermeßlichen Rüstzeug und den Feldgeräten die Beute der Ungläubigen. Tagelang dienten die Äser der Rosse und Lasttiere dem Volk als einzige Nahrung, so daß Tausende an pestartigen Krankheiten gestorben sind.

Die Reste des stattlichen Heeres fanden endlich in dem französischen Lager am See von Nicäa gastliche Aufnahme. Aber bald brachen zwischen den Deutschen und Welschen, die eine Zeitlang vereinigt den Zug über Philadelphia in Phrygien fortsetzten, Mißhelligkeiten aus. Daher nahm König Konrad, der überdies der Ruhe bedürftig war, die Einladung des Kaisers Manuel an, bestieg mit den meisten Waffengefährten bei Ephesus griechische Schiffe und überwinterte in Konstantinopel.

Bald darauf räumten die Franzosen das Standlager (25. Dezember) und bahnten sich unter steten Gefechten den Weg durch die Furten des Mäander (Januar 1148) und die Pässe des jenseits Laodicäa beginnenden Gebirges. Aber sie wurden von den tückischen Griechen verraten, und als sie von den Türken, die einen Fehler des Grafen Gottfried von Raucon aus Guienne rasch nutzten, auf allen Seiten mit Ungestüm angefallen wurden, konnten sie eine vollständige Niederlage nicht abwehren und nur nach der Einbuße des trefflichsten Fuß- und Roßvolks im kläglichsten Zustand Attalia im Lande Kilikien erreichen (Februar).

Als aber auch hier das Elend nicht endete, vielmehr bei dem jetzt offenkundigen Bündnis zwischen Griechen und Türken mit jedem Tag wuchs, bestieg der König die von den ersten um hohen Preis angebotenen Schiffe und landete mit seinen Fürsten glücklich bei Antiochien, während das Schwert des Feindes, Hunger, Pest und Griechenfalschheit die einfachen, in Kleinasien zurückgelassenen Pilger größtenteils aufrieben. Viele, um dem Jammer zu entgehen, begaben sich freiwillig in die Knechtschaft der Muselmanen, die edelmütiger als die Glaubensgenossen die unglückliche Tapferkeit der Christen ehrten und selbst auf den sonst üblichen Religionswechsel der Gefangenen verzichteten. Die Beute war so reich, daß man zu Malatia Silber wie Blei verkaufte.

Trotz der endlosen Unfälle und Drangsale in Kleinasien blieben aber die Könige Konrad, der in der Osterwoche bei Akkaron (Ptolemais) mit den geretteten Scharen der deutschen Pilger anlangte, und Ludwig dem Gelübde treu, im Heiligen Land für den Herrn zu streiten. Sie beriefen, nachdem sie in verschiedenen Fristen Jerusalem und die geweihten Stätten besucht hatten, die vornehmsten der einheimischen und fremden Kreuzbrüder nach Ptolemais, damit sie gemeinschaftlich über eine der Christenheit nützliche und ehrenvolle Unternehmung beraten und entscheiden möchten.

Als nun nach einigem Streit die Stimmenmehrheit Damaskus, den reichen Wohnsitz eines unabhängigen, mächtigen Fürsten, zum Ziel der Heerfahrt gewählt hatte, brachen gegen Ende Mai die einzelnen Haufen, prächtig und wohl gerüstet, nach Tiberias, dem vorläufigen Sammelplatz, auf. Sie zogen von hier, 20 000 Reiter und 80 000 Fußknechte stark, mit andächtiger Erinnerung an das wunderbare Abenteuer des Apostels Paulus nach Paneas (Cäsarea Philippi) und stiegen am 25. Juli vom Gebirge Antilibanon so geordnet in die ausgedehnte, fruchtbare Ebene der feindlichen Stadt herab, daß die morgenländischen, der Gegend kundigen Ritter die Vorhut unter dem jungen König Balduin von Jerusalem bildeten, die Franzosen im mittleren und die Deutschen im hinteren Treffen standen.

Inzwischen hatten auch die Muselmanen, von dem klugen und tapferen Reichsverweser Anar geleitet, alle Hilfsmittel der Natur und Kunst für hartnäckige Gegenwehr benutzt. Sie hatten die zahllosen Gärten, Landhäuser und Gräben, die ost- und nordwärts, vier Meilen weit, bis an den Fuß des Gebirges das von Türmen, Palästen und Moscheen prangende Damaskus umschließen, mit hohen Mauern aus Ziegelsteinen umgeben und überall an günstig gelegenen Plätzen Bogenschützen und leichte Speerträger aufgestellt. Brunnen und Wasserbehälter hatten sie verschüttet und aus den benachbarten Dörfern jedwede Nahrung für Menschen und Vieh fortgeschafft. Schließlich hatten sie die Ufer des Flusses Barrady (Chrysorroas, Goldstrom), der die Stadt in verschiedenen Richtungen durchschneidet, mit dem Kern der streitbaren Mannschaft besetzt und überhaupt an nichts gespart, um den Sturm der Christen abzuwehren.

Diese fanden daher den heftigsten Widerstand teils in den Gärten, die nur nach großem Blutvergießen genommen wurden, teils am Barrady. Umsonst versuchte hier die bisher siegreiche Vorhut, Templer und Johanniter an der Spitze, durchzubrechen. Der Feind, entflammt durch die Worte und Taten des Reichsverwesers Anar, des Fürsten Ejub und seiner tapferen Söhne, blieb fest wie eine Mauer. Auf beiden Seiten sanken viele treffliche Männer. Als solches Konrad vernahm, sprengte er, unwillig über die Langsamkeit des Vordertreffens, mitten durch die französische Schlachtordnung nach der Kampfstätte, stieg, wie es deutsche Sitte in großen Kampfgefahren damals forderte, mit seinen Rittern vom Roß und brach so ungestüm in die Reihen der Heiden ein, daß sie nach kurzem Streit getrennt und in die Stadt getrieben wurden. Dabei soll der König ein namhaftes Waffenwerk verrichtet haben. Er hieb, wird erzählt, einem gepanzerten Türken mit einem Streich des breiten und wuchtigen Schlachtschwertes den Kopf, die linke Schulter und den linken Arm ab.

In Damaskus aber herrschten anfangs wegen des großen Verlustes an Toten und Verwundeten Wehklagen und Zaghaftigkeit. Frauen, Greise und Kinder taten Buße in der Asche und beteten in der Hauptmoschee, wo der Koran ausgestellt wurde, zu Gott um schleunige Hilfe, während die Männer, eines nächtlichen Sturmes gewärtig, Straßen und Tore verrammelten, um den Feind so lange aufzuhalten, bis das Volk nach der entgegengesetzten Seite hin entflohen sei. Doch bald kehrten Zuversicht und Hoffnung zurück. Denn die Christen wagten nicht nur keinen Angriff, sondern fällten, selber furchtsam, in den schönen Gärten die höchsten Bäume und verbarrikadierten ihr Lager.

Dadurch ermutigt, zogen die Muselmanen am folgenden Morgen (26. Juli) in hellen Haufen aus der Stadt und wagten einen herzhaften Angriff, der das Zeichen zum allgemeinen, heftigen Kampf gab. Da drängten sich die Pilger besonders um einen Priester zusammen, der auf einem Esel ritt und, das heilige Kreuz in der Hand, laut ausrief: »Der Messias hat es mir versprochen, daß ihr Damaskus einnehmen werdet«, und die Saumseligen unablässig vorwärtstrieb. Doch der Tod des wackeren Kämpen entschied. Bestürzt wichen die Christen zu ihren Schanzen zurück, während der Feind gegenüber lagerte und aus allen Landschaften des Reiches bald beträchtliche Hilfsscharen versammelte.

Damit nicht zufrieden, benutzte der kluge Anar die wachsende Zwietracht der morgen- und abendländischen Kreuzbrüder. Er sandte heimlich einen Boten zum König von Jerusalem und gewann ihn durch freundliche Worte und Geld, nämlich 200 000 Stücke Denaren – die aber sämtlich aus Erz und nur mit ägyptischem Gold künstlich überzogen waren. Auf dieselbe Weise ließen sich der Graf von Tiberias und andere syrische Herren bestechen, so daß zuletzt die ritterlichen Könige Konrad und Ludwig, von Hunger, Feind und Verrat gleichzeitig bedrängt, einen schimpflichen Rückzug nahmen und viele Leute, Kostbarkeiten und Schätze ruhmlos verlieren mußten (August).*

* Vgl. die arabischen Berichte bei Wilken, II, Beilage 2, mit Wilhelm von Tyrus, 912. »*Coeperunt (Saraceni) de nostrorum cupiditate praesumere et pecunarium interventu eorum animos expugnare aggressi sunt, quorum corpora posse vinci diffidebent*«, d. h. »Die Sarazenen hofften von unserer Habgier zu gewinnen und fingen an, durch Geld die Gemüter zu bestechen, dieweil Eisen den Leib nicht bezwingen konnte.«

Ebenso schmachvoll und aus denselben Ursachen endete die Unternehmung auf Askalon, die Schutzwehr der ägyptischen Muselmanen. Deutsche und Franzosen erschienen, aber das treulose Volk der eingeborenen Christen (Pullanen) blieb der Übereinkunft entgegen zu Hause und vereitelte dadurch den ganzen Angriffsplan. Jetzt ergrimmten die meisten Pilger des Abendlands über die Arglist ihrer Glaubensgenossen und kehrten mit großem Verdruß in die Heimat zurück, etliche im Herbst des laufenden, andere im Frühling des nächsten Jahres (1149).

Heftig und allgemein war die Entrüstung über den kläglichen Ausgang der dritten großen Meerfahrt. Aber die Vorwürfe trafen nicht den unlauteren, habgierigen und zänkischen Sinn der Teilnehmer, sondern den Hauptanstifter des Zuges, Bernhard von Clairvaux. Man schalt ihn öffentlich einen Lügenpropheten, der durch falsche Reden und Wunder die leichtgläubige Menge verführt und ins Elend gestürzt habe. Man bejammerte das fruchtlos geflossene Blut und verhöhnte den geistlichen Trost, daß Gott durch Hunger, Schwert und Krankheit deshalb die Leiber aufgerieben habe, um die unsterblichen Seelen den sonst gewissen Qualen des höllischen Feuers zu entziehen.

Bernhard beruhigte sich seinerseits durch das Beispiel des Moses, der trotz der himmlischen Sendung das halsstarrige, ungehorsame Volk nicht ins Gelobte Land geführt habe, und erkaltete keineswegs im Eifer für den Heidenkrieg. Aber umsonst erschollen die feurigsten Mahnungen und Ansprüche. Fürsten und Völker blieben bei der Kunde, der gefürchtete Nureddin habe Damaskus erobert (1154), die Grafschaft Edessa gewonnen und das Land Antiochien geplündert, gleichgültig. Selbst das Gerücht von der Einnahme Askalons durch den König Balduin (1153) konnte auf die sonst reizbare Ehrliebe der Ritterschaft nicht mehr zurückwirken.

Denn während die schwärmerische Lust an den bewaffneten Heerfahrten der Christenheit wenigstens einstweilen erkaltete, waren in Italien, Frankreich und Deutschland Lebenskräfte anderer Art aufgegangen. Das Streben für und gegen die bürgerliche Freiheit begann, während sich gleichzeitig weltliche Macht und religiöse Bruderschaften (Sekten) unabhängig voneinander gegen das römisch-katholische Priesterkönigtum oder die päpstliche Kirchenmacht erhoben. Der Hauptanstoß zu diesen folgenreichen Begebenheiten aber ging von Deutschland, dem Sitz kaiserlicher Weltherrschaft, und Italien, dem Brennpunkt freistädtischer (republikanischer) Ordnungen und geistlicher Ansprüche, aus. Diesem Gang der Taten muß sich auch die geschichtliche Darstellung anschließen.

Dritter Abschnitt

Die Bedeutung des Zeitalters der Hohenstaufen; Italiens und Deutschlands Geschichte in den Tagen Kaiser Friedrichs I. (Barbarossa)

1. Beginnende Entwicklung des städtischen Gemeinwesens in Südwesteuropa und Kampf des römisch-deutschen Kaisertums mit der lombardischen Bürgerfreiheit

König Konrad, der, nachdem er von dem unglücklichen Kreuzzug heimgekehrt war, die letzten Lebensjahre auf Deutschlands Beruhigung richtete, empfahl, auch auf dem Sterbebett um das allgemeine Wesen besorgt, den in Bamberg versammelten Fürsten und Herren seinen Neffen, den Herzog Friedrich (III.) von Schwaben, zur Nachfolge am Reich (15. Februar 1152). Denn er habe im Morgen- und Abendland Zeugnisse des Heldenmuts, der Klugheit und der Vaterlandsliebe gegeben und sei überdies, da erden Welfen und Waiblingern verwandt war, schon durch die Abstammung berufen, den vieljährigen Parteienstreit gründlich zu schlichten und ein Hort des Friedens zu werden. Eingedenk solcher Mahnung, die besonders der Abt Wibald von Corvey gegen etliche Gegner der Hohenstaufen siegreich verteidigte, erkor der Wahltag in Frankfurt am Main mit großer Stimmenmehrheit den damals einunddreißigjährigen Herzog zum König der Deutschen (5. März) und führte ihn nach Aachen, wo unter lautem Jubel des Volkes der Erzbischof Arnold von Köln die feierliche Krönung vollzog (9. März).

Mit diesem Kaiser Friedrich I., gewöhnlich der Rotbart (Barbarossa) geheißen, beginnt das Jahrhundert der Hohenstaufen (1152–1268) und damit die volle Entwicklung aller Grundkräfte des Mittelalters, mögen sie dem deutschen oder dem welschen Stamm, dem christlichen oder dem islamischen Glaubensbekenntnis angehören. Überall offenbart sich die eigentümlichste und mannigfaltigste Regsamkeit, die gleichzeitig nach innen und außen hin wirkt und alle Kreise der bürgerlichen Gesellschaft teils umwandelnd, teils befestigend ergreift, Parteien entzündet, Satz und Gegensatz schafft und in der durchgreifenden geistigen Gärung bald den Bau mit schon früher gesammelten Stoffen abschließt, bald den Samen zu späteren Erzeugnissen ausstreut, überhaupt werktätig auftritt.

Denn während in der Kirche die weltliche und priesterliche Macht den zweiten Kampf um Herrschaft erlebt und eine bisher kaum dem Namen nach bekannte Bruderschaft christlicher Absonderer (Sektierer) das geheimnisvolle Dunkel verläßt und öffentlich mit dem römisch-katholischen Glauben um Freiheit der Gewissen und Rückkehr zum altgermanischen Vernunftchristentum ringt, wird im Staat durch das Wachstum der Bürgergemeinden allmählich die Wiedergeburt der unterdrückten oder vertilgten Freisassen (Wehrfreien) vorbereitet, dem Lehnsadel ein Bürgerstand, dem Fürsten- und Königtum das Freistädtetum (Republikanismus) entgegengesetzt und die noch schwache Kraft durch lose, auf Schutz und Trutz gerichtete Bündnisse (Einigungen, Eidgenossenschaften) gestärkt. Bald gewinnen in den Gemeinden Handel und Gewerbe einen fortan zunehmenden Aufschwung. Während die Burgen der Ritter und die Hofstätten der Könige bald den Schauplatz der jetzt ausgebildeten Turniere, bald des Wettstreits der schönen Künste, namentlich des Gesangs, darbieten, finden die ernsten Wissenschaften unter dem Schutz der Kirchen- und Staatsmacht in freiwilligen, langsam zu Hochschulen (Universitäten) emporstrebenden Vereinen Aufnahme und Pflege.

Bei alldem dauern die Glaubens- und Eroberungskriege der morgen- und abendländischen Völker fort und erhalten die wohltätige Wechselwirkung dreier Weltteile, jedoch so, daß Europa mit entschiedener Überlegenheit auftritt und, einen Bezirk Spaniens abgerechnet, die christliche Religion zur vorherrschenden erhebt, auch in den Gebieten der Slawen. Aber gerade diese Fülle und Mannigfaltigkeit der Begebenheiten, die in den Tagen des ersten großen Hohenstaufen hauptsächlich von Deutschland und Italien ausgehen, machen es nötig, die Geschichte Kaiser Friedrichs I. und seiner Zeit (1152–1190) in drei einander bedingende und ergänzende Abschnitte zu gliedern, von denen der erste den Entwicklungsgang der Königsmacht und gemeinheitlichen Freiheit diesseits wie jenseits der Alpen, der zweite den Kampf der weltlichen Macht mit dem Papst- oder Priesterkönigtum, der religiös-philosophischen Bruderschaften (Sekten) mit dem römisch-katholischen Kirchenglauben, der dritte den Streit des Christen- und des Heidentums, sichtbar in Kreuz- und Bekehrungsfahrten (Missionen), schildern muß.

Kein König der Deutschen erweckte zu Beginn seiner Herrschaft seit Karl dem Großen durch außerordentliche Eigenschaften höhere Hoffnungen und Besorgnisse als Friedrich I. Kräftigen, mehr langen denn kurzen Leibes, den frühzeitige Gewohnheit mit allen Beschwerden, Gefahren und Waffenkünsten des Krieges vertraut gemacht hatte, blonden, über einer stolz gewölbten, weißen Stirn sich kräuselnden Haupthaares, hellblauer, feuriger Augen, rötlichen Bartes über einem starken, jedoch fein gebildeten Kinn, mit schneeweißen Zähnen und scharf umrissenen Lippen, männlich festen Ganges und würdevoller Haltung – so körperlich geartet und ausgezeichnet vor dem herkömmlichen Menschenschlag besaß der Hohenstaufe neben einem umfassenden, treuen Gedächtnis scharfen, kalt berechnenden Verstand. In der Beratung zeigte er besonnene Umsicht, in der Ausführung Raschheit und eiserne, durch keine Hindernisse geschwächte Willenskraft. Bei natürlicher Beredsamkeit besaß er Lust an wissenschaftlicher Bildung durch Geschichte, Sprache und Dichtkunst, in den Sitten altväterliche Einfachheit und Abneigung gegen fremde Ziererei. Er hatte als König und Kaiser ein unbändiges Selbstgefühl, das oft bis zum schrankenlosen Ehrgeiz gesteigert im Krieg Grausamkeiten dulden und üben, im Frieden auch den gesetzlichen Widerstand beeinträchtigter Reichsglieder als Aufruhr verfolgen und strafen konnte. Für die Stärkung der Kronmacht, die daneben womöglich erblich werden sollte, wurde daher mit außerordentlicher Umsicht und Beharrlichkeit gearbeitet und jedes Mittel, das nicht geradezu dem verfassungsmäßigen Rechtsbrauch widersprach, ohne Säumnis benutzt.

Dafür zeugt am besten die einfache, nach der Zeitfolge geordnete Übersicht der auf solches Ziel gerichteten Schritte, die sämtlich einer den anderen vorbereiten und ergänzen, so daß zuletzt der unlängst noch schwankende Thron, umgeben vom Gerüst weltlicher und geistlicher Stellvertreter, fester und glänzender dasteht als in den Tagen Karls des Großen. Zuerst nämlich wurde zu Regensburg zwischen den Welfen und Waiblinger-Hohenstaufen dadurch einstweilige Versöhnung gestiftet, daß mit Beistimmung des Reichstages Heinrich der Löwe, bisher Herzog von Sachsen, auch Bayern erhielt, sein Oheim Welf VI. die Markgrafschaft Thuscien, das Herzogtum Spoleto, einen Teil Sardiniens und die mathildischen Güter gewann, dagegen der Babenberger, Heinrich II., die bisherige Markgrafschaft Österreich als ein von Bayern unabhängiges, mit mannigfaltigen Vorrechten ausgestattetes Herzogtum empfing. Denn die Herzöge von Österreich oder des Landes ob der Ens sollten als des Reiches Herz und Schild ihre Lehen jedesmal zu Pferde und nur auf ihrem eigenen Grund und Boden vom Kaiser erhalten, auf öffentlichen Versammlungen zu seiner rechten Seite sitzen und das unteilbare, erbliche Herzogtum sowohl ihren Söhnen als auch Töchtern übergeben und nach Gutdünken mit Ordnungen versehen dürfen (1156). Wenn so das neue Fürstentum der Babenberger eine fast unabhängige, der Landeshoheit nahe Stellung bekam, die Welfen aber, die vom Mittelmeer bis an die Ostsee im Besitz großer Lehns- und Eigengüter waren, das ständische Gleichgewicht, den Hauptzweck jener Regensburger Übereinkunft,* tatsächlich wiederum aufhoben, so suchte andererseits Friedrich die Hausmacht der Hohenstaufen auf Kosten der herzoglichen zu mehren und das Kaisertum als den starken Mittelpunkt der diesseits wie jenseits des Gebirges gelegenen Reichslande der Erblichkeit entgegenzuführen. Also wurde das Herzogtum Schwaben zuerst dem Neffen, Friedrich von Rotenburg, danach (seit 1185) dem gleichnamigen Sohn übergeben, die Verwaltung Frankens teils dem Halbbruder und Pfalzgrafen bei Rhein, Konrad, teils dem Bistum Würzburg abgetreten, Steiermark, um Österreich und Kärnten zu schwächen, von dem letzteren abgelöst und zum Herzogtum erhoben (1180). Die herzogliche Macht in Niederlothringen wurde auf Brabant beschränkt und Burgund diesseits des Jura den Herzögen von Zähringen, Bertold IV. und V. (1152–1218), übertragen, die Grafschaft Burgund vom herzoglichen Verband gelöst und als Freigrafschaft *(franche comté)* unter die Aufsicht des vierten Sohnes, Otto, gestellt. Trotz der Zerstückelung des überjuranischen Burgund, wo neben den erwähnten Gebieten die Grafen von Vienne (Delphinat, Dauphiné), Provence und Savoyen als mächtige Lehnsträger bestanden, hatte er die Landeshoheit durch feierliche Krönung in Arles und Vermählung mit Beatrix, der reichen Erbtochter des Grafen Reinold, behauptet und schließlich das schwäbische Stammgut durch Einziehung erledigter Lehen und Kaufverträge mit dem Herzog Welf VI., der kinderlos und lebenslustig für geringe Summen seine italienischen und deutschen Besitzungen dem Hohenstaufen überließ (1168), beträchtlich erweitert, so daß jetzt geistliche und weltliche Herren keine Bedenken trugen, Heinrich, dem Sohn des gefürchteten Kaisers, die gewünschte Nachfolge am Königtum zu bestätigen (1169).

Aber das alles war nur die Vorbereitung zu einem entscheidenden Schlag, der die deutsche Kronmacht im ganzen Umfang des Reiches abschließen und durch den Sturz des Welfenhauses vielen kleineren Herrschaften Ursprung geben sollte.

---

* *»Austria a Bavaria divisa est, ne nimium Bavari superbirent et in ducatum proprium conversa est«*, d. h. »Österreich wurde von Bayern getrennt, damit die Bayern nicht zu hoch stiegen, und in ein eigenes Herzogtum umgewandelt.« Chron. Pegav. ad a. 1156 bei Gemeiner, Geschichte des Herzogtums Bayern unter Kaiser Friedrich des Ersten Regierung, S. 82.

Es hatte nämlich Heinrich der Löwe, Herzog in Sachsen und Bayern, ein tatkräftiger, umsichtiger und ehrgeiziger Fürst, durch Waffen und kluge Unterhandlungen die slawischen Völker, die an den Küsten der Ostsee und südlicher zwischen Elbe und Oder seßhaft waren, nach langen Fehden (1150–1170) teils ausgelöscht, teils zur Annahme der Taufe und Untertänigkeit gezwungen. In den Ländern der Besiegten hatte er viele Deutsche, besonders Holländer, Flamländer und Sachsen, angesiedelt und Abteien und Bistümer, z. B. in Ratzeburg und Mecklenburg, auf dem Boden der Obotriten gestiftet. Die schnell aufblühenden Städte, wie Lübeck am Baltischen Meer, hatte er mit Freiheiten und gemeinnützigen Rechten bewidmet und Handel und Gewerblichkeit durch unverbrüchlichen Landfrieden und strenge Vollziehung der Gesetze gefördert, kurz, ein deutsch-slawisches Nordreich gegründet, das vom Niederrhein über Westfalen, Friesland, Oldenburg, Stade, Dithmarschen, Braunschweig-Lüneburg, Thüringen, Altsachsen, die Altmark, Holstein, Mecklenburg und Pommern bis zur Ostsee und Oder auslief, im Süden gestützt auf Bayern als den Eckpfeiler der dortigen Welfenmacht.

Diese Größe, kaum verträglich mit den Pflichten des Lehnsträgers und den Ansprüchen des Königs, drohte – darin ähnlich der durch den Hohenstaufen Friedrich erhobenen Kronmacht – die bisherige, lehnsadlige Verfassung Deutschlands aus den Fugen zu werfen und die Gesamtheit in zwei Hälften aufzulösen, von denen der Süden dem waiblingisch-hohenstaufischen Erbkönigtum, der Norden dem welfischen Erbherzogtum über kurz oder lang folgen mußte. Unverträgliche Bestrebungen dieser Art, die von Nebenbuhlern gleicher Kraft und Herrschbegier ausging, konnten daher auf die Dauer nicht friedlich nebeneinander bestehen, zumal Heinrich, stolz und spröde, die schuldige Heeresfolge dem Kaiser teils verweigerte, teils nur nachlässig erfüllte, eigenmächtig mit seinem Erbe und Eigentum wie mit den Gütern seiner Lehnsleute herrschte, reichsfreie Grafen zu Dienstleuten ernannte, weltlichen und geistlichen Fürsten die herzogliche Belehnung aufzwang, in die Rechte und Freiheiten der Stifte und Erzstifte eingriff, von der hohen Kirche Köln mannigfaltige Dienstbarkeit forderte, dem Bischof von Halberstadt als Herr gebot, das Erbe des Grafen Otto von Assele in ungerechten Anspruch nahm und in der Lausitz und Nachbarschaft Unruhen erweckte und dadurch die von ihm fast unabhängigen Markgrafen gegen sich entrüstete.*

* Siehe Gemeiner, S. 333.

Kaum hatte unter solchen Verhältnissen der Kaiser Friedrich, längst begierig nach der Demütigung des Welfenhauses und erbittert durch die vom Herzog verweigerte Heeresfolge, Italien, das Land seines Mißgeschicks, notdürftig beruhigt (1178), als der dem Nebenbuhler drohende Sturm ausbrach. Denn von allen Seiten her erhoben sich weltliche und geistliche Herren klagend gegen Heinrich, der jedoch aus Stolz und übertriebenem Selbstvertrauen die ihm in Bayern und Sachsen anberaumten drei Rechtstage nicht besuchte. Da urteilten die Fürsten unter dem Vorsitz des Kaisers zuerst in Magdeburg für Sachsen, danach in Regensburg für Bayern (1180): »Weil Herzog Heinrich den ihm gebotenen Hof verabsäumt hat und dingflüchtig geworden ist, so soll er mit Erb und Lehen zu Sachsen und Bayern in des Reichs Oberacht fallen.«

Danach wurde das Herzogtum Bayern, obschon mit verkürzten Grenzen, dem Pfalzgrafen Otto von Wittelsbach, aus dem uralten Geschlecht der Herren von Scheiern, übertragen, Sachsen aber dem Grafen Bernhard von Anhalt, Albrechts von Brandenburg zweitem Sohn, verliehen, jedoch so zerstückelt, daß es fast nur den späteren, um Wittenberg liegenden Kurkreis und die um Lauenburg an der Elbe fortlaufende Ebene umfaßte. Denn beträchtliche Striche fielen, wie Engern und Westfalen, an die Erzstifte Köln – das überdies in seinem Sprengel die herzogliche Macht erhielt –, Mainz, Bremen, Magdeburg, die Bistümer Minden, Paderborn, Verden, während sich auf Kosten des gestürzten Welfenhauses auch manche weltliche Herren und Gemeinwesen bereicherten, wie im Norden die Markgrafen von Brandenburg und die Stadt Goslar, im Süden die Grafen von Steiermark und Andechs, die letztere fortan Herzöge von Dalmatien und Meran (in Tirol) hießen, und unabhängig von den bayerischen, ihnen nur ebenbürtigen Wittelsbachern wurden.*

Zwei Jahre lang leistete Heinrich der Löwe den Widerstand der Verzweiflung, wich aber endlich, als der Kaiser die Elbe überschritt und Lübeck und viele Burgen, selbst das Stammschloß Braunschweig, bezwang, der unabweisbaren Notwendigkeit. Er huldigte auf Gnade und Ungnade und erschien persönlich vor dem Fürstentag zu Erfurt (1181). Dieser sprach folgendes Bannurteil aus: »Mit Vorbehalt seines Erbrechts auf Braunschweig soll der Herzog Heinrich künftiges Jahr außer den Marken seines Landes leben und binnen drei Jahren deutschen Boden nicht mehr betreten. Seine Ge-

* Siehe Gemeiner, S. 357.

mahlin mag jedoch auf den Stammgütern unbesorgt verweilen.« Niedergedrückt vom Gefühl des ehemaligen Glücks und des gegenwärtigen Elends, fiel der Herzog dem Kaiser zu Füßen, schwor die geforderte Urfehde und schiffte bald darauf mit den Seinigen als Flüchtling nach England, wo der Schwiegervater, König Heinrich, die Reste des noch unlängst blühenden und mächtigen Welfengeschlechts mit aller Freundlichkeit empfing und beherbergte.

Fortan regierte der Hohenstaufe Friedrich Deutschland ohne Nebenbuhler und wurde von den Fürsten des Reiches geehrt und gefürchtet. Aber auch das genügte dem hochstrebenden Geist des Herrschers nicht. Er suchte auch jenseits der Alpen in Italien die Kronmacht bald durch Waffen, bald durch kluge Unterhandlungen zu steigern. Jenes geschah in der Lombardei, dieses in Neapel und Sizilien. Als nämlich hier das normannische Königshaus mit Wilhelm II. oder dem Guten (1166–1189), Enkel Rogers II., zu erlöschen drohte, ruhte Friedrich nicht eher, als bis sein erstgeborener Sohn Heinrich mit Konstantia, der Muhme des Normannen, trotz des kirchlichen Gegenstrebens vermählt und so zur Nachfolge am süditalienischen Königreich berufen war (1186).

Dieses Ereignis brachte der hohenstaufischen Kronmacht volle Entschädigung für manche Verluste und Nachteile, die inzwischen der Kampf mit dem bürgerlichen Freistädtetum (Republikanismus) Oberitaliens nach den außerordentlichsten Anstrengungen und Glückswechseln herbeigeführt hatte. Das allmähliche Wachstum der Städte von schwachen und bevormundeten Schutzgesellschaften zu starken und unabhängigen Gemeinden (Republiken, *respublicae, communes*)* bietet seit dem Anfang des 12. Jahrhunderts für das südwestliche, bald auch nordöstliche Europa eine ununterbrochene Reihe von Unruhen, Fehden und Verträgen dar, die bei allen örtlichen und zeitlichen Brechungen darin übereinstimmen, daß sie die lehnsherrlichen Vorrechte des Adels und der Geistlichkeit zu beugen und den Ansprüchen der oft schon erblichen und übermächtigen Krone zu trotzen versuchten, mit einem Wort, die Wiedergeburt der altgermanischen Freisassen, wenn auch in veränderter Gestalt, zu bereiten versuchten.

---

* Beide Worte sind gewöhnlich bei den zeitgenössischen Schriftstellern gleichbedeutend. So heißt es z. B. im Chronicon Remense ad a. 1140: *»facta est dissensio Remis et respublica conjurata a civibus«*, d. h. »in Reims erhob sich Zwietracht und von den Bürgern wurde die Gemeinde beschworen«. Siehe Lettres sur l'histoire de France, par Thierry, S. 219.

Diese Bewegungen, die durch feierliche Eide der Teilnehmenden bekräftigt werden und mit der Sicherung des Eigentums und der persönlichen Freiheit beginnen* und mit der staatsbürgerlichen Unabhängigkeit der Gemeinden und ihrer Bünde enden, fanden in Oberitalien deshalb ihren Mittelpunkt, weil sich hier das Gedächtnis an die römischen Freistädte (Municipien) durch manche Ordnungen und Bräuche am lebendigsten behauptet und dem wiederum erwachenden Bürgergeist gleichsam den Körper und die Entwicklungsweise im voraus zugerüstet hatte. Folgendes bezeichnet etwa den Gang, den die Gemeinden während des 11. und 12. Jahrhunderts bei den romanisch-germanischen Hauptvölkern genommen haben.

In Frankreich, wo seit vielen Menschenaltern der zügelloseste Lehnsdruck galt, gab besonders unter dem König Ludwig VI. (1108–1137) das Bedürfnis des Selbstschutzes den Anstoß zu Vereinigungen. Man gelobte einander Hilfe gegen Gewalttätigkeiten und frevelhafte Eingriffe in die Rechte des Lebens und Eigentums und gewann bald durch Vertrag, bald durch Waffen für die Bürger Steuerfreiheit. Man zwang den Herrn leibeigener oder höriger Leute, sich mit einem bestimmten Jahreszins zu begnügen,** und erreichte, daß kein Mitglied der Gemeinschaft wegen Schulden in Banden gelegt werden konnte.

Diese Schutzgesellschaften, durch glückliche Fehden mit äußeren Feinden zu stärkerem Selbstgefühl, durch Handel und Gewerblichkeit zu allgemeinerem Wohlstand gebracht, übergaben einer bald größeren, bald kleineren Anzahl Geschworener *(jurati)* oder Schöffen *(échevins)*, die mit ihrem Meister *(major, maire)* jährlich erwählt wurden, die Ausübung der bürgerlichen und unteren pein-

* *»Juraverunt quod alter alteri secundum opinionem suam auxilietur, et quod nullatenus patientur quod aliquis alicui aliquid auferat, vel ei talliatam faciat«*, d. h. »sie schworen, daß einer dem anderen nach seinem Gewissen helfen und nicht dulden solle, daß jemandem sein Eigentum geschmälert oder eine Steuer auferlegt werde«, ist eine häufige Schwurformel. Siehe Thierry, S. 220.

** »Mit dem Wesen der Gemeinde, das ein neuer und verruchter Name ist, verhält es sich so: Steuerpflichtige zahlen ihren Herren nur einmal im Jahr und büßen Übertretungen durch eine gesetzliche Geldsumme. Alle anderen Auflagen, dergleichen man über Leibeigene zu verhängen pflegt, sind aber nichtig.« Abt Guibert in seinem Leben bei Thierry, S. 239. Vgl. Hüllmann, Städtewesen im Mittelalter, III, 25. – Fast alle Verträge der französischen Städte gehen vom Recht des Selbstschutzes aus. So heißt es in dem Brief derer von Soissons: »Die Mitglieder der Gemeinde *(commune)* sollen einander schützen gegen Gewalt und ungesetzliche Besteuerung.« D'Aschery, Spicilegium, III, 547.

lichen Rechtspflege und die Sorge für das Stadtgut. Den Blutbann aber übte der landesherrliche Vogt *(praepositus, prévôt)*, auch Burggraf *(castellanus)* und Hofrichter *(villicus)* geheißen. Bisweilen, wenn die Gegenstände der Rechtspflege und Verwaltung wegen ihrer Vielartigkeit einen erweiterten Geschäftsbereich forderten, bildeten die zwölf Schöffen der ersten und zwölf Geschworenen der zweiten Reihe vereint den engen Rat, dem in etlichen größeren Städten der weite als höchste Behörde zur Seite stand. Auf den Ruf der Glocke versammelte sich die Gemeinde, nicht sowohl um gesetzgebende Beschlüsse zu fassen, als um die Sprüche der Ratsmänner anzuhören.

Wenn in Frankreich äußere Not, befruchtet von dem rührigen, unternehmenden Geist der Kreuzfahrten, die ersten Keime des städtischen Wesens hervortrieb, so gab in England während der letzten Hälfte des 12. Jahrhunderts der genossenschaftliche und freisinnige Handelsgeist dazu den ersten Anstoß. Längst nämlich gewohnt, in bedeckten Gängen oder Lauben über Angelegenheiten ihres Berufs zu beratschlagen, erwarben die Kaufleute größerer Plätze, wie London, Oxford, Glocester, York usw., von der Krone für angemessene Geldsummen das Gilderecht (Zunftrecht) und die Befugnis, zwei bis drei jährlich aus ihrer Mitte erwählten Schöffen *(sheriffs, baillifs, stewards)*, einen Meister *(mayor)* an der Spitze, die Untersuchung bürgerlicher Streitigkeiten und mehreren Ältesten *(aldermen)* als verwaltenden Beamten die Sorge für das Gemein- oder Stadtgut zu übertragen. Jedoch mußte der Meister, der sich als Abzeichen der richterlichen Gewalt einen bald silbernen, bald kupfernen Stab (*mace*, Szepter) voraustragen ließ, die Bestätigung des Königs empfangen, in dessen Namen auch der Blutbann ausgeübt wurde. Aus den Schöffen, Ältesten und Stellvertretern der einzelnen Stadtviertel ging später der Gemeinderat hervor, der in dem gegenwärtigen Zeitabschnitt noch unbekannt war.*

In Spanien hatten die langen Freiheits- und Glaubenskämpfe gegen die ritterlichen Araber Bürgerschaft und Adel in beständiger Kraftübung erhalten, beide Stände zu rühmlichem Wetteifer entzündet und einander nähergebracht als irgendwo sonst in Europa. Bei den Städtern, die frühzeitig unter maurischer Hoheit durch Handel und Gewerblichkeit ziemlich allgemeinen Wohlstand erwerben konnten, hatten sie das Gefühl für Waffenehre genährt, bei den Ade-

* Vgl. Hüllmann, III, Abschnitt 2.

ligen durch vielseitige Berührung mit dem bürgerlichen Leben rohen Kastenübermut verhindert und zur Achtung der städtischen Bundesgenossen genötigt, die mit den ritterlichen Geschlechtern vereinigt teils den Islam, teils die Kronmacht der christlichen Könige zu demütigen versuchten.

Diese Entwicklung nahm besonders Aragonien. Denn schon um den Anfang des 12. Jahrhunderts (1115) bekamen die Bürger Zaragozas, der arabischen Herrschaft ledig, in einem Freibrief alle Rechte geborener Hidalgos (Ritter), und 18 Jahre später (1133) beratschlagten Abgeordnete der aragonischen Gemeinden auf dem Reichstag *(cortes)* mit geistlichen und weltlichen Lehnsherren über Steuern und Landesordnungen. Fortan richteten die Städte Aragoniens und Kataloniens bei wachsendem Reichtum ihre Hauptsorge nicht sowohl auf besondere Angelegenheiten als auf Erhaltung der allgemeinen, ständischen Rechte und Freiheiten, für deren Schutz die gesetzliche Selbsthilfe gegen den König unter dem Namen der Einigung (Union) gestiftet und feierlich beschworen wurde.

Diesen verfassungsmäßigen Grundsatz des bewaffneten Aufruhrs, eigentümliche Frucht der gemeinheitlich-ständischen Entwicklung Spaniens, bestätigte später Alfons der Weise durch folgenden Freibrief: »Gewaltherrschaft ist vorhanden, wenn der Fürst nicht am Wohlergehen seines Volkes arbeitet, wenn er es durch sein Betragen feige und furchtsam macht, wenn er Mißtrauen ausstreut und Armut verbreitet unter den Reichssassen, wenn er die Wohlhabenden und Gelehrten verfolgt, staatsbürgerliche Verbindungen untersagt, Reden und Handlungen ausspäht, wenn er seinen Rat und die Bewachung seines Leibes Fremden anvertraut. Ist nun Gewaltherrschaft wirklich vorhanden, so sind alle Bewohner Spaniens, vom vierzehnten bis zum sechzigsten Jahr, verbunden, die Waffen zu ergreifen für den Sturz des Zwingherrn. Und wenn die Männer allein nicht stark genug sind, sollen sich auch die Frauen bewaffnen. Denn es ist gerecht, daß jedermann zum Untergang des Gewaltherrn tätig mitwirkt. Diejenigen, die diesem Ruf nicht folgen, werden einen offenbaren Verrat begehen und in die Strafen verfallen, die gegen die der verletzten Majestät Schuldigen ausgesprochen sind.«*

Mühsamer und auf den kleinen Wirkungskreis der nächsten, unmittelbaren Bedürfnisse beschränkt, entwickelte sich das Bürgertum

* Ley de Partidas, III, 1, 2, III, 19, 2, bei van Halens Denkwürdigkeiten, I, 14. Vgl. Lindaus Darstellungen aus der Geschichte Spaniens, I, 34 ff.

Deutschlands, dessen Gemeinden hinsichtlich des Ursprungs teils der Priesterschaft, teils der Weltlichkeit angehörten und schon deshalb eine mannigfaltige, höchst verschiedenartige Gestaltung annehmen mußten. Die »Pfaffenstädte« nämlich oder Hofsitze (Residenzen) der Erzbischöfe und Bischöfe hatten, wie Köln, Mainz, Straßburg, Regensburg, Speyer und Worms, unter den vielfachen Zeitwechseln einzelne Reste und Gewohnheiten altrömischer Munizipalfreiheit gerettet, zugunsten ihrer geistlichen Vorsteher und Herren Ablösung vom Grafenbann oder sogenanntes Weichbildrecht gewonnen und eben darin das Mittel gefunden, sich schneller zu erheben, als es unter einem mächtigen Laienfürsten möglich gewesen wäre. Auch bischöfliche Pfalzen, wie Naumburg, Magdeburg, Paderborn, Münster, Lüttich usw., die durch hohe Feste, von reichen Jünglingen besuchte Stiftsschulen und mannigfaltiges Gewerbe belebt wurden, wuchsen allmählich zu ansehnlichen, ummauerten Plätzen empor und bekamen mit steigendem Wohlstand das Selbstbewußtsein genossenschaftlicher Kräfte.

Dasselbe begegnete aus gleichen Ursachen und unter ähnlichen Verhältnissen den berühmtesten Klöstern und Abteien, z. B. St. Gallen und Fulda. Auf größere Hindernisse trafen die Laienstädte, die hinsichtlich des Ursprungs und der Bestimmung in eine dreifache Reihe zerfallen. Entweder nämlich wurden sie aus rein kriegerischen Zwecken als Lagerplätze und Grenzbollwerke gegen die Heiden errichtet (Burgstädte) oder von einzelnen Fürsten aus allgemeiner Rücksicht auf Schutz und Gesittung gestiftet (Land- und Fürstenstädte) oder endlich von den Königen und Kaisern der gräflich-herzoglichen Aufsicht entzogen und unter die unmittelbare Hoheit des Heiligen Römischen Reiches Deutscher Nation gestellt (Königsstädte, Reichs- und Freistädte, *civitates regiae, imperiales, liberae*).

Die Burggemeinden, die, wie Duderstadt, Quedlinburg, Meißen, Merseburg, Nordhausen, Goslar, meistens von den sächsischen Königen als Schutzorte gegen Slawen und Magyaren gegründet wurden, blieben deshalb in der gesellschaftlichen Entwicklung zurück, weil sie teils nur freie, für den Grenzkrieg verpflichtete Lehnsleute, teils der Mehrzahl nach Leibeigene und Hörige zu Bewohnern hatten und sich in allen Bewegungen durch den Willen ihrer Dienst- und Mundherren eingeschränkt sahen. Nichts galt als die Sorge für äußere Bedürfnisse. Kein Geist der Freiheit wirkte schaffend in den Gewerben und öffentlichen Ordnungen, die erst in weit späteren Zeiten von dem allgemeinen Aufschwung des bürgerschaftlichen Lebens ergriffen und veredelt wurden.

Größere Gunst fanden einzelne, von aufgeklärten und freisinnigen Fürsten gestiftete Landstädte, namentlich Freiburg im Breisgau

(1120) durch Herzog Bertold III., Freiburg im burgundischen Üchtland durch Bertold IV. (1179) und Bern, ebendaselbst, durch Bertold V. (1191) aus dem alten, reichen und verdienten Geschlecht der Zähringer. Sie wurden auf eigenem Grund erbaut und mit gemeinheitlichen Rechten meistens nach dem Vorbild Kölns so umsichtig bewidmet, daß Zahl, Gewerbe, Wohlstand und Waffentüchtigkeit der größtenteils freien Bewohner zu einem schnellen und festen Wachstum gelangen konnten.

Mit den bescheidenen und bürgerlichen Zähringern wetteiferten im Nordosten Deutschlands die kühnen und ehrgeizigen Welfen, von denen besonders Heinrich der Löwe in Bayern München (1158), in Sachsen Lübeck (1158) stiftete und dadurch den braunschweigisch-lüneburgischen Gemeinwesen des 13. Jahrhunderts, wie Braunschweig, Hannover, Göttingen, Eimbeck, Münden, und den gleichzeitig gegründeten Wendenstädten im Lande Mecklenburg, wie Güstrow, Schwerin, Rostock, Wismar, und in Pommern, wie Stettin und Stralsund, die Bahn bereitete.

Dasselbe taten für die Mark Brandenburg, mit der bald Pommern vereinigt wurde (1181), Albrecht der Bär und sein Sohn Otto. Unter ihrem Schutz und von einsichtsvollen Johanniterrittern, niederrheinischen und flandrischen Ansiedlern geleitet, blühten Viehzucht, Acker- und Gartenbau rasch auf, während Handwerke und Gewerbe in Frankfurt an der Oder, Kölln an der Spree und anderen umschlossenen Plätzen Gedeihen fanden.* Eigentümlich blieben dabei dem nördlichen Deutschland die sogenannten Oberhöfe, an die in verwickelten Rechtsfällen die Berufungen der Töchtergemeinden gingen, wie z. B. Lübeck die Streitigkeiten der meisten Ostseestädte, von Holstein bis gen Livland, schlichtete, so daß später an 90 Bürgervereine dem lübeckischen Recht folgten.

Am kräftigsten entwickelten sich aber die Königsstädte, die unter den letzten Saliern und den ersten Hohenstaufen von den meisten grundherrlichen und persönlichen Abgaben befreit und aus der herzoglich-gräflichen Macht unter die unmittelbare Hoheit des Reiches gestellt wurden, so daß sie frühzeitig von selbstgewählten Schöffen, deren Vorsitz bei dem kaiserlichen Burggrafen stand, Recht nahmen und bald auch für peinliche Sachen (Blutbann), wie andere Bedingungen eines bürgerschaftlichen Gemeinwesens, Unabhängigkeit erwerben konnten.

---

* Vgl. Hüllmann, Städtewesen, I, 152 und II, 89.

Die Zusammensetzung der städtischen Bewohner war zwar nicht überall dieselbe, umfaßte aber dennoch stets zwei Arten: Freie und Unfreie, von denen jene in den bischöflich-königlichen, diese in den Fürsten- und Burgstädten der Zahl nach das Übergewicht hatten. Die Freibürger,* teils dem ritterbürtigen Lehnsadel, teils den Wehrfreien (Allodialfreien) angehörig, lebten entweder vom Krieg oder vom Wein- und Feldbau, wovon die Zehnten der Geistlichkeit anheimfielen. Sie besaßen allein volle Gemeinheitsrechte, durften mit Habe und Nahrung nach ihrem Willen herrschen, Vermächtnisse aufsetzen, nach Gefallen heiraten, obrigkeitliche Ämter verwalten und dem König Treue und Hulde schwören. Die Freigelassenen (Beisassen, Einwohner), die nur im dritten Glied Bürger wurden und oft als Mundmannen für bestimmte Abgabe und Dienstleistung dem Schutz und der Fürsprache eines Freibürgers folgten, und die Leibeigenen, die meistens als Handwerker in mehr oder minder drückenden Verhältnissen für den Herrn arbeiteten, wurden durch harte, bisweilen grausame Gewohnheiten vom freien Lebensgebrauch abgehalten. Denn sie durften weder ihren Kindern und Verwandten noch den Kirchen oder Geistlichen die mühsam erworbene Habe durch einen letzten Willen übergeben. Das beste Stück Vieh eignete sich die Herrschaft nach dem Tode des Beisassen zu (Hauptfall, Hauptrecht) oder nahm vom Gerät, was ihr beliebte (Butteil, Beuteteil).

Diese und ähnliche Lasten, die bald den Leib, bald den Boden und Vertrieb der Erzeugnisse beschwerten, versuchten die deutschen Gemeinden in der ersten Hälfte des 12. Jahrhunderts, größtenteils mit Glück, abzuschütteln, wie denn überdies die damaligen Kaiser, namentlich Friedrich I., so billigem Begehren schon aus Staatsklugheit entgegenkamen. Daher wurden in Speyer (1111), Worms (1182) und anderswo jene schimpflichen Frondienste und Steuern aufgehoben, Zölle und Geleitgelder (Hansen) teils herabgesetzt, teils getilgt oder den Städten überlassen, Jahrmärkte und Messen bewilligt und den Kaufleuten und Handwerkern für den Schutz ihres Eigentums Waffenrechte eingeräumt.

Manche Gemeinden, die wie Lübeck (1182), Augsburg (1180), Nürnberg und Rotenburg an der Tauber dem Reich zugewandt waren und vor allem aber die inneren Grundgesetze, die freiere Ausdehnung suchten, wurden in ihrem naturgemäßen Fortschreiten

* *Franco popolo* im Gegensatz zu der Ritterschaft bei Villani, Croniche VIII, c. 38.

nicht gehindert. Bis gegen das Ende des 11. Jahrhunderts nämlich hatte der kaiserliche oder herrschaftliche Vogt *(advocatus, praefectus)*, der sein Amt zu Lehen trug, ausschließlich die oberste Verwaltung besorgt, die höchste Gerichtsbarkeit in peinlichen und bürgerlichen Sachen geübt und alle Einkünfte und Gebühren beaufsichtigt, während sein Unterbeamter, der Burgvogt, das Polizeiwesen leitete und bei etwaigen Fehden die waffenpflichtige Mannschaft führte. Der Schultheiß aber, mit Beiziehung von bald sieben, bald mehreren Schöffen oder Urteilsfindern, die man aus den alten, ehrbaren Geschlechtern wählte, hörte und entschied nach herkömmlichen Rechten und Gewohnheiten Klagen über Schulden, Kauf, Verkauf und ähnliche Gegenstände des täglichen Lebensverkehrs.* Diese Regierungshoheit ging nun bei wachsendem Reichtum und Selbstgefühl der bischöflichen und königlichen Städte mit dem 12. Jahrhundert allmählich auf den zwölf bis vierundzwanzig Mitglieder starken, frei erkorenen und von etlichen Vorstehern (Bürgermeistern, *magistri civium*) geleiteten Rat *(consules, cives)* über. Nur der Blutbann blieb gewöhnlich ein herrschaftliches, an den Vogt gebundenes Vorrecht, das später durch Kauf, Vertrag oder Macht gleichfalls von der Gemeinde erworben wurde.

Während so eine gegliederte und abgeschlossene Körperschaft der Freibürger entstand und mit den Gesellschaftsrechten auch die Eigentumsgebiete der Grundbesitzer wuchsen, traten die meistens hörigen oder leibeigenen Handwerker, dem Beispiel der reicheren Kaufleute und ritterbürtigen Geschlechter folgsam, nach den Berufsarten in Innungen (Zünften) zusammen und erstrebten nicht nur persönliche Freiheit, sondern auch Teilnahme an den gemeinheitlichen Regierungsrechten. Jenes gelang größtenteils, dieses aber scheiterte einstweilen sowohl am Stolz und Starrsinn der vornehmen, altbürgerlichen Gilde als am Mißtrauen des Kaisers Friedrich I., der die jüngeren Zunftvereine der Handwerker für staatsgefährliche Eingriffe hielt und bei schwerer Strafe untersagte.**

---

* Siehe z. B. den Freibrief der Stadt Hagenau vom Jahr 1255 bei Schöpflin, Alsatia diplomatica, S. 557. – Der vollständige Titel der jetzt konstituierten Gemeinde lautete übrigens: »*magistri, consules et universitas civium*, Meister, Ratmannen und Gemeinde«, z. B. in einer Urkunde des Grafen Rudolf von Thierstein, bei Schöpflin, Alsatia diplomatica, S. 607, vom Jahr 1262.

** »Die Zünfte in Trier«, heißt es z. B. in einem Befehl vom Jahr 1161, »sollen aufhören, damit Erzbischof und Pfalzgraf ihre gebührliche Rechtspflege in der Stadt üben können *(ut debitam justitiam in civitate habeant)*.« Siehe Brower, Annal. Rev. II, 68.

Doch weder diese noch andere Verbote konnten den erwachenden Einigungstrieb und gesellschaftlichen Fortschritt der unteren Stände lähmen, so daß der König sich zuletzt damit begnügen mußte, offenbaren Mißbräuchen zu steuern, die Sache selbst aber ihrem eigenen Schicksal zu überlassen. Ebensowenig konnte die Aufnahme flüchtiger Knechte und Zinsleute, die unangesprochen nach Ablauf von Jahr und Tag vollkommen frei wurden, gehindert werden. Vor den Mauern hinter einer schwachen Verschanzung angesiedelt, empfingen diese bald zahlreichen und gewerblich tätigen Aus- oder Pfahlbürger anfangs den Schutz, danach nicht selten auch die Rechte der Gemeinde.

Auf welchen Grundgesetzen diese übrigens bei den Deutschen gewöhnlich ruhte, das erhellt beispielsweise am besten aus einem Überblick der Verfassungsurkunde, die der Zähringer Bertold der auf eigenem Boden gestifteten Stadt Freiburg gegeben hat (1120). »Wer hier«, lauten die allgemeinen Rechte, »Jahr und Tag unangesprochen verharrt, mag sich fernerhin sicherer Freiheit erfreuen. Vor dieser Frist aber mag der Herr seinen Leibeigenen entweder ledig lassen oder wieder hinwegführen, falls er durch das Zeugnis von sieben der nächsten Blutsverwandten die Gültigkeit der Ansprüche beweisen kann. Wer ein eigenes und nicht verpfändetes Gut, das eine Mark wert ist, in Freiburg besitzt, der ist Bürger, zahlt als solcher keinen Zoll, darf ohne Steuern an den Kastvogt *(advocatus)* frei erwerben, was ihm beliebt, über sein Eigentum noch beim Leben der Frau verfügen, was er will, nur die Zeugenschaft von zwei Mitbürgern für gültig anerkennen, die der Fremden aber ablehnen, im Kriegsdienst des Herrn (des Herzogs) nicht über eine Tagereise weit ausziehen, für die Wahl des Schultheißen, der 24 Ratsmannen, des Waibels (Stadtknechts) und Hirten jährlich seine Stimme geben, jedoch so, daß die herrschaftliche Bestätigung vorbehalten bleibt. Dasselbe soll gelten von dem Leutpriester, den die Gemeinde erkiest und der Fürst genehmigt. Wenn die Bürger miteinander hadern, so kann man sie nicht zwingen, eine Klage zu führen. Auch darf der Richter (Schultheiß) darüber keine Nachfrage halten. Wer aber seine Klage angebracht hat, muß sie vollführen. Wem der Spruch des Rats der Vierundzwanziger mißfällt, mag sich an die Stadt Köln als Oberhof wenden. Kein Zweikampf soll gehalten werden, außer um Blutvergießen, Raub, Totschlag. Wird jemand blutrünstig geschlagen und will klagen, so ziehe er die Glocke, auf deren Schall die 24 Richter erscheinen, die Wunde beschauen und waschen. Wer aber zornigen Gemüts einen anderen bei Tage verwundet hat, verliert die Hand, der Totschläger das Haupt. Geschieht die Gewalttätigkeit bei Nacht oder in der Schenke, es sei bei Tag oder Nacht, so soll der Täter mit Zweikampf, nicht mit Zeugen, überwunden werden, dieweil die Schenke wegen der Trunkenheit der Nacht gleich geachtet wird. Ist ein Totschläger entwichen, so soll sein Haus von Grund auf zerstört werden und ein ganzes Jahr lang ungebaut bleiben. Alles Maß des Weines, der Frucht und alles Gewicht des Goldes und Silbers soll bei den 24 Ratsmannen stehen. Und nachdem sie es ausgeglichen (gemessen und geeicht) haben, soll die Stadt dasselbe einem von ihnen, welchem sie will, übergeben. Und wer nachher größer oder kleiner Maß und Gewicht hat, womit er kauft oder verkauft, begeht einen Diebstahl. Über Wein, Brot, Fleisch und anderes mögen die 24 nach dem gemeinen Nutzen Satzungen machen. Und die hierauf schwören und es etwa nicht halten, die haben ihre Ehre verloren, und ihre Güter werden ausgerufen werden.«

Wie streng das einfache Grundgesetz Redlichkeit und weibliche Zucht als altgermanische Kerntugenden bewachte, geht aus folgenden Verordnungen hervor: »Wenn jemand auf dem Todesbett seine Kinder einem anderen anvertraut, dieser aber des Gewinnes willen denselben schadet und deshalb von Zeugen überwiesen wird, so ist sein Leib den Bürgern, sein Gut dem Herrn verfallen. Reizt ein Bürger durch Schmähungen die Frau eines anderen, so soll er 10 Pfund Buße zahlen. Wenn eines Bürgers Sohn seines Mitbürgers Tochter heimlich liebt, sie beschläft und solches kundbar wird, so sollen sie, falls es den Bürgern möglich dünkt, zur Ehe gezwungen werden.«

Dies die Lage der deutschen, langsam, jedoch fest aufblühenden Gemeinden.*

Nirgends nahm aber das Bürgertum einen kühneren Aufschwung als in Italien. Denn wenn es sich bei Franzosen, Spaniern, Engländern und Deutschen mit dem Wiedergewinn etlicher Freisassenrechte begnügte, ohne die Hoheit des jeweiligen Königs, weltlichen oder geistlichen Fürsten zu beeinträchtigen, strebten viele Städte der Lombardei ebenso entschieden nach Unabhängigkeit des inneren Lebens wie gänzlicher Ablösung vom kaiserlichen Reichsverband oder mit anderen Worten nach volkstümlicher (republikanischer) Frei-

---

* Über Freiburgs Handfeste vergleiche Schreibers Urkundenbuch der Stadt Freiburg, I, 3–25, ebendaselbst die Handfeste Berns vom Jahr 1218, die in den meisten Hinsichten mit der freiburgischen übereinstimmt. Beiden Gemeinden und den Freiburgern im Üchtland (Wüstland) lagen die Rechte Kölns zugrunde, wie denn überhaupt die zähringischen Stiftungen in Südwestdeutschland dadurch eine gewisse Gleichartigkeit bekamen.

heit,* die unaufhörlichen Kampf gegen den bevorrechteten Adel und die deutsche Oberherrschaft erzeugte.

Dazu gab Mailand, begünstigt durch Lage, Zahl, Gewerblichkeit und kriegerischen Trotz der Bewohner, den Hauptanstoß. Denn es errang schon um die Mitte des 11. Jahrhunderts (1077?) die Wahl eigener Obrigkeiten, jedoch so, daß die Reichshoheit und die Berufung (Appellation) an den Pfalzgrafen gültig blieben. Nicht lange darauf mußte ein beträchtlicher Teil des umwohnenden, mächtigen Landadels in die Bürgerschaft eintreten und durch erprobte Waffenfertigkeit den Eroberungsplänen der Gemeinde neue Kraft bringen, während der Erzbischof und die Kirche bald gezwungen, bald freiwillig Schlösser und Güter dem städtischen Wesen einverleibten.

Dasselbe geschah, obschon minder rasch und durchgreifend, in anderen ummauerten Plätzen der Lombardei. Selbst Rom folgte der gemeinheitlichen Bewegung, streifte die unbedingten Hoheitsrechte des Papstes ab und errichtete einen Rat (Senat), der, 100 Mitglieder stark und mit zwei Meistern (Konsuln) an der Spitze, die Regierung besorgen sollte. Kaum gelang es Eugen III., durch Hilfe der Normannen den Aufruhr zu stillen und einen Teil der herrschaftlichen Macht zu retten (1149). Daß diese fortan in den italienischen Gemeinden, namentlich Lombardiens, Menschenalter lang keine Wurzeln mehr faßte, sondern dem freistädtischen (republikanischen) Leben überall weichen mußte, ist hauptsächlich die Folge der eigentümlichen Art und Weise, wie die Bürgerschaft zusammengesetzt und verfassungsmäßig geleitet wurde.

Den ersten, gleichsam ausschließlich kriegerischen und ehrgeizigen Stoff nämlich bildeten die ritterbürtigen Geschlechter, die teils als höherer (Kapitaneen), teils als niederer Adel (Valvassoren)** bei

---

* Treffend bemerkt Muratori (Antiquit. Ital. IV, 727): »*Apud nos idem fuit Commune atque Respublica, sive Civitas libera, suis legibus suisque magistratibus utens et uni Imperatori, aut Rom. Pontifici subjecta, quaram Communitatum Regalia in Principem aliquem deinde fuere translata. Gallicae vero Communiae a Regibus aut Principibus instutae fuerunt, et privilegiis quidem ornatae, sed nunquam autocratia et jure Principatus donatae.*« – Übrigens erscheinen die ersten Konsuln der Toskana in Pisa um 1114, in Lucca 1124, Pistoja 1116 (Muratori, Antiquit. IV, 523), in den lombardischen Städten entweder gleichzeitig oder früher.

** Die Abstufungen der italienischen Bürgerschaft erscheinen am bestimmtesten in den Grundgesetzen (Statuten) Ferraras vom Jahr 1258 bei Muratori, Antiquit. IV, 656. Zuerst kommen hier vor: *Capitanei qui Castello alicui dominabantur et ab uno Imperatore feudali titulo pendebant,* Muratori IV, 665, also unmittelbarer, reichsständischer Adel, dann *valvassor, vel miles* (*valvassores minores,* bei Muratori IV, 656), mittelbare Afterlehnsträger, und zuletzt *homo popularis* (Freisasse). Daher unterscheidet Otto von Freisingen (De gestis Friderici, II, 13) für die lombardischen Gemeinden drei Stände, »*tres ordines capitaneorum, valvassorum et plebis.*«

mannigfaltigen Reibungen und Zerwürfnissen dennoch in entscheidenden Augenblicken treu zueinander standen und, begünstigt durch überlegene Waffenfertigkeit, nach außen hin zu Eroberungszügen trieben, nach innen hin, oft glücklich, die obersten Ämter bald durch Macht, bald durch um Volksgunst buhlende (demagogische) Künste erstrebten. Dagegen vereinigten sich die niemandem durch Dienst und Lehen verpflichteten Freisassen (Arimannen, Ehrenmänner), häufig durch Mitglieder des niederen Adels verstärkt, zum wohlhabenden, gewerblich tätigen, gesessenen Mittelstand, der in Mailand als »Motta« (Gesellschaft) die Gesamtheit der Handelsherren, Wechsler, Rentner (Kapitalisten) und Kunstarbeiter umfaßte.* Der letzten und zahlreichsten Bürgerreihe gehörten die Krämer und Handwerker an. Teils aus Freisassen, teils aus ehemaligen Leibeigenen gebildet und durch Zünfte und Vorsteher geeinigt, begnügten sie sich meistens mit dem Wahlrecht und überließen, obschon ihnen selber das Herkommen Ritterwürde gönnte,** die Führung der kriegerischen und friedlichen Geschäfte dem Adel und den vornehmeren Gemeinfreien.

Die Behörden waren gewöhnlich so geordnet, daß alljährlich wechselnde Ratsmeister (Konsuln, *consoli*), bald sechs oder sieben, bald zwölf, acht oder vier, zu Gericht saßen, die verbindlichen Beschlüsse und Gesetze vollzogen und die streitbare Mannschaft versammelten und befehligten. Jährliche Ausschüsse der weisesten und ältesten Männer des Volkes unter dem Namen des geheimen (engen) Rats *(credenza, consilium sapientum)* zogen mit dem gewöhnlich adligen Konsulat allgemein städtische Sachen in vorläufige Erörterung, beaufsichtigten den Haushalt und unterhandelten mit der Fremde. Die Hunderte des großen Rates *(consilium majus, speciale)* bewilligten und verteilten unter dem Vorsitz der Konsuln Steuern und machten endlich Gesetzesvorschläge, die von der Gemeinde (Parlament, *generale*) als Inbegriff der Gesamtbürgerschaft, die deshalb auch zu allen Wahlen berechtigt war, entweder angenommen oder verworfen wurden.

---

* Siehe Hüllmann, Städtewesen, II, 248, und Leo, Verfassung der lombardischen Städte, 106 ff.

** Dies bezeugt ausdrücklich Otto von Freisingen, De gestis Frid., II, 13: *»inferioris conditionis juvenes, vel quoslibet contemtibilium etiam mechanicarum artium opifices – ad militiae cingulum, vel dignitatum gradus assumere non dedignantur«*, d. h. »sie verschmähen es nicht, mit dem Wehrgehänge des Ritters auch Jünglinge der unteren Stände, selbst gemeine Handwerker zu schmücken.«

In der Landwehr dienten alle Bürger vom achtzehnten bis zum siebzigsten Jahr, nach den Stadtvierteln und Toren in besondere Rotten geteilt, jede einen Bannerträger (Gonfalonier) an der Spitze. Adel und reiche Freisassen bildeten die Reiterei. Der Kern des schwerbewaffneten Fußvolks, dem Leichtgerüstete *(ribaldi)* voranzogen, bestand aus den mittleren Bürgern und folgte in seinen Bewegungen der auf einem Karren aufgestellten, von erlesenen Scharen verteidigten Stadtfahne *(caroccio)*. Kühne und dem Tod geweihte Männer zu Roß und zu Fuß, durch langen Helmbusch und andere Abzeichen kenntlich, übernahmen nicht selten als verlorener Haufe (*gialdonieri*, d. h. *waldana*, Bruderschaft) den Schutz der gefährlichsten Posten, sei es für den Angriff oder den Rückzug.

Die Schlacht eröffnete ein allgemeines, durch Trompeten, Hörner und Pauken verstärktes Kriegsgeschrei, ein Überbleibsel des altdeutschen Kampfliedes. Dann folgten Reiterei und Fußvolk dem ersten Anprall der freiwilligen Vorhut (*feditori*, Stecher, Stürmer), Bogenschützen und anderer Leichtgerüsteten. Mit Geschicklichkeit wußte man durch Keulenschläge und Lanzenstöße dem geharnischten Feind das Pferd zu töten oder zu verwunden, während die Stadtfahne, auf der weiten Ebene leicht sichtbar, den Anordnungen des Feldherrn überschauliche Einheit geben konnte.

Keine Fehde der lombardischen Gemeinden begann ohne feierliche Abkündigung des Friedens, der gewöhnlich vom Oktober bis zum Frühling dauerte. Oft wurde der Gegner aufgefordert, Zeit und Ort des Treffens zu bestimmen. Gefangene Fußknechte bekamen unter dem Versprechen, sechs Monate lang nicht zu dienen, unentgeltlich ihre Freiheit wieder, Edle und Hauptleute aber wurden ausgewechselt oder losgekauft. Bei mehrtägigen Fahrten schützten leinene Zelte *(tende)* und bretterne Hütten gegen die Unbilden der Witterung. Wo es möglich war, lagerte man auf verschanzten Hügeln *(motte)*, nicht aus Furcht, sondern aus Vorsicht und um Bürgerblut zu schonen.

Die meisten Städte Italiens waren künstlich befestigt, durch hohe Mauern und Türme verteidigt. Mailand zählte der letzten an hundert, und in Florenz stiegen etliche Bollwerke der Art 100 Ellen empor.*

Sie zu errichten, war ein Vorrecht des ersten Adels und der Gemeinden. Sitten und Lebensart der Lombarden, früher roh und üp-

* Malaspina, ad a. 1154.

pig, hatten seit der freieren Entfaltung des Bürgertums im ganzen eine entschiedene Liebe zum Ernst, zur Einfachheit und Strenge angenommen. Die oft prachtvollen Kirchen und Rathäuser abgerechnet, waren die Wohnungen, auch der reichsten Städter, meistens schlicht, ohne Kamine, Brunnen und Söller. Am Küchenfeuer, inmitten des Hauptsaales entzündet, standen Herrschaft und Gesinde friedlich nebeneinander.* Dreimal in der Woche speiste man Fleisch, dagegen täglich viel Gemüse. Die kalten Reste des Mittagsmahls wurden am Abend aufgetragen, wobei ein Diener mit der Kienfackel leuchtete. Denn Wachs- und Talgkerzen fehlten damals im Hausgebrauch. Jede Wirtschaft hatte einen oder zwei Becher, selten mit Wein, gewöhnlich mit Wasser gefüllt und von Hand zu Hand gehend. Mann und Frau aßen aus einer Schüssel. Vorlegeteller waren unbekannt.

In der Kleidung galten nur Notdurft und Bequemlichkeit, nicht Prunk und Überfluß. Männer und Jünglinge trugen des Winters entweder einfache Pelze oder grobe Tuchröcke, im Sommer leinene Kittel. Den Kopf schmückte über dem leichten Barett eine eiserne, schuppenförmig gearbeitete Pickelhaube. Viele gingen auch barhaupt. Den Fuß deckte ein Halbstiefel. Frauen und Jungfrauen kleideten sich gewöhnlich in Leinwand und grobes Wolltuch. Den aus solchem Stoff gefertigten Unterrock *(sottana)* hielt ein Gürtel zusammen, über den dann der Mantel aus gleichem Zeug geworfen wurde, der bei festlichen Gelegenheiten mit Grauwerk und hohem Kragen geziert war. Gold, Silber und Edelsteine waren wie überhaupt, so bei der Tracht außerordentlich selten. Schläfen und Kinn der verheirateten Frauen deckten als Abzeichen breite Binden.

Spät, selten vor dem dreißigsten Jahr, wurden die Ehen geschlossen, nicht nach flüchtiger Leidenschaft und trüglichen Vermögensrücksichten, sondern nach reifer Wahl und gegenseitiger Hochachtung.**

Die Frau, deren durchschnittliche Mitgift etwa 100 Pfund betragen mochte, gehörte dem Haus, der Mann dem öffentlichen Wesen an. Diese Trennung der Wirkungskreise und das auf die Kinder übergehende Erbteil der durch keine Lüste geschwächten Gesundheit be-

* Joh. Muss. Chronic. bei Muratori, Antiquit., III, 321.

** *»Unde homines et feminae integri, fortes atque perfecti, aetas integra, sana ac opibus universis affluens«*, d. h. »daher sind Mann und Frau stark, ausgebildet, in frischem, gesundem Alter.« Landulf. bei Muratori, Antiquit., IV, 95.

festigten das Band der Treue und entfernten weichliche oder kostspielige Zerstreuungen. Daher sah man keine Gelage und wilde Lustbarkeiten, nur Gesellschaften von Freunden und Blutsverwandten, keine Prunk- und Kleidersucht, sondern Sorge für Kind und Gesinde bei der Frau, für Waffen und Rosse bei dem Mann, wenn ihm seine bürgerlichen Geschäfte Muße gönnten.

Von Gemütsart war der Lombarde heftig, aufbrausend und unruhig,* im Rat ernsthaft und umsichtig, in der Ausführung der Beschlüsse zäh und standhaft, trotz der häufigen Parteien und Familienzwiste für den Schutz der gemeinheitlichen Freiheiten aller Opfer fähig und sparsamer mit dem Gut als mit dem Leben.**

In der Religion herrschte zwar Anhänglichkeit an die herkömmlichen Satzungen und Gebote des römisch-katholischen Kirchentums, aber dennoch fanden die Bekenner der neuen, durch Arnold von Brescia ausgebildeten Lichtlehre in manchen Städten Ober- und Mittelitaliens einen fruchtbaren Boden. Die Sitten der höheren Geistlichkeit nämlich standen im schneidenden Widerspruch zur bürgerlichen Einfalt und Strenge. Die Wohn- und Schlafzimmer der Erzbischöfe und Bischöfe waren geschmückt mit kostbaren Teppichen, Vorhängen und Geräten, die Tafeln beladen mit den ausgesuchtesten Speisen und Weinen. Die mit Hermelin verbrämten Seiden- und Purpurmäntel funkelten wie die Mitren und die Prunkrosse vor Gold, Silber, Perlen und Edelgestein. Gegen solche Hoffart der ersten Kirchendiener, die mit ihrem Beispiel auch auf die niederen zurückwirkten, erhoben sich viele kräftige Stimmen und forderten, daß die Priester den irdischen Gütern entsagten, Schwert und Herrscherstab der weltlichen Obrigkeit überließen, selber aber nach dem Vorbild der Apostel und Blutzeugen mit den Erstlingen, freiwilligen Opfern und Zehnten der Gläubigen die geringen Bedürfnisse eines demütigen, christlichen Wandels bestritten. Fortan gab es auch steigende Gärung in den Kirchenangelegenheiten, die sich bald in die staatsbürgerlichen Zwiste tief verflochten sahen.

---

* »*Tumultuosus*, unruhig, *procellosus*, stürmisch.« Der heilige Bernhard bei Muratori, Antiquit. II, 308: »*Insolentia Lombardorum et inquietudo eorum, cui non est nota?*«, d. h. »Wem sind der Lombarden Frechheit und Unruhe nicht bekannt?« Ebd.

** »*Parcissimi,* sparsam, *avari*, geizig.« Joh. Sarisber., Nug. curial., I, 4, verglichen mit Joh. de Vitriaco, Histor. Hierosol. bei Bongars, Gest. Dei, c. 66. Das Hauptzeugnis über die damaligen Sitten der Lombarden gibt Ricobaldus Ferrar. bei Muratori, Script. IX, verglichen mit Muratori, Dissert. 21 (Antiquit. II, 296 ff.).

Den Ernst dieses reichen und bewegten Lebens suchten mannigfaltige, bisweilen eigentümliche Spiele und Lustbarkeiten in gewissen Fristen zu erheitern. Falkenjagden, Turniere, Wettrennen zu Roß und zu Fuß ergötzten auf gleiche Weise den Ritter wie den Gemeinfreien. Gaukler, Taschenspieler und Bärenführer, denen oft unzüchtige Tänzerinnen voranzogen, gefielen dem roheren Haufen, während edlere Sänger auf den Straßen und Märkten vor Leuten aller Stände die Taten Rolands, Karls des Großen und seiner Getreuen (Paladine) priesen* und Stegreifdichter *(improvisatori)* mit anschaulichem Spott die Gebrechen und Torheiten der Zeit geißelten. Bei wachsendem Religionshader stellten rechtgläubige und um das Heil der Seelen bekümmerte Priester am Osterfest die Ankunft und den Untergang des Antichrist auf der Schaubühne dar.

Ackerbau, Handel und Gewerbe nahmen bei den Lombarden seit dem Beginn der städtischen Freiheit einen frischen und hoffnungsvollen Aufschwung. Noch wurden die Zünfte, die nirgends früher als in Italien erscheinen,** mehr von staatsbürgerlichem Wetteifer als von niedrigem Handwerksneid geleitet, noch wurden Landwirtschaft und sitzende Lebensart von manchen Gemeinfreien mit Glück verbunden, so daß bei den erschlaffenden Banden der Gutshörigkeit (Leibeigenschaft) die Scheidewand zwischen den Dörfern und ummauerten Plätzen allmählich sinken und die Bürger den Bauern annähern mußte. Selbst das anderswo streng beschauliche Klosterwesen folgte in Oberitalien bisweilen der vorherrschenden Betriebsamkeit. So wurden anfangs in Mailand, bald auch in den übrigen Städten der Lombardei die demütigen Brüder *(umiliati)* Meister in der Bereitung der wollenen Tücher, im Klein- und im Großhandel.***

Dagegen blieben beim überwiegenden Streben nach Nützlichkeit und werktätiger Anwendung des Erlernten die schönen Künste und Wissenschaften in den Anfängen stecken. Der früher einfache und ernste Kirchengesang entartete in spielende und weichliche Ziererei,**** und die weltlichen und heiligen Baudenkmäler verkündeten

---

* Muratori, Antiquit. II, Diss. 29.

** Schon 960 erteilte der Erzbischof von Ravenna der Fischerzunft *(scola piscatorum)* das ausschließliche Vorrecht, den Fluß Patareno zu benutzen. Muratori, Antiquit. III, Diss. 75.

*** Siehe Giulini, III, 127 ff.

**** Joh. Sarisber., De nugis curial., I, 6. »*Sirenarum concentus esse credas.*«

keinen Sinn für großartige und natürliche Öffentlichkeit. Maler und Bildhauer arbeiteten handwerksmäßig für die Notdurft, während man in Mailand, Rom und Montecassino freigebig die kümmerliche Fertigkeit unterstützte, mit eingelegten Steinen und Glasstücken den Fußboden zu schmücken (Mosaik). Für die wissenschaftliche Bildung nicht nur Italiens, sondern auch der Fremde wurde vorzüglich folgenreich die Wiederaufnahme der römischen Gesetze und Rechte, die namentlich Werner (Irnerius) im ersten Viertel des 12. Jahrhunderts in Bologna auslegte und von hier nach anderen Städten verpflanzte, während zu Salerno im Normannenland die Arzneikunde nach dem Vorbild der Araber beträchtliche Fortschritte machte.

Den deutschen König und Kaiser ehrten die lombardischen Gemeinden bisher als verfassungsmäßigen Lehnsoberherrn, leisteten den Huldigungseid und bewilligten für die etwaigen Römerfahrten die herkömmlichen Abgaben zur Bestreitung der Kriegsbedürfnisse *(foderum)*, Ausbesserung der Wege und Brücken *(paraticum)* und Verpflegung des oft zahlreichen Heergefolges *(mansionaticum)*. Sie erkannten in peinlichen Sachen den Blutbann an, in bürgerlichen die oberstrichterliche Entscheidung (Appellation) des Pfalzgrafen als erstem Reichsbeamten. Aber bei wachsendem Selbstgefühl, Frucht der inneren Kräfte, und zunehmender Schwäche des Kaisertums, dem die deutschen Wirren und Parteibildungen für Italien keine Muße gönnten, betrachteten die meisten Freistädte Oberitaliens ihre Lehnsabhängigkeit von der Fremde als Eingriff in die mündige Volkstümlichkeit und versuchten in einem mehrfach günstigen Augenblick den deutschen Reichsverband abzustreifen.

Doch die Mittel widersprachen dem Zweck. Man begehrte äußere Unabhängigkeit auf Kosten der inneren und erstrebte Freiheit durch Verfechtung der Mitbürger. An der Spitze dieses außerordentlichen Unternehmens stand Mailand. Begierig nach dem Besitz eines weitläufigen, souveränen Gebiets und vorwärtsgetrieben von kriegerischem Ehrgeiz, unterjochte es durch vierjährigen Kampf (1107–1111) die Lodesaner, die in sechs offene Flecken verteilt alle Unbilden schutzloser Untertanen dulden mußten, und bereitete nach einer neunjährigen, verheerenden Fehde (1118–1127) den Bewohnern von Como dasselbe Los.

Fortan hofften die Unterdrückten auf den Beistand des Kaisers, dem Mailand offenen Trotz bot, Pavia aber, Novara, Cremona und andere kleinere Gemeinden aus Eifersucht gegen die mächtige Nachbarstadt die lehnsherrliche Treue bewahrten. Gleichzeitig begehrte Papst Hadrian IV., seit kurzem auf dem Stuhl des heiligen Peter,

Hilfe gegen die unruhigen Römer, während Wetzel, ein Schüler Arnolds von Brescia und feuriger Anhänger der Volkspartei, in wiederholten Sendschreiben die Notwendigkeit zeigte, endlich die weltlichen Hoheitsrechte der übermütigen Priesterschaft zu zerstören und die Würde des Reiches am Tiber herzustellen. Denn die angebliche Schenkungsurkunde Konstantins sei eine Lüge und ketzerische Fabel, deren Gehaltlosigkeit Tagelöhner und Frauen begreifen könnten. Das frei erwählte Oberhaupt der Deutschen möge sich daher trennen vom Rat der Priester und Mönche, die entgegen allen evangelischen und apostolischen Ordnungen göttliches und menschliches Recht verwirrten.*

Diese kühnen Pläne und Ansichten der kirchlichen Widersacher fanden auch in Deutschland Anklang. Kein geistlicher Bann, erklärten Mitglieder des Ulmer Fürstentages, habe Gültigkeit, wenn ihn nicht das weltliche Gericht bestätige.**

Aber der Hohenstaufe, entschlossen, jenseits der Alpen die lange schlummernde Kronmacht wiederzuerwecken und den Strom freistädtischer Unabhängigkeit zu dämmen, lehnte einstweilen die verführerische Bundesgenossenschaft mit den Feinden des römisch-katholischen Priesterkönigtums ab und richtete sich vorzugsweise auf die Demütigung der lombardisch-volkstümlichen (nationellen) Gemeinden, besonders Mailands.***

So wurde, da die Befehle, Lodis und Comos Mißhandlung einzustellen, statt des Gehorsams aufrührerischen Hohn fanden, im Lechfeld bei Augsburg um den Anfang des Oktober (1154) ein beträchtliches Heer versammelt, über Brixen, Trident, längs den Ufern des Gardasees nach Roncaglia und auf der linken Poseite zwischen Piacenza und Cremona geführt und hier mit den Gefolgen italienischer Lehnsträger vereinigt. Darauf büßte Tortona nach hartnäckiger Gegenwehr das Bündnis mit den Mailändern durch die Zerstörung seiner Mauern und Wohnungen (Februar 1155). Pavia und Rom, wo die lombardische und kaiserliche Krone den König der Deutschen

---

* Brief Wetzels an Friedrich I. vom Jahr 1152 bei Martene, Collectio amplissima, II, Ep. 384.

** »*Nisi prius in laicorum judicio damnationis sententia feriantur*«, d. h. »wenn nicht vorher die von der Kirche geächteten Missetäter durch den Spruch der weltlichen Behörde verurteilt werden.« Martene, II, S. 553.

*** »Dieses war hin und wieder so verhaßt, daß der Sänger Bernardo di Ventadour in einem Gedicht an Johanna von Este den Kaiser dringend einlud, den Übermut der Mailänder zu brechen.« Antiquit. Lombard., II, 3.

schmückten, empfingen die Fremden als Schutzherren und Befreier, während Arnold von Brescia den Flammentod der Ketzer sterben mußte. Krankheit, Mangel, offene und geheime Feindschaft des Land- und Stadtvolks begleiteten das ansehnlich geschwächte Heer über Spoleto, Bologna, Mantua und Verona bis zum Fuß der Gebirge, die nicht ohne mannigfaltigen Kampf mit den Menschen und der Natur überstiegen wurden (Oktober 1155).

Kaum hatte dieser erste Zug, dessen Absicht sich nur auf vorläufige Erforschung der italienischen Parteien und Verhältnisse richtete, geendet, als die Fehde der volkstümlich und kaiserlich gesinnten Städte der Lombardei in lichten Flammen ausbrach. Mailand, mit Brescia verbündet, stritt siegreich mit Pavia, Novara, Cremona, dem Markgrafen von Montferrat, Obizzo Malaspina, und anderen Hochadligen, verbrannte die Flecken der eidschwierigen Lodesaner und stellte mit regem Wetteifer der Ritter und Bürger, Begüterten und Armen binnen drei Wochen Tortona aus seinen Trümmern schöner, als es gewesen war, wieder her. Dazu kam, daß der Papst, gestützt auf die sichere Hilfe der oberitalienischen Gemeinden und der südlichen Normannen, eine kühnere Sprache annahm, die Kaiserkrone ein Lehen der Kirche nannte und frühere, gegen das römische Volk und den Ketzer Arnold geleistete Dienste als nicht geschehen betrachtete.

Um diesen aufsteigenden Geist trotziger Freiheit, der den Norden und Süden der Halbinsel durchzog, zu brechen, vor allem aber um Mailand, den Feuerherd der staatsbürgerlichen Bewegungen, niederzuwerfen, überstieg Friedrich das zweitemal mit einem starken und erlesenen Heer auf verschiedenen Straßen die Alpen, sprach über Mailand, das umsonst Rechtfertigung versucht hatte, im Lager vor dem schnell bezwungenen Brescia die Acht aus und erschien, um sie zu vollziehen, mit dem Aufgebot der deutschen und welschen Getreuen, 100 000 Fußknechten und 15 000 berittenen Söldnern, unter den Mauern der stolzen Stadt (6. August 1158). Diese, in einer weiten, auf jeder Seite zwölf Miglien langen Ebene erbaut und durch mäßig hohe, zwölf Fuß breite Quadersteinmauern mit 100 Türmen und sechs Haupttoren sowie tiefe, an etlichen Stellen überbrückte Gräben und breite Erdwälle verteidigt, leistete so lange den heldenmütigsten Widerstand, bis der Feind, in den meisten Gefechten durch Überzahl und bessere Kriegsordnung siegreich, die Verbindung mit dem Flachland abschnitt, die Frucht- und Obstfelder zerstörte und die Dörfer und Weinreben verbrannte.

Da kam mit dem Hunger und Elend Zwietracht über die Mailänder, unter denen zuerst der Adel laut und ungestüm für den Frieden redete. Dieser wurde nach kurzer Absprache unter folgenden Bedingungen gewährt: Die Stadt sollte fortan Lodi und Como auf keine Weise gefährden, allen Hoheitsrechten (Regalien) hinsichtlich der Zölle, Brücken, Wege und Münzen entsagen, dem Kaiser Treue schwören und die Bestätigung der jährlich erwählten Konsuln anerkennen, 9000 Mark Silber (5 Millionen Lira) Brandsteuer bezahlen und 300 Geiseln stellen (6. September). Darauf berief Friedrich, um den Sieg über das lombardische Freistädtetum (Republikanismus) durch richterliche Sprüche zu befestigen, Abgeordnete des Adels, der Geistlichkeit und Gemeinden nach Roncaglia, damit sie hier nach Anleitung der altrömischen Reichsgesetze und ihrer gelehrten, zu Bologna seßhaften Ausleger über die schwankenden Hoheitsrechte in Italien ein für allemal entschieden. Da urteilte die Versammlung, von Schmeichelei, Furcht und Hoffnung befangen, daß nach dem Buchstaben der römischen, auch jetzt gültigen Ordnungen alle Herzogtümer und Grafschaften, die Wahl der Konsuln, jedoch mit Zustimmung des Volkes, die Münzen, Zölle, Hafen- und Wegegelder, Mühlen, Fischteiche, Dingstätten (Gerichte), Grund- und Kopfsteuern sowie alle Nutzbarkeit aus den Flüssen und dem festen Lande zu des Kaisers Hoheitsrechten gehörten.*

Aber diese Mittel, den gemeinheitlichen Geist in Oberitalien zu zügeln, genügten noch nicht. Deshalb wurde, entgegen dem bisherigen Brauch und Vertrag, in allen lombardischen Bezirken die Rechtspflege neuen Kronbeamten übertragen, die man Gewaltsboten (Podestas) nannte. Ritterlichen Geschlechts und Bürger einer fremden Stadt, sollten sie die vom Kaiser verliehene und von den Beteiligten bestätigte Macht ein Jahr lang ausüben, die jeweiligen Freiheiten und Gesetze beschwören und endlich vor dem Abtritt der versammelten Gemeinde Rechenschaft ablegen und die etwaigen Klagen der Mißvergnügten annehmen.

Unmöglich konnten diese Urteile und Verfügungen, die das stolze Gebäude der lombardisch-volkstümlichen Unabhängigkeit umstürzten und die Trümmer mit leerem Schein überfirnißten, den Beifall der nur gedemütigten, aber nicht niedergedrückten Mailänder gewinnen. Sie griffen, als der Pfalzgraf Otto von Wittelsbach die vertragswidrigen Podestas ernennen wollte, einmütig zu den Waffen und verjagten des Reiches außerordentliche Boten (Januar 1159). Auf solche Kunde und als friedliche Versuche scheiterten, sprach der

* Die Hauptstelle bei Radevicus, Gesta Friderici, II, 5, wird vorzüglich bestätigt durch den 1159 der Stadt Este verliehenen Freiheitsbrief. Muratori, Antiquit., IV, 258.

Kaiser im Schlosse Marnica bei Bologna vor dem Rat seiner Getreuen die Acht aus und gelobte, nicht eher die Krone zu tragen, als bis die aufrührerische Stadt ein Schutthaufen geworden wäre.

Viele Große Italiens, besonders Geistliche, stimmten bei, ja der Bischof von Piacenza verglich in einer wahrhaften Kreuzpredigt Mailand mit dem Teufel und erinnerte an Babylon und Ninive, deren Hochmut Zerstörung getroffen habe.*

Dennoch folgten trotz der drohenden Gefahren und des Mißverhältnisses der Streitkräfte etliche Gemeinden, wie Brescia und Crema, dem Vorbild ihres alten Bundesgenossen und suchten Rettung im offenen Widerstand. Um diesen durch ein furchtbares Beispiel der Rache zu brechen, versammelte Friedrich, einstweilen um Mailand unbekümmert, allmählich 100 000 Deutsche und Welsche im Heerlager vor Crema, das in einem sumpfigen Tal des Serio zwischen der Adda und dem Oglio erbaut war und durch tiefe, breite Gräben, doppelte Mauern und zum Äußersten entschlossene Bürger verteidigt wurde.

400 Mailänder unter dem Befehl Manfreds von Dagnano und etliche Hilfsscharen aus Brescia teilten diese Gesinnung. Also entbrannte mit dem Juli auf beiden Seiten ein grimmiger, wechselvoller Kampf, der 24 Wochen lang unausgesetzt fortdauerte und alle Gestalten des Mordes und Raubes, des Elends und der Verwüstung sah. Umsonst versuchten die Belagerer, die nach heißen Gefechten bis zu den Toren der Stadt vorgebrochen waren, wiederholte Stürme. Geschosse, Steine, Balken töteten die heranklimmende Mannschaft und zerschmetterten das Feldgerät. Umsonst fielen ihrerseits die Cremenser oft bei Tag und bei Nacht auf den Feind. Sie wurden nach der heldenmütigsten Gegenwehr durch die Überzahl zurückgetrieben. Dabei geschahen unerhörte Grausamkeiten. Bald schleuderte man sich draußen wie im Spiel die Köpfe der Getöteten zu, bald befestigte man drinnen die Leiber der Erschlagenen an Wurfmaschinen und jubelte, wenn die zerrissenen Gliedmaßen in das Lager der Deutschen flogen. Während dort zwei gefangene Bürger gehenkt wurden, schlug man hier zwei aus dem Kerker geholte Ritter im Angesicht der Waffenbrüder an das Kreuz. Ja, es kam vor, daß der Kaiser in einer Anwandlung wahnsinniger Wut 40 cremensische Geiseln und Gefangene, zum Teil Kinder, an einen Turm binden ließ, damit sie dem Erbarmen oder der verzweifelnden Vaterlands-

* Radevicus, II, 26.

liebe ihrer Eltern und Verwandten preisgegeben würden. Diese folgten nach kurzem Schwanken der Pflicht gegen das allgemeine Wesen und vergaßen jede besondere Rücksicht, so daß sieben unglückliche Schlachtopfer unter den Geschossen der Ihrigen sanken und neun an lebensgefährlichen Wunden bluteten.*

Endlich hatte Friedrich im sechsten Monat des hartnäckigen Kampfes die Anstalten zu einem letzten, allgemeinen Sturm vollendet und mit Hilfe eines geschickten Werkmeisters, Marquesi, der am Heil der bedrängten Vaterstadt verzagend seine Kunst dem Feind anbot, mehrere Türme von ungewöhnlicher Breite und Höhe erbauen lassen. Hinter den Schießscharten der oberen Stockwerke waren Bogenschützen und schwer gerüstete Fußknechte aufgestellt, um, wenn das verabredete Zeichen erfolgte, die 40 Ellen langen Fallgatter niederzulassen. Im mittleren und unteren Geschoß standen erlesene Krieger, die mit Wassereimern und Stangen versehen waren, um das feindliche Feuer zu löschen und etwaige Enterhaken abzuhalten. Andere Scharen sollten gleichzeitig die von allen Seiten her angegriffenen Mauern untergraben oder auf Leitern ersteigen. Nach einem furchtbaren Streit, an dem die Männer und Frauen, die Greise und Kinder Cremas den rühmlichsten Anteil nahmen, und nach dreimaligem, erfolglosem Anprall gelang es den ungestümen Heerhaufen des Pfalzgrafen Otto von Wittelsbach, am Abend des Schlachttages die erste Verschanzung zu nehmen und dadurch das Schicksal der jetzt entblößten, ihrer tapfersten Krieger beraubten Stadt zu entscheiden. Denn schon in der Nacht gingen Friedensboten zum Kaiser, der als Zeichen der Achtung freien Abzug mit der notdürftigsten Habe gewährte. Also verließen am 27. Januar (1160) 20 000 Menschen beiderlei Geschlechts ihre Heimat und wählten größtenteils die Straße nach Mailand. Crema aber wurde von den erbitterten Nebenbuhlern, den Cremonesern, auf Befehl Friedrichs geplündert, angezündet und bis auf den Grund zerstört.

Inzwischen hatte der Tod Hadrians IV. (September 1159) Zwiespalt in der Kirche hervorgebracht und dadurch auch den weltlichen

---

* Calchi, Histor. Mediol., 239, verglichen mit Giulini, VI, 194. Eine ähnliche Heldentat verrichteten die Bürger von Utika gegen den Zwingherrn Agathokles. Siehe Diodor. S., XX, 54. »Er (Agathokles) führte die Gefangenen, an Maschinen gebunden, nach der Mauer, die von Utika aber hielten die Freiheit aller für wichtiger als die Rettung einzelner und bestanden mannhaft die Belagerung.« So gab es in allen Zeiten unter gleichartigen Verhältnissen dieselbe Entwicklung der Vaterlands- und Freiheitsliebe.

Kämpfen eine andere Richtung gegeben. Etliche nämlich, besonders die Mehrheit der Römer und Lombarden, folgten dem klugen, standhaften und entschlossenen Kardinal Roland als Alexander III., andere, namentlich in Deutschland und bei den kaiserlich gesinnten Gemeinden Italiens, dem beschränkten und wankelmütigen Kardinal Oktavian als Victor IV. Nach fruchtlosen Ausgleichungsversuchen griffen beide Päpste zum Bann, so daß fortan die Christgläubigen in zwei Parteien zerfielen, die volkstümlichen Städte Lombardiens aber an Alexander III. einen ebenso tatkräftigen wie scharfsichtigen und ehrgeizigen Bundesgenossen gewannen.

Daher setzten die Mailänder, nicht gebeugt durch den Fall Cremas, mit den Brescianern und Piacentinern die Fehde unter mannigfaltigem Wechsel fort. Sie fielen oft, wenn die Deutschen und Welschen von Lodi, Novara, Pavia, Cremona und Como sorglos plünderten, plötzlich mit ihren berittenen Kämpfern, Fußknechten und Sichelwagen heraus,* ja zwangen im August den Feind, nach der blutigen Schlacht bei Carcano in Unordnung nach Como zu flüchten und Zelte und anderes Gerät dem Sieger zu überlassen. Dagegen zerstörte bei heftigem Wind eine Feuersbrunst in der Stadt die meisten Vorräte und den dritten Teil der Häuser, ohne daß die infolge glücklicher Gefechte leichtsinnige Bürgerschaft den Schaden zeitig zu ersetzen versuchte. Kaum hatte daher Friedrich die längst erwarteten Verstärkungen bekommen, als er im Frühling des folgenden Jahres (1161) mit überlegenen Streitkräften von dem verschanzten Feldlager bei Lodi aus in das mailändische Gebiet einbrach, Saaten, Weinberge und Obstbäume verbrannte, selbst Gefangene wie den Ritter Adamo del Palazzo am Leben strafte und nach heftigen, meistens siegreichen Kämpfen alle Verbindung mit dem Flachland abschnitt.

Der Kaiser wollte durch Hunger und Zwietracht gewinnen, was dem Schwert und der offenen Gewalt unmöglich gewesen war. Deshalb verlor, wer Lebensmittel einzubringen suchte, ohne Gnade die rechte Hand. 25 Unglückliche traf an einem Tag die öffentlich angedrohte Strafe, ja von sechs auf der Tat ergriffenen Rittern wurden fünf geblendet und der letzte verschont, um die Gefährten heimzuführen. Denn Menschengefühl und Völkerrecht traten bei dem steigenden Parteienhaß in den Hintergrund. Selbst in Mailand verwil-

* Mailand hatte deren über 100. Die Erfindung verdankte man dem Kriegsbaumeister Quintellino. Siehe Giulini, VI, 199.

derten so die Gemüter, daß man nachlässige Steuerpflichtige der Folter preisgab.

Nichtsdestoweniger wüteten hier im Frühling des Jahres 1162 schrankenlos Hunger, Krankheit und Zwiespalt. Ein Pfund Rindfleisch kostete 136, ein Scheffel Salz 195 Lira,* so daß oft der Bruder den Bruder, der Vater den Sohn mit dem Schwert anfiel, um die Notdurft des Leibes zu gewinnen. Dabei herrschte wegen der öffentlichen Angelegenheiten häuslicher Zwist: während etliche die standhafte Obrigkeit als Urheberin des Elends anklagten und Frieden forderten, andere, namentlich vom hohen Adel, z. B. Giovanni da Gavirati, heimlich die Vaterstadt verließen und in das feindliche Feldlager gingen, wollten noch andere Kampf auf Tod und Leben.

Diesen mannigfaltigen Mißgeschicken erlag endlich die Ausdauer des Volkes. In seinem Namen begehrten Anselmo dell'Orto und Osa, die derzeit Konsuln waren, vom Kaiser, der zu Lodi verweilte, den Frieden. Dafür werde man die Mauern, Türme und Schanzen zerstören, allen Hoheitsrechten entsagen, 300 beliebige Geiseln stellen, eine angemessene Geldbuße zahlen, mit keiner fremden Gemeinde Bündnisse abschließen, 3000 Bürger entfernen, die kaiserlichen Podestas annehmen und das Belagerungsheer auf unbestimmte Frist verpflegen. Friedrich aber antwortete finster, Besiegte dürften den Siegern keine Bedingungen vorschreiben und nur von einer Tugend Rettung erwarten: dem blinden Gehorsam, der Unterwerfung auf Gnade und Ungnade.

Nach einer kurzen, stürmischen Beratung nahmen die Mailänder, deren Lebensmittel kaum für drei Tage ausreichten, das schwere Gesetz an und sandten am 1. März 16 Abgeordnete, acht Konsuln und acht Ritter nach Lodi. Diese schworen, das entblößte Schwert auf dem Nacken, allen Befehlen des Kaisers unbedingt zu folgen und daß sie denselben Eid von der ganzen Bürgerschaft fordern wollten. Am nächsten Sonntag, den 4. März, überreichten kniend 300 Ritter, unter ihnen der Baumeister Quintellino, die Schlüssel der Stadt und 36 Fahnen. Schließlich erschienen am 6. März an 1000 Gemeinfreie, viele vom Adel und die Konsuln der letzten drei Jahre, senkten die 100 Banner der Kirchspiele und zuletzt die weiße, mit rotem Kreuz geschmückte Stadtfahne, die auf das gegebene Zeichen vom schweren Rüstwagen sich neigte und unweit dem kaiserlichen Thron niederfiel, während die zwei sil-

* Giulini, VI, 230.

bernen Posaunen der gedemütigten Republik das letztemal schmetterten.*

Danach forderte Friedrich 400 Geiseln aus den angesehensten Geschlechtern des Adels und der Bürgerschaft, die Huldigung aller Einwohner auf unbedingten Gehorsam und daß man für den ungehinderten Einzug des Heeres vor jedem Tor die Mauern brechen und die Gräben füllen sollte. Zitternd gehorchte das Volk, aber bekam dennoch sein Endurteil nicht, auch da noch ungewiß, als von Pavia aus am 19. März der Befehl an die Konsuln erging, binnen acht Tagen alle Einwohner ohne Unterschied des Standes, Geschlechts und Alters aus der Stadt zu schaffen und bis auf weiteren Bescheid in Hütten einzulagern.

Mit dunkler Ahnung des furchtbaren Schicksals folgte die bedürftige Menge, aber ganze Scharen der Wohlhabenden flüchteten und suchten Schutz bei Freunden und Verwandten der Nachbarschaft. Unter solchen Voranstalten kam der entscheidende 26. März und mit ihm der Kaiser, umgeben von seinen Deutschen, den Paviern, Novarensern, Lodesanern, Cremonesen und anderen welschen Bundesgenossen, sichtbar gerührt, still und in sich gekehrt. Denn noch schwankte sein Entschluß. Da mahnten die lombardischen Getreuen mit ungestümen Bitten und Verheißungen an strenge Gerechtigkeit. Solange der Sitz des Aufruhrs stehe, werde keine Ruhe herrschen. Jetzt endlich erfolgte der Spruch: »Die Stadt Mailand soll in Schutt und Staub zusammenfallen.«**

Sofort begann unter dem Jammergeschrei der einen, dem Jubel der anderen das Zerstörungswerk, das mit solchem Wetteifer von den Welschen vollzogen wurde, daß binnen sechs Tagen kaum noch der fünfzigste Teil Mailands stand. Es sanken nebst den meisten Bürgerhäusern in Trümmer die Rennbahn (Cirkus), der von vier Gewölben und Säulen getragene Triumphbogen, die Bäder, der 245 Ellen hohe, aus Quadern erbaute Glockenturm der Marienkirche, die Stadtburg mit ihren Marmorsäulen, der ebenso hohe wie feste Turm des heiligen Georg im Palast *(Giorgie al palazzo)* samt anderen Werk-

* »*Quae universi populi supremum consensum significabant*«, d. h. »die den letzten Willen des Volkes andeuteten.« Calchi, 253.

** Muratori, Scriptores rerum Italicarum, XI, 643. »*Imperator, animo fluctuans, an civitatem destrueret, precibus omnium Italicorum, et maxime Martesanorum et Sepriensium mandavit*«, d. h. »Der Kaiser, ungewiß, ob er die Stadt zerstören sollte, gehorchte endlich den Bitten aller Welschen, besonders derer von Seprio und Martesana (mailändischen Untertanen).«

und Meisterstücken der alten und neuen Zeit. Jedoch entgingen der Vernichtung alle Klöster und Kirchen, aus Ehrfurcht gegen das Heilige, die meisten Wohnungen des Adels, um Verrat zu belohnen, ein Teil der Vorstädte, um den lauen Freiheitssinn der Inhaber zu nähren, und viele Stellen der Ringmauern und ihrer 100 Türme, weil der Riesenbau dem Feuer und Eisen trotzte, sowie der römische Bogengang, die sechzehn Säulen geheißen, unweit der Kirche des heiligen Lorenz, aus Achtung gegen die Kunst.*

Was jetzt nicht fiel, zerstörten im nächsten Jahr die dreimal aus Beute- und Rachegier wiederkehrenden Lombarden. Danach wurden die ihres Vaterlands beraubten Einwohner in vier offenen Marktflekken *(burgos)*, Vigentino, Noceta, Lambrate, Carraria angesiedelt und der Obhut eines kaiserlichen Vogtes, des Bischofs Heinrich von Lüttich, übergeben.

Mailands Sturz wirkte schnell und entscheidend auf das Schicksal der gesamten gemeinheitlichen (republikanischen) Partei in Oberitalien zurück, denn es huldigten hintereinander Brescia, Pisa, Piacenza, Bologna, Ravenna, Imola und Faenza. Sie brachen, wie man solche Bedingung vorschrieb, ihre Türme und Ringmauern, ebneten Gräben und Wälle ein und nahmen die vom Herrn gesetzten Gewaltboten (Podestas) als Nachfolger der Konsuln an. Dagegen durften die getreuen Städte, wie Pavia, Lodi, Cremona und Genua, ihre herkömmlichen Obrigkeiten frei wählen und eigenen Ordnungen gehorchen.

Darauf eilte der Kaiser, der sein Wort, vor Mailands Fall nicht die Krone zu tragen,** gelöst und im ersten Taumel trunkener Siegesfreude selbst Urkunden nach der Zerstörung des verhaßten Feindes ausgefertigt hatte,*** über Burgund nach Deutschland. Er hoffte, hier in Ruhe die Früchte der Waffengewalt ernten zu können, sah sich aber schmählich getäuscht und bald in neue Kämpfe mit den durch

---

* Vgl. Giulini, VI, 257 ff. und Antiquità Lombardico-Milanesi II, 50 ff. Falsch ist daher die von späteren Schriftstellern gegebene Nachricht, Friedrich habe den mailändischen Grund umpflügen und mit Salz bestreuen lassen. Siehe Calchi, 254. *»Proscissam aratro, et sale etiam, si Diis placet, sparsam (ferunt)«*, d. h. »Man sagt, der Kaiser habe den Grund mit dem Pflug durchziehen und sogar mit Salz bestreuen lassen.«

** Gelübde altdeutscher Art. So schworen die von den Schwaben geschlagenen Sachsen, nicht eher Bart- und Haupthaare zu scheren, als bis sie Rache genommen hätten am Feind. Paul Warnefried, De gestis Lombardorum, c. 7, Ed. Grotius.

*** Friedrich kehrte jedoch bald zur Bescheidenheit zurück. Nach dem August 1162 findet man keine Urkunden *»post destructionem Mediolani«* unterzeichnet. Siehe Antiquità, II, 63, und Giulini, VI, 294.

Unglück veredelten Gemeinden Lombardiens verwickelt. Es herrschten nämlich die mailändischen Ober- und Untervögte, taub gegen die Mahnungen der Klugheit und Gerechtigkeit, nur nach den Gelüsten der schrankenlosesten Hab- und Herrschgier. Sie legten willkürliche Steuern und Schatzungen auf, so daß die gesetzlichen Abgaben sechsfach erhöht wurden. Sie zwangen den Landmann, für den Bau der Zwingburgen und Schlösser in Monza, Vigentino, Noceta, Landriano und Montemalo meilenweit Steine und anderes Gerät als Fronknechte herbeizuschaffen. Sie straften die geringste Widersetzlichkeit durch schwere Geldbußen, Kerker und Bann, zogen die Güter aller ohne männliche Nachkommenschaft Gestorbenen ein, warfen, um der Zahlung zu entgehen, gültige Schuldscheine ins Feuer,* verkauften die Rechtspflege an den Meistbietenden und erzeugten durch diese und andere Frevel bei dem unterdrückten Volk den Entschluß, lieber zu sterben, als so elend zu leben.

Benachrichtigt von der steigenden Gärung, die überdies der nach Frankreich flüchtige Papst Alexander III. geflissentlich nährte, eilte der Kaiser persönlich in die Lombardei, um den Stand der Dinge zu untersuchen und die Klagen der Untertanen zu hören (Herbst 1163). Denn fruchtlos hatte er bisher die Statthalter gewechselt und außerordentliche Bevollmächtigte entsandt. Jene konnten und diese wollten nicht leidenschaftslos sehen und handeln. Kaum war aber Friedrich mit großem Gepränge in Pavia eingezogen, als hier Obrigkeiten und Volk, unfähig, alte Eifersucht zu vergessen, auf die Gefahren deuteten, die Tortona der Ruhe Italiens bereite. Nimmer werde es rasten, als bis ihm gelungen sei, im Bündnis mit den aufrührerischen Burgflecken Mailands noch einmal den Brand offener Bürgerfehde zu erregen. Deshalb müsse man die Bollwerke dieser halsstarrigen, undankbaren Gemeinde schleifen. Sofort wurde das Gesuch bewilligt. Doch die Pavier zerstörten nicht nur die Mauern und Türme, sondern auch die Wohnungen der verhaßten Stadt, die binnen einiger Tage einen ungeheuren Schutthaufen darstellte.

Bald darauf wurde des Kaisers redlicher Wille bei einer anderen Gelegenheit von den vollziehenden Behörden betrogen und zur zweiten Missetat verführt. Am dritten Dezember nämlich traf Friedrich auf einer Reise in das Mailändische zur Nachtzeit auf die unglücklichen Bewohner des Marktfleckens Vigentino. Männer, Frauen, Greise und Kinder, in Lumpen gehüllt, bleich und abge-

* So der Vogt Gozzo in der Grafschaft Seprio. Antiquità, II, 73.

zehrt, warfen sich während des heftigsten Regens zu Boden und flehten um Schutz gegen ihren hartherzigen Vogt, den Priester Friedrich. Abgeordnete, lautete die Antwort, möchten am folgenden Tage nach Monza kommen und hier an der öffentlichen Dingstätte die Entscheidung des Gesetzes vernehmen.

Freudig und einer endlichen Hilfe gewiß, wählte das Volk zwölf Boten, die in der bestimmten Frist vor den kaiserlichen Stellvertretern, dem Kanzler Reinold, Erzbischof von Köln, und dem Grafen von Blandrate erschienen, aber bei dem ersten Gespräch die Weisung bekamen, unverzüglich ein angemessenes Ehrengeschenk zu rüsten. Nur Tränen und guten Willen, entgegneten die Mailänder, nicht Gold und Habe könne man dem Herrn darbringen, eine Gabe, die nach den Lehren der Weisen an Knechten und Besiegten nicht zu verachten sei. – »Wozu solche Weisheit? Geld, und nichts als Geld, das ist unsere Forderung«, antwortete der Erzbischof und nahm von den Bittstellern Bürgschaft, vor dem nächsten Februar 880 Pfund kaiserlicher Münze zu bezahlen.

Das hieß Gerechtigkeit üben und Untertanenpflicht handhaben. Daher blieb den Bedrängten kein anderes Rettungsmittel als Selbsthilfe und Einigung der zersplitterten Kräfte. Also griffen Padua, wo der wollüstige Vogt Pagano durch gewalttätige Entführung eines edlen Fräuleins, Speronella Dalesmani,* die Losung des Aufstands gab, Verona, Trevigi und Vicenza zu den Waffen, verjagten die auch hier unleidlichen Statthalter und gelobten einander im Veroneser Bündnis *(Veronensis societas)* durch feierlichen Eidschwur treuliche Hilfe gegen alle Feinde ihrer gesetzlichen und anerkannten Rechte.

Auf die Kunde dieses wichtigen Ereignisses versammelte Friedrich nach fruchtloser Absprache die Kriegsvölker Cremonas, Comos, Pavias, Novaras und Lodis nebst etlichen deutschen Scharen und drang bis Vacaldo im Gebiet Veronas vor, mußte sich aber, als ihm die Eidgenossen wider Erwarten zahlreich und wohl gerüstet entgegentraten, unter Brand und Raub bis auf Pavia zurückziehen. Denn er konnte selbst den Seinigen nicht vertrauen** und manche Städte, wie Ferrara und Mantua, nur durch freigebige Zugeständnisse im Gehorsam erhalten.***

---

* *Speronella virgo* bei Chron. Patavin. (Muratori, Antiquit., IV, 1120). Herrn v. Raumers keusche Bedenklichkeiten (Hohenstaufen, II, 185) sind grundlos. Erst später wurde das Mädchen buhlerisch.

** Vita Alexandri, III, S. 456, bei Muratori, Scriptores, Band III.

*** Siehe die Urkunde bei Muratori, Antiquit. IV, 258, und Voigts Lombardenbund, S. 65.

Dagegen wuchs der Bund seit dem offenen Beitritt Venedigs täglich an inneren und äußeren Hilfsmitteln, strafte verräterische Bürger, wie den Herrn Pilei aus Verona und zehn andere Schuldige, am Leben* und handelte so nachdrücklich, daß der Kaiser, am Siege verzweifelnd und überdies durch Unruhen in Deutschland bedrängt, im Herbst (1164) Italien verließ. Vorher wurden jedoch, um weiterem Mißgeschick nach Kräften zu begegnen, neue Besatzungen in die festen Plätze gelegt, Pavia, Genua und andere Gemeinden durch mannigfaltige Gunstbezeugungen gefesselt, die Abgaben der Mailänder nach einem regelmäßigen Steuerfuß geordnet und die Vögte, namentlich der mailändische, Graf Markwald von Grumbach, an Milde und Gerechtigkeit gemahnt.

Aber keine Erfahrung hatte gewarnt oder den eingeborenen Haß und Übermut der meistens aus Deutschen gewählten Oberbeamten gezügelt. Umsonst überreichten die Mailänder ihrem Statthalter als Ehrengeschenk einen silbernen, mit Gold gefüllten Becher. Grumbach, nicht befriedigt durch den Schwur unbedingten Gehorsams, trieb die herkömmlichen Zinse mit unerbittlicher Strenge ein, setzte, um neue zu erfinden, den heimtückischen Abt vom goldenen Himmel als Stellvertreter (Vikar) über Pavia und ernannte Heinrich Arbelia, Nordano Scacabarotio, Anselm Horti und Aliprando Judice zu Rentmeistern. Diese Menschen, ebenso unverschämte wie abgefeimte Bösewichter, ersannen unter verschiedenen Namen und Vorwänden bisher ungekannte Auflagen, z. B. von schon geschnittenen Wiesen, abgehauenen Waldungen, seit 20 Jahren bestellten Äckern. Sie verzeichneten höhnend im sogenannten Schmerzenbuch alle Gründe, Matten, Ochsenpaare, Feuerherde, Schulden, Gülten und Abgaben des mailändischen Landvolks und gebrauchten die willkürlichsten Erpressungen, ohne daß Tadel oder Strafe erfolgte. Arnold Barbavaria, Podesta von Piacenza, durfte sogar zwei Bürgern unter dem Schein des Rechts 11 000 Mark Silber abnehmen, die Kirche des heiligen Antonius plündern, Türen und Mauern, die nur eine Höhe von 20 Ellen haben sollten, einreißen und abtragen.**

Nur Furcht und Hoffnung auf die endliche, unparteiische Dazwischenkunft des Kaisers verhinderten den Ausbruch des schleichenden Unfriedens, während der Veronesische Bund, seit der Heimkehr

---

* Chronicon Veronens. bei Muratori, VIII, 622.
** Calchi, 266.

Papst Alexanders aus Frankreich nach Rom (Dezember 1165) der lombardische genannt wurde und, fortan auch auf geistliche Waffen gestützt, an Umfang wie Stärke zunahm. Fest entschlossen, gegen beide Feinde, Republik und Kirche, die Ansprüche kaiserlicher Oberlehnsherrlichkeit zu behaupten, versammelte Friedrich auf dem Lechfeld ein zahlreiches Heer und zog im Dezember (1166) über Brixen, Trient und durch das Tal Camonica nach Italien herab. Er hörte in Lodi die Klagen der Lombarden, ohne jedoch gründlich den Mißbräuchen der Beamten zu wehren, und brach im Frühling des folgenden Jahres (1167), unbekümmert um den weltlichen Gegner, gegen Rom auf.

Dieser Mittelpunkt der geistlichen Macht, wo die Fäden aller Bündnisse mit den freien Gemeinden des Nordens, den königlichen Normannen des Südens und den verschlagenen Griechen des Ostens zusammenliefen, sollte zuerst fallen. Aber während der Hohenstaufe vor Ancona am Adriatischen Meer lagerte und Erzbischof Christian von Mainz, ein überaus streitbarer und kluger Herr, seinen von den Römern hart bedrängten Amtsgenossen Reinold, Erzbischof von Köln, zu Hilfe eilte, geschah in Oberitalien ein entscheidender Schritt für das Wachstum städtischer Freiheit. Nach langen Unterhandlungen nämlich, die für Mailand besonders ein kluger und edelgesinnter Mönch, Bruder Jakob, führte, erschienen am 7. April in dem abgelegenen Kloster Puntido, zwischen Mailand und Bergamo, die Boten der Gemeinden Cremona, Brescia, Verona, Mantua, Ferrara, Trevigi, Vicenza, Padua, Parma, Piacenza, Bergamo, Modena, Bologna, Venedig und Mailand und beschworen zunächst für 20 Jahre die lombardische Einigung (Eidgenossenschaft, Bund, *Societas Lombardorum*). Überzeugt, daß es preiswürdiger sei, mit Ehren zu sterben, als in Schmach zu leben, gelobten sie, einander mit Gut und Blut zu schützen gegen jeglichen Menschen, der sie durch Krieg und auf andere Weise heimsuchen oder eines der seit Heinrichs IV. Zeit wohlerworbenen Rechte schmälern wolle, ohne gemeinsamen Beifall weder Frieden noch Waffenstillstand auszurichten, jedwedem Bundesgenossen etwaigen Schaden zu ersetzen und diesen Eid mit Ausnahme der Geistlichen, Tauben und Stummen von allen Bürgern zwischen vierzehn und sechzig Jahren zu fordern, und das alles treu und sicher, ohne Trug und Falschheit, so zu halten, daß jeder nach Kräften mitwirkte für die allgemeine Wohlfahrt.* Gleichzeitig wurde

* Siehe die Urkunde bei Muratori, Antiquit. IV, 61. Vgl. Voigt, S. 8.

die baldige Wiedereinsetzung der Mailänder in ihre zerstörte Vaterstadt beschlossen.

Während nun jene, welche die Entdeckung des geheimen Bündnisses fürchteten, drei Wochen lang in Todesangst lebten und täglich die Ankunft der erbitterten Pavier erwarteten,* erschienen plötzlich am 27. April die bewaffneten Heerhaufen von Cremona, Brescia, Bergamo, Mantua, Verona und der trevisanischen Mark, führten das mailändische Volk aus den Burgflecken unter Gesang und Jubelgeschrei in die Heimat zurück und wichen nicht eher, als bis Wälle, Gräben und Mauern errichtet und alle Anstalten zur Verteidigung getroffen waren. Nicht lange darauf verließ auch Lodi, durch Waffengewalt bestimmt, die Partei des Kaisers.

Dieser, unbekümmert um die Bewegung hinter seinem Rücken, brach von Ancona nach Rom auf, vertrieb die Normannen aus den Pässen des Apennin und besetzte am 24. Juli die Anhöhen des bösen Berges *(monte malo)* im Angesicht der heiligen Stadt. Hier hatte Papst Alexander durch Wallfahrten, Ausstellung der Köpfe Peters und Pauls und öffentliche Kreuzpredigten den Mut der Bürger und Lehnsleute *(masnada)*** entflammt und jeden gütlichen Ausgleich abgewiesen. Also begann am 25. die Schlacht, in der die Römer dem Ungestüm und der größeren Kriegsfertigkeit des Feindes zwar wichen, aber die Peters- und Marienkirche etliche Tage lang mit Wut verteidigten. Als endlich die Deutschen, erbittert durch den hartnäkkigen Widerstand, Feuer in die Gotteshäuser warfen und alle Gegenwehr vereitelten, floh der Papst mit den Kardinälen aus dem Lateranpalast in die Feste der Frangipani, das Coliseum. Er verweigerte standhaft jede Einigung als unwürdig des Oberhaupts der Christenheit und entwich bei wachsendem Kleinmut des Volkes in der Tracht eines Pilgers nach Benevent in das Land der befreundeten Normannen. Da huldigten die Römer dem Kaiser und seinem Gegenpapst Paschalis, stellten 400 Geiseln und erhielten dafür die Bestätigung ihrer Rechte und volkstümlichen Obrigkeiten.

In diesem Augenblick, als Lombarden und Normannen vor dem jetzt entschiedenen Übergewicht der fremden Waffengewalt zittern mußten, zerstörte ein Naturverhängnis binnen etlicher Tage das Werk

---

* *»Quotidie dicebatur: ecce Papienses burgos comburere«*, d. h. »Täglich hieß es: da kommen die Pavier, unsere Flecken zu verbrennen!« Sire Raul, S. 191.

** *»Masnada, summi pontificis familia«*, d. h. »die Masnade, des Papstes Hausgesinde.« Vita Alexandri, S. 58.

vieler Jahre. Um die Mitte des Augustmonats nämlich brach eine pestartige Krankheit, eine Folge der Unmäßigkeit und des bald heißen, bald feuchten Himmels, im Lager der Deutschen aus und raffte nicht nur das gemeine Kriegsvolk, sondern auch die Zierden des Reiches und der Ritterschaft hinweg. Denn es starben der Kanzler Reinold, der geistvollste und treueste Freund des Kaisers, der Pfalzgraf Heinrich von Tübingen, die Grafen von Sulzbach, Nassau, Altemont (Hochberg) und Lippe, die jungen und trefflichen Herzöge Friedrich der Rotenburger von Schwaben und Welf von Bayern, die Bischöfe von Prag, Augsburg, Speyer, Halberstadt, Regensburg, Lüttich, Verden und Zeitz, der Geschichtsschreiber Acerbus Morena aus Lodi* und über 2000 Ritter aus Schwaben, Franken und den Rheinlanden. Keine menschliche Kunst und Vorsicht konnte dem Übel wehren. Es griff so schnell und verderblich um sich, daß am Morgen Gesunde einige Stunden später auf den Straßen tot niederfielen und ganze Haufen von Leichen entweder in den Tiber geworfen wurden oder tagelang unbeerdigt die Luft noch mehr verpesteten. Wer entkam, verlor Haupthaar und Gesichtsfarbe oder trug jahrelang den Keim des Todes mit sich, bis er ihn plötzlich, oft in den Armen der Seinigen, überraschte. Mancher starb aus Mangel an Pflege, dieweil jeder für sich sorgte, und viele stürzte die Furcht vor den Strafgerichten Gottes, der die mit Raub und Blut besudelten Kirchen der Apostelfürsten rächen wolle, vor der Zeit ins Grab. Die Gesunden aber machte der Anblick des überschwenglichen Elends gleichgültig gegen Zucht und Ordnung. Sie versuchten die zweifelhafte Lebensfrist nach Möglichkeit zu genießen und dadurch die eigene Seelenangst zu ersticken.

Friedrich, überall von Feinden umgeben und binnen etlicher Tage 25 000 trefflicher Krieger beraubt,** dachte an Rückzug. Er nahm Geiseln von den Römern, gab dem Papst Paschalis, der in Viterbo blieb, eine auserlesene Wache und führte die übrige, täglich durch Krankheit abnehmende Mannschaft rasch über Lucca, Villafranca, Pontremoli, Tortona und den Po nach Pavia, wo er am 12. September ankam und die Einnahme des Schlosses Trezzi und den Verlust der dort niedergelegten Schätze vernahm.

Sogleich wurden die Abgeordneten der getreuen Städte Como, Vercelli, Novara und Pavia, die Markgrafen Wilhelm von Montferrat

---

* »*Cui sensus et fama Ciceronis per singula sequuntur vestigia*«, d. h. »den Ciceros Gedanken und Ruf begleiten.« Caffari, Annales bei Muratori, VI, 79.

** So Chronicon Trivetti bei D'Achery, Spicilegium, III, 155.

und Obizzo Malaspina, Guido von Blandrate und etliche Freiherren zu einem Fürstentag beschieden und vor ihnen die verbündeten Gemeinden, Lodi und Cremona wegen früherer Dienste ausgenommen, geächtet (21. September), etliche Tage später verheerende Streifzüge bald in das Gebiet Mailands, bald Piacenzas unternommen. Aber das alles blieb bei den ungleichen Streitkräften erfolglos. Denn die Lombarden gaben nicht nur ihrem Bund durch den ersten geschriebenen Vertrag (1. Dezember 1167) größere Festigkeit und Ordnung, sondern breiteten auch durch Güte und Gewalt das räumliche Gebiet aus. Vercelli, Novara und der Markgraf von Malaspina traten offen zur vaterländischen Partei über. Selbst die Sündhaftigkeit der Pavier schwankte. In solcher Not, als 20 000 Lombarden von allen Seiten hervordrängten und die erschöpfte, zwieträchtige Heimat keine Hilfe senden konnte, entfloh der Kaiser Friedrich mit etwa 30 Begleitern durch das Land des Grafen Humbert von Savoyen über St. Ambrosiuskloster und Suza, wo seinem Leben Gefahr drohte, nach Burgund und von hier nach Deutschland (Frühling 1168).

Tätig und umsichtig benutzte das jetzt freie Oberitalien die kostbare Muße. Man baute, um die Verbindung zwischen Pavia und dem Montferrat zu unterbrechen, am Zusammenfluß des Tanaro und der Bormida in einer fruchtbaren Ebene die Feste Alessandria (Mai 1168). Man vervollkommnete und erneuerte für 50 Jahre den Lombardenbund (1170) und gelobte eidlich, nie mit den Hohenstaufen und ihren Anhängern Frieden, Waffenstillstand oder einen anderen Vertrag abzuschließen. Man arbeitete, durch die scheinbare Ruhe nicht eingeschläfert, unablässig an der Einübung des Kriegsvolkes und dem Bau der Mauern, Türme und Schanzen. Man schloß engere Freundschaft mit dem Papst Alexander, dem griechischen Kaiser Manuel Komnenus und den Normannen unter König Wilhelm dem Guten (II.).

Alle Bundesgenossen aber übertraf Mailand an Eifer und Bürgertugend. Es stieg wie einst Athen nach dem Perserbrand stärker und schöner aus seinen Trümmern empor. An 30 Ellen breite Gräben, erweiterte Ringmauern, neue, zum Teil marmorne Tore mit kunstreichem Schnitzwerk, das die Hauptschicksale des bisherigen Freiheitskrieges darstellte, schützten die Stadt nach außen hin, während sich drinnen der erzbischöfliche Palast und die Marienkirche durch freiwillige Beiträge, besonders der Frauen, als würdige Denkmäler des Gemeingeistes erhoben und verbesserte Kranken- und Armenhäuser vom Menschengefühl der durch Unglück geläuterten Republikaner zeugten.

Friedrich, damals wegen der deutschen Wirren unfähig, dem kühnen Aufschwung der Lombardei, der selbst Pavia ergriffen hatte, nachdrücklich zu widerstehen, sandte den Erzbischof Christian von

Mainz an der Spitze eines Heerhaufens nach Italien, damit teils die übermütigen Mailänder erschreckt, teils die schwankenden Gemeinden der Toskana beruhigt würden (1171). Nachdem hier jener binnen drei Jahren die Gärungen größtenteils gestillt hatte, geschah im nächsten Frühling (1174) mit deutschen und welschen Scharen der Aufbruch gegen das feste, mit den Griechen verbündete Ancona, um durch dessen Fall dem schon für eine neue Heerfahrt gerüsteten Kaiser die Bahn zu bereiten.

Während daher 40 Kriegsschiffe der Venetianer, die aus Handelseifersucht Hilfe brachten, den Hafen sperrten, schnitt das zahlreiche Landheer alle Verbindung mit der Umgegend ab, zerstörte die Weinreben und Obstbäume und begann bei steigendem Mangel in der Stadt einen allgemeinen Sturm. Aber die Bürger, nicht entmutigt, fielen mit Grimm und in guter Ordnung auf den Feind, schlugen an der Seeseite die venezianische Flotte, die schon etliche Stellen des Gestades besetzt hatte, nach heftiger Gegenwehr zurück und stürzten danach auf den Gewalthaufen des Erzbischofs. Da entbrannte eine wilde, regellose Schlacht. Vor dem Wirbel des Staubes, dem Wiehern der Rosse und dem Schall der Trompeten konnte kein Befehl der Führer gehört werden. Jeder kämpfte an dem Platz, wohin ihn der Zufall brachte, Feldherr und Krieger zugleich. Endlich wichen die Deutschen, als das Belagerungswerkzeug, das von Samura, einer kühnen Frau, angezündet worden und in Flammen aufgegangen war, und überließen das Schlachtfeld den Siegern, welche die gefallenen Pferde als kostbarstes Beutestück davontrugen (April).

Aber bald kehrte der Feind, durch seine Überlegenheit an Mannschaft begünstigt, in die früheren Stellungen zurück. Er mied jedes Gefecht, warf neue Schanzen auf und suchte durch Hunger zu gewinnen, was dem Schwert unmöglich gewesen war. Vergeblich bot bei wachsendem Elend die Bürgerschaft billige Unterhandlung an. Christian forderte Übergabe auf Gnade und Ungnade. Umsonst zerhieb ein kühner Priester, Johannes genannt, mitten im Sturm und unter dem Regen der feindlichen Geschosse das Ankertau des venezianischen Admiralsschiffes und brachte den Seinigen Gelegenheit, vier Fahrzeuge zu zerstören. Die Flotte zog nach kurzem Hindernis den Kreis der Einschließung nur enger.

Jetzt erreichte die Not ihren Höhepunkt. Für 12 000 Menschen fand man nur sechs Scheffel Weizen und neun Scheffel Spelz. Schon begehrten zwiespältig Konsuln die Ergebung und die Räte den Tod im letzten Kampf der Verzweiflung, als ein hundertjähriger Greis, auf den Stab gestützt, unter die zwieträchtigen Mitbürger trat und in würdevoller Rede zu männlicher Ausdauer mahnte. Jeder möge des Beispiels der Altvorderen gedenken, die den König Lothar und andere Feinde durch Heldenmut und Eintracht zur schimpflichen Flucht gezwungen hätten, und jeder die Schande beherzigen, wenn eine Stadt, die vormals Kaisern und Königen trotzte, jetzt einem Priester dienen müßte. Zwischen Deutschen und Welschen könne aufrichtige Liebe nicht bestehen. Davon zeuge Mailand, das nach siebenjährigem Kampf und entgegen allen Verträgen in einen Schutthaufen umgewandelt und zu namenlosem Jammer verurteilt worden war. Deshalb möge man, durch solchen Vorgang gewarnt, Boten aussenden, um durch Geld und Versprechungen ein Entsatzheer zu werben, und wenn auch dieser Schritt erfolglos bliebe, möge man die Habe ins Meer werfen und im Todeskampf mit den Feinden der Freiheit ein ruhmvolles Grab suchen.

Solche Worte wirkten wie ein zündender Funke. Aller Kleinmut und Hader verschwand. Man beschloß auszuharren und inzwischen durch etliche kluge und kühne Männer von fremden Freunden schleunige Hilfe zu fordern. Glücklich fanden jene auf zerbrechlichen Fahrzeugen den Weg durch die venezianische Flotte, stiegen oberhalb der Stadt ans Land und eilten nach Ferrara zu dem mächtigen und edlen Herrn Wilhelm Marcheselli aus dem Geschlecht der Adelarde und von hier nach Bertinoro in der Romagna, dem Stammschloß der gleichnamigen Gräfin Aldrada aus dem Haus der römischen Frangipani. Sie schilderten die Bedrängnis der Vaterstadt und gewannen den gewünschten Beistand. Aber bevor dieser eintraf, hatte dort die Not ihren Gipfel erreicht und namenlose Beispiele des Jammers wie der Freiheitsliebe hervorgetrieben. An Brot fehlte es gänzlich. Das Fleisch von Pferden, Eseln und anderen zahmen Tieren wurde mit Gold bezahlt. Der Arme mußte sich mit Seemuscheln, Mäusen, weichgekochtem Leder und Häuten von Hunden und Katzen begnügen.

Bald wurden die Folgen sichtbar. Wie Schatten, mit bleichem Gesicht und ausgedörrten Gliedern, kaum fähig, den Leib aufrecht zu tragen, schlichen Männer und Jünglinge umher, und waren dennoch wie neugeboren, sobald die Sturmglocken ertönten. Man sah Frauen, die ihr Leben darboten, wenn dadurch das allgemeine Wesen gerettet werden könnte, Mütter, die tränenlos auf ihre verschmachtenden Kinder blickten. Es geht sogar die Kunde um, eine Witwe habe sich heimlich die Ader geöffnet und mit dem Blut zwei aus der Schlacht heimkehrende Söhne erquickt.

Endlich in einer Nacht des September erschien das Hilfsheer unter dem Ritter Marcheselli und der Gräfin Bertinoro. Von 1000 Fakkeln und Wachtfeuern strahlte der Berg Falcognara, der die Aussicht auf die Stadt und ihren Hafen eröffnet. Sogleich brach der Erzbischof, ohne den Angriff zu erwarten, das Lager ab und zog in das Herzogtum Spoleto, während bald danach auch Venedigs Flotte die Anker lichtete.

Inzwischen hatte Kaiser Friedrich seine Rüstungen für die vierte große Fahrt nach Italien vollendet. Er hatte im September (1174) den Cenis überstiegen, das Städtchen Susa am Fuß der Alpen zerstört, Asti gedemütigt, die Scharen Pavias und des Markgrafen von Montferrat an sich gezogen und in den letzten Tagen des Oktober die Belagerung Alessandrias begonnen. Dieses Denkmal des feindlichen Übermuts sollte um jeden Preis fallen, so große Hindernisse auch die tapfere Bürgerschaft, der nasse, ungesunde Herbst und der ungewöhnlich rauhe Winter entgegensetzen mochten.

Vergeblich mahnten Fürsten und Ritter, als die wiederholten Stürme erfolglos blieben und ansteckende Krankheiten ausbrachen, zum Abzug. Friedrich, in dem Glauben, Ehre und Klugheit forderten Ausdauer, trotzte den unsäglichen Gefahren und Beschwerden vier Monate lang, während manche Mißvergnügte, namentlich Herzog Heinrich der Löwe, heimlich des Reiches Oberhaupt verließen. Endlich, als um Ostern (1175) auch der letzte Versuch, die Stadt durch Minengänge zu nehmen, scheiterte, als die lombardischen Eidgenossen zahlreich und wohl gerüstet für den Entsatz über Tortona herbeieilten, wurde das Belagerungsgerät verbrannt und das bedeutend geschwächte Heer gegen den nahenden Feind in die Gegend von Montebello geführt.

Schon erwarteten beide Teile, einander gegenüber aufgestellt, die entscheidende Feldschlacht, als Ezzelino da Romano, mit dem Beinamen der Stammler, und Anselm da Doaro, Bundeshauptleute, Einigung anboten und am 16. April einen Vertrag abschlossen, demgemäß Schiedsrichter die Streitigkeiten untersuchen und schlichten, die beiderseitigen Gefangenen unentgeltlich die Freiheit bekommen und die bewaffneten Kriegsvölker bis zur Abkündigung des einstweiligen Stillstands ihre Fahnen verlassen sollten.

Hierauf beurlaubte der Kaiser, der damals ohne Rückhalt den Frieden wünschte, die meisten Scharen und begab sich nach Pavia, wo die Unterhandlungen sofort begannen, aber bei den widerstrebenden Ansprüchen der deutschen Kronmacht und der lombardischen Bürgerfreiheit kein Endergebnis fanden. Überdies trat die Kirche nicht, wie mancher hoffte, vermittelnd, sondern gebietend auf und begehrte unbedingte Anerkennung des allein gültigen und rechtgläubigen Hirten der Christenheit, des Papstes Alexander.

Daher griffen bei wachsendem Zwiespalt der Parteien die verbündeten Städte schon gegen Ende des Jahres zu den Waffen und verwüsteten die Gebiete Pavias und Comos. In dieser Not forderte Friedrich durch Eilboten von den Fürsten und Völkern Deutschlands schnelle Hilfe, besonders aber von Heinrich dem Löwen eine baldige Unterredung zu Chiavenna, unweit dem Comersee. Zögernd und vorbereitet zum offenen Bruch gehorchte der Herzog von Bayern und Sachsen, lehnte aber standhaft die dringende Mahnung zur persönlichen Teilnahme an der Heerfahrt ab. Oft, hieß es, habe er dem Reich alle seine Kräfte gewidmet, wolle auch im laufenden Handel mit Geld und Zeug gewärtig sein, persönliche Anwesenheit in Italien hinderten jedoch die Gebrechen des Leibes, Folge der jahrelangen Mühen und Gefahren.

Als aber diese Vorstellungen fruchtlos blieben, wurde die Reichsstadt Goslar zum Erblehen und als Preis der Teilnahme am Lombardenkrieg gefordert. Solches zu gewähren durch Ehre und Pflicht gehindert, erneuerte der Kaiser seine Bitten und beugte, tief bewegt, vor dem Welfen die Knie. Jener hob schnell und in sichtbarer Verwirrung den gedemütigten Herrn auf. Der herzogliche Truchseß aber, wird gemeldet, sprach keck: »Lasset immerhin die Reichskrone euch zu Füßen kommen! Bald wird sie euer Haupt zieren.«

Als nichts den Starrsinn des Herzogs beugen konnte, eilte Friedrich in großem Zorn nach Italien zurück (Februar 1176) und erwartete in Como die Ankunft der aus Deutschland zahlreich heranziehenden Kriegsscharen, die durch Bayern, Graubünden, über Disentis, Bellinzona und Domo d'Ossola den Ort ihrer Bestimmung erreichten. Nach etlichen Tagen Rast brach das gesamte Heer von Como auf und folgte über Kairate dem Tessin, um sich mit der Mannschaft Pavias, des Montferrat und des im Gebiet von Ancona bisher tätigen Erzbischofs Christian von Mainz zu vereinigen, früher aber keine Entscheidungsschlacht zu liefern.

Denn nicht unbekannt war die kühne Begeisterung der Lombarden geblieben. Niemals hatten sie einträchtiger und nachdrücklicher gerüstet, entschlossen zu siegen oder zu sterben. Allen leuchtete auch diesmal Mailand voran, wo 900 erlesene Reiter unter dem Befehl des riesigen Alberto da Giussano die Gesellschaft des Todes bildeten, ähnlich der 300 Mitglieder starken Schar des Stadtbanners durch feierlichen Eidschwur verpflichtet, nie zu weichen oder zu fliehen. Als nun die Kunde von der Bewegung des Feindes eintraf, rückte die waffenfähige Bürgerschaft, in ihre Stadtviertel mit besonderen Fahnen verteilt, unter dem Hauptbanner des heiligen Ambrosius aus, vereinigte sich alsbald mit dem Aufgebot Veronas, Brescias, Piacenzas, der Mark, Vercellis, Novaras und Lodis und zog längs der Olonna nach dem langen See *(lago maggiore)* hin den Deutschen entgegen.

Es war am 29. Mai, als deren Vorhut, 300 Reiter, auf die lombardische von 700 Pferden traf. Sogleich griff sie zwischen den Dörfern Busto, Arsizio und Borsano, unweit Legnano, an und brach, von neuen Scharen unterstützt, nach einem kurzen, blutigen Gefecht bis in die Ebene zwischen dem Tessin und der Olonna vor. Sofort ordneten sich beide Heere zur Schlacht, die Verbündeten so, daß in der Mitte, um das Caroccio versammelt, die Mailänder, auf den weit ausgedehnten Flügeln die Hilfsvölker standen, seitwärts aber ein tiefer Graben die Flucht wenn nicht unmöglich, doch sehr gefährlich machte. Sobald der Kaiser, umsonst gemahnt, die feste Stellung nicht anzugreifen, mit dem Gewalthaufen nahte, beugten die Lombarden das Knie und flehten zu Gott, dem heiligen Petrus und Ambrosius um Beistand.

Danach begann der Kampf von seiten der Deutschen mit solchem Ungestüm, daß der Flügel, den die Brescianer bildeten, sich zur Flucht neigte und auch die Ordnung der Mailänder verwirrte. Diesen Augenblick nutzte Friedrich und fiel, durch Wort und Tat kenntlich, auf das Mitteltreffen, eroberte die Stadtfahne und drängte deren tapfere Rotte zurück. Da wiederholte laut die Gesellschaft des Todes ihren Eidschwur und stürmte mit den letzten Kräften der Verzweiflung vorwärts. Wilder entbrannte jetzt auf der ganzen Ebene die Schlacht. Mann stritt gegen Mann. Der weichende Lombarde hemmte den Schritt. Da sank des Reiches Bannerträger, von einem Pfeil durchbohrt, und die Glieder der Deutschen schwankten. Aber kaum bemerkte der überall gegenwärtige Kaiser die Gefahr, als er, nicht mehr Feldherr, sondern gemeiner Krieger, in den dichtesten Haufen des Feindes stürzte und hier so lange stritt, bis das Roß, tödlich verwundet, fällt und der Reiter verschwindet.

Das dumpfe, alle Reihen der Waffengefährten schnell durchlaufende Gerücht »Der Führer ist gesunken!« brachte Entsetzen und regellose Flucht. Ganze Scharen wurden niedergehauen, in den Tessin gesprengt, wenige nur gefangen. Beinahe alle Ritter und Bürger Comos deckten, da sie die Übergabe verschmähten, das Schlachtfeld. Reiche Beute an Pferden, Gepäck und Kostbarkeiten, unter ihnen des Kaisers Schild, Fahne, Kreuz und Lanze, lieferte das mühelos eroberte Lager.

Die ganze Lombardei jubelte. Sie war frei. Denn Friedrich, durch ein wunderbares Glück nach Pavia gerettet, ohne Schatz und Heer, diesseits der Alpen von trotzigen Siegern, jenseits von Heinrich dem Löwen und mißvergnügten Völkern bedroht, dachte ernsthaft an Aussöhnung mit der Kirche und den Gemeinden Italiens. Jene wie diese nahmen das aufrichtige Erbieten an und schlossen nach langer, gründlicher Beratung zu Venedig einen umfassenden Freundschaftsvertrag zwischen allen beteiligten Parteien (Juli 1177).

Dem König Wilhelm von Sizilien nämlich wurde ein fünfzehnjähriger, den Lombarden ein sechsjähriger Waffenstillstand, dem Papst Alexander, der fortan als das allein rechtmäßige Oberhaupt der Christenheit gelten sollte, ein ewiger Frieden vom Kaiser zugesagt und beschworen. Hinsichtlich des freistädtischen Bundes auf der einen, des deutschen Reiches und seiner Anhänger auf der anderen Seite sollten Sicherheit des Eigentums und der Personen streng gehandhabt, etwaige Streitigkeiten von erwählten Schiedsrichtern geschlichtet und die Rechte der Gemeinden, die ihre Einigung beibehalten und festigen dürften, gewährleistet und niemals angetastet werden.

Am 24. Juli erschien Kaiser Friedrich, vom Bann gelöst, in prachtvollem Aufzug in Venedig. Er empfing unter dem Jubel des Volkes vor der Markuskirche den Friedenskuß des Papstes, der etliche Tage später vor einer zahlreichen Versammlung den Fluch aussprach über alle an den geschlossenen Verträgen Meineidige und dadurch der von den Bevollmächtigten beschworenen Versöhnung das Siegel religiöser Weihe aufdrückte. Jetzt erst eilte der Heilige Vater nach Rom, um die Huldigung der wankelmütigen Bürger zu empfangen, und der Hohenstaufe nach Deutschland, um durch den Sturz Heinrichs des Löwen und des Welfenhauses reichlichen Ersatz zu finden für die Unbilden in Italien (1182).

Hier entwichen inzwischen mit der äußeren Gefahr allmählich Eintracht und Freiheitsliebe aus dem Lombardenbund, den etliche Mitglieder, wie Bologna, Tortona, selbst Alessandria, öffentlich aufkündigten, um sich entschieden den getreuen Städten des Kaisers anzuschließen. Dieser aber, weit entfernt, die Unterdrückung der Gemeinden eigensinnig zu verfolgen, gehorchte dem der bürgerlichen Freiheit günstigen Zeitgeist und entbot Abgeordnete der Lombarden nach Konstanz, damit hier mit ihnen der Reichstag die letzte Hand an das Werk einer aufrichtigen und vollkommenen Versöhnung legte. Daher unterzeichneten am 25. Juni des Jahres 1183 64 Vorsteher der oberitalienischen Bundesstädte und die Bevollmächtigten des anderen Teils nach reiflicher Beratung den Konstanzer Frieden, der die gegenseitigen Verhältnisse so bestimmte:

»Die Mitglieder der lombardischen Einigung, die man nach Gefallen erneuern dürfe, sollten innerhalb und außerhalb der Ringmauern über Waldungen und Wiesen, Brücken, Gewässer und Mühlen, Gerichte, Kriegs- und Heerwesen die bisher genossenen Hoheitsrechte besitzen, bei streitigen Fällen die Entscheidung unparteiischer und geschworener Schiedsrichter annehmen, dem Kaiser als gemeinsamem Oberhaupt huldigen und die Bestätigung der frei erwählten Konsuln vergönnen, bei etwaigen Zügen nach Italien die herkömmlichen Abgaben an Lebensmitteln, Brücken- und Wegegeldern treu und ohne Betrug entrichten und in gerichtlichen Sachen, die den Wert von 25 Reichspfunden übersteigen, den Spruch der kaiserlichen Beamten anerkennen.«

Auf diese Weise hatte das Kaisertum die oberrichterliche Macht und die Teilnahme an der Besetzung des Konsulats behauptet, der Bund aber, ohne den Reichsverband abzustreifen, mit dem unabhängigen Haushalt (Finanzen) und dem Recht der Einigung (Union) die Freiheiten errungen, die bisher nur einzelne, begünstigte Gemeinden genossen. Daher herrschten auch in Italien über den endlichen, billigen Versöhnungsvergleich zwischen der fürstlichen (monarchischen) und bürgerschaftlichen (republikanischen) Grundkraft allgemeine Freude und Zufriedenheit. Friedrich näherte sich sogar seinen bisherigen Todfeinden, den Mailändern, fast mit parteiischer Vorliebe so an, daß er ihnen alle Besitzungen zwischen der Adda und dem Oglio mit unbedingten Hoheitsrechten (Regalien) bestätigte, den gesamten Blutbann, den fortan der jährlich erwählte Podesta verwaltete, abtrat (1185)* und den Cremonesen zum Trotz den Wiederaufbau Cremas erlaubte.

Ähnliche Gnaden empfingen andere Gemeinden, obschon nicht immer aufrichtig und ohne selbstsüchtige Nebenabsichten. Denn der kluge und ehrgeizige Hohenstaufe wollte teils für den damals reifen Plan, Sizilien und Neapel zu gewinnen, gegen die widerstrebende Kirche Bundesgenossen erwerben, teils den lockeren und zwieträchtigen Lombardenverein durch offene Begünstigung bald dieser, bald jener Mitglieder schwächen und in seiner volkstümlichen, der deutschen Oberherrlichkeit höchst gefährlichen Entwicklung ohne Schwertstreich aufhalten. Diese doppelten Pläne des außerordentlichen Mannes fordern für das Verständnis der folgenden Begebenheiten eine kurze Beleuchtung.

* *»Sublato omni dominio ducum concessit Imperator Civitati Mediolano, ut singulis annis Rectorem eligeret forensem, qui diceretur Potestas, qui ipso facto esset comes. Et quia jus sanguinis, quod erat Imperii, isti Rectori concessit, Potestatia vocari voluit, quasi habens potestatem Imperii in hac parte«*, d. h. »Der Kaiser erlaubte nach Aufhebung der herzoglichen Macht der Stadt Mailand die jährliche Wahl eines Oberrichters, der Gewaltsbote (Podesta) heißen und schon durch sein Amt Graf sein sollte. Und weil der bisher dem Reiche zustehende Blutbann diesem Oberbeamten zufiel, so sollte er als Stellvertreter der Reichsgewalt Podesta heißen.« Gualvanus Flamma, S. 653.

Mit König Wilhelm II. (dem Guten) drohte das normannische Fürstengeschlecht in der männlichen Nachkommenschaft zu verlöschen, denn alle Ansprüche erbte die dreißigjährige, klösterlich erzogene Tochter Rogers I. und Schwester Wilhelms I., Konstantia. Um diese warb daher der Kaiser Friedrich für seinen ältesten Sohn Heinrich, auf der einen Seite unterstützt von dem mächtigen Erzbischof Palermos, Walther, auf der anderen durch den römischen Hof vielfach gehemmt, den jene Heirat eines treuen Dienstmannes und Bundesgenossen berauben mußte. Aber alle Umtriebe und Gegenversuche der Kirche scheiterten an der Abneigung des sizilianischen, einer geistlichen Herrschaft feindseligen Adels und dem Mißtrauen der von den Päpsten so oft aufgeopferten Lombardenstädte. Daher wurde zu Mailand, das ausdrücklich um diese Ehre gebeten hatte, die Hochzeit mit großem Prunk gefeiert (27. Januar 1186).

Die Einsegnung geschah, weil kein Gebäude die Menge fassen konnte, in einem weitläufigen, eilig aus Holz aufgebauten Haus durch den Erzbischof von Aquileja, der danach den römischen König Heinrich und seine Frau in der mit golddurchwirkten Teppichen geschmückten Kirche des heiligen Ambrosius krönte.* Ritterspiele und Freudengelage in den benachbarten Gärten beschlossen das Fest. Arm in Arm wandelten Deutsche und Welsche, den Groll eines zwanzigjährigen Kampfes vergessend und ohne zu ahnen, daß der gesellschaftliche Frohsinn des Augenblicks eine bittere Täuschung enthielt.

Denn seit vielen Menschenaltern hatte sich zwischen beiden Völkern durch heftige Fehden, abweichende Sitte, Sprache und Verfassung eine zu tiefe Kluft gefestigt, bei den salisch-hohenstaufischen Königen einen zu starken und großartigen Herrschertrieb geweckt und bei den Lombarden einen zu ungestümen, selbstsüchtigen Freiheitssinn hervorgerufen und ausgebildet, als daß die infolge gegenseitiger Bedrängnisse geschlossene Versöhnung lange hätte bestehen können. Der erste Keim neuer Zwistigkeiten lag schon in der staatsrechtlichen Stellung des Bundes. Teils durch einen losen Verband dem deutschen, verhaßten Reich als Oberlehnsherrn angeschlossen, teils durch Nationalgefühl und Besitz der meisten Hoheitsrechte (Regalien) auf völlige Unabhängigkeit angewiesen, mußte er in lähmender Halbheit schweben und das Kaisertum wie das freistädtische Gemeinwesen zur Wiederholung des Waffenkampfes einladen. Dazu

* Giulini, VII, 33.

kam ferner wachsende Parteibildung, indem nicht nur die Getreuen des Kaisers und der Fremde (Ghibellinen) aus Neid und Eifersucht den Verteidigern der italienischen und kirchlichen Unabhängigkeit (Welfen) schroff gegenüberstanden, sondern auch selbst die Mitglieder des Lombardenbundes nach Beseitigung der äußeren Gefahr aus Eigennutz, Herrschsucht und Eitelkeit in mannigfaltige Zerwürfnisse fielen und oft ohne Rücksicht auf die Gemeinwohlfahrt um die Gunst Friedrichs und seiner Nachfolger buhlten. Um jenen, wenn er Italien besuchte, durch Geschenke, Botschaften und andere Höflichkeiten zu ehren, wetteiferten Mailand und Cremona, Verona und Padua, Piacenza und Lodi, so daß man bei oberflächlicher Beobachtung hätte glauben mögen, es sei zwischen Deutschen und Welschen trotz des kochenden Ingrimms keine zwanzigjährige Fehde auf Tod und Leben gekämpft worden.

Die Hauptursache dieser frühzeitig aufkeimenden Zwietracht und Zersplitterung lag aber in den mangelhaften Grundgesetzen des städtischen Vereins, der folgenden, stellenweise trefflichen, der Einheit jedoch nachteiligen Gesamtordnungen gehorchte. Die allgemeinen Angelegenheiten wurden von einer aus den Konsuln gewöhnlich jährlich erwählten Oberbehörde, den Rektoren, besorgt. Sie beriefen bald nach Lodi, bald nach Modena, am häufigsten nach Piacenza die Konsuln der besonderen Gemeinden zu den Tagsatzungen (Parlamenten), legten die Gegenstände der Beratung vor, leiteten die Erörterung und sammelten die Stimmen, deren Mehrheit gesetzgebende Kraft hatte. Sie entschieden als höchster Gerichtshof alle vorgebrachten Klagen und sorgten hinsichtlich des Bundes für die Vollziehung der Beschlüsse, während dafür in den einzelnen Gemeinden die Konsuln verpflichtet waren. Jeder Rektor mußte acht Tage vor dem Austritt den Tüchtigsten unter seinen Freunden oder Bekannten zum Nachfolger vorschlagen, der sodann durch förmliche Wahl Bestätigung empfing. Ohne gemeinsame Übereinstimmung sollte – das schworen alle Bundesglieder – niemand Frieden, Einigung oder Waffenstillstand ausrichten, keine Stadt aus eigener Machtvollkommenheit einen Zins oder neuen Zoll erheben, einen von der Kirche Gebannten schützen oder über 15 Tage beherbergen, auf dem Gebiet einer anderen ohne Erlaubnis Burgen oder Schanzen bauen, einer anderen das geforderte Recht verweigern oder bei etwaigen Beleidigungen Selbsthilfe gebrauchen. Kein Eidgenosse sollte den anderen berauben, auspfänden oder wegen einer Missetat eigenmächtig strafen, vielmehr sollten Städte, Orte und Bürger der Einigung in Treue zueinander stehen und sich helfen mit Rat und Tat gegen jedermann, der sie befehden oder an Rechten und Freiheiten kränken wolle.

Bei so lückenhaften Grundgesetzen, die nichts bestimmten über das Verhältnis eines wechselnden Vororts, den Oberbefehl, die Beiträge an Geld und Mannschaft usw. und sogar den einzelnen Mitgliedern die Befugnis zu besonderen Verträgen gestatteten, konnte der Bund weder nach außen hin mit Nachdruck und Zusammenhang wirken noch die inneren, aus Parteigeist, Selbstsucht und Ehrgeiz entsprossenen Gärungsstoffe unterdrücken oder ableiten, zumal bald die befreundete Stellung zur römisch-katholischen Kirche manche im religiösen Bereich aufkommende Neuerungen ohne Urteil als Ketzerei ächtete, durch Gewissenszwang die staatsbürgerliche Freiheit verkümmern ließ und den Zwiespalt nähren mußte. Dergestalt enthielt die lombardische Eidgenossenschaft Keime gewaltiger Erschütterungen im Guten und Argen, so daß ihr mit Fug und Recht der Name eines weltgeschichtlich-merkwürdigen Ereignisses gebührt.*

2. Kampf der weltlichen Fürstenmacht mit dem Papst- oder Priesterkönigtum, der religiös-philosophischen Bruderschaften (Sekten) mit dem römisch-katholischen Kirchenglauben

Während sich in den städtischen Gemeinden, vorzüglich Italiens, langsam, aber sicher die Wiedergeburt der unterdrückten Wehrfreien als Gegensatz zum herrschenden Lehnsadel vorbereitete, wurde gleichzeitig der Riesenbau des römisch-katholischen Papsttums und Kirchenglaubens von einem zweifachen Feind angegriffen und in seinen Grundfesten erschüttert. Gegen den Erbpriesterkönig amTiber erhoben sich nämlich einzelne Völkerschaften und weltliche Fürsten, besonders die deutschen Kaiser; gegen die abgeschlossenen Satzungen des bisher alleingültigen, rechtgläubigen Christentums in Südwesteuropa erhoben sich anfangs geheime, danach öffentliche Bruderschaften (Sekten), die gestützt auf Überlieferung und Wissenschaft bei mannigfaltigen Verschiedenheiten dennoch in einem Hauptbestreben zusammentrafen, der Freiheit des Gewissens, und dafür durch vereinfachte Lehre und Zucht zu wirken trachteten.

Weil aber jede dieser Neuerungskräfte nicht nur für sich, sondern auch untereinander feindselig handelte und Fürsten und Regierungen das Bündnis mit kirchlichen Ketzern als staatsgefährlich verabscheuten oder höchstens als einstweiliges Werkzeug gebrauchten,

* Hüllmann, Städtewesen im Mittelalter, III, 99.

während diese in jenen nur Zwingherren erblickten, gewann das alte Papst- und Kirchentum nach langen, wechselnden Kämpfen einen entscheidenden Sieg. Es beugte zuerst mit Hilfe des Ritterschwerts und Glaubenseifers durch peinliche Gerichte (Inquisitionen) und Kreuzfahrten die Widersacher seiner Lehre. Danach bezwang es die Nebenbuhlerin an den Hoheitsrechten, die lehnsherrliche Kronmacht, die im Sturz der Hohenstaufen ihren Todesstoß empfing.

Diese große, verhängnisvolle Fehde zwischen der priesterlichen und der weltlichen Macht wird jenseits wie diesseits der Alpen gleichsam durch leichte Vorgefechte von einzelnen, kleineren Gemeinwesen eröffnet, an deren Spitze in Italien die Stadt Rom steht. Volk und Adel nämlich, müde der langen Bevormundung, forderten, der Papst sollte zufrieden sein mit dem Amt eines Bischofs und aller staatsbürgerlichen Macht entsagen. Als sie abgewiesen wurden, griffen sie zu den Waffen, demütigten die Gegenpartei und mißhandelten die Geistlichkeit und einen Teil der mit ihr verbündeten Ritterschaft durch Raub, Brand und Mord. Sie übertrugen die höchste Verwaltung des freien Gemeinwesens einem Rat (Senat), anfangs von 56, danach 100 Mitgliedern, deren Vorsteherschaft zuerst der Patricius, später zwei Konsuln so führten, daß der eine innerhalb, der andere außerhalb der Stadt herrschte (1143–1146), und ruhten nicht eher, als bis Eugen III. durch feierlichen Vertrag im ganzen die neue Ordnung der Dinge anerkannte.

Andere Gemeinden im Gebiet des Heiligen Stuhls folgten dem Beispiel Roms, wie Viterbo und Aquapendente. Doch die Erhebung Hadrians IV., eines kräftigen, unternehmenden Mannes, an das Papsttum (1154) änderte schnell den Stand der Angelegenheiten. Das wankelmütige und abergläubische Volk nämlich, das durch die priesterliche Acht (Interdikt), die das erstemal die Hauptstadt der Christenheit traf, erschreckt wurde, legte als Bedingung zur Aussöhnung die Waffen nieder, schwor der Republik ab, huldigte dem alten, unbeschränkten Grundgesetz und zwang den Haupturheber der bisherigen Bewegungen, Arnold von Brescia, zur Flucht (März 1155). Bald darauf vollendete Kaiser Friedrich durch Waffengewalt den Sieg der Kirche. Arnold mußte mitten in Rom, das er zur Freiheit aufgerufen hatte, den Scheiterhaufen besteigen. Seine Asche wurde, damit dem Volk kein Andenken bliebe, in den Tiber geschüttet, doch damit wurde der ausgestreute Same des Widerstands gegen die weltliche Hoheit des Papstes bei den Römern nicht erstickt.

Von den deutschen Stämmen zeigten besonders die Gebirgsbewohner Hochalemanniens, der späteren Schweiz, schon in der ersten Hälfte des 12. Jahrhunderts durch Wort und Tat den festen Entschluß, uralte Rechte und Freiheiten gegen die steigenden Anmaßungen der Kirche zu behaupten und dafür, wenn es sein mußte, selbst dem Priester- und Königsbann zu trotzen. Als z. B. die Schwyzer, von den Unterwaldnern und Urnern freundnachbarlich unterstützt, mit den landgierigen Äbten des Klosters Einsiedeln um die Grenzgebiete haderten und König Konrad die Acht, Bischof Hermann von Konstanz den geistlichen Fluch gebrauchte, um die Halsstarrigen zu zwingen, stellten sie die ansässigen Geistlichen vor die Wahl, entweder Messe zu lesen oder Pfründe und Herberge zu verlieren (1151), so daß die Landleute nach langem Streit im Besitz ihres Eigentums blieben.

Diesen Vorkämpfen folgten in Deutschland, England und Spanien durch Umfang und Kraftaufwand, mannigfaltige Wechsel und Wirkungen ausgezeichnete Versuche der Könige, das schnelle Wachstum der römisch-katholischen Kirchenmacht zu verhindern und die bedrohte oder schon untergrabene Unabhängigkeit der weltlichen Macht zu retten – ein Streben, das größtenteils deshalb entweder mißlingen oder mit halber Entscheidung enden mußte, weil die Lehnsfürsten meistens eigennützigen Zielen gehorchten und bei den unterdrückten Völkern keine nachhaltige Hilfe fanden, oft auch mit der einen Hand zerstörten, was die andere aufgebaut hatte. Denn nie vermochten sie, die gleichzeitig entstandenen, auf Verbesserung der christlichen Lehre und Zucht gerichteten Bruderschaften (Sekten) als naturgemäße Früchte des Jahrhunderts anzuerkennen, kehrten vielmehr gegen diese auch dem Lehnsstaat gefährlichen Ketzer dasselbe Schwert, das die Ansprüche des Papsttums bestritten hatte, und beschleunigten dadurch, oft auf weiten Umwegen, die eigene Niederlage. Dies der allgemeine Gang und Grundzug des vom weltlichen und priesterlichen Königtum geführten Kampfes, an dessen Spitze der deutsche Kaiser steht – wie an Würde, so an Macht der erste unter den Laienfürsten.

Niemals war das öffentliche Urteil in Deutschland einem Angriff auf die von Gregor VII. abgeschlossene Kirchenmacht günstiger gewesen als beim Regierungsantritt Friedrichs I. Der geistliche Bann, sprachen viele Mitglieder des in Ulm versammelten Reichstages, sei nichtig ohne die Bestätigung durch das regelmäßige Gericht, weil sonst die Umtriebe der Priester alle gesetzliche Ordnung langsam auslöschen würden. Übrigens könne der kirchlich Gebannte immerhin achtbarer Bürger und Ritter bleiben, weil das Reich Christi nicht von dieser Welt sei.*

* Siehe Frankes Arnold von Brescia, S. 137.

»Der Priesterstand«, schrieb bald darauf aus Rom der Deutsche, Wetzel, dem jungen König, »verzehre das Mark der Völker. Die Erzählung von der Taufe Konstantins und wie derselbe die weltliche Herrschaft auf den Vater der Geistlichkeit übertragen habe, sei eine Lüge und eine ketzerische Fabel, so sonnenklar, daß jetzt Lohnknechte und alte Frauen die größten Rechtsgelehrten darüber belehren könnten und daß der Papst mit seinen Kardinälen vor Scham nicht mehr die Stadt zu besuchen wage. Entgegen dem evangelischen, apostolischen und kirchlichen Gesetz hätten bisher blinde Priester und falsche Mönche weltliche Macht sich angemaßt, die Kirche und das Reich auf gleiche Weise in Verwirrung gebracht, Menschen, die nur gierig nach Schätzen seien und das vornehmste Gebot: selig sind die geistlich Armen, nicht verstanden hätten. Solcher Unfug möge endlich aufhören und der natürlichen Ordnung Platz machen!«

Der Hohenstaufe erschrak vor dem Gedanken so kühner Neuerungen, die auch die staatsbürgerliche Gesellschaft zu ergreifen drohten. Er wählte, begierig nach der Kaiserkrone und der Demütigung der lombardischen Gemeinden, die Freundschaft des geistlichen Oberhaupts und überlieferte Arnold von Brescia den Händen der Rechtgläubigen. Aber nicht lange dauerte die aus gegenseitigem Ehrgeiz entsprossene Eintracht. Denn der Kaiser, entschlossen, die lehnsherrlichen Hoheitsrechte um jeden Preis in ihrem ganzen Umfang auszuüben, forderte nicht nur nach dem Buchstaben der Reichstagssprüche Roncaglias von Kirchengütern Steuern und Leistungen, sondern lud auch nach dem Tod Hadrians die zwistigen Päpste Alexander und Victor nach Pavia, damit hier unter seiner Leitung eine Versammlung von deutschen, französischen, englischen, spanischen und italienischen Geistlichen über beide Bewerber entschiede. Als aber Alexander fest erklärte, die Kirche allein dürfe urteilen über ihre Angelegenheiten und der weltliche Schutzherr schreibe an seine Mutter, als wenn sie eine Magd wäre, ließ Friedrich den Widerspenstigen absetzen und bannen, während jener, fortan ein unverbrüchlicher Freund der lombardischen Städtepartei, mit gleicher Waffe entgegnete und alle Untertanen vom Gehorsam gegen den Kaiser lossprach (1160).

Das rasche Verfahren des letzteren machte auf den größten Teil der südwesteuropäischen Christenheit den tiefsten, ungünstigsten Eindruck. »Es sei«, klagten viele Gläubige, »unerhört, daß ein weltlicher Fürst richten wolle über die allein Gott unterwürfige Kirche. Die Vorfälle in Pavia widerstrebten der Gerechtigkeit und allen bisherigen Ordnungen. Abwesende seien ohne Untersuchung schamlos, boshaft, unklug verurteilt worden. Wer habe die allgemeine Kirche dem Spruch einer besonderen unterworfen, die Deutschen zu Richtern der Völker gemacht und diesen ungestümen, viehischen Menschen Befugnis verliehen, nach Willkür einen König der Gläubigen zu ernennen?«*

Solche Ansichten fanden selbst mitten in Deutschland, wo überdies die italienischen Heerfahrten und steigenden Anmaßungen der Kronmacht Gärung erregten, Beifall. Öffentlich erklärten sich die Erzbischöfe Konrad von Mainz und Salzburg, des Hohenstaufen Blutsverwandte, der Bischof Hartmann von Brixen und andere Prälaten für Alexander und verweigerten dem Gegenpapst Paschalis III., den die kaiserliche Partei nach dem Tod des durch seine Sittenreinheit achtbaren Victor (1164) erwählt hatte, die Anerkennung. Umsonst wurde Strenge angewandt, das Salzburgische mit Feuer und Schwert verwüstet. Die als für den Glauben und die Kirche bestandenen Leiden und Gefahren stählten den Mut der Minderheit, während geistliche und weltliche Herren nicht selten aus Eigennutz die Verwirrung zu unterhalten suchten. Manches Kloster machte sich unabhängig vom Vorstand des Sprengels. Sogar der Gottesdienst durfte, wenn nur die Leidenschaften der zwiespältigen Priester freien Spielraum gewannen, in Verfall und Ärgernis geraten. An einem Altar, vor dem ein gesetzwidriger (schismatischer) Priester geopfert hatte, wollte kein rechtgläubiger mehr Messe lesen, so daß Zucht und Ordnung ihre Kraft verloren und die sonst gewissenhaft beachteten Vorschriften und Bräuche der Religion bei Reichen und Armen, Geistlichen und Laien ihr Ansehen verloren.**

Der Kaiser, dadurch nicht gebeugt, harrte aus und schloß nach dem Unglück bei Legnano zwischen dem Reich und der Kirche zu Venedig einen Frieden ab, der dem Reich die Rechte der Wormser Übereinkunft, der Kirche die Alleingültigkeit Alexanders – dessen letzter Gegner, Calixtus III. (seit 1168), abdanken mußte – und Steuerfreiheit brachte (1177). Beide Oberhäupter der Christenheit gingen gerne um der allgemeinen Sicherheit willen in ihren Forderungen herunter: das geistliche opferte die verbündeten Lombarden und den getreuen Erzbischof Konrad von Mainz, das weltliche seinen Schattenpapst und die mathildischen Güter, die nach

* Joh. Sarisber., Ep. 59.
** Vgl. Gemeiner, Friedrich I., S. 144 f.

fünfzehnjähriger Nutznießung dem Heiligen Stuhl anheimfallen sollten.*

Diese Übereinkunft, durch Not und persönliche Hochachtung der Urheber abgeschlossen, wurde eine Zeitlang treu gehalten. Aber kaum war Alexander, der in den letzten Jahren mit Nachdruck Laster und sittliche Gebrechen zu heilen versucht hatte,** gestorben (1181), als der Streit zwischen dem Papst und dem Kaisertum wiederum ausbrach. Denn der Papst, beunruhigt durch die erfolglos bekämpfte Nachfolge der Hohenstaufen am sizilianischen Normannenreich und die aufrichtige Versöhnung mit den lombardischen Gemeinden, die den Konstanzer Frieden beschworen hatten, erhob unter Urban III. (seit 1185) bittere Klagen über vertragswidrige Eingriffe in die kirchlichen Freiheiten. König Heinrich (VI.), Friedrichs Sohn, habe als Verweser Italiens von Perugia, Narni, Viterbo und anderen Städten des Heiligen Stuhls Wegegelder *(foderum)* und ähnliche ungeziemende Steuern gefordert. Der Herzog von Spoleto habe nach Willkür Pfarrer ein- und abgesetzt, Geistliche in Banden geworfen und zum Loskauf gezwungen. Der Markgraf Walther von Ancona habe gleiche Gewalttätigkeiten geübt, während man in den Sprengeln von Turin und Ypern Kirchendiener beraube und vor weltliche Gerichte schleppe. Überall komme es vor, daß man die Hinterlassenschaft der Bischöfe (Spolienrecht) für den gemeinen Seckel einziehe, die Zehnten der Gotteshäuser anspreche, den Kastvögten und Schutzherren die schmählichsten Unterdrückungen erlaube und die mathildischen Güter, entgegen der feierlichsten Übereinkunft, nicht herausgebe.***

---

* Den Lombardenbund, der nur Waffenstillstand bekam, überließ der Papst den Absichten des Kaisers. Siehe die Beweisstellen bei Gemeiner, S. 310, und Radulphus Mediolanensis, S. 1192. *»Pontifex, deseruit fidem, quam Langobardis promuserat«*, d. h. »Der Papst brach das den Lombarden gegebene Wort.«

** »Niemand sollte«, wurde z. B. verfügt, »seine Schwester heiraten(!), der Sohn als Erbe die Schulden des Vaters bezahlen, der des Mordes überführte Geistliche keine Weihe erhalten, der jeweilige Papst wenigstens zwei Drittel der Kardinalstimmen besitzen.« Chron. MS. Cod. hist. 844 der Wiener Hofbibliothek.

*** Dies der Hauptinhalt des päpstlichen Schreibens vom Jahr 1186, Cod. MS. theol. 115, fol. 198 der Wiener Hofbibliothek. Würde man die gerügten Mißbräuche nicht abstellen, lautet der Schluß, *»nequaquam poterimus aequanime sustinere, quia pro honore ecclesiae, quam suscepimus gubernandam, nos, ut ad nostrum spectat officium, componemus«*, d. h. »so werden wir es nicht länger dulden, sondern gemäß der kirchlichen Ehre handeln.«

Der Kaiser, erbittert durch die heimlichen Umtriebe des Papstes und entschlossen, das halb errungene Übergewicht in Italien nicht an den römischen Nebenbuhler abzutreten, berief einen Reichstag nach Gelnhausen und sprach: »Erzbischöfe, Bischöfe, Fürsten und Herren, wenn euer Herz die Wahrheit liebt, so vernehmt Unsere Rede! Vielleicht ist die Kunde an euch gelangt, daß ich vom Papst schwere Anfechtung leide, ohne derselbigen eigentliche Ursachen zu kennen. Nur das eine weiß ich, daß ich vorsätzlich weder den Heiligen Vater gereizt noch etwas Ungebührliches verlangt habe. Seinen Anschuldigungen ist nicht mit Zorn und arger Widerrede, sondern mit Freundlichkeit und Gründen geantwortet worden. Im Bewußtsein meiner Unschuld werde ich also dem Papst, wenn er mich als einen gehorsamen Sohn lieben will, kindliche Ehrfurcht entgegenbringen. Sollte er aber aus Ungerechtigkeit und törichter Verblendung seine Gedanken auf meinen Schaden stellen, so hoffe ich mit Gottes Hilfe und euerm Beistand ihm unerschrocken antworten zu können. Dies ist mein Vorsatz. Was ihr zu tun habet, erwägt sorgfältig! Urban behauptet unter anderem, die Weltlichen hätten den Zehnten, den der Herr den Dienern der Kirche gegeben, frevelhaft an sich gerissen. Wir wissen nun zwar, daß Gott den Priestern und Leviten Zehnten und Gaben im Anfang bestimmt hat, wissen aber auch, daß, als die Kirche in den Zeiten der Not von den Feinden hart bedrängt wurde, mächtige und tapfere Herren die Zehnten zu Lehen nahmen und dafür die Gotteshäuser schützten. Ferner wird behauptet, niemand dürfe über Leute und Güter der Kirchen als Kastvogt herrschen, weil Verwaltung kirchlicher Sachen nur den Geistlichen zustehe. Obschon diesen des Papstes Behauptung vorteilhaft sein mag, dürfen wir dennoch nicht mit Leichtfertigkeit ändern, was von alten Tagen her Brauch ist und die Gewohnheit, von Geschlecht auf Geschlecht erbend, durch gerechte Überlieferung steif und fest gemacht hat. – So viel von euren Sachen! Jetzt aber erklärt, Vorsteher der Kirchen, was ich von euch zu hoffen oder zu fürchten habe! – Gleich wie der Herr Christus geboten hat: ›Gebet Gott, was Gottes, dem Kaiser, was des Kaisers ist!‹, so rufe ich euch zu: ›Bietet dem Papst, dem Statthalter Christi, den schuldigen Gehorsam, aber vergesst auch den nicht, den Gott zur Handhabung der Gerechtigkeit bestellt hat!‹«

Diese kräftige und entschiedene Sprache verfehlte die gewünschte Wirkung nicht. Auf den Vorschlag des Erzbischofs von Mainz erließ die deutsche Geistlichkeit ein nachdrückliches Schreiben an den Papst, der damals in Verona wohnte, und mahnte ihn dringend, den

Weg der Güte und nicht willkürliche, gewaltsame Mittel zu wählen und für die Bewahrung des Friedens alle Sorgfalt zu tragen. Solche Antwort, von Männern geführt, die man infolge der langen, geheimen Unterhandlungen für blinde Werkzeuge des römischen Hofes halten mochte,* entrüstete den Heiligen Vater so sehr, daß er ernsthaft an den Bannstrahl dachte. Da traten kühn die Bürger von Verona hervor und sprachen: »Wir sind Untertanen und Freunde des Kaisers und bitten Eure Heiligkeit deshalb, ihn nicht in unseren Mauern zu verfluchen, sondern den Spruch zu verschieben.« Zornig entwich Urban nach Ferrara und wollte schon die angedrohte Strafe verhängen, als ihn der Tod aufhielt (Oktober 1187).

Dieser Umstand und der vierte große Kreuzzug, dessen Bewegung besonders Deutschland betraf, hinderten einen neuen Bruch zwischen dem Kaiser- und dem Papsttum, so daß jenes unter Friedrich I. die oberlehnsherrliche Hoheit der Kronmacht vollkommen gegen dieses behaupten konnte. Dagegen erhielt die römisch-katholische Kirchenmacht in England entscheidende Vorteile und nutzte die Gebrechen der dortigen Verwaltung mit Klugheit und Würde zu einem vollständigen Sieg über den König und die Laienschaft.

Es hatte nämlich der erste normannische Fürst, Wilhelm der Eroberer, wie im weltlichen, so im geistlichen Bereich fast unumschränkt geherrscht und Gregor VII. die geforderte Huldigung spöttisch abgeschlagen. Er hatte höhere und niedere Kirchenämter nach Willkür besetzt, das in den Klöstern niedergelegte Gold und Silber, selbst die heiligen Gefäße, für die Ausführung seiner ehrgeizigen Ziele beliebig gebraucht, die Zusammenkünfte der Geistlichen (Synoden) nach Laune berufen und entlassen, den Gotteshäusern und ihren Dienern keine Befreiung von den regelmäßigen Gerichten, Steuern und Lehnspflichten gestattet und sich sogar dadurch zum Herrn der Päpste ausgerufen, daß er dem Volk verbot, ohne seine Erlaubnis kirchliche Befehle anzunehmen und ihre Macht anzuerkennen.**

---

* Annales Bosovienses ad a. 1186. *»Quidam episcopi contra imperatorem conjurant; imperator paulatim Episcopos a conjuratione potenter et callide distraxit«,* d. h. »Etliche Bischöfe verschworen sich gegen den Kaiser; kräftig und klug zog der Kaiser die Bischöfe von der Verschwörung ab«, bei Gemeiner, S. 416, der überhaupt dieses wichtige Ereignis trefflich untersucht und hervorgehoben hat. Vgl. noch: Friedrich I. mit seinen Freunden und Feinden, S. 215–217.

** Rapin, Geschichte Großbritanniens, Teil I, S. 644 der deutschen Übersetzung.

Doch gerade dieses Übermaß der Kronmacht führte unter schwachen Nachfolgern zu einer raschen und durchgreifenden Umwandlung der Verhältnisse. Denn während der Adel durch Meutereien und Fehden das Joch der Krone abzustreifen versuchte und die Bürger einzelner Gemeinden, z. B. Londons, durch Vertrag die noch schwachen Anfänge ihrer Freiheiten gewannen, wußte die List des Klerus mitten unter den allgemeinen Wirren alte Vorrechte und Mißbräuche nicht nur wiederherzustellen, sondern auch zu erweitern, so daß sie um die Mitte des 12. Jahrhunderts nirgends in der Christenheit einen größeren Spielraum fanden als bei den Engländern. Furchtbar war vor allem die Entartung der Rechtspflege. Kein Priester, der des Mordes und anderer schwerer Verbrechen angeklagt war, durfte vor dem bürgerlichen Beamten erscheinen, während seine geistlichen Richter den abscheulichsten Missetäter höchstens durch Absetzung oder leichtes Gefängnis straften und sich dabei ein Verdienst um den Glauben zu erwerben wähnten.

Dieser Zügellosigkeit, die alle Bande der Gesellschaft mit der Zeit auflösen mußte, wollte endlich der erste König aus dem Geschlecht der französischen Anjou-Plantagenets nachdrücklich begegnen, ohne das Maß seiner Kräfte zu erwägen. Denn Heinrich II. war zwar tapfer, klug, großmütig, ein Liebhaber und freigebiger Beschützer der Wissenschaften, aber daneben von maßlosem Ehrgeiz und Stolz und so schrankenloser Wollust, daß er einem scharfsichtigen, sittenstrengen Gegner, wie es Papst Alexander III. war, leicht Blößen bieten und schon halb gewonnene Vorteile wegen seines unsteten Wesens wieder verlieren mußte.

Tatsächlich wagte dieser in mancher Hinsicht treffliche Fürst den pflichtmäßigen, vom öffentlichen Urteil des Volkes geforderten Angriff auf die Macht der englischen Geistlichkeit. Er berief nach den nötigen Einleitungen die Großen des Reiches und der Kirche nach Clarendon, damit sie hier zum Parlament vereinigt die schreienden Mißbräuche gründlich heilten, und legte ihnen folgende fünf Stücke eines darauf bezüglichen Gesetzentwurfs zur Annahme vor: Ohne königliche Erlaubnis sollte weder eine Berufung (Appellation) nach Rom stattfinden noch ein Erzbischof oder Bischof, selbst vom Papst entboten, ebendahin gehen. Keinen Kronvasallen oder Beamten solle ohne den Willen des Oberlehnsherrn der Bann treffen.*

* Vgl. S. 384 f. in diesem Band über den Reichstag von Ulm.

Kein eines peinlichen Verbrechens angeklagter Priester solle das weltliche Gericht umgehen dürfen, gleich wie eben dasselbe über allgemein kirchliche Angelegenheiten, z. B. die Ausbesserung der Gotteshäuser und Zehnten, allein zu entscheiden habe.

Sämtliche Mitglieder des Reichstages, die Grafen und Herren freiwillig, die Prälaten aus Furcht oder Bestechung, unterzeichneten das genannte Grundgesetz (Konstitutionen von Clarendon). Nur einer, der Erzbischof von Canterbury, erhob Widerrede. Sohn des Londoner Bürgers Gilbert und einer auf der Kreuzfahrt heimgeführten muselmanischen Frau, hatte Thomas Becket durch Fleiß und glückliche Naturanlagen zuerst als Rechtsgelehrter, danach als Obristhelfer (Archidiakonus) der Kirche von Canterbury geglänzt und zuletzt mittels eines gefügigen, einschmeichelnden Wesens und gewissenhafter Treue als Geschäftsmann so sehr die Gunst des Königs gewonnen, daß ihn dieser zum Großkanzler ernannte und endlich an das erste Erzstift des Reiches wählen ließ, in der Hoffnung, es möchte der oft erprobte Diener und Freund in dem höchsten Wirkungskreis der beabsichtigten Verbesserung des geistlichen Standes hilfreiche Hand bieten. Aber Becket änderte sofort Lebensart und Grundsätze. Er entsagte dem früheren Prunk und kleidete sich in grobes Wolltuch, wurde aus einem gefälligen Werkzeug der Krone ihr bitterster Gegner und bewahrheitete bei jeder Gelegenheit den Ernst seiner Rede, daß die Kirche Gottes gegen ihre Feinde durch Wort und Tat geschützt werden müsse.

Allerdings gab einstweilen der Erzbischof den Bitten der Amtsgenossen nach und unterzeichnete die fünf Verordnungen, die sofort zur Annahme dem römischen Hof vorgelegt wurden (1164), damit eine Bulle jeden noch möglichen Zweifel niederschlagen möchte. Doch Alexander, der damals vor dem Kaiser Friedrich nach Frankreich geflüchtet war, sprach, weit davon entfernt zu gehorchen, das Verdammungsurteil über weltliche Beschlüsse aus, welche die Freiheiten der Kirche gefährdeten und in ihren Grundfesten erschütterten.

Sogleich änderte auch der Erzbischof Wort und Tat. Er klagte sich, der des allgemeinen Friedens wegen die Unterschrift gegeben habe, der Schwäche und des abscheulichsten Treuebruchs gegen den Papst an, dessen Barmherzigkeit allein verzeihen könne, und verweigerte, von dem jetzt schwer beleidigten König des Betrugs, Meineids und Hochverrats beschuldigt, jede Rechtfertigung vor dem Hof der Pairs. Er blieb, auch als er deswegen abgesetzt, der Güter beraubt und mit Gefängnis bedroht wurde, standhaft, rief das Volk zur Empörung auf und flüchtete, um der Strafe zu entgehen, verkleidet nach Frankreich, wo ihn Alexander und König Ludwig VII. mit offenen Armen empfingen. Denn jener sah in dem Geächteten einen klugen und kühnen Blutzeugen des Glaubens, dieser ein treffliches Werkzeug, um dem verhaßten Nebenbuhler Unruhe und Schaden zu erwecken. Alle Versöhnungsversuche, die Staatsklugheit und Anstand bisweilen empfahlen, blieben daher fruchtlos. Becket meldete sogar in einem stolzen Schreiben dem königlichen Lehnsoberherrn, wenn er nicht bald aufrichtig seine Sünden bereuen werde, die nahen Wirkungen der göttlichen Rache und erinnerte an Pharao, Saul, Salomo, Nebukadnezar – Fürsten, welche die Verachtung Gottes durch den Verlust der Ehre, Einsicht und Macht hätten büßen müssen.

Heinrich, müde des langen Haders, der beständige Wirren im Reich unterhielt, und von schwerer Krankheit befallen, tat endlich das Gelübde, wenn er genesen sollte, dem Erzbischof die Hand des Friedens zu bieten. Er hegte überdies die Hoffnung, bei jenem möchte das sechsjährige Elend den alten Groll getilgt haben. Treu wurde das feierliche Versprechen, sobald die Gesundheit zurückkehrte, erfüllt und die Wiedereinsetzung in alle Ämter, Ehren und Einkünfte, wie sie vor dem Richterspruch gegolten hatten, vom König auf einer Zusammenkunft in Amboise eidlich bekräftigt (Dezember 1170).

Aber Becket, durch kein Mißgeschick gewandelt, hatte kaum mit großem Gepränge und unter dem Jubel des Pöbels seinen Einzug in Canterbury gehalten (Dezember), als er am Weihnachtstag die Kanzel bestieg, heftig gegen Ketzerei und Ruchlosigkeit donnerte und zwei angesehene Kronbeamte unter nichtigem Vorwand mit dem Bann belegte. Der eine, hieß es, habe ein dem Hochstift zugehöriges Landgut an sich gezogen, der andere, Robert Brock, einem Roß, das Lebensmittel in den erzbischöflichen Palast führte, den Schwanz abgeschnitten. Doch dieses Zeichen der priesterlichen Ungnade genügte noch nicht. Mehrere Bischöfe wurden in ihren Amtsverrichtungen eingestellt, andere durch den Bann aus der christlichen Gemeinschaft ausgestoßen und in allen Gauen des Reiches Parteibildungen und Unruhen erweckt, während man von Frieden und Eintracht sprach.

Als Heinrich, der noch in der französischen Normandie lebte, die Kunde des Geschehenen empfing, rief er voll gerechten Zornes unvorsichtig aus: »Wie unglücklich bin ich, daß sich unter meinen zahlreichen Dienern und Getreuen niemand findet, der mich von den unaufhörlichen Beschimpfungen des elenden Pfaffen zu befreien wagte!« Vier anwesende Freiherren deuteten diese Worte eines lange verhaltenen, bei halber Reue plötzlich hervorbrechenden Zorns auf ausdrücklich gebotenen Mord. Sie schworen einander unverbrüchliches Stillschweigen und eilten nach Canterbury. Dort schlichen sie sich eines Tages bewaffnet in die Hauptkirche ein, wohin mit geringer Begleitung der Erzbischof gegangen war, töteten ihn nach kurzem Wortwechsel durch einen so gewaltigen Keulenschlag, daß Blut und Gehirn den Altar bespritzten (30. Dezember 1171) und verließen dann langsam, ohne Hindernisse, das Gotteshaus.

Becket, der in den letzten Augenblicken wahrhafte Besonnenheit und Seelengröße gezeigt hatte, fand eine doppelte Verherrlichung bei den Rechtgläubigen. Zuerst nämlich durchflog mit Blitzesschnelle das Gerücht von mannigfaltigen Wundern alle Länder der Christenheit. Der neue Märtyrer, hieß es, habe tote Menschen und Tiere erweckt, nach vollendetem Leichenbegängnis die Hand aufgehoben, um das Volk zu segnen, und kurz vorher den Sarg verlassen, um die abgebrannten Wachskerzen wieder anzuzünden. Gestützt auf diese von außerordentlichen Boten bestätigten Gerüchte, versetzte Papst Alexander den Erzbischof als den heiligen Thomas von Canterbury unter die christlichen Blutzeugen und Nothelfer.

Scharen Andächtiger wallfahrteten fortan zu dem wundertätigen Grab, das mittlerweile den zweiten Sieg seines Bekenners in der Demütigung des englischen Königs gewonnen hatte. Denn Heinrich, der öffentlich angeklagt war, die Ermordung Beckets verschuldet zu haben, wurde schwer von inneren und äußeren Feinden bedrängt und vom Bann und Landfluch (Interdikt) bedroht. Da er überdies schwach und von Glaubensschrecknissen geplagt war, mußte er die feierliche Lossprechung durch das eidliche Gelübde erkaufen, in Zukunft sich nie dem Willen des Heiligen Vaters zu widersetzen, die Beschlüsse von Clarendon als schädlich für die Kirche aufzuheben und als nichtig zu erklären und endlich die pflichtmäßige Buße zu tun. So wanderte der König barfuß zum Grab des heiligen Thomas, bereute seine Missetaten und ließ sich von den dortigen Augustinermönchen bis aufs Blut geißeln (1173).

Auf diese Weise hatte die Macht des Papsttums in England festen Grund und Boden gewonnen und für die nächste Zukunft jede Aussicht auf Änderung der Verhältnisse unmöglich gemacht. Dagegen blieben in Spanien ähnliche Ansprüche fruchtlos. Bei aller Ergebenheit für den Heiligen Stuhl duldeten Völker und Fürsten meistens einhellig keine Mißbräuche desselben, wiesen Berufungen nach Rom, geistliche Gerichtsbarkeit und isidorische Aussprüche (Dekrete) als unverträglich mit den Freiheiten des Landes zurück. Als

König Peter II. in einer Übereinkunft dem Papst das Schutzrecht (Patronat) über sämtliche Kirchen des Reiches abtrat und einen Jahreszins verhieß, erhoben sich dagegen die Aragonier sogar und zwangen zum Widerruf.*

Während also das römisch-katholische Erbpriestertum (Papsttum) unter mannigfaltigen Wechseln mit dem Lehnsfürstentum über staatsbürgerliche Rechte und Machtvollkommenheit stritt und im ganzen den von Gregor VII. begonnenen Riesenbau weltlich-kirchlicher Oberherrschaft gegen die aufgehenden Stürme siegreich schützte, entwickelte sich gegen das römisch-katholische Glaubensbekenntnis oder die bis jetzt alleingültige römisch-katholische Lehre des Christentums ein weitverzweigter Widersacher (Opposition) geistiger Art – der religiös-wissenschaftliche (mystisch-philosophische) Widerstand, dessen gesellschaftliche (politische) Endergebnisse oft, aber nicht immer, mit den Bestrebungen der lehnsfürstlich-weltlichen Feinde des Papsttums zusammenfallen. Diese innere Gegenbewegung, die sich stützt auf die Waffen nicht des Leibes und des Ehrgeizes, sondern des Gemüts, der Vernunft und der Geschichte und bis zum Schluß des Mittelalters fortdauert, hat räumlich begonnen im Norden Italiens und Frankreichs. Von hier aus hat sie ihre Zweige verbreitet im südlichen Frankreich (Provence, Languedoc), Hochalemannien (Schweiz, östliche Nachbarslande), den niederrheinischen, friesischen Gauen Deutschlands, den meisten Reichsstädten und etliche Wurzeln geschlagen in Großbritannien wie im Norden Spaniens.

Die nie völlig ausgestorbenen, sondern durch geheime Bruderschaften (Sekten) fortgepflanzten Grundsätze des altgermanischen Christen- und Kirchentums (Arianismus, gotisches Bekenntnis) traten, oft unbewußt, als Partei in Bündnis mit den gegen die römisch-katholische Glaubenslehre, nicht aber die Verfassung gerichteten Angriffen der fortschreitenden Religionswissenschaft (Scholastik), welche die abgeschlossene, strenge Begriffsentwicklung des von den Arabern dem Abendland geschenkten Aristoteles auf Gegenstände des christlichen Glaubens (Dogma) zu übertragen versuchte und besonders seit der letzten Hälfte des 11. Jahrhunderts eine wunderbare Regsamkeit der Geister entzündete. Mittelpunkt dieses Strebens, die Geheimnisse der Offenbarung und die Ansprüche des menschlichen

* Sempere, Geschichte des Verfalls der spanischen Monarchie, Teil I, S. 38.

Verstandes in eine wechselseitig ergänzende Durchdringung aufzulösen, wurde Nordfrankreich, wo namentlich Herbert zu Reims und Paris, Lanfranc (1005–1089) und Anselm (gest. 1109) im normannischen Kloster Bec die Lernbegierde vieler hundert Schüler befriedigten und einen ebenso uneigennützigen wie ausdauernden Eifer für reine, wenn auch häufig mit Eitelkeit und Selbstsucht stark versetzte Wahrheitsliebe fanden und nährten.*

Jedoch alle Vorgänger verdunkelte durch Umfang der Kenntnisse, Schärfe des Urteils, Beredsamkeit und tatkräftige Rückwirkung auf das Leben Peter Abälard (geb. 1079), der eben deshalb einer genaueren Würdigung wert ist.

Sohn adliger Eltern, die in Palais, einem Dorf unweit von Nantes in der Bretagne, wohnten, und schon als Knabe von unwiderstehlichem Wissensdrang ergriffen, entsagte Abälard freiwillig der kriegerischen Laufbahn und dem väterlichen Erbteil. Er durchzog, um seine Kenntnisse zu bereichern, mehrere Städte und Landschaften, bis ihn endlich Paris, als damaliger Feuerherd der neuen, wissenschaftlichen Bewegung und Hauptschauplatz ihrer Parteikämpfe, zu längerem Aufenthalt veranlaßte. Dort fesselten besonders zwei berühmte Lehrer durch entgegengesetzte, mit allen Waffen der Kunst verteidigte Ansichten über einen hochwichtigen Gegenstand des menschlichen Nachdenkens die Aufmerksamkeit lernbegieriger Jünglinge und Männer. Während nämlich Roscellin behauptete, daß die urbildlichen Begriffe (Ideen) reine Erzeugnisse des die sinnlichen Wahrnehmungen gliedernden und einigenden Verstandes oder Namen ohne Wesenheit (Nominalisten) seien, erklärte sich Wilhelm von Champeaux für das Dasein angeborener Ideen, die bei allen Sonderwesen (Individuen) ein Sein und Leben bildeten, dessen Verschiedenheit aus den jeweiligen Zufälligkeiten (Accidentien) hervorgehe (Realisten).

Abälard schloß sich eine Zeitlang dem zuletzt genannten Meister an, fand jedoch, allmählich von Zweifeln und Widersprüchen beunruhigt, keine Befriedigung. Er versuchte beide Lehrarten durch den Grundsatz, daß die urbildlichen Begriffe jedem Einzelwesen nur auf eine bestimmte, endliche, nicht aber unendliche Weise beiwohnten, zu verbinden. Er wanderte von Paris nach Melun, wo damals der königliche Hof etliche Monate zu verweilen pflegte, und eröffnete

* Vgl. Schlossers Vincent von Beauvais, Teil II, S. 14 f.

hier, etwa 29 Jahre alt (1108), eine Schule, deren Ruf bald Frankreich und das christliche Europa durchflog.

Fortan teils in Paris, wo Roscellin und Champeaux verstummen mußten, teils in Laon, wo den berühmten Anselm dasselbe Schicksal traf, und an anderen, durch wissenschaftlichen Eifer ausgezeichneten Orten verweilend, streute der scharfsinnige, beredte, kühne Denker für nahe und ferne Völker den Samen neuer Wahrheiten und geistiger Wettkämpfe aus. Denn man sah unter den Tausenden lernbegieriger Zuhörer Italiener, Franzosen aller Landschaften und Stämme, Engländer, Spanier und Basken, Normannen, Flamen, Schwaben und andere Deutsche. Selbst Frauen, wie die durch des Weisen unglückliche Liebe berühmt gewordene Heloise, empfanden das Bedürfnis höherer Bildung und überflügelten bisweilen die Männer.

Dieser Eifer war zum Teil die Folge der neuen, mit klarem Verstand entwickelten und mit anmutiger Rede vorgetragenen Lehren, die den kirchlichen Glauben (Dogma) auf allgemeine Wahrheiten zurückführen und die Grundsätze des Christentums durch die Endergebnisse einer besonnenen Forschung (Spekulation) festigen und von den Schlacken menschlicher Klügelei reinigen wollten. Daher wurde an die Spitze der Sitten- und Glaubenslehre das Recht und Vermögen der Selbstbestimmung oder die Freiheit des Willens gestellt. Diese aber beruhe auf der durch Einsicht und Übung erworbenen Fähigkeit, das ohne Zwang von der Vernunft Beschlossene zu vollziehen, und fordere einen dem gegebenen Begriff angemessenen Maßstab für die Beurteilung der Tat. Man müsse nämlich bei einer menschlichen Handlung, die an sich weder gut noch böse sei, sondern es erst werde durch vorausgegangenen guten oder bösen Willen, nicht sehen auf das Äußere und gleichsam Leibliche, sondern auf die innere Gesinnung als Wurzel des Willens, die eigentlich Gott allein offenbar sei. Eine Sünde werde begangen, wenn man nicht durch Liebe zu Gott und Achtung vor seinem Gesetz die demselben widerstrebenden Triebe und Begierden überwinde. Denn das höchste Wesen werde beleidigt nicht durch den aus der äußerlichen Tat entspringenden Schaden, sondern durch die Verachtung seiner selbst. Taten, die der Mensch infolge der Naturnotwendigkeit begehe oder ohne freie Wirksamkeit seines Willens ausführe, duldeten keine sittliche Zurechnung.*

* Vgl. Neanders Bernhard und Frankes Arnold von Brescia, S. 35.

Eitel seien daher Beichte, Buße und Lossprechung, wenn Furcht vor dem Fegefeuer und der Hölle den Sünder, Geldgier und Hoffart den Priester bestimmten. Nur die innere, aus dem Bewußtsein der Schuld hervorgegangene Reue könne als eine Frucht des von der Vernunft geleiteten und überzeugten Willens wahrhaft bessern und die göttliche Gnade gewinnen. Ebensowenig dürfe man glauben, daß die äußerliche Taufe, als welche ja keine Zurechnungsfähigkeit erlaube, den Menschen der ewigen Verdammnis entreiße oder daß Christus gelitten habe, um uns vom Satan zu befreien. Er sei vielmehr gekommen, um die Menschen durch das Licht seiner Weisheit zu erleuchten und durch seine Liebe zu entflammen. Denn nur so könnten jene auf eine würdige Weise ihre vom Schöpfer eingepflanzten Kräfte zum Guten betätigen und nach dem Vorbild des Heilands wandelnd erlöst werden vom Bösen. Viele Aussprüche des Alten und Neuen Bundes müsse man in gleicher Weise deuten und nicht buchstäblich nehmen. So weise die Dreieinigkeit hin auf die Allmacht, Weisheit und Liebe Gottes und verschmähe alle zeitlichen Vorstellungen.

Mit besonderem Nachdruck rügte Abälard die Laster der Priester und Mönche, die zu beschämen oft die Beispiele tugendhafter Heiden herangezogen und gepriesen wurden. »Bei ihrem Anblick«, sprach er unter anderem, »mögen die Äbte unserer Zeit sich schämen, wenn sie vor den Augen der armen, Gemüse käuenden Brüder die ausgesuchtesten und zahlreichsten Speisen gierig verschlingen! Was werden aber die Mönche von dem nüchternen und enthaltsamen Heiden Diogenes sagen, sie, die angeblich die Welt mit Christo verachten? Sie, die, um den Wein zu würzen, mancherlei Mischungen erfinden, kostbare und glänzende Becher aufsuchen und mit den gewöhnlichen Zubereitungen nicht zufrieden sind? Platon hat die Dichter aus seiner Republik verbannt. Was tun aber dagegen die Bischöfe? An hohen Festtagen, die nur dem Lob Gottes angehören sollten, ziehen sie Taschenspieler, Tänzer und Sänger an ihre Tafel, feiern mit ihnen Tag und Nacht und belohnen sie nachher durch große Geschenke, die der Arme darbringt, damit sie den Teufeln geopfert werden.«*

Solche Lehren und Urteile, durch Wort und Schrift verkündigt und von begeisterten Schülern oft mißverstanden und entstellt, erweckten bald die Gesamtheit der alten Kirchenpartei zur leiden-

---

* Neanders Bernhard, S. 129.

schaftlichsten Verfolgung, um so mehr, als sie Gründen und Beweisen meistens nur Glauben und Herkommen entgegensetzen konnte. An die Spitze der Widersacher aber trat der Abt Bernhard von Clairvaux, der geschworene Feind aller kirchlichen Neuerungen und blind ergeben dem Buchstaben der Lehren und Gebräuche. Unfähig, die wissenschaftlichen Waffen eines Vernunftchristentums zu würdigen, und in den leisesten Zweifeln an der römisch-katholischen Rechtgläubigkeit ruchlose Ketzerei witternd, schrieb der um das Seelenheil bekümmerte Hochwächter des Glaubens an Papst Innozenz II. einen übertreibenden Klagebrief nach dem anderen und forderte auf zu nachdrücklichen Maßregeln gegen die täglich wachsende Ruchlosigkeit.

»Das Bekenntnis der Einfältigen«, hieß es unter anderem, »wird verspottet, die Geheimnisse Gottes werden gelästert, freche Fragen über die höchsten Dinge aufgeworfen, unsere Väter gehöhnt, weil sie es für besser hielten, jene Fragen niederzuschlagen als aufzulösen. Der menschliche Geist maßt sich alles an, läßt nichts dem Glauben übrig, stürmt gegen das Göttliche, besudelt das Heilige, plündert, was unter Schloß und Riegel liegt, und verspottet, was ihm nicht zugänglich erscheint. – Ein neues Evangelium wird für die Völker geschmiedet, ein neuer Glaube gelehrt, ein neuer Grundstein gelegt, über die Tugenden und Laster nicht sittlich, über die Heilsmittel der Kirche nicht treu, über das Geheimnis der Dreieinigkeit nicht einfältig und nüchtern hin und her gestritten. Die Schriften des Menschen (Abälard) gehen über Meere und Alpgebirge, die unerhörten Ansichten über den Glauben und andere Gegenstände werden in allen Landschaften verbreitet, oft gepriesen und frech verteidigt, so daß sie sogar am römischen Hof ihre Gönner finden sollen.«*

Diese Mahnungen, die von dem feurigsten, tatkräftigsten und einflußreichsten Häuptling der altgläubigen Kirchenpartei ausgingen, verhallten nicht in der Luft. Neid, Priesterhaß, Selbstsucht und Schwärmerei traten gegen den Ketzer und Neuerer Abälard in Bündnis. Umsonst hatte jener, unfähig, für seine Überzeugung zu sterben, auf der Versammlung zu Soissons vor den Bischöfen und einem päpstlichen Boten seine der Irrlehre bezichtigten Bücher eigenhändig in die Flammen geworfen (1121), umsonst, von einem

* Bernhards Briefe, 188 und 191, vom Jahr 1140. Neander, S. 145, übergeht, vielleicht um seinen Liebling zu schonen, die schärfsten Stellen mit Stillschweigen.

Kloster ins andere geschleppt, als Waldbruder unter gleichgesinnten Freunden in Nogent, unweit von Troyes, in der dem Tröster (Paraklet) gewidmeten Einsiedelei geräuschlos mehrere Jahre lang zugebracht. Der fromme Bernhard ruhte nicht eher, als bis der gefürchtete Weise von den in Sens versammelten Bischöfen und Mönchen ungehört und ohne Beweise als Ketzer zur lebenslänglichen Klosterhaft verurteilt (1140) und nur durch die Dazwischenkunft des ehrwürdigen Abts Peter von Cluny gegen ein härteres Schicksal geschützt wurde. Denn teils dort, teils in dem Kloster St. Marcel, bei Chalons an der Saône, konnte Abälard unter dem Schutz jenes frommen, gelehrten und milden Mannes die drei letzten Jahre eines stürmischen Lebens der Andacht, Wissenschaft und Schulunterweisung widmen.

Den Faden, den der Meister fallen ließ, nahm einer der zahlreichen Jünger, Arnold von Brescia, wieder auf, um ihn zu einem Gewebe auszudehnen, das den größten Teil Südwesteuropas umspannen und die römisch-katholische Kirche in bisher beispiellose Hindernisse und Gefahren verstricken sollte. Dies mußte geschehen, weil bei dem Nachfolger des Franzosen eine wahrhafte Durchdringung von Lehre und Tat stattfand, und die Fortschritte wissenschaftlichen Nachdenkens verbanden sich mit den geschichtlich aufbewahrten Endergebnissen christlicher Bruderschaften (Sekten), die unter den Wechseln der Jahrhunderte einen zwar stillen, aber zähen Gegensatz zu der alleingültigen Lehre und Verfassung des Papsttums gebildet hatten. Diese zerstückelten, fortan nach einem gemeinschaftlichen Körper strebenden Mitglieder des altgermanischen Christenbekenntnisses treten in den Gebirgsländern zwischen dem Alpen- und dem Pyrenäenstock, in Oberitalien, am Rhein und am Nordseestrand, den künftigen Hauptschauplätzen ihrer Wirksamkeit, unter den mannigfaltigsten Namen und Gestalten hervor, die bald von den Wohnsitzen, bald von gefeierten Lehrern, örtlichen und gesellschaftlichen Merkmalen entlehnt sind. So heißen sie in Italien Katharen (Reine), Patarener (Pöbelhaufe), Fratizellen (Brüder), Apostolische (Apostoliker), Arnoldisten, in Piemont und Südfrankreich Waldenser (Talleute), Albigenser (nach der Landschaft Alby), Arme von Lyon, Weber *(tesserants),* Henricianer (nach dem Meister Henry), in Spanien, besonders Leon, auch Albigenser, in Flandern Tanchelianer (nach Tanchelin) und Turlupins, weil sie von allen Seiten verfolgt auf den Gebirgen unter Wölfen siedelten, am Niederrhein und in England Lollarden (sanfte Sänger), an der friesischen Nordseeküste Stedinger (nach der streitbaren, freien Völkerschaft), bei den Griechen Paulicianer, bei vielen rechtgläubigen Schriftstellern überhaupt Manichäer, Chazaren (Ketzer) und Bulgaren (Bogomilen, *bougres*) nach dem bei jenen halb heidnischen Stämmen lange genommenen Aufenthalt.

Den Kern dieser Bruderschaften, die mit dem Anfang des 11. Jahrhunderts ihre Ausbreitung in den oben bezeichneten Gebieten beginnen,* bildeten Bauern und Handwerker oder die einfachen, der gesellschaftlichen Freiheit entgegenreifenden Bürger. Adel und Geistlichkeit gehörten, soweit sie dem neuen Umschwung folgten, größtenteils der wissenschaftlichen Gegenpartei des römisch-katholischen Kirchen- und Priestertums an. Diesem waren überdies die Stimmen des niederen Volkes trotz der durch Gewohnheit, Erziehung und Leben gefestigten Ehrfurcht durchaus nicht günstig. Die allgemeine Mutter der Gläubigen, äußerte man öffentlich, hege stiefmütterliche Gesinnung. Schreiber und Pharisäer herrschten zu Rom, legten den Leuten unerträgliche Bürden auf, leiteten die Priesterschaft vom Weg der Tugend ab, scharrten kostbares Gerät zusammen, beschwerten die Tische mit Gold und Silber, hielten, indem sie die Gotteshäuser ausplünderten, schmutzige Gewinnsucht für Frömmigkeit, erregten unaufhörlich Zwiste und Händel, verkauften die Gerechtigkeit an den Meistbietenden und glichen auch darin dem Teufel, daß man glaube, sie nützten, wenn sie gerade nicht schadeten. Der Papst selber sei allen lästig und fast unerträglich. Er baue, während Kirchen und Altäre verfielen, Paläste und gehe nicht in Purpur, sondern in Gold einher. Kardinäle und Priester wohnten in glänzenden Prunkhäusern, plünderten die Landschaften, trachteten nach den Schätzen des Krösus und verunreinigten mit ihren Händen die Kirche Gottes.**

Wenn so schon die rechtgläubige Menge das Bedürfnis einer durchgreifenden Besserung des geistlichen Standes fühlte, so trat es bei den geheimen, weitverzweigten Bruderschaften – die man we-

---

* Sie traten zuerst in Oberitalien auf im Jahr 1000 (Muratori, Antiquit., V, 82), in Orléans und Toulouse 1017 (Glaber Radulphus bei du Chesne, Band IV), zu Arras in Flandern 1025, zu Goslar 1052 (Hermannus contract. ad h. a.), 1080 in Mailand und Spanien (Muratori, V, 89). Schwerlich darf man aber mit Leger (Geschichte der Waldenser) und Franke (Arnold von Brescia) schon im Anfang des 9. Jahrhunderts abgeschlossene Gemeinden der Waldenser in Piemont suchen. Damals war alles organische Leben zerstört, nur auf Einzelne beschränkt.

** Beinahe wörtlich aus einem Gespräch zwischen Hadrian IV. und Johann von Salisbury. Siehe Nug. Curial., VI, 24.

gen des gemeinsamen Glaubens an den Gegensatz des Guten und Bösen, des Tages und der Nacht (Dualismus), in der sinnlichen und sittlichen Weltordnung schicklicherweise die Anhänger der Lichtlehre nennen dürfte – um so schärfer hervor, je kühner und rücksichtsloser einzelne Führer die inneren und äußeren Gebrechen der herrschenden Kirche angriffen und dadurch den Leidenschaften des Volkes gleichsam die Bahn bereiteten. Zuerst wirkte in dieser Richtung um den Anfang des 12. Jahrhunderts (1104–1124) bei den Bewohnern der Provence, Dauphiné und Languedocs Peter von Bruis aus Toulouse, predigte gegen das Fegefeuer, den Bilderdienst, die Kindertaufe, die Ehelosigkeit der Priester, die Verehrung des Kreuzes, das Meß- und Totenopfer und die Pracht der Gotteshäuser und äußeren Gebräuche, die ohne Reinheit des Herzens gehaltlos seien. Er nannte das Papsttum Menschenwerk und forderte die Wiederherstellung der ersten, urchristlichen Gesellschaftsverhältnisse.

Deswegen als Ketzer angeklagt und zu St. Gilles verbrannt, fand Bruis* in seinem Freund Heinrich einen ebenso unerschrockenen wie eifrigen und tätigen Nachfolger. Dieser, wahrscheinlich in der westlichen, welschen Schweiz geboren, war lange Mönch im Kloster Cluny und lebte danach als feuriger, beredter Prediger eines neuen, einfachen Christentums jahrelang unstet im südlichen Frankreich. Er wollte vor allem Bruderliebe und Gemeinschaft stiften, dem Sittenverderbnis und der Selbstsucht steuern, das eheliche Leben reinigen von seinen Flecken, wie er deshalb oft ohne Rücksicht auf kirchliche Hindernisse Heiraten gleichgesinnter Männer und Jungfrauen einsegnete, selbst Leibeigene mit Freien verband, mußte aber besonders auf Betrieb des heiligen Bernhard solche Grundsätze als Ketzer durch lebenslängliche Haft büßen (1148).** Ein noch härteres Schicksal hatte Tanchelin, der in Antwerpen und anderen Städten Flanderns vom Verderben der Kirche und Priesterschaft, vom einfachen, brüderlichen Geist des Urchristentums predigte. Der Dolch eines schwärmerischen Mönches streckte den Redner vor dem andächtig horchenden Volk nieder (1127).

---

* Die Hauptstelle über Bruis liefert der Abt Peter von Cluny in seiner Widerlegungsschrift. Vgl. Franke, Arnold von Brescia, 58 f.

** Vgl. Neanders Bernhard, S. 257 f.

Nichtsdestoweniger verfolgte die begonnene Entwicklung ihren naturgemäßen Weg, zumal die bisher zersplitterten Kräfte in dem kühnen, scharfsinnigen, gelehrten und beredten Italiener, Arnold von Brescia, den einigenden Mittelpunkt gefunden hatten. In seiner durch Bildung und Freiheitsliebe ausgezeichneten Vaterstadt war er gründlich in der Sprache und Schriftkunde des römischen Altertums unterwiesen, danach durch mehrjährigen Umgang mit Abälard in die höhere Wissenschaft eingeweiht worden. Auch mit den zahlreichen, in Frankreich und Oberitalien verbreiteten Glaubensgesellschaften war er befreundet, ohne gerade ein Knecht ihrer einseitigen Lehren zu sein. So vorbereitet trat Arnold zuerst in Brescia als Kirchen- und Staatsverbesserer auf. Denn bei ihm galt eine gegenseitige Durchdringung des Geistlichen und Weltlichen als unabweisbares Bedürfnis des Zeitalters und die möglichste Gleichheit der Rechte in beiden Bereichen als oberstes Gesetz der Umgestaltung, das daher dem Lehns- und Priesterfürstentum die Republik entgegenstellte. Ohne deshalb gerade die vieldeutigen und spitzfindigen Glaubenslehren zu vernachlässigen, richtete sich dennoch Arnold, damit unnötiges Ärgernis beim Volk gemieden würde, hauptsächlich auf werktätige (praktische), in das Leben eingreifende Gesichtspunkte und trachtete vornehmlich die weltliche Hoheit der Kirche zu erschüttern. Diese müsse, wurde daher angekündigt, vom Haupt an bis zum untersten Glied abwärts Demut üben, allen Herzogtümern, Markgrafschaften, Grafschaften, Städten, Burgen, Zöllen und liegenden Grundstücken entsagen und sich mit den Erstlingen, freiwilligen Opfern und dem Zehnten der Gläubigen begnügen. Sie müsse Pracht, Hoffart der Kleider, unzüchtigen Scherz und Handel fliehen, die Armut und Einfalt der ersten Apostel anziehen und das Verdienst Christi in dem gegebenen Vorbild der Tugend suchen.*

Solche Lehren, mit Begeisterung vorgetragen und durch nüchterne, strenge Sitten, die selbst der Feind eingestehen mußte, bekräf-

* *»Omne quod profuit Christus in sola fuit assertione virtutum«,* d. h. »Christi gesamtes Verdienst beruhte in der Ausübung der Tugend«, schreibt übertreibend Bernhard, Ep. 190. Der eigentliche Grundsatz lautete: *»Fides sine operibus morua est«,* d. h. »Glauben ohne Werke ist tot.« Ecbert, S. 605. – Der Sinnspruch fast aller Bruderschaften war: »Rauch geht dem Feuer, Schlacht dem Sieg, die Versuchung des Antichrist der ewigen Herrlichkeit vorher.«

tigt, wurden von Männern und Frauen, Adligen und Gemeinfreien freudig aufgenommen und verbreitet, sogar von manchen Priestern als der Anfang einer heilsamen, evangelischen Lebensordnung laut gebilligt und von den religiösen Bruderschaften als klarer und starker Ausdruck längst bekannter Gefühle mit Jubel empfangen. Darüber erschrak und ergrimmte die römisch-katholische Kirchenpartei. Unter dem Vorsitz des Papstes Innozenz in der Hauptstadt versammelt, sprachen an 1000 Bischöfe und Äbte den Fluch aus über Arnold den Ketzer, der sofort nach Frankreich flüchtete, um mit seinem Meister und Freund Abälard das begonnene Werk fortzusetzen (1139).

Doch bald brach auch hier der kaum beschwichtigte Sturm mit verdoppelter Wut aus. Denn der Hochwächter des rechten Glaubens, Bernhard von Clairvaux, bot alles auf, Wort und Tat, Wahrheit und Verleumdung, um mit einem Schlag den zweifachen Feind niederzuwerfen. »Es tritt hervor«, schrieb er unter anderem an den Heiligen Vater, »Goliath, hoher Gestalt, angetan mit edlem Kriegsharnisch. Voran schreitet sein Schildknappe, Arnold von Brescia. Schuppe fügt sich an Schuppe, und nicht ein Lufthauch kann durchdringen. Es summte die französische Biene der italienischen entgegen. Sie vereinigten sich gegen den Herrn und seinen Gesalbten, Jesus Christus. Sie spannten den Bogen und rüsteten die Pfeile des Köchers, um die im Dunkeln zu erlegen, die rechtschaffenen Herzens sind. In der Lebensart und Tracht Frömmigkeit heuchelnd, schwören sie die Tugend derselben ab. Durch den Schein des Engels täuscht der Teufel die Menge. So steht Goliath mit seinem Schildhalter zwischen beiden Heeren und ruft Israel auf gegen seine Scharen. Er lästert mit seinem Haufen um so frecher die Frommen, als er merkt, daß David nicht da sei.«

Diese und ähnliche Aufforderungen blieben nicht fruchtlos. Bald mußten Abälard und Arnold, das zweitemal als Irrlehrer verurteilt, jener im Kloster von Cluny, dieser zu Zürich in der Schweiz Zuflucht suchen (1140). Aber auch hier rasteten der durch Mißgeschick gestählte Mut und Eifer des Gebannten nicht. Seine Lehren, fortan tief eingreifend in die staatsbürgerlichen, sich freier entwickelnden Verhältnisse, wurden vom Adel und Volk mit Begierde aufgenommen, zu Stadt und Land, in Tälern und Hochgebirgen verbreitet. Selbst des Papstes außerordentlicher Bote, Kardinal Guido, konnte den Strom nicht in seine Ufer zurückdrängen. »Hütet euch«, warnte der wachsame und äußerst geschäftige Bernhard, »vor einem Menschen, dessen Umgang Honig, dessen Glaube Gift ist, der durch Schmeichelworte und den Anstrich der Tugend die Großen verlockt, um mit ihrer Beihilfe den geistlichen Stand zu stürzen!« Nach fünfjährigem, fruchtbarem Aufenthalt in Hochalemannien überstieg Arnold, von einer Schar getreuer Deutscher begleitet, die Alpen und folgte dem Ruf nach Rom (1145), zeichnete dem dortigen Volk die Grundzüge eines freien Gemeinwesens vor und erlitt, vom Papst und vom Kaisertum verfolgt, den Flammentod des kirchlich-politischen Ketzers (1155).*

Aber gerade dieses gewalttätige Ende eines außerordentlichen, sein Zeitalter überragenden Mannes beschleunigte diesseits wie jenseits der Gebirge den Durchbruch der gärenden Kräfte. Die bisher geheimen und schüchternen Glaubensbruderschaften der Lichtlehre traten in Oberitalien, namentlich Piemont, Südfrankreich, Spanien, Schwaben und Flandern, offen und zum Äußersten entschlossen hervor, stiegen von den Alpen und aus den einsamen Talgründen in die Ebenen und volkreichen Städte herab. Dafür wirkte besonders Peter Waldo, ein frommer und ernster Bürger aus Lyon. Vom Geist urchristlicher Einfachheit getrieben, der längst bei den Talbewohnern (Waldensern) Piemonts in Lehre und Sitte gegolten hatte, entsagte er plötzlich der Kaufmannschaft und entäußerte sich seines beträchtlichen Gutes, das teils den Armen und Hilfsbedürftigen geschenkt, teils gemeinnützigen und gesellschaftlichen Zwecken gewidmet wurde. Er ließ die Evangelien nebst Bruchstücken des Alten Testaments und der Kirchenväter durch seinen Freund, Stephan von Evisa, in die Landessprache übersetzen und unter dem Volk als alleingültige Erbauungsbücher verteilen, zog nach dem Vorbild der Apostel von Stadt zu Stadt, von Land zu Land und wirkte, weder durch Bann noch Acht geschreckt, so eifrig für die Ausbreitung der allem Papst- und Priestertum feindseligen Lehren, daß die Armen von Lyon (*pauvres de Lyon,* Leonisten) oder Waldenser in den piemontesischen Alpentälern von Luzern, Perugia und St. Martin, in der Lombardei, in Südfrankreich und in Oberalemannien (Schweiz) trotz der Verfolgungen feste Wurzeln schlugen und ein werktätiges Christentum

* *»Arnoldus Haereticus auctoritate Friderici Regis comburitur«.* Sicardi Chronic. bei Muratori, Script. rer. Italic., Band VII, ad a. 1153. – Baronius nannte Arnold, dessen Leben und Wirksamkeit am vollständigsten Frankes mehrfach erwähntes Buch schildert, ausdrucksvoll den Erzmeister der politischen Ketzer, *»haereticorum politicorum patriarcha.«*

ausübten, dessen bedeutsames Sinnbild eine in dicker Finsternis stehende, von sieben Sternen umgebene Fackel war (1160–1180).*

Überblickt man die gemeinsamen Grundsätze der unter mannigfaltigen Gestalten und Namen jetzt auftretenden Religionsbruderschaften und ihr Verhältnis zur wissenschaftlichen Gegenpartei der römisch-katholischen Kirche, so erscheinen folgende Lehren vom Wesen des Glaubens und der Gesellschaftsverfassung als fester Bindestoff des in vielfache Glieder zersplitterten Körpers.

Jede christliche Gemeinde ist für und durch sich frei und erkennt nur Jesus Christus als das unsichtbare Oberhaupt an. Sie wählt ihre Meister (Barben bei den Waldensern), Ältesten und Helfer, die ohne regelmäßige Einkünfte von den jeweiligen Geschenken ihrer Pfarrkinder leben, das Wort Gottes auslegen, die Jugend unterrichten und nach den gesetzlichen Vorschriften Ordnung und Zucht handhaben. Sie betrachtet Papst, Erzbischöfe und Bischöfe als durch Menschenmacht aufgedrungene, dem ursprünglichen Christentum widerstrebende Oberen und sieht in der römisch-katholischen Kirche nicht das Werk des Heilands, sondern des Teufels, nicht die allgemeine Mutter, sondern die allgemeine Hure und im Papst nicht den Statthalter Christi,** sondern den Erzketzer und verfluchten Feigenbaum, der keine Früchte trägt.

Der christliche Glaube fließt aus der Vernunft und der Bibel als seinen einzigen Quellen. Überlieferung ist Frucht des Mißbrauchs, nicht der Wahrheit. Nur die Evangelien und übrigen Schriften des Neuen Testaments haben verbindliche Kraft und müssen in der jeweiligen Muttersprache des Volkes gelesen werden, während die Bücher des Alten Bundes dem Judentum angehören.

Christus ist, mehr als Mensch denn als Gott, Erlöser und Wohltäter unseres Geschlechts gewesen. Wunder hat er nicht verrichtet,

---

* Die Hauptstelle über Peter Waldo gibt der Tractatus de haeresi pauperum de Lugduno bei Martene, Collectio amplissima, III, 1778, verglichen mit der Vita Alexandri III bei Muratori, Script. III, 447, wo mit Recht ein besonderes Gewicht auf die Bibelübersetzung gelegt wird. *»Fecit sibi conscribi Evangelia et aliquot libros Bibliae in vulgari et nonnullas Auctoritates Sanctorum, quas summas appellavit«*, d. h. »Er ließ die Evangelien und etliche andere Bücher der Bibel (des Neuen Testaments) in die Landessprache übersetzen, auch Auszüge aus den Schriften der Kirchenväter abfassen. Man nannte sie Inbegriffe (Insummen).«

** *»Ecclesia Romana non est Ecclesia Christi«*, d. h. »Die römische Kirche ist nicht die Kirche Christi.« Vita Alexandri III bei Muratori, III, 447.

diese darf man nur sinnbildlich verstehen und daher auch keine Brotverwandlung im Abendmahl annehmen. – Alles Geistige und Ewige ist von Gott, alles Körperliche und Hinfällige vom Teufel erschaffen (Dualismus der Katharen und anderer Sekten). Zwischen dem Reich des Lichtes und dem der Finsternis herrschte vom Anfang der Dinge an ein beständiger Krieg, der einst siegreich enden wird zugunsten des Lichtes. Der Mensch aber ist eine kleine Welt aller Geschöpfe, ein Inbegriff des Guten und Bösen. Er bekommt, wenn er geboren wird, den Leib als ein wandelbares Gehäuse, das er im Tod abwirft. Dann führen Sonne und Mond wie Schiffe die Frommen in den Himmel ein, die Gottlosen dagegen irren in fremden Körpern so lange umher, bis sie gereinigt sind.*

Die Gottesverehrung muß innerlich sein und frei vom zerstreuenden, auf Auge und Ohr einwirkenden Prunk. Heiligendienst, Wallfahrten, Fasten und Kasteiungen, Seelenmessen und Gebete für die Verstorbenen, Kirchengesang und andere Sinnengebräuche sind lächerlich und unnütz, den Priestern aber ebenso vorteilhaft wie die von ihnen erfundenen Zehnten und Hausdienerinnen (Kebsweiber). Überhaupt haben die meisten urchristlichen Einrichtungen ihre zarte, tiefe Bedeutsamkeit durch Wortklauberei und Buchstabenweisheit verloren, so die Kindertaufe und das Abendmahl. Jene ist die sinnbildliche, nur auf Mündige bezügliche Aufnahme in die Gemeinschaft der Gläubigen, dieses die innere, geistige Vereinigung mit Christus, wirksam durch Gebet, Liebe und evangelischen Wandel, nicht aber durch eine übernatürliche, vom sündhaften Priester vollzogene Verwandlung der Zeichen des Brotes und Weines in das Blut und den Leib des Heilands.**

Übereinstimmung der Rede und Tat muß als oberstes Gesetz der Sittenlehre im Handeln gelten. Jede Lüge ist eine Todsünde, jeder Eid unerlaubt. Weltliche Freuden, namentlich in Wirtshäusern und Tanzstuben, soll man ängstlich meiden, sie zerstören den Frieden des Herzens und der Familie. »Die Schenke«, drücken sich die Zuchtregeln der Waldenser aus, »ist eine Quelle der Laster und

---

* Vgl. den Anhang zu Ecberts Serm., S. 631 (Bibliotheca patrum, Band XXIII) mit den Nachrichten Wilhelms von Nangis über die Tanchelianer (D'Achery, Spicilegium, III, 13). *»Hi dicebant, omnia aeterna a Deo creata, corpus autem hominis et omnia transitoria a diabolo«*, d. h. »Sie behaupteten, alles Ewige sei von Gott, alles Hinfällige, wie der Leib, vom Teufel erschaffen.«

** *»In figura quadam corpus Christi dicitur«*, d. h. »Der Leib Christi ist nur sinnbildlich zu verstehen.« Tractat. adv. Haereticos, S. 1779.

Schule des Teufels, der dort auf seine Weise Wunder verrichtet. Denn der Schlemmer, der aufrecht und bei Sinnen hineinging, kehrt an Gang, Gesicht, Gehör und Zunge verstümmelt zurück. Der Tanz ist die Wallfahrt des Satans, der den Anfang, die Mitte und das Ende der Lustbarkeit bildet. So viele Schritte der Mensch macht im Tanze, so viele Sprünge macht er zur Hölle. Dort bedient sich der Böse seines gefährlichsten Rüstzeugs, der Frau. Die Versuchung geschieht durch Berühren, Schauen und Hören. Der Tanz ist des Teufels Festzug. Wer tanzt, hört beim Höllengeist die Messe.«*

Dagegen lautet bei denselben alten Vorschriften die kurze Insumme der Pflichten gegen den Mitmenschen in würdevollerer Sprache so: »Nicht lieben die Welt, böse Gesellschaft fliehen, wo es möglich ist, Frieden halten mit jedermann, nicht vor Gericht stehen, nicht Rache nehmen, den Feind lieben, für die Wahrheit Drangsal, Verleumdung, Schmach und Pein dulden, die Seele mit Standhaftigkeit wappnen, nicht teilnehmen an bösen Werken und nicht mit den Ungläubigen einerlei Joch tragen.«**

Auf solche Weise hatten sich gegen den römisch-katholischen Glauben und die an ihn geknüpfte Kirchenmacht verschiedenartige Parteien herausgebildet, die, wenn sie in einem die Gegensätze ausgleichenden Mittelpunkt zusammenfielen, das Riesengebäude der Hierarchie in seinen Grundfesten erschüttern mußten. Getrennt aber oder einander feindselig, konnten sie nur für den Sieg des gemeinsamen Widersachers arbeiten. Wie dieses letztere geschah, wird später die Erzählung zeigen.

3. Der Kampf des Christentums mit dem Islam und dem Heidentum, die vierte große Kreuzfahrt unter Kaiser Friedrich I., den Königen Philipp August von Frankreich und Richard Löwenherz von England auf der einen, Saladeddin und den Eyubiden auf der anderen Seite

Die vierte große Heerfahrt der Christen ins Morgenland beschloß auf eine würdevolle und versöhnliche Weise den stürmischen, oft gewalttätigen Lebensgang Kaiser Friedrichs I. und ver-

* Leger, Geschichte der Waldenser, I, 192.
** Ebd., I, 198.

hinderte bei den romanisch-germanischen Völkern für kurze Zeit den Durchbruch feindseliger Gegensätze, die dort Bürgertum und Lehnsherrschaft, hier weltliche und priesterliche Macht, Rechtgläubigkeit und wissenschaftlich-religiöse Opposition bereiteten. Den Anstoß aber zum erneuerten Eifer für das Heilige Land gab die bedrängte Lage der dortigen Christen, die seit dem Fall Jerusalems alle Zuversicht und Kraft verloren hatten. Dieses entscheidende Ereignis, den abendländischen Glaubensbrüdern gleichsam das gemeinschaftliche Feuer- und Lärmzeichen, wurde auf folgende Art herbeigeführt.

Nach dem Tod Nureddins (1174), des Eroberers von Edessa und Damaskus (1154), entwich bei der Schwäche seines Sohnes und Erben, Saleh, die Stärke der Moslemin von den Ufern des Euphrat und Syrien an den Nil nach Ägypten, das wiederum der Geist eines außerordentlichen Mannes aus dem Dunkel der Ruhmlosigkeit zum Hauptschauplatz glanzvoller Taten erheben sollte. Es hatte sich nämlich hier unter den letzten, weichlichen Fatimiden, deren Wesire bereits Sultane hießen, alle Reichsordnung so sehr aufgelöst, daß von seinem Herrn, dem Kalifen Ledin Illah, nicht geschützt, der ehrgeizige und stolze Wesir Shaver vor mächtigeren Nebenbuhlern nach Syrien flüchten und die Hilfe des Atabek Nureddin anrufen mußte (1162). Dieser, teils aus Mitleid, teils um des Landes Gelegenheit zu erforschen, sandte seinen getreuen Feldhauptmann, den Kurden Schirkuh, der, von seinem jungen, hoffnungsvollen Neffen Salaheddin durch Rat und Tat unterstützt, an der Spitze etlicher Scharen den Vertriebenen in Ehren und Ämter wieder einsetzte. Aber gleichzeitig empfand er eine unwiderstehliche Begierde, das fruchtbare, zerrüttete und wehrlose Bollwerk zweier Festlande zu erobern, die er heimgekehrt auch auf seinen Gebieter übertrug.

Kaum hatte daher Shaver, leichtfertig und undankbar, mit den Christen ein Schutz- und Trutzbündnis abgeschlossen, als Nureddin, darüber erbittert, den zweiten, obschon unglücklichen Zug nach Ägypten unternahm (1166) und, von dessen wankelmütigem Verwalter gegen die aus Freunden in Feinde verwandelten Christen zur Hilfe gemahnt, das drittemal mit zahlreichem Kriegsvolk die beiden Kurden abschickte. Diese, überall sieghaft, fingen und töteten den falschen, eigensüchtigen Wesir Shaver (1169), an dessen Stelle Schirkuh trat, der jedoch bald Opfer maßloser Sinnenlust und Schwelgerei wurde.

Ihm folgte für die Geschäfte des Krieges und Friedens der anders geartete Neffe Salaheddin, der nach dem Ende des letzten Fatimiden

Illah (1171) in dem eroberten Land als Sultan fast als Alleinherrscher regierte, die Fehde mit den Christen klug und tapfer fortsetzte und Damiette, das von Griechen und anderen Franken belagert wurde, befreite. Oft suchte er Syrien in glücklichen Streifzügen heim und wies die oberlehnsherrlichen Ansprüche Nureddins so entschieden zurück, daß nur der plötzliche Tod des Atabeks einem offenen Bruch begegnete (23. Mai 1174). Hier am Wendepunkt der morgenländischen Geschichte ist es nötig, über ihren Hauptthelden genauer zu berichten.

Salaheddin, der Sohn des Kurden Eyub (Ayub), wurde zu Tekrit am Tigris in Mesopotamien geboren (1137) und in der Stadt Baalbek, dem Besitztum des Vaters, und am Hofe Zenkis wie seines Nachfolgers Nureddin erzogen. Frühzeitig durch kriegerische Tugenden ausgezeichnet, wurde er unter die getreuen Waffengefährten dieses großen Fürsten aufgenommen, so daß er bald Gelegenheit fand, die außerordentlichen Eigenschaften seines Geistes und Herzens zu entwickeln. Als Gläubiger (Moslemin) war Salaheddin ein strenger Sunnit und beachtete gewissenhaft alle vom Gesetz des Propheten vorgeschriebenen Pflichten und Gebräuche. Er forschte fleißig im Koran, dessen Lesung ihn leicht zu Tränen rührte, und hörte oft und gerne über schwierige Stellen des heiligen Buches die Urteile der Gelehrten, die aufgesucht und geehrt wurden. Am liebsten unterrichtete er selber seine Söhne in den Lehren des Glaubens, gewöhnlich nach dem Handbuch Kotboddins. Er hielt bei Tag und Nacht die Stunden des Gebets ein und nährte bis zum Greisenalter einen so glühenden Religions- und Kriegseifer, daß er bisweilen äußerte, Gott möge ihm erlauben, auszuziehen und den gesamten Erdkreis seinem Namen zu unterwerfen.*

In der Handhabung der Rechtspflege war Salaheddin unparteiisch und unermüdlich. Er saß regelmäßig zweimal in der Woche, von Schreibern und Gehilfen umgeben, zu Gericht, hörte und entschied selber die vorgebrachten Klagen, die bisweilen den Sultan der Gläubigen persönlich trafen, und gebot, die eingereichten Bittschriften der Ordnung nach zu beantworten, nicht unwillig, wenn der arme Mann etwa vor Ungeduld die kostbaren Polster besudelte oder hef-

* *»Nullumque super facie terrae infidelium superesse patiar, aut operi immoriar«*, d. h. »Ich will keinen Ungläubigen auf dem Erdkreis dulden oder sterben für das Unternehmen.« Boaddin, Vita Salaheddini, S. 17, und Reinaud, Extraits, S. 371.

tige Worte ausstieß. Einst mit den Feldherren beratschlagend, ließ Salaheddin einer Frau, die um Gehör bat, antworten, man möge nur etliche Stunden warten. »Warum seid ihr denn«, rief die Bittstellerin aus, »unser König, wenn ihr nicht unser Richter sein wollt?« Sogleich trat der Sultan hervor und entschied die Sache. Mit unnachsichtlicher, bisweilen grausamer Strenge wurden Gotteslästerer und Religionsspötter bestraft. Sahraverdi, ein junger Muselman aus Aleppo, mußte seine ruchlosen Urteile über den geheiligten Glauben mit dem Leben büßen.*

Außerhalb dieses schwärmerischen Eifers für den Islam kannten die Freigebigkeit und Milde des Fürsten keine Schranken. Es war ihm fast unmöglich, den Hilfsbedürftigen das vorgebrachte Begehren abzuschlagen und einen Unterschied zwischen Feinden und Freunden zu machen. Gefangene erhielten oft ohne Lösegeld Freiheit und Gut zurück. Eine christliche Mutter bekam sogar im Feldlager vor Ptolemais nicht nur die geraubte Tochter wieder, sondern mußte auch ein beträchtliches Geschenk annehmen. Salaheddins Reichtümer gehörten den Bedürftigen oder den verdienstvollen Waffengefährten an. Häufig legten daher die Rentmeister einen Teil der Einkünfte im geheimen auf die Seite, damit die Schatzkammer nicht ganz leer bliebe. Dennoch enthielt sie beim Tod des Herrn nur eine Goldmünze und 47 Silbergroschen (50 französische Franken).

Kleinmut und Furcht waren Salaheddin unbekannt. Er las, wenn im Schlachtgewühl auch die Tapfersten verzagten, ruhig im Koran, den der Rücken eines Rosses trug, fesselte durch Wort und Tat den schon weichenden Sieg, verlor mitten in großen Bedrängnissen und Gefahren niemals die Heiterkeit des Gott ergebenen Gemüts und vergoß, als ihm der Tod seines teuersten Sohnes Ismail gemeldet wurde, trotz des bittersten Schmerzes in Gegenwart der Freunde keine Träne. In der Unterhaltung und Gesellschaft war Salaheddin liebreich und gesprächig, verkehrte offen und treuherzig auch mit dem Niedrigsten. Er fragte nach Krankheiten, Heilmitteln, häuslichen Angelegenheiten, um durch Rat und Tat desto kräftiger helfen zu können, und wurde nicht unwillig, wenn die Pferde der Begleiter den Fürsten der Gläubigen mit Kot bespritzten oder wenn, wie es einmal begegnete, der Pantoffel eines Mamelucken, statt sei-

* Reinaud, Extraits, S. 367.

nen Gesellen zu treffen, vor den Füßen des Herrn niederfiel. Er liebte in der Kleidung, meistens aus grobem Wolltuch, Nahrung und Lebensart das Einfache und Natürliche und erschien nur an hohen Festtagen im königlichen Prunk. Für Wissenschaften und Künste war sein Geist nach dem Maßstab des Islams nicht verschlossen. Die Geschichten der Vorzeit und die Geschlechtstafeln der Araber, selbst der edelsten Rosse wußte Salaheddin fast auswendig, auch was sonst Denkwürdiges in der Welt geschehen war oder geschah, blieb ihm nicht gleichgültig, wie denn Geschenke und Briefe die Achtung vor dem Kaiser des Abendlands, Friedrich Barbarossa, bezeugten und Entgegnung fanden.

Als Eroberer und Kriegsfürst endlich verfolgte sein Sohn Eyubs den Plan, ein auf strengem Islam ruhendes Reich zu stiften, dessen Hauptstärke sich von Ägypten bis an den Euphrat erstrecken und die störenden Zwischenländer der Christen und Muselmanen sei es durch Waffengewalt oder durch Vertrag einigen sollte. Um die Ausführung dieses großartigen Planes vorzubereiten, wurden Damaskus, Hems, Hamath schnell eingenommen und Nureddins zwieträchtige und schwache Nachfolger gedemütigt (1174). Darauf wurden Aleppo, Mosul und Mesopotamien bezwungen (1180–1183), die wechselnden Fehden mit den Christen aber durch einen vierjährigen Stillstand einstweilen beendet, um im günstigen Augenblick alle Kräfte gegen das durch Weichlichkeit, Neid und Selbstsucht zerrüttete Reich Jerusalem zu kehren.

Jene Laster gewannen ihren Höhepunkt, als der tapfere, jedoch kränkliche König Balduin IV. ohne männliche Erben starb (1184). Zwar hatte er seinem minderjährigen Schwestersohn, Balduin V., die Nachfolge und dem Grafen Raimund von Tripolis und Herrn von Tiberias die Verweserschaft übertragen. Aber nach dem plötzlichen Tod des Knaben trat seine Mutter Sibylla, Witwe des Grafen Wilhelm von Joppe, vor den Patriarchen Heraklius und begehrte für sich und ihren zweiten Gemahl, Guido von Lusignan, den Thron. Das leichtfertige und eitle Gesuch wurde bewilligt und der schöne, aber unkriegerische Ritter mit seiner Frau zum König über Jerusalem gesalbt (1186). Darüber entstand unter Adel und Volk heftige Parteibildung, die nach langem Streit dahingehend endete, daß der Reichsverweser Raimund, in seinen Hoffnungen auf die Krone bitter getäuscht, mit etlichen Freunden an den Hof Salaheddins entwich.

Dieser, schon früher mit dem Grafen befreundet, zürnte damals der Christenheit wegen des kürzlich gebrochenen Waffenstillstands und suchte eine Gelegenheit, Rache zu nehmen. Es hatte nämlich

Rainald von Châtillon, Herr des Tales Hebron und der Burg Carac, aus Habgier eine ägyptische Karawane überfallen, die Waren geraubt und die Mannschaft nach arger Mißhandlung teils in Gruben, teils in scheußliche Kerker geworfen. Da gelobte der Sultan, mit eigener Faust den Urheber solcher Schandtat zu töten, und rüstete, als keine Genugtuung gegeben wurde, für einen entscheidenden Schlag. Er duldete jedoch, daß Raimund, von den Templern und Johannitern an seine beschworenen Pflichten gemahnt, zu den Glaubensgenossen ziehen durfte und sich dem Schein nach mit König Guido versöhnte.

Während darüber in der Heiligen Stadt, die den Trug für Wahrheit hielt, allgemeine Freude herrschte, überschritten 80 000 Moslemin zu Roß und zu Fuß die Grenze und stürmten und verbrannten Tiberias, das feste Bollwerk am galiläischen Meer. Durch das plötzliche Ungewitter aus der Fahrlässigkeit aufgeschreckt, versammelte Guido, entschlossen zu einer Feldschlacht, 40 000 berittene Söldner und Fußknechte und folgte dem der Gegend kundigen Grafen Raimund von Tripolis als Wegweiser. Der aber führte arglistig das Volk in eine wüste Landschaft an der östlichen Seite des Berges Tiberias, damit Hunger und Durst den Mut der Krieger schwächten. Als nun täglich Not und Ratlosigkeit wuchsen, erschien, mit der Lage des Feindes vertraut, Salaheddin und begann an einem heißen Sommertag (4. Juli 1187) den Angriff. Standhaft hielten ihn die Christen, obschon ermattet und der Zahl nach geringer, den ganzen Tag lang aus, zogen sich aber beim Anbruch des Abends auf die wasserarmen Berge zurück. Bald waren sie ringsum von den Moslemin eingeschlossen und wurden bei den ersten Strahlen der Sonne von allen Seiten her mit Ungestüm angefallen. Dennoch schwankte so lange der Sieg, bis Graf Raimund die ihm angewiesene Stelle verließ und durch die geöffneten Reihen des Feindes nach Tyrus entfloh. Da kam Bestürzung über die verratenen, vom Kampf und Elend entkräfteten und ringsum in die Dampfwirbel des brennenden Grases eingehüllten Christen. Alle Ordnung löste sich auf, die wildeste Flucht begann. Aber von der Reiterei eingeholt, wurden die meisten, unter ihnen fast alle Templer und Johanniter, erschlagen oder gefangen.

Dieses letztere Los hatten namentlich der König Guido, Gerard, Großmeister des Tempels, Wilhelm, Markgraf von Montferrat, Rainald von Châtillon und viele andere Ritter. Unter der kostbaren Beute befand sich auch das heilige Kreuz, dessen Gegenwart bei entarteten Sitten nicht mehr zum Sieg führen konnte. Freundlich empfing der Sultan den gefangenen König, dem als Zeichen des schützenden Gastrechts ein Glas Eis überreicht wurde. Aber den friedensbrüchigen Rainald von Châtillon und mit dem Großmeister weitere 200 Templer und Johanniter traf die Todesstrafe, jenen, weil es die gelobte Rache forderte, diese aus blindem Glaubenseifer.*

Die Niederlage bei Tiberias und Hittin, einem Dorf und Hügel inmitten des Schlachtfeldes, erschütterte die Grundfesten des christlichen Reiches im Morgenland. Beinahe alle Binnen- und Küstenplätze, wie die Burg von Tiberias, Jaffa, Askalon, Berytus, Gaza, Joppe, Cäsarea, Akkon (Ptolemais) und Nazareth, huldigten ohne Gegenwehr. Am 20. September wehten Mohammeds Banner sogar vor den Mauern und Toren der Heiligen Stadt, deren Einwohner ohne Oberhaupt, Ritterschaft und Waffenkunde, dennoch unter der Leitung Balians, Herrn von Ramla, bis zum 3. Oktober den heldenmütigsten Widerstand leisteten und mehrere Stürme siegreich abschlugen, so daß Salaheddin, von Bewunderung ergriffen, den Schwur, die langen Leiden der Muselmanen zu rächen, vergaß und milde Bedingungen der Übergabe gewährte. Denn Griechen und morgenländische Christen durften ungefährdet am Leben und Eigentum bleiben, Franken und Lateiner sollten gegen ein angemessenes Lösegeld die Stadt räumen und bis an die Grenzen unter sicherem Geleit ziehen. Über der Königin Sibylla Schicksal vergoß der großmütige Feind Tränen. Arme und Witwen wurden reichlich unterstützt, die meisten Beiträge zur Kriegssteuer – 220 000 Goldstücke – unter sie und andere Hilfsbedürftige verteilt, bei dem allem jedoch 16 000 Männer, Frauen und Kinder in die Knechtschaft abgeführt.** Dann zog er am obengenannten Tag, 88 Jahre nach der ersten Besitznahme durch Gottfried von Bouillon, unter kriegerischem Schall und mit wehenden Fahnen in Jerusalem ein. Kein Blut entweihte fortan die heiligen Orte. Nur das Andenken an Christus und seine Lehre wurde von dem eifrigen Bekenner

* »Ist der Menschenmord«, sprach der Sultan, »ihr Gelübde, so mögen auch sie einmal sterben!«

** Boaddin, Vita Salaheddini, S. 74. *»In deditionem«*, heißt es hier, *»ventum est his conditionibus, ut quicquid erat virorum X penderet aureos Tyrios, feminae quinque, Minore natu virile ac muliebre secus unum. Hanc summam qui exhibuisset incolumis abibat, qui solvendo non erant, in vincula conjecti«*, d. h. »Die Übergabe geschah unter der Bedingung, daß der Mann zehn, die Frau fünf Goldstücke, das Unmündige ein Goldstück zahlen und dafür freien Abzug bekommen, die Zahlungsunfähigen aber in Knechtschaft fallen sollten.« Dieser Vertrag wurde in der Vollziehung bedeutend ermäßigt. Für die Übergabe Jerusalems wirkte entscheidend der zwieträchtige Haß zwischen griechischen und abendländischen Christen. Siehe Reinaud, S. 208.

Mohammeds und des Islams unterdrückt, das goldene, auf der Hauptkirche prangende Kreuz heruntergenommen und Rosenwasser gesprengt, um Straßen und Wälle zu reinigen.

Die Kunde von diesen traurigen Begebenheiten, die der Erzbischof Wilhelm von Tyrus persönlich überbrachte, erregte bei den Völkern und Fürsten des Abendlands anfangs den tiefsten Schmerz, danach den heftigsten Zorn. Die inneren Parteibildungen und Zwiste rasteten, die Begierde, das Heilige Grab zu befreien und die Ehre des christlichen Namens zu retten, trat einstweilen an ihre Stelle. Eine allgemeine Aufregung wurde sichtbar in Frankreich, Italien, Großbritannien, Deutschland, besonders seit Papst Gregor VIII. in beredten Schreiben das Unglück als eine Frucht der vom Teufel angestifteten Zwietracht geschildert hatte und den Streitern Gottes Verzeihung der Sünden zugesagt, Fasten und Umzüge geboten und den Kardinal Heinrich von Albano und den Erzbischof Wilhelm über die Alpen entsandt hatte, um das Kreuz zu predigen. Allenthalben, wo die Boten der Kirche redeten, auch bisweilen durch Gemälde der Heiligen Stadt, des von den Heiden verhöhnten und gegeißelten Heilands die Einbildungskraft des Volkes erhitzten, entbrannte der außerordentlichste Eifer. Reiche und Arme, Ritter und Bürger, selbst Frauen und Greise, griffen zu den Waffen oder unterstützten durch milde Gaben die wehrhaften Krieger. Da vergaßen die einander feindseligen Könige, Philipp August von Frankreich und Heinrich Plantagenet-Anjou (II.) von England den alten Groll. Sie hielten in Flandern zwischen Gisors und Trie unter einem großen Ulmenbaum eine freundschaftliche Zusammenkunft, vertrugen in Liebe alle Zwistigkeiten und gelobten die Meerfahrt. Da beschloß der siebzigjährige Kaiser Friedrich, weltlichem Ehrgeiz zu entsagen und das tatenreiche Leben durch einen gewaltigen Zug gegen die Ungläubigen zu krönen. »Glücklicher Alexander«, hatte er bald nach der Schlacht bei Legnano beim Anhören der Geschichte des Mazedoniers ausgerufen, »der du Italien nicht sahst! Glücklicher wäre auch ich, wenn ich Asien aufgesucht hätte!«*

Dem Beispiel des greisen Helden, der diesen Gedanken früherer Jahre auf dem Reichstag in Mainz verwirklichte (1188), folgten von den 4000 versammelten Großen sein Sohn, Herzog Friedrich von

* Ricobaldi, Hist. imperat. 372 bei Raumer, II, 411. Vgl. Ebulo, De motibus Siciliae, S. 26. *»In modicum reputans tandem pro viribus orbem In Domino voluit spe meliore frui.«*

Schwaben, der Herzog von Dalmatien (Meran), Bertold, aus dem Hause Andechs, der Markgraf Hermann von Baden, der Landgraf Ludwig von Thüringen, die Grafen von Kiburg (Ulrich), Nassau und Henneberg, die Bischöfe von Regensburg, Passau, Brixen, Basel und viele andere geistliche wie weltliche Herren. Danach wurde in allen Gauen Deutschlands für die Heerfahrt, die am 23. April, dem Georgstag des nächsten Jahres von Regensburg aufbrechen sollte, mit Umsicht gerüstet. Um dem Andrang des armen Volkes zu steuern, wurden von jedem bewaffneten Pilger ein Reiseschilling von drei Mark Silber gefordert. Auf dem Reichstag in Nürnberg (Dezember) wurde ein allgemeiner Landfrieden beschworen und König Heinrich VI. zum Verwalter bestellt. Unter der Leitung des Kaisers wurde manche Fehde geschlichtet und manches Raubschloß gebrochen. Durch Bevollmächtigte wurde mit dem König Bela von Ungarn, dem griechischen Kaiser Isaak Angelus und dem seldschukischen Sultan Kilidsch Arslan II. von Cogni (Ikonium) in Kleinasien für den Durchzug und die Verpflegung eine urkundliche Übereinkunft getroffen und dem Spiegel der morgenländischen Ritterschaft, Saladin, der die Herausgabe Jerusalems verweigerte, durch den Grafen Heinrich von Dietz im Namen der Deutschen eine offene, ehrliche Fehde angekündigt. Der gefürchtete Welfe, Heinrich der Löwe, der die Teilnahme am Krieg gegen die Heiden ablehnte, wurde der allgemeinen Ruhe wegen für drei Jahre verbannt, und überhaupt wurde nichts unterlassen, um nach innen und außen hin den glücklichen Ausgang des großen Unternehmens zu sichern.

Diese ordnenden Anstalten begleitete der regste Wetteifer beider Geschlechter, aller Altersstufen und Stände, besonders in Schwaben und Bayern, Franken und Rheinland. Man zimmerte Schiffe und Gerätschaften, schickte aus fernen Gegenden Lebensmittel und Geld nach Regensburg, dem gemeinschaftlichen Sammelplatz, verkaufte Hab und Gut, um die gesetzliche Summe von drei Mark aufzubringen, und zahlte, wenn Armut oder Gebrechlichkeit an der persönlichen Teilnahme hinderten, freudig den Saladinszehnten *(decimae Saladinae)*, sorgte für Herberge und Kost der Pilger durch freiwillige Beisteuern, verschrieb in Anbetracht der künftigen Todesgefahren an Kirchen und Klöster Grundstücke und Einkünfte, damit die Mönche zu Gott für das Heil der Abwesenden beteten, ja, bestimmte ihnen im Fall des Untergangs nicht selten das ganze Erbgut.*

* Gemeiner, Geschichte Bayerns unter Friedrich I., S. 432.

Überall wehte in Deutschland, als das Jahr 1189 anbrach, die Kreuzfahne, und in hellen Haufen zogen Ritter und Fußknechte aus Sachsen, Lothringen und Friesland, Franken und Bayern, Ober- und Niederalemannien, Elsaß und Steiermark, Thüringen und Österreich nach dem großen Heerlager bei Regensburg. Ebendahin eilte noch vor der anberaumten Frist der Kaiser, schlichtete verwikkelte Streithändel, gab, wie auch andere Fürsten und Herren taten, der Geistlichkeit manche Schenkungsurkunde, mahnte zur Eintracht, Gottesfurcht und Ausdauer und bestieg, als am Festtag des heiligen Georg (23. April) die Posaune den Aufbruch verkündigte, mit seinem Gefolge die Schiffe, während an beiden Ufern der Donau die langen Reihen der übrigen Wallbrüder, Rosse, Karren und Fahnen dahinter, herabzogen und täglich durch neue Scharen verstärkt über Wien und Preßburg, die letzte deutsche Stadt, Ungarn erreichten.

Von hier wandte sich das Heer langsam über Gran und die Drau nach Belgrad, wo man auf der Hauptmusterung an 15 000 Ritter und 90 000 Lanzenknechte zählte. Es überschritt die Morawa, Grenze des ungarischen Reiches, bahnte sich nach achttägiger Rast bei Brandiz (Passarowitz?) mit dem Schwert in der Faust den Weg durch die Wälder und Gebirgspässe Bulgariens und Mazedoniens und erstürmte, da der Griechen bisher geheime Feindschaft offen hervorbrach, Philippopel und Adrianopel (22. Dezember). Man nötigte den arglistigen Kaiser Isaak Angelus zum Frieden, den 900 angesehene Geiseln gewährleisten mußten, setzte um Ostern des Jahres 1190 bei Gallipoli unter dem Schall der Trompeten, Hörner und Pfeifen nach Asien über und erreichte über Sardes, Philadelphia und Laodicea unter mannigfaltigen Drangsalen und Gefechten bald mit den Griechen, bald mit den Heiden das seldschukische Gebiet.

Treulos hatte inzwischen der Sultan von Cogni den geschlossenen Vertrag gebrochen und, erbittert durch die bisherigen Unfälle, den ältesten Sohn Kotboddin mit dem Kern aller türkischen Kriegsvölker abgesandt, um auf der Ebene Finiminums (Philomeliums) den von Hunger und Kampf ermatteten Christen eine allgemeine Feldschlacht zu liefern, bevor sie in das Herz seines Landes einrückten. Kaum wurde er des Feindes ansichtig, da ordnete der Kaiser am 13. Mai die Seinen nach kurzer Mahnung zum entscheidenden Feldstreit. Im Vordertreffen stand er selbst, weil vom ersten Angriff gewöhnlich der Ausgang abhängt. Die Mitte wurde dem Grafen Rupert von Nassau, die Nachhut dem Herzog Friedrich von Schwaben übergeben. Darauf begann der Kampf, der nicht lange schwankte. Denn während die deutsche Vorschar den feindlichen Gewalthaufen zersprengte, siegte der Hinterzug, etliche Augenblicke abgeschnitten, mit 2000 Rittern über 10 000 türkische berittene Kämpfer, so daß am Abend die Christen Gott dankten für die wunderbare Rettung und die Aussage des Herrn von Helfenstein, der heilige Georg habe sichtbar an der Spitze weißgekleideter Engel gestritten, bei vielen Glauben fand.*

Danach näherte sich das Heer unter steten Gefechten und steigenden Drangsalen der Hauptstadt Cogni, hinter deren Mauern und Fällen der Feind seine überlegenen Streitkräfte versammelt hatte. Dennoch machten die Christen aus Not und im Vertrauen auf Gott herzhaft den Angriff. Kühn durchbrach der junge Friedrich mit 500 Rittern nach heftigem Widerstand die Reihen der Ungläubigen und drang, den Fliehenden auf dem Fuße folgend, in die Tore ein, während der Kaiser mit dem Gewalthaufen den Anprall von 200 000 Türken abschlug und den Sultan zwang, noch am Abend des Schlachttages sich und sein Reich der Gnade des Siegers zu übergeben. Dieser aber, auf Jerusalem und Salaheddin gerichtet, verzieh großmütig das Geschehene, entsagte allen Eroberungen, nahm für das erneuerte Bündnis 20 angesehene Geiseln und brach, von seldschukischen Wegweisern geleitet, am 26. Mai nach Süden auf.

Schon war unter mannigfachen Beschwerden das öde Gebirge Taurus überstiegen und das Feldlager bei der von armenischen Christen bewohnten Stadt Seleucia im Lande Kilikien aufgeschlagen, schon war das Ziel der langen Pilgerfahrt beinahe erreicht, als ein furchtbares Mißgeschick die freudigsten Hoffnungen vereitelte. Denn am 10. Juni fand der Kaiser Friedrich in den Wellen des Flus-

---

* Die Einbildungskraft kriegerischer Völker des Christentums bleibt sich ohne Rücksicht auf den Wechsel der Zeiten getreu. So sahen die Spanier im Feldzug gegen die Mexikaner mehrere Male den heiligen Jakob, Schutzherrn des Reiches, z. B. in der Schlacht bei Cintla. *»Ils creurent que c'estoit l'Apostre S. Jacques, patron d'Espagne, qui les avoit secourus. Courtois (Cortes) adonc s'escria: Mes enfans, Dieu est pour nous, et le glorieux Apostre.«* Siehe Voyages et Conquestes du capitaine Ferdinand Courtois. Histoire traduite de langue espagnole (Gomara) par Guillaume le Breton Nivernois, S. 43. So erblickten die Tiroler 1809 im Krieg mit den Franzosen während eines Gefechts die Mutter Gottes und den Heiligen Martin auf schneeweißem Roß. Siehe Geschichte Andreas Hofers, S. 369. Ähnliches begegnete 1798 den Unterwaldnern.

ses Kalykadnus (Saleph), in dem er badete, um die Hitze des Tages zu kühlen, den Tod, wahrscheinlich infolge des kalten Wassers vom Schlag gerührt.* Mehrere Getreue, namentlich die sächsischen Grafen Ludolf und Wilbrand von Hallermund und der Bischof Heinrich von Basel, hatten dasselbe Los. Grenzenlos war der Schmerz des jetzt verwaisten Volkes. Mancher gelobte, die eiserne Rüstung auf bloßem Leibe zu tragen, und alle schwuren, jede Unkeuschheit mit dem Leben zu strafen, wie denn auch wirklich an etlichen Übertretern dieser strenge Spruch eines freiwilligen Gesetzes vollzogen worden ist. Laute Wehklage erscholl bei Tage, und in der Nacht brannten vor jedem Zelt zwei oder drei Trauerfeuer, so daß die Lagerstätte einer einzigen Flamme glich.**

---

* Dafür stimmen die glaubwürdigsten Zeugnisse, namentlich Boaddin, S. 122. *»Cibo Somnoque refectum Imp. cupido invadit lavandi in aqua illa frigida, unde vix egressum ex frigore infestus corripuit morbus, quo intra dies paucissimos extinguitur«,* d. h. »Den von Speise und Schlaf erquickten Kaiser wandelte die Lust an, sich in jenem kalten Gewässer zu baden. Aber kaum hatte er es verlassen, als ihn eine gefährliche Krankheit, Folge der Erkältung, faßte und binnen etlichen Tagen hinwegraffte«, und Jacob. de Vitriaco, Hist. oriental. bei Martene, Thesaur. anecdot. III, 24. *»Imp. dum in aestu maximo in quodam fluvio lavandi gratia descendisset, mortuus est«,* d. h. »Als der Kaiser bei starker Hitze in einem Fluß badete, traf ihn der Tod.«

** *»Ut universa castra unum continentem ignem referrent«,* d. h. »Das ganze Lager stellte ein ununterbrochenes Feuer dar.« Boaddin, S. 157. – Welchen Eindruck der Tod des gefürchteten Kaisers auf die Muselmanen machte, beweist eine Äußerung des arabischen Geschichtsschreibers Ibn-Alatir. »Hätte Gott nicht«, lautet sie, »den Kaiser der Deutschen im Augenblick seines Einbruchs in Syrien hinweggenommen, es dürfte später von Syrien und Ägypten gesagt worden sein: ›Hier herrschten einst die Muselmanen!‹« Reinaud, Extraits, S. 243. – Der armenische Fürstbischof Bar Gregor, Herr der Stadt Rum am Euphrat, schildert in einem Brief an Salaheddin die Sitten des deutschen Heeres so: »Diese Deutschen sind ungewöhnliche Menschen, Wesen einer besonderen Art. Sie haben einen entschiedenen Willen, ein festes Ziel. Sie unterwerfen sich einer strengen Lagerzucht. Bei ihnen bleibt kein Vergehen ungestraft. Man opfert sie bei der geringsten Übertretung wie Schafe auf. Ein Fürst, der neulich seinen Diener zu hart geschlagen hatte, wurde vom Rat der Bischöfe einhellig zum Tode verurteilt und trotz der zahlreichen Fürbitten hingerichtet. Was wunderbar ist, die Deutschen untersagen sich jedes Vergnügen. Wehe dem, der eine Wollust begehen würde! Seine Gefährten stießen ihn sogleich mit Schmach aus ihrer Mitte. Das alles entspringt aus der Trauer über den Fall Jerusalems. Mehrere haben sich seit langer Zeit die gewöhnliche Kleidung verboten, tragen die gröbsten Stoffe und wollen nur in Eisen den Leib einhüllen. Diesem Eifer mußten selbst die Führer Schranken setzen. Ihre Geduld in Beschwernis und Gefahren übersteigt allen Glauben.« Boaddin bei Reinaud, S. 297.

Als endlich eine mannhafte Gemütsverfassung zurückkehrte, wählten die Wallbrüder den Herzog Friedrich zu ihrem Führer und zogen über Tarsus nach Antiochien, wo nach kurzem Aufenthalt so schreckliche Krankheiten ausbrachen, daß nur 7000 Krieger, unter ihnen 700 Ritter, am Leben blieben. Diese kamen nach häufigen Gefechten mit dem wachsamen Feind über Tripolis und Tyrus (Sur) vor den Mauern Akkarons an, das damals die morgenländischen Christen, von dem aus seiner Haft entlassenen (Mai 1188) König Guido geleitet, schwer bedrängten (seit August 1189). Aber des Himmels Fluch schien auf dem Unternehmen der Deutschen zu ruhen. Etliche Scharen starben mit dem tapferen Herzog Friedrich, der kurz vor seinem Tod (Januar 1191) den Orden der Deutschherren gestiftet hatte, andere wanderten, ohne das Heilige Grab zu sehen, entmutigt in die Heimat, und noch andere traten zu dem mittlerweile aus Europa angelangten französisch-englischen Kreuzfahrerheer über. Dieses hatte bisher folgende Schicksale gehabt.

König Heinrich von England wurde bald nach der mit seinem Nebenbuhler Philipp August geschlossenen Freundschaft durch den Gram über die entdeckte Untreue seiner Söhne Richard und Johann getötet (1189). Denn beide einander sonst feindselige und ungleichartige Brüder hatten nicht nur im geheimen die französische Partei begünstigt, sondern auch gegen des Vaters Sicherheit und Leben Verrat ersonnen. Gequält vom bösen Gewissen und getrieben von rastlosem Ehrgeiz, erneuerte der erstgeborene Richard (I.), mit dem Beinamen Löwenherz, bald nach der Krönung das Gelübde der bewaffneten Wallfahrt nach Palästina und des aufrichtigen Friedens mit dem dafür verbündeten Frankreich. Er veräußerte, um das nötige Geld zu gewinnen, die meisten Kammergüter, besonders an Kirchen und Klöster, entsagte für 10 000 Mark der Oberlehnsherrlichkeit über Schottland, verkaufte mit des Papstes Erlaubnis vielen Kreuzbrüdern, die Reue empfanden, die Lossprechung, erhob von Reichen und Armen, Laien und Priestern ohne Unterschied den sogenannten Saladinszehnten, machte freiwillige und gezwungene Anleihen, kurz, er unterließ nichts, um durch Güte wie Gewalt Geldmittel aufzutreiben, während Kanzeln und Werbeplätze von allen Seiten her die kampf- und beutegierige Mannschaft zu den Fahnen des Heilands riefen und den sicheren Sieg verkündigten.

Allerdings berechtigten mehrere Eigenschaften des Führers zu den schönsten Hoffnungen. Denn König Richard, von starkem, regelmäßigem Körperbau, mit blauen, feurigen Augen und blondem Haupthaar, besaß, in allen Waffenkünsten seiner Zeit vollkommen, einen an Verwegenheit grenzenden Mut, rastlose Ruhm- und Ehrliebe, Vorsicht in Beratungen, Kraft und unbeugsame Ausdauer im Vollziehen des Beschlossenen. Aber diesen Tugenden standen maßlose Hoffart, Geldgier und Wollust zur Seite, wie denn der König, einst durch Fulko, Pfarrherrn von Neuilly, ernsthaft ermahnt, seine drei Töchter fortzusenden, im bitteren Scherz antwortete: »Daran denke ich derweilen auch mit allem Fleiß, und bin willens, die erste den Tempelrittern, die zweite den Mönchen und die dritte den Bischöfen zu geben.«

Nachdem Richard seinen argwöhnischen Bruder Johann durch Geschenke und Ehren besänftigt und zwei Vertraute, den Großkanzler Longchamp und den Bischof von Durham, zu Reichsverwaltern bestellt hatte, verließ er im Frühling (1190) mit der zahlreichen, wohlgerüsteten Flotte die Heimat. Er traf in Messina, dem verabredeten Sammelplatz, seinen Kreuzgenossen, König Philipp August von Frankreich, eroberte, während dieser geraden Weges im Frühling (1191) in das Gelobte Land zog, wie ein Freibeuter die von Griechen bewohnte Insel Zypern und langte nach mannigfaltigen Abenteuern im Heerlager vor Akkaron an (Juni), wo seit Monaten Christen und Moslemin das Äußerste aufboten, um einander zu schädigen. Denn jene hatten von Pisa und Genua, Friesland und Flandern, Burgund und Brabant sowie allen Gauen Frankreichs beträchtliche Hilfsscharen erhalten. Der Gegner hatte unter Salaheddins Oberleitung den Kern der Völker des Islams inner- und außerhalb der Stadt vereinigt. An die Einnahme oder Behauptung der Seefeste knüpfte man auf beiden Seiten den Ausgang des Krieges und stritt daher mit wechselndem Glück in gleicher Erbitterung zu Wasser und zu Lande.

Ungeduldig über den Aufschub wagte endlich Philipp August trotz der Krankheit des englischen Königs mit seinen Franzosen einen allgemeinen Sturm, wurde aber nicht ohne bedeutenden Verlust zurückgeschlagen, während Richard, auf einer Sänfte getragen, an dem Gefecht persönlich teilnahm und einen Sarazenen, der sich prahlerisch in der Rüstung eines getöteten Ritters zeigte, mit der Armbrust niederschoß. Die völlige Rückkehr der Gesundheit gab bei Christen und Moslemin das Zeichen zu wetteifernden Anstrengungen. Fortan verging kein Tag ohne blutige Gefechte. Denn Salaheddin hatte, um die von Hunger, Seuchen und Feinden bedrängte Stadt zu befreien, klug eine Seitenstellung eingenommen und den Belagerern fast alle Zufuhr abgeschnitten, so daß mancher Ritter sein Streitroß schlachten und der gemeine Krieger für ein Huhn seine ganze Habe verkaufen mußte.

In dieser Not begehrte Richard in trügerischer Absicht eine Zusammenkunft, damit man sich einigte über den Frieden, bekam aber eine ablehnende Antwort. »Es gezieme sich nicht«, lautete sie, »daß Könige vor urkundlichem Vertrag Worte der Freundschaft wechselten und nach beendetem Gespräch und Gastmahl einander als Feinde in den Waffen gegenüberständen. Daher möge man zuerst die Bedingungen der künftigen Versöhnung offen und bestimmt mitteilen.«* Ein andermal bat der König durch den Herold um Erlaubnis, dem Sultan etliche Falken als das kostbarste Geschenk des Abendlands senden zu dürfen. Die Tiere seien aber so ausgemergelt, daß man ihnen vorher zur Wiederherstellung der Kräfte einige Hühner schicken möge. »Vielleicht bedarf ihrer der Herr selber«, entgegnete höflich Salaheddin und sandte das Begehrte, nebst Eis und Früchten. Achtungsvoll antwortete der Christ durch unentgeltliche Loslassung eines Gefangenen, der Moslemin durch reiche Geschenke.** Überhaupt gab dieser mitten im Gewühl blinder Glaubens- und Kampfwut oft Beweise der angeborenen Milde und Menschlichkeit. Ein hochbetagter Pilger z. B., der aus Andacht, nicht aus Streitlust das Heilige Land besucht hatte, wurde unentgeltlich entlassen, einer trostlosen Mutter das geraubte, dreijährige Kind auf Kosten des Sultans zurückgebracht.***

Inzwischen näherte sich Akkaron, durch Hunger, Krankheiten und Elend bezwungen, dem Fall. Alle Verbindungen zu Wasser und zu Lande hatte der Eifer des wachsamen Feindes abgeschnitten. Da bestürmte Salaheddin, durch Brieftauben von der Not benachrichtigt, 48 Stunden lang das christliche Lager, wo Männer und Frauen, Ritter und Fußknechte mit solchem Heldenmut kämpften, daß die Morgenländer nach bedeutender Einbuße weichen und die Stadt ihrem Schicksal überlassen mußten. Daher geschah am 12. Juli die Übergabe. Die Besatzung sollte alles Kriegsgerät ausliefern und freien Abzug erhalten, wenn nebst der Rückgabe des heiligen Kreuzes 200 000 Goldgulden Brandschatzung in zwei Teilen bezahlt und 1800 christliche Gefangene unentgeltlich entlassen würden.

---

* Boaddin, S. 169.

** Boaddin, S. 172. *»Intentio erat regis anglorum, legationibus hisce submittendis explorare quid animorum gereremus, firmosne an infirmos? Noster quoque scopus in iisdem admittendis eodem collineabat«,* d. h. »Der englische König wollte durch diese Botschaften unsere Stimmung erforschen. Ähnliche Absicht hatten wir selber.«

*** Reinaud, Extraits, S. 301.

Kaum hatten aber die Sieger das einstweilige Ziel langer und blutiger Kämpfe erreicht, als teils über die Beute, teils über die Krone von Jerusalem zwischen Richard und Philipp August Hader ausbrach. Denn jener begünstigte den jetzt verwitweten König Guido, dieser den Markgrafen Konrad von Montferrat, Gemahl Isabelles, einer jüngeren Schwester der verstorbenen Königin Sibylle. Endlich beseitigte ein Vergleich, nach dem Guido auf Lebenszeit das Reich verwalten und der Nebenbuhler die Nachfolge haben sollte, den von gegenseitiger Eifersucht hervorgetriebenen Zwist. Aber unfähig, das steigende Übergewicht seines offenbaren Kreuzbruders und geheimen Feindes ruhig zu ertragen, verließ der Franzose Anfang August mit dem größten Teil der Getreuen das Heilige Land, schwor jedoch vorher, die Besitzungen des Engländers während seiner Abwesenheit nicht anzugreifen, und ließ den Grafen Hugo von Burgund an der Spitze eines Heerhaufens als Stellvertreter zurück.

Bald darauf befleckte Richard den Namen des Christen und Ritters durch eine grausame, fast beispiellose Untat. 3000 Gefangene wurden, als Salaheddin mit dem ausgehandelten Lösegeld teils aus Not, teils aus Mißtrauen zauderte, am 15. August auf eine große Wiese vor Akkaron hinausgeführt und einer nach dem anderen enthauptet.* Salaheddin aber vergalt nicht Gleiches mit Gleichem, sondern rüstete, um die Blutrache im Feldstreit zu nehmen, ein überaus zahlreiches Heer (angeblich 300 000 Mann), das, als die Christen unter beständigen Gefechten mit der leichten arabischen Reiterei von Akkaron nach Askalon längs der Mittelmeerküste zogen, zwischen Cäsarea und Joppe am Fluß Rochetaille, unweit der Seestadt Arsuf, in einer festen Stellung den Feind erwartete. Dennoch griff dieser, an Zahl bei weitem schwächer, mit Ungestüm an und gewann nach der heftigsten Gegenwehr durch Richards klugen Heldenmut einen so entscheidenden Sieg, daß 7000 Moslemin erschlagen und alle Hindernisse, die dem kühnen Zug auf Askalon entgegenstanden, überwunden wurden (7. September).

Umsonst bot Salaheddin, müde des Blutvergießens, angemessenen Frieden an und versprach die Abtretung aller Länder zwischen dem Jordan und dem Meer. Man forderte, daß ganz Palästina geräumt und überdies ein Jahreszins gezahlt würde. Da ließ der Sultan, für offenen Feldstreit zu schwach und nicht getäuscht durch die List Richards, der seine Schwester Johanna, Witwe des sizilianischen Kö-

---

* *»Caesim, punctim tria millia vinctorum trucidaverunt«*, d. h. »Man schlug dreitausend der Besiegten durch Hieb und Stich nieder.« Boaddin, S. 184.

nigs Tankred, dem Bruder Salaheddins, Malek-Adel, zur Ehe antrug, die Mauern von Askalon, Cäsarea, Joppe und Ramla brechen, Jerusalem aber sorgfältig befestigen. Denn der König, Meister der Seeplätze und unlängst auf einem Jagdabenteuer nur durch die Treue des Ritters Wilhelm von Prattele *(des Preaux)* aus der Gefangenschaft gerettet,* zog mit Macht gegen die Heilige Stadt und drang bis nach Bethlehem vor, mußte jedoch von hier infolge des wachsenden Mangels und örtlicher Schwierigkeiten mit einer reichen Beute auf Askalon zurückweichen, dessen Verschanzungen so schnell als möglich wiederhergestellt wurden (Januar 1192). Diesen Vorwand benutzten sogleich die eifersüchtigen und nach der Heimkehr begierigen Fürsten. Beinahe alle Deutschen und Franzosen verließen mit dem Herzog Leopold (VI.) von Österreich und Hugo von Burgund, der kurz vor der Einschiffung in Akkaron starb, das Heilige Land. Konrad von Montferrat knüpfte sogar eigenmächtig mit Salaheddin Unterhandlungen an.

Während so Zerwürfnisse und offene Zwietracht die Kraft des christlichen Heeres lähmten, kam aus Europa die Trauerkunde, Graf Johann, Richards Bruder, habe sich mit Philipp August verbündet und Unruhen in England erregt. Bei weiterer Abwesenheit des Königs schwanke der Thron. Jener, aus Not auf die von den Seinigen sehnlich gewünschte Heimkehr gerichtet, erkannte als König über Jerusalem den Markgrafen von Montferrat an und nach dessen Tod durch die Faust eines Ismaeliers oder Assassinen (April) den Grafen Heinrich von Champagne, Gemahl der verwitweten Isabelle, gab dem Fürsten Guido von Lusignan Zypern zur Entschädigung und eilte nach Akkaron, um die letzten Anstalten für die Abreise zu treffen.

Diesen günstigen Augenblick nutzte rasch der wachsame Sultan. Er stürmte nach der heldenmütigsten Gegenwehr die Stadt Joppe (Jaffa) und zwang die Reste der Besatzung, in der hohen Burg Schutz zu suchen. Kaum vernahm Richard das Geschehene, als er mit einem kleinen Haufen herbeieilte, Joppe nach blutigem Kampfe wiedergewann und den zahlreichen Feind durch den Schrecken seines Namens zwang, etliche Stunden weit bis nach Alausja zu fliehen

* Der König wurde auf einer Jagd von sarazenischen Reitern plötzlich umringt, so daß er nur die Wahl hatte zwischen Tod oder Gefangenschaft. Da gab sich der obengenannte Ritter für seinen Herrn aus und folgte willig den Feinden, die ihn zu Salaheddin führten. Dieser lobte den sich aufopfernden Edelmut und schenkte für ein hohes Lösegeld – zehn Emirs – dem Gefangenen die Freiheit.

(1. August). Die Moslemin aber, am folgenden Morgen von der Schwäche des Siegers benachrichtigt, empfanden Scham und Reue über ihre Feigheit und begehrten mit Ungestüm eine neue Schlacht. Freudig gehorchte Salaheddin, bildete sieben Scharen, jede 1000 Reiter stark, und erschien so plötzlich vor Joppe, daß die Christen, die nur 1000 Fußknechte und 17 Ritter zählten, kaum Zeit hatten, sich für den ungleichen Streit zu ordnen. Doch Waffenkunst und Tapferkeit ersetzten das Mißverhältnis der Mannschaft. Das rechte Knie auf den Boden gedrückt, den linken Fuß vorgestreckt, dort durch die Lanze, deren Spitze in die weiche Erde gestoßen wurde, hier durch den Schild geschützt, zwischen je zwei Fußknechten ebenso viele Schützen, von denen der eine den Bogen spannen, der andere schießen sollte, an den Seiten die Reiter – in dieser festen und dennoch beweglichen Aufstellung erwarteten Richard und die Gefährten den Angriff. Da schwenkten die feindlichen Haufen bestürzt bei dem Anblick der ehernen Mauer einer nach dem anderen in der Nähe ab, aber viele wurden getötet oder verwundet.

Solchen Augenblick der Unschlüssigkeit nutzte der König, der unlängst die in Joppe eingebrochenen Geschwader vertrieben hatte. Er stürzte, von etlichen Rittern begleitet, in das dichteste Schlachtgewühl, rettete den hartbedrängten Grafen von Leicester, überall furchtbar und vernichtend, oft ringsum so von Feinden und Staubwolken eingehüllt, daß er dem Auge der Seinen entschwand. Mann und Roß starrten von Pfeilen und Geschossen, die im Harnisch hängenblieben. Niemand wagte sich zuletzt an den rastlosen Widersacher, der vom rechten zum linken Flügel herabsprengend umsonst die berühmtesten Helden des Islams zum Zweikampf herausforderte.

Vergeblich mahnte der Sultan, der schwerlich, wie etliche melden, dem König kühlende Früchte sandte, die Seinen an die so oft bewährte Unerschrockenheit. Alle schwiegen, zum Teil deshalb unwillig, weil bei der Einnahme Jaffas unnachsichtliche Strafe jeden Plünderer getroffen hatte. Also mußte gegen Abend Salaheddin das von 700 Toten bedeckte Schlachtfeld räumen und sich dadurch für überwunden erklären. Richard aber fiel infolge der außerordentlichen Anstrengung in eine gefährliche, mehrwöchentliche Krankheit und nahm, kaum wiederhergestellt, aus Sehnsucht nach der von äußeren und inneren Feinden bedrohten Heimat den dreijährigen, ehrenvollen Waffenstillstand an (September). Ihm gemäß sollten die Christen das Land zwischen Akkaron und Joppe besitzen, ungehindert Handel treiben und die heiligen Orte ohne schimpfliche Kopfsteuer besuchen dürfen.

Salaheddin überlebte diesen Vertrag, der gewissenhaft vollzogen wurde, nicht lange. Schon im März des nächsten Jahres (1193) brachten Alter, Drangsale und Regierungssorgen in Damaskus tödliche Krankheit. Da schenkte der Sultan allen Christensklaven die Freiheit, lud vor sich den ersten Bannerträger des Reiches und sprach: »Der du in den Schlachten meine Fahne trugst, hefte jetzt ein Stück Leintuch, das bald meinen Körper im Grabe decken wird, an die Spitze der Lanze, schreite durch die Straßen von Damaskus und rufe aus: ›Siehe, der Beherrscher des Morgenlands stirbt, und nichts nimmt er mit sich von all seiner Pracht, als dieses Leichentuch!‹« – Der älteste Sohn, Malek-Afdal, empfing folgende Mahnung: »Ich empfehle dir mit meiner letzten Stimme Gottesfurcht und Gehorsam gegen die Gebote des höchsten Wesens. Denn es ist die Wurzel alles Guten, und in ihm allein ruht unser Heil. Hüte dich, Blut zu vergießen. Denn es schläft nicht, sondern kommt auf dein Haupt. Erhalte dir die Herzen der Völker und sorge für sie, denn Gott hat sie dir durch mich übergeben. Begünstige den Adel und die Vornehmen, denn nur dadurch bin ich groß geworden, daß meine Hand sie streichelte. Hasse niemanden, denn allen ist der gleiche Tod gewiß. Beleidige niemanden, denn erst nach genommener Rache pflegen sich die Menschen wieder zu versöhnen. Hast du gesündigt gegen Gott, so sei reuig. Er ist barmherzig.«

Nach diesen frommen und edelmütigen Handlungen starb Salaheddin, der Sohn Eyubs, am 4. März, und mit ihm erlosch die aufgehende Herrlichkeit seines Geschlechts. Denn von drei Söhnen, die das Reich so teilten, daß Malek-Afdal als Sultan über Damaskus, Südsyrien und Palästina, Malek-Aziz über Ägypten und Malek-Daher über Aleppo herrschten, besaß keiner des Vaters Tugenden. Daher entstanden Streitigkeiten und Unordnungen, denen der Verfall des gemeinen Wesens auf dem Fuße folgte und dem Bruder Salaheddins, Malek-Adel (Saifeddin, d. h. Schwert des Glaubens), Gelegenheit brachte, die entarteten Neffen zu verdrängen.

Aber auch bei den Christen des Abendlands verschwand mit dem letzten, wechselvollen Kreuzzug der Eifer für die heiligen Kriege und wandelte sich um in schwärmerischen Haß auf die angeblich ketzerischen Glaubensgenossen der Heimat. Religionsfehden flammten auf, um die geistige Gegenpartei der katholischen Kirche durch Eisen und Scheiterhaufen zu zerstören oder den weltlichen Gelüsten der jeweiligen Machthaber, mochten sie eine königliche oder päpstliche Krone tragen, oft unbewußt als Werkzeug zu dienen.

Schon Richards unglückliche Abenteuer auf der Rückfahrt zeugten von der steigenden Gleichgültigkeit gegen die Kämpfe des Christentums und des Islams und bewiesen, daß man um kleinlicher Selbstrache willen nicht nur einen Streiter des Heilands straflos in Banden werfen, sondern auch als käufliche Ware feilbieten durfte. Als nämlich der englische Held, durch dessen furchtbaren Namen sarazenische Mütter ihre weinenden Kinder zu beschwichtigen pflegten, zwischen Aquileja und Venedig schiffbrüchig wurde und in gemeiner Pilgertracht und mit geringem Gefolge das Land Österreich durchzog, wurde er in einer Vorstadt Wiens auf Befehl Herzogs Leopold (VI.), der dadurch einen persönlichen Schimpf rächen wollte, verhaftet (21. Dezember 1192) und auf dem Donauschloß Thierstein durch den Ritter Hademar von Kunring monatelang streng und im tiefsten Geheimnis bewacht. Als ein Sänger, Blondel, des Herrn Schicksal entdeckt und ruchbar gemacht hatte, wurde er von Kerker zu Kerker geschleppt und zuletzt nach Hagenau im Elsaß vor die unter dem Vorsitz des geizigen und eigennützigen Kaisers Heinrich VI. versammelten Fürsten geführt. Hauptsächlich auf Betrieb seines thronräuberischen Bruders Johann und des mit diesem verbündeten Königs Philipp August wurde er der abscheulichsten, an der Christenheit und dem deutschen Volk begangenen Missetaten beschuldigt und endlich nach fünfzehnmonatiger Haft gegen das ungeheure Lösegeld von 150 000 Mark, für das selbst Kirchen und Klöster beisteuern mußten, in Freiheit gesetzt (März 1194).

Diesen schmählichen Ausgang nahm die vierte große Heerfahrt ins Morgenland. Glücklicher endeten dagegen während des 12. Jahrhunderts die Versuche, das Evangelium nicht sowohl durch Waffengewalt als durch überzeugende Lehre unter den heidnischen Slawen (Wenden) Nordostdeutschlands auszubreiten, wo der fromme, geduldige und sittlich reine Sendbote (Missionär) Vicelin, geschützt durch den mächtigen Arm der welfischen Herzöge, namentlich Heinrichs des Löwen, die Wagrier in Holstein, die Obotriten in Mecklenburg und andere Wendenstämme bekehrte (1125–1150), während der milde, umsichtige Bischof Otto von Bamberg als Apostel der Pommern auftrat. In dem Hauptort Pyritz taufte er zuerst den Adel, danach die Gemeinen, wobei er unschädliche oder schwer zu tilgende Vorurteile absichtlich schonte, Götzenbilder und heilige Bäume nur allmählich zerstörte und Trinkhörner sowie mit Gold und Silber geschmückte Waffen durch gesprengtes Weihwasser dem weltlichen Gebrauch zurückgab. Von allen Kostbarkeiten des alten Aberglaubens eignete er sich nichts zu, ausgenommen den dreiköpfigen, goldenen Abgott Triglav, der als Zeichen der vollendeten Umgestaltung nach Rom geschickt wurde. Otto gliederte das Jahr in heilige und weltliche Tage, vor allem aber versuchte er durch Volksschulen bessere Einsichten zu festigen und zu verbreiten (1124). Fern blieb jede Gewalttat, und das Christentum schlug desto stärkere Wurzeln.*

Vierter Abschnitt

Kurze Übersicht über die germanisch-romanische Völkergeschichte außerhalb des römisch-deutschen Reiches

Die Entwicklung Englands bietet auf der einen Seite ein strenges, durch Wilhelm den Eroberer befestigtes Lehnswesen dar, auf der anderen den bürgerlich-gemeinheitlichen Gegensatz, der teils in manchen volkstümlichen Einrichtungen der Vorzeit, teils in der unter dem ersten Normannenkönig beschränkten Macht der Geistlichkeit fördernde Hilfsmittel fand. Dagegen verhinderte ein anderes Verhältnis die freiere Entfaltung der inneren, auf Kirche und Staat gerichteten Kräfte, schwächte und zerstörte diese oft mitten in ihren Kämpfen und Bestrebungen, ohne in den endlosen Kriegen mit dem Ausland durch bleibende Siegespreise der Waffen oder des Geistes zu entschädigen. Das englische Oberhaupt nämlich war als Herzog der Normandie Lehnsmann eines Fremden und mußte der französischen Kronmacht Treue schwören – eine unnatürliche Stellung, die den Keim verheerender Fehden in sich trug und zwischen den beteiligten Fürsten und Völkern eine erst in späteren Zeiten großartige, auf den Fortschritt bürgerlicher Gesittung heilsam zurückwirkende Eifersucht entzündete.

Bis zu diesem Zeitpunkt, mit dem die Befestigung des Bürgerstandes zusammenfällt, ist daher die englische Geschichte höchst dürftig und dreht sich meistens um die kleinlichen Zwiste der jeweiligen Könige mit ihren eifersüchtigen Blutsverwandten und Oberlehnsleuten. Nach dem Tod Wilhelms des Eroberers nämlich behauptete der älteste Sohn und Thronerbe, Wilhelm II. (1087–1100), mit Mühe die vom Vater gegründete Kronmacht gegen den auf Unabhängig-

* Vgl. Kantzows Pommersche Chronik, I, S. 85 f.

keit gerichteten Erzbischof Anselm von Canterbury und überließ dem Bruder und Nachfolger, Heinrich I. (1100–1135), die bisher umsonst erstrebte Vereinigung der französischen Normandie mit dem englischen Reich. Diesem nahte aber nach dem Tod des Königs dadurch eine große Gefahr, daß in dem Grafen Stephan von Blois, Enkel Wilhelms I., und dem Grafen Heinrich Plantagenet-Anjou, Sohn der Mathilda, einer Tochter Heinrichs I., zwei gleich ehrgeizige Nebenbuhler erschienen, die erst nach langem, verheerendem Krieg einen Versöhnungsvertrag abschlossen. Ihm gemäß blieb Stephan für Lebenszeit König, während das Haus Anjou-Plantagenet* alle Ansprüche auf die Nachfolge gewann und nach dem Tod des schwachen Vorgängers, der den Geistlichen eine fast unabhängige Stellung einräumte, 331 Jahre lang behauptete (1154–1485).

Glücklich waren unter dem ersten Fürsten dieses Geschlechts, Heinrich II. (1154–1189), die äußeren, traurig die inneren und häuslichen Verhältnisse. Denn während dort Wales und Irland unterjocht (1171), die Schotten gedemütigt, Poitou und Guienne, die reiche Erbschaft der von ihrem ersten Gemahl, Ludwig VII., geschiedenen Königin Eleonora erworben wurden, störten im Inneren die durch Becket erregten Zerwürfnisse mit der Kirche, blutige Aufstände der Lehnsträger und Empörungen verwilderter Söhne, namentlich Richards und Johanns, den Frieden und festigten die durch des Königs launenhafte Liebesabenteuer zur feinen Lebensart erhobene Lasterhaftigkeit des Hofes und der obersten Beamten. Daher konnte der Nachfolger, Richard Löwenherz (1189–1199), zwar den Ruhm des Helden, nicht aber des Menschen und Staatsbürgers gewinnen. Kaum heimgekehrt aus dem Morgenland und dem Kerker, mußte er die Krone seinem feigen und heimtückischen Bruder Johann durch Waffengewalt entreißen und für den Krieg mit dem französischen Nebenbuhler Philipp August den schon bedeutenden Steuerdruck vermehren. Von allen gefürchtet, von niemandem geliebt, starb er bei der Bekämpfung eines abtrünnigen Dieners unter den Mauern des limousinischen Schlosses Chalutz (April 1199). Mißgeschick und Schande erwarteten den Bruder und Thronerben Johann.

In Skandinavien nahm der vieljährige Glaubenskampf eine dem Christentum und den neuen Sitten günstige Entscheidung. Schweden bekam mitten unter zerstörenden Fehden mächtiger Adelsge-

---

* Es führte im Wappen eine Pflanze, daher der Name.

schlechter, besonders der Suerkers und Bondes, um den Thron die Anfänge des Ackerbaus und städtischen Gewerbes, welches in Visby (1135) Wurzeln schlug, aber zugleich eine bevorrechtigte, auf Zehnten, Steuerfreiheit und weitläufigen Grundbesitz trotzende Priesterschaft, während sich die Freisassen teils in die Gebirge oder in die Fremde zurückzogen, teils mit dem an Umfang und Kräften schnell erstarkenden Lehnsadel verschmolzen. In Norwegen dauerten bei einer ähnlichen Entwicklung die Streitigkeiten der Häuptlinge um das Königtum ununterbrochen fort und gaben dem Römischen Stuhl Gelegenheit, sich auf Kosten der Parteien zu befestigen. Island genoß in glücklicher Abgeschiedenheit die Segnungen eines freien Grundgesetzes und suchte weise durch geschriebene Ordnungen (*Grajas*, graue Gans) den Mißbräuchen der bisherigen Gewohnheitsrechte zu begegnen. In Dänemark trat König Waldemar I. (1157–1182) erobernd auf. Er bezwang Rügen, Stettin und mehrere Bezirke Pommerns und wurde nur durch die bewaffnete Dazwischenkunft Kaiser Friedrichs am weiteren Fortschreiten gehindert.

In der romanischen Völkerreihe arbeitete sich Frankreich unter Ludwig VI. (1108–1137), VII. (1137–1180) und Philipp August (1180–1223) aus stürmischer Lehnsherrschaft zur königlichen Einheit empor. Dafür wurden die Kreuzzüge, deren Teilnehmer oft ihre Güter der Krone käuflich oder pfandweise überließen, und die dem Adel widerstrebenden Stadtgemeinden mit folgerichtiger Klugheit genutzt, während Englands Wachstum durch Poitou, Guienne und die Normandie den Keim argwöhnischer, von den Fürsten auf die Völker übergehenden Eifersucht legte.

Spanien bildete sich in drei abgeschlossenen und souveränen Gemeinwesen unter beständigen Kämpfen mit dem Islam aus. Im Nordosten erstarkte Aragonien durch die glänzenden Siege über Huesca (1096), Tudela (1114) und Zaragoza (1118), Stützen der arabischen Macht, und die Vereinigung mit der Grafschaft Barcelona (Katalonien, 1137), deren Vorsteher Raimund (V.) die aragonische Erbtochter Petronella zur Frau nahm. Da Adel und Gemeinfreie einträchtig mit dem Glaubensfeind stritten, blühten kriegerische und bürgerliche Tugenden, Handel und Gewerbe schnell auf. Im Binnenland oder Nordwesten gewann Kastilien unter wechselnden Fehden mit den Moslemin, besonders in den Tagen des Königs Alfons VIII. (1126–1156), festere Grenzen, während im Südwesten Portugal nach der Eroberung Lissabons (1147) und der glücklichen Schlacht bei Ourique (1139) die arabische Macht demütigte und den kastilischen Lehnsverband abstreifte, dafür aber die römische Kirche als Schutzherrin durch Zins und Gelübde ehrte.

In Italien gewann der Norden durch staatsbürgerliche und gewerbliche Regsamkeit entscheidendes Übergewicht. Jedoch verlor der lombardische Bund, unter Vorbehalt kaiserlicher Rechte im Konstanzer Frieden als souverän anerkannt, teils durch aufkeimende Parteibildungen, teils durch die abgesonderte, bisweilen feindselige Stellung Venedigs die im glorreichen Waffenstreit errungene Gewährleistung der Unabhängigkeit und Eintracht. Dagegen ordnete umsichtig die auf Handel und Seeherrschaft gerichtete Lagunenstadt für mehrere Menschenalter ihre Innenverhältnisse und nahm ein Grundgesetz an (1172), das mit weiser Mäßigung die Ansprüche des Adels und der Bürgerschaft zu verbinden wußte. Denn die gesetzgebende Gewalt übten 480 jährlich aus den Rittern und Gemeinfreien erkorene Großräte, die vollziehende der lebenslängliche Doge und sechs nach den Stadtvierteln erwählte Gehilfen, die mit dem Dogen den kleinen Rat oder die Signorie bildeten. Selten und nur bei außerordentlichen Gelegenheiten versammelte sich die ganze Gemeinde, um die Beschlüsse ihrer Ausschüsse zu bestätigen oder zu verwerfen. Die allmähliche, bald durch offene Fehde, bald durch Bündnisse und Verträge herbeigeführte Besitznahme der nordöstlichen Küste des Adriatischen Meeres bildete mit der Leitung des morgenländischen, durch die Kreuzzüge eröffneten Handels das Hauptziel der nach außen gehenden Staatskunst Venedigs. Dagegen trachtete wetteifernd Genua teils nach Niederlassungen in der Krim, die den levantinischen Verkehr sichern sollten, teils nach dem Gewinn der ligurisch-provenzalischen Küste, wo Monaco und Marseille einen festen Stützpunkt gewährten. Die toskanischen Städte, Pistoia, Siena, Florenz, Lucca und andere, lagen noch unentwickelt. Nur Pisa kämpfte mit Genua ohne Entscheidung um die Seeherrschaft.

Die Republik Rom war, seit der Papst den Rat ernannt hatte, so gut wie aufgelöst. Allerdings bedrohten mächtige Adelsgeschlechter und der Wankelmut des Volkes ununterbrochen die weltliche Hoheit des Heiligen Stuhls. Süditalien (Neapel und Sizilien) war seit dem Tod des normannischen und der Nachfolge des hohenstaufischen Königshauses (1189) in die Geschicke Deutschlands verflochten und schon dadurch genötigt, vereint mit den nördlichen Fürsten, namentlich den Markgrafen von Este und Montferrat und den Grafen von Savoyen oder Maurienne (seit 1093), der wachsenden Entfaltung des Freistädtetums zügelnd zu begegnen. Faßt man das alles zusammen, so erscheint offenbar Italien wegen seiner Tatkraft und Vielseitigkeit um den Ausgang des 12. Jahrhunderts an der Spitze des romanischen Völkerstamms, gleich wie der germanische in den Deutschen die leitenden Stellvertreter findet.

Arm und einförmig blieb dagegen während des ganzen Zeitraums das slawische Gebiet. Zwar gelang es den Ungarn, unter dem tapferen König Koloman (gest. 1115) Kroatien und Dalmatien zu erwerben und bald darauf tartarische Kumanen jenseits der Theiß (1124) sowie fleißige Flamen und Niederdeutsche unter Beibehaltung vaterländischer Gesetze und Sitten in Siebenbürgen und dem Zipserbezirk anzusiedeln (1141–1161). Aber Thronzwiste störten ebensosehr den inneren Frieden, wie die Roheit der Eingeborenen und das widerstrebende Wesen der neuen Pflanzer die Ausbildung eines gemeinsamen, fortschreitenden Volkstums erschwerten.

In Deutschland wurde die Unterjochung der zahlreichen, jedoch zwieträchtigen Slawenstämme vollendet. Denn während südlich Österreich und Steiermark auf dem Nacken der Überwundenen lasteten und in der Mitte Böhmen oder das Land der Tschechen dem Kaiser den Lehnseid schwur und bewahrte, traten im Norden zwischen Elbe, Oder und Ostsee Sachsen und Flamen an die Stelle der verjagten oder zur Leibeigenschaft und Hörigkeit gezwungenen Urbewohner, von denen nur die adligen Geschlechter das Recht freier Männer behalten durften. Langsam blühten nach diesen Gewalttätigkeiten Ackerbau, Gewerblichkeit und städtische Gesittung auf, zumal der Sturz des Welfenhauses neue Wirren hervorrufen mußte.*

Polen, allmählich dem Christentum gewonnen, blieb ohne Änderung unter deutscher Lehnshoheit, die besonders Friedrich I. zu behaupten wußte. Rußland, seit dem Tode Wladimirs des Großen (1015) zerstückelt und schwach, sah mitten in der Verwilderung zu Pleskow und Novgorod (Neustadt) sächsische Freistädte (seit 1137)

* Wie willkürlich die Deutschen meistens verfuhren, möge des Beispiels wegen folgender Zug beweisen. Friedeborn in seiner historischen Beschreibung der Stadt Alten-Stettin in Pommern meldet (S. 37): »Hernach ist auch zwischen den Sachsen und Wenden allhier, wie auch im ganzen Lande, Streit und Widerwärtigkeit wegen eines Statuti, das die Deutsche *Nation* unter sich gemacht, entstanden. Daß nämlich kein Wend hinfüro zu Ehren-Ämtern gefordert, sondern von allen *Digniteten* und Ehren ausgeschlossen sein sollte. Welches Statutum sie dann steif und fest in ihren erbauten Städten und *Communen* praktiziert und dadurch die Wenden so viel mehr verächtlich gemacht, so daß sie auch daher sich allgemachsam verloren und innerhalb weniger Jahre diese Stadt und Länder geräumet, und endlich zu ihren Landsleuten in Polen gezogen sind.«

aufblühen, deren Regsamkeit und Bürgertugenden eine souveräne Stellung errangen und Menschenalter lang bewahrten.

Das griechische Reich endlich, von Christen und Moslemin, Seldschuken und fränkischen Kreuzfahrern, Ungarn und sizilianischen Normannen abwechselnd bedrängt und meistens von lasterhaften oder schwachen Kaisern geleitet, die seit dem Untergang der Komnenen (1185) dem Geschlecht der Angelen (Engel) angehörten, näherte sich bei steigendem Haß zwischen Byzantinern und Lateinern mit schnellen Schritten einer gewalttätigen Umgestaltung. Als deren Vorboten erschienen die Greueltaten des neuen Fürstenhauses. Denn nicht nur stürzte und blendete Alexius III. den eigenen Bruder, Isaak Angelus (1195), sondern zwang auch den gleichnamigen Neffen und gesetzlichen Thronerben, in die Fremde zu flüchten und hier Hilfe zu suchen.

Zweite Abteilung

Vom Tod Kaiser Friedrichs I. und Salaheddins bis zum Untergang der Hohenstaufen im Abendland und der Kalifen von Bagdad im Morgenland

(1190–1268)

Erster Abschnitt

Deutschlands und Italiens Geschichte bis zum selbständigen Regierungsantritt Kaiser Friedrichs II.

(1190–1220)

Die Kämpfe zwischen der weltlichen und der geistlichen Macht, die hauptsächlich im Kaiser- und Papsttum hervortreten, der römisch-katholischen Kirche und der wissenschaftlich-religiösen Gegenpartei (Opposition), dem adligen Lehns- und bürgerlichen Städtewesen, bilden zwar wie früher als bewegende Grundkräfte den Hebel der mannigfaltigen und tiefgreifenden Begebenheiten, aber dazu gesellen sich als neue Erscheinungen die Mongolenzüge und die christlichen, aus den entarteten Kreuzfahrten hervorgegangenen Glaubensfehden (Ketzerkriege). Am Steuerruder des schaffenden und zerstörenden Zeitgeistes bleiben für Europa Deutschland und Italien, deren eng verflochtene, äußere Geschicke eben deshalb zuerst Berichterstattung fordern.

Vor dem Aufbruch ins Morgenland hatte Kaiser Friedrich seinem erstgeborenen Sohn und Nachfolger, Heinrich VI., die Huldigung der Reichsstände verschafft, in Unteritalien für die Besitznahme des normannisch-sizilianischen Erbes Maßnahmen getroffen und schließlich in Norddeutschland den Nebenbuhler seines Ruhmes, Herzog Heinrich den Löwen, eidlich verpflichtet, drei Jahre lang die Heimat zu meiden. Aber kaum war das große Kreuzfahrerheer mit seinem gefürchteten Führer abgezogen, als unversöhnliche Feinde des Welfenhauses, Erzbischöfe, Bischöfe, Äbte und kleine Lehnsträger, in dessen Stammgüter Braunschweig und Lüneburg einfielen, mit Feuer und Schwert wüteten und in dem lässigen Betragen des gleichgesinnten jungen Königs eine offene Einladung zum Bruch des beschworenen

Landfriedens erblickten. Da griff auch Herzog Heinrich, durch das Recht der Notwehr vom Eid entbunden, zu den Waffen und schiffte mit etlichen Getreuen von England nach der friesischen Küste über. Er zerstörte, bald durch beträchtliche Scharen verstärkt, die widerspenstige, nördlich von Lüneburg gelegene Stadt Bardewik bis auf den Grund und Boden, dessen öder Dom über dem Säulengang die Inschrift »Spur des Löwen« bekam (28. Oktober 1189), und setzte vier Jahre lang die Fehde mit wechselndem Glück fort.

Da geschah es, daß der gleichnamige Sohn Liebe gewann zu Agnes, Tochter des rheinischen Pfalzgrafen Konrad, der ein Stiefbruder Kaiser Friedrichs I. war, und sie mit ihrem Willen aus dem Schloß Stahleck entführte. Dieser Vorfall gab Anlaß zur endlichen Versöhnung zwischen den Welfen und den Hohenstaufen. Der ältere Heinrich empfing den ungeschmälerten Besitz des braunschweigisch-lüneburgischen Erbes und der jüngere die Nachfolge an der rheinischen Pfalzgrafschaft (1194). Dennoch blieb die Eifersucht der beiden mächtigsten Geschlechter Deutschlands bestehen, zumal nach dem Tod des welfischen Stammhalters (6. August 1195)* die Ehr- und Herrschsucht der Hohenstaufen diesseits wie jenseits der Alpen schrankenlos hervorbrach und neue Verwicklungen erzeugte. Denn bei kleinem und schmächtigem Körper gesund und abgehärtet gegen Beschwerden, von Natur aus unkriegerisch, aber rastlos und geschickt, Zwietracht zu stiften, war Heinrich überaus habgierig, doch nicht um des Goldes willen, sondern um durch diese käufliche Seelen zu gewinnen. Er war grausam in der Rache und daneben so milden Gemüts, daß er die zartesten Lieder dichten konnte. Seinen Freunden und Dienern gegenüber war er getreu, aber unfähig, offen und ohne Rückhalt bald zu strafen, bald zu belohnen. Trotz der ängstlichen Beachtung des äußeren Kirchengesetzes war er ein Freigeist und Verächter des Papstes. Meistens war er finster und in sich gekehrt, aber bei einzelnen Gelegenheiten heiter und beredt. Bei aller Abneigung gegen Bürger- und Freistädtetum war er dennoch kein Freund des Adels. So geartet, verfolgte Heinrich einen Lebensplan: die Erhöhung der womöglich erblichen Kronmacht in Deutschland und Italien.

Dazu boten besonders die Wirren, die in Sizilien und Neapel dem Tod des letzten Normannenkönigs, Wilhelms II. (Dezember 1189), folgten, Gelegenheit. Während nämlich die deutsche Partei,

---

* Heinrich der Löwe ging wie Friedrich I. in die spätere Volkssage der Deutschen ein, denn auch er hatte in die Geschichte sein Gedächtnis mit ehernen Zügen eingezeichnet. Vgl. das schöne Gedicht: Heinrich der Löwe, von Michel Wyßenhere bei Maßmann. Denkmäler deutscher Sprache und Literatur, 1. Heft, S. 122–137.

den Erzbischof Walther von Palermo an der Spitze, den Erbvertrag billigte und dem Hohenstaufen Treue schwor, wählte unter der Leitung des Kanzlers Matthäus die Mehrheit des Adels und der Städte den Grafen von Lecce, Tankred, einen Seitenabkömmling des alten Fürstenhauses, an das Reich, entschlossen, dessen Unabhängigkeit mit allen Kräften zu verteidigen (1190). Auf diese Nachricht überstieg König Heinrich, von einem beträchtlichen Heer begleitet, die Alpen. Er beruhigte die argwöhnischen Lombarden durch Geschenke und Verheißungen und gab, um die Kaiserkrone zu gewinnen (April 1191), Tusculum der Rache des römischen Volkes preis, fand aber trotz des kirchlichen Segens unter den Mauern Neapels und der meisten Burgen Apuliens so hartnäckige Gegenwehr (Mai bis August), daß Krankheiten und Niederlagen zur schimpflichen Rückkehr in die Heimat nötigten.

Doch diese günstige Zwischenzeit wurde von den Siegern nicht genutzt. Sie sanken vielmehr, statt einträchtig zu handeln, aus Eifersucht und Eitelkeit in wachsenden Hader und verloren mit Tankreds Tod (1194) auch das letzte schwache Band äußerer Einheit. Davon benachrichtigt, warb der Kaiser zum Teil mit dem Lösegeld des Richard Löwenherz ein neues, stattliches Heer an, das die waffenkundigsten Ritter, wie Graf Diepold, Markward von Anweiler und Bertold von Königsberg, befehligten. Er nahm zahlreiche Scharen zuchtloser Pilger aus allen Ländern der Christenheit mit Genehmigung des Papstes in Sold und verstärkte die Flotte durch die Zuzüge Genuas und Pisas. Bald darauf zwang er, von der Land- und der Seeseite her anstürmend, Neapel und Salerno nach kurzer Gegenwehr zur Übergabe, schlug, bald Meister Apuliens, Kalabriens und Kampaniens, den sizilianischen Adel bei Katana auf das Haupt und empfing zu Palermo, das mehr durch List denn Gewalt gewonnen war, am 21. Oktober die feierliche Krönung.

Ein hartes Los traf jetzt die Besiegten. Tankreds unmündiger Sohn und Erbe, Wilhelm, wurde über die Alpen gesandt, zu Chur in Graubünden geblendet und von hier für lebenslängliche Haft nach dem Schloß Hohenembs abgeführt. Die Mutter des Knaben, Sibylla, wurde mit ihrer Tochter dem Ottilienkloster zu Homberg im Elsaß übergeben, so daß selbst der Name des normannischen Königshauses im Gedächtnis der Zeitgenossen untergehen mußte. Ein noch grausameres Schicksal erlitten bei dem steigenden Haß zwischen Deutschen und Welschen die gefangenen Führer der Nationalpartei, die man auslöschen, nicht versöhnen wollte. Daher wurden etliche, wie der Graf Richard von Acerra, gehängt, andere, wie der Freiherr Margarita, geblendet und eingekerkert, ja, einige des

Hochverrats überführte Edle lebendig geschunden und verbrannt. Einem anderen Unglücklichen, der nach der Oberherrschaft gestrebt haben sollte, wurde eine Krone aufgesetzt und mittels eiserner, in die Schläfen eingetriebener Nägel befestigt. Dabei fanden grenzenlose Gewalttätigkeit der Soldknechte statt, die straflos morden und rauben, ja, bei der Einnahme Katanas Frauen, Kinder und Greise in der heiligen Agathenkirche verbrennen durften, und schamlose Erpressungen, deren Ertrag mit dem in den Schatzgewölben Palermos gefundenen Gold, Silber und Edelgestein über die Alpen ins Schloß Trifels am Rhein gesandt wurde.

Durch dermaßen unnachsichtig, oft grausame Strenge Herr Süditaliens, das zitternd gehorchte, versuchte Heinrich in Deutschland seine Macht durch List zu vergrößern und begehrte nach seiner Heimkehr die Erblichkeit der Krone. Dafür sollten Sizilien und Neapel auf immer mit dem Reich deutscher Nation vereinigt bleiben, auch Töchter und entfernte Seitenverwandte eröffnete Lehen besitzen und die Bischöfe durch einen letzten Willen frei über ihr bewegliches Gut, das bisher der König eingezogen habe (Spolienrecht), verfügen dürfen. Aber weltliche und geistliche Herren, jene die sächsischen Fürsten, diese den Papst an der Spitze, widerstrebten hartnäckig einem Vorschlag, der zugunsten des Königtums die Rechte der einzelnen stürzen und alle seit den Tagen der Väter gültigen Schranken zerstören sollte.

Doch ruhte der Hohenstaufe, keineswegs entmutigt durch das Mißlingen seiner ehrgeizigen Pläne, nicht eher, als bis er auf einem Reichstag für seinen dreijährigen Sohn Friedrich die Nachfolge, obschon unter Bedingungen, gewann und für seinen jüngsten Bruder Philipp die Verwaltung des Herzogtums Schwaben erwarb. Bei so gespannten Verhältnissen gab der plötzliche Tod Heinrichs, der in Messina, wahrscheinlich an Gift, starb, das Zeichen zu neuen Wirren diesseits und jenseits der Alpen (28. September 1197). Während nämlich in Deutschland etliche Fürsten, unter ihnen die Herzöge von Bayern, Zähringen und Sachsen, gemäß dem Wunsch des sterbenden Kaisers dessen gutmütigen, aber kraftlosen Bruder, Philipp, anfangs zum Reichsverwalter, danach bei wachsender Parteibildung zum König erwählten, stimmten die welfisch und kirchlich Gesinnten, hauptsächlich auf Betrieb der Erzbischöfe von Trier und Köln, für Otto (IV.), den streitbaren Sohn Heinrichs des Löwen, und schworen ihm in Aachen nach feierlicher Krönung Treue (4. Juli 1198).

Sofort entbrannte eine wilde Fehde, die zehn Jahre lang unter wechselndem Glück den Ober- und Niederrhein, Lothringen und Schwaben, Franken und Thüringen durchzog und den wiedererweckten Zwist zwischen Welfen und Waiblingern in die Familien des Adels und der Bürgergemeinden verpflanzte, bei weltlichen und geistlichen Herrn den rücksichtslosesten Wetteifer in frevelhaften Gewalttaten erzeugte. So wies z. B. der Bischof Diepold von Worms Klagen über Kirchenraub mit den Worten ab: »Wenn meine Leute die Gebeine der Toten mit sich fortschleppen, dann erst werden Gotteshäuser und Friedhöfe geplündert.« Hohenstaufische Kriegsknechte setzten eine Klosternonne des heiligen Thomas nackt, den Leib mit Honig bestrichen und mit Federn behängt, auf einen Gaul und führten sie unter Hohnlachen am hellen Tage durch die Straßen des Städtchens Andernach am Rhein. Endlich vermittelte Papst Innozenz III., der bei scheinbarer Parteilosigkeit im geheimen die Welfen begünstigte, zu Quedlinburg einen Waffenstillstand, der bis St. Johannitag (24. Juni 1208) dauern sollte.

Schon drohten die Feindseligkeiten mit neuer Wut auszubrechen, als der Pfalzgraf Otto von Wittelsbach, Neffe des gleichnamigen Herzogs von Bayern, im Schloß Altenburg bei Bamberg den König Philipp heimtückisch überfiel und ermordete, nicht um des allgemeinen Besten willen, sondern um eine persönliche Beleidigung zu rächen (21. Juni). König Otto aber, offenen und redlichen Gemüts, versöhnte sich mit den Hohenstaufen. Er nahm vor der gemischten Fürstenversammlung in Frankfurt Beatrix, die Tochter seines Nebenbuhlers, zur Frau, beschwor den Landfrieden und sprach, um seine aufrichtige Gesinnung zu bewähren, die Acht aus über den Wittelsbacher, der bald danach durch den Marschall Heinrich von Kallenthin die verdiente Strafe empfing.

Kaum waren auf diese Weise in Deutschland Ruhe und Ordnung notdürftig wiederhergestellt, als die Verhältnisse Italiens neue Wirren hervorriefen und zum letzten, entscheidenden Kampf zwischen den Welfen und den Hohenstaufen Anlaß gaben. Während nämlich in Lombardien bei dem Mangel äußerer Gefahren Eintracht und Bundestreue schwächer, Parteisucht und Eigennutz aber stärker wurden und in Neapel-Sizilien unter selbstsüchtigen, rach- und habgierigen Reichsverwaltern alle Bande des Gesetzes erschlafften, stieg der Heilige Stuhl, von Innozenz III. geleitet, auf Kosten der Nachbarn binnen kurzem zum Ansehen einer weltlichen, alleinherrschaftlichen (souveränen) Macht empor, die auch die letzten Spuren der gegen den deutschen Kaiser als Schutzherrn übernommenen Lehnspflichten tilgte und für die Behauptung dieser Ansprüche leibliche wie geistliche Waffen benutzte.

Daher wurden fortan die Vögte (Präfekten) der Stadt Rom auf den Papst als wirklichen Oberherrn vereidigt, die Herzöge Konrad von

Spoleto und Markward von Ravenna gezwungen, ihre Reichslehen dem Erbe des heiligen Petrus abzutreten und die Angelegenheiten Siziliens und Neapels vor den Richterstuhl der Kirche als Oberherrin gezogen. Schließlich wurden die bisher zersplitterten Gemeinden der Toskana zu einem Bund vereinigt, dessen jeweilige Obrigkeiten (Prioren und Rektoren) ausdrücklich schwören mußten, alle Rechte und Güter des Heiligen Stuhls nach Kräften zu verteidigen und ohne dessen Genehmigung keinen König anzuerkennen.

So in Italien gesichert, nutzte der Papst die Zerwürfnisse Deutschlands. Er trat nach dem Tod Philipps als Vermittler auf und versprach Otto die Kaiserkrone, wenn er den Ansprüchen auf die Hinterlassenschaft der Bischöfe entsagen, die freie Wahl der Priester und unumschränkte Gerichtsbarkeit in geistlichen Dingen gestatten, alle Besitzungen der Kirche, namentlich in der Mark Ancona, dem Herzogtum Spoleto, der Grafschaft Bertinoro und der Fünfstadt (Pentapolis), bestätigen und endlich die oberlehnsherrlichen Rechte über Sizilien und Neapel nach Kräften unterstützen wolle. All diese Forderungen, die den Hauptgewinn der Wormser Übereinkunft (Konkordat) der weltlichen Macht entrissen, wurden leichtsinnig gewährt und zu Speyer beschworen (22. Mai 1209).

Aber kaum hatte der König, von einem beträchtlichen Heer begleitet, in Rom das Ziel seines Ehrgeizes erreicht (5. Oktober), als beim Anblick der aus Eitelkeit dargebrachten Opfer Reue erwachte und anfangs zum Wortwechsel, danach zu offenem Streit führte. Innozenz, nicht geschreckt durch die Fortschritte seines Feindes, der Ancona, Neapel, Salerno und andere Städte des Südens fast ohne Schwertstreich nahm, entband die Völker und Fürsten des deutschen Reiches von ihren Pflichten gegen das ketzerische, meineidige Oberhaupt. Er strafte die Mailänder, treue Bundesgenossen des Kaisers, mit dem Kirchenfluch und beschloß, als auch diese Waffen nicht genügten, die Erneuerung der Fehde zwischen Welfen und Hohenstaufen, von denen jene in Otto, diese in Friedrich II., dem Sohn und Erben Heinrichs VI., ihren Vorkämpfer finden sollten. Daher ist es nötig, hier die Verhältnisse Neapel-Siziliens, das fortan mit Nachdruck in die Angelegenheiten Italiens und Deutschlands eingreift, genauer zu beschreiben.

Mit dem Tod Konstantias (Dezember 1198) reiften die schon unter ihrem Gemahl Heinrich ausgestreuten Samen innerer Zerwürfnisse und Unordnungen rasch einem furchtbaren Durchbruch entgegen. Die Kaiserin nämlich hatte im Vorgefühl der Wirren, die im Gefolge der Minderjährigkeit aufzutreten pflegen, im letzten Willen den Papst Innozenz zum Vormund ihres vierjährigen, einzigen Sohnes Friedrich bestellt und daneben gestattet, daß der Römische Stuhl als Oberlehnsherr jährlich einen gewissen Zins (30 000 Taranen) vom Reich Neapel-Sizilien erheben dürfte. Diese Verordnung, die teils die Hoheitsrechte der normannischen Krone aufopferte, teils den Nationalstolz des eingeborenen Adels tief verwundete, gab das Zeichen zur Entfesselung des wildesten Parteigeistes. Denn die einen trachteten unter der Führung des Markgrafen von Ancona, Markward von Anweiler und des Grafen Diepold die Regentschaft an Deutsche zu bringen, die anderen, einhellig in ihrem Haß gegen die Fremden, schlossen sich, vielfach verschieden an Grundsätzen und Neigungen, bald der Kirche, bald der Weltlichkeit an oder liehen, was gewöhnlich begegnete, ihren besonderen Gelüsten die Farbe des öffentlichen Wohls und der volkstümlichen Ehre.

Sofort geriet bei dem steigenden Hader die ganze Verfassung aus den Fugen und öffnete dem zügellosesten Faustrecht ungehemmten Spielraum. Mord, Brand und Raub durchzogen Städte und Dörfer, Paläste und Kirchen. Kein Alter und Geschlecht wurde verschont, kein Eid und Vertrag geachtet, während, um die Leiden des Bürgerkriegs zu steigern, sarazenische Scharen von den Gebirgen herabstürzten und frühere Niederlagen an den zwieträchtigen Christen rächten. Aber diese, statt den gemeinsamen Feind zu züchtigen, überboten einander in den Künsten der Zerstörung und wetteifernder Grausamkeit an den Besiegten. So wurden etliche gehängt oder erwürgt, andere gespießt oder gevierteilt, ja lebendig beerdigt. Sogar die Ruhestätte der Toten fand keinen Schutz gegen frevelhafte Entweihung. Man durchwühlte Kirchhöfe und Gräber und warf halbverweste Leichen den Raubvögeln vor.* Feldbau und Gewerbe rasteten, nur Schanzen und Mauern gewährten einige Sicherheit.

Mitten unter diesen Greueln und Gewalttätigkeiten der Parteien wuchs Friedrich auf, in Palermo bald von den Häuptlingen der Kirche, bald der Fremde oder des eingeborenen Adels als Werkzeug mißbraucht. Obwohl in allem, was Erziehung und Unterricht fordern, schmählich vernachlässigt, reifte er dennoch wegen der natürlichen Kraft und Geistesstärke so frühzeitig zum Mann heran, daß er im vierzehnten Jahr mittels eines Rundschreibens sein Elend beklagen und die Hilfe der fremden Fürsten anrufen konnte. Treulose Diener, hieß es unter anderem, hätten das Los geworfen über des Königs Person und Gewand. Ein Lamm werde von hungrigen Wöl-

* Nach Handschriften der Wiener Hofbibliothek. Cod. phil. 187, fol. 13, 14.

fen bedroht, eine vater- und mutterlose Waise in knechtischer Vormundschaft gehalten und hier von den Deutschen, dort von den Welschen an seinem Erb- und Hausrecht gekränkt.

Diese entschiedene Sprache wirkte endlich. Innozenz, der bisher mit väterlicher Zuneigung den Pflegesohn geleitet und an kindliche Ehrfurcht gegen die heilige Kirche als Herrin des Reiches Sizilien gewöhnt hatte,* griff zu dem einzigen Heilmittel und erklärte sein körperlich wie geistig der Knabenzeit entrücktes Mündel für volljährig (1209) und vermählte ihn bald darauf mit der klugen und schönen Tochter des Königs Peter von Aragonien, Konstantia. Fortan änderte sich schnell die noch unlängst rettungslose Lage Siziliens und Neapels. Milde und Strenge, Ordnung und Gerechtigkeit entwaffneten binnen kurzem den grauenhaften Parteienkampf und führten die Herrschaft des Gesetzes zurück. Alle eigenmächtig erbauten Burgen wurden bis auf den Grund zerstört, die Wälle und Mauern abgetragen und die Gräben gefüllt. Alle gegenseitigen Unbilden wurden der Vergessenheit überliefert und die ins Ausland Geflüchteten liebreich eingeladen, innerhalb bestimmter Fristen heimzukehren. »Denn«, lautete die darauf bezügliche Kundmachung, »der Vater ist im Sohn wiedergeboren, das Dunkel der Nacht vom Strahl der Sonne vertrieben, das Unkraut von der frisch grünenden Saat erstickt. Unter dem Schutz des Friedens lebt die Eintracht wieder auf, der Haß schläft, eherne Riegel halten den verstummten Krieg gefangen.«**

Während Friedrich so Süditalien beruhigte und in den ersten öffentlichen Handlungen unverkennbare Beweise außerordentlicher Geisteskraft niederlegte, versammelten sich auf Betrieb des Papstes zu Bamberg die dem Welfen Otto feindseligen Fürsten, unter ihnen die Herzöge von Bayern und Österreich, der Landgraf von Thüringen und die Erzbischöfe von Mainz, Trier und Köln. Sie erkoren den jungen Hohenstaufen Friedrich zum König der Deutschen und sandten Anshelm von Justingen über die Alpen, um mündlich die Annahme der Wahlurkunde zu unterstützen (1211). Man habe einhellig, lautete der Inhalt, an das Reich der Deutschen berufen den edelsten Nachkömmling erlauchter Ahnen, der zwar ein Jüngling sei dem Alter nach, aber ein Greis an Geist und Kenntnissen und den

* »Deine Mutter (Konstantia)«, schrieb einmal tröstend der Papst, »hat dich unserer Bevormundung anvertraut: dafür wollen wir, weil das sizilianische Reich dem Erbteil der Kirche angehört, das Wachstum deiner königlichen Hoheit und aller Getreuen mit Fleiß fördern.« Ms. Cod. phil. 305, fol. 50 der Wiener Hofbibliothek.
** Cod. 187, fol. 13.

die Natur mit herrlichen Gaben fast wundersam und über das gewöhnliche Maß der Menschen hinaus geschmückt hätte. Schleunig möge er daher das Land seiner Väter besuchen, Gesetz und Ordnung wiederherstellen und Wunden, die leichte Mittel nicht heilen könnten, mit dem Eisen ausschneiden.* Friedrich, weder geschreckt durch die Gefahren und Mühseligkeiten der Reise noch gerührt von den Bitten und Tränen der Gemahlin, nahm die ehrenvolle Wahl an und versprach zu kommen.

Mit diesem Entschluß beginnt das öffentliche, in alle Bestrebungen seines Jahrhunderts tief verflochtene Leben eines Mannes, dessen Eigentümlichkeit im Guten und Schlimmen so außerordentlich ist, daß sie wegen des Reichtums der Erscheinungen hier eine vorläufige Übersicht fordern muß. Schon das Äußere zeigte eine ungewöhnliche Mischung nordischen und südlichen, deutschen und welschen Wesens, männlicher Würde und gewandter Anmut. Jene spiegelte sich in dem festen, regelmäßigen Gliederbau des die mittlere Länge nicht überschreitenden Körpers, in der breiten und hohen Brust, der gewölbten und freien Stirn, dem blonden Haar, dem feurigen blauen Auge, diese in den freundlichen und feinen Gesichtszügen, der frischen Hautfarbe, der Lebhaftigkeit in Gebärden und Bewegungen. Scharfsinnig und beredt, klug und tapfer in den Waffen, freigebig und gesellschaftlich, ohne jedoch zu verschwenden oder in Gemeinheit zu fallen, hatte der König daneben durch rastlosen Fleiß ebenso gründliche wie vielseitige Kenntnisse erworben. Er konnte deutsch-italienisch, arabisch, lateinisch und griechisch schreiben wie sprechen und in verschiedenen Mundarten gefühlvolle Lieder dichten. Als Gesetzgeber konnte er durch geschickte Übergänge das Alte mit dem Neuen verbinden, als Naturkundiger über Vögel und Pferde acht wissenschaftliche Beobachtungen anstellen und ordnen, als Denker die Vorurteile jugendlicher Befangenheit abstreifen und den Kampf mit der kirchlichen Riesenmacht des Zeitalters fast allein bestehen. Dagegen bildeten zügelloser Ehrgeiz und eine beinahe morgenländische Frauensucht, die oft alle Schicklichkeit verletzte, und sein Hang zur eitlen Prunkliebe die Schattenseite.

Gerade diese Durchdringung ungemeiner Tugenden und Gebrechen bezeichnet den Hohenstaufen als Träger und Mittelpunkt seines Zeitalters, das von ihm für den bei weitem größten Teil der Chri-

---

* Cod. phil. Vind. 187, fol. 73.

stenheit und selbst des Islams den Hauptanstoß kirchlicher wie staatsbürgerlicher Bewegungen empfängt und sich eben deshalb in seiner geschichtlichen Entwicklung dem Gang des einzelnen mehr oder weniger anschließt. Friedrichs Leben aber bietet drei Abschnitte dar, die auch für die Übersicht der allgemeinen Begebenheiten gelten: die Zeit des Zweifelns und Werdens (bis 1220), die Zeit der Gewißheit und Ausbildung (bis 1243) und die Zeit der Abnahme und des Untergangs (bis 1250).

Mit kleinem Gefolge verließ der siebzehnjährige König* im März 1212 Palermo, setzte nach kurzem gastlichem Aufenthalt in Rom, vom Segen des Heiligen Vaters begleitet, nach Genua über, wo er umsonst drei Monate lang durch Unterhandlungen die größtenteils mit den Welfen befreundeten Lombarden zu gewinnen suchte, und erreichte, von getreuen Wegweisern geführt, unter steten Gefahren und Beschwerden über Pavia, Cremona, Mantua und Verona den Fuß der von Ottos Partei bewachten Alpen. Auf einsamen Wegen, an Abgründen und Felsen vorbei, kam er durch das tridentinische Tal und den Engadin glücklich zu Chur in Graubünden an und eilte von hier mit etlichen Rittern, deren Zahl fortan täglich wuchs, über Konstanz und Basel ins Elsaß, wo Städte und Burgen ihm freudig huldigten. Er schloß mit dem französischen König Philipp August gegen England und die Welfen ein Schutz- und Trutzbündnis ab, durchzog siegreich Schwaben, Franken und die Rheinlande und empfing, nachdem die Franzosen in der Schlacht bei Bovines in Flandern Ottos Macht für immer gebrochen hatten (23. Juli 1214), in Aachen die feierliche Krönung (1215).

Bald danach durch den Tod von seinem edlen, aber unglücklichen Widersacher befreit (1218), richtete er alle Sorgen auf die zerrütteten Innenverhältnisse Deutschlands. Durch unerbittliche Vollziehung der Gesetze und parteilose Rechtspflege wurden Frieden und Sicherheit wiederhergestellt und die Freiheiten der Gemeinden, besonders in Schwaben, gegen Eingriffe der Großen geschützt und bisweilen erweitert. So durfte z. B. Bern im Üchtland, das nach dem Aussterben der Zähringer (1218) ans Reich fiel, aus den Bürgern den Schultheißen wählen. Auf den meisten Krongütern wurden leibeigene Knechte in freie Zinsbauern umgewandelt. Ackerbau und Handel, der letzte besonders durch Abschaffung des schändlichen Standrechts, wurden gefördert, Wissenschaften und

---

* Er wurde am 26. Dezember 1194 zu Jesy in der Region Ancona geboren.

Künste, namentlich der Helden- und Volksgesang, geehrt. Für die Befestigung der westlichen Grenzen wurden Lehns- und Erbgüter der Zähringer, wie der Breisgau, der Schwarzwald, die Waadt, das Aargau, das Wallis und das Üchtland (später die Kantone Bern und Freiburg), eingezogen und in ihren wohlerworbenen Rechten geschützt.

Dagegen zeigte die Behandlungsweise der geistlichen Angelegenheiten jugendliche Unreife des Urteils und eine widerwärtige Verbindung selbstsüchtiger Klugheit mit herkömmlichen Religionspflichten. So bestätigte Friedrich, um die Gunst der Kirche zu gewinnen, dem Heiligen Stuhl – dessen zeitlicher Inhaber, Innozenz, überdies als Wohltäter und väterlicher Freund erschien –, die Oberherrlichkeit über alle bisher erworbenen Ländereien und erkannte den geistlichen Gerichtsbann an, dem unmittelbar auch die weltliche Acht folgen müsse. Er verbot den Bau von Burgen und Schanzen, wenn nicht der Bischof oder Abt als Herr des Bezirks einwilligte, untersagte den Städten, flüchtige Leibeigene oder Hörige der Kirche aufzunehmen, und bekräftigte alle damals von den Rechtgläubigen über die Ketzer verhängten Strafen. Aber der Tod des großen Papstes (1216) befreite nicht nur den König von persönlichen Verbindlichkeiten und Rücksichten, sondern änderte auch für ihn die bisher oft sichtbare Halbheit in den Regierungsgrundsätzen und bezeichnete den Anfang von Kämpfen, die ebensosehr durch die Kühnheit der Pläne als den Aufwand der Kräfte denkwürdig geworden sind.

Bevor jedoch dieser Streit zwischen dem Fürsten- und dem Kaisertum auf der einen, der Kirche und den Republiken Lombardiens auf der anderen Seite als der eigentliche Kern im Leben Friedrichs und der Zeitgenossen beschrieben wird, ist es nötig, die Vollendung der priesterlich-königlichen Macht (Hierarchie) durch Innozenz III. oder die Amtsführung (8. Januar 1198 bis 16. Juli 1216) dieses mit Gregor VII. wetteifernden Nachfolgers am Heiligen Stuhl in gedrängten Umrissen zu schildern.

Dem alten und reichen Geschlecht der Grafen von Signia entsprossen und auf den Schulen in Rom, Bologna und Paris gründlich und vielseitig ausgebildet, besonders in der Kunde des weltlichen und kirchlichen Rechts, war er auch durch Umgang und Beobachtung vertraut mit der Natur des Menschen sowie den Kräften, Leidenschaften und Bedürfnissen des Zeitalters. Bei ungemeinem Scharfsinn und feurigem Gemüt war er nicht weniger kühn und schöpferisch im Planen als beharrlich und rasch im Ausführen. So geartet, verfolgte Innozenz seit seiner Erhebung auf den

Heiligen Stuhl nur ein Ziel: die unbedingte Herrschaft der römisch-katholischen Kirchenmacht. Sie sollte der weltlichen gebieten wie die Seele dem Leib und nicht etwa, wie einst Gregor VII. gefordert hatte, Unabhängigkeit von Königen und Fürsten erstreben, sondern diese als Belehnte der geistlichen Urquelle leiten. Für die Verwirklichung des riesenhaften Planes wurden besonders drei Mittel benutzt: Erstens wurden die bisher offenen und getrennten Grenzländer des römischen Gebiets zu einem alleinherrschaftlichen (souveränen), abgeschlossenen Ganzen verbunden, zweitens wurden die noch schwankenden oder unbestimmten Lehrsätze und äußeren Gebräuche des römisch-katholischen Christentums in einem festen, unwandelbaren Bereich zusammengezogen und drittens wurde für die Vollziehung der rechtgläubigen Beschlüsse die Kreuzfahrten von den Heiden abgelenkt und gegen ketzerische Christen teils des Morgenlands, teils Italiens und Frankreichs gerichtet und von außerordentlichen Glaubenshöfen (Inquisitionen) unterstützt.

Hinsichtlich der landesherrlichen Hoheitsrechte über das Erbteil des heiligen Petrus (Kirchenstaat) verordnete der Papst, daß ihm nicht nur die oberen und unteren Beamten Roms und der übrigen Städte huldigen, sondern auch die adligen Lehnsträger als Herrn Treue schwören sollten. Deshalb mußten der Kaiser Otto (1209) und der König Friedrich (1213) im Namen des deutschen Reiches allen Regierungsansprüchen auf die kirchlichen Gebiete feierlich entsagen und alle Lande von Radicofani bis Ceperano, namentlich die Mark Ancona, das Herzogtum Spoleto, die Grafschaft Bertinoro, die Fünfstadt (Pentapolis) und die zerstreut liegenden Güter der Gräfin Mathildis für ein unabhängiges Gebiet erklären. Auch mußte er versprechen, für den Schutz dieses freien, der römischen Kirche angehörigen Eigentums im Notfall die Waffen zu ergreifen.

Mit der Gründung eines festen, trotz der baldigen Streitigkeiten unerschütterten Besitzstands im Herzen Italiens nicht zufrieden, behauptete Innozenz die Lehnsoberherrlichkeit über Sizilien, Portugal und Aragonien, dessen König, Peter II., 200 Goldgulden Jahreszins zahlen mußte. Er zwang England unter dem schwachen Johann zu derselben Demütigung (1213) und zertrümmerte, wie der spätere Bericht zeigen wird, durch Venezianer und Franken das griechische Kaisertum. Allerdings konnten weltliche Krieger und Dienstmannen keine verläßliche Hilfe gewähren. Die Kirche, ihrem Grundwesen nach eine sittlich-religiöse Anstalt und geistliche Körperschaft, bedurfte der gleichartigen Waffen: einer zahlreichen, wohlgegliederten

Lehnsmiliz vereidigter Angehörigen oder der Mönchsorden. Bisher hatten diese meistens nach der Regel Benedikts zwar bedeutende Verdienste um die Ausbreitung des Christentums, Gewerbe und Wissenschaften erworben, aber die auf Herrschertum gerichteten Bestrebungen des Heiligen Stuhls schon deshalb nur schwach unterstützt, weil sie eben wegen ihres werktätigen (praktischen) Lebens auf der Grenzscheide der Weltlichkeit und Priesterschaft standen und keinen unmittelbaren Oberen anerkannten als die jeweiligen, aus freier Wahl hervorgegangenen Meister (Äbte). Dagegen mußte das Papsttum in seiner neuen Richtung Klostergeistliche suchen, die zu unbedingtem Gehorsam verpflichtet waren. Als Bettler nur auf die Mildtätigkeit der Gläubigen angewiesen, sollten sie allen besonderen Vorteilen einer unabhängigen Körperschaft entsagen und durch Beichte wie Predigten das gemeine Volk für die vorgezeichneten Zwecke leiten.

Von solchen Gedanken bewegt, traf Innozenz mittels eines glücklichen Zufalls zwei durchaus geeignete Werkzeuge. Zuerst nämlich bat der spanische Edelmann Dominikus Guzman um Erlaubnis, für die Reinheit des katholischen Glaubens und den Nutzen des Heiligen Stuhls eine Gesellschaft zu stiften, die als äußeres Abzeichen ein weißes Skapulier mit schwarzem Mantel tragen, die Ketzer bekämpfen und von den Gaben der Frommen in christlicher Demut leben sollte (1208). Nach angemessener Prüfung wurde das Verlangen gewährt und der erste Bettelmönchorden, dessen Vorsteher (Prior) in Rom wohnte und unbedingte Macht über die Brüder besaß, angewiesen, durch Beichtstuhl und Predigt (daher Predigermönche, in Frankreich Jakobiner), Glaubensgerichte und Scheiterhaufen den besonders in Südfrankreich herrschenden Irrlehren zu begegnen. Fast gleichzeitig trat Franz von Assisi (gest. 1226) nach ähnlichen Grundsätzen als Stammvater der Franziskaner (Minoriten, Kleine) auf, die in grobe, mit Stricken umgürtete, braune Kutten (daher Stricktträger, *cordeliers* bei den Franzosen) eingehüllt waren und selbst bei strenger Kälte barfuß gingen (Barfüßer). Bald erschienen sie als glückliche Nebenbuhler der Dominikaner und gewannen in allen Ländern der Christenheit schon binnen etlichen Jahrzehnten Spielraum.* Aus ihnen gingen später bei wachsendem Zwiespalt die Kapuziner hervor, während die der Heiligen Jungfrau geweihten Serviten den Do-

* 100 Jahre nach der Stiftung zählte der Orden 2203 Klöster und 30 696 Mönche. 6600 Kapuziner wohnten in 662 Klöstern. Geddes, Miscellaneous tracts.

minikanern entsprossen und die Augustiner (um 1250) dem üppig wuchernden Baum der Bettelorden die Krone aufsetzten.

Auf diese Weise mächtig geworden als Landesherr und gestützt auf die ebenso zahlreiche wie tätige Dienstmannenschaft der Priester und Mönche, konnte Innozenz den zweiten Hauptschritt tun und als kirchlicher Gesetzgeber für Lehre und äußere Zucht (Liturgie) auftreten. Denn von Tag zu Tag wurde die Gegenpartei des römisch-katholischen Christentums stärker und drohte in Italien wie in Frankreich, in Hoch-Alemannien (Schweiz) wie am Niederrhein den stolzen Bau der früheren Jahrhunderte aus seinen Fugen zu werfen. Daher berief der Papst nach Rom eine große Versammlung von Bischöfen und Äbten, schilderte die Gefahren des Glaubens und forderte die Anwesenden – es waren über 412 Bischöfe erschienen – auf, geeignete Schutz- und Heilmittel anzuwenden. Sofort wurde der Bann geschleudert gegen alle Ketzer unter was immer für Namen und jeden, der sie beschützen oder beherbergen sollte. Zur Bekämpfung der Irrgläubigen wurde der Segen des Himmels allen Teilnehmern am Kreuzzug versprochen und mannhaft gefordert, dem heilbringenden Banner zu folgen.

Danach bekam das Gebiet der römisch-katholischen Glaubenslehre für immer seine bestimmte, unverrückbare Abgrenzung, innerhalb derer sich die Begriffe des reinen, apostolischen Christentums bewegen sollten. Demgemäß wurden zu Heilmitteln (Sakramente) der alleinseligmachenden Kirche erklärt: die Taufe als Zeichen der Wiedergeburt, die Firmung als vorläufige, vom Bischof vollzogene Weihe des jungen Christen, das aufrichtige, jährlich wenigstens einmal dem Priester abgelegte Bekenntnis der Sünden und Missetaten (Ohrenbeichte), das Abendmahl, unter einer Gestalt genommen und von der Überzeugung begleitet, daß der von Gott verordnete Priester auf geheimnisvolle, wunderbare Weise Brot und Wein in den wirklichen Leib und das wirkliche Blut Jesu Christi umwandele (Transsubstantiation), die Ehe, die fortan unauflöslich war, die Letzte Ölung und die geheiligte, von Gott unmittelbar eingesetzte Priesterschaft, an deren Spitze als geborenes Oberhaupt der Christgläubigen der Papst stehe. Was aber abweiche von diesen ewigen, unumstößlichen sieben Grundwahrheiten der allgemeinen (katholischen) Kirche, müsse ohne Rücksicht auf Ursprung und Gestaltung als ketzerisch gelten und hienieden die Strafe des Leibes durch das weltliche Schwert, jenseits des Grabes den Höllenzwang körperlicher und geistiger Pein empfangen.

Diese Beschlüsse der vierten großen Versammlung im Laterans-palast zu Rom (11.–30. Dezember 1215) bedurften jedoch, wenn sie wirken sollten, einer ebenso kräftigen wie umsichtigen Vollziehungsbehörde. Deshalb bemächtigte sich Innozenz, vertraut mit den Leidenschaften des Zeitalters, vor allem der Kreuzfahrten und gab ihnen eine gänzlich entgegengesetzte Richtung. Irrgläubige Christen, teils Welsche (Romanen), teils Griechen, traten an die Stelle irrgläubiger Sarazenen und Slawen, Bürger- und Religionskriege folgten den Kämpfen des Ehrgeizes und verschiedener Volkstümlichkeit, während Glaubensgerichte und Scheiterhaufen den grauenhaften Sieg zuchtloser Rotten zu vervollständigen suchten. Nirgends fand aber diese Entartung der Kreuzzüge freieren Spielraum als in Südfrankreich, wo auf Burgen und Städten die Gegenpartei zur Kirche (Lichtlehre)* viele und feurige Anhänger besaß, besonders zu Toulouse, Carcassonne, Bezières, Avignon, Narbonne und in dem Gebirgsländchen Alby.

Handel, Ackerbau, Gewerbe, Künste und Wissenschaften begleiteten hier mehr oder weniger die Entwicklung eines einfachen und harmlosen Christentums, das gemeinheitliche Rechte, Gültigkeit der Vernunft und der Bibel in Glaubenssachen schützte, Priester- und Papsttum, Gewissenszwang und prunkvollen Gottesdienst aber als der evangelischen Wahrheit und Liebe widerstrebend mit Nachdruck zurückwies. In diesen Grundsätzen stimmten alle, gewöhnlich Albigenser genannte Sekten (Gesellschaften) Südfrankreichs überein, um so gefährlicher der herrschenden, römisch-katholischen Kirche, je fleißiger und bildsamer die meisten Absonderer sich zeigten und je glänzender die Sündhaftigkeit auftrat, mit der sie bisher allen Verfolgungen getrotzt hatten.

Dazu kam, daß die enge Verbindung der provenzalischen und limousinischen Gemeinden mit den oft anders genannten Glaubensgenossen des Piemont (Waldenser), der Lombardei (Katharen, Patarener) und Aragoniens gleichsam eine weit ausgebreitete und wohlgegliederte Verschwörung gegen den Altar und den Thron der Rechtgläubigen darzustellen drohte. Denn strenges Lehnswesen mit seiner Leibeigenschaft und Hörigkeit war den Ketzern ebenso verhaßt wie die weltliche und geistliche Hoheit des Heiligen Stuhls, der schon deshalb bei Fürsten und Rittern leicht Bundesgenossenschaft für die Bekämpfung des gemeinsamen Feindes finden mußte. Schließlich reizte auch der bedeutende Wohlstand des albigensischen Bürgers und Landmanns den Neid und die Habgier der

---

* Siehe S. 399 ff. in diesem Band.

Nachbarn, während der französische König Philipp August längst gierige Blicke auf das reiche Erbe des den neuen Lehren anhängenden Grafen Raimund (V.) von Toulouse geworfen hatte.

Jedoch blieben die ersten Raubzüge der Katholischen, die eine in Narbonne gehaltene Kirchenversammlung (1179) zu den Waffen entbot, erfolglos, denn es fehlten Zucht und Zusammenhang. Daher versprach Papst Innozenz durch offene Ausschreiben allen Teilnehmern an der Kreuzfahrt vollkommenen Sündenablaß und forderte den König Philipp sowie die Fürsten und Ritter feierlich auf, durch Feuer und Schwert die Irrgläubigen zu vertilgen, die, nicht zufrieden mit der Ausbreitung ihrer heillosen Grundsätze, den Bevollmächtigten der Kirche, Peter von Castelnau, freventlich erschlagen hätten.

Sofort rüsteten in allen Landschaften Frankreichs wetteifernd Laien und Priester. Selbst Graf Raimund von Toulouse mußte, weil bei ihm damals die Furcht Pflicht und Ehre überwog, gegen sein eigenes Volk waffnen. Danach brach das zahlreiche Kreuzfahrerheer unter der Führung eines päpstlichen Legaten vom Sammelplatz Lyon gegen den Süden auf (Juni 1209), erstürmte Bezières, wo 17 000 Menschen ohne Rücksicht auf Alter und Geschlecht niedergehauen oder verbrannt wurden, besetzte das von den Bewohnern verlassene Carcassonne nebst den Burgen der Umgegend und kehrte, mit Beute beladen, meistens in die Heimat zurück, während Simon von Montfort, ein roher, grausamer Ritter, als Statthalter der Kirche die Bewachung der eroberten Städte und Landschaften übernahm.

Aber nicht lange trugen diese das Joch der schamlosesten Gewaltherrschaft, die entgegen dem Vertrag die Grafen von Toulouse und Foix ihres Erbes beraubte und unter dem Vorwand der Ketzerei willkürlich schuldlose Hausväter brandschatzte und einkerkerte. Also griffen bald Adel und Volk, besonders in Alby, zu den Waffen. Sie überfielen, ermordeten und zerstreuten die Besatzungen der Städte und Burgen, wobei sie nicht selten an den Gefangenen das schrecklichste Wiedervergeltungsrecht übten. So wurden in Alby sechs Ritter, sechzig Knappen und ein Priester unter dem höhnenden Ruf: »Hilf, heilige Metze Maria!« verbrannt, andere dem römisch-katholischen Glauben Getreue an Augen, Händen und Füßen verstümmelt.

Um solche Schmach zu rächen, brachen zweimal die Kirchlichen (1210, 1211) in hellen Scharen gegen den Feind auf. Sie überlieferten viele Gefangene dem Feuer oder dem Galgen, konnten jedoch keine Entscheidung herbeiführen. Um diese zu beschleunigen, verkündigten die nach Rom beschiedenen Boten der gesamten rechtgläubigen Christenheit einen allgemeinen Kreuzzug und schleuderten den Bann gegen die Albigenser, ihre Hehler und Beschützer. Niemand sollte sie beherbergen, kein Trost den Sterbenden aufrichten, kein Begräbnis den in Sünden Hingeschiedenen ehren, keine Glocke zur Stunde des Gottesdienstes rufen, sondern über dem ganzen Land der geistliche Fluch (Interdikt) ruhen (1215).

Sofort entbrannte eine furchtbare, von allen Greueln der Schwärmerei begleitete Fehde, die jahrelang ohne sicheren Ausgang schwankte. Denn während Mönche und Priester unaufhörlich den Katholischen frische Rotten hab- und blutgierigen Volkes zuführten und in den französischen Königen Philipp und Ludwig (VIII.) treue Bundesgenossen fanden, verjagten die Neugläubigen, von den Aragonesen tätig unterstützt, den Schrecken des Landes, Simon von Montfort, aus Toulouse (1217), trieben nach dessen baldigem Tod ein zahlreiches Kreuzfahrerheer von den Mauern der eben genannten Stadt zurück und eroberten die meisten Burgen der Umgegend (1219). Doch der Tod des klugen, tapferen und standhaften Grafen Raimund (V.) von Toulouse änderte schnell die Verhältnisse (1222). Denn die Katholischen nutzten ohne Zaudern die Blößen des jetzt führerlosen Feindes. Sie erstürmten nach der heftigsten Gegenwehr Avignon, brachen die Türme, Mauern und festen Häuser und drangen unter blutigen Gefechten durch die Provence bis zur Nachbarschaft von Toulouse vor (1226).

Da verzweifelte der junge Graf Raimund (VI.) am Glück, tat schimpfliche Kirchenbuße und überließ den größten Teil seiner Erbgüter in Languedoc dem französischen Kronschatz (1229). Fortan sank auch die Ausdauer der Städte und Bauern. Toulouse, Carcassonne und Alby gelobten Unterwerfung. Viele schworen ihrem Glauben ab, andere flüchteten nach Piemont und Lombardien, noch andere starben als Blutzeugen in den Kerkern und auf den Scheiterhaufen der mittlerweile von den Katholischen zuerst verordneten Glaubensgerichte (Inquisition). Es gebot nämlich die in Toulouse gehaltene Kirchenversammlung, daß die Erzbischöfe und Bischöfe für jede Gemeinde in der Stadt und auf dem Land eine bisher unbekannte Behörde einsetzten, deren Mitglieder, ein Priester und zwei oder drei bewährte Laien, nach abgelegtem Eid der Treue und Wachsamkeit bei Tag wie bei Nacht Ketzereien aufspüren und verdächtige Häuser, Erker und Keller untersuchen sollten. Irrgläubige und Hehler derselben sollten sie ohne Säumnis verhaften und den geistlichen oder weltlichen Gerichten zur schleunigen Bestrafung überliefern.

Es bedarf keines Beweises, daß die gleichzeitige und zusammenhängende Wirksamkeit dieser polizeilichen Gewissensräte den Lebenskeim der in Südfrankreich aufgegangenen Bewegung erreichen und allmählich töten mußte. Ferner wurde jeder Christ ohne Rücksicht auf sonstige Verschiedenheit unter kirchliche Aufsicht gestellt. Denn alle zwei Jahre mußten Männer und Frauen, von denen jede Pfarrgemeinde ein genaues Namensverzeichnis führte, vor dem Bischof oder dessen Bevollmächtigtem schwören, daß sie den römisch-katholischen Glauben treu bewahren und jeden Ketzer nach Kräften verfolgen und entdecken wollten. Diese Verfügung, streng vollzogen, hatte die besondere Absicht, Mißtrauen und Zwiespalt in die Familien zu pflanzen, deren Geheimnisse und Angelegenheiten noch auf eine andere Weise Öffentlichkeit bekamen. Denn es sollten jährlich dreimal Männer und Frauen dem Priester ihre Sünden beichten und das heilige Abendmahl nehmen, Nachlässige aber in den Verdacht der Ketzerei fallen. Diese sprach man endlich jedem Laien zu, der die Schriften des Alten und Neuen Bundes, vorzüglich in der Landessprache, lesen oder im Hause behalten würde.*

Während auf diese Weise die römisch-katholische Kirche durch Waffenmacht und Glaubensgerichte das Bollwerk der Gegenpartei, Südfrankreich, zertrümmerte, bereitete ihr Innozenz im Südosten Europas einen ebenso glänzenden wie folgenreichen Sieg über das griechisch-morgenländische Christenbekenntnis, teils durch Leitung der fünften großen Kreuzfahrt, teils durch Schutz- und Trutzbündnis mit den ehrgeizigen Plänen des erobernden Freistaats Venedig. Um nämlich dem stockenden Krieg in Palästina neuen Nachdruck zu geben, ließ der Papst in Deutschland, Italien und Frankreich durch Fulko von Neuilly und außerordentliche Boten das Kreuz predigen, Ablaß versprechen und Geldbeiträge der bisher steuerfreien Geistlichen mit solcher Kraft eintreiben, daß bald diesseits wie jenseits der Alpen ansehnliche Scharen kampfbegieriger Pilger zum Aufbruch gerüstet standen. Dieser sollte nach einer vorläufigen Übereinkunft in zwei Heersäulen gegen Damiette, den Schlüssel Ägyptens, gerichtet werden. Während nämlich die Franzosen, unter ihnen die Grafen von Blois, Champagne, Chartres und Flandern, über Italien auf den Schiffen einer hier befreundeten See-

---

* Selbst Psalter und Brevier sollten nur im Lateinischen gestattet sein, »*sed ne praemissos libros habeant in vulgari translators*«, d. h. »sie sollen aber nicht Übersetzungen der genannten Bücher behalten.« Siehe die Beschlüsse bei d'Achery, Spicileg., I, 711.

macht den Ort ihrer Bestimmung erreichten, wurde die Flotte der Deutschen angewiesen, an Spanien und Portugal vorbei durch das Mittelmeer nach Ägypten zu steuern und sich vor Damiette mit den Kreuzgenossen zu vereinigen.

Sofort eilte eine Botschaft der französischen Pilger, an ihrer Spitze der erwählte Oberbefehlshaber Graf Thibaut von Champagne und der Marschall dieses Landes, Gottfried von Villehardouin, nach Venedig, um hinsichtlich einer schleunigen und angemessenen Überfahrt die nötigen Vorkehrungen zu treffen. Nach kurzer Unterhandlung schloß der kluge, streitbare und ehrgeizige Doge Heinrich Dandolo, der damals den Freistaat leitete (1192–1205), einen scheinbar großmütigen und offenen, in der Tat aber eigennützigen und hinterhältigen Vertrag ab. Für die Summe von 85 000 Mark in Silber, die jedoch im nächsten April vorausbezahlt werden müßten, sollte die Republik 4500 Ritter, 7000 Knappen und 10 000 Fußknechte nach Ägypten überführen, daneben 50 Schiffe für den Heidenkrieg stellen und an etwaigen Eroberungen ihren gebührlichen Anteil bekommen.

Danach versammelte Dandolo, um der vorläufig getroffenen Übereinkunft Würde und Öffentlichkeit zu geben, anfangs den kleinen, darauf den großen Rat und zuletzt die Bürgergemeinde, die mit den Gesandten zur Markuskirche beschieden und nach Anrufung des heiligen Geistes ermahnt wurde, unter Gebet und göttlicher Hilfe eine der Christenheit und dem Ruhm Venedigs angemessene Entscheidung zu geben. Alles Volk fiel auf die Knie und flehte mit Inbrunst zu Gott um Segen und Erleuchtung in dieser hochwichtigen, dem gesamten Christennamen teuren Angelegenheit. Sofort traten die französischen Abgeordneten, von denen Villehardouin das Wort führte, ein, knieten vor der Gemeinde, wiederholten ihre Bitte und bekräftigten sie durch Tränen und lautes Schluchzen. Da reckten Doge und Volk die Hände empor und riefen: »Wir gewähren es, wir gewähren es!« Des Beifalls jetzt sicher, bestieg Dandolo die Kanzel und sprach, nachdem sich das Freudengeschrei gelegt hatte: »Sehet an die Ehre, die euch Gott erweist! Die tapfersten und biedersten Ritter der Welt, alle anderen Völker und Fürsten vorbeigehend, kommen hierher und rufen eure Hilfe für die Ausführung eines heiligen, preiswürdigen Unternehmens an.« Ohne Widerrede billigte die Gemeinde den Vertrag, der in zwei Abschriften niedergelegt und von beiden Teilen auf die Evangelien feierlich beschworen wurde (1. April 1201).

Freudig kehrten die Botschafter, zumal auch der Papst als kirchliches Oberhaupt die verbriefte und besiegelte Übereinkunft genehmigt hatte, in die Heimat zurück. Alles rüstete.* Da bereitete der plötzliche Tod des Grafen Thibaut Zaudern und Ungewißheit. Viele Pilger brachen ihr Gelübde und vergeudeten das für die Fahrt bestimmte Geld. Endlich um Pfingsten (1202) trat das französische Heer unter dem Oberbefehl des italienischen Markgrafen Bonifaz von Montferrat den Zug nach Venedig an, wo sich mittlerweile auch beträchtliche Scharen deutscher Wallbrüder versammelt hatten. Ritter und Gemeine begehrten nach kurzer Rast ungestüm von dem Dogen Dandolo das Zeichen zum Aufbruch. Doch jener antwortete zögernd, die Schiffe seien noch nicht bereit. In der Tat aber war seine Absicht, durch den kostspieligen Aufenthalt die Verlegenheit der Pilger zu steigern. Endlich erklärte Dandolo, die Maßnahmen zur Abfahrt seien vollendet und nichts hindere, wenn man gemäß dem Vertrag das ausgehandelte Geld vorausbezahlt hätte. Daran fehlten jetzt als Rückstand 34 000 Mark, für deren spätere Abtragung umsonst Geduld und Nachsicht begehrt wurden.

Sofort gab es neuen Aufschub und wachsende Zwietracht im Heerlager der Pilger, von denen etliche Aufbruch, andere Rückkehr forderten. Umsonst legten die Grafen Balduin von Flandern, Hugo von St. Pol und andere edle Herren ihr Silbergeschirr in dem allgemeinen Säckel nieder. Die Lücke blieb und mit ihr die Verlegenheit der Wallbrüder. Diesen Augenblick nutzte der schlaue, alles nach dem Vorteil und Ruhm seiner Vaterstadt berechnende Doge. Venedig, sprach er zu den Führern des Kreuzheeres, werde gerne die rückständigen Kosten tragen, wenn sie ihm dafür den dalmatischen Küstenplatz Zara (Jadera), den die Ungarn unrechtmäßigerweise an sich gebracht hatten, erobern und dadurch den ausgehandelten Fahrlohn abverdienen wollten.

Anfangs erschraken Ritter und Knechte vor dem Gedanken, Christenblut zu vergießen, aber allmählich wichen die Bedenklichkeiten der Not und den Künsten des Welschen. Dandolo nämlich, im Einverständnis mit beiden Räten, versammelte das zweitemal in der Markuskirche die Bürgergemeinde mit den Hauptleuten der Pilger. Er bestieg vor dem Beginn der feierlichen Messe die Kanzel und erklärte seine Bereitwilligkeit, trotz des hohen, gebrechlichen Alters für die Ehre Gottes dem Banner des Heils zu folgen. Da erscholl die Kirche vom Jubelgeschrei des Volkes und der fremden Pilger, die den Eifer des frommen, fast blinden Greises priesen und seiner Füh-

* L'histoire de Villehardouin, Lyon 1601, S. 4.

rung zu gehorchen versprachen. Sofort trat dieser vor den Altar und ließ sich ein großes Kreuz anheften, so wie es viele angesehene Herren Venedigs taten (6. September). Vergeblich erhob dagegen Innozenz gegen den auf Zara beschlossenen Angriff Einsprache. Obschon mehrere Scharen deutscher und französischer Wallbrüder, die unzufrieden waren mit der Richtung des den Heiden bestimmten Zuges, das Lager verließen und teils nach den Häfen Apuliens, teils nach der Heimat eilten, blieb dennoch der Gewalthaufen, von Not, List und Abenteurerei bezwungen.*

So erschienen endlich über 300 Schiffe Venedigs. Unter Hörner- und Trompetenschall, die Segelstangen und Masten mit vielfarbigen Fahnen geschmückt, lichteten sie die Anker (8. Oktober 1202) und führten das abendländische Heer nach Dalmatien, wo Triest und Zara nach heftiger Gegenwehr gestürmt und geplündert wurden. Auf den Türmen wehte fortan die Fahne Venedigs (18. Dezember).

Der Papst aber, getäuscht in seinen Hoffnungen, schleuderte den Bann gegen Dandolo und die Wallbrüder, da sie entgegen dem Gelübde Christenblut vergossen hätten. Jedoch kümmerte sich bei steigender Zuchtlosigkeit niemand um die Folgen der geistlichen Acht, die, wenn sie Ernst beabsichtigte, früher hätte kommen müssen. Dies zeigte sich auch bald in dem Betragen des kirchlichen Oberhaupts gegen die fremden Kreuzfahrer. »Heiliger Vater«, sprachen nämlich deren nach Rom entsandte Boten, »die Herren des heiligen Zuges bitten euch demütig, ihr wollet sie wegen der Eroberung Zaras entschuldigen. Denn sie handelten aus Not und um die Heerfahrt nicht aufzulösen. Gebt ihnen als ein guter Hirte weiteren Bescheid!« Innozenz antwortete gnädig, verhieß Aufhebung des Banns, mahnte zum einträchtigen Ausharren und verlieh dem Bischof Novelon von Soissons und dem Meister Johann von Noyon die Vollmacht wirklicher Kardinallegaten, so daß sie auf dem Zug gegen die Heiden mannhaft binden und lösen könnten.**

Dergestalt einstweilen sicher vor den Wirkungen des Kirchenfluchs, trat Dandolo mit einem neuen Vorschlag auf. Der unglückliche Alexius, Sohn des griechischen Kaisers Isaak Angelus, flehe um Hilfe gegen ruchlose Mörder und Empörer, die den rechtmäßigen Fürsten geblendet und eingekerkert und ihn, den Thronerben, ins

---

* Villehardouin, S. 9, 10.

** Villehardouin, S. 16: *»et lors manda as (aux) barons et as pelerins saluz, et qui les assolt (absolvait) comme ses fils et lor commandoit et prioit, que il tenissent lost ensemble.«*

Elend getrieben hätten. Jetzt forderten Pflicht und Ehre den Beistand der abendländischen Christen. Diese erhoben aber ernsthafte Bedenklichkeiten und beteuerten, daß Krieger des Kreuzes nicht Glaubensgenossen, sondern Feinde Christi bekämpfen müßten, und weigerten sich lange. Da weckte Dandolo, fest und besonnen, gleichzeitig die stärksten Leidenschaften, Gewinnsucht, Haß und Religionsschwärmerei. Konstantinopel, sprach er, biete für kurze Arbeit unermeßliche Schätze an Gold, Silber und Kostbarkeiten. Es habe von jeher die Völker des Abendlands hoffärtig und feindselig behandelt, auch die Kreuzfahrten bald offen, bald durch geheime Ränke vielfach aufgehalten und längst die Züchtigung verdient, die man jetzt Ketzern und erklärten Widersachern des römisch-katholischen Bekenntnisses laut Pflicht und Gewissen bereiten wolle. Solchen Gründen wichen zuletzt die Zweifel der Ritter, zumal der vertriebene Alexius (IV.) 200 000 Mark in Silber versprach und der Papst, einverstanden mit den Plänen des Venezianers, den Bann unter der Bedingung aufhob, daß nach der Eroberung Konstantinopels die griechische und lateinische Kirche vereinigt würden.

Sofort verließ die christliche Flotte, um Glaubensgenossen zu bekämpfen, den Hafen von Zara (7. April 1203), nahm Durazzo und Korfu, landete ohne Widerstand bei Chalkedon an der kleinasiatischen Küste gegenüber der Hauptstadt des Byzantinischen Reiches (23. Juni) und forderte den Kaiser Alexius (III.) auf, die Herrschaft dem gesetzlichen Fürsten zu übergeben. Als jener nach mancherlei Scheinunterhandlungen das Begehren entschieden zurückwies, begann der Angriff, dem die Griechen, folgsam dem Beispiel der aus Dänen und anderen Männern des Nordens gebildeten Leibwache, neun Tage lang klug und tapfer Trotz boten. Aber am zehnten (17. Juli) siegte der abendländische Ungestüm. Denn während das venezianische Geschwader die Hafenketten sprengte und den Strand besetzte, brachen Ritter und Fußknechte an verschiedenen Stellen von der Landseite her ein. Bestürzt floh Alexius mit etlichen Getreuen ans Schwarze Meer, und Konstantinopel, das wehrlos war und stundenlang geplündert wurde, huldigte dem Schützling der Franken, Alexius (IV.), der mit Einwilligung des befreiten Vaters, Isaak Angelus, die Krone erhalten hatte (11. August).

Sofort wurden den abendländischen Bundesgenossen die versprochenen Belohnungen freigebig gewährt und Venedig bedeutende Handelsvorteile eingeräumt. Die vertragsmäßigen Wünsche des Papstes aber, das griechische Kirchentum dem römischen unterzuordnen, wurde aus Stolz und aus Furcht vor der widerstrebenden Priesterschaft hartnäckig abgewiesen. Darüber zornig, gebot Innozenz im geheimen seinen Bevollmächtigten (Legaten), bei schicklicher Gelegenheit den Sturz des neuen, wortbrüchigen Kaisers befördern zu helfen und überhaupt den Nutzen des Apostolischen Stuhls sorgsam wahrzunehmen.

Dieser Befehl wurde getreulich vollzogen, das natürliche Mißtrauen zwischen Lateinern und Griechen geflissentlich genährt, zumal die steigende Hoffart jener das Selbstgefühl dieser tief verletzte und bald Wortstreitigkeiten in offene Fehde umwandelte. Denn erbittert durch den erfolglosen Versuch, die Flotte mittels Brand zu zerstören (25. Januar 1204), beschlossen die Kreuzfahrer einen allgemeinen und nachdrücklichen Angriff der Hauptstadt, wo nach dem Tod des alten, blinden Isaak der rasende Pöbel den des Einverständnisses mit den Feinden beschuldigten Kaiser Alexius ermordet und seinen gleichnamigen Kämmerer, Alexius V., wegen der zusammengewachsenen Augenbrauen das Rätsel (Murzuphulus) geheißen, an die Nachfolge berufen hatte (5. Februar).

Da forderten die päpstlichen Gesandten im Namen des Himmels blutige Rache und daß alle Streiter Christi für den Gewinn Konstantinopels Leib und Leben wagen möchten, wobei sie die Säumigen mit dem Fluch der Kirche bedrohten. Jedoch solcher Schreckmittel bedurfte man nicht, denn das Heer, entflammt von Glaubenshaß, Kampf- und Beutegier, eilte freudig zu den Waffen und begann am 9. April einen allgemeinen Sturm, den die Griechen ihrerseits mutig abschlugen. Doch drei Tage später erschlaffte die Standhaftigkeit des verweichlichten Volkes, während sich die Anstrengungen der Belagerer mit der Aussicht auf baldigen Sieg verdoppelten. Daher entfloh Alexius nach fruchtlosem Bemühen, die Seinigen für längeren Widerstand zu beleben, und Konstantinopel huldigte unter Brand, Raub und Mord den Franken (13. April), deren zwölf Mitglieder starker Wahlausschuß darauf den Grafen Balduin von Flandern zum Kaiser des neuen lateinischen Reiches erhob (23. Mai) und in geistlichen Sachen die Herrschaft des Papstes ohne Säumnis anerkannte. Jedoch sollte der jeweilige Patriarch vom Volk erkoren werden.

Reicher Lohn an Gold, Silber, Kostbarkeiten und Ländereien fiel den Teilnehmern am christlichen Kreuzzug, besonders Venedig, zu. Es gewann nicht nur den freien Handel auf dem Schwarzen Meer, die trefflichsten Bildwerke, unter ihnen vier bronzene, fortan der Markuskirche geweihte Rosse, sondern auch allmählich den ganzen Küstenstrich an der Adriatischen und Ägäischen See, einen beträchtlichen Teil Griechenlands, namentlich das alte spartanische Gebiet, und viele Inseln, wie Korfu, Zakynthos und Zephalene. Dagegen behaupteten sich die griechischen Herren zu Nicäa und Trapezunt in

Kleinasien, in den Gebirgen der Landschaft Epirus und auf einzelnen, durch Lage und Kunst geschützten Inseln.

Während so der römisch-katholische Glaube durch Waffengewalt die Herrschaft über den größten Teil Europas gewann, vergaß der Haupturheber dieser Siege, Innozenz, für denselben Zweck keineswegs die friedlichen Mittel und Künste. So leitete er den kostspieligen und erfolglosen Versuch, durch Sendboten die Sultane von Cogni und Babylon, die Tartaren und andere Völker Innerasiens zu bekehren, und sandte mit größerem Erfolg die Legaten des Heiligen Stuhls nach Norwegen, Rußland, Livland, Littauen und Preußen.* Wenn ihn nicht Regierungsgeschäfte abhielten, weihte er seine Muße den Wissenschaften, namentlich der kirchlichen (kanonischen) und weltlichen Rechtsgelehrsamkeit. Er entschied die schwierigsten Fälle ebenso unparteiisch wie scharfsinnig und stellte in seinen zahlreichen Staatsbriefen und Verordnungen den Zeitgenossen Muster richtiger Gedankenfolge und Schreibart auf, griff mit einem Wort schaffend und leitend in alle Bewegungen seines Jahrhunderts ein.

Gegenüber diesem gewaltigen Mann, der als souveräner Fürst den ausgedehnten Kirchenstaat besaß und als Papst durch Versammlungen, Mönche, Glaubensgerichte und Kreuzzüge die Gewissen der katholischen Christenheit regierte, mußte der junge Friedrich in den Hintergrund treten. Aufgewachsen unter den Augen seines geistlichen Schutzherrn und Pflegevaters, der ihn bei jeder Gelegenheit durch Rat und Tat gegen den Ehrgeiz wilder Parteien unterstützte, und frühzeitig gewöhnt an ängstliche Beachtung aller Religionsvorschriften, lebte der König so lange in schwankender Ungewißheit, bis sich seinem natürlichen Scharfblick allmählich ein Teil des kirchlichen Riesenbaus nach dem anderen enthüllte und der Tod des Papstes (1216) ihn von persönlichen Rücksichten oder Verbindlichkeiten befreite.

Doch der Hohenstaufe fand für seinen zweiten Lebensabschnitt, der die Tage der Ausbildung und Bestimmtheit brachte (1220–1243), eigentümliche Hindernisse und Mißgriffe nicht sowohl in anderen als in sich selber. Der weltliche, auf Herrschertum gerichtete Ehrgeiz nämlich verdunkelte die klare und würdige Sicht der kirchlichen Angelegenheiten. Daher wurde, um die Vereinigung Deutschlands, das den erstgeborenen Sohn Heinrich an die Nachfolge berief, und Siziliens vorzubereiten und auch daneben die Kaiserkrone zu gewinnen,

---

* Vita Innocentii III., bei Muratori, Scriptores, III, 592.

dem Papst Honorius III. nicht nur der Besitz geistlicher Gerichtsbarkeit und vollkommener Fürstenmacht über alle von Innozenz und den Vorgängern für den Heiligen Stuhl erworbenen Städte und Länder gewährleistet, sondern auch kräftige Hilfe versprochen für die Ausrottung der täglich an Zahl und Stärke wachsenden Ketzer. Dieser Vereinbarung gemäß sollten die weltlichen Behörden jeden von der Geistlichkeit als verdächtig bezeichneten Reichssassen oder Fremden sogleich einkerkern und dem priesterlichen Gerichtshof zur verdienten Strafe des Feuertodes überliefern und nach Möglichkeit Irrgläubige unter was immer für Namen zu entdecken und das schleichende Gift zu tilgen versuchen. Bettelmönche oder andere von Rom gesandte Wächter des reinen, apostolischen Glaubens sollten unter kaiserlichem Schutz stehen und von allen Getreuen die nachdrücklichste Unterstützung erhalten. Die Söhne, Enkel und Urenkel der wegen Ketzerei Verurteilten sollten ehrlos bleiben und weder Lehen noch Ämter empfangen, weil Gott Sünden der Väter auch an den spätesten Nachkommen ahnde. Die Söhne sollten ihre Eltern, jedoch ohne die Strafe der letzteren zu verwirken, anzeigen. Alle Güter der Schuldigen sollten dem Staatssäckel anheimfallen, die Wohnungen aber in Schutt zusammensinken, ohne daß sie jemals wiederaufgebaut werden könnten. Endlich sollten alle Obrigkeiten beim Antritt ihres Amtes schwören, Ketzerei nach Kräften zu verfolgen und auszurotten.*

Mit diesem schmählichen, durch Eid befestigten Vertrag bezeichnete der König, fortan zum Kaiser gekrönt (22. Dezember 1220), seine Rückkehr nach Italien, wo ihn im nächsten Jahr beinahe ausschließlich die durchgreifende Umgestaltung des normannisch-sizilianischen Erbreichs beschäftigte. Denn hier hatten Unwissenheit und Parteisucht die mannigfaltigen Hilfsmittel, die Lage, Boden und Himmel für das Wachstum des allgemeinen Wesens gewährten, gänzlich vernachlässigt und in alle Teile der Verwaltung eine ebenso große Schlaffheit wie selbstsüchtige Habgier gebracht. Adel und Priesterschaft trotzten auf ihre Vorrechte, jede freiere Entwicklung der Kronmacht einschränkend, einzelne Städte, wie Neapel, Amalfi und Palermo, auf ihre Mauern und Handelsvorteile. Niemand wußte, was rechtens war. Alles schwebte zwischen Willkür und Herkommen, wie denn deshalb straflos der Starke den Schwachen bedrängen und mitten im Zwiespalt der Christen die

* Hauptinhalt der von Friedrich 1220 erlassenen Ketzeredikte. Siehe Goldast, Constitutiones, Band I, 293, 294.

Sarazenen Siziliens von ihren Bergen herabstürzend Täler und Ebenen brandschatzen durften.

Diese vielartigen und tief eingewurzelten Mißbräuche forderten, wenn nicht die ganze bürgerliche Gesellschaft aus den Fugen geraten sollte, eine schnelle, gründliche Abhilfe, die eben deshalb gleichzeitig von verschiedenen Seiten her den öffentlichen Gebrechen begegnen und die Neuerungen an die wirkliche, geschichtlich überlieferte Lage der Verhältnisse knüpfen mußte. Daher boten allgemeine Reichsordnung und Rechtspflege, Wissenschaften und Gewerbe, Religion und Sittenzucht den dreifachen Schwerpunkt dar, um den sich die gesetzgeberische und regierende Tätigkeit Friedrichs, jetzt wie später, bald glücklich, bald erfolglos bewegte.

Daher wurden die ständischen Rechte, an denen bisher nur Adel und Geistlichkeit teilnahmen, auch auf die beginnenden Bürgergemeinden ausgedehnt. Deren Stellvertreter, für jede größere Stadt vier, für die kleineren zwei und für die Burg oder Ortschaft einer, erschienen neben den Erzbischöfen, Bischöfen, Äbten, Grafen, Freiherren und höheren Kronbeamten auf den allgemeinen Reichs- und Landschaftstagen (*curia generalis,* Parlament) und beratschlagten hier unter der Leitung eines königlichen Bevollmächtigten über Steuern, Krieg und Frieden, Bündnisse und Verträge. Sie prüften, befugt, Mißbräuche zu rügen und richterlich zu verfolgen, das Betragen der Staatsdiener und machten gemeinnützige, von der fürstlichen Bestätigung jedoch abhängige Vorschläge für Gesetzgebung und Haushalt. Sie handelten überhaupt als verfassungsmäßiger, wenn auch noch schwacher Dolmetscher des Gesamtwillens und gewährten trotz des lehnsherrlichen Übergewichts Süditalien den ersten, gesunden Keim bürgerlicher Stellvertretung.

Dagegen machte die Unabhängigkeit der Städte keine Fortschritte. Denn der König, entschlossen, in seinem Reich keine Republiken zu dulden, setzte die meisten oberen Behörden ein und erlaubte den Bürgern nur die Wahl der polizeilichen Beamten, die gute Männer oder Geschworene genannt wurden und die äußere Zucht handhabten, Spiel- und Wirtshäuser beaufsichtigten und wahrscheinlich auch das jeweilige Stadtgut verwalteten. Durchgreifende Änderungen erlitt die zerrüttete Rechtspflege, deren Unparteilichkeit bisher erst durch das Übergewicht des Adels und der Priesterschaft, dann durch die bunte Mischung römischer, langobardischer, griechischer und normannischer Ordnungen und Gewohnheiten verhindert wurde. Friedrich ließ daher durch einen Ausschuß, an dessen Spitze der spätere Geheimschreiber, Peter von Vinea, stand, vor allem ein neues, für jedermann verbindliches Gesetzbuch abfassen und auf dem Reichstag zu Amalfi (1231) feierlich in lateinischer und griechischer, nach etlichen auch arabischer Sprache verkündigen und beschwören.

Für die Vollziehung der jetzt ohne Rücksicht auf Arme und Reiche, Ritter, Handwerker und Bauern gleichen Gesetze bekam jede Landschaft *(provincia)* ihren Oberrichter *(justitiarius),* der von mehreren Unterbeamten unterstützt wurde und peinliche und bürgerliche Klagen entscheiden sollte. Dabei sollte er den ihm anvertrauten Sprengel oft bereisen, Zänker und Spieler, Säufer und Verschwender aufsuchen, warnen und, wenn sie sich nicht besserten, strafen und endlich jährlich zweimal das Gau(Landgericht)gericht versammeln. Hier durfte der Niedrigste und der Höchste erscheinen und vor dem außerordentlichen Bevollmächtigten alle Beschwerden über Beamte und verweigerte Gerechtigkeit niederlegen. Da diese unabhängig sein sollte, konnte er selbst den König anklagen, der Gleichheit vor dem Gesetz ausdrücklich geboten hatte.*

Den Mittelpunkt aller Rechtsbehörden bildete der Oberhof *(gran corte)* von Capua. Aus einem Vorsteher *(magister justitiarius)* und vier Gehilfen *(judices)* zusammengesetzt, urteilte er über Hochverrat, bürgerliche und peinliche Sachen der reichsunmittelbaren Lehnsleute, nahm die Berufungen (Appellationen) von den unteren Stellen an und entschied in einzelnen Fällen auch über Klagen auf Mord, Straßenraub, Brandstiftung und Notzucht, ohne daß die Landschaftsrichter einen vorläufigen Spruch fällten. Die Ortsrichter *(bajuli)* endlich, von den Gemeinden jährlich erwählt und vom König bestätigt,** handhabten die für Handel und Verkehr gültigen Vorschriften, sahen auf Maß und Gewicht, erhoben die geringeren Bußgelder und erledigten untergeordnete Klagen polizeilich-bürgerlicher Art. Unnachsichtliche Strenge traf den der Bestechung überführten Ober- und Unterrichter. Er verlor Amt, Gut und Ehre, und sogar das Leben, wenn er durch Geld bestochen ein falsches Todesurteil gefällt hatte.

Die Sitten des Volkes, das der üppige Himmel, der tief eingewurzelte Parteigeist und die schlaffe, wollüstige Regierung der Vorgän-

* »Die Gerechtigkeit liebte er so sehr, daß jedermann mit ihm rechten durfte und daß niemals kaiserliches Ansehen die Gleichheit vor dem Gesetz hinderte. Kein Anwalt sollte anstehen, die Sache, auch des Ärmsten, gegen die Krone zu führen. Denn dieses hatte der Kaiser ausdrücklich befohlen, der Meinung, daß die Gerechtigkeit ihm gegenüber eher müsse erhalten denn der Widersacher abgewiesen oder besiegt werden.« Gesta Friderici, bei Ekkard, Script., 1027.

** Martene, Collectio, II, 1185.

ger schmählich verdorben hatten, suchte der König nach Kräften zu läutern und vom Wust der Gemeinheit zu reinigen. Daher wurden Würfelspiel und nächtlicher Schenkenbesuch durch eigene Vorschriften untersagt, liederliche Weibsbilder außerhalb der Ringmauern angesiedelt, so daß sie weder mit ehrbaren Frauen die Bäder besuchen noch dieselben Häuser bewohnen durften, und Notzucht und gewalttätige Entführung der Bräute, Verlobten und Gott geweihten Frauen (Nonnen) mit dem Tod bestraft. Ehebrecher und Ehebrecherinnen, Kuppler und Kupplerinnen, die ehrbare Bürgerstöchter verlockten, und Mütter, die aus Gewinnsucht ihre Töchter zu Buhldirnen herabwürdigten, wurden teils an der Nase verstümmelt, teils öffentlich ausgepeitscht. Ja, der Kaiser und König, obschon selbst außerordentlich frauensüchtig, maßte sich das Recht an, über die Heiraten der Reichsten zu verfügen, und gebot, daß niemand ohne seine Genehmigung eine Fremde oder einen Fremden ehelichte, wie denn auch Grafen, Freiherren und andere Lehnsleute für jede anderweitige Verbindung um Erlaubnis nachsuchen müßten.

Gewerbe, Handel und Verkehr wurden mit Umsicht und Kraft vielfach gefördert, Straßen und Brücken neu angelegt oder ausgebessert und Kaufleute und Reisende durch Geleitbriefe und wachsame Landjäger gegen Raub und Diebstahl geschützt. Weinberge, Gärten und Saatfelder wurden unter den allgemeinen Gottesfrieden gestellt und dessen Störer an Geld und Freiheit, bisweilen mit dem Tode bestraft. Wucherer, Fälscher und Betrüger wurden unnachsichtlich und ohne Ansehen der Person bestraft. Zölle und Wegegelder wurden nach der Angemessenheit bestimmt und Gold- und Silbermünzen, um das Vertrauen (Kredit) der Fremde zu erhöhen, reiner und kunstgerechter denn jemals vorher ausgeprägt. Für den Binnenhandel wurden alle möglichen Freiheiten gegeben, für den auswärtigen Seeverkehr teils Übereinkünfte mit den moslemischen Beherrschern Afrikas und Syriens getroffen, teils Schranken aufgestellt, so daß z. B. Getreide und Frucht in der Regel nicht ausgeführt werden durften. Für die Belebung des Ackerbaus wurden in Sizilien fleißige und geschickte Fremde unter vorteilhaften Bedingungen angesiedelt und die unruhigen, kriegerischen Sarazenen von den Bergen der Insel nach Nocera in Apulien verpflanzt, um, wie es auch geschah, in der neuen Heimat eine geregelte, bürgerliche Lebensart anzunehmen. Endlich wurden Handwerker und Künstler jeder Art, namentlich Glockengießer, Zuckersieder (in Palermo), Bildhauer, Steinmetze und Baumeister, durch großartige Freigebigkeit herangezogen und gepflegt.

Mit gleichem Eifer sorgte Friedrich für die Belebung des wissenschaftlichen Geistes, den bisher teils religiöse Mißbräuche und Kirchensatzungen, teils Mangel an öffentlichen Anstalten und Hilfsmitteln niedergedrückt hatten. So hielt man es z. B. für ruchlos, Leichname zu öffnen und die Natur des menschlichen Körpers zu erforschen, beschränkte den Unterricht der Geistlichen auf die Anfänge der lateinischen Sprache und den toten Buchstaben der äußeren Gebräuche, ließ den Rechtsgelehrten in dem endlosen Wirrwarr dunkler, einander oft widersprechender Gesetze und Gewohnheiten herumtappen, gab das Leben und die Gesundheit der Bürger unwissenden Marktschreiern, die sich Ärzte nannten, preis.

Um diesem Unwesen ebenso gründlich wie vielseitig zu steuern, wurde die erste, vollständige Hochschule (Universität, *studium generale*) der damaligen Zeit in Neapel gestiftet (1224) und mit trefflichen Lehrern, Hilfsanstalten und Freiheiten reichlich ausgestattet, so daß sie in solcher Rücksicht füglich als Nebenbuhlerin der älteren Schwestern Paris und Bologna auftreten durfte. Unter den Rechtsgelehrten glänzten neben Peter von Vinea und Thaddäus von Sessa, die als Mitglieder des Oberhofes *(gran corte)* auch für die studierende Jugend wirken konnten, Peter von Ibernien und Pignatelli von Brindisi. Den theologischen Unterricht erteilten aufgeklärte Mönche des Klosters Montecassino, und in der Auslegung des römisch-griechischen Altertums gewann Meister Bernhard einen auch in der Fremde bekannten Namen, während Natur- und Arzneikunde sich gleichfalls tüchtiger Lehrer erfreuten.

An allen Schicksalen der Hochschule nahm der Kaiser den innigsten Anteil, empfand ihre traurigen und fröhlichen Begebnisse, wenn etwa berühmte Meister abtraten oder ankamen, übersandte mit freundlichem Geleitschreiben Handschriften, Seltenheiten der Natur und Kunst, kurz, verabsäumte nichts, um sie durch Wort und Tat zu heben. Wenn die Berufung und Pflege ausgezeichneter Lehrer, von denen jeder nur in einem bestimmten Fach wirken durfte, das sicherste Unterpfand für das wissenschaftliche Leben der Anstalt gewährte, so gestatteten andererseits weise Verordnungen dem Schüler jene gesetzliche Freiheit, ohne die das Lernen leicht zum Knechtsdienst entartet. Alle Studierenden nämlich standen unter dem unmittelbaren Schutz des Kaisers. Sie durften durch einen Ausschuß, dem zwei Bürger beigegeben waren, die Preise der Wohnungen nach der Angemessenheit abschätzen, peinliche Klagen ausgenommen nur die Gerichtsbarkeit der Hochschule anerkennen, die Überteuerung der Lebensmittel und anderer Bedürfnisse als Eingriff in ihre besonderen Rechte zurückweisen und für den künftigen Staatsdienst nicht Geburt und Reichtum, sondern Fähigkeit und Kenntnis als einzige Empfehlung geltend machen. Die Entscheidung gaben dann strenge, unparteiische Prüfungen. Ohne sie konnte weder der Arzt noch der Rechtsanwalt sich an irgendeinem Ort des Reiches niederlassen und seinen Beruf treiben. Neben der Universität Neapel behauptete sich die schon früher zu Salerno gestiftete Arzneischule in ihrem alten Ruf und empfing dafür die gebührende, durch Freigebigkeit beurkundete Unterstützung.

Zweiter Abschnitt

Italiens und Deutschlands Geschichte in den Tagen der Ausbildung und Selbständigkeit Kaiser Friedrichs II.

(1220–1243)

Während also Friedrich für die Ruhe und Bildung seiner Erbländer sorgte,* widerspenstige Lehnsgroße demütigte und einzelne Bischöfe, die dem weltlichen Gesetz nicht gehorchen wollten, ihrer Einkünfte beraubte, nahte der lange drohende Bruch mit der Kirche und den lombardischen Freistaaten. Der Papst Honorius nämlich klagte bitter über das unehrerbietige Betragen gegen höhere und niedere Geistliche, die man entgegen allen bei der Christenheit gültigen Vorschriften teils besteuere, teils vor weltliche Gerichte ziehe und überhaupt nicht wie einen bevorrechteten Stand behandle. Allerdings legte eine freundschaftliche Unterredung zu St. Germano die gegenseitigen Beschwerden einstweilen gütlich bei (1223). Der Kaiser, nach dem Tod seiner ersten Frau mit Yolante, der Tochter des vertriebenen Königs von Jerusalem, Johann von Brienne,

* Begeistert ruft Peter von Vinea aus: »*scelera ligat (Imp.) et scelerata conjungit, ut coëant flammis frigora, jungantur arida liquidis, planis associentur aspera et directis ima associentur … Destruuntur fomenta malitiae, securitas invaluit, ita quod gladii commutentur in vomeres, pacis foedere saffocante timorem*« etc., d. h. »Er legt die Verbrechen in Fesseln und einigt das Feindselige, auf daß Kälte dem Feuer, Trockenes dem Flüssigen, Hohes dem Niedrigen verbunden werde. Die Nahrungsstoffe der Bosheit sterben ab, Sicherheit kehrt zurück, Schwerter wandeln sich um in Pflugscharen, dieweil des Friedens Band alle Furcht vertreibt« usw. Cod. phil. Vind. 61, fol. 75.

vermählt, erneuerte sogar für die Verwirklichung seiner Ansprüche das Gelübde einer Kreuzfahrt und versprach, binnen zwei Jahren persönlich nach dem Heiligen Land aufzubrechen, anderenfalls die Strafe des Bannes zu gewärtigen (1225).

Aber bald erhoben sich zwischen dem Heiligen Stuhl und der Krone neue Streitigkeiten, indem jener willkürlich mehrere erledigte Bistümer besetzte, diese von den Geistlichen Steuern und Anerkennung weltlicher Gerichte forderte, während die lombardischen Gemeinden, Mailand an der Spitze, aus Eifersucht auf ihre Freiheit und im geheimen von der Kirche dazu gemahnt,* ihren Bund für 25 Jahre erneuerten und feindselige Rüstungen begannen (März 1226). Da suchte und fand der Kaiser, der für offenbaren Krieg zu schwach war, die vermittelnde Dazwischenkunft des von Natur aus friedfertigen Papstes. Alle Beleidigungen wurden vergessen, in Lombardien wie in Neapel und Sizilien Anstalten zu dem jetzt gemeinsamen Kreuzzug getroffen (Januar 1227).

Unter so glücklichen Aussichten auf die endliche Vollziehung seines Lieblingsplans starb Honorius (18. März), dessen Nachfolger, Gregor IX. aus dem edlen, den Hohenstaufen feindseligen Geschlecht der Grafen von Signia, in ernsten, fast gebieterischen Briefen den Kaiser, die Könige, Fürsten und Völker der Christenheit an die Pflicht, das Heilige Grab zu befreien, erinnerte und überall den regsten Eifer erweckte. Denn aus Deutschland und England, Frankreich und Italien eilten beträchtliche Scharen nach Brindisi in Apulien, dem verabredeten Sammelplatz, wo jedoch trotz der Vorsichtsmaßregeln Seuchen und Ziellosigkeiten fast die Hälfte der Pilger hinwegrafften. Friedrich, dadurch keineswegs entmutigt, sandte die Hauptflotte, von 40 000 Wallbrüdern bemannt, voran und lichtete bald darauf mit den übrigen Schiffen die Anker (8. September), sah sich aber drei Tage später infolge plötzlicher Erkrankung gezwungen, bei Otranto an Land zu gehen und die Heerfahrt aufzuschieben. Bestürzt kehrte auch der Gewalthaufen um und nahm auf verschiedenen Straßen den Rückweg in die Heimat.

Diesen günstigen Augenblick nutzte der Papst. Er sprach, ohne die versuchte Rechtfertigung anzuhören, den Bann aus über das meineidige, gottlose, offenbar dem Heidentum befreundete Reichsoberhaupt und belegte alle seine Länder mit dem allgemeinen Kir-

* »*Ad suggestionem papae*«, d. h. »auf Betreiben des Papstes.« Chron. Hirsaug. 536.

chenfluch (Interdikt), so daß kein Gottesdienst gehalten, kein Sterbender getröstet, keine christliche Handlung begangen werden sollte, und richtete an die Völker und Fürsten solchem Urteil entsprechende Ausschreiben.

Der Kaiser, jetzt zum offenen Bruch mit dem römisch-katholischen Priesterkönigtum gezwungen, traf, sobald ihn das leibliche Übel verlassen hatte, gegen das geistliche die geeigneten Verteidigungsmaßnahmen. Er befahl den Obrigkeiten, trotz der päpstlichen Acht für den regelmäßigen Gang des Gottesdienstes Sorge zu tragen und die etwa versuchte Widerspenstigkeit der dafür verordneten Kirchenbeamten zu brechen, und schilderte in ebenso beredten wie gehaltvollen Briefen die Ursachen, Triebfedern und Folgen des obwaltenden Kampfes. Habgier und Geiz, hieß es unter anderem, Herrschsucht und Wucher befleckten jetzt schamlos den Handel der angeblichen Gottesknechte. Unersättliche Blutsauger führten eine honigsüße, glatte Sprache und nannten die Kirche unsere Mutter und Amme, während man sie richtiger die Grundwurzel alles Bösen nennen könnte. Alle Fürsten möchten sich hüten vor römischer Arglist und den Brand im Nachbarhaus als auch ihnen gefährlich zur guten Stunde löschen helfen.

Um aber durch die Tat den Vorwurf des Meineids zu widerlegen und gehässige Verleumdungen zu entkräften, rüstete der Kaiser nachdrücklich für den Kreuzzug. Er sandte beträchtliche Scharen Deutscher unter dem Grafen von Limburg voran und ernannte auf dem Reichstag zu Baroli den Herzog Rainald von Spoleto zum Statthalter. Er nahm feierlich Abschied, verließ am 11. August (1228) mit der Flotte den Hafen von Brindisi und kam im September glücklich zu Akkaron im Gelobten Land an.

Hier standen damals trotz der Zwietracht unter den Erben des großen Salaheddin die Angelegenheiten der Christen höchst mißlich. Denn nach einem fruchtlosen Versuch, Damiette, den Schlüssel Ägyptens, dem Sultan al Kamel (Korrodin), Neffen Salaheddins und Sohn Malek Adels (gest. 1218), zu entreißen (1219–1221), behaupteten sie mit Mühe etliche Seeplätze und waren im Begriff, auch diese bei den wachsenden Zwisten, besonders zwischen Templern und Johannitern, zu verlieren. Die Ankunft des abendländischen Helden, dessen Mut und Klugheit für ein Unterpfand des Sieges gelten konnten, erweckte daher freudige Unruhe. Volk und Priester zogen ihm jubelnd entgegen, und die stolzen Ritter bezeugten durch Kniebeugen und Fußkuß ihre untertänige Ehrfurcht.

Schon hatte der Kaiser Anstalten zum Aufbruch gegen den Beherrscher Ägyptens und Palästinas getroffen, als zwei Franziskanermönche den Befehl des Papstes überbrachten, auf keine Weise einen gebannten und ketzerischen Fürsten zu unterstützen. Sofort verließen die meisten Templer und Johanniter das Heerlager. Auch die gemeinen Pilger folgten größtenteils dem Beispiel des Ungehorsams, während die Geistlichen, den Patriarchen und die Bischöfe an der Spitze, in heftigen Reden an die Pflichten gegen das sichtbare Oberhaupt der Kirche erinnerten und das Feuer der Zwietracht nährten. Friedrich, dadurch nicht erschreckt, rückte mit etlichen Scharen Getreuer und den Deutsch-Rittern vorwärts. Bald folgten, als Scham und Ehrgefühl erwachten, auch die Templer, Johanniter und gemeinen Kriegsknechte nach Cäsarea und Joppe, das schnell befestigt wurde. Denn es näherte sich über Gaza der Sultan von Ägypten mit einem zahlreichen Heer, während sein Bruder, Malek al Moaddham, Fürst von Damaskus, bei Sichem lagerte, um je nach den Umständen zu handeln.

Da nutzte der Kaiser klug die Eifersucht und Zwietracht der Feinde, knüpfte mit den schon früher durch geheime Boten befreundeten Ägyptern, denen damals auch größtenteils Palästina gehorchte, Unterhandlungen an und schloß bald einen zehnjährigen Waffenstillstand ab, der ohne Blutvergießen zu dem gewünschten Ziele, Jerusalem, führte. Der Sultan al Kamel nämlich lieferte nicht nur alle Gefangenen ohne Lösegeld aus, sondern überließ auch den Christen Joppe, Tyrus, Sidon, Cäsarea, Bethlehem und die Heilige Stadt, letztere jedoch unter der Bedingung, daß gleichfalls moslemische Pilger unbewaffnet und vor den Toren übernachtend die geweihten Plätze besuchen dürften (18. Februar 1229).

Ungeachtet dieses ehrenvollen und vorteilhaften Vertrags, der den Zweck des Kreuzzugs ohne große Opfer befriedigend erreichte, hörten Haß und Neid der Priester- und Ritterschaft nicht auf, den Wiederhersteller der christlichen Herrschaft im Morgenland durch Heimtücke und offene Gewalt zu bekämpfen. Der Patriarch Gerold belegte sogar, um die feierliche Krönung zu verhindern, Jerusalem mit dem geistlichen Fluch und weigerte sich, in Gegenwart des gebannten Kaisers Gottesdienst zu halten. Der Hohenstaufe aber, dadurch nicht gebeugt, zog am 17. März unter dem Jubel des Volkes in die Heilige Stadt ein. Er wallfahrtete bald darauf mit seinen Getreuen zur Grabeskirche, dankte Gott für den geschenkten Sieg, nahm, weil kein Priester Messe lesen wollte, eigenhändig die Krone vom Altar und setzte sie sich als dem rechtmäßigen König über Jerusalem auf das Haupt, während Herrmann von Salza, Großmeister der Deutsch-Ritter, den zahlreichen Zuhörern das Verdienst seines Herrn um die gesamte Christenheit schilderte.

Außer sich vor Neid und Rachgier, sannen der Patriarch, die Templer und die Johanniter auf Hochverrat und ermahnten den Sultan von Ägypten durch geheime Boten, den Kaiser, der an einem bestimmten Tag mit kleinem Gefolge zum Jordanfluß pilgern werde, tot oder lebendig zu fangen. Korrodin aber zeigte edelmütig das verbrecherische Unternehmen dem Bedrohten an, der die Bestrafung einer schicklicheren Zeit vorbehielt und mit dem Fürsten der Ungläubigen lebenslängliche, oft durch gegenseitige Briefe und Geschenke beurkundete Freundschaft schloß.*

Inzwischen hatte der Papst, dessen unversöhnlicher Groll keine Schranken kannte, gegen den Kaiser das Kreuz predigen und Neapel durch drei Heerhaufen angreifen lassen. Von schwärmerischen Mönchen angefeuert, wüsteten diese aus heimischen und fremden Abenteurern angeworbenen Soldknechte der Kirche, die man nach ihrem Abzeichen Schlüsselsoldaten nannte, schonungslos in Städten und Dörfern, während über den abwesenden Herrn die niedrigsten Verleumdungen verbreitet wurden. Er habe, hieß es, in Jerusalem Christen und Heiden denselben Tempel eingeräumt, die Irrlehren Mohammeds angenommen und zu Akkaron fromme Jungfrauen den Gelüsten der Ungläubigen preisgegeben. Fürsten und Völker möchten daher gegen ein so frevelhaftes Oberhaupt sich mit den Waffen in der Faust erheben und himmlischen Segen verdienen.

Friedrich, von den Gefahren in den Erbländern schnell benachrichtigt, kehrte entgegen den Hoffnungen der Feinde ohne Hindernisse zurück (Mai) und versammelte bald nach der Ankunft in Brin-

* Auch morgenländische Berichte beglaubigen die Untreue der christlichen Ritter und Priester. Reinaud, S. 429. Übrigens zeigte Friedrich, wie arabische Augenzeugen melden, bei der Anwesenheit in Jerusalem eine entschiedene, von aller Religionsschwärmerei befreite Duldsamkeit (Toleranz), die sich bisweilen sogar in anstößigen Witzeleien über christlich-kirchliche Gebräuche entlud. Ruhig hörte der Kaiser nicht nur die Erklärung der von Salaheddin gesetzten Inschrift »Salaheddin reinigte die Heilige Stadt von der Gegenwart derer, die zu mehreren Göttern (der Dreieinigkeit) beten« an, sondern äußerte auch, als etliche muselmanische Begleiter die an den Fenstern einer Kapelle angebrachten Gitter eine Abwehr des etwaigen Schmutzes der Sperlinge nannten, fast ruchlos: »Von den Sperlingen habt ihr euch befreit, aber statt ihrer sendet euch Gott die – Schweine (Christen, muselmanisches Schimpfwort, *giaurs*).« – Unter den späteren Geschenken der beiden Fürsten bemerkte man besonders von seiten Friedrichs einen weißen Eisbären, der von Fischen lebte, während der Sultan von Ägypten neben anderem die erste, seit den Tagen der Römer in Europa gesehene Giraffe und ein Zelt schickte, das den Himmel und mittels kunstreichen Druckwerks die Bewegungen der Gestirne darstellte. Reinaud, S. 431, 435.

disi die Scharen seiner Getreuen. Er jagte binnen etlicher Wochen das feige und zuchtlose Heer der Schlüsselträger *(chiave segnati)* in wilder Flucht mit den Mönchen und Legaten über die Grenzen, widerlegte durch beglaubigte Briefe und Zeugnisse die hinsichtlich des Morgenlands ausgestreuten Lügen und erreichte, daß Gregor, von der Wahrheit überwunden, auf dringendes Begehren mehrerer rechtgläubiger Fürsten, namentlich des Herzogs Leopold (VII., des Glorreichen) von Österreich, den Streit vertagte und in St. Germano Frieden schloß (Juli 1230). Ihm gemäß sollten alle Ächtungen und Bannflüche aufhören und ihre Wirksamkeit verlieren und die Geistlichen ihren eigenen Gerichtsstand und, herkömmliche Ausnahmen abgerechnet, auch Steuerfreiheit behalten. Über die Teilnahme der weltlichen Macht an den Wahlen der Bischöfe sollte eine bald zu berufende, allgemeine Kirchenversammlung entscheiden.

Während der sechsjährigen, jetzt folgenden Waffenruhe nahmen Kaiser und Papst eine meistens entgegengesetzte Richtung. Jener versuchte durch Schaffen und Bauen, dieser durch Zerstören und Einreißen Kräfte zu gewinnen, so daß dort Wissenschaften, Künste und Gewerbe gepflegt, hier Irrgläubige, freie Forscher und Ketzer mit allen Waffen der geistlichen und weltlichen Macht bekämpft wurden. Denn kaum hatten Kreuzzüge und von Dominikanern geleitete Glaubensgerichte den letzten Funken der Albigenserkriege ausgelöscht und in Südfrankreich die römisch-katholische Kircheneinheit auf den Gräbern der Toten errichtet, als der Verfolgungsgeist auch Deutschland heimsuchte und durch den Ketzermeister Konrad von Marburg, der jedoch bald erschlagen wurde, Schuldige und Unschuldige zum Scheiterhaufen verurteilte (1234). Mit Beihilfe des neidischen Adels und des herrschsüchtigen Kaisers wurde das freie, friesische Landvolk der Stedinger nach der heldenmütigsten Gegenwehr in den Untergang getrieben. Denn von 1000 Männern, die bei Altenesch unweit dem Fluß Ochtmond für ihre uralten Rechte gegen 40 000 Feinde stritten, deckten 8000 das Schlachtfeld, die übrigen ertranken im Weserstrom oder endeten in Einzelgefechten nebst Frau und Kind vor ihren brennenden Hütten (1234).*

Friedrich begnügte sich aber nicht mit dieser unredlichen und schimpflichen Unterstützung des Gewissenszwanges. Er griff vielmehr teils aus Ehrgeiz, teils um die Gunst der Kirche zu gewinnen, gewalttätig in die Rechte und Freiheiten der deutschen, bisher von

---

* Vgl. die Entstehungsgeschichte der freistädtischen Bünde, Teil I, 70.

dem salisch-staufischen Hause geförderten Bürgergemeinden ein und gebot auf dem Reichstag zu Ravenna (1232), daß alle Räte, Meister und Obrigkeiten, die ohne Einwilligung des Bischofs in deutschen Städten regierten, aufgehoben, alle Zünfte, Bündnisse und Gesellschaften unter was immer für Namen als staatsgefährliche Vereine abgeschafft, alle Freiheiten, urkundlichen Rechte und Vorzüge, die die Frömmigkeit der Könige und Prälaten zum Schaden des Reiches einzelnen Gemeinden, Körperschaften und Bürgern verliehen habe, aufgelöst werden sollten, gleich wie jede Stadt der bisher gültigen Befugnis, Beisassen (Pfahlbürger) aus leibeigenen oder hörigen Leuten zu bilden, entsagen müsse. Gleichzeitig wurden auf Kosten des niederen Lehnsadels, der leicht der bürgerlichen, nach Unabhängigkeit strebenden Partei beitreten konnte, die größeren Reichsfürsten begünstigt, so daß sie in ihrem Gebiet fast landesherrliche Rechte üben, Märkte und Zölle anlegen, Geleitgeld fordern sowie Gerichtsbeamte ein- und absetzen durften. Für diese und ähnliche Schritte der Machtausübung, hauptsächlich Folge des wachsenden Mißtrauens in die lombardischen Städte und der Furcht, sie möchten sich mit den deutschen vereinigen, gebrauchte Friedrich seinen Sohn, den feurigen und tatkräftigen König Heinrich, als willenloses Werkzeug.

Aber bald erwachte in dem Jüngling das Gefühl der Ehre und Pflicht gegen die beschworenen Freiheiten seines ursprünglichen und nächsten Vaterlands, das in Gefahr stand, einer falschen, auf die Fremde bezüglichen Staatsklugheit aufgeopfert zu werden. Kaum gewahrte der Papst diese ihm günstige Stimmung, als er durch geheime Boten den Unmut nährte und für offenen Bruch mit dem herrschsüchtigen Kaiser Hilfe versprach, während gleichzeitig Mailand im Namen der Lombarden seine Mitwirkung zusagte und die Eiserne Krone als Lohn des Kampfes für Freiheit und Recht bezeichnete. Also beschloß der lange geduldige Sohn die Trennung von seinem gebieterischen Vater. Er versammelte zu Boppard am Rhein (September 1234) die Mißvergnügten, besonders des niederen Adels und der Städte, die sämtlich von Basel bis nach Köln mit Eifer rüsteten, und bereitete alles im geheimen zum bewaffneten Aufstand vor.

Der Kaiser aber, durch den Markgrafen Hermann von Baden über die drohenden Gefahren unterrichtet, eilte, um sie im Keim zu ersticken, plötzlich mit kleinem Gefolge von Rimini über Aquileja und das Gebirge nach Österreich, dessen Herzog, Friedrich der Streitbare, einstweilen den nagenden Unmut verbarg. Friedrich gewann hier, in Bayern und in Franken durch freigebiges, freundliches

Wesen bald ein zahlreiches Heer und erschien, von diesem begleitet, in Worms, das mit etlichen anderen Gemeinden allen Lockungen zum Abfall getrotzt hatte.*

Heinrich, überrascht und von seinen Anhängern größtenteils verlassen, folgte dem Rat des Großmeisters Hermann von Salza: Er räumte die Burg Trifels, seine letzte Zufluchtsstätte, fiel dem Vater zu Füßen und bat um Verzeihung. Gerührt willigte jener ein und schenkte dem Sohn, der in Fesseln gekommen war, nach erneuertem Eid der Treue die Freiheit, nicht aber die alte Fürstenmacht. Dadurch zur Verzweiflung getrieben, wiederholte der König die feindseligen Umtriebe und Rüstungen, wurde jedoch, bald aufs neue von dem unsteten Volk preisgegeben, gefangen, der Reichsverweserschaft an dem Fürstentage zu Mainz enthoben und mit Frau und Kind nach der Feste St. Felice in Apulien abgeführt (1236), wo er fünf Jahre später am nagenden Kummer starb.

Die Nachfolge am Königtum der Deutschen aber bekam der jüngere Stiefbruder, Konrad (IV.), dem strenge und getreue Zuchtmeister schrankenlosen Gehorsam gegen den Kaiser als erste Pflicht beizubringen suchten. Die Gärung der rheinischen Gemeinden wurde teils durch Nachgiebigkeit, teils durch gewissenhafte Vollziehung der dem Handel unentbehrlichen Landfriedensgesetze gestillt. Zwischen den Hohenstaufen und den Welfen endlich wurde dadurch die erbliche Eifersucht geheilt, daß Otto, Enkel Heinrichs des Löwen, den Namen eines Herzogs von Braunschweig-Lüneburg empfing, dafür aber allen Ansprüchen auf Sachsen, den Hauptgegenstand früherer Zwiste, entsagte.

Überzeugt von der Nähe eines zweiten, unvermeidlichen Krieges mit der Kirche und dem mit ihr befreundeten Freistädtetum der Lombarden, rüstete der Kaiser nachdrücklich. Er erweiterte durch Einziehung Hochburgunds, dessen zähringische Erbherren mit Bertold V. ausgestorben waren (1218), das Krongut, gab Bern und Freiburg im Üchtland die Reichsunmittelbarkeit und ordnete die verwikkelten Angelegenheiten des Stammherzogtums Schwaben. Er gewann als Gemahl der Schwester, Isabelle, die Gunst Heinrichs, Kö-

* Dafür wurde es später vom Kaiser gelobt. »*Nuper*«, lautete unter anderem das Schreiben, »*etiam fides vestra manifestius claruit ad exemplum, ut ad juramentum, quod requirebatur a vobis, nullis suggestionibus, minis sive erroribus constantiam potuistis immutare*«, d. h. »Eure Treue habt ihr unlängst durch ein glänzendes Beispiel bewiesen, indem keine Umtriebe, Drohungen und Zusagen den geforderten Eid euch abtrotzen konnten.« Cod. phil. Vind. 305, fol. 155.

nigs von England, wo die Habgier der päpstlichen Beamten bitteren Unmut erweckt hatte, und trat, so durch eigene Kräfte und Bündnisse gesichert, kühn dem zweifachen Feind in Italien als Angreifer entgegen.

Die lombardischen Gemeinden nämlich hatten, Mailand an der Spitze, mit der Kirche einen geheimen Schutz- und Trutzvertrag geschlossen. Sie hatten Mauern und Schanzen ausgebessert, beträchtliche Scharen zu Roß und zu Fuß versammelt und alle Streitigkeiten in Güte beigelegt, mit einem Wort, sie hatten sich klug und eifrig gewappnet. Diesen welfischen Städten, die für Freiheit und Kirche stritten, gegenüber rüsteten die ghibellinischen Gemeinden, wie Cremona, Pavia und Modena, für den Kaiser und die Hoheit des deutschen Reiches, wobei sie oft durch den Parteinamen die Ziele der Selbstsucht und Habgier verhüllten. Unter den Lehnsherren standen die Markgrafen von Este zu den Welfen, die von Malaspina mit den Grafen von Savoyen zu den Ghibellinen, deren Aushängeschild in der trevisanischen Mark vor allem Ezzelino da Romano (III.) für die Erhebung seines noch schwachen Hauses mit planmäßiger Arglist benutzte.

Von diesem tätigen, aber heuchlerischen Getreuen unterstützt, überstieg Friedrich das Gebirge, nahm Verona ein und siegte, mit den Scharen der befreundeten Städte vereinigt, in mehreren Gefechten (1236). Er demütigte den letzten Babenberger, Herzog Friedrich von Österreich, der zu den Waffen gegriffen hatte (1237), und bereitete, nach Italien mit bedeutenden Streithaufen zurückgekehrt, alles für einen entscheidenden Schlag gegen die Republikaner Lombardiens vor. Diese standen, etwa 20 000 Mann stark, im Feldlager bei Corte nuova (Neuhof) am Oglio und erwarteten tagelang umsonst den Angriff des ebenso zahlreichen Feindes, der gleichfalls zauderte, den Übergang zu wagen. Als nun die Kunde anlangte, mehrere ghibellinische Scharen hätten ungeduldig über den Aufschub ihre Entlassung begehrt und erhalten, brachen die Lombarden, in dem Glauben, der Feldzug sei beendet, die Zelte ab und traten in ziemlicher Unordnung und keiner Gefahr gewärtig den Rückweg an.

Der Kaiser, zeitig davon benachrichtigt, nutzte sogleich den günstigen Augenblick. Er setzte an zwei Stellen über den Fluß und stürzte, während Sarazenen und andere leichte Fußknechte aus einem Hinterhalt hervorbrachen, mit der deutschen Reiterei so ungestüm auf den Feind, daß dieser kaum Zeit hatte, seine Schlachtreihen zu bilden. Von zwei Seiten angegriffen, löste sich bald das ganze Lombardenheer in wilder Flucht auf, von den Stegern scharenweise niedergehauen, zersprengt und gefangen. Was entkam, rettete sich einstweilen in eine benachbarte Burg, die alsbald von den Kaiserlichen bei strömendem Regen gestürmt wurde. Die Besatzung aber verteidigte sich mit der größten Unerschrockenheit und zog darauf, als der Feind ermattet ausruhte, ohne Hindernisse ab. Das Gepäck, unter ihm der Wagen des Stadtbanners, mußte zurückbleiben.

Entscheidend waren die Folgen dieser Niederlage, die über 10 000 Verbündete in die Gefangenschaft oder den Tod gebracht hatte (27. Dezember 1237). Denn von lähmender Betäubung erfaßt, huldigten alle freien Gemeinden von der Adda an bis zum Fuß der piemontesischen Alpen und eilten, um durch zeitige Unterwerfung die Rache der Ghibellinenpartei zu entwaffnen. Selbst Mailand, eng eingeschlossen und mit Ausnahme Bolognas, Piacenzas und Brescias ohne Bundesgenossen, verzagte. Es wollte den Eidschwur der Treue leisten, alle Fahnen ausliefern und verbrennen, jährlich für den heiligen Krieg, wenn der Kaiser den Oberbefehl übernehmen würde, 10 000 Reiter und Fußknechte stellen und sich allen Goldes und Silbers entäußern, jedoch unter dem Vorbehalt des Rechts, seine städtischen Obrigkeiten zu erwählen, damit diese nach den alten, heimischen Gesetzen und Bräuchen das gemeine Wesen besorgten. Friedrich aber, verblendet durch das Glück und angestiftet von den eifersüchtigen Cremonesen, die mit dem arglistigen Ezzelino da Romano den Untergang des Bollwerks lombardischer Unabhängigkeit wünschten, forderte nach dem Vorbild seines Großvaters Barbarossa Übergabe auf Gnade und Ungnade. Da antworteten die Mailänder: »Lieber wollen wir sterben mit den Waffen in der Faust als durch Hunger, Strick und Scheiterhaufen enden«, und rüsteten zum Kampf auf Tod und Leben.

Inzwischen richtete der Kaiser, jetzt an der Markscheide seines Ruhms* und durch beträchtliche Zuzüge aus Deutschland verstärkt, die Hauptkraft gegen Brescia, das um jeden Preis gedemütigt werden sollte. Aber alle Anstrengungen der Deutschen und Welschen scheiterten vor diesem zweiten Alessandrien, dessen Bürger, begünstigt durch den lehmigen, vom Herbstregen aufgeweichten Boden, jeden Sturm mutig zurückschlugen, die Minengänge verschütteten und zu-

---

* »*Extunc coepit Imperator favorem multorum amittere, quia factus est tyrannus inexorabilis, et Mediolanenses propter suam humilitatem extolli et robarari meruerunt*«, d. h. »Jetzt begann der Kaiser die Gunst vieler zu verlieren, weil er ein unerbittlicher Gewaltherr geworden war, während die Mailänder wegen ihrer Demut Erhöhung und Stärke verdienten.« Matth. Paris., S. 414.

letzt das Belagerungswerkzeug größtenteils zerstörten, so daß um den Anfang des Winters beide Heere, von den gegenseitigen Arbeiten erschöpft, einen Stillstand schlossen, dem bald die gänzliche Befreiung der Stadt folgte (1238).

Groß waren die Wirkungen dieses Ausgangs. Der Glaube an die Unüberwindlichkeit der kaiserlichen Waffen verschwand, das Selbstvertrauen der Republikaner kehrte zurück, manche Gemeinde, die im Augenblick des ersten Schreckens gehuldigt hatte, empfand bittere Scham, und die bisher schwache Hoffnung, den Bund der vaterländischen Freiheit zu retten, gewann in dem glücklichen Trotz Mailands und seiner Getreuen das Unterpfand der Gewißheit. Klug benutzte die Kirche, nur auf Demütigung der weltlichen Macht gerichtet, den entscheidenden Zeitpunkt und warf jener noch einmal den Fehdehandschuh hin. Friedrich, breiteten Bettelmönche und andere Sendboten unter dem Volk aus, sei ein geschworener Feind aller geoffenbarten Religion. Er habe öffentlich Moses, Mohammed und Christus die drei ärgsten Betrüger der Welt genannt, das heilige Abendmahl eine lächerliche Posse gescholten, überall die Heiden begünstigt vor den Christen und zum Ärgernis der Sitten bis auf den heutigen Tag sarazenische Kebsfrauen gehalten. Nach diesen Vorbereitungen sprach der Papst am Palmsonntag (24. März 1239) in der Laterankirche vor allen Kardinälen und dem zahlreich versammelten Volk bei brennenden Kerzen den Bann aus und löste alle Untertanen von ihrem Gelübde der Treue. Denn der Kaiser habe in der Stadt Rom Aufruhr anzustiften und den Nachfolger des Apostelfürsten zu vertreiben getrachtet. Er habe viele erledigte Pfründen aus Gewinnsucht nicht besetzen lassen, Klöster und Geistliche beraubt und Adlige, Witwen und Waisen durch Steuern an den Bettelstab gebracht. Er habe den Heiligen Stuhl in Sardinien, Bologna, Ferrara und anderswo auf die schnödeste Weise seiner Güter beraubt und das Reich Sizilien, des heiligen Petrus besonderes Erbteil, entgegen den Pflichten eines Lehnsmannes* nach Kräften in Staub und Asche aufgelöst. Er habe die Unterstützung des Gelobten Landes gehindert und den König von Tunis abgemahnt, sich taufen zu lassen, über-

---

* *»Beati Petrio speciale patrimonium, pro quo juramento fidelitatis sedis apostolicae tenetur et ipsius ligius vassalus exstitit, quantum in eo est, in favillam et quasi cinerem redegit«*, d. h. »Er hat das besondere Erbe des heiligen Petrus, dem er als Lehnsmann Treue schwor, nach Kräften gleichsam in Staub und Asche umgewandelt.« Cod. phil. Vind. 305, fol. 93.

haupt habe er den Namen Christi bei den Christen, soviel er vermocht, getötet und den Gottesdienst auszurotten versucht, um sich allein als Götzen anbeten zu lassen.* Welcher Priester diesem Feind des Glaubens, diesem Gewaltherrn der Kirche durch Wort oder Tat helfen werde, solle ohne Widerrede sein Amt verlieren und ehrlos bleiben bis zum vierten Geschlecht.

Der Kaiser, der etliche Tage nach Ostern zu Padua, wo er seit zwei Monaten mit besonderer Vorliebe verweilte, die Kunde von dem Geschehenen empfing, berief sogleich die Volksgemeinde, nahm Platz auf dem Thron und ließ durch den Kanzler, Peter von Vinea, bekanntmachen, daß zwar die bisherige Sanftmut und Milde gegen den Römischen Stuhl statt des Dankes Haß und Fluch getragen hätten, aber dennoch des Reiches Oberhaupt nicht hindern würden, im Bewußtsein der Unschuld noch einmal die Hand des Friedens zu bieten und, falls begründete Beschwerden erscheinen sollten, durch kräftige Heilmittel zu helfen, ja wenn wissentliche Übertretung der Gesetze stattgefunden hätte, jede geistliche Strafe zu dulden.

Diesem Versprechen gemäß wurden dem Papst mündlich und schriftlich aufrichtig gemeinte Versöhnungsanträge gemacht, doch stolz zurückgewiesen, während die Sendboten der Kirche in allen christlichen Ländern das Bannurteil verkündigten, die Untertanen von ihren Eiden freisprachen und sie aufforderten, gegen den Beschützer des Unglaubens und der Ketzerei die Waffen des Kreuzes zu ergreifen. Für denselben Zweck arbeiteten diesseits und jenseits der Alpen unter verschiedenen Gestalten Priester und Bettelmönche bald glücklich, bald fruchtlos, je nach dem Bildungsstand der Fürsten und Völker. So durfte unter den Augen des schwachen Königs Heinrich von England nicht nur die Bannbulle in der Paulskirche abgelesen, sondern auch Geld von Klöstern und Gotteshäusern, Weltlichen und Priestern für die Befehdung Friedrichs erhoben werden, während die Erzbischöfe, Bischöfe und Äbte Deutschlands auf eine ernsthafte Weise den Papst zur Aussöhnung mit dem Kaiser, dem sie als Reichsglieder Treue geschworen hätten, mahnten und

* *»Nomen Christi quantum in eo est in Christianis occidit et cum sponso sponsam molitur extinguere, satagens cultum divinum penitus extirpare, ut ipse solus in urbe terrarum tanquam idolum adoretur«*, d. h. »Er hat den Namen Christi nach Kräften getötet, will Braut und Bräutigam ausrotten und nach Vertilgung des heiligen Glaubens auf Erden sich selber als Götzen anbeten lassen.« Cod. phil. Vind. 61, fol. 36.

der fromme König Ludwig IX. von Frankreich statt der erhofften Lobsprüche einen strengen Verweis sandte.

»Welche Frechheit«, lautete die Antwort, »trieb den Heiligen Vater dahin, den ersten Fürsten der Christenheit ohne Untersuchung zu verketzern und abzusetzen? Nur eine allgemeine Kirchenversammlung hatte, wenn die Schuld erwiesen war, dazu Befugnis. Daß der Kaiser, uns von jeher ein freundlicher Nachbar, dem Heiland treu diente, die Gefahren der See und des Landes verachtete, ist hinlänglich bekannt. Solchen Glaubenseifer haben wir aber bei dem Papst, der den Abwesenden nicht unterstützte, sondern befehdete, keineswegs gefunden. Allerdings wollen wir, um dem Römischen Stuhl unsere Ehrfurcht zu beweisen, Boten an den Kaiser senden und ihn befragen lassen über seine Religionsgrundsätze. Sind sie rechtgläubig, wozu ihn bekriegen? Sind sie ketzerisch, so werden wir freudig jeden Feind des Glaubens bis in den Tod verfolgen.«

Diese eindeutige Erklärung wurde durch die mündlichen Aussagen Friedrichs, der die Gesandtschaft mit Offenheit empfing, so befestigt, daß die Versuche Gregors, den sonst der Kirche getreuen König in seine Partei zu ziehen, gänzlich scheiterten. Desto eifriger benutzten die Lombarden den günstigen Augenblick und fielen, durch Gregor von Montelongo, des Papstes Sendboten, geleitet, mit Brand und Raub in das Gebiet der ghibellinischen Städte. Sie eroberten, mit Bologna und Venedig verbündet, Ferrara und bewogen Alberich, den Bruder Ezzelins von Romano, und den Markgrafen Azzo von Este, treubrüchig die Partei der Welfen zu nehmen, so daß ganz Italien von den Wirren eines verheerenden Bürgerkrieges ergriffen wurde.

Friedrich setzte seinen mächtigen und zahlreichen Feinden Klugheit und Mut entgegen. Er widerlegte durch öffentliche Schreiben die auf den sittlichen Wandel und Glauben gerichteten Anklagen und warf, die Waffen umkehrend, dem Papst und den Mailändern Begünstigung der Ketzerei vor.* Er strafte widerspenstige Priester, die keinen Gottesdienst halten wollten, durch Verlust der Pfründen, Güter und Heimatrechte und versprach den getreuen Kirchenbeamten Schutz gegen jedwede Anfechtung. Er gebot allen Obrigkeiten, keinen Mönch oder Klostergeistlichen ohne Paß von einer Stadt in die

* *»Iste nostri temporis pontifex, archiepiscopus ecclesiae generalis et catholicae fidei pastor Mediolanum, haereticorum foveam, favere non desinit«*, d. h. »Jener Papst und Erzbischof, jener Hirte des allgemeinen, katholischen Glaubens, hört nicht auf, Mailand, das Ketzernest, zu begünstigen.« Cod. phil. Vind. 305, fol. 132.

andere ziehen zu lassen,* und versperrte den kirchlichen Zwischenträgern, die unter allerlei frommen Vorwänden Frankreich und Deutschland besuchen wollten, die Ein- und Ausgänge des Gebirges. Er bewog den ehemaligen Vorsteher der Franziskanermönche, Bruder Helias, vor dem Volk von den Lastern und Gebrechen des Heiligen Stuhls zu predigen, und drang endlich, damit dieser die Schärfe des Schwertes fühlte, an der Spitze einer starken Heerabteilung in die römische Feldmark *(campagna di Roma)* ein.

Der Papst, jetzt in der Hauptstadt bedroht, weder der Kardinäle noch des Volkes gewiß und von den Lombarden, die einen Waffenstillstand geschlossen hatten, preisgegeben, wich zuletzt den Bedrängnissen der Gegenwart und versprach, seine Streitigkeiten mit dem Kaiser dem Urteil einer allgemeinen Kirchenversammlung zu unterwerfen (Herbst 1240). Solche Nachgiebigkeit forderten überdies die steigenden Drangsale der morgenländischen Christen und die furchtbaren Verheerungen der unlängst in Europa eingedrungenen Mongolen, die straflos in Polen wüten und Deutschland, Ungarn, selbst Italien bedrohen durften.

Als aber der Papst entgegen dem Vertrag nicht die Ausgleichung seiner Zwiste, sondern die schwierige Lage der Kirche als den Zweck der Versammlung in offenen Schreiben erklärte und nur entschiedene Feinde des Widersachers einlud, sagte sich Friedrich auch seinerseits von allen Verbindlichkeiten der Übereinkunft los. Er warnte die Geistlichen höflich vor der Reise nach Rom, weil er ein sicheres Geleit weder gewähren könne noch wolle, und wiederholte diese Abmahnung in einem zweiten, an die Könige und Fürsten gerichteten Sendschreiben. Gleichzeitig wurden die ligurischen Gebirgspässe besetzt und die Reichsgetreuen aufgefordert, den nach Rom entbotenen Priestern alle Wege und Stege zu verlegen. Was man dabei an Pferden, Gerät, Kleidern, Geld und Silber erbeuten werde, solle den Straßenwächtern verbleiben, die überdies noch außerordentliche Belohnungen zu gewärtigen hätten.**

Doch trotz des offenen Fehdebriefs eilten unter allerlei Vermummungen Erzbischöfe, Bischöfe und Äbte aus sämtlichen Hauptländern der Christenheit nach Genua, um unter dem Schutz dieses dem Kaiser feindseligen Freistaats über das Meer nach Rom zu ziehen. Noch einmal wurden Bitten und Drohungen versucht. »Man möge

* *»Nisi potestatis loci, de quo iter arripient, testimoniales litteras deferunt«,* d. h. »Wofern sie nicht Zeugnisse ihrer Ortsobrigkeit vorweisen.« Cod. phil. Vind. 305, fol. 122.

** Schreiben bei Martene, Collectio, II, 1147.

die beabsichtigte Meerfahrt auf Schiffen einer abtrünnigen Stadt unterlassen, damit nicht auch Unschuldige in das Verderben offenkundiger Empörer hineingerissen würden, und ein friedliches Gespräch gönnen, in dem ohne Leidenschaft und Haß die wahre Gestalt der Dinge sich zeigen müsse.« Die Väter aber, mehr von Groll denn von Klugheit geleitet, antworteten, daß Worte eines gebannten Ketzers keinen Glauben verdienten, und rüsteten zur Reise. So lichteten 60 genuesische Schiffe, befehligt von dem Admiral Obriachi, unter dem Jubelgeschrei des Volkes die Anker und steuerten mit ihrer kostbaren Ladung gen Portovenere.

Niemand erwartete einen Feind. Inzwischen hatte auf Friedrichs Gebot sein Sohn Enzio (Heinrich), König von Sardinien, schnell etliche Galeeren in den Häfen Siziliens bemannt und mit 40 großen Fahrzeugen Pisas unter dem Admiral Ugolino Bazacherini vereinigt, in der Absicht, bei der ersten Gelegenheit anzugreifen. Dies geschah auch am 3. Mai (1241) unweit der Insel Meloria im Meerbusen von Livorno mit solchem Nachdruck und Erfolg, daß drei genuesische Schiffe in den Grund gebohrt, 22 erobert und die übrigen zur Flucht gezwungen wurden. Über 2000 Mann starben in den Fluten, an 4000 Bürger, 100 lombardische Abgeordnete, drei päpstliche Legaten und über 100 Erzbischöfe, Bischöfe und Äbte gerieten mit vielen Dienern und niederen Beamten der Kirche in Gefangenschaft. Gold, Silber und Kleinodien kamen zu gleichen Teilen an die Pisaner und die Kaiserlichen, die Geistlichen aber wurden, manche angeblich in silbernen Fesseln, nach Neapel geführt und hier wie in einem nahegelegenen Schloß aufbewahrt.

Gewöhnt an ein herrisches, sorgenfreies Leben, empfanden desto schmerzlicher auf der langsamen, dreiwöchentlichen Fahrt Erzbischöfe und Bischöfe den Verlust der Freiheit, den Hohn roher Bootsknechte, die Stiche der Mücken, den Brand der Sonne, die Qual des Hungers und Durstes, so daß viele erkrankten und etliche nicht ohne die Hoffnung der Märtyrerkrone aus dem jammervollen Erdenleben schieden.*

---

* Matth. Paris., 562, Ep. Petri de Vincis, I., 8, 9. Scherzend soll Friedrich auf die Frage, was man mit den gefangenen Priestern anfangen solle, geantwortet haben: *»omnes praelati, papa mandante vocati, et tres legati veniant huc usque* (Neapel) *ligati«*, d. h.

»Alle Pfaffen, groß und klein,
So der Papst beschieden,
Treten hier (in Neapel) gebunden ein!
Dann gibt's Ruh und Frieden.«

Dieser kühne Schritt, der nicht nur die Endzwecke der Kirchenversammlung zerstört, sondern auch die bisher gültige Unverletzlichkeit des Priesters tatsächlich widerlegt hatte, machte auf das öffentliche Urteil den tiefsten Eindruck. Etliche erschraken über dem an geweihten Gottesdienern verübten Frevel, andere, aber bei weitem die kleinere Minderheit, priesen die Handlung als Sieg des Lichtes über die Finsternis. Friedrich richtete daher, um neuen Verleumdungen zu begegnen, an die Fürsten und Völker verschiedene Briefe, die das Geschehene als Frucht der Pflicht und Notwehr darzustellen suchten. »Gottes Hand«, schrieb er unter anderem dem König Heinrich von England, »ist mit uns. Der Herr, der in den Wolken thront, will, daß die Welt nicht allein vom Priestertum regiert werde, sondern daß daneben auch die Weltlichkeit etwas gelte.«

Der Papst unterließ seinerseits nichts, um die gesamte Christenheit für den schmählich beleidigten Glauben zu bewaffnen. Er schilderte das ganze Betragen des Kaisers als ein Gewebe aus Arglist und Heimtücke, die mitten unter Versicherungen der Freundschaft und Demut die nach Rom beschiedenen Diener der Kirche in das Fangnetz gelockt habe, wies neue Friedensanträge mit Stolz zurück und ermahnte alle Geistlichen bei den schweren Prüfungen zu Geduld und Standhaftigkeit. »Denn«, begann das Schreiben, »Petri Schifflein trifft auf dem Meer dieser Welt bisweilen widrige Winde an. Es wird von Stürmen umhergetrieben. Aber ihnen folgt nach dem Willen Gottes heiterer Himmel. Plötzlich aufsteigende Fluten reißen das Fahrzeug hier- und dorthin, können es jedoch nicht in den Abgrund ziehen, und inmitten brausender Wogen bleibt es unverletzt.«*

Dabei verabsäumte Gregor, obschon dem Kaiser gegenüber trotzig und jedem Vergleich unzugänglich, keineswegs anständige Unterhandlungen, um den eingekerkerten Prälaten die Freiheit zu verschaffen. Denn er wandte sich mit rührenden, fast demütigen Bitten an den Kanzler Peter von Vinea und beschwor ihn, seinem Herrn zu bedeuten, daß Gnade die erhabenste und edelste Tugend des siegreichen Fürsten sei, würdig, mit goldenen Buchstaben aufgezeichnet zu werden, und daß Selbstüberwindung die echte Nachfolge des Hei-

* Cod. phil. Vind. 61, fol. 34.

lands beurkunde.* Als aber auch dieses Mittel an dem eisernen Sinn des Kaisers, der in dem gleich hartnäckigen Gegner die Herrschaft der Kirche niederwerfen wollte, scheiterte, starb der Papst, vom Kummer aufgerieben (21. August). Fortan blieb nach dem baldigen Tod des hochbetagten Nachfolgers, Coelestin IV., wegen Zwist und Ehrgeiz der Kardinäle der Heilige Stuhl 19 Monate lang unbesetzt. Umsonst lieferte Friedrich, um die Wahl zu beschleunigen und eine gründliche Versöhnung zwischen Kirche und Reich vorzubereiten, die gefangenen Legaten und Priester aus, gebrauchte fruchtlos Bitten und Drohungen. Die Kardinäle verharrten in der Untätigkeit, hauptsächlich um die Gärungen und Wirren der Völker, die einen gebannten Kaiser am Steuerruder des christlichen Gemeinwesens erblickten, zu steigern.

Endlich wandte jener Zwangsmittel an und ließ die Güter der hohen römischen Geistlichkeit durch sarazenische Soldknechte brandschatzen, während die Boten des französischen Königs bei längerem Zaudern Trennung von der römisch-katholischen Mutterkirche ankündigten. Diese doppelte Gefahr wirkte endlich. Am 25. Juni (1243) wurde Sinibald Fiesko, aus dem genuesischen Geschlecht der Grafen von Lavagna, erkoren und drei Tage später als Innozenz IV. mit dem üblichen Pomp geweiht. Darüber erfreut und im Glauben, der bisherige Freund werde die Hand bieten zur aufrichtigen Versöhnung, ließ Friedrich in allen Städten des Reiches Loblieder singen und Dankgebete halten, fand sich aber bald bitter getäuscht.** Denn als eine Ehrenbotschaft Briefe und Glückwünsche darbrachte, lehnte der Papst ein mündliches Gespräch unter dem Vorwand des noch nicht aufgehobenen Bannes ab und äußerte in einem höflich kalten Antwortschreiben, die Kirche werde gerne alles Geschehene vergessen, wenn der Kaiser sich wegen der von Gregor erhobenen Anklagen vor einem unparteiischen Gericht weltlicher und geistlicher Herren gerechtfertigt hätte. Da erkannte Friedrich die Trüglichkeit seiner Hoffnungen und rief im

---

* Cod. phil. Vind. 61, fol. 33. »*Sane permittat se tantus princeps ad instar salvatoris a pietate clementiae superari. – Nihil in throno regis honorificentius dominatur, nihil splendet in celsitudine cordis altius, aureis literis conscribendum, quam si clementia regnat in pectore principis et solium tenet usquequaque etc.*«, d. h. »Lasse sich doch ein so großer Fürst nach dem Beispiel des Heilands von Mitleid besiegen. Nichts regiert ehrenhafter auf dem Thron eines Königs, nichts strahlt so weit, wert mit goldenen Buchstaben eingeschrieben zu werden, als die Gnade, die im Gemüt des Fürsten herrscht.«

** Brief des Königs an den Herzog von Brabant, bei Martene, II, 1105.

Gefühl des Unmuts aus: »So habe ich jetzt einen Freund verloren! Kein Papst kann ein Ghibelline sein!« – Dergestalt deutete alles hin auf den Ausbruch eines neuen Kampfes, für den beide Parteien nach gescheiterten Versuchen der Versöhnung die äußersten Kräfte aufbieten mußten.

Während also in Italien und bei einem großen Teil der Christenheit der Zwiespalt zwischen der weltlichen und geistlichen Macht fast unheilbar wurde, während in den lombardischen Gemeinden der Bürgerkrieg unter dem Parteinamen der Welfen und Ghibellinen offener hervortrat, überzog ein furchtbares Heidenvolk den Südosten Europas, vor und hinter sich Tod und Zerstörung. Die Mongolen nämlich, mit tartarischen Horden vermischt und deshalb auch oft nach diesen benannt, hatten gegen den Anfang des 13. Jahrhunderts unter ihrem freierwählten Oberkönig (Dschingis Khan) Temudschin, von Wesen und kriegerischem Gemüt Attila vergleichbar, die ausgedehnten Länder zwischen dem Indus und dem Kaspischen Meer, vom chinesischen Peking bis an den Kaukasus erobert (1206–1227). Danach hatten sie unter dem zweiten Oberherrn, Oktai, dem übrigen China, Persien, dem Euphratgebiet, Syrien und Vorderasien dasselbe Los bereitet, so daß sie, von Batu, Temudschins Enkel, geführt, nach Bezwingung der Ebenen, Gebirge und Talgründe, die das Kaspische und Schwarze Meer einschließen, über das Abendland hereinbrechen, Kiew, die Hofstatt der russischen Großfürsten, gewinnen (1238), Polen verwüsten und die Grenzgebiete Deutschlands bedrohen konnten.

Umsonst versuchten die Ritter und Fußknechte Schlesiens, mit den Resten des polnischen Heeres vereinigt und von dem Herzog Heinrich befehligt, auf dem Schlachtfeld bei Liegnitz durch die heldenmütigste Abwehr Heimat und Ehre zu schützen. Der Mongolen Überzahl siegte und füllte nach rohem Brauch neun Säcke mit den abgeschnittenen Ohren der Erschlagenen. Fortan wurden sie durch kein Bollwerk mehr aufgehalten (April 1241). So wurden die Karpaten überstiegen und an der Donau die schnell zusammengerafften Heerhaufen König Belas von Ungarn vernichtet oder zerstreut. Danach wurden die Länder an beiden Flußufern greulich verwüstet, Erzbischöfe, Bischöfe und Äbte, Greise und Kinder niedergehauen, Frauen und Jungfrauen zuerst geschändet, dann ermordet und Kirchen und Kapellen gebrochen. Mit Ausnahme von drei Festen wurden alle Städte durch Sturm, Untergrabung der Mauern und Hunger genommen, überall wurde Raub, Mord und Brand verbreitet.

Aber die Klagen und Bitten der bedrängten Christen, die gegen die Geißel Gottes, die wie Heuschrecken wüstenden Heiden,* Hilfe begehrten, blieben ebenso fruchtlos wie die Versuche der Franziskanermönche, im Namen der Kirche den Khan und die Fürsten der Mongolen zu bekehren. Der Himmel habe ihnen, lautete die höhnende Antwort, den Auftrag erteilt, alle Völker des Erdkreises zu unterjochen. Auch dem Papst stehe dasselbe Los bevor, wenn er nicht fußfällig um Gnade bitte. Dennoch blieb jener taub gegen die Leiden der Christenheit und kräftige Rettungsmittel. Er ordnete Fasten und Umzüge an, klagte unaufhörlich über die Bedrängnisse der Kirche durch Ketzer und Irrgläubige, nannte öffentlich den Kaiser einen zweiten Antichrist, der teils durch lügenhafte Berichte die Gefahren übertreibe, teils mit den Heiden im geheimen Bündnis stehe.

Friedrich, damals in dem unlängst bezwungenen Faënza, dachte nichtsdestoweniger an die allgemeine Ehre und Sicherheit. Er gebot seinem Sohn Konrad, in Österreich zu wappnen, während König Enzio Reiter und Fußknechte für denselben Zweck in Italien sammelte, und mahnte in einem beredten Schreiben die Völker und Fürsten der Christenheit an die Pflicht gemeinsamer Rüstung gegen den grimmigen und höllischen Feind. »Es ist Zeit«, lautete unter anderem der Brief, »aufzustehen vom Schlaf, die Augen des Leibes und Geistes zu öffnen. Denn schon wird die Axt gelegt an die Wurzel des Baumes, schon dringt das Schwert an die Knochen. Aber sie werden fallen, die Söhne des Teufels, wenn das waffenfreudige Deutschland, das herrliche Ritterschaft pflegende Frankreich, das kühne und streitbare Spanien, das mannhafte und zur See gewaltige Britannien, das schiffkundige Dänemark, das unbezwungene Italien, das friedlose Burgund und das unruhige Apulien mit den raubkühnen Inseln des griechischen, adriatischen und tyrrhenischen Meeres, dem blutdürstigen Irland, dem sumpfigen Schottland und dem eisigen Norwegen – wenn alle diese Erdstriche ihre erkorene Ritterschaft versammeln unter dem Zeichen des lebendig machenden Kreuzes, vor dem nicht Aufrührer allein, sondern selbst Teufel erzittern.«**

Jedoch fand die kräftige Mahnung bei dem steten Entgegenwirken der Priesterpartei geringen Eifer. Nur Deutsche unter König

---

* Siehe Cod. phil. Vind. 187, fol. 92. Brief des Königs von Böhmen. *»De plaga orientali velut locustae ex heremo prodientes«*, d. h. »Von Osten her kommen sie Heuschrekken gleich aus den Wüsten.«

** Matthaeus Paris., 560.

Konrad und die Ghibellinen Italiens, von Enzio geführt, wappneten und zogen gegen den Feind. Dieser, in einem Gefecht an der Donau und unter den Mauern Neustadts geschlagen, daneben durch Krankheiten geschwächt, entsagte der auf den Westen gerichteten Heerfahrt und kehrte langsam über die Wolga nach Innerasien zurück, wo der Tod des Oberkhans mancherlei Bewegungen erzeugt hatte (1242).

Dritter Abschnitt

Kaiser Friedrichs Abnahme und Untergang

(1243–1250)

Kaum war die auswärtige Gefahr von der Christenheit abgetrieben, als der innere Zwist wegen Mißtrauen und Starrsinn der Parteien heftiger denn je entbrannte. Der Kaiser nämlich sandte, nicht abgeschreckt durch die Kälte des ersten Empfangs, dem Papst neue Friedensboten, die endlich nach langen Unterhandlungen folgende Bedingungen eines Versöhnungsvertrages gewannen: Friedrich sollte der Kirche ihr ganzes Gebiet ungeschmälert zurückstellen und öffentlich erklären, daß er den Bann nicht aus Verachtung, sondern weil er ihm auf keine gehörige Weise mitgeteilt worden sei, vernachlässigt habe und daß seinem festen Glauben nach dem Heiligen Vater in allen geistlichen Dingen unbeschränkte Macht über Könige und Fürsten zustehe. Er solle den früheren Fehltritt hinsichtlich solcher Machtvollkommenheit durch Fasten, Almosen und Krieg mit den Heiden abbüßen und allen Gefangenen und Anhängern der päpstlichen Partei die Freiheit und Schadenersatz geben, dafür aber seinerseits im Besitz aller Ehren und Länder unangefochten bleiben und nach feierlicher Lossprechung vom geistlichen Fluch in den Schoß der Gläubigen zurückkehren.

Als aber Innozenz, der die Geduld seines Feindes gleichsam prüfen wollte, die eidliche Annahme dieser schmählichen Zugeständnisse forderte, bevor der Bann gelöst würde, äußerte auch der Kaiser entschieden sein Mißtrauen. Er ließ die Verhandlungen abbrechen, alle Straßen und Brücken der Hauptstadt besetzen und die Küsten und Alpenpässe sorgfältig bewachen. Innozenz aber entfloh trotz dieser Sicherheitsanstalten verkleidet von Sutri nach Civita vecchia (28. Juni 1244) und von hier auf den schon früher gerüsteten Schiffen der Republik nach Genua, wo ihn Obrigkeit und Volk unter dem

Geläute aller Glocken einholten und etliche Monate später nach wiederhergestellter Gesundheit unter dem Schutzgeleit des Markgrafen von Montferrat und des Grafen von Savoyen über Asti, Susa und die Alpen nach Lyon, Ziel der langen und gefahrvollen Reise, brachten (2. Dezember). Sofort wurde der Bann über den Kaiser als den Antichristen und höllischen Drachen, der Menschenblut trinke und des Landes Mark fresse,* bei brennenden Wachskerzen wiederum ausgesprochen. Die höhere Geistlichkeit aller christlichen Reiche wurde auf den nächsten Johannistag (24. Juni) nach Lyon entboten, um durch ein letztes Urteil den langen Streit zu entscheiden. In der Zwischenzeit wurde jeder Priester aufgefordert, von der Kanzel herab die vorläufige Verfluchung des großen Ketzers allen Gläubigen anzukündigen.

Obschon die Habgier der päpstlichen Beamten, die schamlos in England und Frankreich nach Willkür Steuern erhoben, allgemeinen Mißmut erweckte, widersetzten sich dennoch weder Fürst noch Volk der Vollziehung des Bannspruchs, so stark war die Furcht vor den geistlichen Strafen. Nur ein Pfarrer in Paris zeigte Bedenklichkeiten, indem er der Gemeinde ankündigte, daß er zwar auf des Papstes Befehl die Fluchbulle bekanntmache, aber sie bei der Ungewißheit der Schuld oder Unschuld gegen den wirklich Straffälligen richte.

Mittlerweile hatten sich zwischen der Fastenzeit und dem Pfingstfest aus Frankreich, Italien, England, Spanien, zum Teil auch Deutschland, die geistlichen Boten der Christenheit in Lyon versammelt und als Zeichen der Hochachtung zu den Füßen des Heiligen Vaters reiche Geschenke an Gold, Silber, kostbaren Gewändern und Geräten niedergelegt. Im Namen des Kaisers, der vor offenbarem Bruch alle Mittel gütlicher Ausgleichung versuchen und selbst die gesetzliche Befugnis des hohen Priestergerichtshofes anerkennen wollte, erschienen der Geheimschreiber Peter von Vinea, Thaddäus von Sessa (Suessa), Obmann des Obergerichts von Capua, und Walther von Ocra, Kanzler des Reiches Jerusalem, drei Männer von geprüfter Treue, Klugheit und Beredsamkeit.

---

* Cod. hist. Vind. 305, fol. 67. Friedrich heißt hier unter anderem: »*Verborum dulcedine melleus, sed postea fellis amaritudine operum, antea quidem promissionis blandimento multimode levans, sed postremo ut scorpio persecutionis aculeo dire laedens*«, d. h. »süß von Worten, bitter von galligen Werken, anfangs schmeichelnd mit Verheißungen, danach wie ein Skorpion mit dem Stachel der Verfolgung bedrängend.« Das Schreiben ist an alle Gläubigen gerichtet.

Nach solchen Vorbereitungen zog Innozenz am Montag, der Johannis folgte (24. Juni), mit 150 Erzbischöfen, Bischöfen, Äbten und vielen Ehrengesandten der weltlichen Fürsten unter großem Gepränge in die Kirche des heiligen Justus und erklärte nach Anrufung des göttlichen Beistands die Versammlung für eröffnet. Diese hörte darauf mit Gleichgültigkeit die Klagen des Patriarchen von Konstantinopel über den Verfall seines bischöflichen Sprengels an und achtete ebensowenig auf die Bitten der Engländer, Edmund, den ehemaligen Bischof von Canterbury unter die Heiligen zu versetzen, wurde aber aufmerksamer, als Thaddäus von Sessa die Friedensvorschläge seines Herrn, des Kaisers, mit Wärme und Nachdruck entwickelte. Jener versprach, die Trennung zwischen der griechischen und abendländischen Kirche aufzuheben, Tartaren, Sarazenen und andere Feinde des Glaubens persönlich zu bekämpfen, das Heilige Land kräftig zu unterstützen und dem Papst alles geschehene Unrecht reichlich zu vergüten. Da unterbrach Innozenz den Redner: »Glänzend waren und sind die Versprechungen. Aber sie wollen nur die Axt, die schon an des Baumes Wurzeln gelegt ist, ablenken und die Anstrengungen der hier versammelten Väter durch Arglist hemmen. Denn wer bürgt für die Treue eines Mannes, der schon so oft seine Gestalt änderte?« Als darauf Sessa die Könige von Frankreich und England nannte, folgte die schneidende Antwort: »Lauter Trug und Lug! Denn bricht der Kaiser sein Wort, so hat die Kirche statt eines Gegners drei Feinde, und zwar die mächtigsten Fürsten der Erde.«

Danach wurde die erste Sitzung aufgehoben, etliche Tage später die zweite in der Johanniskirche mit außergewöhnlichem Prunk eröffnet, als wenn ein entscheidender Schritt geschehen sollte. In der Tat bestieg der Papst im vollen Schmuck seiner hohenpriesterlichen Würde die Kanzel und hielt unter vielen Tränen eine lange Predigt über die Worte: »Alle, die ihr auf den Straßen einherwandert, gebet acht und merket, ob ein Schmerz sei wie der meinige!« Danach wurden dessen fünf Hauptarten mit den fünf Wunden Christi so verglichen, daß die erste der Tartarennot, die andere der Kirchenspaltung, die dritte dem Ketzertum der Paulicianer, Patarener usw., die vierte den Bedrängnissen des Gelobten Landes und die fünfte den Anfechtungen des Kaisers entsprechen mußte, der, statt die Gläubigen zu schützen, ihr gefährlichster Feind geworden sei. Nach dieser kunstvollen, bisweilen durch Schluchzen unterbrochenen Einleitung wandte sich der Redner zur eigentlichen Anklage und beschuldigte das Oberhaupt des Reiches der gröbsten Verbrechen *(enormitates)*, des Kirchenraubs, Meineids und der Ketzerei. Friedrich, lautete der auf den letzten Vorwurf bezügliche Beweis, habe in christlichen Ländern eine neue Stadt erbaut und mit sarazenischen Heiden bevölkert. Er habe den Heiland und Moses Betrüger gescholten und oft erklärt, wenn die Fürsten nur beistimmen wollten, bald den Völkern einen reineren Glauben zu geben. Er habe die heiligen Gebräuche der Kirche verachtet, mit dem Sultan der Mohammedaner in Freundschaft gelebt und sarazenische Kebsfrauen gehalten. Unzähligemal habe er sein feierliches Wort gebrochen und dem Heiligen Stuhl die Mark Ancona, Spoleto, Benevent und andere Güter entrissen. Er habe die Geistlichkeit schmählich behandelt, Gott geweihte Männer mit Kerker und Galgen bestraft und heilige Gefäße und Gewänder für weltliche Endzwecke gebraucht.

Nachdem Innozenz seine furchtbare Rede beendet hatte, erhob sich Thaddäus von Sessa und suchte mit ebensogroßer Kaltblütigkeit wie Stärke alle einzelnen Stücke der Anklage zu widerlegen. Es könne zwar hinsichtlich der schwersten Beschuldigung, des Irrglaubens, sofern derselbe in den Tiefen des Herzens und der Gedanken wohne, nur der Kaiser persönlich Auskunft geben, aber für die Lauterkeit seines werktätigen Christentums können nicht Worte, sondern Handlungen zeugen, die sämtlich vom Kläger entstellt und mißdeutet würden. Wenn nämlich Friedrich mit dem Sultan von Ägypten Bündnis geschlossen habe, so sei das aus Klugheit und zum Vorteil des Heiligen Landes geschehen. Wenn Sarazenen, aus Sizilien nach Apulien verpflanzt, in einer besonderen Niederlassung (Lucera) siedelten, so wäre dadurch, um anderweitigen Nutzen nicht zu berühren, das fernere Vergießen christlichen Blutes gehindert worden. Wenn sarazenische Frauen bisweilen in der Nähe des Hoflagers gewohnt hätten, so wären sie nicht für geile Fleischeslust, sondern für Seidespinnen, Stickereien und andere Kunstarbeiten bestimmt gewesen. Ob überhaupt ein Fürst, der keine jüdischen Gewürzkrämer und Wucherer, die man anderswo wegen ihrer einträglichen Steuern gerne sehe, im ganzen Umfang seines Reiches dulde, wegen genannter Leiber so schwere Vorwürfe verdiene? Diese Frage sei von unbefangenen Richtern leicht zu beantworten. – Dem Kaiser werde Treuebruch vorgehalten und durch Briefe, die unerfüllte Versprechungen meldeten, der urkundliche Beweis geführt. Aber schriftliche Zusagen ähnlicher Art habe auch der Heilige Vater getan, so daß hierin beide Teile einander so ziemlich das Gleichgewicht hielten. Schließlich werde die Versammlung um Aufschub gebeten, damit entweder der Angeklagte weitere Weisungen geben oder, was noch besser und wünschenswerter wäre, persönlich erscheinen und sein Glaubensbekenntnis ablegen könnte. – »Davor behüte uns der Himmel!« fiel der Papst ein. »Ich fürchte die Schlingen, denen man kaum entronnen ist, und werde auf der Stelle von dannen ziehen, wenn der Meister der Listen kommt. Für Gefangenschaft und Märtyrertod fühle ich keinen Beruf und keine Kraft.«

Dennoch gelang es dem unermüdlichen Eifer des Thaddäus von Sessa, den die Gesandten der Könige von Frankreich und England unterstützten, in der dritten Sitzung eine Frist von zwei Wochen zu erhalten und in der Zwischenzeit um die nötigen Vollmachten nachzusuchen. Als aber Friedrich die erste Kunde von dem Geschehenen bekam, rief er zornig aus: »Jetzt sehe ich, daß der Papst meinen Untergang will. Ihn treiben Rachgier und Leidenschaft, weil ich seine genuesischen Seeräuber, des Reiches Erbfeinde, samt den Priestern fangen und einkerkern ließ. Es wäre unwürdig, vor einem so parteiischen Gericht zu stehen.« – Allerdings bei kälterer Überlegung wurde dieser Gedanke aufgegeben und die Reise nach Lyon und von hier nach Deutschland beschlossen.

Schon hatte der Kaiser, immer noch halb zweifelhaft und daher langsam ziehend, Turin erreicht, als Eilboten die in Lyon ausgesprochene Verurteilung meldeten. Innozenz nämlich nutzte sogleich den Aufschub, schilderte die Abwesenheit des Angeklagten als vermessenen Stolz, der sich schäme, vor den ersten Boten der Christenheit zu erscheinen, gewann dadurch auch die englische Geistlichkeit und versammelte in so günstiger Stimmung das viertemal die Väter. Jetzt sah sich Thaddäus von Sessa einsam und ohne Bundesgenossen, hörte aber dennoch nicht auf, den stürmischen Angriffen mit unerschütterlicher Besonnenheit Trotz zu bieten und jede Blöße ebensoschnell zu entdecken als für seinen Vorteil anzuwenden. Als z. B. der aus Sizilien verbannte Bischof von Carinola in den heftigsten Ausdrücken über die Einkerkerung der bei Meloria gefangenen Priester klagte und den Kaiser einen Hochverräter an der heiligen Kirche nannte, schaute Sessa den Redner mit durchbohrendem Blick an und sprach: »Dein Zeugnis ist ungültig, denn du bist der Sohn eines Schurken, den der Gerichtshof zum Galgen verurteilte, und du – willst in die Fußstapfen deines Vaters treten.« Der Verleumder erblaßte und schwieg.

Der Gleichmut und die schlagenden Antworten, die Thaddäus den vielartigsten und rohesten Vorwürfen entgegenstellte, erbitterten endlich den Papst, so daß er den Knoten durchschnitt und, Zornglut in den Augen und auf dem Antlitz, mit gebieterischer Stimme ausrief: »Dein Herr, der Kaiser, ist ein Ketzer und Empörer gegen die heilige Kirche. Nur durch Absetzung von allen seinen Würden und Ehren kann er so abscheuliche Verbrechen büßen.« und die bestürzte Sitzung aufhob. Niemand wagte zu widersprechen. Nur die Gesandten Englands baten demütig, die Kinder Friedrichs möchten als Verwandte des rechtgläubigen Königs Heinrich nicht die Strafe ihres Vaters erleiden.

Auf diese Weise seines Sieges im voraus gewiß, zumal die meisten Erzbischöfe und Bischöfe wegen der wachsenden Schulden eine baldige Heimkehr wünschen mußten, verkündete Innozenz etliche Tage später, am 17. Juli, den wiederum einberufenen Vätern, daß man jetzt ohne Säumnis den Spruch fällen müsse. Alles blieb stumm. Thadddäus von Sessa aber wandte das letzte Schutzmittel an und legte vor dem gegenwärtigen, parteiischen Gericht, das überdies nicht vollständig wäre, Berufung ein an ein künftiges, allgemeines Concilium.

Umsonst. Der Papst erklärte, daß die Versammlung zahlreich genug wäre, um einen Ketzer, der schon so lange durch nichtige Einreden die Geduld der Richter geprüft habe, zu verurteilen, und wiederholte kurz die bereits mehrmals erörterten Anklagen. Vergeblich führten die englischen Boten, um den Spruch hinzuhalten, im Namen ihres Herrn mündlich wie schriftlich Beschwerde über den grenzenlosen Wucher der kirchlichen Abgeordneten (Legaten), die alljährlich an 60 000 Mark Silber aus dem Reich schleppten. Umsonst schilderte der Bischof von Berytus die Bedrängnisse des der schleunigsten Hilfe bedürftigen Gelobten Landes. Innozenz, nur auf einen Gegenstand gerichtet, schritt an das Urteil und schleuderte den Bann gegen Friedrich, der des Meineids, Kirchenraubs und der Ketzerei überführt sei. Er habe, lautete unter anderem der furchtbare Spruch, die Kirche, die Macht besitze, auf Erden zu binden und zu lösen, nach Kräften geschwächt, von Priestern und Altardienern Steuern erhoben, heilige Gefäße, Kreuze, Kelche und Gewänder eingezogen, noch unlängst die Abgeordneten des Sultans von Ägypten freundlich empfangen, seine Tochter an den ketzerischen Griechen, Johann Vataces, vermählt und den frommen Herzog von Bayern unter den Dolchen sarazenischer Assassinen fallen lassen. Durch diese und andere Missetaten habe er die Gemeinschaft der Gläubigen, Krone und Reich verwirkt, so daß, weil die Untertanen ledig seien ihres Eides, die deutschen Fürsten Pflicht und Befugnis hätten, einen Nachfolger zu wählen, während die Kirche für Sizilien, als das rechtmäßige Erbe des heiligen Petrus, sorgen würde. Übrigens solle Freunde, Anhänger und Bundesgenossen des Kaisers fortan gleichfalls der geistliche Fluch treffen.* Das entsetzliche Strafurteil wirkte wie ein betäubender Wetterschlag auf alle Anwesenden. Laut schluchzten des Kaisers Boten, Walther von Ocra und Peter von Vinea, und schlugen an ihre Brust. Thaddäus von Sessa aber rief mit Wehmut und Zorn aus: »Dies ist ein Tag des Grimms, der Trauer und des Elends. Fortan werden die Ketzer jubeln, die Chorasmier im Morgenland herrschen und die Tartaren sich erheben«, verließ den Saal und eilte, um seinem Herrn die Kunde der schicksalsvollen Entscheidung zu bringen. Schweigend löschten dagegen die Bischöfe ihre Kerzen und warfen sie, ein Zeichen des gebilligten Urteils, auf den Boden (17. Juli).

Friedrich, damals in Turin, geriet bei der ersten Nachricht von dem gefällten Spruch in den heftigsten Zorn, faßte sich jedoch bald und traf die geeigneten Anstalten, um den Folgen zu begegnen. Also wurden die früheren Strafen gegen dienstschwierige Priester, die etwa dem Bannfluch gehorsam keine Messe lesen sollten, erneuert, von allen Geistlichen des Reiches ohne Unterschied ein Drittel der Einkünfte erhoben und andere, auch den Laien obliegende Steuern gefordert. Die Kardinäle wurden durch außerordentliche Boten in Kenntnis gesetzt, daß der Kaiser von dem in Lyon gefaßten Beschluß an Gott, einen künftigen Papst und eine allgemeine Kirchenversammlung wie an die Fürsten des Erdkreises Berufung einlegen werde.** Alle Könige und Obrigkeiten wurden durch offene Sendschreiben ermahnt, die ehrgeizigen und herrschgierigen Pläne des Heiligen Stuhls an dem eben gegebenen Beispiel zu beherzigen und durch vereinigte Anstrengungen zu verhindern.

»Ich bin nicht«, lautete unter anderem der Brief an den englischen König Heinrich, »der erste und werde auch nicht der letzte sein, den der Mißbrauch des Priestertums verfolgt und von dem höchsten Gipfel in den tiefsten Abgrund hinabzustürzen trachtet. Und ihr gehorcht betört diesen Scheinheiligen! – Bei euch betteln Christen oder Pilger, damit in Italien Patarener und andere Ketzer vollauf haben. Dort reißt ihr die Häuser eurer Landsleute ein, damit hier die Städte eurer Feinde gebaut werden. So werden durch eure Zehnten und Almosen solche Arme in Christo unterstützt, deren Lohn, deren Dank schon euer größter Schaden ist. Sie hal-

* Matthaeus Paris., 672, der die Hauptquelle für die oben gegebene Darstellung war, verglichen mit: Funks Leben Friedrichs II., Züllichau 1792.
** Cod. Vind. 105, fol. 99.

ten uns in ihren Schlingen, wie Vögel, die bei jedem Versuch zu entkommen das Band nur noch fester ziehen. – Stets war es unser Wille und Streben, für die Geistlichen, besonders die mächtigsten unter ihnen, den apostolischen Wandel und die Demut der ersten Kirche wiederherzustellen. Solche Priester lebten im Umgang der Engel, glänzten durch Wunder, heilten Kranke, erweckten Tote und machten durch ihre Heiligkeit, nicht durch Waffen, Fürsten zu ihren Knechten. Die unsrigen dagegen, die der Schwelgerei der Welt frönen und in Wollüsten berauscht sind, denken nicht an Gott. Der Überfluß an Geld und Gütern hat allen Glauben in ihnen erstickt. Diesen den schädlichen Reichtum, der ihnen eine Bürde und Quelle der Verdammnis ist, nehmen, heißt ein Werk der Liebe tun.«*

Doch diese unumwundene Sprache fand keinen Beifall. Die Könige, besonders Heinrich von England und Ludwig von Frankreich, sahen in solchen Erklärungen offene Angriffe auf den gesamten Priesterstand, der von Gott eingesetzt sei und über dem Bereich der weltlichen Macht liege, und begannen in der anfänglichen Teilnahme an den Bedrängnissen des Kaisers zu erkalten und dem Verdacht wirklicher Ketzergesinnung Raum zu geben. Dennoch versuchte Friedrich, darin keineswegs klug und folgerichtig, durch die freundliche Dazwischenkunft Ludwigs IX. (des Heiligen) wenigstens eine stellenweise Versöhnung mit der Kirche zu gewinnen. Er mußte aber die gebührliche Kränkung erleiden, daß der Papst als Bedingung jeden Vergleichs forderte, es sollten der Kaiser und sein Sohn Konrad aller Teilnahme an der Regierung entsagen, und dadurch auch die letzte Aussicht auf ein gütliches Ende des Streites für immer trübte.**

Fortan blieb beiden Parteien nur der Kampf um Tod und Leben übrig, ohne daß andere Wege und Mittel in Frage kamen. Also sparte Innozenz weder mit Bitten noch mit Drohungen, weder mit Schmeichelei noch mit Schätzen, um in Deutschland, dem Kern der Hohenstaufen, einen Gegenkönig aufzustellen. Lange fand sich aber kein Bewerber. Es schreckten das Gefühl des Treuebruchs, der schimpflichen Abhängigkeit von einem fremden Herrn, die Furcht vor Gefahren und die Tätigkeit des kaiserlichen Anhangs, vor allem Konrads. Endlich nahm der tapfere, gutmütige, dem Priestertum je-

---

* Matthaeus Paris., 596, bei Funk, Leben Friedrichs, 328.

** Cod. Vind. 305, fol. 52. »*Nuntii* (des Kaisers an den König) *casso suo consilio abicrunt*«, d. h. »Die Boten kehrten unverrichteter Sache zurück.«

doch über Gebühr ergebene Landgraf von Thüringen, Heinrich Raspe (d. h. der Rauhe), auf Betrieb der geistlichen Großen, besonders des Erzbischofs Siegfried von Mainz, zu Hochheim bei Würzburg die Krone an (Mai 1246). Er empfing vom Papst Bestätigung, Geld und durch die Predigten der Bettelmönche geworbene Soldknechte* und gewann bei Frankfurt einen kleinen Vorteil über den Gegner, König Konrad. Infolge dieses glücklichen Anfangs zog er den Markgrafen Hermann von Baden und viele schwäbische Herren auf seine Seite, mußte aber bald, weil fast alle Städte an den geschworenen Eiden festhielten und der Herzog von Bayern, Otto der Erlauchte, seinen Schwiegersohn Konrad nachdrücklich unterstützte, von der Donau nach Thüringen fliehen und hier auf der Wartburg sieg- und ruhmlos sterben (Februar 1247). Das Volk nannte ihn nur den »Pfaffenkönig«.**

Aber Innozenz, dadurch nicht entmutigt, fuhr so lange fort zu bestechen und zu verlocken, bis der junge, waffenkundige und ehrgeizige Graf Wilhelm von Holland den dringenden Einladungen folgte und sich von den Priesterfürsten zu einem König über Deutschland wählen ließ (Oktober 1247). Fortan wuchs die Parteibildung. Denn während schwärmerische Mönche dem großen Haufen das Kreuz gegen die Hohenstaufen als Ketzer und Kirchenfeinde, nicht ohne Glück, predigten, benutzten Grafen und Herren die günstige Gelegenheit, sich unter den allgemeinen Wirren unabhängig vom Gesetz und Oberhaupt zu machen, und brachen die Lehnspflicht. Bezwungen von der Übermacht und einstweilen unfähig, im offenen Feld zu widerstehen, mußte Konrad über die Alpen flüchten und Schutz bei seinem Vater, dem Kaiser, suchen.

Dieser hatte inzwischen mit Hilfe Enzios, des Königs von Sardinien, etliche Wochen nach der Lyoner Kirchenversammlung die Mailänder in einer blutigen Feldschlacht überwunden. Im Frühling

---

* Um den Landgrafen, der Schwierigkeiten machte, zu gewinnen, ließ Innozenz das Gerücht vom Tod des Kaisers aussprengen und sogar durch einen körperlichen Eid bekräftigen, auch die Ehe Heinrichs mit einer Nichte entgegen dem kirchlichen Brauch bestätigen. Cod. Vind. 129, fol. 71.

** Die schwäbischen und rheinischen Städte, wie Ulm, Reutlingen, Speyer, Worms und Straßburg, bewahrten, obschon durch frühere Verfügungen einer falschen Staatsklugheit keineswegs begünstigt, dennoch Dankbarkeit gegen die Verdienste des salisch-waiblingischen Fürstenhauses. Friedrich unterließ auch nicht, von Italien aus durch Briefe den Eifer der Gemeinden zu beleben, die, wie z. B. die Bürger von Speyer, die Bannbulle und alle Legaten des Papstes zurückgewiesen hatten. Cod. Vind. 305, fol. 154.

des folgenden Jahres hatte er durch die Treue des Grafen von Caserta eine Verschwörung, die auf Anstiften des Papstes Pandolfo von Fasanella, Jakob von Morra, die Grafen von St. Severino und andere Große gegen das Leben ihres Herrn bereiteten, entdeckt und einen damit verbundenen Aufruhr in Neapel und Sizilien durch Schnelligkeit und Nachdruck gedämpft. Die Haupturheber hatte er, um ihre Schande zu verbreiten, gebrandmarkt und verstümmelt entlassen, ihre Güter eingezogen und alle Umtriebe und Absichten der Missetäter, die im Namen der Kirche handelten, in offenen Sendschreiben der gesamten Christenheit enthüllt. Unterstützt von dem ersten Eindruck, hatte er mit Mailand einen Waffenstillstand, mit Venedig einen vorteilhaften Frieden abgeschlossen.

Der Papst, um den bösen Leumund als Folge der erfolglosen Verrätereien zu tilgen, klagte seinerseits über bestellte Meuchelmörder, fand aber nur beim eigenen Anhang Glauben. Denn jeder unbefangene Zeuge erkannte die Grundlosigkeit der Anklage und vertraute der Rechtfertigung des Kaisers. »Welcher Vernünftige«, meldete dieser, »kann uns solche Pläne gegen einen Mann beimessen, dessen gewalttätiger Tod den Streit zu unserem Schaden gleichsam unsterblich machen würde!«*

Obschon auf diese Weise in Italien über geheime und öffentliche Feinde Sieger, bot Friedrich, niedergedrückt von den beständigen Unruhen und im Gefühl der abnehmenden Gesundheit, noch einmal die Hand zur Aussöhnung. Er versprach, wenn die Nachfolge am Reich seinem Sohn Konrad gewährleistet würde, ohne Fürstenrang mit den Ungläubigen zu kämpfen, unterwarf sich sogar, um den Vorwurf der Ketzerei zu tilgen, einer förmlichen Prüfung durch angesehene Geistliche. Umsonst. Innozenz blieb hartnäckig. Er lehnte die Vermittlung des frommen Königs Ludwig von Frankreich, der sehnsüchtig nach dem Heiligen Land begehrte, ab. Er duldete schweigend, daß manche versöhnliche Briefe des Kaisers geöffnet und mit falschen Zusätzen versehen wurden,** und ließ durch Mönche und Legaten diesseits wie jenseits der Alpen mit neuer Heftigkeit das Kreuz gegen den zweiten Pharao predigen.

---

* *»Cumque«*, setzt er hinzu, *»rebus ut nunc se habentibus istum papam aut quemlibet alium futurum processui nostro contrarium incommutabiliter crediderimus«*, d. h. »Da wir bei dem jetzigen Stand der Dinge jenen Papst wie jeden anderen Nachfolger für einen unwandelbaren Feind unserer Sache halten müssen.« Cod. Vind. 129, fol. 71.

** Cod. Vind. 187, fol. 16.

»Man müsse«, lautete z. B. der Aufruf eines Kardinals, »nicht eher die Sarazenen bekriegen, bis die Schlange, welche die Christen an ihrem eigenen Busen nährten, zertreten sei. Ein Kind und Statthalter des Satans, ein Vorläufer des Antichrist, ein wütender Drache und brüllender Löwe, der suche, wen er verschlingen könne, ein Mann, trunken von dem Blut der Heiligen, ein zweiter Pilatus dürfe nicht länger auf Schonung und Erbarmen Anspruch machen. Saumselige Christen würden sich selbst vor dem Jüngsten Gericht verurteilen. Also möge man die Braut des Herrn, die heilige Kirche, mit aller Kraft schützen, damit der Richter der Lebendigen und Toten an jenem Tag den Platz zur rechten Hand, die Freuden der Seligkeit gewährte.«

In solcher Lage beschloß Friedrich den letzten, entscheidenden Schritt: die Reise nach Lyon, um sich persönlich zu verantworten und den Worten ebenfalls durch Taten Gewicht zu geben. Überdies hatten der Stolz und die Üppigkeit des römischen Hofes in jener Stadt steigende Gärung erregt, während die Grafen von Bretagne, Angoulême, der Herzog von Burgund und andere französische Edle, müde der mannigfaltigen Plackereien, einander eidlich gelobten, die weltlichen Rechte gegen das Priestertum in Treue und mit allen Kräften zu behaupten.*

Schon hatte unter so günstigen Aussichten der Kaiser Turin erreicht und dem Grafen von Dauphiné Befehl gegeben, ein stattliches Gefolge zu rüsten, als die Kunde vom Abfall Parmas anlangte und die Gestalt der Dinge plötzlich änderte. Jene bisher getreue Stadt nämlich hatten die vertriebenen Welfen an der Spitze eines mit päpstlichem Geld geworbenen Heerhaufens, den bald die Zuzüge der Gleichgesinnten aus Mailand, Piacenza und anderen Gemeinden Lombardiens verstärkten, durch Überraschung eingenommen. Sie hatten die ghibellinische Partei verjagt, neue Behörden eingesetzt und außerhalb wie innerhalb der Ringmauern mit Eifer und Umsicht Schanzen angelegt (15. Juni 1247). Friedrich kehrte auf diese Kunde sogleich um, versammelte aus allen Teilen des Reiches ein großes Heer, in dem auch Ezzelino da Romano mit seiner glänzenden Ritterschaft diente, und lagerte vor Parma, entschlossen, vor dessen Übergabe nicht zu weichen. Daher wurde, weil die starke Besatzung mutig und mit Glück widerstand, beim Eintritt des Winters am linken Ufer des Flusses Parma eine

---

* *»A requerir et à defendre nos droits en bonne foy envers la clergie.«* Matth. Paris., S. 719.

weitläufige Feste erbaut, die, mit Gräben, Erdwällen, hölzernen Häusern und Türmen, Straßen und Marktplätzen versehen, nach dem Rat der Sterndeuter den Heil verkündenden Namen Vittoria empfing.

Schon geriet Parma, auf allen Seiten eingeschlossen und der Zufuhr beraubt, in Hungersnot und mit ihr in augenscheinliche Gefahr, als die Sorglosigkeit der Belagerer sie rettete. Um die Mitte des Februar (1248) nämlich begab sich der Kaiser, um die geschwächte Gesundheit durch Falkenjagd und frischere Landluft zu stärken, für etliche Tage auf das benachbarte Schloß Bassetto und übergab dem Oberhofrichter Thaddäus von Sessa den einstweiligen Heerbefehl. Jener, durch des Feindes Bedrängnis verblendet, stellte nachlässig die Wachen aus, zog keine Kundschaft ein und überließ sich der größten Sicherheit. Die Parmesaner, von allem benachrichtigt, beschlossen, den günstigen Augenblick zu nutzen. Sie versammelten in der Nacht des 18. Februar geräuschlos ihr Kriegsvolk und fielen kurz vor dem Anbruch des Morgens in vier Haufen geteilt mit solchem Ungestüm auf die Belagerer, daß binnen einer Stunde die Wälle und Mauern gestürmt, über 2000 Deutsche und Sarazenen niedergehauen, an 3000 gefangen und die übrigen in der wildesten Flucht auseinandergesprengt wurden. Denn Dunkel und Schrecken hinderten jeden geordneten Widerstand, rissen Tapfere und Feige auf gleiche Weise ins Verderben, wie denn schon im Anfang des Getümmels Thaddäus von Sessa, der zu spät seinen Fehlgriff erkannte, einen qualvollen Tod finden mußte. Darauf verbrannten die Sieger, nachdem sie eine unermeßliche Beute an Gold, Silber, Kostbarkeiten jeder Art, Rossen und Saumtieren hinweggeführt hatten, die hölzernen Häuser Vittorias, machten die Erdwälle dem Boden gleich und kehrten jubelnd, die eroberte Hauptfahne Cremonas voran, in die Stadt zurück.

Friedrich aber eilte auf die erste Kunde von dem Unglück herbei. Er sammelte die Flüchtlinge, tat von Cremona aus durch geschickte Streifzüge dem Feind unaufhörlich Abbruch und erreichte, daß die bald wieder ermutigten Ghibellinen nicht nur den Welfen im offenen Feld trotzten, sondern auch unter der Leitung Ezzelinos da Romano Feltri, Belluno und mehrere Burgen der trevisanischen Mark zur Übergabe nötigten, während Enzio, König von Sardinien, die ganze Flotte der Mantuaner auf dem Po tilgte und in mancher Landfehde siegte.

Daher überließ der Vater dem heldenmütigen und klugen Sohn im Frühling (1249) den Oberbefehl in der Lombardei und eilte nach Apulien, um den Umtrieben der Kirchlichen ein Ende zu setzen.

Denn hier wie anderswo ertönten stärker und schamloser als je die Bannflüche des Papstes und die Predigten der Mönche. Der Statthalter des Teufels, schrieb z. B. der Kardinal Reinier, habe sich mit solchem Grimm gegen die Gesalbten des Herrn erhoben, daß der Himmel erblassen, Sonne und Sterne ihr Licht verlieren, die Erde erbeben und die See aufschwellen müßten vor Trauer und Entsetzen. Gott geweihte Bischöfe seien gehängt, Kreuze von den heidnischen Sarazenen an die Schweife der Rosse gebunden und ähnliche Schandtaten straflos, ja auf Befehl des zweiten Herodes, Judas und Nero geübt worden. Dergleichen Reden, beständig wiederholt, verfehlten nicht immer ihre wohlberechnete Wirkung. Das gemeine Volk gewöhnte sich immer mehr und mehr daran, in dem Kaiser wenn auch nicht einen Zwingherrn, so doch einen unglücklichen Ketzer zu erblicken, während die meisten Großen aus Eitelkeit oder Ehrgeiz den Bruch mit der Kirche für den eigenen Vorteil nutzten.

Selbst Männer von bisher unerschütterlicher Treue wurden wankelmütig und wandelten ihre lautere Gesinnung in Lauheit und Verrat um. Davon gab vor allen Peter von Vinea ein betrübendes Zeugnis. Wegen seiner ausgezeichneten Fähigkeiten und Kenntnisse aus Dunkelheit und Armut zu den höchsten Ämtern und Ehren hervorgezogen, besaß der Geheimschreiber jahrelang das unbedingte Vertrauen Friedrichs, der ihm stets die wichtigsten Pläne mitzuteilen pflegte und in dem ebenso liebenswürdigen wie beredten und gewandten Geschäftsmann nicht sowohl einen Diener als einen Freund erblickte.

Aber allmählich stieg in dem Günstling Eifersucht auf, als neben ihm Thaddäus von Sessa und Walther von Ocra den gebührenden Einfluß erhielten und durch rastlose Tätigkeit für den Sieg der von ihnen gewählten Partei auszudehnen suchten. In demselben Maße wurde Vineas Eifer lauer. Man vermißte schon zu Lyon an ihm die gewohnte Regsamkeit. Der feurige Redner verstummte hier, und der scharfsinnige Schriftsteller blieb müßig, während die Amtsgenossen, obschon nicht so freigebig von der Natur und Wissenschaft ausgestattet, das Äußerste aufboten, um den Spruch der Kirchenversammlung zu verhindern. Daher schloß sich der Kaiser fortan diesen jüngeren Freunden auch enger an und behandelte den Mann, der sonst die Geheimnisse seines Herzens allein kannte,* mit steigender Kälte

* »Ich hatte«, spricht Peter bei Dante (Hölle, XIII, 58.), »die Schlüssel zum Herzen Friedrichs.« *(»Tenni ambo le chiavi del cuor di Federigo.«)*

und sichtbarem Mißtrauen, so daß sich jener, zumal die Verleumdungen der Höflinge den Bruch absichtlich erweiterten, auf die Seite der Feinde wandte und die verräterischen Pläne der adligen Mißvergnügten begünstigte. Die Entdeckung jener Umtriebe, die Morra, St. Severino und andere Mitschuldige schwer büßen mußten, zerriß die letzten Bande der Treue und machte die Lage Vineas, den das Bewußtsein der Mitwisserschaft quälte, unerträglich. Denn jeden Augenblick konnte bei noch dauernder Untersuchung auch gegen ihn der eine oder andere Gefangene ein bedrohliches Zeugnis ausstellen.

In solcher Stimmung wurde deshalb den Anträgen des römischen Hofes Gehör gegeben und der Entschluß, einen, wie es schien, undankbaren und überdies ketzerischen Herrn seinem Schicksal zu überlassen, mehr und mehr ausgebildet. Jedoch dachte der unglückliche, von Eifersucht und falscher Ehrliebe verblendete Mann schwerlich an die Größe und Nähe der Verbrechen, denen er als Werkzeug dienen sollte. Es wurde nämlich von dem dafür bestellten Unterhändler des Papstes ein ruchloser Arzt gewonnen, um dem kranken Kaiser Gift zu reichen, und durch Peter von Vinea, der den Mordplan nicht kennen mochte, dringend empfohlen.

Doch der Plan scheiterte kurz vor der Ausführung. Denn Friedrich, argwöhnisch gegen einen Menschen, den er schon einmal aus Mißtrauen hatte verhaften lassen, gebot, den ihm bestimmten Trank zu untersuchen, und fand bald, daß er statt des Heilmittels Gift enthielt. Denn kaum hatte es ein zum Tode verurteilter Missetäter genossen, als er unter Krämpfen binnen etlicher Augenblicke verschied. Sogleich wurde der Arzt eingekerkert, verhört und, durch Geständnis der Schuld überwiesen, hingerichtet. Peter von Vinea aber, der den Verbrecher empfohlen und andere Zeichen der Treulosigkeit gegeben hatte, wurde geblendet und dem Gefängnis überliefert. Der Unglückliche, vom Gefühl der Schmach überwältigt und an der Rettung verzweifelnd, zerschellte sich etliche Monate später im dunklen Kerker das Haupt an den Ecken einer Säule.

Dieses verhängnisvolle Ende eines langjährigen Freundes machte auf den Kaiser den tiefsten Eindruck. Oft rang er im herbsten Schmerz die Hände und rief weinend aus: »Wehe mir, den die Treuesten verfolgen! Peter, die Hälfte meiner Seele, den ich für einen Felsen hielt, ist abtrünnig geworden und hat meinen Tod gesucht. Wem soll ich fürder noch trauen? Wo kann ich jemals froh werden? Wo mich sicher glauben?«*

---

* Über dem Verrat Vineas schwebt allerdings noch manches Dunkle. Allerdings gibt der oben angeführte, päpstliche Mordversuch den Faden. Ein ungedruckter Brief

Erschöpft von Gram und Sorgen sank Friedrich auf das Krankenlager und in eine Abspannung der Kräfte, die ihn mehrere Wochen lang hinderte, die gewohnte Tätigkeit zu entwickeln. Da traf neue Unglückskunde ein. Der teuerste Sohn, das Abbild des Vaters und die Seele des Lombardenkrieges, war gefangen worden. Enzio hatte nämlich die Fehde ebenso klug wie erfolgreich fortgesetzt. Er hatte das Schloß Arola an der Grenze von Reggio eingenommen und die Parmesaner in mehreren Treffen geschlagen, überhaupt den sinkenden Mut der Ghibellinen überall durch Wort und Tat gehoben. In dieser Lage beschlossen die Bologneser auf den Rat des Kardinallegaten Ubaldini Modena, mit dem größten Nachdruck anzugreifen und um jeden Preis zu demütigen. Davon benachrichtigt, eilte der

---

des Kaisers (Cod. phil. Vind. 187, fol. 74) war die Hauptquelle für die obige Darstellung. »Jener Priester«, heißt es hier unter anderem, »jener große Prälat und friedfertige Lenker des Glaubens, begnügt sich nicht mit zahllosen Umtrieben und schändlichen Ränken, nein! er endet, o, der Schande! mit heimlichen Rachstellungen und Mordversuchen.« – Darauf folgt die Erzählung von dem Arzt und schließt mit einer erbaulichen Nutzanwendung. »Seht!« lautet eine Stelle, »so liebte uns der Heilige Vater, so entwickelte er den löblichen Eifer eines Seelenhirten. Seht da die ehrenwerten Werke des Fürsten der Priester! Gifttat wird uns von dem bereitet, von dem Wohltat erwartet wurde *(veneficium, beneficium)*.« – Bezeichnend für Peter von Vinea ist besonders ein rührender Klagebrief, den er im Kerker abfaßte. Wir entnehmen ihm deshalb etliche Stellen (Cod. Vind. Ms. Eugen. 9.), andere, gleichfalls noch ungedruckte Denkmäler derselben Quelle übergehend. »Einst war ich reich an Tugenden und Glück, hoch über allen Nebenbuhlern im Vaterland. Als mir nichts fehlte im Wohlsein, da richtete mich das trügerische Glück auf Gewaltiges, und ich wandte die täuschenden Augen größeren Dingen zu und begann leidenschaftlich zu erstreben das Stärkere, traf aber im Trachten nach der Hoheit des Regiments mitten im Ehrgeiz auf die Klippe des Verderbens. – Aus der Ohnmacht zur Größe, aus der Niedrigkeit zur Höhe emporgetragen, fand ich hier den Becher der Leiden, wo ich hoffte auf die Ruhe des Friedens. Menschen bereiteten Fallstricke meinen Füßen, die bisher mit mir von meinem Brot zehrten, Menschen reichten den Becher des Todes, die ich ohne Arg gehoben hatte, Freunde stahlen mir die Gunst des Herrn. – Jetzt verschwindet meine Stärke wie ein Nebel, noch tönt vor meinem Ohr der Schall des Schreckens, noch sind die Augen meines Geistes voll Furcht, noch lähmt Schmerz die Zunge, noch zielen die Feinde mit Lanzen und Verwünschungen nach meinem Herzen. Zerbrochen bin ich wie ein Töpfergeschirr. Des Feindes Fallstrick endet nicht, von Tränen schwillt das Gesicht an. Das Liegen ist mir Pein, Sorgen stören den Schlummer. Wachen ist mir Qual, Wandeln Pestkrankheit, Stehen Schmerz. Wolken verhüllen das Auge, Leiden stumpfen ab das Gehör, das Gefühl zittert und der Geruch unterscheidet nichts, der Geist wird gefoltert, das Herz geängstigt, der Leib zehrt ab.«

König von Sardinien sogleich mit allen welschen und deutschen Kriegern, die in der Geschwindigkeit mehr zusammengerafft denn geordnet werden konnten, an die bedrohte Stelle und traf unweit Modena auf den an Zahl und Lagerzucht bei weitem überlegenen Feind. Dieser, von dem Podesta Philipp Ugone befehligt, stand in vier Schlachthaufen am rechten Ufer des Flusses Skultenna, in den sich die Fossalta, ein kleiner, aber wilder Waldbach, stürzt.

Hier lagerten die Ghibellinen und rüsteten am Morgen des 26. Mai (1249) zum entscheidenden Streit. In ihm scheiterten der Heldenmut und die ritterliche Waffenfertigkeit Enzios an dem besonnenen und ausdauernden Widerstand des feindlichen Feldherrn, der dem ungestümen Anprall so lange Geduld und Abwehr entgegensetzte, bis er mit noch frischen Haufen die erschöpften Reihen durchbrechen und in allgemeine Flucht werfen konnte. Was nicht unter dem Dunkel der Nacht den Verfolgern entkam, wurde niedergehauen und gefangen. Dieses letztere Los hatte auch der König, der mit 200 Rittern im Siegeszug nach Bologna geführt und hier, obschon achtungsvoll behandelt, dem Kerker übergeben wurde.

Friedrich fühlte ganz die Größe seines Verlustes und wandte daher Drohungen, Bitten und Versprechungen an. Umsonst. Die Bologneser beschlossen, den Gefangenen in lebenslänglicher Haft zu behalten und jeden Versöhnungsantrag zu verwerfen. Dem ersten kaiserlichen Schreiben, das in stolzer Sprache einen Vertilgungskrieg ankündigte, wenn nicht der König von Sardinien augenblicklich ausgeliefert würde, antwortete die Republik folgendermaßen:

»Der Herr erhebe sich, und zerstreut werden unsere Feinde, die es wagen, unserem Angesicht zu nahen, und die mehr vertrauend der Gewalt als dem Recht in ihrem Übermut wähnen, andere durch Schrecken und Drohungen zu unterjochen! – Aber nicht immer trifft der Bogen das Ziel, nicht immer raubt der Wolf, was ihn gelüstet. Wollet uns also nicht durch windige Worte schrecken! Denn wir sind nicht ein Sumpfrohr oder ein Reif, der vom Strahl der Sonne aufgelöst wird. Wisset demnach, daß wir den König Enzius festhalten und festhalten werden, im Glauben, solches stehe unserm Recht wohl an! Wollet ihr euer Mißgeschick rächen, so müsset ihr Kraft anwenden, und dann wird es vergönnt sein, Gewalt durch Gewalt abzutreiben. Denn wir werden unsere Lenden umgürten mit dem Schwert, mit Löwengeschrei ausrücken zum Streit, mannhaft angreifen und mannhaft kämpfen. Dann wird Eurer Hoheit keine Hilfe bringen die zahllose Menge des Kriegsvolks. Wo die Menge ist, da pflegt auch Verwirrung zu herrschen. Von einem großen

Hund, lautet das Sprichwort der Alten, wird der Eber nicht immer gepackt.«*

Der Kaiser mußte einstweilen diese nicht unverdiente Hohnrede ruhig dulden, zumal in Oberitalien neue Unfälle begegneten. Modena nämlich, von allen Seiten her bedrängt, entsagte in einem ehrenvollen Vergleich mit Bologna der Ghibellinenpartei, und Ezzelino da Romano, jetzt ohne Nebenbuhler, legte die Maske eines Dieners ab, besetzte Mouselice, die Vormauer Paduas, und regierte hier, wie in Vicenza, Trevigi, Verona und Feltri, als souveräner, vom Reich unabhängiger Herr. Doch die wiederholten Mißgeschicke drückten nur augenblicklich die Spannkraft Friedrichs nieder. Bald kehrte sie trotz des hinfälligen Körpers geläutert zurück. Der bisherige Amboß verwandelte sich in einen Hammer, unter dessen Schlägen das stolze Gebäude der Kirche in Trümmern zusammenfallen sollte.**

Daher wurde der Kardinallegat Capuccio mit seinem ganzen Anhang aus Apulien vertrieben, in der Lombardei, wo sich überall die Ghibellinen nachdrücklich erhoben, Parma von Cremona in einer Feldschlacht gedemütigt, Mailand eingeschlossen und Bologna zum Waffenstillstand genötigt, während jenseits der Alpen König Konrad den Grafen Wilhelm von Holland nach verschiedenen Gefechten in die Sümpfe und Niederungen seiner Heimat zurückdrängte,*** in Frankreich aber Volk und Ritterschaft mit jedem Tag den Haß gegen die Habgier und Zügellosigkeit des römischen Hofes steigerten und die Römer endlich bei längerer Abwesenheit des Papstes ernsthaft mit einer neuen Wahl drohten. Ähnliche Stimmung herrschte in England, wo das Volk öffentlich die Kardinäle und Prälaten Goldfischer nannte, während sie doch Menschenfischer sein sollten, und in Deutschland, wo unter den wilden Fehden manche Priester an

---

* Cod. hist. Vind. 279, fol. 87. Diesen Brief hat Münch in seinem lesenswerten Büchlein »König Enzius«, S. 79 nach dem Abdruck bei Ghirardacci sehr verstümmelt geliefert.

** Cod. phil. Vind. 305, fol. 157. *»Sequitur«*, schreibt der Kaiser an den Grafen von Pisa, *»ut qui pondus hactenus incudis patienter et devote subivimus, mallei consequenter officium resumamus«*, d. h. »Wir müssen aus einem geduldigen Amboß ein Hammer werden.«

*** Cod. hist. Vind. 305, fol. 157. *»Comes Hollandiae et sequentes ejus, quos ante faciem tuam dispersos et contritos dedecorosae fugae praesdium servavit«*, d. h. »Den Grafen von Holland und dessen Anhänger hat schmähliche Flucht gerettet (Friedrich II. an seinen Sohn, den König Konrad).«

den Bettelstab gerieten, aber kein Mitleid fanden. »Geht«, sprachen Bürger und Bauern, »zu euerm Papst! Der hat geraubte Schätze im Überfluß und mag euch trösten.«

So sah sich Innozenz, zumal der fromme König Ludwig im Morgenland gegen die Heiden stritt, plötzlich am Rand des Verderbens, ohne Freunde und Bundesgenossen. Schon rüstete der Kaiser, unter solchen Verhältnissen des Sieges gewiß, zum Aufbruch nach Oberitalien, von wo er mit einem zahlreichen Heer Lyon besuchen wollte, als der Tod allen Plänen ein Ende setzte und die Kirche aus ihren Bedrängnissen zu frischer Macht erhob.

Friedrich nämlich erkrankte gefährlich auf dem Schloß Firenzuola in der apulischen Landschaft Capitanata (29. November 1250). Er machte mit Besonnenheit seinen Letzten Willen, empfing durch den Erzbischof von Palermo die Lösung vom Bann und verschied, nachdem man alle vom römisch-katholischen Glaubensbekenntnis gebotenen Sterbebräuche angewandt hatte, in den Armen seines natürlichen und teuersten Sohnes Manfried (13. Dezember). Der Körper wurde danach einbalsamiert und in der Stiftskirche von Palermo beigesetzt.

So beschloß der außerordentliche Mann seine verhängnisvolle Laufbahn mitten unter den Vorbereitungen zu einem entscheidenden, wahrscheinlich glücklichen Schlag, der die Angelegenheiten Deutschlands, Italiens und der gesamten Christenheit würde umgestaltet und eine andere Entwicklung der weltlichen wie geistlichen Kräfte herbeigeführt haben. Diese Bedeutsamkeit ahnend, unterließen die Zeitgenossen auch nicht, Friedrichs Ende dichterisch auszuschmücken. Ihm hätten, wurde gemeldet und von vielen keineswegs bezweifelt, Sterndeuter angekündigt, daß er zwischen Blumen sterben würde, und beunruhigt von dem Spruch, habe der Hohenstaufe jahrelang die ihm durch ihren Namen unheimliche Stadt Florenz in der Toskana gemieden. Dennoch sei er vom Schicksal nach einem anderen Blumengrab, dem apulischen Firenzuola, geführt und hier vom Tod überrascht worden.*

* Saba Malaspina (bei Muratori, Script. rerum Italicarum, VIII, 788): *»sub flore marcescere debebat«*, d. h. »Er sollte welken in der Blume.« – Übrigens mochte die Weissagung von Michael Scotus, einem bei Friedrich angesehenen Astrologen, gekommen sein. Siehe Chronicon Nonantulanum, ad a. 1250. *»Per haec tempora Michael Scotus, Federici Imp. familaris agnoscitur«*, d. h. »In diesen Zeiten war Michael der Schotte des Kaisers Vertrauter.«

Vierter Abschnitt

Deutschland und Italien unter den letzten Hohenstaufen

(1250–1268)

Der Kaiser, in seinen letzten Tagen zwar schwach von Körper, aber stark von Geist, hatte mit Sorgfalt und Genauigkeit über die Nachfolge verfügt: Der Haupterbe, König Konrad, sollte Sizilien, dessen Bruder Heinrich die Herrschaft über Arles oder Jerusalem bekommen, Friedrich, der Sohn des unglücklichen Heinrich (VII.), sollte das Herzogtum Österreich und Manfried, den Blanka, die schöne Tochter des Grafen Bonifacio von Lancia, geboren hatte, die Statthalterschaft über Italien und das Fürstentum Tarent bekommen. Daneben wurde verordnet, 100 000 Unzen Gold für das Heil der Seele dem Heiligen Land zu bestimmen, alle Forderungen der Kaufleute und sonstiger Gläubiger zu befriedigen und der Kirche ihre Rechte, Freiheiten und Güter ungeschmälert zu erhalten, sofern auch sie mit dem Reich ebenso verfahren würde. Außerdem wurde verfügt, alle Gefangenen, ausgenommen Staats- und Hochverräter, der Haft zu entledigen, dabei aber nicht zu dulden, daß jemals des Treubruchs schuldige Verbannte heimkehrten, und endlich für die Grafen, Freiherren und Ritter, wie andere Dienstleute der Krone und Reichssassen, hinsichtlich der Steuern und Rechte die unter König Wilhelm II. gültige Lage wiederherzustellen. Auch sollten der Hauptkirche von Palermo, wo man ihn, den Kaiser, an der Seite seiner Eltern, des Königs Heinrich und der Königin Konstantia, beerdigen möge, durch den Erzbischof der Stadt 500 Unzen Gold ausgezahlt werden.*

Aber alle diese Maßnahmen, die für des Reiches und der Erben Wohlfahrt von dem Sterbenden getroffen wurden, versuchte der Papst, der entschlossen war, alles für den Untergang der Hohenstaufen zu tun, zu vereiteln. Er erklärte deshalb Sizilien und Neapel für ein der Kirche anheimgefallenes Lehen, drohte dem Feind der rechtmäßigen Herrschaft mit dem Bann und verkündete den gehorsamen Untertanen einen Tag der Freude nach der langen Nacht des Trübsals. »Lasset«, begann ein Schreiben, »die Himmel

* Das Testament Friedrichs steht vollständig bei Martene, Collectio, III, c. 24, in einer Chronik Siziliens. Als der Tag der Ausstellung wird fälschlich der 17. Dezember genannt.

jauchzen und die Erde aufspringen. Denn das schreckliche Ungewitter, das euch heimsuchte, hat sich durch die Gnade Gottes verwandelt in einen sanften Südwind, und der euch grausam ängstigte, ist hinweggenommen von der Erde. Also kehrt zurück in den weichen Schoß der Kirche, wo ewige Ruhe, Frieden und Freiheit eurer warten!«*

Solche Zusagen, durch Legaten und Mönche mündlich bekräftigt, fanden nicht selten bei dem armen, von Steuern erdrückten Volk und den trotzigen, auf Unabhängigkeit gerichteten Lehnsgroßen Beifall und erregten diesseits wie jenseits der Meerenge eine gefährliche Gärung. Um sie in der Geburt abzuwenden, eilte Manfried, nach dem Letzten Willen des Vaters Fürst von Tarent und für den abwesenden Bruder, König Konrad (IV.) Reichsverweser, mit einem kleinen Gefolge nach der Hauptstadt und begehrte Einlaß. Die Bürger von Neapel aber antworteten, daß sie, müde des vieljährigen Banns und Landfluchs (Interdikts), niemandem gehorchen wollten, als wer mit der Belehnung und dem Segen des Papstes erschiene. Denselben Bescheid gaben die Capuaner und mehrere kleinere Städte dem Grafen von Caserta. Manfried, jetzt zur Gewalt gezwungen, versammelte die Sarazenen von Nocera und andere Getreue. Er dämpfte die Unruhen in Foggia, Barletta, Andria und Nola, umschloß, obschon erfolglos, eine Zeitlang Neapel und erreichte durch Tätigkeit gegen die Feinde und Großmut gegen die Besiegten, daß die meisten Landschaften und Gemeinden in der gesetzlichen Ordnung verharrten.

Inzwischen hatte Innozenz auch in Deutschland die Hohenstaufen mit denselben Waffen bekämpft. Bei Strafe der geistlichen Acht hatte er alle Reichssassen von der Treue gegen König Konrad entbunden und den Gläubigen, die das Kreuz nehmen würden gegen diesen zweiten Archelaus, den Sohn und Erben des blutdürstigen und ketzerischen Herodes, Ablaß und himmlischen Lohn versprochen. Er hatte den Grafen Wilhelm von Holland als den einzig rechtmäßigen, durch freie Wahl, nicht durch Erbrecht erkorenen König der Deutschen empfohlen und durch eigenhändige Schreiben die Herzöge von Bayern, Sachsen und andere mächtige Fürsten eingeladen, die Partei der Kirchenfeinde zu verlassen. Selbst den Markgrafen von Meißen, dessen Sohn mit einer Tochter Kaiser Friedrichs vermählt war, hatte er zur Teilnahme an dem Bündnis gegen seine

---

* Meermanns Geschichte König Wilhelms I., II, 5 (der deutschen Übersetzung).

Verwandten aufgefordert* und den Erzbischof Christian von Mainz abgesetzt, weil er zum Frieden riet.

So wuchsen überall Zwietracht, Fehde und Zügellosigkeit, verloren die Gesetze ihre Kraft und galt das wildeste Faustrecht. Die Burgen, besonders am Rhein, wurden ebensoviele Raubhöhlen, deren adlige Inhaber auf Kaufleute und Wanderer herabstürzten, nach Willkür plünderten, mordeten und brandschatzten, wie denn ein Herr von Ritberg sogar die Gemahlin König Wilhelms auf ihrer Reise nach Worms am hellen Tage überfiel und in Gefangenschaft führte. Kein Mittel der Rachgier galt als unerlaubt, vor allem bei der geistlichen Partei, die für alle Missetaten leicht Ablaß und Freisprechung fand. So stiftete der ausgetriebene Bischof von Regensburg, über dem der Bann lag, gegen den König Konrad und die ihm getreue Bürgerschaft eine Verschwörung an und bewirkte durch Einverständnis mit den Mönchen des heiligen Emmeran, daß sich bewaffnete Rotten, geführt von dem Freiherrn Hohenfels, um Mitternacht in das Kloster einschlichen und gegen das Zimmer anstürmten, in dem der König sorglos schlummerte. Da versteckte der Graf von Eberstein, treu und besonnen, den Herrn unter einer Bank, legte sich an seiner Stelle auf das Bett und empfing mit sechs anderen Gefährten den Tod.**

Der Hohenstaufe, bald danach bei Oppenheim am Rhein von seinem Gegner in blutiger Feldschlacht überwunden und bei den täglich anwachsenden Kräften der Kirchenpartei in Deutschland ohne Aussicht auf Sieg, beschloß einstweilen nach Italien zu ziehen und das Erbe seiner Väter, Neapel und Sizilien, in Besitz zu nehmen. Daher wurden die meisten Eigengüter des jetzt schnell sinkenden Hauses in Schwaben und im Elsaß teils verpfändet, teils verkauft, viele Fußknechte und Söldner geworben, die Reichsverweserschaft und die Sorge für sein teures Eheweib Elisabeth dem Schwiegervater,

---

* Cod. phil. Vind. 305, fol. 77. Der Papst benutzt diplomatisch klug die Eitelkeit des Fürsten, den er einen durch Adel und Macht unter den Großen Deutschlands hervorleuchtenden Fürsten *(inter sublimes personas Teutoniae potentia et nobilitate conspicuum)* nennt, und wirft sich zum Verteidiger der deutschen Freiheit auf. Konrad und die Söhne Friedrichs hätten keine rechtlichen Ansprüche auf die Thronnachfolge *(cum imperium non successione, sed electione obtineatur),* weil das Reich nicht durch Erbfolge, sondern durch Wahl gewonnen werde.

** Siehe Pfister, Geschichte von Schwaben, II, 310. Meermann, Geschichte Wilhelms, II, 16, wo der Retter Konrads Friedrich von Euvesheim heißt. Cod. Basil. E., S. 16 nennt ihn Fridericus de Wysheim. Die Tat selber duldet gerade wegen der Namensverschiedenheit keinen Zweifel.

Herzog Otto dem Erlauchten von Bayern, übergeben und danach im Oktober (1251) die Julischen Alpen überstiegen. Alle Ghibellinen jubelten, zogen zahlreich mit ihren Fahnen nach Goito unweit von Mantua, wo der König nach kurzer Rast in Verona sein Lager aufgeschlagen hatte, neigten sich zur Erde und gelobten, Gut und Blut für ihn zu wagen, so daß Konrad, diesen Zeichen vertrauend, den Seinigen in Deutschland baldige und siegreiche Rückkehr durch Boten und Briefe meldete.

Aber auch Innozenz war in Italien nicht müßig geblieben. Er hatte, über Genua und Mailand nach Perugia heimgekehrt (Frühling 1251), durch seine persönliche Anwesenheit den Welfen neuen Aufschwung gegeben und den Grafen Thomas von Savoyen und die bisher ghibellinisch gesinnten Städte Lodi und Novara gewonnen, überhaupt in der Lombardei und der Toskana seinen Anhang bedeutend verstärkt. Daher wählte Konrad, um das Ziel schneller zu erreichen, den Seeweg und fuhr auf pisanischen und apulischen Schiffen, die besonders die Tätigkeit des Markgrafen Bertold von Hochberg gerüstet hatte, von Porto Navone über das Adriatische Meer nach Apulien und landete noch vor dem Ende des Jahres glücklich bei Siponto, unweit dem heutigen Manfredonia.*

Sofort wurden mit Beihilfe Manfrieds, der dafür schon vieles vorbereitet hatte, die widerspenstigen Städte, Burgen und Landschaften nachdrücklich angegriffen und ohne Mühe gedemütigt. Nur Neapel, das auf die Festigkeit der Mauern und die Verbindung mit dem Meer trotzte, leistete hartnäckigen Widerstand, schlug, auf der Landseite eng eingeschlossen, mehrere Stürme mit bedeutender Einbuße der Belagerer ab und huldigte nicht eher auf Gnade und Ungnade, als bis die königliche Flotte alle Zufuhr abgeschnitten und eine furchtbare Hungersnot erzeugt hatte (1. Oktober 1253). Die unglückliche Stadt mußte jetzt das Bündnis mit den Welfen und den Abfall von dem Sohn ihres Wohltäters schwer büßen. Denn Türme und Mauern wurden gebrochen, edle Bürger eingekerkert oder hingerichtet, Reiche und Wohlhabende durch unerschwingliche Brandschatzun-

* Das Ganze nach Cod. phil. Vind. 305, fol. 77 aus einem Brief an die Bürger von Worms. *»Monemus«*, schließt der König, *»quatenus circa devotionem nostri nominis et honoris sicut confidimus vos servantes felicem reditum nostrum ad partes Alemanniae qui erit in proximo, viriliter expectetis«*, d. h. »Wir ermahnen euch, aus Achtung gegen uns die nahe Rückkehr nach Deutschland abzuwarten.«

gen an den Bettelstab gebracht, oft entgegen der angekündigten Milde und Vergessenheit des Geschehenen.*

Innozenz hatte, von den steigenden Bedrängnissen Neapels unterrichtet und unfähig, andere als geistliche Waffen zu gebrauchen, durch einen Legaten Fürbitte versucht, aber den schnöden Bescheid bekommen, er möge seine Sorge auf Leute mit der Glatze richten und sich nicht um fremdartige Geschäfte bekümmern. Darüber wurde der Papst zornig, und um den Fortschritten der Ghibellinen zu widerstehen, bot er das angebliche, erledigte Kirchenlehen förmlich aus. Doch weder Graf Richard von Cornwall noch Graf Karl von Anjou und Provence, jener Bruder des englischen, dieser des französischen Königs, wollten das gefährliche Geschenk annehmen, so stark auch Eitelkeit und Ehrgeiz wirkten.

Dagegen fanden die Kreuzpredigten der Mönche, die Ablaß und andere Gnaden verhießen, in Deutschland einen fruchtbaren Boden. Viele Anhänger der Hohenstaufen bereuten mit zerknirschtem Herzen ihre Sünden und traten auf die Seite des rechtgläubigen Fürsten Wilhelm von Holland. Dennoch war Konrad, der Neapel und Sizilien beruhigt und durch Steuern und Einziehungen beträchtliche Schätze gewonnen hatte, schon zur Rückkehr nach Deutschland gerüstet, als ihn im Lager bei Lavello in der Landschaft Capitanata ein hitziges, bald tödliches Fieber überfiel und im 27. Lebensjahr hinwegraffte (21. Mai 1254).

Gequält von Leibes- und Seelenschmerzen und ergriffen vom Gefühl des Verhängnisses, das schwer auf dem Hause der Hohenstaufen lastete, zeigte der sonst männliche und fast harte Fürst in seinen letzten Tagen Kleinmut und Schwäche, so daß er bisweilen in der Verzweiflung den Tag seiner Geburt verfluchte und die bittersten Klagen über die Kirche führte, dennoch aber dieser grausamen Stiefmutter den einzigen Erben und Sohn als Schützling empfahl. Mitten in der Blüte seiner Jahre fortgerissen, gibt Konrad nur

* Chronicon Siciliae bei Martene, Thesaurus anecdot., III, c. 28. *»Mandavit, quod Neapolitani et alii in dicta civitate nullatenus interficerentur, vel depraedarentur«*, d. h. »Er gebot, daß die Neapolitaner und andere Bewohner der Stadt weder getötet noch geplündert werden sollten.« Vgl. Cod. hist. Vind. 305, fol. 167, wo Konrad den Bürgern von Speyer schreibt: *»De beneficio nobis ionnatae clementiae, quam libenter exercemus in subditis, gratiae nostrae januam ipsis duximus reserandam«*, d. h. »Infolge der uns angeborenen Milde haben wir ihnen die Pforte unserer Gnade geöffnet.« In der Wirklichkeit verhielt sich das aber anders. Siehe Ephemerid. Neapolit. bei Muratori, VII, 1066 ff.

einen unsicheren Maßstab der Prüfung, jedoch sind bedeutende Anlagen zum Staatsmann und Feldherrn, ausdauernde Tätigkeit und sittlicher, dem sinnlichen Wesen des Vaters ganz entgegengesetzter Ernst auf der einen Seite ebenso unverkennbar wie auf der anderen Habgier und Ehrgeiz, die selbst zur Undankbarkeit gegen den verdienstvollen Halbbruder Manfried führten und das Gerücht veranlaßten, dieser habe durch Gift den Tod des Königs beschleunigt.*

Mit welcher Sorgfalt übrigens Friedrich die Erziehung seines teuersten, zur Nachfolge am Reich bestimmten Sohnes leitete, erhellt am deutlichsten aus einem Schreiben, das wegen der eigentümlichen Wahrheit stellenweise Mitteilung fordern darf. »Ein verständiger Sohn«, lautete es, »ist die Zierde des Vaters, und kindlicher Gehorsam lohnt dessen tägliche Sorgen. Wir freuen uns daher, Sprößling der Kaiser, daß dein königliches Gemüt in trefflichen Eigenschaften hervorleuchtet, daß du zunimmst an Jahren und Einsicht, damit der Name des Kaisers, deines Vaters, im König, dem Sohne, verherrlicht werde. Empfange deshalb unseren Segen! Mögest du, beten wir, vom Guten zum Besseren fortschreiten, die erworbenen Fertigkeiten werktätig machen, die Ratschläge und Weisheit der Großen *(proceres)* nicht ablehnen und ausgezeichnete Männer anhören und lieben! Nimm nicht auf Leichtsinnige und Leichtfertigkeit, dulde keine Schmeichler an deinem Hof! Höre nicht auf die Verleumder, welche die Türschwellen der Fürsten umlagern, und ehre die uns und dem Reich getreuen Priester! Nie sei müßig, sondern immerdar beschäftigt! Finde Lust am Ernst der Ritterschaft und am Waffenspiel! Sei gegen die Untertanen freundlich und milde, gegen dich selber streng und unparteiisch! Sei friedfertig und wahrhaftig! Vogelfang und Jagd magst du immerhin am schicklichen Ort und in der angemessenen Stunde treiben, aber werde nicht vertraulich mit Jägern, Falknern und Gauklern, die nur zu oft durch leichtsinnige Reden die königliche Würde beleidigen und Anstand und gute Sitten untergraben!«**

Nicht lange dauerte nach dem Tod Konrads der Frieden. Denn kaum hatte für dessen zweijährigen, gleichnamigen Sohn, den seiner Jugend wegen die Welschen Konradin nannten, der Markgraf

---

* Saba Malaspina, S. 791, spricht darüber sogar als Gewißheit.
** Martene, Thesaurus anecdotorum und Hahn, Monumenta Nr. 18. Der Brief ist darum besonders merkwürdig, weil er die Gebrechen des Kaisers, ohne sie zu nennen, enthält.

Bertold von Hochberg die Reichsverweserschaft dem Letzten Willen des Vaters gemäß übernommen, als Innozenz und die Kirchlichen allerlei Schwierigkeiten erhoben und Gärungen und Unruhen anstifteten. Da legte der Markgraf, eingeschüchtert, die Regentschaft nieder und empfahl sein Mündel, der als unschuldiges Kind die Missetaten des Großvaters und Vaters nicht tragen dürfe, der gnädigen Obhut des Papstes. Dieser gab eine ausweichende Antwort. Er erschien, von vielen Bewaffneten begleitet, zu Anagni und übertrug die Verwaltung des Kirchenlehens Neapel und Sizilien dem Fürsten von Tarent, Manfried. Er löste alle Reumütigen vom Bann, teilte unter den Getreuen Ehren und Belohnungen aus, hielt bald zu St. Germano, bald zu Neapel einen glänzenden Hof, dessen Schranzen unerträglichen Hochmut zeigten, und handelte überhaupt – als wenn alle Hindernisse beseitigt wären – als Landesherr.

Darüber wuchs der Unfrieden bei der hohenstaufischen Ritterschaft. »Der Papst«, sprachen etliche, »mag sich mit dem geistlichen Wesen begnügen, das weltliche aber dem Sohn des Kaisers überlassen! Gott erhalte den Manfried für unsere Freiheit!« Bald brach der schleichende Unwille in offener Tätlichkeit hervor. Graf Burello von Anglona, ein stolzer Anhänger der Kirchenpartei, wurde auf dem Weg zum päpstlichen Hoflager durch etliche Ritter des Fürsten von Tarent erschlagen. Dieser flüchtete sofort unter vielen Gefahren und Beschwerden über das Gebirge nach Nocera zu den Sarazenen und bildete aus ihnen und den Deutschen ein kleines Heer. Er schlug, jetzt der Waffengewalt vertrauend, den Kardinallegaten Ubaldino bei Foggia auf das Haupt (Dezember 1254) und vertrieb nach dem Tod von Innozenz, der voll Gram in Neapel starb und den gleichgearteten Alexander IV. zum Nachfolger hatte, alle Päpstischen aus dem Reich.

Anfangs nannte er sich Statthalter Konradins, später, als falsche Boten dessen Tod meldeten und ein förmliches Trauerbegängnis veranlaßten, nach dem Wunsch der Lehnsgroßen König Neapels und Siziliens. Die Krönung geschah mit dem üblichen Prunk in der Hauptkirche Palermos (11. August 1258). Umsonst legten dagegen die verwitwete Königin Elisabeth und der Herzog Otto von Bayern Verwahrung ein, und beteuerten, daß Konradin noch lebe und daß die Urheber solcher Lüge bestraft werden müßten. Manfried aber antwortete den Boten: »Siziliens Reich sei verwaist gewesen. Er habe es zwei Päpsten mit bewaffneter Hand abgestritten, begehre jedoch nur für Lebenszeit die Herrschaft, die nach seinem Tod der Neffe bekommen möge. Es sei daher rätlich, diesen nach Italien zu senden, damit er sich frühzeitig an die Sitten der Welschen gewöhnte, die keinen Deutschen leiden könnten. Er wolle ihn halten wie seinen eigenen Sohn.« Die Mutter verwarf den Vorschlag, denn sie fürchtete Arglist. Ebensowenig konnte man den Anträgen des Papstes trauen, der anfangs durch den Bischof von Veroli aufrichtige Aussöhnung versprach, aber bald danach fremde Fürsten zur Besitznahme des kirchlichen Lehnsreiches einlud.*

Hier entwickelte sich inzwischen die vielseitigste Tätigkeit Manfrieds, der, ein schöpferisches Genie, die durch Waffengewalt errungene Herrschaft als Gesetzgeber und Staatsmann zu festigen versuchte, gleich wirksam nach innen und nach außen, in seinen Tugenden und Fehlern ein getreues Abbild des Vaters. Denn schön von Angesicht und Körper, fein in der Haltung, freundlich und anmutig im Gespräch, war er bei ungewöhnlicher Urteilskraft mit wahrhaft dichterischen Anlagen ausgestattet und fähig, ohne Verzichtleistung auf Würde und Unabhängigkeit sich in die Gefühle und Ansichten anderer Menschen hineinzuversetzen. Klug im Rat und ritterlich tapfer auf dem Schlachtfelde, aber daneben überaus sinnlich und nicht immer Herr seiner Leidenschaften, war er von schrankenlosem Ehrgeiz, ohne Glauben an die Geheimlehren des Christentums und bei dem Mangel sittlichen Ernstes geneigt, Verträge und Bündnisse nach seinem Vorteil abzuschließen und aufzulösen. Mit seiner rastlosen, beweglichen Natur, die überall anregte und vorwärtstrieb und in der Freude des Schaffens oft die notwendige Geduld der Zeitigung verlor, vereinigte Manfried die Tiefe und Besonnenheit des deutschen Wesens mit der künstlerischen und heiteren Lebendigkeit des Südens und spiegelte gleichsam wie eine zukkende Lufterscheinung die letzten Strahlen seines untergehenden Hauses ab.

Es ist nötig, dieses allgemeine Bild durch einzelne Grundzüge zu rechtfertigen. Der König, gleich ernst und lebenslustig, verwandte die meisten Stunden der Muße auf wissenschaftlich künstlerische Beschäftigungen. Er las fleißig die Schriften der Griechen und Römer, teils in der Ursprache, teils in Übersetzungen. Er ließ die mathematischen und künstlerischen Werke des Aristoteles von kundigen Männern ins Lateinische übertragen und gewöhnlich von höflichen Briefen begleitet den noch seltenen Gelehrten als Zeichen der

* Siehe Konradins Manifest an die Deutschen bei Martene, II, 0 (Chronicon Siciliae).

Achtung übersenden.* Er legte eine bedeutende Sammlung griechischer und arabischer Handschriften an, verjüngte die in den letzten Wirren tiefgesunkene Hochschule Neapel und gab der Anstalt für Arzneikunde in Salerno bessere Einrichtungen,** unterließ überhaupt kein Mittel, die Liebe der Wissenschaften durch Wort und Tat zu nähren. Die Dichtkunst war ihm Bedürfnis, nicht bloß leerer Zeitvertreib. Von Sängern (Troubadours) und Musikern umgeben, durchzog er nicht selten in mondhellen Nächten die Straßen der ihm teuren Seestadt Barletta und sang die anmutigsten Lieder teils eigener, teils fremder Begeisterung.*** An einzelnen Prunkfesten wurden nicht nur glänzende Turniere der Männer, sondern auch Wettkämpfe der Frauen gehalten. Frauen und Jungfrauen jeglichen Standes führten unter Gesang und Saitenspiel Reigen (Chöre) auf und empfingen sämtlich reiche Geschenke, so daß niemand wußte, welche Tänzerin dem König am besten gefallen habe.

Die Liebe zur Baukunst ging vom Vater auf den Sohn über. Häfen, Brücken, Straßen wurden verbessert oder neu angelegt. An die Stelle des ungesunden, sumpfigen Siponto, das zerstört wurde, trat die schnell aufblühende Hafenstadt Manfredonia. Der Stifter war bei der Grundsteinlegung persönlich zugegen. Er bestimmte an dem von lombardischen Sterndeutern festgesetzten Tag die Grenzlinien der Mauern, Plätze, Viertel und Gassen und gebot, eine so große Glocke zu gießen, daß der Schall 40 italienische Meilen weit gehört werden könnte.

Ackerbau, Handel und Gewerbe wurden freigebig unterstützt, in der Rechtspflege die Gesetze unparteiisch und ohne Ansehen der

---

* So bekam die Universität Paris eine Übersetzung der mathematischen und physikalischen Werke des Aristoteles. »*Vos igitur*«, schließt das Begleitschreiben, »*viri docti, qui de cisternis veteribus aquas novas prudenter educitis, qui fluenta melliflue sitientibus labiis propinatis, libros ipsos tanquam amici regis in xenium gratanter excipite*«, d. h. »Empfangt also, gelehrte Männer, die ihr aus alten Zisternen neues Wasser klug gewinnt und mit durstigen Lippen honigsüßes Naß einschlürft, empfangt diese Bücher freundlich als Gabe eines Königs.« Martene, II, 221.

** »*Ut*«, drückte sich ein Schreiben aus, »*mater foecunda gymnasii, quae videbatur jam ex desuetudine parieudi senescere, per doctrinale commercium ad puerperium juvenescat, particularibus scholis ubique per regnum interdictis*«, d. h. »Damit die fruchtbare Mutterschule, die schon wegen eingegangener Geburten zu altern schien, durch den gelehrten Umgang wieder zu jugendlicher Fruchtbarkeit gelange.« Martene, II, 219.

*** »*Cantando strambuotti et Canzoni, che iva pigliando lo fresco*«, d. h. »Wenn er lustwandelte, entklommen ihm Lieder und andere Singweisen.« Spinelli, ad a. 1258.

Person vollzogen. So mußte der Kämmerer Amelio da Molisio, der eine ehrbare und schöne, aber arme Bürgerstochter aus Barletta verführt hatte, trotz des hochadligen Sträubens heiraten, wobei der König die Hochzeit ausrichtete und zu dem Bräutigam tröstend sprach: »Ihr seid nach wie vor ein trefflicher Ritter.«* Mazzeo Gritto, der einen Hauptmann der sarazenischen Leibwache in Gegenwart des ganzen Hofes nach einer vorangegangenen Beleidigung blutrünstig geschlagen hatte, bekam den gesamten Reichsadel zum Anwalt. Man möge nicht, äußerte er, um eines ungläubigen Hundes willen den christlichen Ritter strafen, den der König persönlich mit dem Schwert umgürtet habe! Doch jener blieb unbeweglich und gestattete endlich aus Gnaden, daß Gritto nicht, wie der Buchstabe des Gesetzes befahl, die rechte, sondern die linke Hand verlieren sollte. Nachdem das Urteil vollzogen war, machte er dem wunden Ritter einen Besuch und schenkte ihm 100 Augustalen.**

Gleiche Tätigkeit entwickelte Manfried in den auswärtigen Verhältnissen. Er sandte beträchtliche Scharen deutscher und sarazenischer Krieger nach der Lombardei, der Mark Ancona und der Toskana, so daß die florentinischen Welfen, bei Montaperto aufs Haupt geschlagen (4. September 1260), die Oberherrschaft den Ghibellinen überlassen mußten. Umsonst schleuderte der Papst den Bannstrahl, vergeblich forderte die unterdrückte Partei durch Eilboten die Hilfe Konradins, der mit seinem Oheim, dem Herzog Ludwig von Bayern, nichts geben konnte als das Versprechen, so bald wie möglich in Italien zu erscheinen. Dagegen wuchs Manfrieds Ruhm im In- und Ausland. Die einen fürchteten, die anderen liebten und ehrten ihn. Auswärtige Fürsten warben um seine Gunst. Selbst der mächtige König Jakob von Aragonien verheiratete, um die Bande der Freundschaft enger zu knüpfen, den Thronerben Peter mit Konstantia, der Tochter des Hohenstaufen und seiner ersten Frau Beatrix aus dem Hause Savoyen. Umsonst versuchte die Kirche diese folgenreiche Ehe zu verhindern. »Wie kannst du«, meldete das durch den frommen Mönch Raimund von Pennaforte dem Spanier überbrachte Schreiben, »den Adel deines Blutes so beflekken? Wie kann ein dem Heiligen Stuhl getreuer Sohn mit den ärg-

---

* Und setzte hinzu: *»Le femmine sono sachi. Tutti li figli, che nascono per amore, riescono huomini grandi.«* d. h. »Frauen gleichen Beuteln: alle Kinder der Liebe werden große Männer.« Spinelle, ad a. 1258.
** Spinelle, ad a. 1257.

sten Feinden und Verfolgern des Glaubens in Blutsverwandtschaft treten?«

Voll Gram über das Mißlingen seiner Lieblingspläne starb bald darauf Alexander IV. (25. Mai 1261). Sein Nachfolger, Urban IV., ein geborener Franzose, knüpfte anfangs, um Zeit zu gewinnen, Unterhandlungen an,* brach sie aber bald ab. Er griff zum Bannfluch und ließ in Italien, Frankreich und Deutschland das Kreuz predigen gegen Manfried, den Zwingherrn, Ketzer und Kirchenfeind. Viele französische Ritter, Graf Robert von Flandern an der Spitze, gehorchten dem Aufruf, erschienen in Oberitalien und drangen, mit zahlreichen Scharen der Welfen vereinigt, bis an den Garigliano vor, an dessen linkem Ufer die Königlichen ein festes Lager bezogen hatten. Sofort geriet die Hauptstadt, von den Priestern und Adligen bearbeitet, in heftige Bewegung und forderte in derber Sprache schleunigen Frieden mit dem Heiligen Vater. Manfried aber, dadurch nicht erschreckt, antwortete: »Ich will 300 Sarazenen nach Neapel schikken, auf daß die Messe gelesen werde. Jeden widerspenstigen Mönch und Pfarrer erwartet die Galeere.«

Dies wirkte, der Trotz verschwand und mit ihm die Hoffnung des Kreuzheeres auf leichten Sieg. Es mußte, als auch das römische Volk unruhig wurde, schnell zurückkehren und sich bald danach bei zunehmender Zuchtlosigkeit auflösen. Der Papst, jetzt von der Unmöglichkeit, durch eigene Kräfte zu siegen, überzeugt, wandte sich an den Grafen Karl von Provence und versprach ihm die Belehnung mit dem Reich Neapel und Sizilien, wenn er für den Dienst der Kirche die Heerfahrt geloben und ausführen würde. Jener, nicht sowohl durch die Schwierigkeiten und Gefahren als auch die Warnungen seines Bruders, des frommen und gerechten Königs Ludwig IX., abgeschreckt, wollte schon eine ablehnende Antwort geben, als seine stolze und ehrbegierige Gemahlin alle Bedenklichkeiten zerstreute. Es sei unerträglich, sprach Beatrix, die Tochter des Grafen Raimund von Provence, Gräfin zu heißen, während ihre Schwestern als Königinnen Frankreich und England beherrschten. Gerne wolle sie Schätze, Juwelen und Kostbarkeiten aufopfern, wenn nur des Papstes Vorschlag angenommen würde. »Beruhigt euch«, antwortete Karl der eitlen Frau, »ich will euch zu einer Fürstin erheben, mäch-

---

* Durch Gottes Schickung, meldet Konradins Manifest, sei die zwischen dem Papst und Manfried begonnene Einigung abgebrochen worden. Urban *(qui nobis exstitit inurbanus)* habe übrigens die Ansprüche des rechtmäßigen Erben stets verkannt und abgewiesen, darin so gewalttätig wie der Oheim. Martene, III, 29 (Chronicon Siciliae).

tiger denn alle eure Schwestern!« und richtete fortan seine ganze Tatkraft auf die Vollziehung eines Planes, den endlich auch König Ludwig, von der Kirche bestürmt, wenn nicht billigen, doch gewähren mußte.

Der Tod Urbans (2. Oktober 1264) verzögerte nur etliche Monate lang die Verhandlungen, denn der Nachfolger, Klemens IV., gleichfalls ein geborener Franzose, nahm sie mit frischem Eifer auf und schloß, um jedem Rückschritt zu begegnen, am 28. Juni des folgenden Jahres den Belehnungsvertrag ab. Ihm gemäß sollte Graf Karl für sich und seine Erben als König Sizilien und Neapel im ganzen Umfang seiner Grenzen erhalten und dafür dem Heiligen Stuhl Treue schwören, jährlich 8000 Unzen Gold zahlen und einen weißen Zelter als Zeichen der römischen Oberherrlichkeit senden. Alle Freiheiten, Rechte und Güter der Priesterschaft sollte er bestätigen und geloben, niemals die deutsche Kaiserkrone oder die Lombardei mit dem Königreich zu vereinigen.

Der Papst bot fortan alle Kräfte für die Ausführung des Unternehmens auf. Er ließ in Italien und Frankreich das Kreuz predigen gegen Manfried, den Ketzer, und verpfändete, nicht zufrieden mit der Abtretung des französischen Kirchenzehnten, italienischen Kaufleuten goldene und silberne Geschirre, Edelsteine und andere Kostbarkeiten, um ein Anleihen von 50 000 Pfund zu gewinnen.* Er ermunterte die Trägen und belobte die Tätigen, leitete durch Boten und Briefe diesseits wie jenseits der Alpen die Rüstungen, kurz, er verabsäumte nichts, um das Ziel, den Untergang der Hohenstaufen, zu erreichen.

Bald nach dem Osterfest (1265), als die Vorbereitungen zur Heerfahrt vollendet waren, bestieg der Graf Karl von Provence mit 1000 französischen Rittern 30 Galeeren, die im Hafen von Marseille zur Abreise bereit lagen. Umsonst warnten die Freunde vor Übereilung. Man möge warten, denn 80 Segel stark bewache die Flotte Manfrieds und der Pisaner das Meer. Karl aber antwortete: »Eifer besiegt Mißgeschick«, und schiffte sich ein.

* Brief des Papstes Klemens an den König Karl, vom 28. Dezember 1264, bei Martense, Thesaurus, Band II. Als Karl wiederum Geld forderte, antwortete der Heilige Vater etwas unwillig: »Wir haben keine Goldberge und Goldflüsse und können deinem Begehren nicht entsprechen, vermögen auch nichts mehr zu tun, es sei denn, daß du Wunder verlangst. Aber dafür reichen unsere Verdienste nicht aus. Wir können keineswegs Erde und Steine in Gold umwandeln.« Martene, II, 274.

Das Glück rettete den Kühnen, indem ein mehrtägiger Sturm die Gegner nötigte, sich auf der Höhe von Genua zu halten, während die Franzosen in verschiedenen Abteilungen den Tiberfluß gewannen und auf Rom zogen. Groß war der Jubel des wankelmütigen Volkes, das, bald ghibellinisch, bald welfisch, seine Gunst dem jeweils Stärksten zuwandte. Adel und Bürgerschaft, Junge und Alte empfingen, mit Palmen geschmückt, den Fremdling. Straßen und Plätze hallten vom Saitenspiel und Freudengeschrei der Menge wider, während tanzende Männer und Frauen und in kunstreichen Wendungen turnierende Ritter dem Auge die mannigfaltigste Kurzweil darboten (Mai 1265).

Der zweite Heerhaufen Karls, etwa 1500 französische Ritter zählend und vom Grafen Guido von Montfort, den die Königin Beatrix begleitete, geführt, zog inzwischen durch Burgund, über den Mont Cenis nach Turin, von da über Mailand, Parma, Bologna, durch die Mark Ancona und das Herzogtum Spoleto nach Rom, wo er im Dezember eintraf. Beträchtliche Scharen lombardisch-toskanischer Welfen, unter ihnen 400 durch Guido Guerra befehligte Florentiner, hatten sich ihnen angeschlossen, so daß die Streitkräfte hinlänglich waren, um den zwieträchtigen, hin und wieder schon verkauften Feind im eigenen Land aufsuchen zu können.

Umsonst hatte nämlich Manfried das zu Benevent versammelte Parlament ermahnt, durch Einhelligkeit und Heldenmut das von habgierigen und hoffärtigen Fremdlingen bedrohte Vaterland zu retten. Viele des hohen Adels stimmten äußerlich bei, unterhandelten aber im geheimen durch Boten und Briefe mit der Kirche und deren Bundesgenossen. Gestützt auf solche, im günstigen Augenblick sichere Hilfe verließ Karl, der am 6. Januar (1266) in der Peterskirche feierlich zum König über Neapel und Sizilien gekrönt wurde, mit dem täglich anwachsenden Kreuzheer Rom, nahm ohne Widerstand und infolge der Verräterei des Grafen von Caserta die Pässe bei Ceperano und erstürmte nach heftiger Gegenwehr die Grenzfeste St. Germano. Den starken Brückenkopf von Capua umgehend, setzte er bei Taliverno über den Voltorno und drang durch das Gebirge unter großen Mühseligkeiten bis zur Hochebene Benevents vor.

Ermattet, ohne Geld und Lebensmittel, war e
noch etliche Tage abwartete, unfehlbar verloren.
Ungeduld nach schneller Entscheidung getrieb
die Ankunft nahender Hilfsscharen aus den Abr
abzuwarten, den ihm von den Gegnern angebot
zunehmen, und ordnete auf der Ebene von Gra

drei Treffen. Das erste unter Gualvano Lancia zählte 1200, das andere unter dem Grafen Jordano 1000, das dritte, vom König persönlich befehligt, 1400 Ritter, die, jeder von drei Waffendienern begleitet, eine Gesamtstärke von 10 000 Pferden bildeten. Daneben stritten 10 000 leicht bewaffnete Sarazenen zu Fuß, keinem bestimmten Schlachthaufen zugewiesen, sondern nach den Bedürfnissen des Augenblicks verteilt. Die Franzosen, um 2000 Reiter schwächer, scharten sich gleichfalls in drei Reihen, die durch Philipp von Montfort, den König Karl, Robert, den Grafen von Flandern, und Giles le Brun, den Konnetable, befehligt wurden. Ihnen folgte ein besonderes Fähnlein lombardisch-toskanischer Welfen unter dem Grafen Guido Guerra.

In dieser Form geordnet, begannen am 26. Februar beide Heere mit gleichem Mut und lange schwankendem Ausgang die Schlacht. Denn das erste, aus Deutschen zusammengesetzte Treffen Manfrieds hielt nicht nur den ungestümen Anprall der feindlichen Vorhut aus, sondern blieb auch fest wie eine Mauer, als der zweite Haufen zur Hilfe herbeieilte, während die meisten Ritter aus Apulien und Neapel teils feige flohen, teils verräterisch überliefen. Endlich gebot Karl, der beinahe alle Streitkräfte gegen die Deutschen geführt hatte, nicht auf den Mann, sondern auf das Roß Stöße und Hiebe zu richten. Dies entschied. Etliche Pferde wurden niedergestochen, andere verwundet, so daß sie sich aufbäumten, die Glieder durchbrachen und Verwirrung, bald Flucht bereiteten.

Da beschloß Manfried einen ehrenhaften Tod zu suchen. Er wollte die Niederlage und den Verrat der Seinen nicht überleben und rüstete sich mit einer kleinen Schar Gleichgesinnter zum letzten Kampf für die Ehre. Im Heranreiten fiel aber der silberne Adler, der seinen Helm zierte, auf den Sattelknopf und verkündete dem König gleichsam sinnbildlich das Ziel seines Lebens und seiner Herrlichkeit. »Das ist«, sprach er ahnend zu seinem treuen Begleiter, Ritter Theobaldo de Anibalis aus Rom, »ein Zeichen Gottes!« Er stürzte in die dichtesten Haufen des Feindes und sank, von vielen Hieben und Stößen getroffen, an der Stelle, die das Rosenfeld hieß, entseelt zu Boden. Ebendaselbst starb nach mannhafter Gegenwehr auch der getreue Waffengefährte.

auf drangen die von Mordgier, Beute- und Wollust ent-
en Sieger in Benevent ein, das acht Tage lang alle Schreck-
tfesselter Leidenschaften sehen mußte. Ohne Unterschied
ndes, Alters und Geschlechts wurden Priester und Welt-
reise und Kinder, Männer und Frauen getötet und mißhan-
ster und Kirchen geplündert, ihrer Heiligenbilder, Gefäße,

Meßgewänder und Gerätschaften beraubt, Nonnen geschändet, kurz, alle Greuel nicht von Heiden, sondern rechtgläubigen Kriegern des Kreuzes schonungslos geübt. Stadt und Umgegend glichen bald einer von Leichnamen und Trümmern bedeckten Wüste. Manfrieds Körper, der am dritten Tag nach der Schlacht gefunden und von den gefangenen Waffengefährten erkannt worden war, wurde unweit der Brücke von Benevent neben einer zerstörten Kapelle beerdigt, wobei jeder Soldknecht und Ritter mitleidsvoll einen Stein zum Grabhügel warf. Später wurde er auf Befehl des Papstes außerhalb des kirchlichen Gebiets an dem Ufer eines kleinen Flusses *(rio verde)* ohne Sang und Klang als der Leib eines gebannten Ketzers verscharrt.

Mit dem Sieg bei Benevent war auch die Eroberung des Reiches vollendet. Alle Städte und Burgen huldigten teils aus Furcht, teils aus leichtsinniger Sucht nach Neuerungen. Darauf hielt Karl, von seinem Heer und seiner Gemahlin begleitet, unter lautem Jubel des Volkes und mit großem Gepränge Einzug in Neapel und eilte sogleich, von etlichen Getreuen begleitet, in das Schloß von Capua, wo die Schätze Manfrieds aufbewahrt wurden. »Herr Ritter«, sprach der König zu Bertram de Beaux, »nehmt die Waage hier und teilt das Gold, das Silber und die Kleinodien!« »Wozu«, antwortete jener, »bedarf es solcher Weitläufigkeiten«, sonderte mit dem Fuß die Schätze in drei Haufen und sagte: »Der erste ist für den König, der zweite für die Königin und der dritte für die Ritter bestimmt.«

Karl, erfreut über die großartige Teilung, machte den Urheber auf der Stelle zum Grafen von Avellino und zeigte sich überhaupt in den ersten Monaten, entgegen seinem rauhen, habgierigen und herrischen Wesen, freundlich, freigebig und herablassend. Denn die meisten Anhänger der Hohenstaufen wurden in ihren Ehren und Gütern bestätigt, alle Parteizwiste für abgetan und vergessen erklärt, die Waffengefährten reichlich belohnt, die neuen Untertanen milde behandelt.

Aber bald änderte der König mit dem Glück auch die Sitten. Er setzte, als auf die Kunde von dem Geschehenen scharenweise Abenteurer, besonders aus Frankreich, nach Neapel eilten, meistens nur Fremdlinge in die Ämter ein, erhob von Bürgern und Landleuten unerschwingliche Abgaben und regierte, unbekümmert um die Parlamente oder ständischen Versammlungen des Adels, der Städte und Geistlichen, durchaus wie ein Alleinherrscher. Er duldete die Räubereien und Gewalttätigkeiten des zahllosen Beamtenheeres, das ohne Zucht und Ehrbarkeit über die Besitzungen,

Frauen und Töchter der Bürger und Bauern willkürlich verfügte, ließ die Gerechtigkeit an den Meistbietenden verkaufen und maßte sich selbst die Befugnis an, über Ehen und häusliche Verhältnisse eigenmächtig zu entscheiden, kurz, er trat als Zwingherr, nicht als gesetzlicher Fürst eines Volkes auf, dessen Sprache, Sitte, Bildung und Gemütsart ihm verächtlich erschienen. Viele nützliche Einrichtungen wurden umgestoßen, weil sie deutschen oder italienischen Ursprung hatten, und aus blinder Vorliebe gegen französische ausgetauscht.* Daher gewann bald überall in Neapel und Sizilien dumpfe Unzufriedenheit Raum. Adel, Priesterschaft und Volk bereuten bitter ihren Wankelmut. Viele blickten hoffnungsvoll auf Deutschland und Konradin, den letzten Sprößling der Hohenstaufen.

Wie im Süden, so brachte auch im Norden Italiens Kaiser Friedrichs Tod weitgreifende Erschütterungen und Wechsel hervor, besonders dadurch, daß Ezzelino da Romano die Maske der Heuchelei abwerfen und in der trevisanischen Mark eine zügellose, der gesamten Lombardei gefahrvolle Zwingherrschaft aufrichten konnte, die, gleichgültig gegen die Mittel, jede Auszeichnung des Standes, Reichtums, der Tugend und der Einsicht dem Untergang weihte, Padua, Verona und Trevigi in Kerker umwandelte und mit allen Schrecknissen des Leibes und der Seele umgab.

Mißtrauen, Verrat, Hab- und Blutgier waren an der Tagesordnung. Verkehr und Umgang stockten, die Bande der Natur zerrissen. Der Freund zeugte gegen den Freund, der Bruder gegen den Bruder, um Leben und Eigentum zu retten. Tag und Nacht erscholl das Gewimmer der in hohen Häusern oder Türmen Gefolterten. Stadt und Land erschienen öde und wie heimgesucht von der Pest. Die Kirchen blieben leer aus Furcht vor geheimen Spähern, die mit dem Gut der Hingerichteten belohnt wurden, so daß bei dem steigenden Sittenverderbnis die Laster wuchern konnten. Denn der leiseste Argwohn, die unschuldigste Äußerung, jeder Vorzug durch Geburt, Vermögen, Kunst, Wissenschaft und Waffenfertigkeit verwirkten Freiheit und Leben.

---

* Siehe besonders die warnenden Briefe des Papstes Clemens an den König bei Martene, Thesaurus anecdotorum, Band II. »Deine Beamten«, heißt es z. B. (Ep. 530), »schämen sich nicht, öffentlich Ehebruch zu treiben, die mannigfaltigsten Räubereien und Erpressungen zu begehen.« – »Mache dich (Ep. 517) eher liebenswürdig als furchtbar *(diligi magis eligas quam timeri)*!«

Wer zu entfliehen suchte, hatte dasselbe Schicksal, weil zahlreiche Schanzen und Wachen ein Netz ausspannten, dem nicht leicht jemand entrinnen konnte. Zwar fiel Padua endlich in Abwesenheit des von der Kirche gebannten und von Venedig, Ferrara, Este und anderen Gemeinden und Fürsten Oberitaliens bekämpften Zwingherrn (1256), aber dafür fand dieser Entschädigung in neuen Grausamkeiten. Von 11 000 Gefangenen, die zu Verona aufbewahrt wurden, entkamen etwa nur 200 dem Tod durch Hunger, Schwert und Elend, während Brescias Einnahme die Grenzen des Hauses Romano bedeutend erweiterte.

Erschreckt durch das plötzlich wieder aufsteigende Glück eines Feindes, dessen Fall erwartet wurde, vereinigten Welfen wie Ghibellinen, weltliche wie geistliche Herren, Gemeinden und einzelne Bürger ihre bisher feindseligen oder zersplitterten Kräfte. Daher schlossen unter Vermittlung der Kirche Mailand und das eifersüchtige Cremona, die Markgrafen von Este und die ihnen gehässigen Parteihäupter Mailands und Cremonas, Martino della Torre und Buoso da Dovera, die flüchtigen Ghibellinen Veronas, Vicenzas, Paduas, der Mark und die Welfen Romagnas und Lombardiens im März (1259) ein geheimes Bündnis gegen Ezzelino ab und gelobten einander aufrichtige Aussöhnung und getreuen Beistand. Jener benutzte dagegen die Zerwürfnisse Mailands, wo die Bürgerschaft unter dem Ältesten und Herrn *(anciano, signore)*, Martino della Torre, den Adel vertrieben hatte, und sagte den Geächteten unter der Bedingung Hilfe zu, daß ihm nach errungenem Sieg die Herrschaft über Mailand verliehen werden sollte.

Doch diesmal scheiterte der klug angelegte und rasch vollzogene Plan an dem Eifer und der Wachsamkeit des Feindes. Ezzelino wurde bei Cassano an der Adda umringt, verwundet und nach heftigem, durch den Abfall vieler Waffengefährten unglücklichem Kampf gefangen (26. September). Obwohl er sorgfältig gepflegt wurde, gab er sich etliche Tage später, des Lebens überdrüssig und bis zum letzten Augenblick trotzig, in der Burg Soncino dadurch den Tod, daß er Nahrung und Arznei verschmähte und mit eigener Hand seine Wunden aufriß.

Alle Schlösser und Städte der Mark warfen sofort das schmähliche Joch ab. Mit Frau und Kind wurde Alberico, Ezzelinos Bruder und Herr von Trevigi, qualvoll hingerichtet (25. August 1260) und das ganze Geschlecht der Romanos getilgt. Dadurch wurde die Freiheit aber bei der schon tief verwurzelten Sittenverderbnis und den zur zweiten Natur gewordenen Parteibildungen nicht wiedergewonnen. Denn in der Mark wie in der Lombardei bildeten die durch

Ghibellinen- und Welfenzwiste hervorgerufenen Häuptlinge bald als Podestas, bald als Älteste und Herren den natürlichen Übergang zu einem fürstlichen Regiment, während in Venedig und Genua die Macht des Stadtadels (Patriziats) immer tiefere Wurzeln schlug und bei dem durch Handel und Gewerbe wachsenden Wohlstand die Menge allmählich gleichgültiger gegen die Minderung der Gemeinderechte machte.*

In Deutschland drohte nach dem Tod Kaiser Friedrichs das Reich aus den Fugen zu geraten. Das stolzeste und kräftigste Volk wurde binnen etlicher Jahre so mit Zwietracht, Selbstsucht und Gemeinheit erfüllt, daß eine neue Läuterungszeit kommen mußte, um die ursprünglichen Grundzüge wiederherzustellen. Kaum hatte unter solchen Verhältnissen der Schattenkönig Wilhelm von Holland in einem Feldzug gegen die Westfriesen das Leben eingebüßt (Januar 1256), als bei den vom Papst geflissentlich unterhaltenen Zerwürfnissen und der dumpfen Gleichgültigkeit des Volkes die geistlichen und weltlichen Fürsten den Thron förmlich feilboten und die einen Richard von Cornwall, Bruder des englischen Königs Heinrich, die anderen Alfons X. von Kastilien, Sohn einer Tochter des Hohenstaufen Philipp, an die Nachfolge erwählten. Jener betrat dreimal den deutschen Boden, so lange geehrt, wie er Geld austeilen konnte, dieser, zufrieden mit dem leeren Namen und hinlänglich durch die eigenen Landesangelegenheiten beschäftigt, verscholl von selbst.

Fürsten- und Bürgertum hielten einander bei diesen steigenden Wirren das Gleichgewicht, so daß weder freie Gemeinwesen, wie in der Lombardei, noch unumschränkte Lehnsherrschaften, wie in Neapel, entstehen konnten. Alles schwankte. Jeder verfolgte seine eigene Laufbahn, indem dort sieben Erzbeamte unter dem Namen der Kurfürsten die schwächeren Standesgenossen von ihren Wahlrechten verdrängten, hier einzelne Städte und Herren für die Sicherung des Landfriedens die erste genossenschaftliche Einigung abschlossen, den rheinischen Bund.

Um nämlich der Frechheit des niederen Adels gegenzusteuern, der Wege und Stege unsicher machte und durch Zölle und Raubburgen den Rhein für Handel und Gewerbe fast sperrte, beschworen nach und nach über 70 Gemeinden sowie mehrere geistliche und

* Vgl. über Ezzelino den Aufsatz in Schlossers und Berchts Archiv für Geschichte, Band II, S. 53 ff.

weltliche Herren das gegenseitige Schutzbündnis. Sie gelobten einander Hilfe gegen die Störer des Landfriedens, ernannten Hauptleute und Abgeordnete zu den jährlich viermal in Worms und Mainz gehaltenen Versammlungen, bestimmten die Beiträge an Geld und Mannschaft und zwangen mit vereinten Kräften alle Widerspenstigen zum Gehorsam (1254, 1255). Aus ähnlichen Ursachen und für die Sicherung der Eigentumsrechte entstand um dieselbe Zeit in Norddeutschland der Hansebund (Gesellschaft), den die Westfriesen, Hamburger und Lübecker (1239, 1241), bald durch den Beitritt Braunschweigs (1247) und anderer Gemeinden verstärkt, abschlossen, um in den Gewässern der unteren Elbe und Nordsee wie auf den Landstraßen dem gewalttätigen Faustrecht mit bewaffneter Hand zu begegnen.

Dies war die verwirrte Lage Italiens und Deutschlands, als Konradin, der letzte Hohenstaufe, unter der Aufsicht und Vormundschaft seines mütterlichen Oheims, des Herzogs Ludwig von Bayern, zum hoffnungsvollsten Jüngling heranwuchs, den Schönheit, Verstand, feuriger Mut und dichterisches Gefühl auf gleiche Weise auszeichneten. Dagegen bot die äußere Welt nichts als Trümmer der gesunkenen Größe des Stammhauses, indem die meisten Lehns- und Erbgüter geraubt, verkauft und verpfändet waren und heimische und fremde Feinde für die Plünderung und den Untergang des Sprößlings der Friedriche arbeiteten. So nahm ihm der Schattenkönig mit Hilfe seines Geldes und bezahlten Anhangs das Herzogtum Schwaben weg und ließ sich der habgierige Oheim für den ohnmächtigen Schutz Güter, Rechte und Einkünfte verschreiben. Vor allem aber die Päpste versuchten jede heitere Lebensaussicht mit ungetilgtem Groll zu trüben. So drohte Urban IV. (gest. 1264) dem Bischof von Konstanz mit Bann und Absetzung, wenn er für die Wahl Konradins an das Reich durch Rat oder Tat wirken oder den Schritten der Anhänger dieses Nachkömmlings der Kirchen- und Glaubensfeinde ruhig zuschauen würde, und erinnerte an die bekannte Wahrheit, daß ein böser Baum schlimme Früchte trage.* Klemens IV. (gest. 1268) kündigte allen weltlichen und geistlichen Herren, die für die Erhöhung des unwürdigen, ketzerischen Eltern und Ahnen entsprossenen Jünglings arbeiteten, den Verlust der Ämter, Lehen und Ehren an, die bis zum vierten

* Cod. phil. Vind. 305, fol. 55.

Geschlecht verwirkt bleiben sollten.* Denn nach einem wunderbaren Gericht Gottes stehe das ruchlose Haus des gewalttätigen Zwingherrn Friedrich, das noch unlängst reich an Ruhm, Macht und Söhnen war, jetzt verdorrt an Wurzeln und Ästen da. Jedoch könne der kleine Funke, Konradin, der zart von Alter, aber reif an Bosheit sei, leicht den alten Brand wiedererwecken und dem Beispiel des Großvaters folgen, wie er denn schon übermütig nach dem Reich strebe, sich einen König Siziliens nenne und mit etlichen Kirchenfeinden Lombardiens, der Toskana und Apuliens gefährliche Umtriebe unterhalte.

Allerdings hatten die hier niedergedrückten Ghibellinen bei dem wachsenden Trotz der Welfen und Franzosen ihr Auge auf den hoffnungsvollen Sohn Konrads gerichtet und mit beträchtlichen Geschenken die dringende Einladung verbunden, alsbald in Italien zu erscheinen, wo allgemeine Bereitwilligkeit herrsche, unter dem Banner des rechtmäßigen Königs das schmähliche Joch der Fremden abzuschütteln. Mehrere Umstände bestätigten diese von den vertrauten Boten Pisas, Sienas und der Florentiner überbrachte Kunde und reizten zum Versuch eines ritterlichen Abenteuers, das im schlimmsten Fall Rückkehr zur bedrängten Lage im Vaterland erlaubte, und wenn es vom Glück gekrönt werde, einen plötzlichen Aufschwung der gelähmten und fast abgetöteten Kräfte versprach.

Während nämlich in der Lombardei und der Toskana mehrere Häuptlinge der Ghibellinen nicht aus Treue gegen die Hohenstaufen, sondern aus Haß gegen die Welfenpartei rüsteten, arbeiteten in Neapel und Sizilien die Grafen Gualvano und Friedrich Lancia, Konrad Capece (von Antiochien), Sohn Friedrichs, eines Fürsten von Antiochien und Enkel des Kaisers, aus angestammter Anhänglichkeit im geheimen für eine allgemeine Empörung des von den Franzosen schwer bedrängten Volkes und waffnete zu Tunis in Afrika Friedrich von Kastilien, der unruhige Bruder des Königs Alfons (X.), für eine Landung an der sizilianischen Küste.

Noch entschiedener handelte Heinrich von Kastilien, der vorbenannten Fürsten Bruder, der ehrgeizig und unstet nach mancherlei Schicksalen durch die Gunst der Kirche als Senator die Leitung Roms bekommen und die Pläne Karls von Anjou wie durch andere Mittel, so besonders durch ansehnliche Geldvorschüsse gefördert

* Cod. Vind. 305, fol. 136. Der Brief ist an den Erzbischof von Köln gerichtet. Vgl. das Schreiben des Papstes, fol. 135.

hatte. Als aber der König aus Habgier die Rückzahlung verweigerte und tatsächliche Beweise der Feindschaft gab, rief der stolze Spanier aus: »Bei dem Herzen Gottes, jetzt gilt es meinen oder seinen Untergang!« Er kündigte Karl und dem Papst den Frieden auf, verhaftete die Angesehensten der Welfen, gab den Ghibellinen in Rom das Übergewicht und lud den hohenstaufischen Jüngling dringend ein, über das Gebirge zu fahren und der verhaßten Herrschaft des Franzosenvolks in Neapel ein Ende zu machen. Das Glück werde nicht fehlen. Ohne andere Hilfsmittel zu erwähnen, sei gewiß, daß alle Ghibellinen für ihn die Waffen ergreifen würden.

Konradin, obschon seit kurzem mit Brigitta, der Tochter des Markgrafen Dietrich von Meißen, vermählt und im Vollgenuß des häuslichen Glücks, dachte an den Ruhm seiner Vorfahren und beschloß auf den Rat der Oheime und anderer Freunde den Zug nach Welschland, um durch die Waffen Sizilien, das Erbe der Väter, zu gewinnen und der unterdrückten Ghibellinenpartei durch seine Gegenwart neuen Aufschwung zu geben. Umsonst drohte der Papst mit dem Bann, vergeblich warnte die Mutter Elisabeth, das Geschick ahnend, und erinnerte an die Macht der Feinde und den Wankelmut der welschen Völker. So wurden für die Heerfahrt nachdrückliche Vorbereitungen getroffen, die von den Ghibellinen Toskanas geschenkten 100 000 Goldgulden freigebig ausgeteilt, manche Erbgüter und Lehen verkauft oder verpfändet und an 10 000 Ritter und Gemeine, meistens aus Schwaben und Bayern, geworben.

Im Herbst des Jahres 1267 geschah der Aufbruch. Ohne Hindernisse erreichte der Zug, der über Innsbruck und Trident ging, Verona, wo man, freudig empfangen, länger als drei Monate verweilte, damit die Ghibellinen der Lombardei, Neapels und Siziliens ihre Rüstungen zu Wasser und zu Lande vollendeten. Doch dieser unkluge Aufenthalt trug bittere Früchte. Denn viele Ritter und Knappen verkauften aus Geldmangel ihre Waffen und kehrten in die Heimat zurück. Andere folgten ebendahin aus Ungeduld und weil sie mittlerweile die Gefahren des Unternehmens erkannt hatten. Selbst die Herzöge Ludwig und Heinrich von Ober- und Niederbayern verließen den Neffen. Dieser mußte sogar den habgierigen Oheimen für die geleisteten Dienste noch manchen Pfandbrief ausstellen. Ebenso eigennützig handelte Mainhard, Graf von Tirol und seit etlichen Jahren Gemahl Elisabeths. Auch er trennte sich im entscheidenden Augenblick von dem jugendlichen Stiefsohn.

Nur etwa 3000 Waffengefährten, die meisten ohne Erfahrung und Kenntnis des Landes, blieben. Unter ihnen war namentlich der Sohn des Markgrafen Hermann IV. von Baden und der Babenbergerin Gertrud, Friedrich, der durch Ottokar, König der Böhmen, aus seinem Erbe, dem Herzogtum Österreich, vertrieben und am bayerischen Hofe erzogen worden war und mit Konradin Alter, Gesinnung und Schicksal teilte, so daß beide Jünglinge frühzeitig innige Freundschaft schlossen und unter den mannigfaltigsten Glückswechseln bewahrten. Nicht geschreckt durch die zweideutige Stimmung der Lombarden und den Kirchenbann, der alle Lehnsleute und Völker vom Gelübde des Gehorsams löste, verließ der Hohenstaufe beim Anbruch des Frühlings das gastliche Verona und empfing zu Pavia beträchtliche Hilfsscharen der Ghibellinen. Er schiffte sich, während Friedrich von Baden das Fußvolk und die Reiterei durch das Gebiet von Genua längs der Mittelmeerküste führte, mit kleinem Gefolge bei Vado auf pisanischen Fahrzeugen ein und erreichte, wie ein Kaiser und König bewillkommnet, am 7. April Pisa, den Hauptsitz der toskanischen Ghibellinen.

Laut klagte der Papst, der Karl von Anjou zum Friedensrichter *(paciarius)** in der Toskana ernannt hatte, über die Gleichgültigkeit der Lombarden und Welfen. Vielen von diesen mißfiel bei allem Parteihaß die Herrschaft der französischen Fremdlinge, deren Oberhaupt Klemens durch den neuen Ehrennamen eines Friedensstifters zur Unzeit begünstigt und mit ungebührlicher Machtvollkommenheit ausgestattet habe. Während Konradin, in Pisa durch Geld und Mannschaft beträchtlich verstärkt, nach einem glücklichen Einfall in das Gebiet von Lucca langsam über Pogibonzi nach Siena zog und hier etliche Tage verweilte, wurde der feindliche Feldherr, Wilhelm von Boiselve, im Arnotal zwischen Montevarchi und Laterina bei Ponte di Valle von einer deutschen Schar

* Der Papst entschuldigt sich deshalb in einem eigenen Schreiben an den Namenskönig Richard. Cod. Vind. 305, fol. 34. »*Non Imperii vicarium, sicut quidam mentiuntur, sed pacis constituimus servatorem. – Cautionem tamen ab eo (Carolo) recepimus, quod Imperio ordinato datum sibi deponat officium infra mensem*«, d. h. »Wir haben ihn nicht, wie etliche lügen, zum Reichsverweser, sondern Friedensschützer ernannt und Bürgschaft dafür bekommen, daß er einen Monat nach wiederhergestellter Ordnung des Reiches die Beamtung niederlegen wird.« Also besaß Karl gewissermaßen eine Reichsdiktatur, die mit der Gefahr enden sollte. Dieser Schritt mußte aber das gerechte Mißtrauen der Welfenpartei, die nichts von der Ausdehnung der Franzosenherrschaft in Italien wissen wollte, wecken. Vgl. Ep. 650 d. Idibus Maji 1268 bei Martene, Thesaurus anecdotorum, II.

überfallen, geschlagen und gefangen (25. Juni). Umsonst suchte Wilhelm l'Etendart (der Fahnenträger) dem bedrängten Waffengefährten zu helfen. Auch er mußte mit bedeutender Einbuße das Gebirge räumen und nach Viterbo flüchten, wo damals der Papst und die Kardinäle verweilten. So wenig war jedoch Klemens, der die Menschen und die Glückswechsel kannte, durch die Fortschritte seiner Feinde entmutigt, daß er ruhig von den Stadtmauern herab dem Siegeszug der Deutschen und Ghibellinen zuschaute und, die Zukunft vorausahnend, rief: »Diese Jünglinge gehen wie Schafe zur Schlachtbank. Ihr Unternehmen wird wie ein Rauch verfliegen und keine Spur hinterlassen!«

Noch größere Unfälle hatten inzwischen den König Karl und dessen Partei an anderen Stellen des Kriegsschauplatzes getroffen. Kaum vernahm nämlich in Tunis Konrad Capece (von Antiochien) den Aufbruch Konradins aus Deutschland, als er mit Friedrich von Kastilien und einem kleinen Geschwader die Anker lichtete und bei Sciacca in Sizilien ohne Hindernis landete. Er schlug den Statthalter Fulco de Podio in einem Treffen, besetzte Agrigent, Katania, Noto, Nikosia und andere Städte im Namen Konradins, des rechtmäßigen Fürsten, rief die längst mißvergnügten Bürger und Bauern zur Freiheit auf und zwang die Franzosen, hinter den Mauern Messinas, das ihnen fast allein treu blieb, vor dem Grimm des Volkes Schutz zu suchen (Winter 1268).

Bald danach brach der Aufstand in den meisten Landschaften Neapels und Kalabriens aus. Alle Sarazenen von Nocera griffen zu den Waffen. Nur die Burgen und Städte blieben größtenteils im Gehorsam, mehr aus Furcht denn aus freiem Willen, so daß Karl schnell aus der Toskana nach dem Süden zurückkehren und die Grenzen seines in den Grundfugen erschütterten Reiches entblößen mußte.

Unter solchen Aussichten auf baldigen Sieg näherte sich Konradin Rom, wo der eifrige Senator Heinrich von Kastilien, jetzt der Ghibellinen Haupt, Anstalten zu einem glänzenden Einzug traf, wie ihn die Tiberstadt seit den Tagen Karls des Großen nicht gesehen hatte. Denn während die Männer, zu Fuß und zu Roß wohl gerüstet und mit Blumen und Laubwerk geschmückt, auf den Wiesen des heiligen Peter in Schlachtordnung standen, begrüßten die schönsten Frauen und Jungfrauen mit Gesang und Saitenspiel den als König und Kaiser empfangenen Jüngling, den das Jubelgeschrei einer zahllosen Menge zum Kapitol geleitete. In allen Straßen sah man kostbare Teppiche, Armbänder, seidene Gewänder, von Gold und Edelgestein funkelnde Spangen und ähnlichen Weiberschmuck an

Stricken befestigt, die von einer Häuserreihe zur anderen reichten und den buntfarbigsten Anblick gewährten. Es schien, als wenn die gesamte Bevölkerung nur den einzigen Gedanken hätte, durch die Ausstellung ihrer Schätze und Herrlichkeiten Konradins Ankunft als die Erscheinung eines Heiligen oder Befreiers von langer Knechtschaft zu feiern.

Nach diesen prunkvollen Festlichkeiten, die mehrere Tage hindurch dauerten, verließ der Hohenstaufe um die Mitte des Augustmonats Rom. Ihn begleiteten neben vielen anderen deutschen, italienischen und spanischen Herren der Jugendgenosse Friedrich von Baden, die Grafen Gualvano Lancia, Gerhardo von Pisa, Guido von Montferrat, der Senator Heinrich von Kastilien mit 800 Rittern seines Volkes, Konrad Capece, Fürst von Antiochien, und Jakob Neapoleon, der sehr angesehen war unter den römischen Ghibellinen. Das Heer, außer dem Fußvolk 10 000 Reiter stark, mutig und voll Siegeshoffnungen, zog an den vom Feind besetzten Pässen von Ceperano vorbei über Valdicelle durch das Gebirge nach den Abruzzen und lagerte in der Ebene des heiligen Valentin oder von Palästrina unweit einem Städtchen, das Tagliacozzo hieß.

Inzwischen hatte Karl, sobald die Kunde von der Annäherung Konradins eintraf, die Belagerung Noceras in Apulien aufgehoben, alle Streitkräfte schnell versammelt und auf höchst beschwerlichen Wegen über die Gebirge nach Aquila in den Abruzzen und von hier nach kurzer Rast nach Alba geführt, wo der kleine Fluß Salto ihn vom weit zahlreicheren Feind trennte. Aber was dem König an der Mannschaft abging, ersetzte die Klugheit des Oberbefehlshabers, den ihm ein glücklicher Zufall gegeben hatte. Es landete nämlich kurz vor dem Aufbruch im Hafen von Neapel ein alter französischer Ritter, Alardo Valori genannt, um nach langen Kämpfen gegen die Ungläubigen aus Palästina in die Heimat zurückzukehren. Dringend eingeladen, übernahm dieser besonnene und waffenkundige Krieger, der als langjähriger Zeltgenosse die Gemüts- und Streitart der Deutschen wohl kannte, den Heerbefehl, jedoch unter der Bedingung, daß man seinen Anordnungen rückhaltlos folgte und mehr mit Bedacht denn Ungestüm handelte.

Daher bildete Alardo, nachdem beide Parteien einander in wechselnden Vorgefechten geprüft hatten, für die nahende Entscheidungsschlacht drei Treffen. Das erste, aus Provenzalen, Lombarden und Toskanern zusammengesetzt, führte der Marschall, Heinrich von Cosenza, der, um den Feind zu täuschen, mit des Königs Gewand und Abzeichen geschmückt war, das zweite, in dem nur Franzosen dienten, Wilhelm l'Etendart. Das dritte, 8000 auserlesene Ritter stark, stellte sich, vom König befehligt, in einem verborgenen Tal auf, um mit einer kleinen Schar Alardos im günstigen Augenblick hervorzubrechen und den Ausschlag zu geben. Desgleichen ordnete auch Konradin die Seinigen in drei Haufen. Der vorderste, Spanier und Italiener, stand unter Heinrich von Kastilien, der mittlere, der 3000 geharnischte Reiter zählte, unter dem jungen König und seinem Freund Friedrich von Baden. Den aus Deutschen und Welschen gemischten Hinterzug leitete der Marschall von Sizilien, Gualvano Lancia.

Nachdem beide Heere am Morgen des 23. August diese Stellung eingenommen hatten, gab das Schmettern der Trompeten das Zeichen zum Angriff. Alsbald stürzten die Spanier und Italiener mit solchem Ungestüm auf den Feind, daß die Provenzalen, welche die Brücke über den Salto verteidigten, nach kurzer Gegenwehr umgangen und zur Flucht gezwungen wurden. Ihr Führer, Heinrich von Cosenza, fiel im Getümmel und vermehrte dadurch die Verwirrung. Denselben Ausgang nahm der Kampf zwischen dem zweiten Treffen der Deutschen und Franzosen. Jene brachen mit ihren langen Schwertern überall durch, diese zerstreuten sich in der Ebene.

Kaum hielt Alardos Mahnung den König zurück, der mehrere Male aus dem Hinterhalt hervorstürmen wollte und den günstigen Augenblick nicht erwarten konnte. Endlich erschien derselbe. Die Deutschen, im Glauben, gesiegt zu haben, lösten die Reihen und jagten einzeln oder in kleinen Scharen der Beute nach. Da verließ Alardo seine Warte auf der höchsten Bergkuppe, eilte zum König Karl und sprach: »Jetzt ist es Zeit. Laß die Banner wehen!« Da brach jener in eng geschlossener Schlachtordnung hervor, warf alles mit unwiderstehlicher Kraft über den Haufen und sprengte nach der Stelle hin, wo Konradins Fahne flatterte.

Umsonst versuchte der heldenmütige Jüngling Widerstand, das wilde Fluchtgetümmel riß ihn und etliche Getreue mit sich fort. Nur wenige entrannen dem Tod oder der Gefangenschaft. Inzwischen warnte Alardo, auch im Sieg bedachtsam, den König Karl vor Übereilung. Er möge ja nicht die Glieder seiner Reiterei sich trennen lassen und eine Lücke öffnen, die leicht beim Wechsel des Glücks gefährlich werden könne. Diese Vorsicht war nicht unzeitig. Denn plötzlich kehrte Heinrich von Kastilien, der den flüchtigen Provenzalen in ein Tal gefolgt war, zurück, gewahrte das mittlerweile geschehene Mißgeschick und erneuerte, um ihm eine andere Wendung zu geben, die Schlacht.

Eine Stunde lang wurde auf beiden Seiten mit der äußersten Wut und ohne sichere Entscheidung gekämpft. Da gebrauchte Alardo wiederum eine List. Er wandte sich mit einem Haufen zur vorgetäuschten Flucht und bewirkte, daß ihm die feurigen Spanier eine geraume Strecke weit folgten und ihre Reihen an mehreren Stellen auflösten. Sofort griffen gleichzeitig Alardo und Karl an. Ein furchtbarer Kampf entbrannte. Mancher kastilische Ritter, dessen Harnisch den feindlichen Hieben trotzte, wurde durch den rascheren Franzosen vom Roß herabgerissen und auf dem Boden erschlagen.

Endlich flohen auch die Spanier, von denen die meisten mit ihren Leibern das Schlachtfeld deckten. Heinrich rettete sich zu Fuß und verkleidet in ein Kloster, wurde aber von dem Abt erkannt und dem Papst ausgeliefert. Hocherfreut über den Sieg, gelobte Karl der Heiligen Jungfrau eine Kapelle auf dem Schlachtfeld (St. Maria della Vittoria). Er sandte an Klemens und die Häuptlinge der Welfen Eilboten und traf zweckmäßige Vorbereitungen zur Verfolgung des Feindes.

Inzwischen hatte Konradin mit Friedrich von Baden und etlichen Getreuen Rom und, weil dieses keine Sicherheit gewährte, verkleidet die kleine Küstenstadt Astura erreicht, um sich von hier nach Pisa einzuschiffen. Schon befanden sich die Flüchtigen auf See, als der hohe Preis, den sie für das Fahrzeug, ohne zu handeln, bewilligt hatten, beim Befehlshaber der Stadt Argwohn erweckte. Also rüstete Herr Jakob von Frangipani, mehr von Habgier denn von Parteienhaß geleitet, ein schnelleres Schiff aus und holte bald den jungen Fürsten ein. Dieser, im Vertrauen auf die Großmut und Ergebenheit der römischen Frangipanis, die einst standhaft den Kaiser Friedrich II. geschützt hatten, entdeckte sich freiwillig und ohne Gegenwehr, wurde aber von dem andersgesinnten Nachkömmling eines mächtigen und edlen Ghibellinenführers gefangen, mit allen Begleitern dem König Karl für ansehnlichen Lohn ausgeliefert und nach Neapel gebracht, wo man ihm die am Meer erbaute Burg des Heilands (Castello di St. Salvadore) als Kerker anwies.

Darauf berief Karl aus jeder Stadt Apuliens und der Terra di Lavoro zwei Abgeordnete, damit sie nebst den angesehensten Räten des Hofes und den berühmtesten Rechtsgelehrten über die Schuld oder Unschuld Konradins und seiner Gefährten einen gesetzmäßigen Spruch fällten. Denn der König scheute sich, eigenmächtig zu verfahren, und wollte, obschon auf den Untergang der Gefangenen gerichtet, das übliche Vorgehen beachten und eine offene Gewalttat vermeiden. Der Hohenstaufe, lautete die Anklage, habe mit bewaffneter Hand den rechtmäßigen Herrn und Fürsten des Reiches Neapel-Sizilien bekämpft, die Kirche feindselig behandelt, Gotteshäuser geplündert, sogar ein Kloster niedergebrannt und aus solchen Gründen das Leben verwirkt.

Diese parteiische Ansicht der Sache wurde aber von den meisten Abgeordneten, Räten und Rittern auf das heftigste bestritten. Konradin, behauptete in ihrem Namen Guido von Suzara, der berühmte, aus Modena nach Neapel entbotene Rechtsgelehrte, habe für seine Ansprüche auf Sizilien keinen geheimen, sondern offenbaren Krieg geführt und die Freiheit auf der Flucht durch Verräter eingebüßt. Die an den Kirchen geübten Frevel seien teils nicht erwiesen, teils durch den nur zu gewöhnlichen Mutwillen der Kriegsknechte, die den Befehlen ihrer Hauptleute trotzten, entschuldigt. Ebenso äußerte sich Rupert, Graf von Flandern und Karls Schwiegersohn, der mit Nachdruck bemerkte, der König dürfe einen Jüngling so edlen Geschlechts nicht wie einen gemeinen Verbrecher behandeln, müsse ihn vielmehr durch Milde sich zu verbinden trachten. Also sprachen auch die meisten französischen Ritter und wollten nicht einstimmen in die peinliche Untersuchung, der sich selbst der Papst und die Kardinäle lebhaft durch Schreiben und Verwahrungen widersetzten.

Nach langer Beratung entschied endlich ein unbekannter Rechtsgelehrter für die Todesstrafe, die man über Konradin und dessen Gefährten als schuldig des Hochverrats verhängen müsse. Dafür wirkte auch tätig durch Boten und Zusprüche Ottokar, König der Böhmen, Herzog von Österreich und Steiermark. Denn er fürchtete, die beiden letzten, durch Waffengewalt erworbenen Länder zu verlieren, wenn ihr rechtmäßiger Erbe, der Markgraf Friedrich von Baden, das Leben behielte, und forderte deshalb ungestüm die Verurteilung der innig befreundeten Fürsten. Ebenso dachte Karl, von Natur aus rauh und hartherzig, als Staatsmann über seinen Nebenbuhler, dessen Tod eine Bürgschaft für die ruhige Beherrschung Süditaliens zu bringen schien. Daher wurde als Recht erkannt, daß die Gefangenen, die eigentlich den Galgen verdient hätten, aus königlicher Gnade unter dem Beil des Henkers öffentlich sterben sollten.

Konradin und Friedrich von Baden spielten gerade Schach, als ein alter Ritter in das Gefängnis trat und tief bewegt unter lautem Schluchzen die Trauerkunde meldete. Jene saßen eine kurze Weile still und blaß vor Schrecken, faßten sich aber bald und baten um drei Tage Aufschub, damit sie ihre Sünden beichten und die letzten Verfügungen treffen könnten. Das angemessene Gesuch wurde ohne

Anstand gewährt. Am Morgen des für die Hinrichtung bestimmten Tages (29. Oktober 1268) beschied Konradin zu sich den Ritter Johann Bricaudi, Herrn von Nangey, und ließ in dessen Gegenwart und anderer vornehmer Zeugen sein Vermächtnis abfassen, unterzeichnen und besiegeln. Dieses setzte die Oheime und Herzöge von Bayern zu Erben aller Güter ein und forderte sie auf, etliche unbedeutende Schulden an einige Bürger von Augsburg zu bezahlen und für die Ruhe seiner Seele 1000 Pfund augsburgischen Geldes schwäbisch-bayerischen Klöstern zu entrichten, auch möglichst Sorge zu tragen für die getreuen Söhne des Oheims Friedrich von Antiochien, Martin (Maria) und Jakob, vor allem aber Konrad Capece, den Fürsten von Abruzzo und Antiochien. Ebenso handelte auch Friedrich von Baden.

Bald darauf führte man die beiden Jünglinge und ihre Leidensgefährten zum Marktplatz von Neapel, gegenüber der Meeresküste, zu dem mit rotem Tuch bedeckten Blutgerüst, das bewaffnete Haufen und unzählbare Volksscharen umgaben. Als nun Stillschweigen geboten war, verkündigte der Reichskanzler, Robert von Bari, mit folgenden Worten das gefällte Todesurteil: »Konradin, Sohn Konrads, des Kaisers, zog aus Deutschland mit gesetzwidrigen Waffen gegen den rechtmäßigen König dieses Reiches, verführte die Völker, siegte anfangs durch des Glückes Spiel, wurde aber später vom Schwert und Eifer des gesetzlichen Königs überwunden. Und siehe! der sich für unüberwindlich hielt, wird jetzt durch das siegende Recht vor den Richtstuhl eines Königs geführt, dessen Ehre und Herrlichkeit er zu schänden wagte. Deshalb hat mit der Priester Erlaubnis und auf den Rat der Weisen und Schriftgelehrten der Obmann des gegenwärtigen Gerichtshofes geboten, an Konradin und den Mitschuldigen das gesprochene Todesurteil vollziehen zu lassen. Solches machen wir laut der uns verliehenen Vollmacht im Namen und an der Stelle des erlauchten Königs Karl bekannt und befehlen, daß die Räuber und Verletzer fremder Rechte hier vor aller Welt Augen ihre gebührliche Strafe erleiden.«

Das Volk seufzte und murrte, viele französische Ritter sprachen laut und ohne Rückhalt ihren Abscheu vor dem blutigen Beschluß aus und verwünschten die Grausamkeit des Königs und seiner Räte, wagten jedoch keine werktätige Fürbitte. Danach sprach Konradin etliche Worte der Rechtfertigung, beteuerte, daß er offen und ohne Falschheit die Ansprüche seiner Ahnen geschützt und nichts getan habe, als was Pflicht und Ehre forderten. Er zog das Oberkleid aus, umarmte seine Freunde, gedachte mit den Worten »Mutter, welche Schreckenskunde wirst du von mir hören!« der Heimat und des elterlichen Hauses, legte herzhaft das Haupt auf den marmornen Block und empfing den Todesstreich. Da stieß Friedrich von Baden einen Schrei des Entsetzens aus, faßte sich aber bald, kniete nieder und starb. Ihm folgten hintereinander in den Tod 13 deutsche und welsche Herren, unter ihnen der Edle von Hürnheim, Graf Gerhard von Donoratico aus Pisa, Gualvano Lancia und sein Sohn Galeotto, der auf Befehl des dem Trauerspiel von einem Turm herab zuschauenden Königs im Schoße des Vaters enthauptet wurde. Die Körper der Hingerichteten empfing keine geweihte Erde. Man deckte sie an der Küste, wie vom Meer ausgeworfene Leichname, mit Steinen zu und gestattete auch nicht die leiseste Spur eines christlichen Begräbnisses oder einer menschlichen Teilnahme.

Darauf verfolgte Karl mit blutiger Strenge alle Anhänger der Staufen in Sizilien, wo bald Städte und Burgen, durch Hunger und Übermacht bezwungen, den zügellosen Rotten des Wilhelm l'Etendart, der Grafen Guido und Philipp Montfort die Tore öffnen mußten. Hartnäckig verteidigte dagegen wochenlang Konrad Capece das Schloß Contorbe und büßte, endlich zur Übergabe genötigt, seinen Heldenmut durch qualvollen Tod. Der Enkel Friedrichs wurde geblendet und auf einer Anhöhe Catanias gehängt. Denselben Ausgang fanden seine Brüder Jakob und Martin mit vielen edlen Herren und Rittern. Ungleich war das Schicksal der Fürsten von Kastilien, denn Friedrich durfte ungefährdet abziehen, während Heinrich in lebenslänglicher Haft blieb. Wie Sizilien huldigte auch bald Apulien. Nur die Sarazenen Noceras verschmähten feige Unterwerfung und starben entweder mit dem Schwert in der Faust auf dem Schlachtfeld oder erlagen pestartigen Krankheiten. Abgezehrt vom Elend, fiel eine kleine Schar nach Jahresfrist mit der Witwe und den Kindern König Manfrieds in die Gewalt des Siegers.

Ebenso schnell änderte sich in der Toskana und der Lombardei die Stellung der Parteien. Überall flohen die Ghibellinen vor den Welfen, deren mächtiger Schutzherr, König Karl, durch den Papst zum Reichsverweser ernannt, persönlich erschien und an der Spitze eines zahlreichen Heeres durch Acht, Kerker und Hinrichtungen den Befehlen der Kirche Gehorsam verschaffte.

In Deutschland, wo allein Margaretha, eine natürliche Tochter Kaiser Friedrichs und Gemahlin des Markgrafen Albrecht von Meißen, den Untergang des großen Hauses überlebte, dachte niemand an Blutrache. Mit gieriger Hand rissen die Herzöge von Bayern, die Markgrafen von Baden sowie viele geistliche und weltliche Herren das letzte Erbe der Hohenstaufen an sich, die, als auch Enzio im Gefängnis zu Bologna starb (1271), bis auf den Namen erloschen.*

Mit dem Tod dieses außerordentlichen Geschlechts, dem Deutschland 130, Italien 76 Jahre lang unter den mannigfaltigsten Wechseln in geringerer oder größerer Abhängigkeit folgten, brach für beide Völker eine neue Entwicklung an. Aber bevor diese beschrieben wird, ist es notwendig, eine einzelne Tatsache, Eigentum und Frucht mehr der früheren denn der späteren Zeit, zu erzählen: die Befreiung Siziliens von der französischen Herrschaft.

Fünfter Abschnitt

Die Blutrache der Hohenstaufen oder die Sizilianische Vesper

Karl von Anjou, der hart und gebieterisch von Natur war, wurde durch das Glück über alle Schranken der Mäßigung hinausgetrieben und regierte seit dem Untergang der Hohenstaufen wie ein Alleinherrscher und ohne Achtung vor den Gesetzen, Rechten und Freiheiten des Landes. Vor allem mußte aber Sizilien, wo Adel, Geistlichkeit und Bürgerschaft in den Tagen der Normannen und Hohenstaufen als Reichsstände (Parlament) Teil an der Regierung gewonnen und behauptet hatten, den Druck der königlichen Machtfülle empfinden und den tatkräftigen Widerstand gegen die Fremden schwer büßen. Denn nicht nur wurden hohe und untere Ämter beinahe ausschließlich Franzosen verliehen, die, um mit leichter Mühe Reichtum und Wohlleben zu erwerben, scharenweise einwanderten, sondern auch willkürliche Steuern ebenso leichtfertig ausgeschrieben wie unbarmherzig eingetrieben.

So zahlte der Bauer, ungerechnet den auch früher üblichen Bodenzins, vom Weizen und anderen Feldfrüchten, den Schafen und Hühnern, den Schweinen und Bienen bisher unbekannte Abgaben, entrichtete der Städter erhöhte Gebühren für den Ein- und Ausgang der Waren, die Betreibung des Handwerks und der Schankwirtschaft. Der arme Schuldner sah, um den Staat als

---

* *»Hic transibat Caesar«*, d. h. »Hier schritt der Kaiser (Friedrich I.) durch«, lautet die einfache, bedeutungsvolle Inschrift, die noch jetzt die ehemalige Hauskapelle der Burg Hohenstaufen zeigt.

Gläubiger zu befriedigen, sein Haus in Trümmer fallen und sich selbst mit Frau und Kind in Ketten. Schließlich wurde die sonst wohltätige Beschatzung der reichen Priesterschaft durch Gunst und Willkür ein Fluch des Landes. Strenge Forstgesetze, häufige, nur auf den Vorteil des Königs berechnete Änderungen der Münze, der Übermut der Fremdlinge, die das entwaffnete Volk vielfach mißhandelten und weibliche Zucht und Ehrbarkeit schändeten, erzeugten, verbunden mit den obengenannten Beschwerden, allmählich eine so finstere Stimmung, daß die sonst heiteren Sizilianer Tanz und Saitenspiel vergaßen und nur des Führers wie der Gelegenheit bedurften, um das schwer lastende Joch abzuschütteln.*

Dies war Siziliens Lage, als Johann von Procida, Herr des gleichnamigen Eilands und von Jugend auf ein treuer Anhänger der Hohenstaufen, die Vertreibung der übermütigen Fremdlinge beschloß. Also ging er, um durch geheime Bündnisse mit den auswärtigen Feinden oder Nebenbuhlern Karls die Kräfte des Volkes für einen gewalttätigen Ausbruch seines Grolls zu stärken, an den Hof des griechischen Kaisers Michael Paläologus. Er schilderte ihm die von Neapel her drohenden Gefahren und versprach, wenn die angemessenen Geldmittel und Empfehlungsschreiben bewilligt würden, den Sturm von Konstantinopel abzuleiten und gegen den Urheber zu richten.

Michael, der erst unlängst in die Hauptstadt des Byzantinischen Reiches durch offenen Aufstand zurückgeführt worden war und fürchtete, es könnte der vertriebene, nach Italien geflüchtete Vorgänger, Balduin, der seinen erstgeborenen Sohn mit einer Tochter Karls von Anjou vermählt hatte, mit fremder Beihilfe die Heimkehr ertrotzen, billigte freudig den Antrag. Er gab Geld, Briefe und vertraute Boten, die den Ritter, ohne Argwohn zu erwecken, nach Sizilien begleiteten und hier Zeugen des allgemeinen Mißvergnügens wurden.

Sofort nahm Procida etliche angesehene und einflußreiche Adlige, z. B. Alamo de Lentino, Palmieri Abate und Walter da Calata-

* Vgl. Bartholomaeus de Neocastro bei Muratori, Script., Band 13 und das Schreiben der Palermitaner an Papst Martin IV. im Chronicon Siciliae bei Martene, III, 35. »Bei uns«, heißt es am Schluß, »hatte die Freude des Saitenspiels aufgehört, und Menschen, die wie wir unter den Völkern der Erde den Tanz und die Kurzweil zu lieben pflegten, hatten jetzt ihre Tonwerkzeuge in den dürren Weiden- und Feigenbäumen der Flüsse Babylons niedergelegt.«

girona, in den geheimen Bund auf. Dann begab er sich als Franziskanermönch vermummt an den Hof des Papstes Nikolaus III., der in offenkundiger Feindschaft mit dem König von Neapel lebte. Er entdeckte ihm die bisher für den Sturz des gemeinsamen Gegners getroffenen Maßnahmen, fand Beifall und empfing ein empfehlendes Schreiben an den König Peter III. von Aragonien. Dieser, Manfrieds Schwiegersohn und durch Konradin auf dem Blutgerüst mündlich zum Erben der Ansprüche auf das Reich Sizilien eingesetzt, wurde vom Heiligen Vater vorläufig als rechtmäßiger Fürst Siziliens anerkannt und dringend aufgefordert, durch eine schleunige und kräftige Heerfahrt den Wünschen der Kirche und des bedrängten Volkes zu entsprechen. Peter, der tapfer, ruhmbegierig und klug war, zeigte Bereitwilligkeit, wenn ihm die für das Unternehmen notwendigen Geldbeträge verliehen würden (1280).

Aber alle diese Verbereitungen gerieten ins Stocken, als Nikolaus plötzlich starb (August 1281) und Martin IV., ein geborener Franzose und eifriger Anhänger Karls, die Nachfolge bekam. Denn nicht nur wurden der Kaiser Michael und die Griechen als Ketzer mit dem geistlichen Fluch belegt, sondern auch alle Schritte der Sizilianer sorgfältig beobachtet. Dennoch täuschte Procida die Wachsamkeit der Feinde. Er dehnte den geheimen Bund, ohne jedoch Zeit und Art der Empörung zu bestimmen, weiter aus. Er besuchte das zweitemal Aragonien, händigte dem König beträchtliche Geldsummen aus und erhielt das Versprechen, unter dem Vorwand des Krieges mit den Moslemin Afrikas die sizilianische Heerfahrt nach Kräften zu beschleunigen.

Inzwischen sandte Papst Martin, der Argwohn schöpfte, einen verschlagenen Predigermönch, Jakob, nach Spanien und ließ anfragen, gegen welchen Teil des Heidenlands die Rüstung bestimmt sei. Denn gerne wolle die Kirche, wenn sie von allem genauer unterrichtet sei, den frommen Zug unterstützen, setze aber voraus, daß er nicht Christen, sondern Ungläubigen gelte. Da beteuerte der König die Notwendigkeit des Geheimnisses und schloß seine Rede so: »Ich würde die rechte Hand abhauen, wenn sie der linken offenbarte, was verborgen bleiben soll!« Unverrichteter Sache kehrte der listige Späher heim.

Während sich so die Verschwörung über Sizilien und Aragonien ausbreitete, beschleunigte unabhängig von ihr ein zufälliges Ereignis den Durchbruch des Volkszornes. Am 30. März (1282) nämlich zogen die Bürger Palermos, um das Osterfest zu feiern, einer alten Sitte gemäß in einem bunten Gemisch von Männern, Frauen und Kindern zur benachbarten Heilig-Geist-Kirche von Montreal, verrichteten ihre Andacht und zerstreuten sich dann auf der Ebene. In harmloser Fröhlichkeit suchten die einen des Frühlings erste Blumen, die anderen den frischen Rasen. Man vergaß für etliche Augenblicke die Not des Vaterlands und dachte an keine Rache. Überdies hatte der strenge und wachsame Oberrichter, Johann von St. Remy, der in Palermo und dem Tal Mazara regierte, bei schwerer Strafe geboten, an diesem Tag, entgegen dem heimischen Brauch, keine Waffen zu tragen, und zahlreiche Späher ausgestellt, um von den etwaigen Übertretern die Bußgelder einzuziehen.

Da geschah es, daß ein hoffärtiger Franzose namens Dronet beim Anblick einer jungen Palermitanerin von geiler Lust entbrannte und sie antastete, um, wie er sagte, nach verborgenen Waffen zu forschen. Das keusche Mädchen erblaßte und sank ohnmächtig in die Arme des Verlobten, der sie mit ihren Eltern und Brüdern begleitete. Ein Geschrei des Unwillens entfuhr dem sich schnell bildenden Volkshaufen, während ein Jüngling hervorstürzte, dem Fremdling das Schwert entriß und in die Brust stieß.

Sogleich breitete sich in der ganzen Ebene Aufruhr aus und es erscholl der tausendfältige Ruf: »Tod den Franzosen!« 200 von ihnen lagen binnen etlichen Augenblicken erschlagen. Die Menge, die mit Steinen, Knitteln und Messern bewaffnet war und von den inzwischen herbeigeeilten Mitgliedern des geheimen Rachebundes geführt wurde, brach in die Stadt ein, verrammelte die Tore und stürmte das Schloß, aus dem der Oberrichter mit knapper Not zu Pferde und verkleidet entfliehen konnte. In den Häusern, Kirchen, Klöstern und Straßen wurden ohne Unterschied des Alters, Geschlechts und Standes alle Franzosen, oft qualvoll, erschlagen und darauf ihre Wohnungen geplündert.

Des Raubens und Mordens satt, erhob das Volk unter Pauken- und Trompetenschall die Fahne mit dem kaiserlichen Adler und wählte den Bürger Roger von Maestroangelo zum Feldhauptmann *(capitano)*. Es gesellte ihm etliche vertraute Männer als Räte bei, erstürmte die Burg Bicaro, wo Johann von St. Remy mit der ganzen Besatzung fiel, und durchsuchte, von neuer Blutgier ergriffen, alle Schlupfwinkel Palermos und gab jedem Flüchtigen den Tod. Nur ein Fremdling, Wilhelm Porcellet aus der Provence, durfte seiner Rechtschaffenheit wegen ungefährdet von dannen ziehen.

Darauf sandte die vorläufige (provisorische) Regierung Palermos drei bewegliche Heerhaufen aus, um die Städte, Flecken und Dörfer Siziliens gegen den gemeinsamen Feind zu empören. Der Plan gelang. Beinahe überall griff das Volk zu den Waffen, so daß binnen eines Monats an 12 000 Franzosen teils getötet, teils in die Wälder und Gebirge getrieben wurden, wo sie meistens durch Hunger und Schwert aufgerieben wurden. Dagegen gab der Papst, der von einer feierlichen Botschaft an die pflichtmäßige Schutzherrlichkeit der Kirche erinnert wurde, eine drohende Antwort, während auch Messina, aus Furcht vor der Macht Karls, die Einladung zur Bundesgenossenschaft ablehnte, an Klugheit und die göttlichen Gerichte mahnte.

Da traten die Hauptleute und Ältesten Palermos zusammen und beratschlagten lange fruchtlos über die Mittel des Heils. Denn alle drückte die Last des grimmigen Krieges, den jetzt die Hauptstadt fast allein bestehen sollte, nieder. In dieser Verlegenheit erhob sich Hugo Talath und sprach: »Gott begünstigt sichtbar unser Beginnen. Wir hofften, die heilige Kirche werde uns aufnehmen in ihren Schutz, aber sie hat den Hilferuf ihrer Söhne von sich gewiesen. Wir empfahlen unsere Sache den Vätern Messinas, sie aber brachen den Bund der Liebe und wollten eher den Franzosen als uns, ihren Brüdern, Treue bewahren. Also müssen wir darüber beraten, was wir tun können, um des grausamen Königs Rache abzuwenden. Darum erwägt, ob nicht unter allen Fürsten der Erde Peter von Aragonien allein Rettung verspricht! Denn er ist streitbar wie sein Volk, großmütig und vor allem nach dem Tod seines Schwiegervaters Manfried durch die Erbrechte seiner erlauchten Gemahlin berufen an das Reich Sizilien. Laßt uns daher ohne Verzug an ihn Boten senden!«

Dieser Vorschlag wurde einhellig gebilligt und der Bürger Nicolo Coppala beauftragt, dem König von Aragonien die Krone Siziliens anzutragen und die Bitte um schnelle Hilfe vorzulegen. Peter, damals unter den Mauern einer afrikanischen Feste, nahm, schon längst durch Johann von Procida vorbereitet, mit Freuden die Wahl an. Er schilderte dem darüber mißvergnügten Adel die Pflicht, des Schwiegervaters Tod, der Gemahlin und Kinder Tränen an den hoffärtigen, räuberischen Franzosen zu rächen, und rüstete, als die Bedenklichkeiten der Ritter verschwanden und alle erklärten, wenn es sein sollte, selbst die Hölle zu bestürmen, für schleunige Abfahrt.

Inzwischen hatte gegen Ende April auch Messina zu den Waffen gegriffen. Man hatte die zahlreiche Besatzung teils getötet, teils vertrieben, das Stadtbanner aufgesteckt und Bürgermeister und Rat wiederhergestellt. Zum Äußersten entschlossen, hatte man den Hafen durch Ketten und Pfahlwerke gesperrt, die Häuser am Strand niedergerissen und Türme und Mauern ausgebessert. Man hatte 30 Galeeren bemannt, alle wehrhaften Leute aufgeboten und durch diesen Eifer der ganzen Umgegend das Zeichen zum Abfall gegeben.

Den König Karl aber brachten die wiederholten Mißgeschicke in Grimm und Bestürzung. »Herr Gott«, rief er auf die erste Kunde vom Blutbad in Palermo aus, »wenn du mir Unglück beschieden hast, so laß mich doch langsam sinken!« und blieb so lange ratlos und ungewiß, bis die Erhebung Messinas den Entschluß, an der treulosen Stadt ein Beispiel der Rache aufzustellen, hervorbrachte. Daher wurden in dem kalabrischen Hafen Catena 130 Galeeren und viele Überfahrtschiffe ausgerüstet, in Frankreich, der Toskana, der Lombardei, Neapel und Apulien zahlreiche Scharen zu Roß und zu Fuß angeworben und im Juli ohne Hindernis bei Tavermena unweit Messina an Land gesetzt.

Beim ersten Anblick des übermächtigen Feindes von Schrecken ergriffen, bot die Bürgerschaft dem König, den der päpstliche Legat, Gerhard von Parma, begleitete, einen Friedensvertrag an, empfing aber die Weisung, sich als meineidige Empörer auf Gnade und Ungnade zu ergeben. Stolz wurde die schmähliche Bedingung verworfen, danach die Stadt mit Mut und Klugheit geschützt. Alle Stürme der Flotte und des Heeres scheiterten am Wetteifer der Männer und Frauen, Handwerker und Gelehrten, Priester und Weltlichen. Bald glaubte man drinnen und draußen, die Heilige Jungfrau, in einen weißen Mantel gehüllt, behüte Messina und schleudere die Geschosse auf des Feindes Schützen zurück.

Da stimmte der unerwartete Widerstand die Forderungen Karls herab und bewirkte, daß den Belagerten erlaubt wurde, mit Beihilfe des Kardinallegaten ihre Friedensvorschläge zu erneuern. Diese lauteten auf gänzliche Vergessenheit des Geschehenen, Rückkehr der unter den normannischen Fürsten gültigen Steuern und Rechte sowie die Ernennung einheimischer, nicht französischer Beamten. Der König aber antwortete zornig: »Wie? Geächtete, des Todes schuldige Hochverräter wollen Bedingungen vorschreiben und unsere Herrschaft schmälern? Jedoch aus Gefälligkeit gegen den Legaten soll den Aufrührern Verzeihung gewährt werden, wenn sie 800 unserer Wahl überlassene Geiseln stellen, nach unserem Belieben Steuern zahlen und Obrigkeiten annehmen. Wo nicht, so mögen sie sich verteidigen!«

Die Bürgergemeinde, durch den Feldhauptmann Alaymo da Leontino berufen, erklärte einhellig, lieber mit Frau und Kind zu sterben, als unter den genannten Bedingungen zu huldigen. Denn das hieße, den Tod auf der Folter und im Kerker zu suchen. Zornig sprach der Bote des Papstes Bann und Landfluch (Interdikt) über die widerspenstige Stadt aus, während der König zu einem entscheidenden Sturm rüstete. Dieser, am 15. September von der See- und Landseite her mit allem Nachdruck unternommen, wurde von den Belagerten auf das heldenmütigste abgeschlagen, so daß Karl am Sieg der offenen Gewalt verzagte und zu List und Bestechung flüchtete.

Demnach überbrachte ein königlicher Bote dem Stadthauptmann Alaymo ein leeres Blatt mit folgendem Schreiben: »Zeichne hier auf, was du nur immer begehrst! Es soll für dich und deine Erben gültige Kraft haben. Überdies sichern wir dir vollkommene Verzeihung zu nebst einem Geschenk von 10 000 und einem jährlichem Einkommen von 200 Unzen Gold, wenn du das Volk von Messina zum Gehorsam bewegst und uns sechs Bürger auslieferst. Die übrigen sollen frei sein von aller Strafe.« Alaymo aber antwortete: »Da sei Gott vor, daß ich an meinen Brüdern Verrat übe! Denn rühmlich wird's sein, ohne sie für die Freiheit des Vaterlandes nicht leben zu können, rühmlich, wenn wir alle, so es Gott will, für die Freiheit sterben!«

Karl, durch die mißlungene Verräterei zur äußersten Wut getrieben, unternahm neue Angriffe, die aber von den begeisterten Bürgern überall abgeschlagen wurden. Selbst Frauen und Kinder teilten die Gefahren oder arbeiteten an den Mauern und Schanzen.*

Inzwischen landete König Peter mit einem beträchtlichen Geschwader bei Trapani (30. August), empfing zu Palermo unter großem Jubel des Volkes aus den Händen des Bischofs von Cefalu die Krone Siziliens und gebot Karl, augenblicklich das Reich zu meiden. Er erinnerte an die noch nicht für Manfried und Konradin genommene Blutrache und sandte, um seinen Worten Nachdruck zu geben, auf den Rat Procidas 60 wohlbemannte Schiffe ab, die alsbald die Verbindung mit Italien bedrohten und den Feind zwangen, nicht ohne bedeutende Einbuße an Fahrzeugen und Leuten von Messina nach Kalabrien auszuweichen (27. September). Etliche Tage später hielt der Aragonese als Befreier seinen feierlichen Einzug.

---

* Daher das Volkslied:

»Deh' com' egli è gran pietade
Delle donne di Messina
Veggiendo iscapigliate (i. e. passis crinibus)
Portando pietre è calcina.«

d. h.: »Seht den Jammer der Frauen Messinas, wie sie mit fliegenden Haaren Steine und Kalk tragen!« Ricardo Malasp. und Villani, VII, 67.

Karl aber, in allen Hoffnungen getäuscht, biß in den Feldherrnstab und rief mit einem Gefühl bitteren Schmerzes aus: »Gott, Du hast mir viel zu leiden gesandt. Möge die Demütigung, flehe ich zu Dir, doch mit Maß und Anstand geschehen!«* Beide Fürsten übergaben darauf den Streit über Sizilien dem Gottesurteil des Zweikampfs, der am ersten Juni (1283) in Bordeaux unter dem Schutz des englischen Königs und mit gleichen Waffen so gehalten werden sollte, daß dem Sieger der Besitz der Insel bliebe.

Aber gegenseitiges Mißtrauen hinderte die Ausführung der feierlich geschlossenen Übereinkunft und brachte, weil niemand die Schuld des Bruches tragen wollte, dem Krieg neue Kräfte und Glückswechsel. Denn während die Franzosen, gestützt auf den durch Papst Martin gegen Peter geschleuderten Bann und von zahlreichen Scharen kirchlicher Kreuzfahrer begleitet in Aragonien einbrachen, schlug der spanische Admiral, Roger Lauria, bei Neapel die feindliche Flotte und nahm den Erben des Reiches, den Fürsten Karl von Salerno, gefangen. Stürmisch forderte das Volk von Messina dessen Tod, um Konradins und Manfrieds Blut zu sühnen, aber die Königin Konstantia, mehr eingedenk des Edelmuts als der Rache, trat dazwischen und rettete den Sohn des Mannes, der ihr den Vater und die Verwandten entrissen hatte.

Karl von Anjou überlebte diesen letzten Vorfall nicht lange. Er starb, von Kummer verzehrt, in Foggia (Januar 1285) und bat kurz vor seinem Tod Gott um Verzeihung für alle Missetaten, wobei er beteuerte, daß nicht sowohl aus Selbstsucht als aus Gehorsam gegen die heilige Kirche die Heerfahrt nach Neapel unternommen worden sei. So blieb Sizilien den Aragonesen, auf welche die Erbrechte und manche treffliche Eigenschaften der Hohenstaufen übergingen.

* Villani, VII, 74.

Sechster Abschnitt

Übersicht über die allgemeine Völkergeschichte außerhalb Deutschlands und Italiens

Als launenhafter und gewalttätiger Mensch, der bei allem Hang zur gemächlichen Ruhe durch das Schicksal in steter Bewegung gehalten wurde, führte König Johann, der Bruder und Nachfolger von Richard Löwenherz (1199–1216), das englische Reich durchgreifenden Wechseln der äußeren und inneren Verhältnisse entgegen. Während nämlich sein schlauer und unternehmungslustiger Nebenbuhler, Philipp August, den günstigen Augenblick nutzte und alle englischen Besitzungen auf französischem Grund und Boden wieder an sich brachte (1204), gewann Papst Innozenz III. über den stolzen und kleinmütigen Widersacher einen ebenso entscheidenden wie folgenreichen Sieg.

Der Heilige Stuhl nämlich, der entschlossen war, seine kirchlichen Hoheitsrechte auch über Großbritannien auszudehnen, ernannte eigenmächtig und ohne die Bestätigung der Krone abzuwarten den Kardinal Langton zum Erzbischof von Canterbury und forderte danach in einem geheimnisvollen Schreiben, das vier kostbare, mit Edelsteinen eingefaßte Ringe als Geschenk begleiteten, den König auf, diese ungewöhnliche Handlung unumwunden zu billigen.

»Die runde Gestalt der Ringe«, hieß es unter anderem, »möge euch mahnen, ohne Unterlaß den Gütern der Ewigkeit nachzustreben, von den zeitlichen und irdischen Dingen nach den ewigen und himmlischen zu trachten! Die Zahl vier erinnere euch an die vier Haupttugenden der Gerechtigkeit, Großmut, Klugheit und Mäßigkeit. Die erste wird euch beim Urteilen, die zweite im Unglück, die dritte bei Zweifeln und die vierte im Glück dienen. Durch das Gold wird die Weisheit bezeichnet, unter allen Gaben die vortrefflichste, auf die schon der Prophet mit den Worten hindeutet: ›Der Geist der Weisheit wird über ihm ruhen.‹ In der Tat gibt es nichts, das einem Fürsten nötiger sein könnte. Daher bat auch Salomo, der friedfertige König, zu Gott nur um Weisheit, damit er sein Volk wohl zu regieren vermöchte.«

Als aber Johann diese sinnbildliche Sprache übel aufnahm und den Eingriff in die Rechte des Landes kräftig zurückwies, daneben bei den Zähnen Gottes – seinem üblichen Schwur – gelobte, jeden ungehorsamen Priester nach Rom zu senden, ließ der Papst über das ganze Königreich den Landfluch (Interdikt) sprechen und streng vollziehen. So endete in den Kirchen der Gottesdienst, kein Priester reichte das Abendmahl dem Gesunden oder Sterbenden, das Festgeläut der Glocken schwieg, und die Toten wurden ohne christliches Begräbnis wie Aas in Gruben verscharrt. Da gebot der König, die dem Papst gehorsamen Geistlichen an Gut und Pfründen zu strafen und ihre Kebsfrauen so lange ins Gefängnis zu werfen, bis sie sie durch bedeutende Geldbußen ausgelöst hätten. Außerdem forderte er von allen Lehnsleuten einen neuen Huldigungseid.

Diesen günstigen Augenblick nutzte Innozenz. Er sprach das Bannurteil aus, befreite alle englischen Untertanen vom Gelübde des Gehorsams und forderte König Philipp August von Frankreich auf, die Beleidigungen der Kirche an einem ketzerischen Fürsten zu rächen, dessen Länder und Ehren dem Sieger anheimfallen sollten (1212). Diese Einladung fand natürlich den lebhaftesten Beifall. In allen französischen Seeplätzen, besonders zu Rouen, wurde eifrig gerüstet, während der englische Adel, längst mißvergnügt, die Pläne des Fremden öffentlich unterstützte und das gemeine Volk, um sein Seelenheil bekümmert, ungestüm Aussöhnung mit dem Heiligen Stuhl begehrte.

Um die drohenden Gefahren selbst auf Kosten seiner Ehre abzuwenden, genehmigte Johann alle Bedingungen des Friedensvertrags. Er legte in der Kirche von Dover Krone und andere Abzeichen des Königtums zu den Füßen des päpstlichen Bevollmächtigten Pandulf nieder und schwor den Lehnseid. Er versprach einen jährlichen Zins von 1000 Mark Silber und vollen Schadenersatz für die von ihm wegen des Bannes verfolgten Geistlichen, ja, überreichte als Beweis der Unterwürfigkeit dem Legaten etliche Geldstücke, die jener, um die Größe seines Herrn, des Papstes, zu zeigen, mit Füßen trat. Das alles, erklärte dabei die feierlich unterzeichnete Urkunde, geschehe nicht aus Zwang, sondern freiwillig und um die an Gott und der Kirche begangenen Verbrechen zu büßen (1213).

Auf diese Weise vom Bann und der Landesacht gelöst, setzte der König nach Frankreich über, wo Philipp August trotz der päpstlichen Abmahnung unter den Waffen blieb. Er gewann Poitou und Anjou ohne große Mühe wieder, mußte aber, als der Feind bei Bovines über seine Verbündeten, den Kaiser Otto IV., die Herzöge von Löwen und Brabant und den Grafen von Flandern, einen glänzenden Sieg davongetragen hatte (1214), um einen fünfjährigen Waffenstillstand bitten.

Nach England heimgekehrt, warteten neue Demütigungen auf ihn.* Denn Adel, Geistlichkeit und Volk, obschon zwieträchtig an Wünschen und Bestrebungen, wirkten darin einhellig, daß sie des verhaßten und verachteten Fürsten müde waren und danach trachteten, die seit Wilhelm dem Eroberer allgewaltige Kronmacht zu schwächen und den Kern der altsächsischen Gesetze wiederherzustellen. Daher mußte Johann, im Tower zu London belagert und von seinen Getreuen verlassen, dem Begehren der Herren gemäß in Runnymead, einer Wiese zwischen Windsor und Staines, erscheinen und hier die Urkunde unterzeichnen (19. Juni 1215), die unter dem Namen des »Großen Freiheitsbriefes« *(Magna Charta, Great Charter)* bekannt wurde.

Damit wurde nicht nur eine neue Staatsverfassung eingeführt, sondern auch ein Teil des angelsächsischen, vom normannischen Lehnsreich zerstörten Rechtszustandes wieder gefestigt. Jedoch trat dabei infolge des überwiegenden Feudalwesens das durchgreifende Streben hervor, weit mehr die Vorteile und Freiheiten der besonderen oder ständischen Körperschaften als die der Gesamtheit zu berücksichtigen, wie sich denn auf diesem Wege überhaupt fast alle Gemeinwesen des Mittelalters ausgebildet haben. Demnach bekam die englische Kirche ihre Rechte und Freiheiten zurück, namentlich in den Wahlen der Bischöfe und Äbte, und der unmittelbare und mittelbare (Kronvasallen, Aftervasallen) Adel gewann die Aufhebung mannigfaltiger Beschwerden und Lasten, die ihm bisher der königliche Oberlehnsherr auferlegt hatte. So sollten die sogenannten Hilfs- und Schildgelder nur bezahlt werden, wenn der Lehnsherr seinem ältesten Sohn den Ritterschlag erteilen, seine erstgeborne Tochter verheiraten oder selber in Gefangenschaft fallen würde. Die Lehnssteuern *(relevium)*, die beim Wechsel des Guts und der Mündigkeit des Inhabers zahlbar waren, sollten einem gesetzlich bestimmten Maßstab folgen. Die Vormünder von Ländereien des Mündels sollten nur angemessene Abgaben und Dienste nehmen und Häuser, Tiergärten, Seen, Mühlen, Felder und Geräte in gutem Stand halten. Erbinnen sollten sich ohne Zwang verheiraten dürfen, Witwen den dritten Teil des Gutes als Witwensitz ungeschmälert bekommen und ohne Verpflichtung zu einer zweiten Ehe. Für außerordentliche Steuerbewilligungen sollten die Erzbischöfe, Bischöfe, Äbte, Grafen, größeren Barone (Lords) und übrigen Lehnsträger, die sich im gemeinschaftlichen Rat *(commune con-*

* Vgl. über Bovines S. 442 in diesem Band.

silium Regni, Parlamentum) des Reichs versammelten, abstimmen. London und die größeren wie kleineren Städte, Flecken und Seehäfen sollten ihre Freiheiten und Gewohnheiten behalten, auch keine Einkommensteuer *(taillage)* ohne Bewilligung des gemeinen Rates zahlen. Im ganzen Reich sollten gleiche Gewichte und Maße für Wein, Bier und Getreide gelten. Die Kaufleute sollten, ausgenommen in Kriegszeiten, frei ein- und ausgehen und ohne außergewöhnliche Abgaben und für angemessene Zölle ihre Waren feilbieten. Überhaupt sollten alle Freien mit Vorbehalt ihrer Lehnspflichten, Gefangene, Ächter (Geächtete) und Handelsleute feindlicher Völker ausgenommen, das Reich verlassen und wieder besuchen dürfen.

Hinsichtlich der Rechtspflege wurde verordnet: »Niemandem soll die Gerechtigkeit vorenthalten werden. Kein Freimann soll gefangen, eingekerkert, aus dem Besitz seiner Güter, Gebräuche und Freiheiten vertrieben, geächtet oder sonst auf irgendeine Art gefährdet werden, außer nach dem Urteil seiner Gleichen (*pares*, Genossen, Pärs) oder nach den Landesgesetzen. Die Gerichtshöfe für gemeinschaftliche Klagen *(courts of common pleas)* sollen nicht mehr der Person des Königs folgen, sondern an einem gewissen Ort beständig bleiben. Die Geldstrafen sollen nicht willkürlich, sondern dem Verbrechen gemäß – bei Grafen und Baronen nach dem Spruch der Gleichen, bei Bauern und anderen auf den Eid von zwölf gut beleumdeten Nachbarn – bestimmt werden, und zwar so, daß weder Haus- noch Feldgeräte, weder Grund und Boden noch Handelswaren und Schiffe als Strafe unter Beschlag kommen.«

Die grausamen und willkürlichen Forstgesetze Wilhelms und seiner Nachfolger wurden teils aufgehoben, teils gemildert, und alle seit dem Anfang der Regierung Johanns eingehegten Waldungen und Fischwasser wurden freigegeben. Bei etwaigen Freveln wurde nicht Verlust des Lebens und der Glieder, sondern Geld- und Gefängnisstrafen nach dem Urteil von zwölf Geschworenen bestimmt. Schließlich wurden die angelsächsischen Zehnten, Hunderte und Grafschaften in ihrem alten Umfang und nach ihrer ursprünglichen Bedeutung wiederhergestellt.*

---

* Vgl. S. 195 ff. in diesem Band über Alfred. Die vorgehende Auslegung der *Magna Charta* benutzte den Abdruck bei Rapin, II, 169 ff., Rehm, Geschichte des Mittelalters, I, 684 und Mackintosh, Geschichte Englands, I, 36 ff.

Um aber die getreuliche Vollziehung dieses von beiden Parteien beschworenen und besiegelten Vergleichs sorgfältig zu bewachen, wählte der Adel aus seiner Mitte einen beständigen Ausschuß von 25 Herren, die befugt sein sollten, den König bei etwaigem Bruch durch Beschlagnahme der Krongüter und offene Waffengewalt mit Hilfe des gesamten, dafür vereidigten Volkes im Gehorsam gegen die feierliche Übereinkunft festzuhalten und nicht eher zu ruhen, als bis den Beschwerden abgeholfen sei.

Eine Zeitlang achtete der heuchlerische Fürst den Vertrag, wandte sich jedoch bald durch geheime Boten an den Papst und forderte, daß der geistliche Oberlehnsherr den Freiheitsbrief als Eingriff in seine Rechte aufhob und den Widerspenstigen mit dem Bann drohte. Innozenz gehorchte, während zahlreiche, in Brabant, Flandern und Frankreich geworbene Soldknechte nach England übersetzten und, den meineidigen König an der Spitze, mit Feuer und Schwert wüteten, während sie gleichzeitig beträchtliche Haufen Mißvergnügter an sich zogen. Der Adel und die Bürgerschaft Londons, nicht sowohl durch den jetzt geschleuderten Kirchenfluch als die zügellosen Höllenrotten der fremden Söldner und Abenteurer bedrängt, forderten den ältesten Sohn des französischen Königs Philipp August auf, die von Johann verwirkte Krone anzunehmen.

Ludwig, vom Vater trotz der päpstlichen Acht durch Wort und Tat unterstützt, willigte ein. Er erschien mit einem ansehnlichen Heer, empfing in London die Huldigung (2. Juni 1216) und begann darauf den Nebenbuhler nachdrücklich zu befehden. Jener überlebte das verdiente Mißgeschick nicht lange und endete vor Newark in der Grafschaft Lincoln, von Kummer und Krankheit überwältigt (19. Oktober). Nicht lange danach mußte Ludwig jedoch bei steigendem Übergewicht der englischen, für Johanns Sohn, Heinrich III. (1216–1272), wirksamen Partei den Ansprüchen auf die Thronnachfolge entsagen und in die Heimat zurückkehren.

Damit fanden aber keineswegs die äußeren und inneren Wirren des Reiches ihr Ende. Sie nahmen vielmehr unter der sechsundfünfzigjährigen Regierung eines leichtsinnigen, hab- und herrschgierigen, von Launen und Günstlingen abhängigen Fürsten an Umfang und Kraft zu. Denn während unglückliche Kriege mit Frankreich die Einbuße fast aller dortigen Besitzungen herbeiführten und die Eitelkeit, Deutschlands Krone auf dem Haupt Richards von Cornwall zu sehen, der ein Bruder des Königs war, ungeheure Ausgaben ohne Endergebnis veranlaßte, plünderte der Papst, auf die Demütigung der Hohenstaufen gerichtet, den englischen Kirchenschatz und griff der trotzige Adel, von den Städten tätig unterstützt, zur Behauptung des großen Freiheitsbriefes mehrere Male zu den Waffen. Er fand in dem geist- und mutvollen, aber leidenschaftlichen und rauhen Schwager des Königs, dem Grafen von Leicester, einen ebenso unternehmungslustigen wie glücklichen Parteiführer. Denn Heinrich, in der Schlacht bei Lewes besiegt und gefangen (Mai 1264), mußte alle Bedingungen annehmen und namentlich gestatten, daß ein bald zu berufendes Parlament den Streit zwischen der Krone und den Lehnsträgern entscheiden, zweifelhafte Gegenstände aber den von beiden Seiten ernannten Schiedsrichtern überlassen sollte.

Damit nicht zufrieden, tat Leicester, der das durch Waffengewalt errungene Ansehen auf Volksrecht stützen wollte, einen höchst folgenreichen Schritt. Er berief, entgegen dem bisherigen Brauch, aus jeder Grafschaft zwei Ritter und Abgeordnete der Städte, besonders Londons, Yorks und Lincolns, als Stellvertreter der Gemeinfreien oder Bürgerlichen zu den Sitzungen des früher nur dem Adel und der vornehmen Geistlichkeit geöffneten Parlaments (Dezember 1264). Zwar gewannen beim Wiederausbruch des Krieges die Königlichen nach dem vollständigen Sieg unweit Evesham und dem Tode Leicesters (4. August 1265) ein unbestrittenes Übergewicht, aber die Städte vergaßen so wenig den ihnen von dem adligen Volksführer gezeigten Weg, daß sie nicht eher ruhten, als bis etwa 18 Jahre später das bleibende Recht der Stellvertretung im Hause der Gemeinen errungen war.

Keinen Wechsel erlitt dagegen das lehnsherrliche Wesen Schott- und Irlands, wo die uralte Macht der Stammeshäuptlinge *(lairds),* der Mangel an städtischen Plätzen und die dort seit der Mitte des 12., hier seit dem Anfang des 13. Jahrhunderts gegründete Oberhoheit der englischen Könige einen freieren Umschwung der staatsbürgerlichen Kräfte verhinderten. In Skandinavien dauerte über ein Jahrhundert lang das Streben der durch Blut, Sprache und Sitten verbundenen Bewohner nach einer Einigung als Volk, scheiterte aber an dem zähen Starrsinn der allmählich in adlige Körperschaften umgewandelten Waffengefolge, dem kriegerischen Ehrgeiz der Häuptlinge und Stämme, während das neue Einigungsband der christlichen, auf den Trümmern des Odinsglaubens siegreich ruhenden Lehre, durch die Vorrechte und Schätze der kirchlichen Priesterschaft geschwächt, mehr für die Zersplitterung als für die Eintracht wirkte.

Dennoch rettete das Volk, von dem zwiefachen Adel welt- und geistlicher Herren bedrängt, die meisten altgermanischen Wehrfreiheiten und Sitten. In Schweden, wo über 100 Jahre lang (1129–1250) die mächtigen Geschlechter der Bondes und Swerkers um das Königtum stritten und, sich gegenseitig vernichtend, den Folkungern die Nachfolge bereiteten, gewann allmählich der früher unbekannte Adel Befreiung von der Gerichtsbarkeit und den Abgaben des gemeinen Wesens, während die Priesterschaft, das Erzbistum Upsala an der Spitze (gestiftet um 1164), durch Vorrechte derselben Art, Zehnten, Klöster und römische, durch jährliche Steuern beurkundete Lehnshoheit ein entschiedenes Übergewicht errang. Dennoch behaupteten die Wehrfreien den größten Teil ihrer ursprünglichen Rechte, wie denn namentlich Abgeordnete der Bauern die später ausgebildeten Reichstage besuchen durften.

Langsam war dagegen die Entwicklung der Städte, von denen nur Stockholm die ersten, notdürftigsten Anlagen vollendet hatte (um 1254). Trotz der inneren Gärungen und Fehden drangen die Schweden erobernd diesseits des Bottnischen Meerbusens bis an die Mark der schwachen und ärmlichen Lappen vor, während jenseits an der fruchtbaren Ostküste die Finnländer bekehrt und unterjocht wurden. Jedoch blieben ihnen Grundeigentum und persönliche Freiheit (1156–1250).

In Norwegen beendete König Hako (V.) den grauenhaften Parteienkrieg der Großen um die Herrschaft (gest. 1262) und verschaffte seinem Sohn Magnus Lagabätter (Gesetzverbesserer, gest. 1280) die Möglichkeit, durch zweckmäßige Sammlung der alten, hin und wieder geänderten Bräuche und Rechte der Willkür zu begegnen und die ständischen Verhältnisse sicherzustellen. So bekam der jetzt erst hervortretende Adel, dem die Mitglieder des königlichen Hauses, die Herzöge, Grafen (Jarle) und Hofbeamten angehörten, Lehen, Namen (Barone, Ritter), Ehren und Abstufung, die Geistlichkeit Zehnten, Wahlfreiheit und eigenen Gerichtssprengel, die Bauernschaft (Thegene, Freisassen) das Recht, durch Bevollmächtigte teilzunehmen an den Verhandlungen des Reichstages (Storthing). Dagegen fanden die Städte, unter denen Bergen durch Altertum hervorragte (1070 gestiftet), unüberwindbare Hindernisse im kriegerischen und der Gewerblichkeit abgeneigten Wesen des Volkes wie auch in dem überwiegenden Handelsgeist der norddeutschen, zum Hansebund vereinigten Kauffahrer.

Noch härteres Mißgeschick traf Island. Von bürgerlichen Unruhen, einer Folge des Ehrgeizes der Reicheren, zerrissen, huldigte die Republik des Nordens dem norwegischen Königtum (1262), jedoch unter dem Vorbehalt ihrer heimischen Rechte. Doch mit dem Verlust der äußeren Unabhängigkeit büßte die Menschenalter lang freie, geist- und tatkräftige Insel den Hebel ihres kühnen Aufschwungs ein und verfiel allmählich in Schlaffheit, Armut und Unwissenheit.

Dänemark, das seit 1044 unter den streitbaren Königen des Estrithidengeschlechts stand, nahm fast ein Jahrhundert lang (1157–1242) – von Waldemar I. (dem Großen) bis zum Tode Waldemars II. (1242) – die Bahn der Eroberung. Es gewann Holstein (Nordalbingien), Mecklenburg, Lauenburg, Rügen, Pommern – so daß mit Recht der Name eines Wendenfürsten auf die dänische Krone übergehen konnte –, gleichzeitig im Osten die Insel Oesel, einen großen Teil Preußens, Estlands, wo die Feste Reval erbaut wurde, und Kurlands. Als aber König Waldemar II. gegen den holsteinischen Adel und dessen Bundesgenossen die entscheidende Feldschlacht bei Bornhövde unweit von Kiel verlor (22. Juli 1227), blieb den Dänen von ihren deutsch-slawischen Besitzungen nichts als der leere Name des Wendenreichs und die Oberherrlichkeit über Rügen.

In der Verfassung hatte sich auch bei den Dänen infolge des üblichen Reiterdienstes, dessen Kosten minder Begüterte nicht bestreiten konnten, ein bevorrechteter Adel herausgebildet, die Herremänd (Herren) geheißen. Er trug vom König die sogenannten Styreshäfen oder an Häfen erbauten Landsitze zu Lehen und befehligte, wenn Heerfahrten gehalten wurden, das hier versammelte Aufgebot der umliegenden Bewohner. Neben dem Adel besuchten (seit 1280) die Abgeordneten der Geistlichkeit, Städte und Bauern den Reichstag (Danehos), der die Stelle der alten Volksgemeinden einnahm und jährlich einmal um die Mitte der Fasten zusammentrat. Überdies versprach der allgemeine Freibrief oder die Handfeste, daß der König niemanden ohne Untersuchung bestrafen, die Landesgesetze beachten, den Freien (Bönder) keine willkürlichen Steuern auferlegen, fremde Kaufleute in ihren Rechten und Vorzügen schützen und Streitigkeiten mit den Reichssassen dem Spruch des Dänenhofes unterwerfen sollte. Trotz dieser verbrieften Freiheiten fehlte es nicht an Leibeigenen, die aus der Kriegsgefangenschaft hervorgegangen waren und bei den Fortschritten des Adelswesens und dem Verfall der Wehrfreien beträchtlichen Zuwachs erhielten.

Neben diesen drei Völkern Skandinaviens bildete sich in der zweiten Hälfte des Zeitraums ein neuer Germanenstaat im Hochnorden aus, wo er als starkes Zwischenglied das große Grenzgebiet der Deutschen und Slawen auf der einen Seite trennte und auf der anderen durch Verschmelzung der Bewohner wiederum, wenn auch lose, verband. Im südlichen Teil des Ostseelandes nämlich, etwa zwischen der Weichsel und dem Reußfluß (Russe), der ein Arm des Niemen ist und jetzt Memel heißt, siedelten seit Jahrhunderten die wahrscheinlich nach dem oben bezeichneten Grenzstrom benannten Preußen (Porussi, *po* [slawisch: bei, an] *Russi* [Reuß], also Anwohner der Reuß). Sie waren ein tapferes, arbeitsames Geschlecht, das in seinen ältesten Sitten und Schicksalen auf doppelten Ursprung hinweist und nicht nur dem slawisch-lettischen, sondern auch dem germanischen Stamm anzugehören scheint. Denn während die Freisassen, deren angesehenste Geschlechter allmählich eine kriegerische Adelsvereinigung bildeten, unter dem Namen der Widen (Witen) als Überbleibsel der einst in den Weichsellanden ansässigen Goten erschienen, zeigte der große, vom herrschenden Stamm meistens abhängige Volkshaufe unverkennbare Spuren slawischer Herkunft.

Den einzelnen Gauen oder Landschaften standen als Feldherrn und Vollziehungsbeamte erbliche Häuptlinge (Reiks) vor, während der Griwe die Geschäfte des Priesters und Richters besorgte. Über Gesetze, Krieg, Frieden, Bündnisse und Verträge entschied die Gemeindeversammlung, deren Wirksamkeit im einzelnen jedoch unbekannt ist. In der Ehe, für die nach slawischem Brauch drei Frauen erlaubt waren, galt strenge Zucht, denn wer das Gelübde brach, wurde mit dem Tode bestraft, durch Hunde zerrissen oder dem Scheiterhaufen übergeben. Den Mörder traf die Blutrache des nächsten Verwandten, den Dieb Stäupung und, wenn er aufs neue fehlte, der Tod.

Das häusliche Leben offenbarte Fleiß, Mäßigkeit, Einfalt und schrankenlose Gastfreundschaft. Bettelei war schon deshalb unerhört, weil bei einträglichem Ackerbau und Handel die Familien Mittel genug besaßen, um ihre etwa aus Gebrechlichkeit des Leibes hilflosen und armen Leute zu ernähren. Im Kriege ruhte die Hauptstärke auf dem mit Streitkolben, Wurfkeulen, bisweilen auch vergifteten Pfeilen bewaffneten Fußvolk. Die Behandlung der Gefangenen war entgegen den Sitten der Germanen und Slawen hart und grausam, zum Teil weil die auf eine mächtige, weitverzweigte Priesterschaft gestützte Religion die Sühne der Götter durch Blut forderte und selbst dem Hausvater gestattete, Töchter und verkrüppelte Knaben als ein dem Weltgeist wohlgefälliges Opfer zu töten. Neben vielen Ober- und Untergöttern verehrte man heilige Eichen, deren Gipfel verschleierte Standbilder trugen, und geweihte, den Priestern zur Wohnung bestimmte Haine, achtete auf Vorzeichen und Sprüche der Seherinnen und feierte dreimal im Jahr, im Frühling, beim Anfang und beim Ende der Ernte, ein allgemeines Hauptfest.

Dies war die Lage der ebenso tapferen wie ihrem Götzentum getreuen Preußen, als im 12. Jahrhundert die Könige Polens und die bald darauf bei den heidnischen Livländern zur Ausbreitung des Christentums gestifteten Schwertritter (um 1201) durch Güte und Waffengewalt zu bekehren versuchten, aber überall den hartnäckigsten, blutigsten Widerstand fanden. Ja, die Preußen trieben nach mannigfaltigem Glückswechsel nicht nur die Angriffe zurück, sondern drangen auch plündernd und mordend in das südliche Polenland, Masovien, ein. Da wandten sich dessen Herzog, Konrad, und Christian, der erste Namensbischof Preußens, an die damals vom Morgenland meistens nach Europa heimgekehrten Deutschritter und forderten Hilfe gegen die Heiden. Leicht gewährten der Hochmeister, Hermann von Salza, und die nach Venedig entbotenen Ordensgroßen das Anliegen und schlossen mit Genehmigung des Kaisers und des Papstes einen Vertrag ab, dem gemäß das Kulmerland und alle etwaigen Eroberungen den Rittern als Lohn für den Glaubenskampf abgetreten werden sollten (1226). Daher zogen 28 Herren, von 100 Waffenknechten und etlichen Scharen Fußvolk begleitet, nach Polen und begannen dort, unterstützt durch den Herzog Konrad, der ihnen urkundlich das Gebiet von Kulm abtrat (1228), eine fünfzigjährige Fehde für den Glauben und die Gesittung des Christentums.

Um durch bürgerliche Freiheit deutsche Ansiedler, besonders aus dem Norden, in treue Bundesgenossen umzuwandeln, gründeten sie die Städte Thorn (1231), Kulm, Marienwerder, Elbing (1232–1237), zu denen später hauptsächlich noch Königsberg (1255) und das Polen gehörige Danzig traten. Sie folgten mit ihren Burgen und Heerfahrten nicht dem Zufall und dem Kriegsglück, sondern dem Lauf der Ströme und dem langsamen, aber festen Gang der Eroberung. Sie erlaubten den Heiden, wenn sie die Taufe und die christliche Sitte annahmen, den vollen Besitz ihres von keiner Gutshörigkeit beschwerten Grundeigentums, statteten den altpreußischen Adel und den Freisassenstamm der Widen (Witinger) mit besonderen Vorrechten aus und versuchten Deutsche und Eingeborene durch Glauben, Sprache, Gesetz und Lebensart allmählich zu verschmelzen.

Auf diese Weise beendeten sie ebensosehr durch Weisheit wie durch Waffengewalt glorreich einen Kampf (1281), dessen bleibende Frucht die Stiftung eines fortan kräftig aufblühenden deutschen Gemeinwesens wurde. Denn der Orden, der den Sitz der Regierung von Venedig nach Marienburg verlegt hatte (1309), wich unter meistens trefflichen Hochmeistern auch als Landesherr von den früheren Grundsätzen der Weisheit, Mäßigung und Freiheitsliebe nicht ab und duldete keine Leibeigenschaft und Priestermacht. Er förderte Ackerbau, Handel und Gewerbe und breitete durch zahlreiche Dorfschulen gemeinnützige Kenntnisse bei dem größtenteils wohlhabenden, von keinen unangemessenen Steuern bedrängten Landvolk aus. Er schuf öde Forste und Niederungen in Getreideäcker um und dämmte Flüsse und reißende Gewässer ein. Er gab den betriebsamen Städtern, damit sie nicht erschlafften und in Selbstsucht verfielen, eine wohlgeordnete Wehrverfassung (Miliz) und das Recht, neben der Ritterschaft und dem Adel durch Boten über allgemeine Landesangelegenheiten zu beratschlagen. Er vermied mit einem Wort die Gebrechen und Fehlgriffe, die so oft den Bekehrungseifer der Deutschen irregeleitet und geschändet hatten.

Das Glück der Deutschritter in Preußen wirkte bald auch auf die livländischen Schwertbrüder zurück, die, nachdem sie sich mit jenen für Schutz und Trutz vereinigt hatten (1237), den grauenhaften, fünfzigjährigen Krieg mit den Letten (Litauern) begannen und für die völlige Unterdrückung der Eingeborenen benutzten.

In der romanischen Völkermark erlitt Frankreich besonders dadurch Veränderungen, daß teils in den Innenverhältnissen die Krone auf Kosten der Lehnsträger an Macht zunahm, teils dadurch verstärkt nach außen hin erobernd wirken konnte. Denn der schlaue, kraftvolle, um die Mittel wenig bekümmerte König Philipp August (1180–1223) zog infolge glücklicher Fehden mit widerspenstigen Vasallen und dem englischen Fürstenhaus die Grafschaften Artois, Evreux, Maine, Anjou, Valois, Alençon, Auvergne, Poitou, Vermandois und das Herzogtum Normandie als erledigtes Reichsgut ein und errichtete, um den Adel zu zersplittern, die sogenannte Pairschaft.

Die an lehnsherrlichen Rechten einander gleichen Mitglieder dieser Pairschaft *(pares, pairs)*, sechs Erzbischöfe und Bischöfe von Reims, Laon, Langres, Beauvais, Chalons und Noyon und sechs weltliche Herren, die Herzöge von Bretagne, Guienne und Bourgogne sowie die Grafen von Flandern, Toulouse und Champagne, bildeten fortan den engeren Rat des Königs und den obersten Lehnshof. Sie empfingen bei Krönungen und anderen feierlichen Gelegenheiten besondere Ehren, welche die Eifersucht des niederen Adels nähren und dem König Anlaß gewähren mußten, zum eigenen Nutzen die Zwietracht der Dienstmannen zu erweitern. Gleichzeitig wuchs die Zahl der Soldknechte und Leibwächter, während häufige Berufungen (Appellationen) der kleinern, von ihren Herren bedrängten Lehnsleute die Gerichtsbarkeit der Krone ausdehnten und die vielfach begünstigten Städte ein neues Mittel darstellten, die Macht der geistlichen und weltlichen Großen zu schwächen.

Dergestalt in seinem Ansehen gefestigt, konnte es Philipp August schon wagen, ohne bisher gültige Genehmigung der Stände seinem erstgeborenen Sohn die Nachfolge zu übertragen und unter dem Vorwand der Kreuzfahrt die erste allgemeine Steuer (Saladinszehnten, 1190) auszuschreiben. Ludwig VIII. (1223–1226) beachtete des Vaters Vorbild. Er setzte glücklich die Kriege mit den Engländern fort, die – Bordeaux und Gascogne ausgenommen – alle früheren Eroberungen verloren hatten, und entriß im Bund mit den zuchtlosen Scharen der Kirche den Albigensern die Grafschaft Toulouse, deren abgetretene Gebietsteile wie Narbonne, Béziers, Agde, Nîmes, Uzès zu anderen, im Süden gewonnenen Erwerbungen hinzugerechnet jährlich ein Einkommen von sechs Millionen Livres brachten.

Ludwig IX. (der Heilige, 1226–1270) folgte derselben Richtung. Er zog nach dem völligen Untergang der südfranzösischen Ketzer die Grafschaften Béziers, Carcassonne, Nîmes und das Gebirgsländchen Alby als Krongut ein und erwarb daneben die Grafschaften Perche, Macon und Boulogne. Durch den Frieden von Abbéville zwang er den englischen König, Heinrich III., allen Ansprüchen auf die Normandie, Poitou, Maine, Anjou und Saintonge zu entsagen und für den Besitz des Herzogtums Guienne den Lehnseid zu schwören (1259). Auf diese Weise durch Klugheit und Waffenmacht ohne äußere und innere Feinde, wandte der milde und unparteiische König seine Hauptsorge auf die Verbesserung der Rechtspflege und der Verwaltung. So wurde der bisher gültige Zweikampf in den Kronländern abgeschafft und dafür der Beweis durch Zeugen und schriftliche Urkunden gefordert. Aus weltlichen und geistlichen Großen wurde ein Obergerichtshof gebildet, der unter dem Vorsitz des Fürsten auf Begehren der Parteien die Sprüche der niederen Gerichte prüfte und verwarf oder bestätigte. Dem königlichen Beamten *(baillif)* wurde in allen Grenzgebieten des Reiches ein bestimmter Sprengel angewiesen. Der Landfriede wurde ohne Rücksicht auf Stand und Person streng gehandhabt und durch sogenannte Sicherheitsbriefe (Sauvegardenbriefe) den ihn suchenden Herren und Städten gerne gewährleistet.

Nach Anleitung des römischen und kirchlichen Rechts wurde der Grund zu einer allgemeinen, der Kronmacht günstigen Gesetzgebung gelegt *(établissements de St. Louis)* gelegt, wodurch die weitgehend souveräne Macht der größeren Lehnsträger, die zum Teil freiwillig ihren gerichtlichen Vorrechten entsagten, gebrochen und Gleichheit vor dem Gesetz eingeführt wurde. Daneben wurde das städtische Gemeinwesen, dessen Mitglieder auch Ritter werden durften, durch mannigfaltige Freiheiten und dem Gewerbe nützliche Begünstigungen gefördert. Die Kirche erfreute sich eines freigebigen, frommen und gewissenhaften Schutzherrn, der neue Klöster und Gotteshäuser baute, der Priesterschaft die unbedingte Wahl der Bischöfe, die eigene Gerichtsbarkeit und andere Vorrechte teils bestätigte, teils erweiterte und alle Religionsbräuche und Bußen mit der ängstlichsten Sorgfalt erfüllte. Trotz seiner fast übertriebenen Sparsamkeit kaufte er Bruchstücke der Dornenkrone und ähnliche Heiligtümer dem an Geld und Glauben armen Kaiser Balduin von Konstantinopel für hohe Summen ab. In dem entscheidenden Streit zwischen den Päpsten und den letzten Hohenstaufen trug er durch eine passive Stellung zum verhängnisvollen Ausgang das Seinige bei. Er verfolgte alle Feinde des christkatholischen Bekenntnisses entgegen dem angeborenen Wohlwollen mit schwärmerischer Heftigkeit und versuchte den schon erkalteten Eifer für die Kreuzfahrten durch die Glut persönlicher Begeisterung wieder zu beleben.

Allerdings bedurften die morgenländischen Christen einer schnellen und kräftigen Hilfe. Denn während Zwietracht der Großen, Eifersucht zwischen den Johannitern und den Templern sowie steigende Sittenlosigkeit des Volkes die Grundlagen des Reiches untergruben, durchzogen plündernd und mordend Chowaresmier, die von den Mongolen bedrängt wurden, das Heilige Land, und el Saleh, der Sohn des ägyptischen Sultans Kamel (gest. 1238), besetzte nach gebrochenem Waffenstillstand Jerusalem, Askalon, Gaza und Tiberias, eroberte Damaskus und breitete die Herrschaft der Eyubiden über den größten Teil Syriens aus (1244). Dennoch trug jene trotz der glänzenden, an die Tage Salaheddins erinnernden Außenseite die Keime des Verderbens in sich. Türkische Leibwächter nämlich, die man aus mongolischer Gefangenschaft losgekauft und unter dem Namen Mamelucken (d. h. Knechte) in gesonderten Lagerstätten am Meer angesiedelt hatte (daher Bahariden, Seeanwohner), mißbrauchten mehr und mehr die bedeutenden Freiheiten einer kriegerischen Körperschaft. Sie mischten sich, zumal ihrem Hauptmann bei Tag und bei Nacht der Weg an den Hof offenstand, in die Regierungsangelegenheiten ein und verfügten nach Willkür, ähnlich den römischen Prätorianern, über Ämter des Krieges wie des Friedens.

Gerührt von den Bedrängnissen der morgenländischen Kirche, beschloß König Ludwig, das Gelübde der Kreuzfahrt, das er vor Jahren auf dem Krankenbett getan hatte, ungesäumt zu vollziehen.

Mit Beihilfe des darüber hocherfreuten Papstes versammelte er durch Güte und Gewalt ein Heer von 50 000 Franzosen, übergab seiner klugen und frommen Mutter Blanka von Kastilien die Reichsverweserschaft und lichtete mit einer zahlreichen Flotte im Hafen von Aiguesmortes die Anker (August 1248). Er überwinterte in Kypros, wo man unermeßliche Vorräte angehäuft hatte, und entschied sich nach reiflicher Überlegung für den Angriff Ägyptens als des Eckpfeilers der feindlichen Macht. Nach kurzem Widerstand der Mamelucken erzwang er die Landung bei Damiette (27. Mai 1249), nahm bald darauf diese feste, an Schätzen und Lebensmitteln reiche Stadt und brach, nachdem die erwarteten Hilfsscharen aus der Heimat angelangt waren, 60 000 Streiter stark gegen den Sitz des Sultanats, Kairo (Babylon), auf.

Inzwischen hatte Saleh gleichfalls mit Umsicht und Nachdruck gerüstet und an der feigen Besatzung Damiettes blutige Rache genommen. Er hatte bei Mansura am rechten Ufer des östlichen Nilarms den Kern seiner Reiterei und des Fußvolks versammelt und an den passendsten Stellen Geschützbetten (Batterien) griechischen Feuers aufgebaut. Dieses wurde nach dem Bericht des Augenzeugen Joinville klumpenweise aus Röhren geschleudert, so daß es dem Schweife eines Drachen gleich mit gewaltigem Getöse durch die Luft fuhr und, nur durch Sand löschbar, unter den auf der linken Flußseite lagernden Christen Schrecken und Verwirrung anrichtete.

Zwei Monate lang arbeiteten jene unter häufigen Gefechten umsonst an der Abdämmung des Stromes. Schließlich fanden sie, von einem Überläufer geführt, die gewünschte Furt und schlugen den Feind bei Mansura auf das Haupt. Als sie sorglos heimkehrten, wurden sie aber plötzlich überfallen, getötet, gefangen und zersprengt (Februar 1250). König Ludwig, dadurch keineswegs gewarnt, dachte nicht eher an Rückzug auf Damiette, bis Hungersnot, Krankheiten und Zwietracht eine längere Rast unumgänglich machten (Ende März). Doch jetzt war es zu spät. Auf den Seiten und im Rücken von zahlreichen Scharen zu Fuß und zu Roß angegriffen und durch abgegrabene Nildämme in seinen Bewegungen eingeschränkt, von Mangel, Durst und griechischem Feuer gepeinigt, mußte das ganze französische Heer nach fruchtlosen Kämpfen die Waffen strecken und der Gnade des Siegers vertrauen (5. April).

Dieser hieb in der ersten Wut viele Ritter und Gemeine nieder, verhöhnte das Kreuz und drohte selbst dem König mit qualvollem Tod, wenn er nicht dem christlichen Glauben abschwören und Muselman werden wollte. Ludwig aber blieb standhaft, teilte alle Gefahren und Beschwerden mit den Seinigen und verwarf den Antrag, ohne sie Freiheit und Rückkehr zu gewinnen. Die Lage der Gefangenen war um so mißlicher, je mehr bei den Mamelucken, die den Sultan ermordet und einen seiner natürlichen Söhne, Turanshah, auf den Thron erhoben hatten, Ziellosigkeit, Blut- und Habgier wuchsen. Dennoch wankten die Christen in der Treue nicht und beobachteten mit der größten Gewissenhaftigkeit die Vorschriften ihres römisch-katholischen Bekenntnisses. Der ausgehungerte Ritter Joinville z. B., dem ein mitleidiger Moslemin ein Stück Fleisch geschenkt hatte, ließ den Leckerbissen sogleich aus dem Mund fallen, als ihn der Priester, vielleicht aus Neid, daran erinnerte, daß dergleichen Speisen am Freitag verboten seien.

Nach langer Unterhandlung wurde endlich ein Versöhnungsvertrag geschlossen, dem gemäß die Franken während eines zehnjährigen Waffenstillstands ihre Besitzungen in Palästina behalten, sich selber aber durch die Übergabe Damiettes und 800 000 byzantinische Goldgulden aus der Haft lösen sollten. Darüber zornig, erschlugen die Mamelucken Turanshah, den letzten Eyubiden, zeigten das blutende Herz dem Christenkönig und übertrugen alle Macht dem bisherigen Befehlshaber der Leibwache (2. Mai). Dieser weigerte sich anfangs, die mit dem Vorgänger getroffene Übereinkunft zu vollziehen, gestattete jedoch später gegen neue Geschenke dem König und 6000 seiner Gefährten die Abreise nach Palästina, wo man trotz der Zerwürfnisse, die unter den syrischen und ägyptischen Moslemin herrschten, nichts Namhaftes ausrichtete. Als müßige, nur der Andacht ergebene Pilger verweilten sie dort so lange, bis Ludwig auf die Nachricht vom Tod seiner Mutter mit den Resten des Heeres 14 Schiffe bestieg (April 1254) und nach fast sechsjähriger Abwesenheit in der zerrütteten, seiner tätigen Fürsorge bedürftigen Heimat anlangte. Kaum war hier auf die oben beschriebene Weise die gesetzliche Ordnung gefestigt, als der fromme Fürst, um den wachsenden Bedrängnissen der morgenländischen Kirche zu begegnen, einen neuen Kreuzzug nach Afrika unternahm, aber bei Tunis mit dem Kern der Waffengenossen an pestartiger Krankheit den Tod fand (25. August 1270).

In Spanien dauerten die Kämpfe zwischen Christentum und Islam mit wechselndem, allmählich dem ersteren günstigen Glück fort. Denn obschon das heldenmütige und begeisterte Geschlecht der afrikanischen Almohaden (1147–1269) den ermattenden Moslemin neuen Aufschwung brachte, siegten nichtsdestoweniger die Christen unter dem König Alfons VIII. von Kastilien so entscheidend bei Tolosa in Jaen (16. Juli 1212), daß hintereinander Cordoba, Murcia,

Estremadura, Jaen, Sevilla (1248) und Cadiz (1250) huldigen und die Hauptkräfte des Islams im Südwesten der Halbinsel aus Granada zurückweichen mußten, während in Portugal die Eroberung Algarbiens (um 1270) das Übergewicht der Christen fest begründete.

Gleichzeitig schritt die Entwicklung der Innenverhältnisse vorwärts. Denn in Kastilien, wozu Navarra, Leon und die Grafschaft Burgos gehörten, errichtete Ferdinand III. (der Heilige, 1230–1252) einen Obergerichtshof, den Anfang des späteren hohen Rates, und ließ aus römischen, kirchlichen und heimischen Ordnungen das allgemeine, die sieben Hauptstücke *(las siete partidas)* genannte Gesetzbuch zusammentragen. Sein wissenschaftlich gebildeter Sohn und Nachfolger, Alfons X. (der Weise, 1252–1284), führte statt des Lateinischen die Landessprache in den Gerichts- und Geschäftsbereich ein, stiftete die Hochschule Salamanca (1254) und förderte Dichtkunst, Sternkunde und vaterländische Geschichte, ohne dabei Waffen und Krieg zu vergessen.

In Aragonien, dem Katalonien und die Grafschaft Barcelona verbunden waren, entriß der damalige Glaubensheld des spanischen Christentums, König Jakob I. (1213–1276), nach furchtbaren Kämpfen den Moslemin die balearischen Inseln, Mallorca, Menorca und Yviça (Ibiza) und auf dem Festland das fruchtbare, von vielen Burgen und Städten verteidigte Reich Valencia. Er hinterließ seinem gleichgearteten Sohn, Peter III., die Mittel, durch den Gewinn Siziliens an der hohenstaufischen Blutrache teilzunehmen und in das Schicksal Süditaliens einzugreifen.

In demselben Maße wuchsen Handel, Verkehr und Gewerbe, vor allem aber die ständische Freiheit, die Abgeordnete des Adels, der Geistlichkeit und der Gemeinden (in Aragonien um 1130, in Katalonien um 1250) auf den Reichstagen (Cortes) ängstlich gegen die Eingriffe der Krone bewachten und bei wirklicher Bedrohung durch gesetzliche Bündnisse (Unionen) so lange schützten, bis die Gefahr verschwunden war.

Dagegen sank das bisher rührige, freistädtische Leben Italiens durch steigende Parteienbildung der Welfen und Ghibellinen mehr und mehr in abschwächende Wirren, die teils dem Ehrgeiz der Minderheit für die Gründung abgeschlossener Familienherrschaften Spielraum brachten, teils der Fürstenmacht des In- und Auslands die Bahn bereiteten. Denn während Venedig, das durch den Handel zuerst mit Konstantinopel und dem Schwarzen Meer, später mit Alexandrien und den ägyptischen Moslemin reich geworden war, allmählich die Regierungsfähigkeit auf eine kleine Zahl Bürger *(nobili)* beschränkte und dem Volk einen leeren Schatten seiner Gemeindeversammlungen gönnte, richtete sich die Nebenbuhlerin Genua fast ausschließlich auf Seeverkehr und Mehrung des äußeren Gutes. In Mailand gewann unter den wechselnden Kämpfen des Adels und des Volkes Philipp de la Torre die der Gemeinfreiheit verderbliche Oberleitung (Diktatur, Signorie, 1263). Auf gleiche Weise erstarkten in Ferrara und Modena die Markgrafen von Este. Im Westen dehnten neben den Markgrafen von Montferrat die Grafen Savoyens (St. Mauriennes) ihre Hausmacht so aus, daß Peter jenseits des Gebirges seinem Feind, Hermann von Kyburg, die schöne Waadt entreißen und durch Gewährung bürgerlicher Freiheiten behaupten konnte (1263). Auf Neapel endlich lastete das Joch französischer Willkürherrschaft und tilgte mit wachsendem Frevelmut die letzten Spuren der normannisch-hohenstaufischen Gesittung.

In Ungarn, wo die Ansiedlung vieler Deutschen den Gärungsstoff vermehrte, bildete sich unter dem schwachen und verschwenderischen Arpaden, König Andreas II. (1205–1235), eine völlige Adelsherrschaft aus. Die Barone und die hohe Geistlichkeit gewannen durch einen der Krone abgetrotzten Vertrag nicht nur für sich und ihre Zinsleute Befreiung von der Grundsteuer und anderen üblichen Abgaben, sondern vor allem die ausschließliche Teilnahme am jährlich in Stuhlweißenburg versammelten Reichstag und die Befugnis zum offenen Widerstand, falls die Übereinkunft gebrochen werden sollte (1222). Bürger und Bauern blieben dabei hilflos. Die Wohltaten des Gesetzes betrafen nur die bevorrechtete Minderheit, während der bald einbrechende Mongolensturm (1241) auch diesen Teil der gesellschaftlichen Entwicklung verzögerte und bei der Ohnmacht des Königtums das ganze Land so schrecklich verheerte, daß Scharen deutscher und italienischer Pflanzer für den Wiederanbau berufen werden mußten.

Unter den von Deutschland abhängigen Slawen stieg Böhmen, dessen Herzöge einen königlichen Namen führten (bleibend seit 1198), durch die kluge und kräftige Leitung Ottokars II. (1253–1278) zu bedeutendem Umfang und Ansehen empor. Denn begünstigt von den mannigfaltigen Wirren, die den Verfall und Untergang der Hohenstaufen begleiteten, gewann der Przemysl (Fürst) durch Güte und Gewalt Österreich, Krain, Kärnten, Steiermark und an der nördlichen Seeküste einen beträchtlichen Strich Preußens.

In Polen, wo der deutsche Lehnsverband seit Kaiser Friedrich II. erschlaffte, hinderten bei den schwankenden Rechten und Ansprüchen des königlichen Geschlechts der Piasten (964–1370) blutige Thronzwiste sowie unglückliche Kriege mit den Mongolen, Preußen und Deutschrittern einen festen Gang der gesellschaftlichen Entwicklung. Dasselbe Los hatte Rußland, das zersplittert und im Süden den Mongolen zinspflichtig war (seit 1238), nach Norden an den Schweden in Finnland, nach Nordwesten an den Litauern, Schwert- und Deutschrittern überwiegende Feinde fand.

Vielgestaltig, ohne volkstümliche Einheit und schon deshalb keiner langen Dauer gewiß, nahmen am Ostrand Europas die kriegerischen Lehnsstaaten der Franken als lateinisches Kaisertum (1204–1261) die Stelle des verwitterten, durch das Mißgeschick wieder allmählich gekräftigten Griechenreichs ein. Auf die bunteste, oft rein zufällige Weise gestaltete sich die Abmarkung der Grenzen. Denn während das neue Oberhaupt etwa den vierten Teil des altbyzantinischen Gebiets bekam, fielen die übrigen Landschaften und Städte als Lehen den Venetianern und vornehmsten Kreuzrittern anheim. Venedig bemächtigte sich des ganzen Küstenstrichs am Adriatischen und Ägäischen Meer, Lacedämoniens, der Inseln Zakynthos, Kephallonia und Kreta. Von den Kreuzrittern beherrschte der Markgraf Bonifacius von Montferrat als König von Thessaloniki Makedonien und die Umlande, andere herrschten als Herzöge in Athen und Philippopel oder standen als Grafen kleineren Bezirken vor. Dagegen blieben den Griechen in Europa Epirus und mehrere Inseln, in Asien die unter dem tapferen Theodoros Laskaris zum Kaisertum Nicäa vereinigten Landschaften Bithynien, Mysien, Lydien und Jonien, während an der Südküste des Schwarzen Meeres von Sinope bis an den Phasis, von Amisus bis an die Grenzen Georgiens ausgedehnt, das trapezuntische Reich aufblühte (1204–1460).

Wie im Raum Griechen und Lateiner einander durchkreuzten, so boten Sitten und Einrichtungen das abenteuerlichste Gemisch byzantinischer und fränkischer Eigentümlichkeit dar. Neben dem steifen Prunk des alten Hofes mit seinen scharf abgegrenzten Ehren- und Würdenträgern erschienen die im Abendland üblichen Beamten, Konnetables, Seneschalle, Marschälle usw., während Sprache und Religion im schroffen Gegensatz die Scheidewand beider Völker erhöhten und eine engere Annäherung unmöglich machten. Daher arbeitete der wechselseitige Glaubenshaß, der unaufhörlich von den Priestern beider Bekenntnisse angefacht wurde, rastlos an der Erweiterung des Bruches, den schon die Stellung der übermütigen Sieger von vornherein vorbereitet hatte.

Zu diesen Hindernissen und Gefahren der fränkischen Pflanzung am Bosporus trat nun mit besonderer Zerstörungskraft die wachsende Verwirrung des Staatshaushalts, indem bald trotzige Lehnsleute den besten Teil der Einkünfte an sich rissen, bald Venetianer den sonst einträglichen Handel ausschließlich für ihren Nutzen besorgten, endlich die Lateiner gar keine, die Griechen nur abgezwungene Steuern zahlten. So mußte Kaiser Balduin II. (seit 1239), um die notwendigsten Ausgaben zu bestreiten, für Feuerung ganze Häuserreihen abbrechen und das Blei aus den Kirchen verkaufen. Selbst die Gebeine der Heiligen und andere Gegenstände der christlichen Andacht bot er feil, wie denn Ludwig IX. Christi Dornenkrone ersteigerte. Sogar seinen einzigen Sohn und Thronerben mußte er an die wucherischen Venetianer verpfänden.

Für Wissenschaften und Künste, die als Eigentum feiger Stubengelehrten mißachtet wurden, hatte der rohe, seinem Waffenrecht vertrauende Franke keine Empfänglichkeit. Viele kostbare Handschriften und Denkmäler des Altertums gingen durch Feuer und Leichtsinn zugrunde, manche eiserne Bildwerke dienten, in die Münzstätten geschickt, der Habgier. Die lateinische Priesterschaft, die durch förmlichen Beschluß der römischen Kirchenversammlung zur herrschenden im Morgenlande erhoben worden war (1215), suchte sogar einen Vorzug in der Gleichgültigkeit gegen griechische Sprache und Gelehrsamkeit.

Während so der fränkische Lehnsstaat in Europa schnell verfiel und überdies keine Hilfsscharen aus der Heimat bekam, wuchs in Asien das byzantinische Kaisertum Nicäa zu einer bald den Abendländern gefährlichen Macht an. Denn ebenso kluge wie tapfere Fürsten, wie Laskaris und Dukas Vatatzes, ein Schwiegersohn Kaiser Friedrichs II. (gest. 1255), dehnten nicht nur mit Beihilfe der seldschukischen Türken Ikoniums die räumlichen Grenzen aus, sondern wußten auch in den zahlreichen Flüchtlingen durch Milde und Ernst volkstümlichen Geist zu erwecken und, ohne daß verweichlichende Üppigkeit einriß, Künste und Wissenschaften, Handel und Gewerbe zu beleben.

Solchen Vorgängern nacheifernd, übernahm der bisherige Heerbefehlshaber, Michael Paläologus, bei der Schwäche des unmündigen Erben Johann anfangs die Verweserschaft, später die Würde des Reiches (1. Januar 1260, Kaiser Michael VIII.). Er demütigte die Fürsten Thessalonikis, schloß mit den auf Venedig eifersüchtigen Genuesen ein Schutz- und Trutzbündnis ab und entsandte nach umsichtiger Vorbereitung den Cäsar (Kronprinzen) Alexius Strategopulos, um die zwieträchtigen, auf allen Seiten schwer bedrängten Franken aus Konstantinopel zu vertreiben. Jene, größtenteils abwesend und mit der Belagerung der benachbarten Feste Daphnusia beschäftigt, wurden in der Nacht des 25. Juli (1261) von dem nur 1000 Mann starken Feind, dem etliche Bürger ein Tor geöffnet hatten, überfallen und nach schwacher Gegenwehr zur Flucht genötigt. Mit Mühe entkam Kaiser Balduin, der für den Tod auf dem Schlachtfeld zu kleinmütig war, schimpflicher Gefangenschaft, während die Scharen vor Daphnusia auf die erste Kunde des Mißgeschicks zu den Schiffen eilten und an Konstantinopel vorbei nach Italien steuerten. Bald darauf hielt Michael Paläologus seinen feierlichen Einzug in die verfallene, durch Brand und Raub halb zerstörte Hauptstadt des griechischen Reiches, das, fortan von den Abendländern verlassen und seinem eigenen Schicksal preisgegeben, nach kurzem Aufschwung in die alte Verwirrung und Ohnmacht zurücksank.

Während Europa unter den mannigfaltigsten Wechseln der Fürsten und Völker in der staatsbürgerlichen Gesellschaft und Kirche fortschreitende Regsamkeit offenbarte, stürzte in Asien die zermalmende Eroberungskraft des Mongolenvolks die alten Throne und Herrschaften um, ohne dabei dauernde Denkmäler der Gesittung zu hinterlassen. Seit vielen Menschenaltern hatten jene beweglichen und streitbaren Jäger- und Hirtenstämme, die schon einmal unter Attila als Hunnen beide Weltteile erschüttert hatten, namen- und ruhmlos in den weiten Ebenen zwischen der chinesischen Nordgrenze und dem Binnenland Sibiriens ihre Herden geweidet. In zahlreiche, von erblichen Häuptlingen (Taidschis) geleitete Horden zersplittert, hatten sie das Geheimnis verbundener Gesamtstärke nicht gekannt. Da berief Temudschin, der kühne und kluge Sohn des bereits mächtigen und 13 Stämmen gebietenden Vaters Desukai (gest. 1176), eine Versammlung der Ältesten und Völkerschaften zu den Ufern des Flusses Onon. Er meldete der Landsgemeinde (Kuraltai) die von Gott verliehene Bestimmung, den Erdkreis zu besiegen und zinspflichtig zu machen. Auf den Vorschlag eines begeisterten, von den Mongolen hochgeehrten Sehers nahm er den Gruß eines Herrn der Herren, Dschingis-Khan, an und begann danach als unumschränkter Gesetzgeber für den Krieg und Frieden die regellosen Horden unter gemeinsame Zucht und Ordnung zu stellen.

So wurde durch die erste geschriebene Satzung (Yassa) allem Volk ohne Unterschied der Vornehmen und Geringen statt des tierischen, wechselnden Beischlafs die Ehe geboten, die jedoch nach morgenländischem Brauch auf mehrere Frauen ausgedehnt wurde. Für Totschlag und Verwundung wurde ein bestimmtes Wehrgeld festgesetzt, so daß der Mongole durch 40 goldene Balis, der Chinese durch einen – Eselskopf gesühnt werden sollte. Der bei Hirten- und Jägerstämmen wegen der Leichtigkeit nur zu gewöhnliche Diebstahl wurde streng bestraft. In ungewissen Rechtsfällen wurde die Feuer-

oder Eisenprobe als Beweismittel erlaubt. Zur Belebung des Wetteifers und Ehrgeizes wurde ein hoher Adel gestiftet, dessen Mitglieder (Tarcans) dem gemeinen Mongolen gegenüber neunmal ungestraft sündigen durften. Das Heer- und Kriegswesen wurde durch allgemeine Waffenpflichtigkeit und Aufteilung in besondere Haufen nach der Grundzahl zehn sowie musterhafte Lagergesetze vortrefflich geordnet: Die Feigheit wurde mit dem Tod, verspätete Ankunft auf dem Schlachtfeld durch Herumführen im Weiberrock bestraft. Überhaupt wurde jedes zweckmäßige Mittel genutzt, um die zersplitterten Völker mongolisch-tartarischen Geschlechts für große Eroberungsfahrten zu einigen und auszurüsten (1206).

Auf diese Weise wurde mit einem gewaltigen Anlauf Nordchina trotz seiner langen und hohen Grenzmauer gewonnen, das Volk der Chowaresmier aus den Gebirgen und Talgründen Nordpersiens (Iran) nach tapferer Gegenwehr vertrieben und aus Syrien in flüchtigen, wüstenden Scharen zurückgeworfen (1219–1230). Das weitläufige Gebiet nördlich vom Kaspischen Meer zwischen der Wolga und dem Jaik (Kaptschack) wurde den Polowzern entrissen und durch den Sieg an der Kalka, nahe dem Don, Südrußland gewonnen. So wurde vom Indus bis ans Kaspische Meer, von Peking bis an den Kaukasus ein Weltreich gegründet, das nach dem Tod seines Stifters (1227) unter dessen Sohn Octai (gest. 1241) und den Enkeln Mangu und Kublai (gest. 1294) zu einem ungeheuren Umfange anschwoll. Ganz China sowie beträchtliche Striche Indiens und Tibets wurden unterjocht, die Herrschaft der persischen Assassinen aufgelöst (1256) und das zwieträchtige und entartete Kalifat zertrümmert. Bagdad, die Stadt des Heils, fiel einer siebentägigen Plünderung anheim, und der letzte Nachfolger des Propheten, Abdallah Billah, erlitt einen schmählichen Tod (1258). Das Fürstentum von Ikonium (Cogni) der vorderasiatischen Seldschuken wurde niedergeworfen (1308) und unter Batu, dem Neffen Dschingis-Khans, ein beträchtliches Heer nach Europa entsandt, das Rußland, Polen, Schlesien, Österreich und Ungarn der schrecklichsten Verwüstung preisgab (1236–1241). Alle bisherigen Verhältnisse der Völker, des Glaubens und der Gesittung im Morgenland wurden verändert, doch nachdem der Sturm roher Körperkraft ausgetobt hatte, endete er spurlos und zerging mit dem Tod des letzten Oberkhans, Kublai (1294), in vier unabhängigen Khanaten.

Die mongolische Weltherrschaft, die mit Ausnahme der Mamelucken, die Ägypten und einen Teil Syriens beherrschten, alles niederwarf, mußte auch beschränkend auf die Besitzungen der Christen in Palästina zurückwirken. Überall von mächtigen Feinden umgeben, dabei zwieträchtig und von den Glaubensgenossen der Heimat nicht unterstützt, räumten die Abendländer nach dem Verlust der Feste Ptolemais (Accaron) an die Mamelucken (18. Mai 1291) freiwillig Tyrus, Berytus, Sidon und alle übrigen Küstenplätze. Nur auf der Insel Zypern blieben christliche Schattenkönige, während ebendaselbst Templer und Johanniter eine Zuflucht fanden, die Fürsten Armeniens aber den Mongolen Treue und Zins gelobten. So erlosch nach zweihundertjährigem Schaffen die Lebenskraft der auf Glauben, Heldentum und Eroberung gerichteten Kreuzfahrten, deren tiefgreifende Folgen für Staat, Kirche, Wissenschaft und Gewerblichkeit teils schon hervortraten, teils der vollen Entfaltung nahestanden.

Siebter Abschnitt

Übersicht über die innere Geschichte, oder Grundverfassung, Kunst und Wissenschaft des Zeitalters

Die gesellschaftliche Entwicklung der welschen und der deutschen Völker zeigt als vorherrschenden Grundzug das Streben nach abgeschlossener Körperschaft (Korporation), die im weltlichen Bereich dort das Rittertum für Waffenkunst und Lehnsfreiheit, hier das Bürgertum für Gewerbe und Freisassenrecht hervortreibt, im kirchlichen Bereich das römisch-katholische Papsttum und die Mönchsorden für das Recht und die Macht der Priesterschaft festigt, auf dem Gebiet der Wissenschaften und Künste die bisher zersplitterten Kräfte in Hoch- oder Gesamtschulen (Universitäten) und wetteifernden Vereinen der Dichter und Baumeister zusammenzieht. Durch das alles werden die schon in bestimmter Eigentümlichkeit ausgeprägten Stämme und Völker als Glieder eines und desselben Riesenkörpers bezeichnet.

Die erste ritterschaftliche Vereinigung, die sich in allen Ländern deutscher und welscher Zunge vollständig ausbildete, verpflichtete ihre adligen, einem freien Geschlecht angehörenden Mitglieder zu einer rein kriegerischen Lebensart und stellte dafür gewisse Abstufungen auf, die sowohl den mönchisch-priesterlichen Graden wie dem Vorbild der lehnsherrlichen Dienstmannenschaft folgten. Denn so wie diese Oberlehnsherren, Lehnsträger und Aftervasallen besaß, so hatte die Waffengenossenschaft Ritter, Knappen und Edelknaben. Der letztere, Edelknecht, Junker *(garçon, page, puer)* genannt, lernte vom siebten bis zum vierzehnten Jahr auf der Burg oder in der städtischen Wohnung des Ritters den niederen Dienst. Er wartete bei Tisch auf, war bei Reisen, Besuchen, Jagd- und Lustfahrten dem Herrn zur Seite, härtete seinen Körper ab für Beschwerden und Entbehrungen und gewöhnte vor allem das Gemüt an Zucht und Gehorsam.

Mit dem Ablauf des vierzehnten Lebensjahres trat der bisherige Afterlehnsträger oder Edelknecht gleichsam in die Reihe der unmittelbaren Dienstmannen ein. Er empfing als Knappe (Schildträger, Wappener, *armiger, écuyer*) in Gegenwart seiner Eltern, Blutsverwandten und Ritter vor dem Altar das vom Priester feierlich eingesegnete Schwert, das an einem über die Schulter geworfenen Riemen hing. Fortan trieb er ausschließlich kriegerische Übungen, lernte das Roß tummeln und die Lanze schleudern. Er begleitete den Ritter, wenn er auf die Jagd, in die Schlacht und zu den Turnieren zog, führte seine Wechselpferde, trug ihm die Waffen nach, focht bisweilen an seiner Seite und eilte, wenn er aus dem Sattel geworfen war oder anderweitigen Schaden gelitten hatte, hilfreich herbei. Bisweilen blieb er aus Anhänglichkeit zeitlebens im Dienste seines Meisters und Ältesten, dann Jungherr, Junker *(domicellus)* geheißen.

Gewöhnlich aber wurde der Knappe im einundzwanzigsten Jahr in der Kirche oder Kapelle feierlich unter die Ritter aufgenommen und, wie mit den übrigen Waffen, so dem Schwert angetan. Er mußte jedoch vorher auf das Evangelienbuch schwören, die Pflichten der Gesellschaft treulich zu erfüllen. Der Ritter, forderten jene, muß großmütig im Unglück sein, unbegrenzte Ehrlichkeit, redliche Freundschaft und unwandelbare Tugend besitzen. Er muß täglich mit ehrfurchtsvollem Andenken an des Herrn Leiden die Messe hören, für den katholischen Glauben freudig sein Leben wagen und die heilige Kirche und ihre Diener schützen gegen alle Gewalt. Er muß Witwen, Unmündigen und Waisen helfen, ungerechte Fehden vermeiden und für jeden unschuldig Verfolgten den Zweikampf bestehen. Die Turniere soll er nur der Kriegsübung wegen besuchen. Seinem Oberlehnsherrn muß er in weltlichen Dingen demütig gehorchen, das Reich im Wachstum erhalten und keine Lehnsgüter daraus veräußern. Überhaupt soll er untadelig vor Gott in dieser Welt leben. Bei der Überreichung des Schwertes gab der Ritter dem Knappen zwei bis drei leichte Schläge auf die Schulter *(accolade)* und sprach: »Im Namen Gottes, des heiligen Michael und des heiligen Georg mache ich Euch zum Ritter. Seid tapfer, unverzagt und treu, erinnert Euch der Schmach des Heilands und rächt seinen Tod!«* Turnspiele, bei denen der junge Ritter die erworbene Fertigkeit im Tummeln des Rosses und Gebrauch der Waffen zeigen konnte, und fröhliche Gastgelage beschlossen die Feierlichkeit.

Zum Angriff dienten dem Ritter die große Lanze, die mit einer einen Fuß langen Spitze versehen war (Gleve) und mit der er den Feind teils zu durchbohren, teils vom Roß herabzuwerfen versuchte, und das lange, wuchtige, oft von beiden Händen geschwungene Schwert. Der kreuzförmig gestaltete Griff, dessen Knopf zum Siegeln von Urkunden gebraucht wurde, hatte eine heilige Bedeutung, wie denn die Waffe selber oft einen geweihten Namen führte und an die Helden der Vorzeit erinnerte. So hieß das Schwert Karls des Großen Joyeuse, während Tizona an den Cid, Durandel an Roland, Balmung an Siegfried, den Kämpen der Nibelungen, mahnten. Daneben wurden schwere Streitkolben, zweischneidige Streitäxte und Dolche geführt, um teils den Harnisch des Feindes zu zerschmettern, teils dem auf den Boden geschleuderten Gegner den Todesstoß zu versetzen.

Zur Abwehr diente der Helm, der im Turnierspiel, wo man nur mit Kolben und Schwertern, nicht mit Lanzen focht, ganz geöffnet war, beim Ernstkampf aber durch ein Visier so geschlossen wurde, daß zwei kleine Öffnungen dem Auge und dem Atem Raum verliehen. Der Helm, vielartig gestaltet, ruhte auf dem Brust und Schultern bedeckenden Halsblech (Halsberg, d. h. Halsverberger) und trug oben einen Aufsatz (*cimier*, Zimier), dessen zierliche Abzeichen, wie die Wappen auf dem Schild, die verschiedenen Zweige der ritterlichen Familie andeuteten. Unter dem bald schuppenartigen, bald platten oder ringförmigen Panzer (Brünne) hinderte ein mit Wolle, Flachs oder Werg ausgefüttertes Wams den sonst unvermeidlichen Druck des Harnischs und entkräftete die Hiebe des Gegners, während der ärmellose, oft mit Gold und Silber geschmückte Waffenrock die ganze Rüstung bedeckte und der zusammenhaltende Gürtel (Schärpe) durch seine Farbe, bei den Engländern z. B. rot, bei den Franzosen weiß, die Heimat bezeichnete. Lenden und Füße endlich schirmte der eiserne Beinharnisch, der bald aus Ringen, bald aus Schuppen, bald aus ganzen, mit beweglichen Bändern versehenen Platten bestand. Verblechte Handschuhe schlossen sich über der

---

* Geschichte des Grafen Wilhelm von Holland, I, 220. Vgl. Büschings Vorlesungen über Ritterzeit und Ritterwesen, I, 82 usw.

Handwurzel an die Armschienen an. Die Sporen, oft golden oder vergoldet, dienten ebensosehr dem äußeren Bedürfnis wie der Würde des Trägers.

Leicht bewaffnet war dagegen der Knappe. Er führte nur Bogen, Pfeile, Armbrust und ein kurzes Schwert, wie denn sein Beruf sowohl Teilnahme am Ernstgefecht als auch Bedienung des Herrn und der Rosse forderte. Diese, teils große, mit Ausnahme der Füße vollständig geharnischte Streithengste *(dextrarii, destriers),** teils leichte, vom Ritter vor der Schlacht gebrauchte Renner *(palefridi, palefrois),* bedurften einer langen, sorgfältigen Einübung, gleichwie ohne sie der Mann die schwierige, Kraft und Gewandtheit fordernde Waffenkunst nicht gewinnen konnte.

Um diese zu erproben und durch den Wetteifer der Standesgenossen zu vervollkommnen, wurden um die Mitte des 11. Jahrhunderts durch den Franzosen Gottfried von Preuilly (1066) die bisher rohen und mangelhaften Reiterspiele in eine geordnete Festlichkeit umgewandelt, die unter dem Namen Turnier (turnen, ordnen, *torneamenta*) fortan gleichsam die Hochschule der Ritterschaft darstellte und Ernst mit Scherz, Stärke mit Beweglichkeit, Manneskraft mit der Anmut der Frau zu vereinigen strebte. Ausgeschlossen sollten sein die nicht Ritterbürtigen, oder Nachkömmlinge von Ahnen, die keinen Anteil hätten an der adligen Reiterzunft, die Ketzer und Gotteslästerer, Wortbrüchigen und Meineidigen, Mörder, Straßenräuber und Störer des Landfriedens, Feldflüchtigen, Verführer der Frauen, Ehebrecher usw. Die Oberaufsicht des Festspiels hatte das Turniergericht. Diesem gehörten an: 1) Die Turnvögte oder Turnkönige, die in Deutschland nach den vier großen Gesellschaften vom Rheinstrom, von Bayern, Schwaben, Franken erwählt und beauftragt wurden, als Obmänner (Präsidenten) die Kampfgesetze zu handhaben und das von ihren Beisitzern gefundene Urteil auszusprechen. 2) Die Herolde (Wappenkönige, Diener des Heeres), die dazu bestimmt waren, die Ebenbürtigkeit der Turnierlustigen zu untersuchen und schwankende Fälle nach den Gesetzen der gründlich erforschten Wappen- und Geschlechtskunde zu entscheiden. In Kriegszeiten kündigten sie die Fehde an, verrichteten, geweiht und unverletzlich, etwaige Botschaften, beobachteten den Gang der Schlacht und bezeichneten nach reiflicher Beratung den Sieger in diesem Gottesgericht. 3) Die Gries-

---

* Deshalb so benannt, weil der Knappe sie auf dem Marsch an der rechten Seite führte.

wärtel (Kampfwärter), die dazu berufen waren, während des Kampfes Zucht und Ordnung zu handhaben, auch die Streitenden, wenn sie einander über Gebühr leidenschaftlich angriffen, durch dazwischengehaltene oder geschleuderte Stäbe zu trennen, wie denn gleichfalls für denselben Zweck die mit Stöcken bewaffneten Turnierknechte (Prügelknechte) gebraucht werden konnten. 4) Edle Frauen und Jungfrauen, die teils zur Wappen- und Helmschau verordnet, teils dazu bestimmt waren, die Dänke oder Preise des Turniers zu überreichen. Übrigens geschahen die Wettkämpfe so, daß entweder ganze Haufen aufeinander rannten (Buhurds, buhurdieren) oder Mann gegen Mann stritt (Tiost, tiostieren). Auf beiden Seiten mußten die Parteien gleiche Waffen gebrauchen und jede Arglist meiden.

Das Rittertum, das auf diese Weise zur Ehre und zum Vorteil der kriegerischen Zunft ausgebildet worden und nicht selten durch reine Achtung der Frauen und dichterischen Aufschwung des sangesfreudigen Gemüts ausgezeichnet war, bot nach kurzer Blüte in Wirklichkeit gewöhnlich die Kehrseite einer stolzen, auf leibliches Übergewicht trotzenden Körperschaft dar. Denn schon gegen Ende des Zeitraums verfiel der Adel, besonders in Deutschland, uneingedenk der feierlich beschworenen Gelübde, dem schrankenlosesten Herrschtrieb. Er besetzte jede mögliche Bergspitze, am liebsten in der Nähe der Ströme und Hauptstraßen, fiel auf die harmlosen Wanderer und Kaufleute herab und legte nach Laune dem Handel und Verkehr die Fesseln der Zölle, Brücken- und Wegegelder an – mit einem Wort herrschte er als unabhängige, der Gesamtheit feindselige Genossenschaft.*

Deshalb entwickelte sich um so rascher und kräftiger das Gegengewicht in den Vereinigungen für Wehrfreiheit (Allodialfreiheit) und Gewerbe, das Bürgertum. Hinsichtlich des Heerwesens galt allgemeine Waffenpflicht, wobei der städtische Adel und die reichen Gemeindemitglieder, die gewöhnlich in der Zunft der Konstafler verbunden waren, vollständig geharnischt den Reiterdienst besorgten, die Mehrheit aber, nach Gewerken mit Fahnen und Hauptleuten versehen, teils zu Fuß kämpfte, teils zu vier oder sechs den Rüstwagen bestieg und von oben herab mit leichten Lanzen (Eleven) stritt. Das große Banner trug ein Ratsherr, den Oberbefehl führte der Bür-

* »*Barones et milites in Alemannia plerumque solent esse praedones*«, d. h. »Freiherren und Ritter Alemanniens treiben meistens Räuberhandwerk.« Abbas Ursperg. über Otto IV., S. 239.

germeister, in Italien ein Konsul. Sold- oder Mietknechte verschmähte noch der stolze und kriegerische Sinn des Städters, der die Beleidigung eines Standesgenossen persönlich zu rächen liebte und Fremden aus Mißtrauen keine Waffen gönnte.

Die gesellschaftlichen Verhältnisse entwickelten sich, namentlich in Deutschland, so, daß die ins Bürgerrecht aufgenommenen Adligen und die reichsten Wehrfreien zur Konstafelzunft vereinigt ausschließlich den Rat bildeten, während die Gemeinde das Wahlrecht und ihren Anteil an der Gesetzgebung behauptete. Daraus entstanden steigende Spannungen, die bald in offenen Streitigkeiten hervorbrachen und im nächsten Zeitalter mit dem Sieg des Volkes über den städtischen Adel (Geschlechter) endeten. Dafür wirkte besonders der Einigungstrieb, der bereits im 12. Jahrhundert innerhalb der Ringmauern gleichartige Waren und Handwerke verband. Jene wurden in demselben Ort niedergelegt und verkauft, diese in bleibenden Körperschaften zusammengezogen. So entstanden die Hallen, Lager- und Kaufhäuser, die Fisch-, Korn- und Gemüsemärkte, die Bänke für Bier, Schuhe, Fleisch, Pelzwerk usw. Gleichzeitig entstanden die Zünfte (Gilden, Innungen) für alle Gattungen der Handarbeit und des Gewerbes, jedoch oft eingeschränkt von der obersten Staatsgewalt und noch keineswegs durch feste Ordnungen zu einer abgeschlossenen Gesellschaft ausgebildet. Selbst der Wohltätigkeitssinn sammelte die zersplitterten Kräfte und stiftete in mehreren Gemeinden die der Armen- und Krankenpflege bestimmten Elendsgilden (Kalandsbruderschaften), während aus Vermächtnissen und freiwilligen Beiträgen die dem Jugendunterricht gewidmeten Stadtschulen hervorgingen.

Ebenso mächtig wirkte nach außen hin, nach dem Vorbild Lombardiens, bei wachsender Zuchtlosigkeit und Abnahme des Reichseinflusses das Bürgertum der Deutschen durch Aufrichtung von Schutz- und Trutzbündnissen, die Leben und Eigentum, Rechte und Freiheiten gegen gemeinsame Feinde zu schützen versuchten. So schlossen in Südwestdeutschland auf den Rat des klugen und angesehenen Mainzer Stadtrichters Arnold Walpoden Mainz, Worms, Köln, Speyer und Basel für die Handhabung des Landfriedens einen Schutzverein ab (1254), der unter dem Namen des Rheinischen Bundes innerhalb etlicher Monate über 70 Gemeinden von den Grenzen Hoch-Alemanniens bis zu den Niederungen und Waldtälern Westfalens, die drei rheinischen Erzbischöfe, mehrere Bischöfe und weltliche Herren gegen ungerechte Zölle und zuchtlose Raubritter bewaffnete. Auf dem Tag zu Oppenheim durch König Wilhelm von Holland bestätigt (Oktober 1255), empfing er für die Erfüllung seines Zweckes die ersten, notdürftigsten Grundgesetze. Ihnen gemäß sollten Mainz und Worms für den Nieder- und Oberrhein als Kreisstädte die Berichte über laufende Angelegenheiten erhalten und beantworten. Jährlich viermal sollten Bevollmächtigte aller Bundesgenossen zusammentreten und gemeinschaftliche Anordnungen treffen, die Beiträge an Mannschaft, Schiffen und Geld bestimmen, die Hauptleute wählen und alles tun, was zur Ehre und Wohlfahrt der Vereinigung dienen würde.

Beinahe gleichzeitig schlossen im Nordosten Deutschlands zum Schutz des Landfriedens die Westfriesen, Hamburg und Lübeck (1241) ein Bündnis ab, das sich bald unter dem Namen der Hanse (Gesellschaft) ausbildete und weit verbreitete, um die Mündung der Elbe und alle Straßen zwischen ihr und dem Travefluß gegen Eingriffe in Leben und Eigentum der Beteiligten zu sichern und auch erworbene Rechte und Handelsfreiheiten mit gemeinschaftlichen Kräften zu verteidigen. Der Beitritt Braunschweigs (1247) und mehrerer Seestädte dehnte nicht nur die Grenzen bedeutend aus, sondern brachte auch bald das Bedürfnis einer festeren Gestaltung der Innenverhältnisse oder bündischer Grundgesetze, die jedoch dem nächsten Zeitraum angehören.

Wie das Bürgertum, so machte auch, besonders in Deutschland, die Bauernschaft (das Landvolk) kühne, bisweilen unglückliche Versuche zur Behauptung altgermanischer, vom Lehnswesen erdrückter Wehrfreiheit. Während in den Gebirgen Ober-Alemanniens, der späteren Schweiz, die Gaue Uri und Schwyz mit Zürich für den Schutz des Landfriedens und der ererbten Rechte ein dreijähriges Schutz- und Trutzbündnis abschlossen (1251),* brachten Priester und Adel dem kleinen Freistaat der Stedinger nach der heldenmütigsten Gegenwehr den Untergang. Jene Landleute, die zu dem friesischen, von der Weser bis an die Südersee ausgebreiteten Stamm gezählt werden, hatten seit Menschengedenken an der westlichen Weser aufwärts, Vörden gegenüber, einen engen, durch Flüsse und Gräben geschützten Küstenstrich bewohnt und bei einfachen Sitten und geringen Bedürfnissen die urväterliche, auf Gemeinderecht und freigewählten Grafen (Richtern) ruhende Gauverfassung so lange gerettet, bis der Erzbischof von Bremen, der Graf von Oldenburg und die Adelsschaft der Umgebung durch List und Gewalt eine Umkehr der heimischen Ordnung erzwangen. Kirchliche und weltliche Herrschaft begann. Burgen, Zehnten, Ablaßbriefe und

* Siehe die Urkunde bei Faßbind, Geschichte des Kantons Schwyz, I, 97.

Frondienste fanden Eingang, ohne jedoch den Trotz auf Freiheit ganz brechen zu können. Daher griffen die Stedinger um den Beginn des 13. Jahrhunderts zu den Waffen (1204), die nicht eher niedergelegt wurden, als bis nach manchen, blutigen Fehden Ritter und Bischöfliche das Land verließen und die Schlösser in Trümmer fielen (1232).

Da rief rachegierig der Erzbischof Gerhard, Sohn Bernhards, des Grafen von der Lippe, die Hilfe des Papstes und des Kaisers an. Alsbald sprach jener den Bann, dieser die Reichsacht aus, denn man wollte ebensosehr die Verbreitung der von Flandern in die Nordseeküste vorbrechenden Lichtlehre* verhindern wie dem gefährlichen Beispiel unabhängiger Gemeinfreiheit begegnen. Daher predigten die Bischöfe von Münster, Osnabrück, Lübeck, Salzburg und andere Hochgeistliche das Kreuz, während die Grafen von Holland, Oldenburg mit vielen Rittern, Edelknechten und Untertanen aus weltlichem Ehrgeiz und Eigennutz zu den Waffen griffen. Daher setzte am 28. Mai (1234) ein Heer von 40 000 Kriegern über den Fluß Ochtmond und zog den Stedingern entgegen. Diese, entschlossen zu siegen oder zu sterben, standen 11 000 Mann stark in guter Rüstung und freudigen Muts bei Altenesch und stritten hier – die Hauptleute Bolke von Bardenflete, Thammo von Huntorpe und Detmar von Dicke voran – mit solcher Kühnheit und Hingebung, daß, als des Feindes Übermacht endlich siegte, 8000 das Schlachtfeld deckten und nur wenige der Flüchtigen entkamen. Das Kreuzheer aber, ergrimmt wegen des Verlustes von 4000 Toten, durchzog das wehrlose Land, erschlug Männer und Frauen, Greise und Kinder. Nichts Lebendiges wurde verschont, die Rinderherden ausgenommen, die, obwohl einzige Habe der unglücklichen Freibauern, abgeführt wurden.**

Während so die unabhängige Völkerschaft der friesischen Stedinger unterging, entstand in dem kleinen Landstrich, den nach Osten die Eider, nach Süden die Elbe, nach Westen das Meer und nach Norden Sümpfe und Dämme begrenzen, die Republik der Dithmarschen. Diese, teils dem sächsischen, teils dem friesischen Stamm angehörig, hatten, eingedenk der uralten Gaufreiheit, die erste, durch einen Grafen von Stade im Süden gegründete Feste (Böckelnburg), zerstört (1144) und bald darauf, durch die Macht Heinrichs des Löwen gedemütigt (1145), der Stellerburg, die der Herzog im Norden

* Vgl. S. 399 in diesem Band.
** Vgl. die Entstehungsgeschichte der freistädtischen Bünde, Teil I, 65–70.

unweit dem Eiderfluß seinem bestellten Grafen Reinold übergab, dasselbe Los bereitet (1164). Sie hatten den Adel verjagt und allen Versuchen zur Einführung der Lehnsherrschaft bald der holsteinischen Grafen, bald des Erzstiftes Bremen so lange mit ziemlichem Glück getrotzt, bis der dänische König, Kanut IV., der die Gründung eines wendisch-deutschen Reiches beabsichtigte, auch Dithmarschen beugte und ihm einen holsteinischen Ritter Schack als dänischen Grafen sandte (1201).

Kaiser Friedrich II. bestätigte diese Erwerbung und überließ, aus Parteienhaß gegen die Welfen, ganz Nordalbingien, namentlich Holstein, Mecklenburg und Lauenburg, den Dänen (1214), die unter Waldemar II. ebenso schnell stiegen wie fielen. Als nämlich der Graf Heinrich von Schwerin den König von seiner Hofstatt nach dem Schloß Tannenberg im Lüneburgischen entführt und nach zweijähriger Haft gegen ein Lösegeld von 45 000 Mark Silber in Freiheit gesetzt hatte, verbündeten sich die deutschen Herren, besonders der Erzbischof Gerhard von Bremen, die Grafen Adolf von Holstein und von Schauenburg, die Stadt Lübeck und Burewin, Fürst zu Mecklenburg, gegen die Übermacht der Dänen und versprachen im geheimen auch den Dithmarschen ihre uralte Freiheit, wenn sie im entscheidenden Augenblick der Schlacht vom König abfallen und als Zeichen dafür die spitzen Enden ihrer Schilde aufwärts kehren wollten. Die Dithmarschen handelten gemäß der Verabredung und gaben im großen Feldstreit bei Bornhövde unweit von Kiel (22. Juli 1227) den Ausschlag. Fortan bildeten sie unter der scheinbaren Oberherrlichkeit des Erzbischofs von Bremen einen unabhängigen Freistaat, der sich während des ganzen Mittelalters durch Reinheit der Sitten, Weisheit der Gesetze und feurige Vaterlandsliebe gegen äußere und innere Feinde behauptete.*

Welche Einigungen für den Glauben und die Zucht der römisch-katholischen Kirche geschahen, wie Klöster und Mönchsorden an Mannigfaltigkeit und Bedeutung gewannen und daneben alle Gegenversuche der Bruderschaften (Sekten) scheiterten und mit ihren Trümmern den Riesenbau des rechtgläubigen Priesterkönigtums einstweilen nur noch fester und unverwüstlicher machten, das alles hat bereits die Darstellung der äußeren Begebenheiten gemeldet. In diesen treten dagegen die außerordentlichen Fortschritte der eigen-

---

* Über den Zeitpunkt, in dem die kleine Republik entstand, vgl. Neokorus, Chronik von Dithmarschen, I, 34, Dahlmann im dritten Anhang, S. 590, und Schlosser im Archiv für Geschichte und Literatur, IV, 316.

tümlichen Kunst und Wissenschaft nicht so scharf hervor, daß sie einer besonderen Schilderung entbehren könnten.

Obschon Kreuzzüge, Kämpfe zwischen Priesterschaft und Weltlichkeit, Rechtgläubigen und Ketzern, Adel und Bürgertum eine größere allgemeine Regsamkeit der Geister denn jemals vorher erzeugt hatten, zeigte sich dennoch auch in den Äußerungen des Erkenntnistriebes der körperschaftliche Grundzug des Zeitalters. Selbst der Sinn für das Schöne nahm diesen Gang, indem, einzelne Abweichungen nicht gezählt, die ritterschaftliche Kunst im Gesang, die städtisch-bürgerliche im Kirchenbau ihre schöpferische, fruchtbare Kraft entwickelte und dennoch die Werke besonderer Vereinigungen zum Gemeingut erhob.

Obgleich nach der Örtlichkeit und dem Stamm verschiedenartig ausgeprägt, haben die dichterischen Denkmäler aller christlichen Länder und Völker gemeinsame Merkzeichen, die sie eben als Früchte desselben, in vielfache Äste gegliederten Lebensbaumes beurkunden. Dahin gehören hinsichtlich des Stoffes die Verknüpfung der äußersten Zeitgrenzen, des römisch-griechischen wie des germanischen Altertums und der Gegenwart, indem der Sagenkreis Troja und die Griechen, Alexander und die Mazedonier, Artus und die Galenkämpfe, Karl den Großen und die morgenländischen Heerfahrten umfaßt. Ein weiteres Merkmal ist die Verbindung der äußersten Raumenden, in denen Erde und Himmel, Hölle und Paradies zu einem riesenhaften, überkühnen Ganzen verwoben sind.

Der Ausdruck (die Form) bietet gleichfalls zwei wesentliche Kennzeichen dar: volkstümliche (nationale) Ursprünglichkeit und Verschmelzung der Dichtarten. Jene ergreift bildend und ordnend ohne den Vorgang eines fremden Musters den heimischen Sprachstoff. Diese trennt, weil das lebhafte Gefühl den Augenblick ebenso rasch und tief auffaßt, wie das Gedächtnis die Vergangenheit der Sage festhält, keineswegs Lied und Heldengesang in zwei verschiedene, scharf getrennte Gebiete, sondern verknüpft gerade, wenn auch nicht mit klarem Bewußtsein, Lyrik und Epik. Jedoch beurkundet sich auch hierin die allmählich abgeschlossene Eigentümlichkeit der Stämme. Der Romane (Welsche) richtet sich mit geringen Ausnahmen auf die dichterische Darstellung der Gegenwart, der Germane (Deutsche) steigt daneben in die Tiefen der Vorzeit hinab und bevölkert diese mit einem halb göttlichen, halb menschlichen Heldengeschlecht.

Heimat und Pflegeland des heiteren Liedes, der fröhlichen Wissenschaft *(gayo saber)*, war aber vor allem die Provence, wo gebildete Fürsten wie die Grafen Berengar, gewerbliche und wohlhabende

Städte sowie freiere, durch Bruderschaften (Sekten) erhaltene Ansichten über Glauben und Kirche schon im 11. Jahrhundert dem Gesang solchen Vorschub leisteten, daß sich die Meister als Troubadours (*trovadores*, Erfinder) zur abgeschlossenen Zunft vereinigten und an den Höfen, in den Burgen und auf den Marktplätzen eine stets wißbegierige Zuhörerschaft fanden. Überall wo sie, oft von Lustigmachern *(jongleurs)* begleitet, erschienen, erweckten sie Fröhlichkeit und Leben. Wettkämpfe (Liebeshöfe, *corte d' amor*) wurden veranstaltet, in denen die angesehensten Ritter auftraten und die edelsten und schönsten Frauen den Spruch fällten und den Dank, eine goldene oder silberne Blume, überreichten. Häufige Wanderungen, Gleichartigkeit der Sprache und Sitte der Katalonier und Südfranzosen, Blutsverwandtschaften der Fürsten und gegenseitiger Austausch der Handelsbedürfnisse – diese Umstände machten die provenzalische Mundart und Dichtkunst zu einem Gemeingut der südlichen Romanen und verschafften ihr auch Eingang bei den italienischen Nachbarn. Selbst die Deutschen blieben wegen der engen Verflechtung in die Angelegenheiten der Welschen nicht unberührt, wie denn Kaiser Friedrich I. provenzalische Lieder kannte und sein Enkel in derselben Sprache dichtete.

Der Ausbruch und die verheerenden Wirkungen des albigensischen Ketzerkrieges zerstörten mit dem Wohlstand auch die geistige Entwicklung jener gesegneten Länder, deren Sänger größtenteils in die Fremde, besonders nach Katalonien, flüchteten und hier noch Menschenalter lang die fröhliche Kunst unter dem Schutz fremder Fürsten pflegten. In England und Schottland trug die stellenweise Aufnahme der provenzalischen Weise entscheidend bei zum Ursprung der eigentümlichen, zwischen Gegenwart und Vergangenheit angesiedelten Volksballade, die durch die wandernde Zunft der Harfner *(harpers, minstrels)* vorgetragen und ausgebildet wurde und die Abenteuer kühner Ritter und das Verhängnis unglücklicher Liebe besang. Norwegens und Islands Skalden blieben als Bewohner und Boten der skandinavischen Heldensagen in Ansehen, während Snorro Sturleson (gest. 1241) den bisher zerstreuten Stoff mündlicher Überlieferung sammelte und in der jüngeren Edda niederlegte.

Bei den Deutschen, wo die Hohenstaufen, die Landgrafen von Thüringen und andere Fürsten der freien Kunst huldigten und die Kreuzzüge, italienische Heerfahrten und die Verflechtung in den burgundisch-provenzalischen Süden Frankreichs vielfache Anregung lieferten, gedieh das Lied zu einer hohen Vollendung des Gehalts und des Ausdrucks. Es schilderte, bekannt unter dem Namen des schwäbischen oder Minnegesangs, die Freuden und Schmerzen der

Liebe (Minne), die Wechsel der Naturschönheiten, die bunten Abenteuer fahrender Ritter, den Kampf und Tod begeisterter Sendboten und Blutzeugen, so daß eine außerordentliche Mannigfaltigkeit des Stoffes und der Darstellung gewonnen wurde. Unter den zahlreichen Dichtern, die bisweilen, wie auf der thüringischen Wartburg, um Ehrenpreise warben, leuchteten durch Tiefe des Gefühls und Meisterschaft der Sprache hervor: Heinrich von Veldegk (1190), Walther von der Vogelweide aus dem oberen Thurgau (gest. um 1240), Wolfram von Eschenbach aus dem Nordgau (gest. um 1227?), Gottfried von Straßburg (1220–1230), Heinrich von Ofterdingen (1207), Klingsor aus dem deutschen Siebenbürgen (gest. um 1250?), Ulrich von Lichtenstein (gest. 1272) und Konrad von Würzburg (gest. 1287).

Gleichzeitig mit dem Lied bildete sich in Deutschland der geschichtliche Heldengesang, das historische Epos, zur abgeschlossenen Vollendung aus. Denn das Gedicht von den Nibelungen, wahrscheinlich im ersten Viertel des 13. Jahrhunderts in der gegenwärtigen Gestalt vom unbekannten, schöpferischen Geist mehrerer Meister niedergelegt, ist ebenso reich an Stoff wie künstlerisch der Ausprägung und Sprache nach. Der Tatbestand bietet aber nicht wie die griechische Ilias eine bestimmte Einheit von Zeit, Handlung und Örtlichkeit dar, sondern faßt verschiedene, halb der Sage, halb der Geschichte angehörige Bruchstücke der deutschen Volks- und Heldenentwicklung zusammen oder schildert eine ganze Reihe von Abenteuern, deren Endergebnis gleichsam in dem tragischen Schicksal männlicher und weiblicher Tugend, des vollendeten Rittertums und der Liebe, aufgeht. Erinnerungen an den Ostgoten Theoderich, den Burgunder Günther, den Thüringer Hermanfried, den Hunnen-Khan Attila (Etzel) und dessen halb morgenländische, halb germanische Hofhaltung, den Frankenkönig Siegbert von Köln, die westgotische Fürstentochter Brunhild und andere Persönlichkeiten aus den Tagen der sogenannten Völkerwanderung sind in einzelne Ereignisse der Zeitgeschichte verflochten und gleichsam mit ihrem Fleisch und Blut so innig verschmolzen, daß die Sitten, Bräuche, Leidenschaften und selbst Parteibildungen des 13. Jahrhunderts klar hervortreten. Denn mehrere Male übernimmt das Gedicht in Rücksicht auf die laufenden Welthändel die Anwaltschaft der Ghibellinen und hebt mit sichtbarem Wohlgefallen Gebrechen und Blößen der Geistlichkeit heraus, verschmäht beinahe allen christkatholischen Kirchenglauben und wendet für die übersinnliche Erklärung (Motivierung) mancher entscheidenden Begebnisse geradezu heidnische Begriffe an,

z. B. Träume und Aussprüche der Naturgeister. Die Sprache ist überaus lieblich und abgerundet, volkstümlich und kräftig, die Weise (der Vers) bei einfachen Grundgesetzen dennoch mannigfaltig und gelenkig.

Mit den Nibelungen gleichzeitig auftretend, neigt das meistens aus gotischen Sagen erwachsene Heldenbuch auf die Seite der Welfen. Es setzt dem Laienritter Priesterritter im offenen, gewöhnlich glücklichen Zweikampf entgegen, äußert Ehrfurcht vor der rechtgläubigen Kirche und streift auch die leisesten Spuren ketzerischer oder heidnischer Lehren und Gewohnheiten ab. Dagegen ziehen sich die wundersamen, aus südfranzösischen, spanischen und deutschen Stoffen gebildeten Dichtungen vom Gral, an denen besonders Wolfram von Eschenbach schaffend arbeitete, in das Dunkel einer christkatholischen, bisweilen abgöttischen Geheimlehre zurück und bieten, vollendet in einzelnen Stellen, keine geordnete Gesamtheit dar. Denn die Verherrlichung des Priesterkönigtums und der geistlichen Ritterschaft, namentlich des Templerordens, konnte unmöglich einen angemessenen Gegenstand des Heldengesangs ergeben und mußte zu den wunderlichsten, wild durcheinandergeworfenen Gaukelspielen mönchischer Grübelei und weltlicher Aufgeregtheit führen.

Daher wurde die Triebfeder der Handlungen außerhalb des menschlichen Bereichs in den Glauben an die Reliquien verlegt und gleichsam alle Kraft aufgeboten, um jeden Zweifel der widerstrebenden Vernunft durch die üppigste Fülle des dichterischen Gepränges und der verschlungensten Abenteuer im Keim zu ersticken. Nicht das Schicksal, nicht die trotzige und in sich selber zergehende Heldenstärke schürzt den Knoten der zahllosen Verwicklungen, sondern ein totes Gefäß, die Schüssel, in der Joseph von Arimathia des gekreuzigten Heilands Blut aufgefangen hatte, der Gral *(sanguis regius, Saing regal, St. Gréaal),* bildet den belebenden Mittelpunkt. Er versammelt, in einem prachtvollen Tempelpalast zu Montsalvat in den Pyrenäen göttlich verehrt, die Blüte der Priesterritterschaft um sich und durchzieht, wie der Dionysos des Hellenen, auf großen Wanderungen Europa und Asien, namentlich Indien. Er gibt Gesetze und Vorschriften der Lehre und entsendet die kühnsten, frömmsten Helden, wie Titurel, Parzival und Lohengrin, um für den Hof und die Ehre des wunderbaren Heiligtums die buntesten, gefahrvollsten Abenteuer zu bestehen. Aber diese keuschen Ritter des Grals haben hin und wieder auch seltsame Gelüste. Nie zieht z. B. der Held Tschianatulander aus, ohne die sittsame, geliebte Siguna nackt gesehen zu haben. Denn das Gedächtnis an den unaussprechlichen Anblick soll ihn unüberwindlich in Not und Bedrängnissen machen.*

Endlich entsteht inmitten der weltlich-ritterschaftlichen und priesterlich-kirchlichen Dichtkunst der Riesengeist eines deutsche und welsche Natur verbindenden Italieners: Dantes. Durante Alighieri, gewöhnlich mit abgekürztem Scherznamen Dante genannt, entstammte einem adligen Geschlecht der Republik Florenz in der Toskana. Er bekam, frühzeitig des Vaters beraubt, durch die Fürsorge seiner Mutter Bella eine vortreffliche Erziehung und erlernte, ohne die Leibesübungen zu vernachlässigen, mehrere Sprachen, alte wie neue, Erd- und Himmelskunde, Staats- und Rechtswissenschaft, Geschichte und aristotelische Weltweisheit, Heilkunst und Gottesgelehrsamkeit. Er trieb mit glücklichem Eifer Malerei und Musik, vor allem aber nach dem Vorbild seines Lieblings Vergil die Kunst dichterischer Darstellung. Mitten unter den heftigen Parteibildungen der Vaterstadt zeigte er als Geschäfts- und Staatsmann Umsicht und Uneigennützigkeit und wurde, wegen solcher Tugenden durch den Neid der Welfen vertrieben, fortan ein entschiedener Ghibelline. Er mahnte, in der lebenslänglichen Heimatlosigkeit und Armut von Stadt zu Stadt, man möchte sagen, von Haus zu Haus wandernd, fruchtlos die Bewohner Italiens zu Eintracht und Einheit unter dem Vorstand des deutschen Kaisers. Durch kein Mißgeschick gebeugt, stellte er in seinem unsterblichen Gedicht, der »Göttlichen Komödie«, alle Wahrheiten und Irrtümer, edlen und gemeinen Bestrebungen der Zeit wie in einem Spiegel dar. Dabei handelte er, um seine eigenen Worte zu gebrauchen, als furchtloser Freund der Wahrheit, entfernte sich von jeder Lüge und ahmte den Wind nach, der die höchsten Bäume am heftigsten schüttelt. Die Bedenken ängstlicher Freunde wies er durch den Ausspruch zurück: »Stehe fest wie der Turm, der niemals beugt die Spitze, wenn ihn Stürme umsausen.« Wegen solcher Hartnäckigkeit ständig verfolgt, starb er in Ravenna am Hof seines Freundes und Gönners, Guido Novello, im Elend, 56 Jahre alt (1321).

Dantes unvergängliches Denkmal, die »Göttliche Komödie«, trägt, obschon auf der Flucht des Lebens geschrieben, in Sprache

---

* Siehe Rosenkranz, Geschichte der deutschen Poesie im Mittelalter, S. 284. In den oft fieberhaften Phantasien der Gralsdichtungen kann nur der schwärmerische Bewunderer überall Zusammenhang, Gleichmaß und Bedeutsamkeit finden. Dem unbefangenen Betrachter möchte der Plan, eine wunderbare Schüssel als Hebel der Handlungen darzustellen, als entschiedene Abirrung vom epischen Grundgesetz erscheinen.

und Gehalt ein selten gestörtes Gleichmaß. Jene schafft den bisher zähen und rohen Stoff in einen gelenken, starken und wohllautenden Ausdruck des Gedankens und Gefühls um, dieser trachtet nach der Lösung einer überaus kühnen, verschlungenen Aufgabe: des Rätsels der menschlichen Bestimmung. Letztere, niedergelegt in dem Kampf des Geistes mit dem Leib, des Übersinnlichen mit dem Sinnlichen, entfaltet sich dem Dichter nach drei großen Absätzen. Die Hölle schildert den Abfall vom Göttlichen durch rohe Sinnenlust und Unglauben, das Fegefeuer *(purgatorio)* die Vermittlung durch Vernunft und Lehre, das Paradies die Versöhnung durch Glauben und Liebe. Jedes Hauptstück dieser Dreiheit (Trilogie) zerfällt in dreiunddreißig Abschnitte (Gesänge). Gott und Satan, Himmel und Erde, Sichtbares und Unsichtbares, Engel und Teufel, Päpste und Kaiser, Volksführer und Weise, alle Kenntnisse, Leidenschaften und Gebrechen des Zeitalters werden hervorgezogen, um dieses ungeheure Gemälde der Menschenwelt zu gliedern und zu vollenden. Dabei gilt für den unbestechlichen Beurteiler der Taten kein Ansehen der Person und des Ranges, keine Täuschung auch der beliebtesten Parteiansichten. Ihm sind Brutus und Cassius als Verschwörer gegen das frei anerkannte Oberhaupt Roms und Frevler an der Freundschaft Cäsars strafwürdige Mörder, Kaiser Friedrich II. und Peter von Vinea als Störer des Christenfriedens zur Reinigung durch Feuer mit Recht verurteilte Ketzer, während falsche und heuchlerische Päpste, wie Bonifacius VIII. ihre rechtgläubige Arglist durch Aufenthalt in der Hölle büßen. Überall wird an die unsichtbare, aber plötzlich aus den Wolken hervorbrechende Hand der sittlichen Wiedervergeltung (Nemesis) erinnert und den Mächtigen der Erde die Ohnmacht aller Pläne und Handlungen, die nicht auf der Gerechtigkeit ruhen, bald in Sinnbildern und Gleichnissen, bald in zweischneidigen, offenen Worten vorgehalten.*

Wenn die romantischen, Deutsch- und Welschland gemeinsamen Dichtungen hauptsächlich von der Ritterschaft und dem Adel ausgingen, so wurde andererseits die in gewissen Merkmalen wiederum ganz Südwesteuropa gemeinschaftliche Kirchenbaukunst der Besitz des Bürgertums. Gleichsam eine religiöse Epik, verkörperte sie die Urbilder des christlichen Glaubens in fürs Auge sichtbaren Massen. Während die Zunft der Steinmetzen das Geheimnis der für die Meisterschaft notwendigen Fertigkeiten bewahrte und den nachfol-

---

* Vgl. Schlossers und Berchts Archiv für Geschichte, Teil 4.

genden Geschlechtern überlieferte, baute sie durch die vereinigten Kräfte der Stadt und die freiwilligen Beiträge der Gläubigen jene erhaben einfachen Dome auf, die nach kurzer Vorherrschaft des byzantinischen Grundtons seit den Kreuzzügen ein eigenes Gepräge annahmen und die größte Einfachheit und Übereinstimmung in den Hauptverhältnissen mit der reichsten Fülle in den Bei- und Nebenwerken verbinden. So wandelte sich die griechische Kuppel in den emporstrebenden Turm, das rundliche Fenster in den kühneren Spitzbogen, die schlanke Säule in den unten viereckigen, oben zum Gewölbe sanft ausschweifenden Pfeiler um, dessen Zierat die Üppigkeit der Blumenwelt ohne Überladung nachzubilden suchte.

Vor allem in Deutschland, wo Beweglichkeit, Ernst, Freiheitsliebe und Ausdauer einander für große Schöpfungen unterstützten, brachte die religiöse Baukunst vollendete Meisterwerke hervor. Zu diesen gehören namentlich die Dome Straßburgs, Kölns und Freiburgs. Der zuerst erwähnte Bau begann um 1015 und endete, indem der anfangs bescheidene Plan mit wachsendem Eifer und Kunstvermögen der nächsten Generationen an Großartigkeit zunahm, im Jahre 1275. Der Münsterturm, der zu einer Höhe von 594 Werkschuhen emporsteigt und die außerordentlichste Klarheit der Verhältnisse in dem riesenhaftesten Kraftaufwand darstellt, verbindet den mühsamsten Fleiß des Handwerks mit den urbildlichen Erfindungen des Genies. Entworfen und vollendet wurde er von Meister Erwin von Steinbach, unterstützt von seiner als Zunft abgeschlossenen Schule, deren Hauptsitz am Rhein Köln war (1277–1438). Diese Stadt empfing das zweite, unsterbliche Denkmal, den nur im Hauptchor ganz ausgebauten Dom (1248–1322). In ihm und dem ebenfalls bruchstückweise der Nachwelt überlieferten Turm ist mehr das Erhabene, im Straßburger Münster das Anmutige der bezeichnende Grundzug, gleich wie bei den Griechen die dorische und ionische Weise in den Tempelbauten eine ähnliche Unterteilung der genannten Merkmale hervorbrachte. Der dritte bedeutende Dom zu Freiburg im Breisgau (1152–1297) folgte mit der Hauptkirche in Bern (1421) dem Straßburgischen Vorbild, ohne es zu erreichen, während die norddeutschen Kirchen, selbst den Bau in Magdeburg (1208–1363) nicht ausgenommen, trotz des Kraftaufwandes weit hinter den rheinländischen Werken zurückblieben und besonders der Kunst ermangelten, dem Auge des Beobachters die Anstrengungen der Arbeiter im Gleichmaß der größten und kleinsten Teile zu verbergen.

Der wissenschaftliche Einigungstrieb des Zeitalters, das nach langem Geistesschlummer zur vielseitigsten und gründlichsten Tätigkeit erwachte, zeigte sich besonders in den freiwilligen Lehrvereinen. Diese, allmählich gegliedert und genossenschaftlich (zünftisch) ausgebildet, hießen deshalb Gemeinschulen (Universitäten, *studium generale*) weil sie teils ohne Rücksicht auf die Schranken der Örtlichkeit, des Berufs und Volkstums jedem Wißbegierigen offenstanden, teils eine möglichst vollkommene Durchdringung des zersplitterten Stoffes erstrebten und in dessen Einheit ihre Aufgabe suchten. Staat und Kirche verhielten sich dabei anfangs durchaus passiv. Sie wachten nur im allgemeinen über weltliche und religiöse Zucht, fühlten aber nicht eher die Verpflichtung, durch Geldbeiträge, Freibriefe und Schenkungen für das Wachstum der Anstalten zu sorgen, als bis die steigende Menge der Fremden und die Berühmtheit einzelner Lehrer Gewinnsucht und Ehrliebe entzündeten.

Es traten aber frühzeitig zwei, in mancher Beziehung wesentlich verschiedene Körperschaften des höheren, nicht auf Klöster und Geistlichkeit beschränkten Unterrichts als leitende Vorbilder hervor: Paris für die Theologie und Bologna für die Rechtskunde. In der zuletzt genannten Hochschule, der schon Kaiser Friedrich I. unabhängige Gerichtsbarkeit urkundlich zusicherte (1158), herrschte die republikanische Grundkraft bei den Wahlen der Beamten und in der gesamten Gliederung des kleinen Gemeinwesens vor, während in Paris die körperschaftliche (aristokratische) Richtung das Übergewicht hatte. In Bologna nämlich erkoren die Studierenden, meistens gereifte Männer, aus ihrer Mitte den Ordner (Rektor), Rat (Senat) oder Stellvertreter der nach Nationen gegliederten Schüler, den Anwalt (Syndikus) oder Bevollmächtigten in Verhandlungen mit fremden Universitäten, den Seckelmeister (Kassierer, *massarius*) und die beiden Waibel (Pedelle, *bidelli*). Die Stadt trug durch eine jährliche Judensteuer von 104,5 Lira zu den Kosten bei, die übrigens größtenteils aus den bedeutenden Ehrengeldern (Honorarien) der die Vorlesungen Besuchenden bestritten wurden.

In Paris, wo die Gesamtheit der Lernenden in vier Nationen, die englisch-deutsche, pikardische, normannische und französische, zerfiel, gingen alle Hoheitsrechte von den Lehrern aus, unter denen seit der Mitte des 13. Jahrhunderts die zur Sorbonne durch Robert Sorbonne verbundenen Theologen das schon früher gewonnene Ansehen auch genossenschaftlich behaupteten und erweiterten. Eben deshalb bildeten sich hier die besonderen Bereiche (Fakultäten) der Gesamtwissenschaft und die verschiedenen Stufen der Lehrbefähigung (akademische Grade, 1204) am frühzeitigsten aus und gingen schnell auf die anderen Hochschulen über.* Zu diesen gehörten in Frankreich Montpellier (1180), anfangs nur der Arzneikunde bestimmt, Toulouse (1229), durch den Albigenserkrieg zerrüttet, Orléans (1234) und Lyon (vor 1300). In Italien war Salerno schon in der letzten Hälfte des 11. Jahrhunderts eine so berühmte Anstalt für Heilkunde, daß ihre Gesundheitsvorschriften sprichwörtlich wurden *(Schola Salernitana),* darüber hinaus sind zu nennen Neapel, durch Kaiser Friedrich II. gestiftet (1224), Padua, zuerst alle Zweige der Wissenschaft umfassend (1222), Vicenza (1204), Pisa (1200), Arezzo (1215) und Rom (1250). In Spanien wurden in Valencia (1209) und in Salamanca (1250) bedeutende Hochschulen gegründet, in England in Oxford (1200), wo sich die von Alfred dem Großen getroffenen Einrichtungen Bahn gebrochen hatten. Deutschland und der skandinavische Norden blieben einstweilen von dem wissenschaftlichen Einigungstrieb noch unberührt und begnügten sich mit den herkömmlichen Klosterschulen oder sandten Lernbegierige teils nach Frankreich, teils nach Italien.

Unabhängig von den Universitäten, welche die bisher fast ausschließlich dem Priesterstand übergebene Gelehrsamkeit mehr und mehr zum Gemeingut der Gesamtbürgerschaft erhoben, zeigen sich die bedeutenden Fortschritte des zum Selbstbewußtsein erwachten Geistes in vielen glücklichen Versuchen der Forschung und Darstellung. Denn während bei den Deutschen Lambert von Aschaffenburg (gest. 1077), der sich ebenso durch Gründlichkeit wie durch reine, den römischen Mustern nacheifernde Sprache auszeichnete, Otto, Bischof von Freisingen, Friedrichs I. Oheim und Lebensbeschreiber, Helmold, Priester zu Bosow (gest. um 1170), und Arnold von Lübeck (um 1209), beide gerichtet auf die Geschichtskunde der Ostseeslawen, einen Namen gewannen, traten bei den Italienern Otto Morena von Lodi und Acerbi Morena (gest. 1167), Buoncompagno von Bologna, Rolandino von Padua und andere als fleißige und ordnende Beschreiber der wichtigsten Zeitereignisse auf. Unter den Franzosen wandten zuerst Villehardouin, danach Joinville (gest. 1319) die Landessprache auf die Schilderung solcher Begebenheiten an, denen sie selber als Zeugen und Mithandelnde beigewohnt hatten. So beschrieb der erste den Fall Konstantinopels durch die Lateiner, der zweite die morgenländische Heerfahrt Ludwigs des Heiligen mit Wärme und lebendiger Anschaulichkeit, die nur in den gleichfalls romanisch (welsch) abgefaßten Denkwürdig-

---

* Siehe über das Ganze von Savignys Geschichte des römischen Rechts, Teil I.

keiten des Neapolitaners Matteo Spinelli (1247–1268) und des Florentiners Ricordano Malaspini (gest. 1281) ein würdiges Gegenstück findet.

Kreuzzüge, Entdeckungs- und Handelsreisen, die auf dem Seeweg der den Arabern entlehnte und von den Amalfitanern zuerst angewandte Kompaß (im 13. Jahrhundert) bedeutend erleichterte, wie auch die durch den Bekehrungseifer nach Innerasien gerichteten Wanderungen eines Paul Carpini (1246) und Ricoldo da Montecroce (gest. 1309) brachten der Erd- und Völkerkunde wesentliche Bereicherung. Gestützt auf solche Vorgänger, konnte der Venetianer Marco Polo (1272–1295) den mongolischen Hof, Ostasien und China besuchen und die Ergebnisse vieljähriger Reisen in einem umfassenden, altvenetianisch geschriebenen Bericht niederlegen, während bald nach ihm Marino Sanuto, genannt Torsello, fünfmal das Morgenland durchwanderte und besonders Armenien und Ägypten mit Scharfsinn erforschte und in einfacher Sprache schilderte.*

Die Naturwissenschaften machten, durch religiöse Vorurteile mannigfaltig eingeschränkt, nur langsame Fortschritte. Jedoch versuchten der deutsche Dominikaner Albert der Große, der in Köln und Paris lehrte (gest. 1280), und der vorzüglich in der Zahlen- und Scheidekunde erfahrene Engländer Roger Bacon (gest. 1294) den zerstreuten Stoff zu sichten und nach allgemeinen Gesetzen zu ordnen. Das Bedürfnis, eine Übersicht des gesamten Wissens in der Menschen-Naturkunde und Denklehre (Philosophie) zu geben, fühlte besonders der französische Dominikanermönch, Vincenz von Beauvais (1250), der daneben ein treffliches Büchlein über die Erziehung der Fürstenkinder abfaßte und den Großen manche beherzigenswerte Lehre erteilte.**

Die Religionsphilosophie (aristotelische Scholastik) vertiefte sich dagegen mehr und mehr in unfruchtbare Grübeleien und Zwistigkeiten. Sie zog Scharfsinn und Belesenheit in das Gebiet leidenschaftlich verfochtener Parteiansichten und gab die früher durch Abälard gewonnene Richtung eines werktätigen Lebens und Christentums in steigenden Schulgezänken dem Meistbietenden feil. Diesen Grundzug trugen vornehmlich die Stellvertreter der beiden einander befehdenden Bettelmönchorden, der gelehrte und scharf-

---

* Siehe Wachtler, Geschichte der historischen Forschung und Kunst, I, 43.

** Vgl. Schlosser, Vincenz von Beauvais' Hand- und Lehrbuch für königliche Prinzen und ihre Lehrer, 2 Bände.

sinnige Dominikaner Thomas von Aquino aus Kalabrien (gest. 1274, Thomisten) und der spitzfindige, dunkle Franziskaner Johannes Duns aus Schottland (Duns Scotus, gest. 1308), dessen Anhänger sich Skotisten nannten.

Bedeutende Teilnahme fand bei steigendem Sinn für gemeinheitliches und körperschaftliches Leben die Rechtsgelehrsamkeit, die in Italien fast ausschließlich die römischen Grundgesetze und Verhältnisse untersuchte, in Deutschland aber die heimischen Bräuche und herkömmlichen Einrichtungen zu sammeln und zu ordnen trachtete. So legte der Sachse Eike von Repgow (1215–1218) die teils mündlich, teils schriftlich überlieferten Land- und Lehnsrechte im sogenannten »Sachsenspiegel« nieder, der bald in Polen, den deutschen Ostseeländern und Holland gültiges Ansehen gewann, während dessen Überarbeitung, der »Schwabenspiegel« (1270–1285), vorzüglich in Österreich, Bayern, Franken, Schwaben und Lothringen gesetzliche Kraft bekam. Unter den städtischen Rechten, die von Gewohnheiten und Urteilen berühmter Schöffenstühle ausgingen, nahmen die magdeburgischen Satzungen, die schon frühzeitig gesammelt (vor 1235) und von den meisten Gemeinden Ostdeutschlands eingeführt worden waren, durch Reichtum des Inhalts und Bestimmtheit des Ausdrucks den ersten Platz ein, während Freiburg (1120), Straßburg, Lübeck (1235), Hamburg (1270), Schwerin (1220) und Soest (1200) für mehrere Töchterstädte das leitende Vorbild aufstellten. Nicht minder trachteten einzelne freie Landschaften, namentlich friesischen Stammes, durch Sammlung ihrer Gewohnheiten und Willküren teils dem Mißbrauch der Richter, teils den Gefahren des Lehnswesens zu begegnen, wie denn auf diesem Weg die 24 Landrechte der Friesen (1200) und das Asegabuch der Rüstringer (1250) ihren Ursprung nahmen.

Dies war die innere Lage der germanisch-romanischen Völker um den Ausgang des Zeitraums. Überall herrschte Bewegung, besonders das Streben nach Einheit und fester Ausprägung der bisher zerrissenen oder schwankenden Verhältnisse. Während die römisch-katholische Kirche siegreich auf den Trümmern des deutschen Kaisertums und der zertretenen Bruderschaften steht, offenbaren diese im weltlichen Bereich einen beinahe unheilbaren Bruch zwischen der fürstlich-lehnsherrlichen und der bürgerlich-freistädtischen Macht, während Wissenschaften und Künste einen ebenso friedlichen wie fruchtbaren Wetteifer zeigen.